# Inteligência Artificial

# Inteligência Artificial

VISÕES INTERDISCIPLINARES E INTERNACIONAIS

**2023**

Silmara J. de A. Chinellato
Coordenadora

Eduardo Tomasevicius Filho
Organizador

ALMEDINA

**INTELIGÊNCIA ARTIFICIAL**
*VISÕES INTERDISCIPLINARES E INTERNACIONAIS*

COORDENADORA: Silmara J. de A. Chinellato
ORGANIZADOR: Eduardo Tomasevicius Filho

DIRETOR ALMEDINA BRASIL: Rodrigo Mentz
EDITORA JURÍDICA: Manuella Santos de Castro
EDITOR DE DESENVOLVIMENTO: Aurélio Cesar Nogueira
ASSISTENTES EDITORIAIS: Larissa Nogueira e Letícia Gabriella Batista
ESTAGIÁRIA DE PRODUÇÃO: Laura Roberti

DIAGRAMAÇÃO: Almedina
DESIGN DE CAPA: FBA

ISBN: 9786556279473
Outubro, 2023

Dados Internacionais de Catalogação na Publicação (CIP)
(Câmara Brasileira do Livro, SP, Brasil)

---

Inteligência artificial : visões interdisciplinares e internacionais /
coordenadora Silmara J. de A. Chinellato ; organizador Eduardo Tomasevicius Filho ;
-- São Paulo : Almedina, 2023.

ISBN 978-65-5627-947-3

1. Big Data 2. Direito 3. Inteligência artificial
4. Inteligência artificial - Direito 5. Inovações
tecnológicas 6. Interdisciplinaridade I. Chinellato,
Silmara J. de A. II. TomaseviciusFilho, Eduardo.

23-166001 CDU-34:004.8

---

Índices para catálogo sistemático:

1. Inteligência artificial e direito 34:004.8
Eliane de Freitas Leite - Bibliotecária - CRB 8/8415

Este livro segue as regras do novo Acordo Ortográfico da Língua Portuguesa (1990).



EDITORA: Almedina Brasil
Rua José Maria Lisboa, 860, Conj. 131 e 132, Jardim Paulista | 01423-001 São Paulo | Brasil
www.almedina.com.br

## SOBRE A COORDENADORA

**Silmara J. de A. Chinellato**
Professora Titular do Departamento de Direito Civil da Faculdade de Direito da Universidade de São Paulo. Chefe do Departamento de Direito Civil no período de 2016 a 2019. Presidente da Comissão de Propriedade Intelectual do Instituto dos Advogados de São Paulo (IASP). Membro da Comissão Especial de Direito de Autor da Ordem dos Advogados do Brasil – OAB Federal, da Associação Portuguesa de Direito Intelectual (APDI), e do Instituto Interamericano de Derecho de Autor (IIDA). Bacharel, Doutora e Livre-docente pela Faculdade de Direito da Universidade de São Paulo. Foi Procuradora do Estado de São Paulo (1980 a 1995) e Procuradora do Município de São Paulo (1973 a 1980). É advogada, parecerista e assistente técnica na área de propriedade intelectual com ênfase em direito autoral.

## SOBRE O ORGANIZADOR

**Eduardo Tomasevicius Filho**
Professor Associado do Departamento de Direito Civil da Faculdade de Direito da Universidade de São Paulo. Bacharel, Doutor e Livre-docente pela Faculdade de Direito da Universidade de São Paulo. Advogado. Encarregado pelo Tratamento de Dados Pessoais – DPO da Universidade de São Paulo.

## SOBRE OS AUTORES

**Alexandre Libório Dias Pereira**
Professor Associado da Faculdade de Direito e Diretor da Imprensa da Universidade de Coimbra.

**Antonio Carlos Morato**
Professor Associado do Departamento de Direito Civil da Faculdade de Direito da Universidade de São Paulo. Professor do Mestrado em Direito Médico da Faculdade de Direito da Universidade Santo Amaro (UNISA). Mestre, Doutor e Livre-Docente pela Faculdade de Direito da Universidade de São Paulo. Bacharel pela Faculdade de Direito da Pontifícia Universidade Católica de São Paulo (PUC-SP). Advogado.

**Claudio Luiz Bueno de Godoy**
Professor Associado do Departamento de Direito Civil da Faculdade de Direito da Univesrsidade de São Paulo. Livre-docente em Direito Civil. Desembargador do Tribunal de Justiça do Estado de São Paulo.

**Eduardo Toledo**
Diretor-Geral do Supremo Tribunal Federal de 2016 a 2020. Advogado.

**Eduardo Tomasevicius Filho**
Professor Associado do Departamento de Direito Civil da Faculdade de Direito da Universidade de São Paulo. Bacharel, Doutor e Livre-docente pela Faculdade de Direito da Universidade de São Paulo. Advogado. Encarregado pelo Tratamento de Dados Pessoais – DPO da Universidade de São Paulo.

**Henrique Moraes Prata**
Doutor em Direito pela Universidade de São Paulo – USP (2012), com doutorado-sanduíche cursado na Rheinische Friedrich-Wilhelms-Universität Bonn, Alemanha, com bolsa DAAD/CNPq. Mestre em Direito Civil Comparado (Magister iuris comparativi) pela Rheinische Friedrich-Wilhelms-Universität Bonn, Alemanha (2005). Graduado em Direito (2000) e Filosofia (2011) pela USP e licenciado em Filosofia e pós-doutorado em Direito também pela USP. Diretor de Desenvolvimento Institucional do Hospital de Câncer de Barretos e Sub-Coordenador do Grupo de Estudos e Pesquisas em Bioética e Biodireito, ligado ao Departamento de Direito Civil da Faculdade de Direito da USP.

**José Antonio Dias Toffoli**
Ministro do Supremo Tribunal Federal. Ex-Presidente do Supremo Tribunal Federal e do Conselho Nacional de Justiça (2018-2020). Ex-Presidente do Tribunal Superior Eleitoral (2013-2015).

**José Renato Nalini**
Mestre e Doutor em Direito Constitucional pela Universidade de São Paulo. Reitor da UNIREGISTRAL. Bacharel em Ciências Jurídicas e Sociais pela Faculdade de Direito da Pontifícia Universidade Católica de Campinas. Mestre e Doutor em Direito Constitucional pela Universidade de São Paulo. Ex-presidente do Tribunal de Justiça do Estado de São Paulo. Reitor da UNIREGISTRAL. Docente da Pós-graduação da UNINOVE.

**Marcelo José Magalhães Bonizzi**
Professor Doutor do Departamento de Direito Processual da Faculdade de Direito da Universidade de São Paulo e Procurador-Geral da Universidade de São Paulo.

**Marco Fábio Morsello**
Professor Associado do Departamento de Direito Civil da Faculdade de Direito da Universidade de São Paulo (USP). Bacharel em Direito, Doutor e Livre-Docente em Direito Civil pela Faculdade de Direito da Universidade de São Paulo (USP). Desembargador do Tribunal de Justiça do Estado de São Paulo (TJSP).

**Marcos A. Perez**
Professor Associado do Departamento de Direito do Estado da Faculdade de Direito da Universidade de São Paulo. Bacharel, Mestre, Doutor e Livre-docente pela Faculdade de Direito da Universidade de São Paulo. Advogado.

**Marlena Jankowska**
Professora da Universidade da Silesia. Diretora do Centro do Direito de Design, Moda e Publicidade na Universidade da Silesia em Katowice. Diretora do Departamento de Propriedade Intelectual no escritório de advocacia Pawełczyk. Kancelaria Prawna. Radcowie Prawni i Adwokaci. Advogada.

**Marlena Sakowska-Baryla**
Membro do corpo docente do Instituto de Direito de Novas Tecnologias e Proteção de Dados Pessoais na Universidade Łazarski. Parceira em escritório de advocacia Sakowska-Baryła, Czaplińska Kancelaria Radców Prawnych Sp.p. Assesora jurídica.

**Mirosław Pawełczyk**
Professor de Universidade da Silesia. Diretor do Centro de Pesquisa em Direito Público da Concorrência e Regulação Sectorial na Universidade da Silesia em Katowice. Sócio gerente em escritório de advocacia Pawełczyk, Kancelaria Prawna, Radcowie Prawni i Adwokaci. Assessor jurídico.

**Mariève Lacroix**
Advogada e Professora Agregada da Seção de Diireito Civil da Faculdade de Direito da Universidad e de Ottawa (Canadá). Titular de la Chaire miroir Ottawa-Lyon «Les avatars de la personne et les enjeux contemporains du droit privé de la responsabilité».

**Olivier Gout**
Professor da Universidade Jean Moulin – Lyon 3. Vice-diretor da Faculdade de Direito. Co-diretor da Équipe de Recherche Louis Josserand.

**Otavio Pinto e Silva**
Professor Associado do Departamento de Direito do Trabalho e Seguridade Social da Faculdade de Direito da Universidade de São Paulo – USP. Advogado.

**Pedro Marcos Nunes Barbosa**
Professor do Departamento de Direito da PUC-Rio. Doutor em Direito Comercial (USP), Mestre em Direito Civil (UERJ) e Especialista em Propriedade Intelectual (PUC-Rio). Estágio Pós-Doutoral junto ao Departamento de Direito Civil da Universidade de São Paulo. Advogado.

**Rafael Marinangelo**
Advogado, Bacharel, Mestre e Doutor pela Faculdade de Direito da Pontifícia Universidade Católica de São Paulo (PUC-SP) com Estágio Pós-Doutoral pelo Departamento de Direito Civil da Faculdade de Direito da Universidade de São Paulo (USP). Especialista pela *Scuola di Specializzazione in Diritto Civile dela Universitá degli Studi di Camerino* (Itália).

**Rafael R. Garofano**
Doutor e Mestre em Direito do Estado pela Faculdade de Direito da Universidade de São Paulo (USP). Bacharel em Direito pela Universidade Presbiteriana Mackenzie. Advogado.

**Roberta Maria Rangel**
Doutora em Direito Civil pela Faculdade de Direito da Universidade de São Paulo. Advogada.

**Silmara J. de A. Chinellato**
Professora Titular do Departamento de Direito Civil da Faculdade de Direito da Universidade de São Paulo. Chefe do Departamento de Direito Civil no período de 2016 a 2019. Presidente da Comissão de Propriedade Intelectual do Instituto dos Advogados de São Paulo (IASP). Membro da Comissão Especial de Direito de Autor da Ordem dos Advogados do Brasil – OAB Federal, da Associação Portuguesa de Direito Intelectual (APDI), e do Instituto Interamericano de Derecho de Autor

(IIDA). Bacharel, Doutora e Livre-docente pela Faculdade de Direito da Universidade de São Paulo. Foi Procuradora do Estado de São Paulo (1980 a 1995) e Procuradora do Município de São Paulo (1973 a 1980). É advogada, parecerista e assistente técnica na área de propriedade intelectual com ênfase em direito autoral.

# APRESENTAÇÃO

As tecnologias ligadas à informática levaram ao desenvolvimento de duas revoluções industriais no espaço de meio século. Simultaneamente ao desenvolvimento dos primeiros computadores, que consumiam elevadas quantidades de energia para a obtenção de resultados muito inferiores aos de um *smartphone*, a inteligência artificial foi concebida, inicialmente, como a modelagem do pensamento humano. Com a transposição dessas ideias em linguagem de programação, foi possível o desenvolvimento de *softwares* cujos algoritmos incorporavam os conceitos de inteligência artificial. Limitadas, é verdade, pelo universo da máquina em um primeiro momento, a Internet potencializou o uso da inteligência artificial, porque se permitiu o tratamento de maior quantidade de dados, diversificando suas aplicações. Pode-se dizer que um dos pilares da Internet está no uso da inteligência artificial, como se observa no uso de motores de busca e redes sociais. As relações interpessoais, portanto, têm sido mediadas pela inteligência artificial, embora apenas uma parte dessas aplicações seja notada por todos.

Tem-se observado, ainda, que as preferências humanas têm sido determinadas pela inteligência artificial. Além disso, esta tem sido usada em processos produtivos e na prestação de serviços, modificando outras relações humanas fundamentais, relativas à geração de riquezas e desempenho de atividades laborais, imprescindíveis ao sustento dos trabalhadores e suas famílias, as quais são intimamente ligadas à constituição da identidade e definição de seu lugar no mundo, a partir de substituições de humanos por máquinas pensantes.

Assim, são inevitáveis as reflexões sobre questões que suscitam dúvidas sobre os benefícios gerados e os riscos criados com o uso de inteligência artificial – inclusive quanto à denominada "personalidade eletrônica" – porquanto se trata de como serão as consequências das futuras transformações sociais, as quais podem, em princípio, parecer assustadoras, mas jamais inéditas.

Tomadas de decisões em saúde podem ser precisas, mas, se mal usadas, trazem soluções indignas. O futuro dos transportes estará sob o controle da inteligência artificial. As decisões judiciais, campo considerado imune a essa tecnologia, já são parcialmente automatizadas. Outras questões provovam perplexidades, porque o uso da inteligência artificial coloca o ser humano na fronteira do trans-humano, como as criações artísticas, os robôs e as emulações de sentimentos humanos, como o da justiça, por sistemas que intrinsecamente são enviesados e suscetiveis a preconceitos e discriminações.

A necessidade de regulação jurídica das aplicações de inteligência artificial está levando não apenas a mudanças pontuais nas legislações, mas em praticamente ramos inteiros do Direito, como no caso do direito do trabalho, com as relações de trabalho transformadas e mediadas por plataformas. Ainda haverá a desnecessidade de magistrados e de condutores de veículos? Médicos serão substituídos por máquinas em cirurgias e diagnósticos. De quem será a titularidade de direitos de criaçao artística de máquinas? E quem responderá pelos danos causados? Faz sentido a atribuição de personalidade jurídica à inteligência artificial? Quais os reflexos nos contratos?

A proposta dessa obra coletiva é a de oferecer encaminhamento de respostas a essas questões, com a visão de cada autor. Para tanto, professores da Faculdade de Direito da Universidade de São Paulo – Largo de São Francisco – foram convidados pela coordenadora desta obra para trazerem suas análises e reflexões sobre o uso da inteligência artificial em suas áreas de atuação, assim como pós-doutores que realizaram estágios com a coordenadora, assim como alunos egressos das "Arcadas" que se destacam no meio jurídico nacional, para compartlharem suas visões e contribuições acerca do tema.

Também foram consideradas as parcerias acadêmicas da Universidade de São Paulo com Universidades estrangeiras. Assim, colegas de Portugal, França, Canadá e Polônia remeteram suas contribuições, estimulando o diálogo sobre esse tema importante. Optou-se a manutenção dos textos em seus idiomas originais, para não se ter perdas de conteúdos com as traduções, salvo a contribuição dos colegas poloneses, que optaram por escrever em português.

Queremos agradecer a acolhida do projeto e apoio incondicinal que recebemos da renomada Editora Almedina, agora luso-brasileira, a qual se tornou importante parceira na divulgação da produção científica da Faculdade de Direito da Universidade de São Paulo.

SILMARA JUNY DE ABREU CHINELLATO
*Coordenadora*
EDUARDO TOMASEVICIUS FILHO
*Organizador*

# SUMÁRIO

1. A DENOMINADA PERSONALIDADE ELETRÔNICA. INTELIGÊNCIA ARTIFICIAL E DIREITO DE AUTOR. AUTORIA NA OBRA MUSICAL
Silmara J. de A. Chinellato 21

2. OS DIREITOS DE AUTOR E OS DESAFIOS DA INTELIGÊNCIA ARTIFICIAL: *COPYRIGHT EX MACHINA*?
Alexandre Libório Dias Pereira 59

3. DIÁLOGOS ENTRE A PROPRIEDADE INTELECTUAL E A INTELIGÊNCIA ARTIFICIAL
Pedro Marcos Nunes Barbosa 91

4. INTELIGÊNCIA ARTIFICIAL E AS RELAÇÕES DE TRABALHO
Otavio Pinto e Silva 127

5. A NECESSIDADE DE MAIOR TRANSPARÊNCIA NO USO DE INTELIGÊNCIA ARTIFICIAL EM SAÚDE: CONSIDERAÇÕES ÉTICO-JURÍDICAS
Henrique Moraes Prata 155

6. BIG DATA E INTELIGÊNCIA ARTIFICIAL NOS CUIDADOS DE SAÚDE
Marlena Jankowska, Mirosław Pawełczyk, Marlena Sakowska-Baryła 195

7. LE STATUT JURIDIQUE DU ROBOT EN DROIT FRANÇAIS
Olivier Gout 211

8. STATUT JURIDIQUE DU ROBOT: HISTOIRE PROGRAMMEE D'UNE CHIMERE
Mariève Lacroix 239

9. ASPECTOS JURÍDICOS PALPITANTES DOS VEÍCULOS AÉREOS NÃO TRIPULADOS
Marco Fábio Morsello 251

10. A INTERVENÇÃO HUMANA NO PROCEDIMENTO DE EXPLICAÇÃO E DE REVISÃO DE DECISÕES AUTOMATIZADAS
Claudio Luiz Bueno de Godoy 287

11. INTELIGÊNCIA ARTIFICIAL E JUSTIÇA
José Renato Nalini 311

12. INTELIGÊNCIA ARTIFICIAL NO PODER JUDICIÁRIO BRASILEIRO: O PROJETO VICTOR DO SUPREMO TRIBUNAL FEDERAL
José Antonio Dias Toffoli, Roberta Maria Rangel, Eduardo Toledo 337

13. REFLEXÕES SOBRE A LEGITIMAÇÃO CONSTITUCIONAL DO USO DA INTELIGÊNCIA ARTIFICIAL NA SELEÇÃO DOS RECURSOS "REPRESENTATIVOS DE CONTROVÉRSIA" NOS TRIBUNAIS SUPERIORES (ART. 1.036, CPC)
Marcelo José Magalhães Bonizzi 353

14. A UTILIZAÇÃO DE INTELIGÊNCIA ARTIFICIAL PELA ADMINISTRAÇÃO PÚBLICA: ESCOPO, LIMITES E DESAFIOS
Marcos A. Perez, Rafael R. Garofano 373

15. ENTRE A TEORIA E A PRÁTICA: A RESPONSABILIDADE CIVIL PELO USO DE INTELIGÊNCIA ARTIFICIAL NO BRASIL
Eduardo Tomasevicius Filho 415

16. RESPONSABILIDADE CIVIL POR ACIDENTE DE CONSUMO E INTELIGÊNCIA ARTIFICIAL
Antonio Carlos Morato, Rafael Marinangelo 445

# 1. A DENOMINADA PERSONALIDADE ELETRÔNICA. INTELIGÊNCIA ARTIFICIAL E DIREITO DE AUTOR. AUTORIA NA OBRA MUSICAL

*Silmara J. de A. Chinellato*

## Introdução: inteligência artificial na sociedade tecnológica

Ingressamos há muito na era digital, era da técnica, quarta era dos direitos, que nos apresenta novas realidades a serem enfrentadas, tema de inúmeros estudos nas várias ciências – Direito, Filosofia, Sociologia –, nas quais citamos obras referenciais de Norberto Bobbio,[1] Hans Jonas,[2] Pierre Levy,[3] Yuval N. Harari[4] e Stefano Rodotà.[5] Entre as grandes invenções da era contemporânea, está o computador, criado com rele-

[1] BOBBIO, Norberto. A era dos direitos. Tradução: Carlos Nelson Coutinho. 9. ed. Rio de Janeiro: Campus, 1992.

[2] JONAS, Hans. O princípio responsabilidade. Ensaio de uma ética para a civilização tecnológica. Tradução: Marijane Lisboa e Luiz Barros Montez. Rio de Janeiro: Contrapont; PUC - Rio, 2006.

[3] LÉVY, Pierre. As tecnologias da inteligência: o futuro do pensamento na era da informática, 2. ed. Tradução: Carlos Irineu da Costa. São Paulo: Editora 34, 2010; LÉVY, Pierre. Ideias para o mundo. Produção: Aleteia Selonk; Roteiro: Pedro Zimmermann. Okna Produções Culturais, 2020. 26 min; LÉVY, Pierre. Dois milhões de anos de inteligência artificial. Canal Fronteiras do Pensamento. Produção de Telos Cultural. Direção e edição: Pedro Zimmermann. Tradução: Marina Waquil e Francesco Settineri. Disponível em: https://www.youtube.com/watch?v=796fI61AtlE. Acesso em: 5 jul. 2022.

[4] HARARI, Yuval Noah. 21 lições para o século 21. Tradução: Paulo Geiger. São Paulo: Companhia das Letras, 2018.

[5] RODOTÀ, Stefano. A vida na sociedade da vigilância. A privacidade hoje. Organização, seleção e apresentação de Maria Celina Bodin de Moraes. Tradução: Danilo Doneda e

vante contribuição de Alan Turing, em 1939, cuja vida é em parte reproduzida no filme *The imitation game* ou O jogo da imitação.[6] Baseado no livro biográfico *Alan Turing: The Enigma* de Andrew Hodges, apresenta a liderança de Turing quanto a grupo de cientistas para decifrar o Código Enigma, usado por alemães para enviar mensagens aos submarinos. Atribui-se a ele a invenção da máquina que possibilitou decifrar as mensagens a tempo de serem tomadas as necessárias providências de defesa. Matemático, desenvolveu a ciência da computação e influiu na formação dos conceitos de algoritmo e de computação com a máquina de Turing. Teve papel importante para a criação do computador contemporâneo.[7]

O título do filme refere-se ao teste proposto por Alan Turing, de igual nome, em que se discute, já em 1950, a inteligência artificial. O documento é denominado "Computing Machinery and Intelligence", e inicia com a proposta: "*Eu proponho considerar a questão: máquinas podem pensar? 'Isso deve começar com definições do significado dos termos 'máquina' e 'pensar'*".[8] Há questões de muita atualidade, jurídicas e não jurídicas, a provocar debates fundamentais, as quais envolvem a inteligência artificial e sua aplicação, em vários âmbitos.[9]

Para compreensão concisa e suficiente para as reflexões jurídicas, mencionamos conceitos técnicos básicos fundamentados em várias consultas, notadamente em página elaborada pela IBM.[10] Para o jurista tra-

Luciana Cabral Doneda. Rio de Janeiro: Renovar, 2008. RODOTÀ, Stefano. Il mondo nella rete. Quali I diritti, quali i vincoli. Roma-Bari: Laterza, 2014.

[6] *The Imitation Game* ou *O Jogo da Imitação*, filme de 2014, dos gêneros suspense e drama histórico-biográfico, é dirigido por Morten Tyldum, com roteiro de Graham Moore baseado no livro biográfico *Alan Turing: The Enigma*, de Andrew Hodges.

[7] Acerca do desenvolvimento do computador e da importância de Alan Turing e de outros cientistas, indica-se o bem elaborado artigo de Eduardo Tomasevicius Filho (Inteligência artificial e direitos da personalidade: uma contradição em termos? Revista da Faculdade de Direito, Universidade de São Paulo, v. 113, p. 133-149, 2018. Disponível em: https://www.revistas.usp.br/rfdusp/article/view/156553. Acesso em: 2 mai. 2022).

[8] WIKIPEDIA. O jogo da imitação (verbete). Disponível em: https//pt.wkipedia.org/wiki/o-jogo-da-imitacao. Acesso em: 2 mai. 2022.

[9] Além das que serão analisadas neste ensaio, muitas outras existem, entre as quais as mais recentes, como as que se referem ao ChatGPT, ferramenta da empresa OpenAI.

[10] IBM Cloud Education. O que é inteligência artificial? 3 de junho de 2020. Disponível em: https://www.ibm.com/br-pt/cloud/learn/what-is-artificial-intelligence. Acesso em: 2 mai. 2022.

balhar com os reflexos da inteligência artificial ou de qualquer outro tema que não seja jurídico, basta conhecer conceitos básicos, sem necessidade de se aprofundar em assuntos polêmicos.

O conceito de inteligência artificial é mencionado como "ramo de pesquisa da ciência da computação que busca através de símbolo, construir mecanismos e ou dispositivos que simulam a capacidade do ser humano de pensar, resolver problemas e ser inteligente."[11]

Embora diversas definições de inteligência artificial (IA) tenham surgido ao longo das últimas décadas, John McCarthy oferece a seguinte definição neste artigo: "É a ciência e a engenharia de fabricar máquinas inteligentes, especialmente programas de computador inteligentes. Ela está relacionada à tarefa semelhante de usar computadores para entender a inteligência humana, mas a IA não precisa se limitar aos métodos biologicamente observáveis".[12]

No entanto, décadas antes dessa definição, o início da reflexão sobre a inteligência artificial foi observado na obra fundamental de Alan Turing, "Computing Machinery and Intelligence", publicada em 1950.

Nesse artigo, Turing, muitas vezes chamado de "pai da ciência da computação", faz a relevante indagação: "as máquinas podem pensar?" Ele oferece então um teste, depois conhecido como "Teste de Turing", no qual uma pessoa faria perguntas para tentar distinguir entre uma resposta em texto de um computador e de um ser humano. Importante observação se extrai do texto da IBM quanto à atualidade das pesquisas em desenvolvimento: "Embora tenha sido posto à prova diversas vezes desde sua publicação, o teste continua sendo uma parte importante da história da IA, além de um conceito em andamento na filosofia devido ao uso de ideias da linguística."[13]

Para Andreas Kaplan e Michael Haenlein, inteligência artificial é a "capacidade do sistema para interpretar corretamente dados externos e utilizar essa aprendizagem para atingir objetivos e tarefas específicos por meio de adaptação flexível".[14]

[11] IBM Cloud Education. *Ibid.*

[12] IBM Cloud Education. *Ibid.*

[13] IBM Cloud Education. *Ibid.*

[14] HAENLEIN, Michael; KAPLAN Andreas. A Brief History of Artificial Intelligence: On the Past, Present, and Future of Artificial Intelligence. California Management Review, v.

Algoritmos são "sequência de raciocínios, instruções ou operações para alcançar um objetivo, sendo necessário que os passos sejam finitos e operados sistematicamente."[15] Costuma-se apresentar como exemplo a descrição das receitas culinárias e o manual de instrução de aparelhos.

Importante dar relevo à contribuição de Augusta Ada Byron King, Condessa de Lovelace, matemática e escritora inglesa, conhecida como Ada Lovelace. A ela é reconhecido ter escrito o primeiro algoritmo para ser processado por uma máquina, no caso, a máquina analítica de Charles Babbage.[16]

Arthur Samuel cunhou o termo "*machine learning*", que é o campo de estudo que dá aos computadores a habilidade de aprender sem serem explicitamente programados. O aprendizado autônomo explora o estudo e construção de algoritmos que podem aprender com seus erros e fazer previsão sobre dados. Só se preocupam com o *input* – inserção de dados, enquanto a IA se preocupa tanto com o input como com o *output*.[17]

Na história da inteligência artificial anotamos os principais dados quanto a nomes e datas.[18]

Um programa de computador foi utilizado em jogo de damas, como segunda etapa de sua aplicação. Em 1997 o computador da IBM, Deep Blue, venceu Kasparov, campeão de xadrez do mundo. Em 2016, o programa de computador AlphaGo, aplicado ao jogo de tabuleiros, derrotou um mestre coreano. Aqui atuam pessoa *versus* computador, mas, em

61, n. 4, p. 5–14, jul. 2019. Disponível em: https://journals.sagepub.com/doi/abs/10.1177/0008125619864925?journalCode=cmra. Acesso em: 2 mai. 2022.

[15] Esse é o conceito repetido em muitos sites como os vários da IBM e em outros como Redator Rock Content. (Cf. REDATOR ROCK CONTENT. Saiba como funciona um algoritmo e conheça os principais exemplos existentes no mercado. 7 de fevereiro de 2019. Disponível em: https://rockcontent.com/br/blog/algoritmo/. Acesso em: 2 mai. 2022).

[16] Cf. UNICAMP. Instituto de Matemática, Estatística e Computação Científica. Ada Lovelace. A primeira programadora da história. Disponível em: http://www.ime.unicamp.br/~apmat/ada-lovelace/. Acesso em: 2 mai. 2022.

[17] Cf. WIEDERHOLD, Gio; McCARTHY, John. Arthur Samuel: Pioneer in Machine Learning. Ibm Journal of Research and Development. V, 36, n. 3, p. 329 – 331, 1992. Disponível em: https://www.researchgate.net/publication/224103556_Arthur_Samuel_Pioneer_in_Machine_Learning. Acesso em: 2 mai. 2022.

[18] Dados comuns às diversas pesquisas sobre a origem da inteligência artificial, nas várias fontes citadas.

outra etapa de evolução das pesquisas, houve disputa entre dois computadores.

Mencione-se Watson, supercomputador da IBM, já utilizado em diagnósticos médicos.[19]

Essas etapas e respectivas preocupações são muito bem descritas por Yuval Noah Harari em "21 lições para o século 21".[20]

Há muito, a literatura e as obras audiovisuais dedicam-se, como ficção, às máquinas inteligentes ou máquinas que comandam, realidade que parecia muito distante, mas agora não mais.

Na literatura, além de *1984*, de George Orwell,[21] relembre-se *Eu, Robot*, de Isaac Asimov.[22] Entre as obras audiovisuais, citamos apenas como exemplos, *2001 – Uma Odisséia no Espaço*, dirigida por Stanley Kubrick,[23] de grande impacto, e perplexidade, baseado na obra de Arthur C. Clarke, além de A.I. Artificial Intelligence, com direção de Steven Spielberg, 2001[24] e o episódio 19 – Voyager – da temporada 7, da série Startreck.[25]

A inteligência artificial está no nosso cotidiano e é também utilizada na pesquisa de dados pessoais cuja lei específica pretende aprimorar as formas para impedir a reificação da pessoa humana.

Em artigo sobre a Lei Geral de Proteção de Dados Pessoais – Lei nº 13.709, de 14 de agosto de 2018, tratamos especificamente dos perigos da formação de "mosaico" de dados pessoais, mesmo não sensíveis, que permitem identificar a pessoa em circunstâncias nas quais não seria per-

19 Consulte-se o subtítulo "História da IA; principais datas e nomes" em IBM Cloud Education. *Id.* Sobre a aplicação de IA na Medicina, consulte-se, nessa obra, o ensaio de Henrique Moraes Prata e o dos autores poloneses Marlena Jankowska, Mirosław Pawełczyk e Marlena Sakowska-Baryła.

20 HARARI, Yuval Noah. *Id.*

21 ORWELL, George. 1984. Tradução: Alexandre Hubner e Heloisa Jahn. São Paulo: Companhia das Letras, 2019.

22 ASIMOV, Isaac. Eu, Robô. Tradução: Aline Storto Pereira. São Paulo: Editora Aleph, 2014.

23 2001: uma odisseia no espaço (2001: a space odissey). Direção de Stanley Kubrick. Metro-Goldwin-Mayer, 1968. 142 min.

24 A.I. Artificial Intelligence. Direção de Steven Spielberg. Warner Bros Pictures, DreamWorks Pictures, 2001. 146 min.

25 JORNADA nas Estrelas: Voyager (STAR Trek: Voyager). Criação: Rick Berman, Michael Piller e Jerry Taylor. Episódio 19, Temporada 7. Paramount Pictures, 2001. 44 min.

mitido. São dados que compõem nosso perfil e que nos tornam um conjunto não anônimo e plenamente identificável.[26]

A inteligência artificial é aplicada na racionalização de serviços também pelo Poder Judiciário, sem afastar a intervenção humana.[27] É utilizada, ainda, nas criações intelectuais, seja de propriedade industrial, seja de direito autoral, tema ainda pouco estudado, servindo como referência a obra original e relevante do francês François Pachet, músico e engenheiro de computação.

Inquietação, perplexidade, preocupação, a inteligência artificial tem sido objeto de reflexão não só de filósofos da envergadura de Yuval Noah Harari[28] e Pierre Levy,[29] bem como a de juristas que se dedicam a analisar os reflexos nos vários campos do Direito, notadamente por meio de obras coletivas[30] como a presente na qual esse artigo se integra.

A produção acadêmica das Universidades também reflete o momento com boas contribuições.[31]

[26] Consulte-se nosso artigo *Direitos básicos de proteção de dados pessoais, o princípio da transparência e a proteção dos direitos intelectuais*. Nesse artigo de coautoria divisível, tratamos especificamente dos perigos da formação do "mosaico" de dados pessoais. (Cf. CHINELLATO, Silmara Juny de Abreu; MORATO, Antonio Carlos. Direitos básicos de proteção de dados pessoais, o princípio da transparência e a proteção dos direitos intelectuais. *In*: MENDES, Laura Schertel; DONEDA, Danilo; SARLET, Ingo Wolfgang; RODRIGUES JUNIOR, Otavio Luiz; BIONI, Bruno Bioni (Org.). Tratado de Proteção de Dados Pessoais. 2. ed. Rio de Janeiro: Forense, 2023, p. 649-672. Consultem-se páginas 661-662.

[27] Consulte-se nessa obra, os ensaios de José Renato Nalini, Marcelo José M. Bonizzi; José Antonio Dias Toffoli, Roberta Rangel e Eduardo Toledo.

[28] HARARI, Yuval Noah. *Id.*

[29] LÉVY, Pierre. As tecnologias da inteligência: o futuro do pensamento na era da informática. *Id.* Ideias para o mundo. *Id.*

[30] Entre elas TEPEDINO, Gustavo; SILVA, Rodrigo da Guia (Coords.) O Direito Civil na era da inteligência artificial. São Paulo: Revista dos Tribunais. 2020; BARBOSA, Mafalda Miranda et al. (Coords.) Direito digital e inteligência artificial. Diálogos entre Brasil e Europa. Indaiatuba: Foco, 2021.

[31] Na produção acadêmica do Curso de Pós-Graduação da FDUSP citamos as teses de doutorado de Rodrigo de Méo e Nivaldo Sebastião Vícola. Cf. MÉO, Rodrigo Amaral Paula de. Inteligência artificial: reflexos na responsabilidade civil. 2022. Tese (Doutorado) – Universidade de São Paulo, São Paulo, 2022; VÍCOLA, Nivaldo Sebastião. Personalidade eletrônica na teoria geral do direito civil. 2021. Tese (Doutorado) – Universidade de São Paulo, São Paulo, 2021.

Eis o panorama que se descortina. Ainda um caminho que precisa ser percorrido com responsabilidade e sem conclusões apressadas, notadamente as que menosprezam a centralidade da pessoa humana.

## 1. Personalidade civil. A denominada "personalidade eletrônica"

Como civilista que percorreu toda a longa carreira acadêmica, consideramos invenção sem fundamento jurídico a denominada "personalidade eletrônica".

É contraditória e desnecessária, exagero sem responsabilidade quanto às consequências.

O Direito foi constituído por causa das pessoas, como bem escreveu Hermogeniano, cujo pensamento é sempre atual e ressalta a primazia da pessoa, então representada pela palavra "hominum". (D. 1.5.2)

*Cum igitur, hominum causa omne ius constitutum sit.*[32] Inserta no Título V – Do estado dos homens, a regra fundamental considera que o Direito foi constituído por causa dos homens, como bem traduz Manoel da Cunha Lopes e Vasconcellos, o Conselheiro Vasconcellos.[33]

No mesmo sentido a versão castelhana do Digesto por A. Dors, F. Hernandez – *Tejero, P. Fuenteseca, M. Garcia Garrido e K; Burillo: "2. Por lo tanto, como todo derecho há sido constituído por causa de los hombres, trataremos primeiro del estado de las personas y Después de las demás cosas, ...".*[34]

Nosso Código Civil, de expressiva influência romanística, consagra a primazia da pessoa humana em seu primeiro artigo: "Toda pessoa é capaz de direitos e deveres na ordem civil". Segue a mesma diretriz do artigo 1º do Código Civil de 1916. Parece-nos clara ao reconhecer direi-

[32] D.1.5.2. Hermogenianus libro primo iuris epitomarum. De statu hominum. Liber Primus. Cf. MADEIRA, Helcio Maciel França Madeira. Digesto de Justiniano. Liber Primus. Introdução ao Direito Romano. Edição bilingue Latim-português. Prólogo: Pierangelo Catalano. 6. ed. revista. Revista dos Tribunais, 2012, p. 2-9.

[33] JUSTINIANO (Imperador). Digesto ou Pandectas do Imperador Justiniano. Constituições Preliminares e livros 1-4. Tradução complementar, organização geral, adaptação e supervisão de transcrição: Eduardo C. Silveira Marchi, Bernardo B. Queiroz de Moraes e Darcio R. Martins Rodrigues. São Paulo: YK, 2017, p. 78.

[34] JUSTINIANO (Imperador). El Digesto de Justiniano. Constituciones preliminares y libros 1-19. Version castellana por A. Dors, F. Hernandez, Tejero, P. Fuenteseca, M. Garcia Garrido e K; Burillo. Editorial Aranzadi. Pamplona, 1968.

tos e obrigações exclusivamente à pessoa, regra essa que não é afastada pela louvável proteção aos animais.[35]

A regra de Hermogeniano é referida por muitos autores entre os quais, com ênfase, Mário Emílio Bigotte Chorão[36] e Jean Carbonnier. Este último também enfatiza essa primazia e centralidade ao prestigiar o pensamento de Hermogeniano e observar que, na atualidade, ele magnificamente nomearia o "humanismo jurídico", que considera oportuna e expressivamente inserto na rubrica *"De statu hominum"*.[37]

Em outra obra e na mesma diretriz, Carbonnier anota que o Código Civil francês incorporou essa diretriz no artigo 16: *«Art. 16 – La loi assure la primauté de la personne, interdit toute atteinte à la dignité de celle-ci et garantit le respect de l'être humain dès le commencement de sa vie»*.

Em Sur *les traces du non sujet du droit,*[38] anota que, enquanto a noção de pessoa, ao contrário, é recente, a doutrina e os autores são mais livres para modelá-la, segundo sua vontade. Observa, ainda, que há autores que fazem a distinção entre pessoa e sujeito de direito, pondo em relevo que aquela tem um plus em relação a este.

> Mais quel plus? Les uns disent la plénitude: la personne aurait vocation à la totalité des droits, tandis que le sujet de droit pourrait n'être sujet que de certains droits. D'autres préférent dire la continuité: la personne serait constamment présente, tandis que le sujet de droit ne se manifesterai qu'au cas para cas. (grifos nossos)[39]

[35] O tema será tratado adiante.

[36] Entre elas, CHORÃO, Mário Emílio Bigotte. Concepção realista da personalidade jurídica e estatuto do nascituro. Revista Brasileira de Direito Comparado. Instituto de Direito Comparado Luso-Brasileiro. n. 17, p. 161-196, 1999. Consulte-se, ainda, CHORÃO, Mário Emílio Bigotte. Pessoa humana, direito e política. Lisboa: Imprensa Nacional, Casa da Moeda, 2006.

[37] CARBONNIER, Jean. Droit civil 1 – Les personnes. Personnalité, incapacités, personnes morales. 20. ed. Paris: Presses Universitaires de France, 1996, p. 16-17.

[38] CARBONNIER, Jean. Sur les traces du non-sujet de droits. Archives de Philosophie du droit – Le sujet de droit. Tome 34. François Terré (Org.) p. 197-207. O autor republicou suas reflexões na obra Flexible droit. Pour une sociologie du droit sans rigueur. Deuxième Partie: Grand droit et petit droit. Titre III – Les incertitudes du droit. Chapitre II – être ou ne pas être: sur les traces du no-sujet de droit. 8. ed. Paris: L.G.D.J, 1995, p. 192-206.

[39] CARBONNIER, Jean. *Id.*, p. 201-202.

Em notável previsão para os dilemas futuros – entre os quais os que decorrem da inteligência artificial – Carbonnier considera que, em certos casos, a coisa isoladamente parece aspirar a se tornar pessoa, mas, se essa aspiração fosse bem sucedida, entretanto, isso seria apenas parcialmente e desde então, ao inverso, poder-se-ia pensar que existiria nela um não sujeito de direito. Alude, ainda, à teoria do fato da coisa, *"mas a coisa, nessa teoria, não é senão uma intermediária entre uma pessoa e o direito."*[40] Exemplifica com as inúmeras distribuidoras automáticas que podem dar ao usuário a impressão de contratar com um ser capaz de responder de modo racional, como um sujeito de direito: *"mais, en réalité, il contracte avec la volonté humaine qui a programmé la machine.»*[41] Fez um paralelo com a criação poética que empresta uma alma às coisas, como o fizeram Victor Hugo ao personificar *Notre Dame* de Paris e Mistral com o rio Rhône, mas sem consequência jurídica. Lembra ainda, a condição dos animais que têm posição mais assimilável, para distanciá-los das coisas. Alude que desde a Lei de 10 de julho de 1976 não mais se considera o animal como coisa, mas entende que houve apenas a elevação de um degrau, ao considerá-lo ser sensível e retirar dele a condição de coisa, tese com a qual concordamos e que tem sido por nós defendida há muito.

Anotamos que, atualmente, a tendência da legislação civil é retirar os animais da classificação *tout court* como *res*, coisa.

Entre os Códigos Civis que assim o fizeram, sem que se pretenda terem personalizado os animais, citem-se, os da França, de Portugal e da Espanha, antes, o da Alemanha, alterado em 1990 – artigo 90-A.

Poder-se-ia dizer que o animal é considerado em patamar acima das coisas, com dignidade diferenciada, considerado ser senciente.[42]

[40] *«(...) mais la chose, dans cette théorie n'est qu'un intermédiaire entre une personne et le droit».* (CARBONNIER, Jean. Flexible droit. *Id*, p. 201).

[41] CARBONNIER, Jean. *Ibid.*

[42] Sobre o tema, consulte-se o artigo de Fernando Speck e Rafael Speck de Souza, intitulado A tutela jurídica dos animais no Direito Civil contemporâneo [publicado em três partes]. Revista Consultor Jurídico, São Paulo. 21 de maio de 2018 (parte 1). Disponível em: https://www.conjur.com.br/2018-mai-21/tutela-juridica-animais-direito-civil-contemporaneo-parte. Acesso em: 2 mai. 2022; São Paulo, 28 de maio de 2018 (parte 2). Disponível em: https://www.conjur.com.br/2018-mai-28/direito-civil-atual-tutela-juridica-animais-direito-civil-contemporaneo-parte. Acesso em: 2 mai. 2022; São Paulo, 4 de junho de 2018

Em Portugal, a Lei n. 8/2017, de 3 de março estabelece um estatuto jurídico dos animais, alterando o Código Civil, aprovado pelo Decreto-Lei nº 47 344, de 25 de novembro de 1966.

Por meio do artigo 3º São aditados ao Código Civil, aprovado pelo Decreto-Lei nº 47.344, de 25 de novembro de 1966, os artigos 201º-B, 201º-C, 201º-D:

> Artigo 201º-B. Animais. Os animais são seres vivos dotados de sensibilidade e objeto de proteção jurídica em virtude da sua natureza.
>
> Artigo 201º-C – Proteção jurídica dos animais. A proteção jurídica dos animais opera por via das disposições do presente código e de legislação especial.
>
> Artigo 201º-D – Regime subsidiário – Na ausência de lei especial, são aplicáveis subsidiariamente aos animais as disposições relativas às coisas, desde que não sejam incompatíveis com a sua natureza.

O Código Civil francês, alterado em 2015, por meio da Lei 2015/177:

> Article 515-14
>
> Les animaux sont des êtres vivants doués de sensibilité. Sous réserve des lois qui les protègent, les animaux sont soumis au régime des biens.[43]

Depois da breve alusão aos animais, que não foram personalizados, mas, sim, elevados à categoria diferenciada em relação às coisas, volte-se ao pensamento de Jean Carbonnier.

Em reflexões seguintes, no ensaio *Sur les traces de non sujet de droit*,[44] retorna à regra de Hermogeniano "*Hominum causa omne ius constitutum*", que denomina de soberbo aforismo. Repele a crítica de quem o considera como hipócrita por englobar os escravos no título *De statu hominum*.

Argutamente e com propriedade, chama atenção para o que está subjacente, a qualidade de homem (hoje, denominado tecnicamente como

(parte 3). Disponível em: https://www.conjur.com.br/2018-jun-04/tutela-juridica-animais-direito-civil-contemporaneo-parte. Acesso em: 2 mai. 2022.

[43] Em Recueil Dalloz 2017, n. 996 alude-se a "*droit animalier*". Boa indicação bibliográfica sobre o tema encontra-se nas anotações ao artigo 515-14 em HENRY Xavier; VENANDET Guy; WIEDERKEHR, Geroges; ANCEL Pascal; TISSERAND-MARTIN, Alice. Code Civil Annoté. 119. ed. Paris: Dalloz, 2019, p. 781-782.

[44] CARBONNIER, Jean. Flexible droit. *Id.*, p. 207.

pessoa, nos modernos textos jurídicos) reconhecido ao escravo, o que contribuiu para abolir a escravatura, mencionando o personalismo e, depois, o que lhe pareceu mais adequado o humanismo.[45]

Na Espanha, citem-se os artigos 333 e 333 bis, encartados em "De la clasificación de los animales y de los bienes":

> Artículo 333. Todas las cosas que son o pueden ser objeto de apropiación se consideran como bienes muebles o inmuebles. También pueden ser objeto de apropiación los animales, con las limitaciones que se establezcan en las leyes. Artículo 333 bis. 1. Los animales son seres vivos dotados de sensibilidad. Solo les será aplicable el régimen jurídico de los bienes y de las cosas en la medida en que sea compatible con su naturaleza o con las disposiciones destinadas a su protección.[46]

Francisco Amaral também invoca o pensamento de Hermogeniano ao tratar da pessoa como valor fundamental, lembrando a expressão de Miguel Reale, ao afirmar que a pessoa é um valor-fonte do Direito, a qual lhe preexiste e do qual é causa eficiente.

Esse pensamento é desenvolvido por Reale em Lições de Filosofia do Direito,[47] e encontra respaldo no princípio da eticidade, um dos fundamentos do Código Civil atual.[48]

Também António Menezes Cordeiro anota a importância de Hermogeniano, invocando-o como aforismo clássico com inúmeros reflexos no Direito Civil.[49]

Não nos convence o argumento em favor de personalizar máquinas que se funda supostamente no fato de pessoas jurídicas ou pessoas morais ou pessoas coletivas – conforme a diferente terminologia adotada pelos Códigos de países diversos – não serem pessoas naturais ou físicas.

[45] CARBONNIER, Jean. *Ibid.*

[46] ESPANHA. Real Decreto de 24 de julio de 1889 por que el se publica el Codigo Civil. Disponível em: https://www.boe.es/eli/es/rd/1889/07/24/(1)/con. Acesso em: 2 mai. 2022.

[47] REALE, Miguel. Curso de Filosofia do Direito. 19. ed. São Paulo: Saraiva, 2000. (números 85-95 e 152).

[48] REALE, Miguel. O Projeto do Novo Código Civil. 2. ed. São Paulo: Saraiva, 1999, p. 8-9.

[49] CORDEIRO, Antonio Meneses. Tratado de Direito Civil. IV. Parte Geral. Pessoas. 5. ed. Coimbra. Almedina, 2019, p. 30 e ss.

Sem necessidade de nos aprofundarmos nas várias teorias que fundamentam ou explicam a pessoa jurídica, também denominada pessoa moral ou pessoa coletiva, parece relevante ponderar que elas são integradas por pessoas naturais ou físicas, representando a unicidade da vontade delas. Assim, há um substrato humano a compô-las. O mesmo se diga quanto aos entes denominados "não personalizados", como o condomínio, massa falida, espólio que, como bem pondera Rubens Limongi França, não têm personalidade apenas por opção legal, mas que o têm por sua natureza, não sendo bastante que se lhes reconheça apenas capacidade processual.[50]

Manuel Domingues de Andrade, na obra clássica "Teoria Geral das Relação Jurídica",[51] ao tratar da personalidade coletiva, ministra que "não resultará como que em pura sobra, em forma jurídica suspensa no vácuo, sem nenhuma correlação com o mundo exterior."[52] Continua o autor português, cujo pensamento avalizamos, ponderando que o conceito de personalidade coletiva não é uma pura invenção de legisladores e juristas, um instrumento ou artifício técnico. Essa forma pela qual aquelas organizações são representadas, bem como as relações que lhes interessam, foi transplantada da vida social para o Direito ou ao menos nela se inspirou.[53]

Enfatiza o autor:

> Concluímos, insistindo em que as pessoas colectivas, enquanto providas de personalidade jurídica, são criações do Direito, instrumento de que ele se serve para a protecção de certos interesses, posto que lhes corresponda um qualquer substrato material. A personalidade colectiva, sem deixar de ter as suas conexões coma realidade social, é pois primacialmente, uma realidade técnico-jurídica – uma forma jurídica de concentração e unificação de dadas relações.[54]

[50] Rubens Limongi França. Pensamento registrado em suas várias aulas às quais tivemos o privilégio de assistir, no Curso de Pós-Graduação da FADUSP, do qual resultou nossa tese de Doutorado, em 1983, publicada em 2000, Ed. Saraiva. Tivemos a honra de ter R. Limongi França como nosso orientador.

[51] ANDRADE, Manuel Domingues de. Teoria Geral da Relação Jurídica. Sujeitos e objeto. v. 1. Coimbra: Almedina, 2003.

[52] ANDRADE, Manuel Domingues de. *Id.*, p. 51.

[53] ANDRADE, Manuel Domingues de. *Id.*, p. 51-52.

[54] ANDRADE, Manuel Domingues de. *Id.*, p. 52.

Há uma identidade de nosso pensamento com o de Manuel Domingues de Andrade na leitura que fazemos, pois ele sempre considera, com outras palavras, que a pessoa jurídica ou moral, realidade técnico-jurídica, fenômeno social e empírico, também é formada por pessoas, as naturais.[55] No mesmo sentido, Rubens Limongi França, enfatizando a importância da pessoa natural, componente da pessoa jurídica.[56]

Temos afinidade com as linhas gerais do pensamento de Mafalda Miranda Barbosa, cujos ensaios merecem ser lidos. Entre eles, *Inteligência artificial, e-persons e direito: desafios e perspectivas*.[57]

Para a autora, quanto à personalidade das pessoas coletivas, deve-se considerar "um substrato, no qual se integra o fim em torno do qual a pessoa coletiva se organiza. Ora, é precisamente este fim, central para inúmeros aspetos da disciplina das pessoas coletivas, que justifica a atribuição da personalidade jurídica a estes entes."

Segundo a autora, trata-se, assim, de personalidade jurídica em função da busca de determinados interesses humanos coletivos ou comuns a permitir que as pessoas físicas busquem determinados interesses de modo diferente e mais adequado com sua natureza. Vê-se, destarte, que, no pensamento da autora, subjaz sempre o interesse da pessoa humana, com o que concordamos.

A Constituição da República dá ênfase à pessoa humana de modo expresso, no elenco de seus princípios fundamentais, ao registrar, no inciso III, a dignidade da pessoa humana. Embora esse princípio encontre-se banalizado por sua excessiva invocação,[58] este é oportuno na discussão sobre o desprestígio à pessoa humana ao se pretender substitui-

55 Consultem-se páginas 45 a 52, notadamente p. 52 da Teoria geral da Relação jurídica, vol. I, cit.

56 FRANÇA, Rubens Limongi. Instituições de Direito Civil. São Paulo: Saraiva, 1988, p. 66. Na mesma obra, ao tratar do condomínio, afirma que ele tem "certa personificação "e não se refere à capacidade processual. O mesmo pensamento encontra-se em FRANÇA, Rubens Limongi. Manual de Direito Civil. São Paulo: Revista dos Tribunais, 1971, p. 201.

57 BARBOSA, Mafalda Miranda. Inteligência artificial, e-persons e direito: desafios e perspectivas. Revista Jurídica Luso-Brasileira. Ano 3, n. 6, 2017, p. 1475-1503. Consulte-se p. 1488.

ANDRADE, Manuel Rodrigues de. *Id.*, p. 52.

ANDRADE, Manuel Rodrigues de. *Id.*, p. 45-52.

58 A banalização ou excesso de hipóteses, as mais variadas, em que é invocado foi objeto de crítica oportuna do Ministro Dias Toffoli em SUPREMO TRIBUNAL FEDERAL (Tribunal

-la por máquina quanto a autoria aplicada à propriedade intelectual ou direito intelectual. Esse interesse é exatamente o que falta à máquina, conforme pontua Mafalda Miranda Barbosa, que se louva também em Nathalie Nevejans. Alude, ainda, à impossibilidade de um robô ser responsável civilmente havendo necessidade de cometer a responsabilidade a uma pessoa. Não lhe parece seja viável o reconhecimento de *electronic person* ou *e-persons*. Acrescenta:

> Se a personalidade jurídica se explica por razões axiológicas – que determinam o necessário reconhecimento dela às pessoas singulares – ou por razões operativas, ainda explicadas à luz dos interesses humanos que subjazem às pessoas coletivas, então teremos de concluir que a extensão da categoria aos entes dotados de inteligência artificial não procede: a analogia com a dignitas do ser humano inexiste; a ponderação dos interesses humanos por detrás do robot não a explica, exceto se com ela quisermos forjar um mecanismo de desresponsabilização do sujeito (humano, entenda-se), o que parece contrariar o próprio sentido do direito.[59]

Em outra passagem, a autora repudia argumentos que seriam favoráveis à atribuição de personalidade jurídica aos mecanismos dotados de inteligência artificial: autonomia, autoaprendizagem, adaptação do comportamento ao meio ambiente. A palavra "desdignificante" para o ser humano, usada pela autora portuguesa, cabe com muita oportunidade em conclusão a esses argumentos. Bem sintetiza a visão lapidar de Hermongeniano por nós exposta. Transcrevemos em parte os respeitáveis argumentos da autora, aplaudindo-os:

> A autonomia dos robots é uma autonomia tecnológica, fundada nas potencialidades da combinação algorítmica que é fornecida ao software. Está, portanto, longe do agir ético dos humanos, em que radica o ser pessoa. Falta-lhes, em cada tomada de decisão, a pressuposição ética, falha a relação de cuidado com o outro, até porque, em muitos casos, ela pode mostrar-se incompatível com a eficiência que está na base da programação computacional. A pessoalidade e a absoluta dignidade que a acompanha não existem

Pleno). Recurso Extraordinário n. 363889, Relator: Min. Dias Toffoli, Brasília, 2 de junho de 2011, publicado em 16 de dezembro de 2012.

[59] BARBOSA, Mafalda Miranda. *Id.*, p. 1488.

> por referência à inteligência artificial, razão pela qual se, ainda que em concreto um ser humano esteja privado da capacidade de agir, não lhe pode ser negado o estatuto de pessoa (e de pessoa para o direito), o mesmo não pode ser sustentado por referência aos robots.[60]

Enfatizamos também, tal qual Mafalda Miranda Barbosa, a ética e o cuidado com o outro e relembro as lições expressivas e contundentes de Emmanuel Lévinas ao acentuar "eu e o outro",[61] que deve nortear sempre o Direito, inclusive quanto aos direitos da personalidade, e que dá primazia a direitos concernentes à própria pessoa do sujeito, bem como a emanações e prolongamentos.[62]

Não obstante suas características de serem personalíssimos, inalienáveis, imprescritíveis, impenhoráveis, o são absolutos por haver o balizamento, quando couber, do equilíbrio do "eu e o outro". Tratando-se de máquinas, nem de longe nem remotamente essa reflexão existiria.

Necessário, ainda, lembrar que um dos fundamentos do Código Civil é princípio da eticidade, como enfatiza Miguel Reale, seu coordenador.[63]

No nosso modo de ver, há aviltamento da dignidade da pessoa humana, desprestígio enorme à pessoa, sem finalidade e inconsequente quanto à proposta de se "personalizar" máquinas, o que já contém *contradictio in terminis*. Respeitamos as opiniões contrárias. Felizmente, poucas.

O pensamento de Hermogeniano é e será sempre atual. Adapta-se à era da tecnologia, pois o Direito sempre foi e será feito para a pessoa.

Personalidade é da pessoa natural ou jurídica. *Robots* têm titularidade atribuída a alguém, que o registrou, como o consideram as leis de propriedade industrial dos diversos países, inclusive o nosso.[64] Depois poderão ser objeto do contrato adequado. Não há necessidade alguma de se

[60] BARBOSA, Mafalda Miranda. *Id.*, p. 1482.

[61] LEVINAS, Emmanuel. Totalité et infini. Essai sur l'extériorité. Biblio essais. Le livre de poche. Édition originale: Martinus Nijhoff, 1971. HUTCHENS, B.C. Compreender Lévinas. Tradução: Vera Lúcia Mello Josceline. Petrópolis: Vozes, 2007.

[62] Cf. TOMASEVICIUS FILHO, Eduardo. *Id.*

[63] REALE, Miguel. O Projeto do Novo Código Civil. *Id.*, p. 8-9

[64] O tema será também analisado quando tratarmos da tentativa de registro de máquina como autora (no caso, o computador Dabus) perante o INPI. Cf. a parte final do presente Capítulo.

inventar "personalidade eletrônica", modismo sem fundamento, com consequências não bem ponderadas por quem o propõe.

Se *robot* tem personalidade autônoma, de quem seria a responsabilidade civil e penal por danos causados a terceiros? Se é do titular dos direitos sobre ele ou do proprietário do *robot* ou do usuário – a ver no caso concreto – desnecessária a personalidade jurídica. Como produto, há incidência do Código de Defesa do Consumidor.[65] A pretensa personalidade de máquinas é, primeiramente, tema de Direito Civil e de Teoria Geral do Direito.

Conforme já se explanou supra, nem se argumente que o animal deixou de ser coisa, em algumas legislações sendo as mais recentes a da Espanha, de Portugal e da França. Na Espanha merece elogio também o Código de Protección y Bienestar Animal. Apenas se diferencia o animal da qualificação de *res,* coisa, mas não é pessoa, não tem personalidade. Categoria intermediária. Nem se faça analogia com os denominados "entes despersonalizados", que têm capacidade processual como massa falida, condomínio e espólio – formado por pessoas. Muito diferente é querer atribuir personalidade à máquina, amesquinhando a pessoa natural ou jurídica – formada de pessoas.

Merecem menção os estudos de Joseph Drexl e Reto M. Hilty, pesquisadores do Instituto Max Planck quanto a Concorrência e Inovação, que questionam existir sistemas autônomos e independentes. Afirmam os pesquisadores que processos relacionados à inteligência artificial ainda são dirigidos por pessoas tanto em relação ao desenvolvimento do programa de IA como a sua utilização para gerar novos resultados.

Quanto ao processo de *machine learning,* os pesquisadores analisaram quais partes desse método são pré-determinadas por uma pessoa e enfatizam a importância da *escolha*[66] ou no desenvolvimento dos algoritmos de treinamento. Enfatizam que mesmo que pareçam inteligentes, não são autônomos necessitando ser ajustados por especialistas em *machine learning.*[67]

[65] Cf. nessa obra, o ensaio de Antonio Carlos Morato e Rafael Marinangelo sobre os aspectos de Direito do Consumidor relacionados à inteligência artificial.

[66] Grifo nosso.

[67] DREXL, Josef; HILTY, Reto M. et al. Technical Aspects of Artificial Intelligence: An Understanding from an Intellectual Property Law Perspective. Max Planck Institute for

O substancial artigo de Drexl e Hilty, que aplaudimos inteiramente, mereceu aval de Luiz Felipe Salomão e de Caroline Somesom Tauk em rico e bem fundamentado ensaio, um dos melhores que conhecemos.[68] Os autores analisam as várias propostas para atribuição de titularidade às obras criadas por meio de inteligência artificial, sempre enfatizando a necessária cautela para que se adote uma ou outra.

Antes de elencarmos as principais propostas que têm sido apresentadas quanto a atribuir à máquina autoria de patentes, é mister salientar que o programa de computador é protegido pelos países e pela Convenção de Berna como obra literária pelo art. 10,I do TRIPS – "programas de computador, em código fonte ou objeto, serão protegidos como obras literárias pela Convenção de Berna". No Brasil, especificamente pelo artigo 2º da Lei nº 9.609, de 19 de fevereiro de 1998, com respaldo no art. 7, XII da Lei de Direitos autorais (Lei nº 9.610, de 19 de fevereiro de 1998).

Em que pese a existência de lei especial, há aplicação subsidiária da lei que tutela os direitos autorais. Há, ainda, o Decreto Presidencial nº 2.556/98, que estabeleceu a competência ao INPI para realizar o registro de programa de computador.

Luiz Felipe Salomão e Caroline S. Tauk fazem uma análise concisa e oportuna das propostas quanto à autoria de patente produzida com auxílio – ou pretensamente – pela própria máquina:

a) Considerar a própria máquina como autora e atribuir a titularidade da patente e exercício de direitos patrimoniais ao proprietário do sistema de IA, ao programador ou ao usuário, que podem ser pessoas diferentes. Essa é a proposta de Ryan Abbott, da qual respeitosamente discordamos, em que pese lhe reconhecermos a seriedade.[69] Cumpre acrescentar que o Escritório Europeu de

Innovation and Competition Resarch Paper Series. v. 1. October 2019. Disponível em: https://ssrrn.com/abstract= 34655777. Acesso em: 2 mai. 2022.

[68] SALOMÃO, Luiz Felipe; TAUK, Caroline S. Inteligência artificial e Direito da propriedade intelectual: fundamentos teóricos e legais da proteção. *In:* TEPEDINO, Gustavo; SILVA, Rodrigo da Guia (Coords.) O Direito Civil na era da inteligência artificial. São Paulo: Revista dos Tribunais. 2020, p. 739-762.

[69] ABBOTT, Ryan. Reasonable robot: artificial intelligence and the law. Cambridge: Cambridge University Press, 2020; ABBOTT, Ryan. O projeto do inventor artificial. Palestra proferida no XVI Codaip. Youtube, São Paulo, 21 de outubro de 2020, Disponível em:

Patentes e o Escritório de Marcas e Patentes do EUA não aceitaram pedidos de patentes em nome do sistema Dabus, como autor, e exigiram a identificação de um ser humano;

b) Considerar o proprietário do sistema, o programador ou o usuário como autores;

c) Considerar a obra como de domínio público. O programador teria direito aos benefícios derivados da criação do sistema de IA, mas não aos produtos secundários criados pela máquina.

Concluem os autores Luiz Felipe Salomão e Caroline S. Tauk: "Por mais que sistemas de IA possam gerar resultados inovadores que se assemelhem ao trabalho humano, o regime da propriedade intelectual não pode desconsiderar as diferenças entre as criações de um ser humano e de uma coisa".[70]

Anotem-se as posições críticas quanto à personalização de máquinas – a denominada "personalidade eletrônica" – de Pedro Marcos Nunes Barbosa[71] e de Lívia Barboza Maia.[72]

É sempre atual o pensamento de Hermogeniano, prestigiado com vigor pelo filósofo e civilista português Mário Emílio Bigotte Chorão:

> O direito existe, necessariamente, para os homens (hominum causa omne ius constitutum est), e a estes cabe o protagonismo na cena jurídica, em posição dominante sobre as "coisas", animadas ou inanimadas, desprovidas de personalidade e ordenadas à satisfação das suas necessidades. Elemento integrante fundamental do bem comum, a realização do justo faz

https://www.youtube.com/watch?v=V23eBb85Zrg. O autor nos deu a honra de proferir palestra sobre o tema Inteligência artificial aplicada à propriedade intelectual em evento promovido pelo Departamento de Direito Civil da FADUSP e o Instituto dos Advogados de São Paulo, por meio da Comissão de Propriedade Intelectual por nós presidida.

[70] SALOMÃO, Luiz Felipe; TAUK, Caroline S. *Id.*, p. 759.

[71] BARBOSA, Pedro Marcos Nunes. Autoria de bens intelectuais e as criações de inteligência artificial. *In:* TEPEDINO, Gustavo; SILVA, Rodrigo da Guia (Coords.). O Direito Civil na era da inteligência artificial. São Paulo: Revista dos Tribunais. 2020, p. 763-779.

[72] MAIA, Livia Barboza. A impossibilidade de inteligência artificial ser autora de inventos de propriedade industrial sob uma perspectiva civil-constitucional. *In*: TEPEDINO, Gustavo; SILVA, Rodrigo da Guia (Coords.). O Direito Civil na era da inteligência artificial. São Paulo: Revista dos Tribunais. 2020, p. 781-800.

parte das condições sociais que hão-de concorrer, nos indivíduos humanos, para o desenvolvimento integral da sua pessoa.[73]

Felizmente, vemos também o alerta de grandes cientistas, filósofos e empreendedores, como Yuval Harari, Pierre Levy, Stephen Hawkins, Bill Gates, bem como da União Europeia.

Duas decisões da Corte de Justiça da União Europeia: Arrêt Infopaq, de 2009 e o Panier, de 2011 já indicavam a tendência antropocêntrica.[74]

Da primeira decisão – Infopaq – destacamos: "a obra é original se ela constitui uma criação própria de seu autor". A decisão Panier pondera que a obra pode ser considerada original se é caracterizada por escolhas livres e criativas.

Na última semana de outubro de 2020, houve pronunciamento da Comissão que cuida dos temas de IA, no sentido da necessidade de se prestigiar a pessoa que não pode ser afastada como partícipe dos processos que a envolvem. No voto, proferido no dia 20 de outubro de 2020, os eurodeputados aprovaram três iniciativas que preveem novas regras no domínio da inteligência artificial (IA) em "matéria de ética, responsabilidade e direitos de propriedade intelectual". Entre as iniciativas aprovadas, sublinhou-se que a IA deve ser "antropocêntrica e antropogênica (centrada no, e produzida pelo, ser humano)" e realça também a necessidade de as tecnologias "de alto risco" decorrentes da IA – como a tecnologia de autoaprendizagem, que inclui, por exemplo, a condução autônoma – serem "concebidas de forma a permitir a supervisão humana a qualquer momento".

A vice-presidente da Comissão Europeia, Margrethe Vestager, que participou no debate que antecedeu o voto, afirmou que o executivo comunitário partilha as mesmas ambições que o plenário. Segundo ela, partilha-se a ambição de criar um quadro legal para a inteligência artificial na Europa, para que as pessoas possam beneficiar-se de produtos e

[73] CHORÃO, Mario Emilio Bigotte. Concepção realista da personalidade jurídica e estatuto do nascituro. *Id.*, p. 279.

[74] Sobre ambas as decisões Cf. este rico artigo: CRUQUENAIRE, Alexandre; DELFORGE, Antonine; HUBIN, Jean Benoît; KNOCKAERT, Manon; MICHAUX, Benoìt; Thomas Tomal. Droit d'auteur et oeuvres générées par machine. *In:* JACQUEMIM, Hervé e STREEL,Alexandre (Orgs.). L'inteligence artificielle et le droit. Bruxelles: Larcier, 2017 (Collection du Crids – Centre de Recherche Information, Droit e Société), p. 189-240.

serviços de IA. Devem eles, no entanto ser seguros e respeitar os direitos e valores europeus fundamentais.[75]

São novas reflexões, depois da Resolução do Parlamento Europeu, de 16 de fevereiro de 2017, que trazem recomendações à Comissão concernentes a regras de Direito Civil sobre a robótica.[76]

Muitos autores europeus têm meditado sobre o tema, como os já mencionados autores alemães Josef Drexl e Reto M. Hilty, Mafalda Miranda Barbosa, bem como Natalie Nevejans. Consultem-se, ainda, na presente obra as contribuições de Olivier Gout, Alexandre Dias Pereira, Marlena Maria Jankowska.

Outros autores europeus adotam a diretriz antropocêntrica entre os quais *Droit d'auteur et oeuvres générées par machine d*e Alexandre Cruquenaire, Antonine Delforge, Jean Benoît Hubin, Manon Knockaert, Benoìt Michaux e Thomas Tomal.[77]

São diretrizes baseadas nos valores de sistemas de *civil law*. Não necessitamos de inoportunos modelos de outros sistemas.

Há contribuições atuais brasileiras. O Enunciado nº 670, da IX Jornada de Direito Civil em Comemoração de 20 anos do Código Civil e da primeira edição do evento, realizada em Brasília em maio de 2022, consigna: "Independentemente do grau de autonomia de um sistema de inteligência artificial, a condição de autor é restrita a seres humanos."

Há muito a refletir, mas ao menos existe um Projeto de Lei a ser discutido. Um dos temas polêmicos é a responsabilidade civil parecendo-nos que onde não couber a responsabilidade objetiva do artigo 927, parágrafo único, caberá por culpa presumida.

Tratando-se de máquinas, parece infundada a responsabilidade lastreada na culpa, em inversão à tendência da legislação dos vários países em proteger a parte mais fraca, a vítima.

[75] Notícia amplamente divulgada pelos jornais brasileiros, como a Folha de São Paulo, e estrangeiros.

[76] PARLAMENTO EUROPEU. Resolução do Parlamento Europeu, de 16 de fevereiro de 2017, que contém recomendações à Comissão sobre disposições de Direito Civil sobre Robótica (2015/2103(INL)). Disponível em: https://www.europarl.europa.eu/doceo/document/TA-8-2017-0051_PT.html. Acesso em: 2 mai. 2022.

[77] CRUQUENAIRE, Alexandre; DELFORGE, Antonine; HUBIN, Jean Benoît; KNOCKAERT, Manon; MICHAUX, Benoìt; Thomas Tomal. *Id.*

Adota tese oposta a que sustentamos, o PL nº 21/2020 da Câmara dos Deputados, já aprovado por ela, com tramitação no Senado Federal, a propor a responsabilidade subjetiva no inciso VI do artigo 6º, embora seu inciso III aluda a "gestão baseada em riscos". Os parágrafos 1º e 2º do inciso VI aludem ao inciso III e também menciona de modo expresso a "gestão com base em risco". Corretamente, o § 3º do mesmo inciso VI determina que, nas relações de consumo, a responsabilidade do agente independe de culpa, o que está conforme ao Código de Defesa do Consumidor. Outra não poderia ser a diretriz adotada.

Foi constituída em 2022 a proposta de regulamentação da inteligência artificial por Comissão Especial do Senado Federal, integrada por respeitáveis especialistas sob a presidência do Ministro Ricardo Vilas Boas Cuevas, cujo resultado seria apresentado no final de 2022. O estudo da Comissão objetiva propor substitutivo aos Projetos de Lei números 5.051/2019, 21/2020 e 872/2021. As diretrizes sobre responsabilidade civil parecem-nos adequadas, segundo as que temos apresentado em aulas e palestras.[78]

Cabe-nos aplaudir o R. Parecer da AGU – Advocacia Geral da União, da lavra do Procurador Federal Marcos Fiovarante Vilela Di Iulio, Coordenador-Geral Jurídico de Propriedade Industrial, elaborado a pedido INPI – Instituto Nacional da Propriedade Industrial, em 8 de agosto de 2022, que contou com o aval do Procurador-Chefe – PFE/IMPI, Marcos da Silva Couto, datado de 9 de agosto de 2022.[79] O R. Parecer elaborado tem como assunto:" Indicação e nomeação de máquina dotada de inteligência artificial como inventora de pedido de patente."

O Requerente é o conhecido Dr. Stephen Thaler, tendo como inventor a máquina Dabus, gerada por inteligência artificial, requerimento esse já feito em inúmeros países dos quais tem-se conhecimento de apenas ter sido deferido pela Austrália, o qual ainda pende de decisão final sobre o recurso apresentado pelo Comissário Australiano de Patentes. Anota o R. Parecer que igual pedido foi rejeitado no Reino Unido, nos EUA, na Europa, na Coreia do Sul, em Taiwan e na Nova Zelândia.

[78] Foi-nos possibilitado tomar conhecimento das conclusões da R. Comissão, durante a editoração presente artigo.

[79] Parecer 00024/2022/CGPI/FPE-INPI/PGE/AGU Pedido internacional PCT/IB2019/057809.

Segundo a pesquisa que o lastreia, o argumento principal do indeferimento é justamente a necessidade de um ser humano figurar como o inventor. Fundamentam o R. Parecer o artigo 4º Ter da Convenção da União de Paris, segundo o qual "o inventor tem o direito de ser mencionado como tal na patente", bem como o artigo 6º da Lei de Propriedade Industrial – Lei nº 9.279/1996 – que, na mesma esteira da lei anterior em seus vários incisos, pressupõe que o inventor seja uma pessoa a quem é atribuída a propriedade (artigo 6º, *caput*) e direitos patrimoniais a herdeiros e sucessores. Menciona, ainda, com oportunidade, a lição de Denis Borges Barbosa,[80] segundo o qual o direito de ser nomeado como autor da patente é direito da personalidade.

O parecerista invoca, ainda, o artigo 1º do Código Civil, já por nós mencionado – "Toda pessoa é capaz de direitos e deveres na ordem civil" – a corroborar o pensamento lapidar de Hermogeniano.

Acrescentamos que o Direito Sucessório, previsto pelo § 2º do artigo 6º da Lei de Propriedade Industrial (Lei nº 9.279, de 14 de maio de 1996), expressamente pressupõe sucessão de pessoa para outra(s) pessoa (s), e observamos que o § 3º também de modo expresso alude a invenção criada conjuntamente por duas ou mais pessoas.

Consideramos, pois, correta e bem fundamentada a conclusão do R. Parecer da AGU: "Diante de todo o exposto, à vista da consulta formulada, a Procuradoria, em estrito juízo de legalidade, manifesta-se no sentido da impossibilidade de indicação ou de nomeação de inteligência artificial como inventora em um pedido de patente apresentado no Brasil, ex vi do contido no artigo 6º da Lei 9279/96 e disposto na Convenção da União de Paris (CUP) e no Acordo Trips".

Em conclusão a esse Capítulo, registre-se ser sempre atual o pensamento de Hermogeniano prestigiado com vigor pelo filósofo e civilista português Mário Emílio Bigotte Chorão:

> O direito existe, necessariamente, para os homens (hominum causa omne ius constitutum est), e a estes cabe o protagonismo na cena jurídica,

[80] O autor Denis Barbosa trata com grande proficiência do "direito de nominação", como direito de personalidade, fazendo interessante aproximação entre o direito moral do inventor e o do autor de obra literária, artística e científica. A obra por nós consultada, ao avalizar a menção à obra do autor carioca é a seguinte: BARBOSA, Denis Borges. Tratado da Propriedade Intelectual. Patentes. 2. ed. Rio de Janeiro: Lumen Juris, 2017, p. 1307-1308.

em posição dominante sobre as "coisas", animadas ou inanimadas, desprovidas de personalidade e ordenadas à satisfação das suas necessidades. Elemento integrante fundamental do bem comum, a realização do justo faz parte das condições sociais que hão-de concorrer, nos indivíduos humanos, para o desenvolvimento integral da sua pessoa.[81]

Enfatizamos ser bem-vinda a IA como instrumento e a pessoa como protagonista a quem sempre compete uma escolha. Considera-se, assim, a centralidade da pessoa, na adequada visão antropocêntrica das Ciências e se prestigia o desenvolvimento tecnológico.

## 2. Criações intelectuais e Direito de autor. A autoria na obra musical

No âmbito da criação artística, várias questões surgem, sendo a principal a que pertine à autoria da obra na qual se utiliza inteligência artificial. Escolhemos a música, mas a indagação pode se estender a outras artes.

Indaga-se se a IA é capaz de, sozinha, sem auxílio humano, recolher dados, fazer a análise, selecionar, escolher e obter o resultado final quanto à obra individualizada. Pode ela, sozinha, sem auxílio humano, também colocar a obra no mercado para disponibilizá-la ao público?

A disponibilização é relevante, pois, se, com auxílio humano, houver violação de direito autoral, enseja aplicação da responsabilidade civil solidária prevista na Lei nº 9.610/98, pelo artigo 102: "O titular cuja obra seja fraudulentamente reproduzida, divulgada ou de qualquer forma utilizada, poderá requerer a apreensão dos exemplares reproduzidos ou a suspensão da divulgação, sem prejuízo da indenização cabível".

A obra criada por meio de inteligência artificial pode ter utilizado obra alheia no todo ou em parte. Quanto à responsabilidade civil, relembre-se um ponto fundamental. Responsabilidade objetiva não se presume. Ela é claramente indicada na lei ou pode resultar do parágrafo único do artigo 927 do Código Civil:

> *Art. 927. Aquele que, por ato ilícito (arts. 186 e 187), causar dano a outrem, fica obrigado a repará-lo.*

[81] CHORÃO, Mário Emílio Bigotte. Concepção realista da personalidade jurídica e estatuto do nascituro. *Ibid.*

*Parágrafo único. Haverá obrigação de reparar o dano, independentemente de culpa, nos casos especificados em lei, ou quando a atividade normalmente desenvolvida pelo autor do dano implicar, por sua natureza, risco para os direitos de outrem.*

Criação artística é regida pela Lei nº 9.610 de 1998, que não estabelece a responsabilidade civil objetiva, como o fazem as diversas leis especiais. A tendência à objetivação da responsabilidade civil, como uma das que a caracterizam,[82] se estendeu a várias leis especiais: as que disciplinam o acidente do trabalho – Leis nºs 6.338, de 7 de junho de 1976 e 8.213, de 24 de julho de 1991, anotando-se que o primeiro decreto com força de lei é o de número 3.724, de 15 de janeiro de 1919; Lei nº 6.453, de 17 de outubro de 1977, que regulamenta a responsabilidade civil por danos nucleares; Lei Ambiental – Lei nº 6.938, de 31 de agosto de 1981; Lei nº 8.078, de 11 de setembro de 1990 – Código de Proteção e Defesa do Consumidor; Lei nº 10.671, de 15 de maio de 2003 – Estatuto do Torcedor; Lei nº 8.974, de 5 de janeiro de 1995, que estabelecia regras para uso das técnicas de lei engenharia genética, revogada pela Lei de Biossegurança – Lei nº 11.105, de 24 de março de 2005, regulamentada pelo Decreto nº 5.591, de 22 de novembro de 2005.

A tendência à objetivação da responsabilidade civil atende à sociedade pós-moderna, sociedade de massa e globalizada, caracterizada pelos riscos da produção e do desenvolvimento, nos quais se inclui a tecnologia, que tornam mais vulneráveis as pessoas, possíveis vítimas.

A quarta era dos direitos, conforme denomina Norberto Bobbio,[83] ou era da técnica, no dizer de Hans Jonas,[84] traz uma responsabilidade diferenciada aos produtores de tecnologia, imputando-lhes indenizar os lesados sem indagação de culpa, bastando a comprovação do nexo causal entre o ato ou fato lesivo e o dano. Prestigia a vítima, parte mais fraca, seguindo a tendência da legislação em vários âmbitos, ao reconhecer expressamente que o vulnerável será protegido de modo expresso.

[82] Sobre o tema consulte-se nosso ensaio: CHINELLATO, Silmara Juny de Abreu. Da responsabilidade civil no Código de 2002 – aspectos fundamentais. Tendências do Direito Contemporâneo. *In*: TEPEDINO, Gustavo; FACHIN, Luiz Edson (Coords.). O Direito e o Tempo. Embates jurídicos e utopias contemporâneas. Estudos em homenagem ao Professor Ricardo Pereira Lira. Rio de Janeiro: Renovar. 2008, p. 93-98.

[83] BOBBIO, Norberto. *Id.*

[84] JONAS, Hans. *Id.*

Programas de computador que permitem interação com qualquer usuário, resultando em música ou conjunto aleatório de sons, talvez não contenham aproveitamento de composição musical de terceiros.

Assim, não haveria violação de direito autoral. Na hipótese de utilização de obra alheia, sim, não se tratando necessariamente de plágio, conceito mal compreendido e banalizado.[85] Além de ser banalizado e mal aplicado, no campo musical há maiores dificuldades considerando-se as sequências lógicas, bem como as mais comuns, utilizadas por muitos.

Forma educativa de despertar interesse por música para crianças, está no projeto francês de Flow Machine, de François Pachet, uma das maiores autoridades sobre o uso de inteligência artificial na criação musical, a quem nos referiremos a seguir.

Nesse caso, em princípio, as músicas seriam de domínio público. O mesmo ocorre com desenhos que tenham esse perfil. Há necessidade de aporte criativo, conforme bem explica a doutrina autoralista, citando-se, entre outros, Antonio Chaves, Carlos Alberto Bittar e José de Oliveira Ascensão.[86]

Quanto a atribuir ao domínio público, é necessário cautela para, no caso concreto, não se configurar desconsideração ao investimento. Com base em François Pachet, engenheiro especializado em computação e músico, indicaremos algumas hipóteses de criação musical com auxílio de inteligência artificial na qual a participação humana é inequívoca. Pachet é atualmente Diretor do Centro de Pesquisa e Laboratório de Tecnologia do Spotfy, com sede em Paris, o Spotfy Creator Research Tecnologgy Lab. Para apresentação sucinta de Pachet, conhecedor profundo de música, reportamo-nos ao link abaixo.[87]

[85] Sobre plágio cujo conceito é apropriação da essência e individualidade da obra alheia – substantial identity – lastreada em Zara Agardi, Cf. CHINELLATO, Silmara Juny de Abreu. Violações de direito autoral: plágio, "autoplágio" e contrafação. *In:* COSTA NETTO, José Carlos et al. (Coord.). Direito autoral atual. Rio de Janeiro: Elsevier, 2015.

[86] CHAVES, Antonio. Direito de Autor. Princípios Fundamentais. São Paulo: Forense, 1987, p. 172-178; BITTAR, Carlos Alberto. Direito de autor. 5. ed. São Paulo: Gen-Forense. 2013, p. 47. ASCENSÃO, José de Oliveira. Direito Autoral. 2. ed. Rio de Janeiro: Renovar. 1997, p. 50, 53, 62, entre outras.

[87] PORTAL BABELIO. PACHET, François (Verbete). Disponível em: https://www.babelio.com/auteur/Francois-Pachet/462642. Acesso em: 2 mai. 2022.

O Projeto *Flow Machines*, de grande envergadura e complexidade, foi feito pelo *Computer Science Laboratory-Sony*, com financiamento público e participação da *Sorbonne*.

O desenvolvimento dos trabalhos de François Pachet, Benoit Carré e Pierre Roy está descrito amplamente em arquivos na via digital[88] e também na obra de Pachet, intitulada *Histoire d'une oreille.*[89] Eis o resumo do livro feito pela Editora Buchet+Chastel, instigando à leitura da obra integral que é de muito proveito. A transcrição do resumo, datada de 15 de março de 2013, parece-nos útil porque apresenta, em síntese, o relevante trabalho do autor quanto ao tema da inteligência artificial na criação musical:

> *Histoire d'une oreille nous invite à un voyage inédit dans la musique du XX.ᵉ siècle, des Beatles à Stevie Wonder, de Michel Delpech à Chico Buarque ou Louis Armstrong. Pourquoi tel morceau de musique me plaît-il et tel autre pas? Comment la musique suscite-t-elle en moi telle ou telle sensation? Est ainsi reconstituée une véritable fabrique de l'expérience musicale dans laquelle les émotions au fil du temps se complètent et se répondent comme en un vaste jeu de lego.*
>
> *Composé d'une suite de brefs chapitres qui sont autant d'histoires concrètes d'écoute, au hasard de rencontres et de souvenirs, le livre de François Pachet est aussi, et ce n'est pas le moindre de ses charmes, une autobiographie discrète où la musique se révèle indissociable de la mémoire, les notes entendues à l'autoradio à jamais liées à la touffeur d'un été en Grèce ou à l'ennui d'un voyage en voiture. L'ouvrage est enrichi de nombreux extraits audio.*[90]

Apresentamos algumas hipóteses de participação humana inequívoca, baseando-nos nos trabalhos desenvolvidos por François Pachet, Benoit Carré e Pierre Roy.

a) Com auxílio humano, música feita com auxílio de computador, como suporte da criação. É uma realidade que existe há algum

[88] FORLAN, Adrian. Dans le cerveau de François Pachet (Spotify). Portal L'Officiel. Paris, 13 de março de 2018. Disponível em: https://www.lofficiel.com/hommes/francois-pachet-est-il-un-genie-de-l-informatique. Acesso em: 2 mai. 2022.

[89] PACHET, François. Histoire d'une oreille. Paris: Buchet Chastel, 2018.

[90] PACHET, François. Histoire d'une oreille. *Id.* Contracapa.

tempo. A Autoria é do autor-compositor, sem nenhuma atribuição ao titular do programa de computador, que já é protegido como tal;

b) Música feita com auxílio de inteligência artificial e *machine learning*. Realidade demonstrada por François Pachet, Benoit Carré e Pierre Roy.

Eles explicam a complexidade da criação de músicas e da necessidade de conhecimento musical. Discorrem sobre o modo de compor usando as sequências de Markov. Entre os vários trabalhos desses Projeto, houve um com estilo de Charlie Parker, que resultou na música *Boulez Blues*; outro baseado em dez canções do pianista Bill Evans, que resultou em música interpretada pela cantora francesa Camille Bertault.[91] Noticiam álbum musical completo de músicas feitas com inteligência artificial e *machine learning* nesse projeto *Flow Machine*.

Nossa atenção se centrou em duas criações: *Daddy's car*, no estilo Beatles, e em *Começar de Novo*, de autoria de Ivan Lins e Vitor Martins cantada *a cappella* no estilo do grupo *Take Six*. Em Daddys' car, o estilo Beatlles foi aprendido pela máquina por meio de quarenta e cinco canções, com resultado muito elogiável. Os autores explicam como a alimentaram para conseguir o estilo e aludem muito à palavra *escolha*. Cumpre-nos observar que, no nosso modo de ver, em princípio não há proteção do estilo, o que encontra respaldo nas imunidades do Direito de autor, elencadas no artigo 8º da Lei 9.610/98. O estilo se insere no inciso I: "Art. 8º Não são objeto de proteção como direitos autorais de que trata esta Lei: I – as ideias, procedimentos normativos, sistemas, métodos, projetos ou conceitos matemáticos como tais".

Eventual violação de direito autoral deve ser analisada por perícia especializada no tema.

91 ÉCOLE DE PONTS PARISTECH. Café des sciences: François Pachet, l'IA au servisse de la création musicale. Paris, 19 de novembro de 2019. Disponível em: https://ecoledesponts.fr/cafe-des-sciences-francois-pachet-ia. Acesso em: 2 mai. 2022. Nesse link encontram-se informações complementares ao trabalho de Pachet.

Autores de *Daddy's car*, obra originária, são Pachet e demais músicos que participaram do processo de seleção, criação e escolha, bem como do arranjo (obra derivada) para *Começar de novo*. Quanto a essa, cuja letra não foi utilizada, interpretada no estilo dos cantores do Take 6, anote-se que a música continua sendo de Ivan Lins ou dele, e de Vitor Martins, se a coautoria musical for indivisível. A autorização dos autores parece ter sido dada, tendo em vista a emoção e alegria expressamente demonstradas por Ivan Lins ao ouvi-la, conforme atesta expressamente François Pachet, com respaldo em vídeo.[92] Não foram utilizadas as vozes dos cantores do Take 6 e, como já anotado, estilo não tem proteção autoral.

Explicação didática e minuciosa encontra-se na apresentação de Pachet ao canal de TV francês em evento no Centre Rabelais de Montepelier, em 7 de dezembro de 2016, sob o título *"Une machine peut-elle créer de la musique?"*[93]

No Brasil, destaque-se a relevante pesquisa de Giordano Cabral, da Universidade Federal de Pernambuco – UFPE, professor de computação musical, criador da plataforma Brasyle. Segue o caminho criado por Pachet, com talento próprio.[94]

O arranjo, obra derivada, constitui criação intelectual nova, resultando da transformação da obra primígena ou originária conforme artigos 5º VIII, g, 7º, X, e 29, XIII.[95]

[92] NOGUEIRA, Amanda. Para Especialista, inteligência artificial na música não é o fim da humanidade. Folha de S. Paulo, Caderno Ilustrada. São Paulo, 20 de agosto de 2017. Disponível em: https://www1.folha.uol.com.br/ilustrada/2017/08/1911031-francois-pachet-explica-criacao-musical-com-inteligencia-artificial.shtml. Acesso em: 2 mai. 2022. Há, ainda, vídeo na internet que apresenta a reação de Ivan Lins, de emoção, alegria e encantamento.

[93] PACHET, François. Une machine peut-elle créer de la musique?. Youtube, 7 de dezembro de 2016. Disponível em: https://youtu.be/fTchcZGWsIg. Acesso em: 2 mai. 2022.

[94] NOGUEIRA, Amanda. Brasileiros criam base de música para projeto de inteligência artificial. Folha de S. Paulo, Caderno Ilustrada. São Paulo, 20 de agosto de 2017. Disponível em: https: https://www1.folha.uol.com.br/ilustrada/2017/08/1911447-brasileiros-criam-base-de-musica-para-projeto-de-inteligencia-artificial.shtml. Acesso em: 2 mai. 2022.

[95] Em regra, a obra derivada, como o arranjo, depende de autorização. Esse tema não cabe agora ser tratado, mas Ivan Lins parece tê-lo autorizado, ao menos de modo implícito, por reação positiva e emocionada, segundo se vê na apresentação da obra a ele. Vídeo e áudio disponíveis na internet, nas páginas de François Pachet.

Como obra derivada dependeria de autorização, mas comporta outro estudo a análise mais profunda sobre autorização para arranjo com participação de inteligência artificial:

> *Orquestração de canção já existente, como Samba de uma nota só. Pachet é fã de Tom Jobim. Chamou-a de cover. A harmonia é diferente da original, mas não nega a lógica da canção. A progressão de acordes tem o toque de Jobim por meio de "modulação harmônica inesperada". Foi gravada por The Pirouettes. Tal como o arranjo, a orquestração parece-nos ser obra derivada, embora não conste expressamente do inciso III do artigo 29 da LDA e como tal, em princípio. necessitaria de autorização dos titulares da obra primígena.*

Pachet denomina de novas categorias do novo:

> 1) Canção originais – materiais novos inspirados em trabalhos preexistentes "mas em grau aceitável";
>
> 2) Covers – nova orquestração de canções existentes;
>
> 3) Trabalhos com plágio ou trabalhadores plagiadores – são os com seguimentos de canções existentes sem transformação ou com pouca transformação. Trabalhos parasitários, imitam uma orquestração "sem plagiar", para evitar pagamento de direitos autorais.

Essas hipóteses são repudiadas com veemência por Pachet, que sempre enfatiza a necessidade de respeito ao direito autoral. Como ressalta em várias oportunidades, as finalidades das novas criações com inteligência artificial são a criação e a novidade.

A participação humana inequívoca – conforme nos pareceu claro ao analisar as pesquisas do músico francês e seu próprio testemunho, que atesta ser imprescindível essa participação, inclusive por diversas escolhas necessárias – resolve o que parecia um problema mas que não é: aplica-se, sem dúvida, a Lei de Direitos Autorais quanto a direitos patrimoniais e morais.

Admitindo-se apenas por hipótese – para aqueles que supõem que uma máquina possa criar sozinha, sem participação humana, uma música ou canção, se houver letra – seria duvidosa a aplicação da Lei de direitos autorais, pois todas as leis foram criadas para pessoas e não para máquinas.

Cabe uma vez mais a regra de Hermogeniano, em D.1.5.2, analisada no Capítulo II sobre a denominada personalidade *eletrônica*.[96] E mesmo se fosse cindida a autoria – para a máquina – e a utilização para quem fosse o titular de direitos,[97] não seriam aplicáveis os direitos morais, direitos da personalidade. Direitos da personalidade para máquina seria uma *contradictio in terminis*. E nem se argumente que os direitos da personalidade existem para pessoa jurídica, pois ela também é formada por *pessoas*, como bem explanaram autores já supra mencionados, entre os quais Manuel Domingues de Andrade.

Outro ponto a ser levantado: o direito de paternidade é o principal direito moral de autor e, como direito de personalidade, só pode ser atribuído à pessoa natural, como regra e, por exceção – tratando-se de obra coletiva – à pessoa jurídica, pelo todo ou conjunto, sem excluir a autoria das partes que a compõem.[98]

Em conclusão ao presente Capítulo, primeiro voltamos ao que já afirmamos: atribuir autoria para efeito de tutela pelo direito de autor, passa necessariamente pelo Direito Civil quanto ao conceito de personalidade atribuída à pessoa natural ou jurídica (esta também formada por pessoas), sem necessidade de nela se incluir máquinas.

Até hoje, as criações que podem ser denominadas música não dispensaram a interferência humana. Um músico esteve presente nas fases principais, como se viu nos trabalhos do Projeto de *Flow machine* e nos demais de François Pachet. Há autor humano e, por isso, a questão é regulada pelo Direito de autor. Máquinas, por enquanto, não têm sentimentos nem vivência humana; por isso, cremos que não farão concorrência com pessoas. A máquina não será capaz de compor letras do

[96] *Cum igitur, hominun causa omne ius constituttum sit* ("O Direito foi constituído por causa do homem.") Como já explanado, *homem* no sentido de *pessoa*.

[97] Assim se pretendeu no registro da máquina Dabus como autora do invento e o Dr. Stephen Thaler como o titular de direitos.

[98] Entre os direitos e garantias fundamentais, dispõe o Artigo 5º, XXVIII da Constituição Federal que "são assegurados, nos termos da lei: a) a proteção às participação individuais em obras coletivas e à reprodução da imagem e voz humanas, inclusive nas atividades desportivas". No mesmo sentido, o artigo 17 da Lei nº 9.610, de 1998: "É assegurada a proteção às participações individuais em obras coletivas". Sobre a pessoa jurídica como autora, cf. MORATO, Antonio Carlos. Direito de autor em obra coletiva. São Paulo: Saraiva, 2007 (Coleção Professor Agostinho Alvim).

nível das de Chico Buarque e músicas no das de Edu Lobo, parceria que considero excelência da excelência, como *Choro bandido, Valsa brasileira, Beatriz.* Nem será capaz de criar tantas canções que resultaram da parceria Tom Jobim e Vinícius de Moraes, entre muitas outras relevantes e expressivas parcerias.

Na aula-palestra ministrada em Montpelier,[99] já mencionada, o músico-engenheiro Pachet faz afirmação lapidar no sentido de que uma música criada apenas por inteligência artificial não tem emoção, mas apenas expressão. Daí a importância da participação humana. Conforme afirmou, em feliz síntese, sua pesquisa visa a impulsionar a criatividade de artistas e não a gerar músicas automatizadas.

Programas de computador e inteligência artificial são bem-vindos como auxiliares, não como protagonistas.

## Conclusões

A Constituição da República dá ênfase à pessoa humana de modo expresso, no elenco de seus princípios fundamentais, ao registrar, no inciso III, a dignidade da pessoa humana. Embora esse princípio encontre-se banalizado por excessiva invocação, este é oportuno no debate sobre o desprestígio à pessoa humana ao se pretender substitui-la por máquina quanto a autoria aplicada à propriedade intelectual ou direito intelectual.

O pensamento de Hermogeniano é sempre atual, como o reconhecem juristas dos diversos países, pois ressalta que *O Direito foi constituído por causa do homem,* termo substituído por pessoa, em Leis, Tratados e Convenções internacionais.

A denominada "personalidade eletrônica" é uma *contradictio in terminis* e não há qualquer necessidade de se conceder personalidade à máquina, o que contraria o ordenamento jurídico nacional e o de vários países, além de desprestigiar a pessoa humana, razão de ser rejeitada também por filósofos e empreendedores no campo da tecnologia.

Defender a "personalidade eletrônica" também não avalia adequadamente as consequências, de grande expressão, quanto à responsabilidade civil, tema nem sempre ponderado.

[99] PACHET, François. Une machine peut-elle créer de la musique?. *Ibid.*

A participação humana é inequívoca nas várias ou ao menos em alguma etapa da criação e existe sempre uma escolha para o resultado final, como considerado pelos juristas e muito bem demonstrado na criação da obra musical com auxílio de inteligência artificial.

Deve-se prestigiar a inovação e para tanto não é necessário utilizarmos a tecnologia sem ponderar a ética, um dos princípios do Código Civil brasileiro e também considerada como diretriz nos diversos países.

Inteligência artificial é bem-vinda como instrumento. Não como protagonista.

## Referências

### a) Bibliográficas

ABBOTT, Ryan. Reasonable robot: artificial intelligence and the law. Cambridge: Cambridge University Press, 2020.

ANDRADE, Manuel Domingues de. Teoria Geral da Relação Jurídica. Sujeitos e objeto. v. 1. Coimbra: Almedina, 2003.

ASCENSÃO, José de Oliveira. Direito Autoral. 2. ed. Rio de Janeiro: Renovar, 1997.

ASIMOV, Isaac. Eu, Robô. Tradução: Aline Storto Pereira. São Paulo: Editora Aleph, 2014.

BARBOSA, Denis Borges. Tratado da Propriedade Intelectual. Patentes. 2. ed. Rio de Janeiro: Lumen Juris, 2017.

BARBOSA, Mafalda Miranda. Inteligência artificial, e-persons e direito: desafios e perspectivas. Revista Jurídica Luso-Brasileira. Ano 3, n. 6, 2017, p. 1475-1503.

BARBOSA, Pedro Marcos Nunes. Autoria de bens intelectuais e as criações de inteligência artificial. *In:* TEPEDINO, Gustavo; SILVA, Rodrigo da Guia (Coords.). O Direito Civil na era da inteligência artificial. São Paulo: Revista dos Tribunais. 2020, p. 763-779.

BITTAR, Carlos Alberto. Direito de autor. 5. ed. São Paulo: Gen-Forense. 2013.

BOBBIO, Norberto. A era dos direitos. Tradução: Carlos Nelson Coutinho. 9. ed. Rio de Janeiro: Campus, 1992.

CARBONNIER, Jean. Droit civil 1 – Les personnes. Personnalité, incapacités, personnes morales. 20. ed. Paris: Presses Universitaires de France, 1996.

CARBONNIER, Jean. Flexible droit. Pour une sociologie du droit sans rigueur. Deuxième Partie: Grand droit et petit droit. Titre III – Les incertitudes du droit. Chapitre II – être ou ne pas être: sur les traces du no-sujet de droit. 8. ed. Paris: L.G.D.J, 1995.

–. Sur les traces du non-sujet de droits. Archives de Philosophie du droit – Le sujet de droit. Tome 34. François Terré (Org.).

CHAVES, Antonio. Direito de Autor. Princípios Fundamentais. São Paulo: Forense, 1987.

CHINELLATO, Silmara Juny de Abreu. Da responsabilidade civil no Código de 2002 – aspectos fundamentais. Tendências do Direito Contemporâneo. *In*: TEPEDINO, Gustavo; FACHIN, Luiz Edson (Coords.). O Direito e o Tempo. Embates jurídicos e utopias contemporâneas. Estudos em homenagem ao Professor Ricardo Pereira Lira. Rio de Janeiro: Renovar. 2008.

–; MORATO, Antonio Carlos. Direitos básicos de proteção de dados pessoais, o princípio da transparência e a proteção dos direitos intelectuais. *In*: MENDES, Laura Schertel; DONEDA, Danilo; SARLET, Ingo Wolfgang; RODRIGUES JUNIOR, Otavio Luiz; BIONI, Bruno Bioni (Org.). Tratado de Proteção de Dados Pessoais. 2. ed. Rio de Janeiro: Forense, 2023, p. 649-672.

–. Violações de direito autoral: plágio, "autoplágio" e contrafação. *In:* COSTA NETTO, José Carlos et al. (Coord.). Direito autoral atual. Rio de Janeiro: Elsevier, 2015.

CHORÃO, Mário Emílio Bigotte. Concepção realista da personalidade jurídica e estatuto do nascituro. Revista Brasileira de Direito Comparado. Instituto de Direito Comparado Luso-Brasileiro. n.17, p.161-196, 1999.

–. Pessoa humana, direito e política. Lisboa: Imprensa Nacional, Casa da Moeda, 2006.

CORDEIRO, Antonio Meneses. Tratado de Direito Civil. IV. Parte Geral. Pessoas. 5. ed. Coimbra. Almedina, 2019.

CRUQUENAIRE, Alexandre; DELFORGE, Antonine; HUBIN, Jean Benoît; KNOCKAERT, Manon; MICHAUX, Benoìt; Thomas Tomal. Droit d'auteur et oeuvres générées par machine. *In:* JACQUEMIM, Hervé e STREEL,Alexandre (Orgs.). L'inteligence artificielle et le droit. Bruxelles: Larcier, 2017 (Collection du Crids – Centre de Recherche Information, Droit e Société), p. 189-240.

DREXL, Josef; HILTY, Reto M. et al. Technical Aspects of Artificial Intelligence: An Understanding from an Intellectual Property Law Perspective. Max Planck Institute for Innovation and Competition Resarch Paper Series. v. 1. October 2019. Disponível em: https://ssrn.com/abstract= 34655777. Acesso em: 2 mai. 2022.

ÉCOLE DE PONTS PARISTECH. Café des sciences: François Pachet, l'IA au servisse de la création musicale. Paris, 19 de novembro de 2019. Disponível em: https://ecoledesponts.fr/cafe-des-sciences-francois-pachet-ia. Acesso em: 2 mai. 2022.

FORLAN, Adrian. Dans le cerveau de François Pachet (Spotify). Portal L'Officiel. Paris, 13 de março de 2018. Disponível em: https://www.lofficiel.com/hommes/francois-pachet-est-il-un-genie-de-l-informatique. Acesso em: 2 mai. 2022.

FRANÇA, Rubens Limongi. Instituições de Direito Civil. São Paulo: Saraiva, 1988.

–. Manual de Direito Civil. São Paulo: Revista dos Tribunais, 1971.

HAENLEIN, Michael; KAPLAN Andreas. A Brief History of Artificial Intelligence: On the Past, Present, and Future of Artificial Intelligence. California Management Review, v. 61, n. 4, p. 5–14, jul. 2019. Disponível em: https://journals.sagepub.com/doi/abs/10.1177/0008125619864925?journalCode=cmra. Acesso em: 2 mai. 2022.

HARARI, Yuval Noah. 21 lições para o século 21. Tradução: Paulo Geiger. São Paulo: Companhia das Letras, 2018.

HENRY Xavier; VENANDET Guy; WIEDERKEHR, Geroges; ANCEL Pascal; TISSERAND-MARTIN, Alice. Code Civil Annoté. 119. ed. Paris: Dalloz, 2019.

HUTCHENS, B.C. Compreender Lévinas. Tradução: Vera Lúcia Mello Josceline. Petrópolis: Vozes, 2007.

IBM Cloud Education. O que é inteligência artificial? 3 de junho de 2020. Disponível em: https://www.ibm.com/br-pt/cloud/learn/what-is-artificial-intelligence. Acesso em: 2 mai. 2022.

JONAS, Hans. O princípio responsabilidade. Ensaio de uma ética para a civilização tecnológica. Tradução: Marijane Lisboa e Luiz Barros Montez. Rio de Janeiro: Contrapont; PUC – Rio, 2006.

JUSTINIANO (Imperador). Digesto ou Pandectas do Imperador Justiniano. Constituições Preliminares e livros 1-4. Tradução complementar, organização geral, adaptação e supervisão de transcrição: Eduardo C. Silveira Marchi, Bernardo B. Queiroz de Moraes e Darcio R. Martins Rodrigues. São Paulo: YK, 2017.

JUSTINIANO (Imperador). El Digesto de Justiniano. Constituciones preliminares y libros 1-19. Version castellana por A. Dors, F. Hernandez, Tejero, P. Fuenteseca, M. Garcia Garrido e K; Burillo. Editorial Aranzadi. Pamplona, 1968.

LEVINAS, Emmanuel. Totalité et infini. Essai sur l'extériorité. Biblio essais. Le livre de poche. Édition originale: Martinus Nijhoff, 1971.

LÉVY, Pierre. As tecnologias da inteligência: o futuro do pensamento na era da informática, 2. ed. Tradução: Carlos Irineu da Costa. São Paulo: Editora 34, 2010.

–. Dois milhões de anos de inteligência artificial. Canal Fronteiras do Pensamento. Produção de Telos Cultural. Direção e edição: Pedro Zimmermann. Tradução: Marina Waquil e Francesco Settineri. Disponível em: https://www.youtube.com/watch?v=796fI61AtlE. Acesso em: 5 jul. 2022.

MADEIRA, Helcio Maciel França Madeira. Digesto de Justiniano. Liber Primus. Introdução ao Direito Romano. Edição bilingue Latim-português. Prólogo: Pierangelo Catalano. 6. ed. revista. Revista dos Tribunais, 2012.

MAIA, Livia Barboza. A impossibilidade de inteligência artificial ser autora de inventos de propriedade industrial sob uma perspectiva civil-constitucional. *In*: TEPEDINO, Gustavo; SILVA, Rodrigo da Guia (Coords.). O Direito Civil na era da inteligência artificial. São Paulo: Revista dos Tribunais. 2020, p. 781-800.

MÉO, Rodrigo Amaral Paula de. Inteligência artificial: reflexos na responsabilidade civil. 2022. Tese (Doutorado) – Universidade de São Paulo, São Paulo, 2022.

MORATO, Antonio Carlos. Direito de autor em obra coletiva. São Paulo: Saraiva, 2007 (Coleção Professor Agostinho Alvim).

NOGUEIRA, Amanda. Para Especialista, inteligência artificial na música não é o fim da humanidade. Folha de S. Paulo, Caderno Ilustrada. São Paulo, 20 de agosto de 2017. Disponível em: https://www1.folha.uol.com.br/ilustrada/2017/08/1911031-francois-pachet-explica-criacao-musical-com-inteligencia-artificial.shtml. Acesso em: 2 mai. 2022.

NOGUEIRA, Amanda. Brasileiros criam base de música para projeto de inteligência artificial. Folha de S. Paulo, Caderno Ilustrada. São Paulo, 20 de agosto de 2017. Disponível em: https: https://www1.folha.uol.com.br/ilustrada/2017/08/1911447-brasileiros-criam-base-de-musica-para-projeto-de-inteligencia-artificial.shtml. Acesso em: 2 mai. 2022.

ORWELL, George. 1984. Tradução: Alexandre Hubner e Heloisa Jahn. São Paulo: Companhia das Letras, 2019.

PORTAL BABELIO PACHET, François (Verbete). Disponível em: https://www.babelio.com/auteur/Francois-Pachet/462642. Acesso em: 2 mai. 2022.

PACHET, François. Histoire d'une oreille. Paris: Buchet Chastel, 2018.

REALE, Miguel. Curso de Filosofia do Direito. 19. ed. São Paulo: Saraiva, 2000.

–. O Projeto do Novo Código Civil. 2. ed. São Paulo: Saraiva, 1999.

REDATOR ROCK CONTENT. Saiba como funciona um algoritmo e conheça os principais exemplos existentes no mercado. 7 de fevereiro de 2019. Disponível em: https://rockcontent.com/br/blog/algoritmo/. Acesso em: 2 maio. 2022.

RODOTÀ, Stefano. A vida na sociedade da vigilância. A privacidade hoje. Organização, seleção e apresentação de Maria Celina Bodin de Moraes. Tradução: Danilo Doneda e Luciana Cabral Doneda. Rio de Janeiro: Renovar, 2008.

–. Il mondo nella rete. Quali I diritti, quali i vincoli. Roma-Bari: Laterza, 2014.

SALOMÃO, Luiz Felipe; TAUK, Caroline S. Inteligência artificial e Direito da propriedade intelectual: fundamentos teóricos e legais da proteção. *In:* TEPEDINO, Gustavo; SILVA, Rodrigo da Guia (Coords.) O Direito Civil na era da inteligência artificial. São Paulo: Revista dos Tribunais. 2020, p. 739-762.

SOUZA, Fernando Speck; SOUZA, Rafael Speck de. A tutela jurídica dos animais no Direito Civil contemporâneo (parte 1). Revista Consultor Jurídico, São Paulo. 21 de maio de 2018 (parte 1). Disponível em: https://www.conjur.com.

br/2018-mai-21/tutela-juridica-animais-direito-civil-contemporaneo-parte. Acesso em: 2 mai. 2022.
–; –. A tutela jurídica dos animais no Direito Civil contemporâneo (parte 2). Revista Consultor Jurídico, São Paulo, 28 de maio de 2018. Disponível em: https://www.conjur.com.br/2018-mai-28/direito-civil-atual-tutela-juridica--animais-direito-civil-contemporaneo-parte. Acesso em: 2 mai. 2022.
–; –. A tutela jurídica dos animais no Direito Civil contemporâneo (parte 2). Revista Consultor Jurídico, São Paulo, 4 de junho de 2018 (parte 3). Disponível em: https://www.conjur.com.br/2018-jun-04/tutela-juridica-animais-direito--civil-contemporaneo-parte. Acesso em: 2 mai. 2022.
TEPEDINO, Gustavo; SILVA, Rodrigo da Guia (Coords.) O Direito Civil na era da inteligência artificial. São Paulo: Revista dos Tribunais. 2020; BARBOSA, Mafalda Miranda et al. (Coords.) Direito digital e inteligência artificial. Diálogos entre Brasil e Europa. Indaiatuba: Foco, 2021.
TOMASEVICIUS FILHO, Eduardo. Inteligência artificial e direitos da personalidade: uma contradição em termos? Revista da Faculdade de Direito, Universidade de São Paulo, v. 113, p. 133-149, 2018. Disponível em: https://www.revistas.usp.br/rfdusp/article/view/156553. Acesso em: 2 mai. 2022.
VÍCOLA, Nivaldo Sebastião. Personalidade eletrônica na teoria geral do direito civil. 2021. Tese (Doutorado) – Universidade de São Paulo, São Paulo, 2021.
UNICAMP. Instituto de Matemática, Estatística e Computação Científica. Ada Lovelace. A primeira programadora da história. Disponível em: http://www.ime.unicamp.br/~apmat/ada-lovelace/. Acesso em: 2 mai. 2022.
WIEDERHOLD, Gio; McCARTHY, John. Arthur Samuel: Pioneer in Machine Learning. Ibm Journal of Research and Development. V, 36, n. 3, p. 329 – 331, 1992. Disponível em: https://www.researchgate.net/publication/224103556_Arthur_Samuel_Pioneer_in_Machine_Learning. Acesso em: 2 mai. 2022.
WIKIPEDIA. O jogo da imitação (verbete). Disponível em: https//pt.wkipedia.org/wiki/o-jogo-da-imitacao. Acesso em: 2 mai. 2022.

## b) Audiovisuais

2001: uma odisseia no espaço (2001: a space odissey). Direção de Stanley Kubrick. Metro-Goldwin-Mayer, 1968. 142 min.
ABBOTT, Ryan. O projeto do inventor artificial. Palestra proferida no XVI Codaip. Youtube, São Paulo, 21 de outubro de 2020. Disponível em: https://www.youtube.com/watch?v=V23eBb85Zrg.
A.I. Artificial Intelligence. Direção de Steven Spielberg. Warner Bros Pictures, DreamWorks Pictures, 2001. 146 min.

JORNADA nas Estrelas: Voyager (STAR Trek: Voyager). Criação: Rick Berman, Michael Piller e Jerry Taylor. Episódio 19, Temporada 7. Paramount Pictures, 2001. 44 min.

LÉVY, Pierre; Ideias para o mundo. Produção: Aleteia Selonk; Roteiro: Pedro Zimmermann. Okna Produções Culturais, 2020. 26 min.

PACHET, François. Une machine peut-elle créer de la musique?. Youtube, 7 de dezembro de 2016. Disponível em: https://youtu.be/fTchcZGWsIg. Acesso em: 2 mai. 2022.

*The Imitation Game* ou *O Jogo da Imitação*, filme de 2014, dos gêneros suspense e drama histórico-biográfico, é dirigido por Morten Tyldum, com roteiro de Graham Moore baseado no livro biográfico *Alan Turing: The Enigma*, de Andrew Hodges.

## c) Jurisprudenciais

SUPREMO TRIBUNAL FEDERAL (Tribunal Pleno). Recurso Extraordinário n. 363889, Relator: Min. Dias Toffoli, Brasília, 2 de junho de 2011, publicado em 16 de dezembro de 2012.

## d) Legislativas

ESPANHA. Real Decreto de 24 de julio de 1889 por que el se publica el Codigo Civil. Disponível em: https://www.boe.es/eli/es/rd/1889/07/24/(1)/con. Acesso em: 2 mai. 2022.

PARLAMENTO EUROPEU. Resolução do Parlamento Europeu, de 16 de fevereiro de 2017, que contém recomendações à Comissão sobre disposições de Direito Civil sobre Robótica (2015/2103(INL)). Disponível em: https://www.europarl.europa.eu/doceo/document/TA-8-2017-0051_PT.html. Acesso em: 2 mai. 2022. https://www.europarl.europa.eu/doceo/document/TA-8-2017-0051_PT.html

# 2. OS DIREITOS DE AUTOR E OS DESAFIOS DA INTELIGÊNCIA ARTIFICIAL: *COPYRIGHT EX MACHINA*?

*Alexandre Libório Dias Pereira*

## Introdução

A Inteligência Artificial (IA) e a robótica colocam novos desafios ao Direito nos seus diversos domínios,[1] incluindo a propriedade intelectual. Os sistemas de IA não apenas auxiliam as pessoas em atividades de criação intelectual como são já capazes de gerar autonomamente obras literárias ou artísticas.[2] Serão as obras geradas por IA objeto de direitos de autor?

Por outro lado, na realização dessas obras, os sistemas de IA utilizam obras protegidas por direitos de autor e outros conteúdos protegidos. Beneficiam os sistemas de IA de um *livre trânsito* de direitos de autor ou,

[1] Sobre esta matéria *vd.* as Atas do Congresso «Direito e Robótica» do Instituto Jurídico e do Centro de Direito do Consumo da Faculdade de Direito da Universidade de Coimbra publicadas na edição especial dos *Estudos de Direito do Consumidor*, Nº 16 (2020), sob direção de António Pinto Monteiro.

[2] Servem de exemplo projetos como o *The Next Rembrandt*, na pintura, e o *Deep Mind*, da *Google*, na composição musical. *Vd.* Andres Guadamuz, «Artificial intelligence and copyright», *WIPO Magazine* 2017 <https://www.wipo.int/wipo_magazine/en/2017/05/article_0003.html>; Marcus du Sautoy, *Creativity Code: Art and Innovation in the Age of AI*, London, 2019. Sobre o *modus operandi* da IA e dos algoritmos de *machine-learning*, Yavar Bathaee, «The Artificial Intelligence Black Box and the Failure of Intent and Causation», *Harvard Journal of Law & Technology* vol. 31 (2018), p. 889-938.

pelo contrário, a utilização dessas tecnologias está sujeita igualmente a direitos de autor relativamente aos conteúdos que utiliza?

Além disso, os sistemas de IA são uma ferramenta poderosa ao nível do controlo da licitude de utilização de conteúdos protegidos por direitos de autor e conexos, em especial nas plataformas de partilha online. Qual será o papel destas tecnologias a este nível? Será a comunicação online regida por robôs-polícia de direitos de autor?

No fundo, que papel terá o ser humano no futuro dos direitos de autor, quer ao nível da criação de obras literárias ou artísticas, quer ao nível do controlo das comunicações online? Os direitos de autor devem continuar ao serviço da liberdade de criação cultural, enquanto dimensão essencial da dignidade da pessoa humana, ou ser apenas uma forma de proteção da indústria dos conteúdos audiovisuais, independentemente de terem origem no espírito humano ou em «cérebros de silício»? Terá chegado o tempo do "direito de autor sem autor e sem obra"?[3]

Em dezembro de 2019, a Organização Mundial da Propriedade Intelectual (OMPI/WIPO) lançou uma consulta pública sobre questões que a inteligência artificial coloca à propriedade intelectual e que poderá conduzir à adoção de um instrumento de direito internacional[4], à semelhança dos Tratados da OMPI sobre direito de autor e sobre prestações e fonogramas, respetivamente, de dezembro de 1996, quando estava em causa a adaptação dos direitos de autor e conexos às novas tecnologias da informação e da comunicação, em especial à Internet.

Na União Europeia, o Parlamento Europeu (PE) adotou no dia 20 de outubro de 2020 uma resolução sobre «os direitos de propriedade intelectual para o desenvolvimento de tecnologias de inteligência artificial»[5], na qual defende uma "abordagem antropocêntrica à IA que

[3] De que já falava J. Oliveira Ascensão, «O direito de autor sem autor e sem obra», in *Ars Iudicandi: Estudos em Homenagem ao Prof, Doutor António Castanheira Neves*, vol. I, Org. J. Figueiredo Dias, J.J. Gomes Canotilho e Faria Costa, Coimbra Editora, 2008, p. 87-108.

[4] «Impact of Artificial Intelligence on IP Policy: Call for Comments», https://www.wipo.int/about-ip/en/artificial_intelligence/call_for_comments/index.html#issues

[5] https://www.europarl.europa.eu/doceo/document/TA-9-2020-0277_PT.html. Esta resolução é uma entre várias resoluções do Parlamento Europeu sobre IA e surge em linha com a agenda da Comissão Europeia anunciada no seu *Livro Branco sobre a inteligência artificial - Uma abordagem europeia virada para a excelência e a confiança*, COM(2020) 65 final, Bru-

respeite os princípios éticos e os direitos humanos" (para. E). A propriedade intelectual tem sido objeto de vários instrumentos de harmonização na União Europeia, em especial no domínio dos direitos de autor e dos direitos conexos relativamente à proteção jurídica de programas de computador[6] e de bases de dados[7], direitos de aluguer e comodato[8], satélite e cabo[9], prazo de proteção[10], sociedade da informação (Internet)[11], direito de sequência[12], obras órfãs[13], gestão coletiva e

xelas, 19.2.2020. A Comissão Europeia identificou a Inteligência Artificial como um setor crítico para a Europa, considerando, na sua Comunicação *Inteligência artificial para a Europa*, que o "aumento da capacidade computacional, a disponibilidade de dados e a evolução dos algoritmos fizeram da IA uma das *tecnologias mais estratégicas do século XXI*" [COM(2018) 237 final, Bruxelas, 25.4.2018, p. 3]. Para um estudo sobre o impacto das tecnologias baseadas em IA no que diz respeito à criação, produção e consumo de conteúdo audiovisual e multimédia, *vd.* George Rehm, *Research for CULT Committee: The use of Artificial Intelligence in the Audiovisual Sector*, European Union, 2020.

[6] Diretiva 2009/24/CE do Parlamento Europeu e do Conselho, de 23 de abril de 2009, relativa à proteção jurídica dos programas de computador.

[7] Diretiva 96/9/CE do Parlamento Europeu e do Conselho, de 11 de março de 1996, relativa à proteção jurídica das bases de dados.

[8] Diretiva 2006/115/CE do Parlamento Europeu e do Conselho, de 12 de dezembro de 2006, relativa ao direito de aluguer, ao direito de comodato e a certos direitos conexos ao direito de autor em matéria de propriedade intelectual.

[9] Diretiva 93/83/CEE do Conselho, de 27 de setembro de 1993, relativa à coordenação de determinadas disposições em matéria de direito de autor e direitos conexos aplicáveis à radiodifusão por satélite e à retransmissão por cabo (Diretiva «Satélite e cabo»).

[10] Diretiva 2006/116/CE do Parlamento Europeu e do Conselho, de 12 de dezembro de 2006, relativa ao prazo de proteção do direito de autor e de certos direitos conexos (Diretiva «Prazo»).

[11] Diretiva 2001/29/CE do Parlamento Europeu e do Conselho, de 22 de maio de 2001, relativa à harmonização de certos aspetos do direito de autor e dos direitos conexos na sociedade da informação.

[12] Diretiva 2001/84/CE do Parlamento Europeu e do Conselho, de 27 de setembro de 2001, relativa ao direito de sequência em benefício do autor de uma obra de arte original que seja objeto de alienações sucessivas (Diretiva «Direito de sequência»).

[13] Diretiva 2012/28/UE do Parlamento Europeu e do Conselho, de 25 de outubro de 2012, relativa a determinadas utilizações permitidas de obras órfãs.

licenças multiterritoriais online[14], aplicação efetiva (*enforcement*)[15], utilizações permitidas a invisuais[16], e, mais recentemente, direitos de autor no mercado único digital[17]. A estas diretivas somam-se a diretiva sobre comércio eletrónico[18], que regula nomeadamente a responsabilidade dos prestadores de serviços da sociedade da informação por ilícitos praticados pelos utilizadores dos serviços, e ainda alguns regulamentos, como sejam o da portabilidade de serviços de conteúdos em linha[19] e o relativo ao intercâmbio transfronteiras de obras para utilização por pessoas invisuais[20].

Não obstante toda a harmonização legislativa já existente na União Europeia[21], o Parlamento Europeu defende a necessidade de um novo

[14] Diretiva 2014/26/UE do Parlamento Europeu e do Conselho, de 26 de fevereiro de 2014, relativa à gestão coletiva dos direitos de autor e direitos conexos e à concessão de licenças multiterritoriais de direitos sobre obras musicais para utilização em linha no mercado interno.

[15] Diretiva 2004/48/CE do Parlamento Europeu e do Conselho, de 29 de abril de 2004, relativa ao respeito dos direitos de propriedade intelectual (IPRED).

[16] Diretiva (UE) 2017/1564 do Parlamento Europeu e do Conselho, de 13 de setembro de 2017, relativa a determinadas utilizações permitidas de determinadas obras e outro material protegidos por direito de autor e direitos conexos em benefício das pessoas cegas, com deficiência visual ou com outras dificuldades de acesso a textos impressos e que altera a Diretiva 2001/29/CE relativa à harmonização de certos aspetos do direito de autor e dos direitos conexos na sociedade da informação.

[17] Diretiva (UE) 2019/790 do Parlamento Europeu e do Conselho de 17 de abril de 2019 relativa aos direitos de autor e direitos conexos no mercado único digital e que altera as Diretivas 96/9/CE e 2001/29/CE.

[18] Diretiva 2000/31/CE do Parlamento Europeu e do Conselho, de 8 de junho de 2000, relativa a certos aspetos legais dos serviços da sociedade de informação, em especial do comércio eletrónico, no mercado interno.

[19] Regulamento (UE) 2017/1128 do Parlamento Europeu e do Conselho, de 14 de junho de 2017, relativo à portabilidade transfronteiriça dos serviços de conteúdos em linha no mercado interno.

[20] Regulamento (UE) 2017/1563 do Parlamento Europeu e do Conselho, de 13 de setembro de 2017, relativo ao intercâmbio transfronteiras, entre a União e países terceiros, de cópias em formato acessível de certas obras e outro material protegido por direitos de autor e direitos conexos em benefício das pessoas cegas, com deficiência visual ou com outras dificuldades de acesso a textos impressos.

[21] À harmonização legislativa soma-se a jurisprudência do Tribunal de Justiça sobre a interpretação de conceitos utilizados nas diretivas com um sentido "autónomo" do utilizado nas legislações nacionais dos Estados-Membros. É o que sucede, por ex., com a noção de obra

instrumento especialmente dedicado às questões da IA, que deveria revestir a forma de um *regulamento* e ser baseado numa *abordagem antropocêntrica*. Adiante voltaremos à questão da forma jurídica do instrumento. Vejamos, para já, o que significa, segundo a resolução do PE, a referida *abordagem antropocêntrica* no domínio dos direitos de autor.

## 1. O princípio da originalidade e a proteção de obras geradas por IA

Segundo a resolução do PE, uma "abordagem antropocêntrica à IA" no domínio dos direitos de autor significa, em primeiro lugar, o respeito pelo "princípio da originalidade" ligado a uma "pessoa singular" e a noção de criação intelectual referida à "personalidade do autor" (para. 15).

Apesar de considerar que as obras geradas autonomamente por robôs e agentes artificiais podem não ser protegidas pelos direitos de autor, a resolução do PE não exclui a proteção dessas obras, recomendando que a titularidade dos direitos "se limite a pessoas singulares ou coletivas que tenham criado legalmente a obra" (n. 15). Esta regra de titularidade de direitos de autor valeria apenas para as obras geradas autonomamente por IA e já não para as criações intelectuais humanas assistidas por IA, considerando-se que para estas "o atual quadro dos direitos de autor continua a ser aplicável" (n. 14, *in fine*), ou seja, quando a IA é utilizada apenas como ferramenta de apoio à criação de obras literárias ou artísticas, tal como sucede, por ex., com o computador e o programa de processamento de texto utilizados na escrita de um romance.

Porém, é no mínimo contraditório admitir a proteção por direitos de autor de obras geradas por IA e, simultaneamente, recomendar a atribuição dos direitos às pessoas singulares ou coletivas que legalmente criaram essas obras. Se tais obras são criadas pela IA, então não são criadas por pessoas físicas ou jurídicas. Talvez a resolução do PE resolvesse esta contradição reconhecendo personalidade jurídica às tecnologias

literária ou artística, de reprodução, de comunicação ao público ou com a interpretação das exceções ou limitações aos direitos de autor. *Vd.* FRANK GOTZEN, «Los "conceptos autónomos" en la jurisprudência del Tribunal de Justicia de la Unión Europea sobre Derechos de Autor», in *La unificación del derecho de propriedade intelectual en la Unión Europea*, coord. PILAR CÁMARA ÁGUILA e IGNACIO GARROTE FERNÁNDEZ-DÍEZ, Valência, Tirant lo Blanch, 2019, p. 27-46, e *passim*; ELEANORA ROSATI, *Copyright and the Court of Justice of the European Union*, Oxford University Press, 2019.

de IA. No entanto, a resolução considera expressamente "que não seria adequado procurar conferir personalidade jurídica às tecnologias de IA" para efeitos de atribuição de direitos de autor sobre conteúdos de natureza artística gerados por processos criativos autónomos de IA, advertindo ainda "para as repercussões negativas que uma tal eventualidade teria sobre os incentivos para os criadores humanos" (para. 13), a somar a "questões relacionadas com a potencial concentração do mercado" (para. 14). Ou seja, a própria resolução do PE desaconselha a atribuição de personalidade jurídica a sistemas de IA.

Além disso, tendo em conta a capacidade de produção quase infinita da IA, a proteção de direitos autorais dessas obras poderá devastar o espaço de liberdade de criação intelectual. Maximizar a oferta cultural é importante e a IA certamente ajudará a aumentar a oferta cultural. Todavia, o risco de a IA ultrapassar as capacidades de criação literária e artística dos humanos é real e, nesse sentido, o criador intelectual humano pode tornar-se obsoleto e descartável face às capacidades prometidas pela IA.[22]

De todo o modo, uma "abordagem antropocêntrica à IA" provavelmente não abriria sequer a porta dos direitos autorais aos trabalhos gerados por IA, por não serem criação intelectual de pessoa humana. Na verdade, "toda a obra relevante é uma obra humana"[23], e as obras autonomamente geradas por IA não encontram a sua origem na personalidade de um autor enquanto expressão da sua liberdade de criação intelectual[24]. Não havendo contributo humano para a obra gerada por IA

[22] Pergunta-se, até, se os robôs dominarão o mundo artístico num futuro não muito distante: Ana Q. Ramalho, «Will Robots Rule the (Artistic) World? A Proposed Model for the Legal Status of Creations by Artificial Intelligence Systems», *Journal of Internet Law*, vol. 21 (2017), p. 12-25.

[23] José de Oliveira Ascensão, *Direito Civil – Direito de Autor e Direitos Conexos*, Coimbra Editora, 1992, p. 57; Luís Manuel de Menezes Leitão, *Direito de Autor*, 3ª ed., Coimbra, Almedina, 2020, p. 69 ("a obra é necessariamente uma criação humana"); José Alberto Vieira, *Direito de Autor – Dogmática Básica*, Coimbra, Almedina, 2020, p. 77 (concluindo por isso que as obras geradas por Inteligência Artificial não são objeto do direito de autor em Portugal – p. 699-701).

[24] Cf. Alexandre Dias Pereira, *Direitos de Autor e Liberdade de Informação*, Coimbra, Almedina, 2008, p. 379 e seg. Em vários acórdãos, o Tribunal de Justiça sustentou que a noção de obra literária ou artística, enquanto objeto de proteção do direito de autor ao abrigo de diretivas da União Europeia, tem que ser original, no sentido de que deve resul-

não deve a mesma ser protegida por direitos de autor, sem prejuízo dos direitos conexos aplicáveis.[25]

Aliás, parece-nos ser este sentido da lei britânica de 1988, que, de modo pioneiro, regulou a obra gerada por computador, isto é, a obra literária, dramática, musical ou artística gerada "em circunstâncias tais que não há autor humano da obra". Apesar disso, a lei do Reino Unido estabelece que se considera autor a pessoa que realizou os arranjos necessários à realização da obra[26], no sentido de atribuir o copyright a essa pessoa. É claramente uma lógica mais próxima do direito do produtor de fonograma ou de videograma, que é também a pessoa que faz os arranjos necessários à gravação dos sons ou das imagens em movimento. Generalizar essa solução como regra de atribuição de direitos de autor

tar de uma criação intelectual do autor, refletindo a sua personalidade enquanto expressão de escolhas livres e criativas: *vd. e.g.* acórdãos de 16 de julho de 2009 (proc. C 5/08 – *Infopaq International*), de 1 de dezembro de 2011 (proc. C 145/10 – *Painer*), de 1 de março de 2012 (proc. C 604/10 – *Football Dataco*), de 13 de novembro de 2018 (proc. C 310/17 – *Levola Hengelo*), e de 12 de setembro de 2019 (proc. C-683/17 – *Cofemel*). Por outro lado, no sentido de que, apesar de não definir autoria, a Convenção de Berna relativa à proteção das obras literárias e artísticas (Ato de Paris, 1971) se funda no princípio do autor como criador humano, Sam Ricketson, «People or Machines: The Berne Convention and the Changing Concept of Authorship», *Columbia Journal of Law & Arts*, vol. 16 (1992), p. 1-37, e, sobretudo, Jane C. Ginsburg, «People Not Machines: Authorship and What It Means in the Berne Convention», *IIC International Review of Intellectual Property and Competition Law*, vol. 49 (2018), p. 131-135. Na jurisprudência portuguesa, considerando que, "na medida em que as técnicas da inteligência artificial vierem a permitir a criação da obra exclusivamente pela máquina, naturalmente que não estaremos perante obras protegidas pelo direito de autor, porque não há autor", acórdão do Supremo Tribunal de Justiça de 5 de julho de 2012, proc. 855/07.8TVPRT.P1.S1, in <www.dgsi.pt>.

[25] Subscrevemos, portanto, a tese defendida pela Associação Internacional para a Proteção da Propriedade Intelectual no seu congresso de Londres dedicado justamente a esta matéria: *vd.* Jan Bernd Nordemann, «AIPPI: No copyright protection for AI works without human input, but related rights remain» – <http://copyrightblog.kluweriplaw.com/2019/11/21/aippi-no-copyright-protection-for-ai-works-without-human-input-but-related-rights-remain/>

[26] *UK Copyright, Designs and Patents Act 1988*, sec. 9(3). Uma solução semelhante é defendida no direito estadunidense, embora ainda não tenha sido consagrado na lei – *vd.* Arthur R. Miller, «Copyright Protection for Computer Programs, Databases and Computer-Generated Works: Is Anything New Since CONTU?», *Harvard Law Review*, vol. 106 (1993), p. 977-1073; Robert C. Denicola, «Ex Machina: Copyright Protection for Computer Generated Works», *Rutgers University Law Review*, vol. 69 (2016), p. 251-287.

a obras sem autor seria, de facto, a instituição da figura da "autoria sem autor"[27] ou do "direito de autor sem autor"[28]. Todavia, é uma norma que deve ser entendida no seu contexto de origem, caraterizado pela "indistinção sistemática" entre obras originais protegidas por direitos de autor e prestações protegidas por direitos conexos.[29]

Mas mesmo no sistema de copyright, regista-se uma tendência no sentido da vinculação da autoria ao criador humano. Nos Estados Unidos o *Copyright Office* só regista obras originais criadas por seres humanos, rejeitando, nomeadamente, obras produzidas por máquina ou por mero processo mecânico que funcione aleatória ou automaticamente sem qualquer contributo criativo ou intervenção de um autor humano.[30]

### 1.1. A obra de IA como obra coletiva?

Em vários países, as pessoas jurídicas são titulares de direitos autorais em virtude de disposição legal ou de estipulação contratual. Por ex., no direito português, na chamada *obra coletiva*, os direitos autorais pertencem à pessoa singular ou coletiva que dirigiu a criação da obra e em nome da qual foi publicada[31]. A proteção de obras criadas por IA

[27] TOBY BOND e SARAH BLAIR, «Editorial: Artificial Intelligence & copyright: Section 9(3) or authorship without an author», *Journal of Intellectual Property Law and Practice*, vol. 14 (2019), p. 423.

[28] J. OLIVEIRA ASCENSÃO, «O direito de autor sem autor e sem obra», cit.

[29] JULIA ELLINS, *Copyright Law, Urheberrecht und ihre Harmonisierung in der Europäischen Gemeinschaft (von den Anfängen bis ins Informationszeitalter)*, Berlin, Duncker & Humblot, 1997, p. 271. Sobre as diferenças entre as duas grandes tradições jurídicas (*droit d'auteur* e *copyright*) nos sistemas de direito comparado (*Civil Law* e *Common Law*, respetivamente), *vd.* DÁRIO MOURA VICENTE, *A Tutela Internacional da Propriedade Intelectual*, 2ª ed., Coimbra, Almedina, 2019, p. 38-62.

[30] Em suma, «the Copyright Act protects "original works of *authorship*." 17 U.S.C. § 102(a) (emphasis added). To qualify as a work of "authorship" a work must be created by a human being. See *Burrow-Giles Lithographic Co.*, 111 U.S. at 58. Works that do not satisfy this requirement are not copyrightable.» US COPYRIGHT OFFICE, *Compendium of U.S. Copyright Office Practices*, 3rd ed., 2017, para. 306, 313.2 (<https://www.copyright.gov/comp3/docs/compendium.pdf>). *Vd.* ALEXANDRE DIAS PEREIRA, «A proteção jurídica do *software* executado por robots (e obras geradas por I.A.)», *Direito da Propriedade Intelectual & Novas Tecnologias*, Coimbra, Gestlegal, 2019, p. 34-7.

[31] *Vd.*, no direito português, os arts. 16º/1-b e 19º/1 do Código do Direito de Autor e dos Direitos Conexos (CDADC), aprovado pelo Decreto-Lei 63/85 de 14 de março (com várias alterações).

como obras coletivas seria, possivelmente, uma forma de "redução da complexidade".[32]

No entanto, seguindo uma "abordagem antropocêntrica" que respeite os direitos dos criadores intelectuais enquanto seres humanos dotados de capacidade de criação intelectual, o âmbito de aplicação das chamadas obras coletivas limitar-se-á significativamente[33]. Na obra coletiva a atribuição da titularidade de direitos a pessoa diferente dos criadores intelectuais pressupõe a não individualização destes, e nesse

[32] No *copyright* estadunidense foi proposta uma solução com efeitos equivalentes, aplicando a doutrina dos *works made for hire* às obras geradas por IA, considerando o sistema de IA um trabalhador dependente ou um prestador de serviços, no sentido de o *copyright* pertencer à entidade que utiliza o sistema de IA para gerar obras literárias ou artísticas. *Vd.* ANNEMARIE BRIDY, «Coding Creativity: Copyright and the Artificially Intelligent Author», *Stanford Technology Law Review*, vol. 5 (2012), p. 1-28, e, da mesma Autora, «The evolution of authorship: works made by code», *Columbia Journal of Law and the Arts*, vol. 39 (2016), p. 395-401 ("because U.S. copyright law is grounded in the protection of economic rather than moral rights, it's not inconsistent with first principles to recognize authorship in non-natural person" – p. 401); SHLOMIT YANISKY-RAVID, «Generating Rembrandt: artificial intelligence, copyright, and accountability in the 3a era – the human-like authors are already here – a new model», *Michigan State Law Review* 2017, p. 559-726.

[33] Porém, no sentido de que na obra coletiva a empresa é o titular originário do direito de autor, *vd.* JOSÉ DE OLIVEIRA ASCENSÃO, *Direito Civil – Direito de Autor e Direitos Conexos*, Coimbra, Coimbra Editora, 1992, p. 126-7 (não reconhecendo, porém, direitos morais à pessoa coletiva); LUÍS FRANCISCO REBELLO, *Introdução ao Direito de Autor*, vol. I, Lisboa, D. Quixote, 1994, p. 121; LUÍS MANUEL DE MENEZES LEITÃO, *Direito de Autor*, 3. ed., Coimbra, Almedina, 2020, p. 110; ALBERTO SÁ E MELLO, *Manual de Direito de Autor e de Direitos Conexos*, 3ª ed., Coimbra, Almedina, 2019, p. 88-90 (considerando a empresa enquanto "entidade "criadora" de obras intelectuais). No direito brasileiro, ANTÓNIO CARLOS MORATO, *Direito de Autor em Obra Coletiva*, São Paulo, Saraiva, 2007, *passim*, defende igualmente a tese de que a pessoa jurídica cria a obra coletiva e por isso deve ser considerada autora da mesma. É uma tese que contraria diretamente o argumento da "natureza das coisas", nos termos do qual "segundo a natureza das coisas, apenas as pessoas naturais, e não as jurídicas, podem ser consideradas autores de obras" (EUGEN ULMER, *Urheber-und Verlagsrecht*, 3ª ed., Berlin, Springer, 1980, p. 183), e ao qual aderimos (cf. ALEXANDRE DIAS PEREIRA, *Informática, direito de autor e propriedade tecno-digital*, Coimbra Editora, 2001, p. 274-85, e *Direitos de Autor e Liberdade de Informação*, Coimbra, Almedina, 2008, p. 435-45). Na obra coletiva, trata-se de, por razões de natureza pragmática, facilitar a exploração de obras que reúnem muitos contributos criativos e que seria provavelmente inviável num regime estrito de coautoria, segundo JANE C. GINSBURG, «Copyright», in *The Oxford Handbook of Intellectual Property Law*, ed. ROCHELLE C. DREYFUSS e JUSTINE PILA, Oxford University Press, 2018, p. 487-516, 496.

sentido aproxima-se da obra de autor anónimo. Com efeito, a direção da criação da obra e a publicação da mesma em nome do respetivo diretor só por si não constituem facto constitutivo dos direitos de autor. Nesse sentido, a atribuição da autoria a uma entidade coletiva é, quando muito, uma "ficção"[34], que se destina a resolver o problema da titularidade de direitos de autor sobre obras criadas anonimamente no âmbito de uma organização. Em última análise, a obra coletiva reduz-se à estrutura "compilatória"[35] e ao título da publicação periódica ou afim que deverá ser registado.

Os direitos de autor protegem obras literárias ou artísticas enquanto formas originais de expressão literária ou artística geradas pelo autor no exercício da sua liberdade de criação cultural. A criação artística digna de proteção deve resultar da livre escolha do autor como pessoa humana. As criações naturais, como sons de animais ou constelações de estrelas, não são protegidas por direitos autorais, independentemente do seu valor estético. Somente os humanos, como seres dotados de consciência e livre arbítrio, têm a capacidade de criar obras literárias ou artísticas para fins de proteção pelos direitos autorais.[36] Por isso, a originali-

[34] Cf. Luiz Francisco Rebello, *Introdução ao Direito de Autor*, cit., p. 117; Milena Silva Rouxinol, *A vinculação autoral do trabalhador jornalista*, Coimbra Editora, 2014, p. 399-400. Vd. também Adolf Dietz, *El Derecho de autor en España y Portugal*, Madrid, Tecnica, 1992, p. 43. Considerando a obra coletiva uma "anormalidade" no sistema jurídico-autoral português e ressalvando a coexistência dos direitos dos criadores intelectuais com os direitos da entidade que organiza e em nome da qual é publicada a obra, José Alberto Vieira, *Direito de Autor*, cit., p. 197.

[35] Cf. José Alberto Vieira, «Obra de compilação e base de dados», *Direito da Sociedade de Informação*, Org. J. Oliveira Ascensão, vol. X, Coimbra, Coimbra Editora, 2012, p. 77-99. De todo o modo, a obra coletiva não apenas atribui a titularidade do direito de autor sobre essa obra enquanto estrutura compilatória e sobre o respetivo título à entidade que a organiza e em nome da qual é publicada, mas também investe esta entidade nos direitos de autor sobre contributos individuais de autores anónimos (por ex., um artigo de jornal ou uma entrada de enciclopédia publicada sob anonimato), ficando, nessa medida, à semelhança do preceituado para a obra em colaboração, sujeito ao regime da obra de autor anónimo (art. 30 do CDADC). Sobre o regime da obra coletiva, *vd.* também Alexandre Dias Pereira, *Direitos de Autor e Liberdade de Informação*, cit., p. 443-5.

[36] Cf. José Alberto Vieira, «Obras geradas por computador e direito de autor», *Direito da Sociedade de Informação*, vol. II, Coimbra, Coimbra Editora, 2001, p. 113-145. Para uma análise aprofundada da autoria no direito comparado, *vd.* Jane C. Ginsburg, «The Concept of Authorship in Comparative Copyright Law», *DePaul Law Review*, vol. 52 (2003), p. 1063-

dade tem um sentido objetivo, ou seja, a obra enquanto tal não deve ser idêntica nem substancialmente semelhante a outra preexistente. Além disso, a originalidade tem um sentido subjetivo, ou seja, a origem da obra deve radicar no espírito do seu criador enquanto manifestação da sua personalidade[37]. É o chamado princípio da autoria (*Urheberschaftsprinzip*) que a lei germânica consagra lapidarmente.[38]

Pese embora algumas fragilidades de redação, pensamos que o *princípio da autoria* é igualmente um princípio fundamental do sistema português de direitos de autor. O art. 11º do CDADC (salvo indicação em contrário, os artigos citados pertencem a este Código) estabelece que o direito de autor pertence ao criador intelectual da obra, ressalvando "disposição expressa em contrário". Por sua vez, o art. 27º/1 estabelece que, "salvo disposição em contrário, o autor é o criador intelectual da obra". Assim, em princípio, os direitos autorais pertencem ao criador intelectual da obra, ou seja, ao autor, presumindo-se autor aquele "cujo nome foi indicado como tal na obra, de acordo com o costume estabelecido, ou anunciado em qualquer forma de comunicação ao público" (art. 27º/2).

No entanto, o termo autor é usado de forma mais ampla, abrangendo também o sucessor e o cessionário dos direitos (art. 27/3). Com efeito, são admitidas as convenções sobre a titularidade dos direitos de autor nas obras criadas por encomenda ou por conta de outrem, quer no âmbito de uma obrigação funcional, quer de um contrato de trabalho (art. 14º/1). Por outras palavras, no trabalho feito por encomenda ou por conta de terceiro, é possível transferir a propriedade dos direitos autorais para o comitente ou para o empregador. Na ausência de acordo, presume-se que os direitos autorais pertencem ao seu criador intelectual (art. 14º/2), a menos que o seu nome não seja mencionado na obra ou

-1092; e sobre os direitos de propriedade intelectual dos trabalhadores, *vd.* Sanna Wolk e Kacper Szkalej (eds.), *Employees' Intellectual Property Rights*, Alphen aan den Rijn, Wolters Kluwer, 2018.

[37] Cf., entre nós, Almeida Santos, *Ensaio sobre o Direito de Autor*, Coimbra, 1953, p. 15-7, 183 (*Supl. do Boletim da Faculdade de Direito*, vol. XI); Orlando de Carvalho, «Os direitos de personalidade de autor», *Num Novo Mundo do Direito de Autor?*, vol. II, Lisboa, Cosmos, 1994, p. 539.

[38] «§ 7 Urheber – Urheber ist der Schöpfer des Werkes.» *Gesetz über Urheberrecht und verwandte Schutzrechte.*

não apareça no local previsto para o efeito segundo uso universal, pois neste caso a presunção é invertida a favor da entidade por conta da qual a obra é feita (art. 14º/3).

Todavia, o direito de autor pertence ao criador intelectual pelo simples facto da criação intelectual, sendo reconhecido independentemente de registo, depósito ou qualquer outra formalidade (art. 12º). Assim, se o direito de autor for concedido a outra pessoa que não o criador intelectual, deve entender-se que estão em causa apenas os direitos económicos, uma vez que os direitos morais e outros direitos inalienáveis continuam a pertencer ao criador intelectual (arts. 9º/3 e 56º). Tal atribuição de direitos económicos pode ser convencionada ou estabelecida por lei, como é o caso das obras criadas por conta de outrem sem identificação do autor.

Mas é importante esclarecer os termos dessa atribuição. Se houver acordo, trata-se de uma cessão de direitos por contrato. Na falta de acordo, a presunção legal opera com base no anonimato do autor da obra, sendo por isso aplicável o regime da obra de autor anónimo, segundo o qual quem divulga ou publica uma obra com o consentimento do autor, sob nome que não revele a sua identidade ou anonimamente, considera-se representante do autor, cabendo-lhe defender os direitos perante terceiros (art. 30º/1)[39]. Além disso, o criador intelectual pode a qualquer momento revelar a sua identidade e a autoria da obra, cessando a partir desse momento os poderes de representação (art. 30º/2). Assim, os direitos autorais da obra de um autor anónimo pertencem ao diretor da obra ou ao empregador enquanto representantes legais do autor. Trata-se, portanto, de uma atribuição de alcance legal e limitado, e não da titularidade originária e total dos direitos autorais.

Pensamos que o mesmo entendimento é válido para a chamada obra coletiva. Trata-se da criação de uma pluralidade de pessoas organizada por iniciativa de uma pessoa singular ou coletiva e divulgada ou publicada em seu nome (art. 16º/1-b). É uma espécie de criação plural, como a obra em colaboração, divulgada ou publicada em nome dos colabora-

[39] Cf. Alexandre Dias Pereira, *Direitos de Autor e Liberdade de Informação*, cit., p. 450-2. Sublinhando a importância do regime da obra de autor anónimo para situações semelhantes, *vd.* Luiz Francisco Rebello, *Introdução ao Direito de Autor*, cit., p. 60-1; Milena Silva Rouxinol, *A vinculação autoral do trabalhador jornalista*, cit., p. 177.

dores ou de um deles, podendo estes discriminar ou não as contribuições individuais (art. 16º/1-a).

As diferenças no método de divulgação ou publicação dessas obras refletem-se na titularidade dos direitos. Na obra realizada em colaboração, os direitos de autor pertencem a todos os que nela colaboraram, regendo-se o seu exercício comum pelas regras da compropriedade e considerando-se em princípio iguais as partes indivisas dos autores (art. 17º/1-2). No entanto, se o trabalho for divulgado ou publicado em nome de um ou mais dos colaboradores e se os outros não forem explicitamente mencionados em qualquer parte do trabalho, presume-se que os não nomeados cederam os seus direitos à pessoa ou pessoas em cujo nome a obra foi divulgada ou publicada (art. 17º/3).

Conciliando esta presunção de cessão de direitos com o que dissemos sobre a atribuição de direitos de autor nas "obras anónimas" criadas para outrem, parece-nos também que os autores designados na obra produzida em colaboração são considerados autores da obra como representantes legais de autores não identificados, nos termos do regime da obra de autor anónimo. Além disso, a lei preserva os direitos individuais dos autores de uma obra realizada em colaboração sem distinguir entre autores designados e não designados, desde que cada um deles possa solicitar a divulgação, publicação, exploração ou modificação de obra produzida em colaboração, sendo, em caso de divergência, a questão resolvida de acordo com as regras de boa fé (art. 18º/1); podem ainda, sem prejuízo da exploração conjunta, exercer individualmente os direitos relativos à sua contribuição pessoal, quando esta for discriminada (art. 18º/2).

Enquanto na obra em colaboração (ou colaborativa) os direitos autorais são atribuídos aos que nela colaboraram como autores, na obra coletiva os direitos autorais são atribuídos à pessoa singular ou coletiva que organizou e dirigiu a sua criação e em nome da qual foi divulgada ou publicada (art. 19º/1). Por outras palavras, a lei atribui direitos autorais ao organizador da obra em cujo nome foi divulgada ou publicada, podendo ser uma pessoa singular ou coletiva. Tal como sucede na cessão contratual de direitos de autor ao diretor ou ao empregador, na obra coletiva é a própria lei que atribui os direitos autorais a alguém diferente do criador intelectual, e que até pode ser uma pessoa jurídica (por ex., uma sociedade comercial). Os jornais e outras publicações periódicas presumem-se obras coletivas, pertencendo os direitos autorais sobre as mesmas às respetivas empresas (art. 19º/3). O mesmo se aplica aos programas de computador e às bases de dados criadas no âmbito de uma empresa[40].[41] Os dicionários e as enciclopédias também são considera-

[40] Cf. art. 3º/2 do DL 252/94, de 20.10, e art. 5º do DL 122/2000, de 4.7. Além de os programas de computador e as bases de dados se presumirem obras coletivas quando gerados no âmbito de uma empresa, a lei estabelece que os direitos pertencem ao destinatário do programa ou da base de dados quando são criados pelo trabalhador nos termos de um contrato de trabalho ou de um contrato de encomenda, salvaguardando a possibilidade de estipulação em contrário ou resultado diverso consoante os fins do contrato. De igual modo, nos trabalhos fotográficos feitos em execução de contrato de trabalho ou de encomenda, presume-se que o direito de autor é atribuído ao empregador ou ao comitente (art. 165º CDADC). De todo o modo, o direito autoral surge *ipso facto* com a criação intelectual e na esfera jurídica do criador da obra, podendo os direitos económicos, no entanto, por força de convenção ou norma legal, ser atribuídos ao empregador ou ao comitente. Sobre esta matéria, no domínio do licenciamento de software e bases de dados, *vd.* Alexandre Dias Pereira, «Contratos de licenças de software e de bases de dados», in *Contratos de Direito de Autor e de Direito Industrial*, org. Carlos Ferreira de Almeida, Luís Couto Gonçalves e Cláudia Trabuco, Coimbra, Almedina, 2011, p. 345-368.

[41] Além das criações geradas por IA propriamente ditas, os programas de computador e as bases de dados que permitem aos sistemas de IA gerar as suas criações podem ser protegidos por direitos de autor. Nos termos do DL 252/94, os programas de computador com natureza criativa são protegidos por direitos de autor em termos semelhantes à proteção das obras literárias, sendo o material de conceção preliminar do programa integrado com o programa de computador (art. 1º). O algoritmo, como a raiz lógica do programa de computador, pode ser protegido como material de conceção preliminar, contanto que não seja apenas uma ideia, princípio ou descoberta. Todavia, o desenvolvimento e aprofundamento de um algoritmo (*deep learning*) a partir da análise de dados e resultados pelo sistema de inteligência artificial é uma evolução do próprio programa de computador. Nessa medida, poderia ser protegido por direitos de autor como versão derivada do software se tivesse caráter criativo. Só que o desenvolvimento autónomo do programa já é gerado pelo sistema de IA, faltando-lhe por isso originalidade em sentido subjetivo que se exige nos direitos de autor ("caráter criativo"). Sustentando que o código informático desenvolvido autonomamente pelo programa de computador deve pertencer ao domínio público, por não resultar de intervenção humana, Pamela Samuelson, «Allocating ownership rights in computer-generated works», *University of Pittsburgh Law*, vol. 47 (1986), p. 1185-1228; *vd.* também Mark Perry e Thomas Margoni,«From music tracks to Google maps: Who owns computer-generated works?», *Computer Law and Security Review*, vol. 26 (2010), p. 621-629. De todo o modo, no que respeita ao conhecimento acumulado, o corpo de dados que o algoritmo do sistema de IA utiliza para tomar uma decisão e, portanto, gerar o seu próprio "conhecimento" pode ser protegido por direitos de autor, em especial como base de dados, nos

dos obras coletivas. A proteção do título da obra inédita, bem como de jornais e demais periódicos, depende de registo (art. 214º). Quando os títulos dessas obras são registados, as entidades singulares ou coletivas, geralmente empresas de media, adquirem direitos autorais cuja lógica é mais próxima da dos direitos conexos, atenta a especificidade dos seus requisitos de proteção[42].

No entanto, o direito autoral na obra coletiva não se limita ao título, pois também abrange o conteúdo da obra, como sejam artigos de jornal ou entradas de enciclopédia. A lei reserva o direito de autor sobre a produção pessoal de determinado ou de determinados colaboradores discrimináveis no conjunto da obra coletiva, remetendo-os para o regime da obra realizada em colaboração (art. 19º/2). Ou seja, mesmo na obra coletiva, o criador intelectual não é totalmente destituído dos seus direitos autorais, embora o seu silêncio pareça valer como consentimento para a publicação da obra sem designação de autoria e "cessão" de direitos à entidade que organiza e publica a obra.

### 1.2. A proteção da obra de IA pelos direitos conexos do produtor

Vimos que a obra gerada por um sistema de IA não está protegida por copyright porque não resulta de escolhas livres e criativas de uma pessoa

termos do DL 122/2000, que transpõe a Diretiva 96/9/CE. Por base de dados entende-se "a recolha de obras, dados ou outros elementos independentes, organizada de forma sistemática ou metódica e suscetível de acesso individual por meios eletrónicos ou outros" (art. 1º/2). São protegidas por direitos de autor as bases de dados que, pela seleção ou disposição dos conteúdos, constituam criação intelectual (art. 4º/1). Assim, se a seleção ou organização dos dados acumulados for original, a estrutura da base de dados será protegida por direitos autorais. Além disso, é concedido ao fabricante da base de dados um direito especial, que consiste no direito de autorizar ou proibir a extração e/ou a reutilização total ou substancial, avaliada qualitativa ou quantitativamente, do conteúdo de uma base de dados, quando a sua recolha, verificação ou apresentação representar um investimento substancial do ponto de vista qualitativo ou quantitativo (art. 12º/1). Assim, se o uso de um sistema de IA representar um investimento substancial, será aplicável o direito especial do fabricante de base de dados sobre os conteúdos gerados por esse sistema. É, aliás, o que defendemos há cerca de duas décadas, para as chamadas *obras multimédia* – *vd.* Alexandre Dias Pereira, «Da obra multimédia como objecto de direitos de propriedade intelectual: arte digital, programas de computador e bases de dados electrónicas», in *Estudos em Homenagem ao Prof. Doutor Rogério Soares*, Coimbra Editora, 2001, p. 435-470.

[42] J. Oliveira Ascensão, *Direito de autor e direitos conexos*, cit., p. 603.

humana, mas antes do funcionamento automático de algoritmos e de software. Todavia, enquanto registo de imagens ou sons, a obra pode ser protegida pelos direitos conexos do produtor fonográfico ou videográfico, ou ainda, enquanto compilação, pelo direito do produtor de base de dados. Em qualquer caso, o prazo de proteção é menor, mas nada impede que o produtor seja uma pessoa jurídica (por ex., uma sociedade comercial).

Preservar o *princípio da autoria* vinculado à *liberdade humana* de criação cultural não significa que os trabalhos gerados por IA não devam ter nenhum tipo de proteção pelos direitos de autor (em sentido amplo). A resolução do Parlamento Europeu está disso ciente, considerando que as criações técnicas geradas por tecnologia de IA devem ser protegidas no quadro da propriedade intelectual para incentivar o investimento nesta forma de criação e melhorar a segurança jurídica para os cidadãos, as empresas e os criadores. E, com efeito, em sentido amplo, os direitos autorais, abrangendo os direitos conexos, podem proteger obras geradas por IA. Pense-se, por ex., nos direitos do produtor de fonogramas ou de videogramas. Nos termos da Convenção Internacional para a Proteção dos Artistas Intérpretes ou Executantes, dos Produtores de Fonogramas e dos Organismos de Radiodifusão (Roma, 1961), entende-se por fonograma "toda a fixação exclusivamente sonora dos sons de uma execução ou de outros sons, num suporte material", sendo o respetivo produtor "a pessoa física ou jurídica que, pela primeira vez, fixa os sons de uma execução ou outros sons" (art. 3º/b-c).

Os direitos do produtor de fonogramas não exigem originalidade dos sons, enquanto criações intelectuais, razão pela qual protegem, nomeadamente, registos sonoros da natureza, como sejam o som do vento, os ruídos urbanos ou o chilrear dos pássaros. Quando muito exige-se originalidade em sentido objetivo, no sentido de que que a gravação não pode ser cópia de outra gravação. Mas já não se exige originalidade em sentido subjetivo, no sentido de encontrar a sua origem ou fonte no espírito humano do criador. Pense-se, por ex., no caso da *selfie* feita pelo macaco *Naruto*: não obstante o seu interesse mediático, não foi reconhecida como fotografia original para efeitos de proteção por direitos de autor nem sequer ao abrigo do *copyright* estadunidense[43].

[43] Sobre este interessante caso, na perspetiva do direito da União Europeia, *vd.* ELEANORA ROSATI, «The Monkey Selfie case and the concept of authorship: an EU perspective», *Jour-*

As obras geradas por IA, apesar de não terem origem no espírito humano, podem ser protegidas pelo direito conexo do produtor, assim se incentivando o investimento nessas produções. O direito do produtor não é igual ao direito de autor. Além de ter um prazo de proteção mais curto, é obrigatória a identificação do produtor como requisito de proteção. No plano económico, os direitos económicos do autor estimulam a criação cultural, garantindo-lhe, em princípio, o direito exclusivo de exploração das suas criações intelectuais. Da mesma forma, a proteção das obras geradas por sistemas de IA pelo direito do produtor fonográfico ou videográfico – ou, sendo o caso, pelo direito do produtor de base de dados –, pode estimular o investimento em sistemas de IA e na produção cultural em geral. Mesmo que o sistema computacional não necessite, enquanto tal, de incentivos económicos, estes podem ser necessários para promover o investimento em IA, por meio da concessão de direitos exclusivos sobre obras geradas por IA a quem investe nesses sistemas.[44]

Em suma, ao lado dos direitos autorais, são previstos os direitos conexos. Em particular, a obra gerada por IA pode ser protegida pelo direito conexo do produtor fonográfico ou videográfico, entendido como "a pessoa singular ou coletiva que fixa pela primeira vez os sons provenientes de uma execução ou quaisquer outros, ou as imagens *de qualquer proveniência*, acompanhadas ou não de sons" (art. 176º/3, *itálico nosso*). O direito do produtor de fonograma ou de videograma proveniente de um sistema de IA não exige a originalidade dos sons ou das imagens, enquanto frutos da liberdade de criação cultural, pois a sua fixação ou registo num fonograma ou videograma é suficiente. A pro-

*nal of Intellectual Property Law & Practice*, vol. 12 (2017), p. 973-977; Paul Lambert, «Computer Generated Works and Copyright: Selfies, Traps, Robots, AI and Machine Learning», *European Intellectual Property Review*, vol. 39 (2017), p. 12-20.

[44] *Vd.* Pedro de Perdigão Lana, «A questão da autoria em obras produzidas por Inteligência Artificial», *Estudos Doutoramento & Mestrado*, vol. 10, Instituto Jurídico da FDUC, Coimbra, 2019, e, do mesmo Autor, *A autoria das obras autonomamente geradas por Inteligência Artificial e o domínio do público*, FDUC, Coimbra, 2020. Considerando que, no direito brasileiro, a legislação, embora "inadequada, já dispõe de elementos suficientes para dar algum grau de proteção jurídica" para as obras geradas por IA, Marcos Wachowicz e Lukas R. Gonçalves, *Inteligência Artificial e Criatividade – Novos Conceitos na Propriedade Intelectual*, GEDAI, Curitiba, 2019, p. 88.

teção pelo direito do produtor exige a identificação dos fonogramas e videogramas em todas as cópias autorizadas e na respetiva embalagem por meio de uma indicação constituída pelo símbolo P (a letra P rodeada por um círculo), acompanhada da indicação do ano da primeira publicação, bem como da identificação do produtor ou do seu representante (art. 185º/1-2), assumindo-se como tal aquele cujo nome ou denominação aparece nas cópias autorizadas e na respetiva embalagem (185º/3). Assim como o produtor de fonogramas ou videogramas, a obra gerada por IA deverá conter a identificação do produtor a ser protegido por esse direito conexo, com indicação da respetiva fonte. A marcação de obras de IA será importante para que se saiba, desde logo, se são de uso livre ou antes sujeitas aos direitos do produtor.

Todavia, os direitos conexos são fragmentários[45] e não cobrem todas as formas possíveis de produção literária ou artística da IA, existindo uma possível lacuna de proteção para estas produções artificiais, em especial no que respeita a trabalhos literários, fotografias, programas de computador e artes plásticas. Por essa razão, poderá fazer sentido um novo direito conexo, semelhante ao direito do produtor de bases de dados, para estas produções, de modo a proteger em termos semelhantes os investimentos em IA.

## 2. Uso de obras protegidas por criações de IA, em especial a prospeção de textos ou dados

Além da proteção das produções da IA, coloca-se a questão da utilização pela IA de obras protegidas. A resolução do PE sublinha que as criações de IA devem respeitar os direitos autorais e, portanto, são lícitas "apenas se o titular dos direitos de autor tiver concedido autorização, a menos que se apliquem exceções ou limitações aos direitos de autor" (para. 15). Formula-se, assim, o princípio de que a utilização de obras protegidas está sujeita a autorização prévia do titular de direitos, salvo se a utilização em causa corresponder a uma exceção ou limitação aos direitos exclusivos.

[45] Para desenvolvimentos sobre os direitos conexos, com indicações, *vd.* ALEXANDRE DIAS PEREIRA, «Da retransmissão por cabo de prestações artísticas protegidas por direitos conexos ao direito de autor», *Revista da Ordem dos Advogados*, 72/IV (2012), p. 991-1084.

Todavia, ao prever uma exceção ou limitação para reproduções e extrações de obras e outros materiais legalmente acessíveis para fins de prospeção de textos e de dados, a Dir. 2019/790[46] poderá ter transformado os direitos autorais num direito de retirada (*opt-out*), uma vez que os titulares de direitos terão que reservar expressamente tais usos e apenas o podendo fazer para outros fins que não a investigação científica. A prospeção de textos e dados implica reproduções e extrações de obras e outros materiais legalmente acessíveis, os quais são cruciais para as criações de IA. Além da exceção ou limitação obrigatória e imperativa concedida a organizações de pesquisa e instituições de preservação do património cultural, as produções de IA podem usar obras protegidas por direitos autorais por meio de prospeção de textos e de dados, a menos que os titulares dos direitos reservem expressamente essa utilização "de forma adequada, em particular por meio de leitura ótica no caso de conteúdos disponibilizados ao público em linha", nos termos do art. 4º/3 da Dir. 2019/790[47]. Assim, o direito autoral como um direito exclusivo é apenas, no que diz respeito à prospeção de textos e de dados, um direito de oposição a tais usos e apenas para fins diferentes da investigação científica.

A reprodução temporária realizada pela IA pode gerar valor económico e, nessa medida, está coberta pelo direito de reprodução. A esta reprodução temporária chama-se prospeção de textos e dados, definida pela Dir. 2019/790 como "qualquer técnica de análise automática destinada à análise de textos e dados em formato digital, a fim de produzir informações, tais como padrões, tendências e correlações, entre outros" (art. 2º/2). O preâmbulo da diretiva esclarece que a prospeção de textos ou dados envolve atos de reprodução de material protegido por direitos de autor ou a extração de conteúdo de bases de dados protegidas pelo direito especial do fabricante; mais indica que, nos casos em que

[46] Diretiva 2019/790 do Parlamento Europeu e do Conselho, de 17 de abril de 2019, relativa aos direitos de autor e direitos conexos no mercado único digital. Sobre esta diretiva, com mais indicações, *vd.* ALEXANDRE DIAS PEREIRA, «Os direitos de autor no mercado único digital segundo a diretiva 2019/790», *Revista de Direito Intelectual,* Nº 2 – 2019, p. 35--56.

[47] O considerando (18) acrescenta que a maneira adequada de reserva da utilização inclui metadados e condições gerais de um sítio Internet ou de um serviço, ou ainda acordos contratuais ou uma declaração unilateral.

os investigadores tenham acesso legal ao conteúdo, nomeadamente por meio de assinatura de publicações ou licenças de acesso aberto, as condições da licença podem excluir a prospeção de textos e dados.[48]

Ora, em função da importância da prospeção de dados para a investigação científica, a diretiva exclui do direito de reprodução de obras e do direito de extração de bases de dados as reproduções e as extrações feitas por instituições de investigação e organizações responsáveis pelo património cultural no âmbito da atividade de prospeção de textos e dados para fins de pesquisa científica (art. 3º/1). A exceção é estabelecida apenas em benefício de instituições de investigação e de organizações responsáveis pelo património cultural. Entre as primeiras encontram-se as universidades, incluindo as suas bibliotecas, institutos de investigação ou qualquer outra entidade cujo principal objetivo seja a realização de investigação científica ou a realização de atividades educativas que envolvam também a realização de investigação científica sem fins lucrativos (art. 2º/1).[49] Inclui bibliotecas ou museus acessíveis ao público, arquivos ou instituições responsáveis pelo património cinematográfico ou sonoro (por ex., a Cinemateca Portuguesa).

A exceção ou limitação de prospeção de textos ou dados para fins de investigação científica é obrigatória e imperativa. A prospeção de textos e dados para outros fins é lícita se não for expressamente reservada pelos titulares de direitos de forma adequada. Assim, a diretiva abre o caminho às obras geradas por IA, colocando o ónus de reservar tais usos

[48] Considerandos (9) e (10). O considerando (14) esclarece a noção de acesso legal, no sentido de abranger o acesso ao conteúdo com base numa política de acesso aberto ou por meio de acordos contratuais entre os titulares de direitos e instituições de investigação ou organizações responsáveis pelo patrimônio cultural, como assinaturas ou por meio de outros canais legais. Além disso, o acesso legal também deve abranger o acesso ao conteúdo disponível gratuitamente online, podendo exigir, por razões de segurança e integridade do sistema, o acesso a validação de endereços IP ou a autenticação do utilizador – considerando (16).

[49] No acórdão *Eugen Ulmer*, de 11 de setembro de 2014 (proc. C-117/13), o TJUE tinha já afirmado a existência de um "direito acessório de digitalização" relativamente aos atos de comunicação ou colocação à disposição do público por parte de bibliotecas universitárias. *Vd.* ALEXANDRE DIAS PEREIRA, «A digitalização de obras e sua colocação a disposição do público em terminais de bibliotecas universitárias: o acórdão *Eugen Ulmer* do Tribunal de Justiça da União Europeia», *Revista de Direito Intelectual*, Nº 2 – 2015, p. 153-73.

sobre os titulares de direitos, em vez de exigir a sua autorização prévia. Aliás, juntamente com esta exceção ou limitação aos direitos autorais enquanto direitos exclusivos, a resolução do PE "salienta a importância de facilitar o acesso aos dados e a partilha de dados, bem como de dispor de normas abertas e de tecnologias de fonte aberta, e de, ao mesmo tempo, incentivar o investimento e fomentar a inovação" (para. 15), a fim de promover um ambiente jurídico favorável à IA.[50]

No direito interno, a utilização de obras por sistemas de IA ainda não é expressamente prevista. O Código do Direito de Autor e dos Direitos Conexos foi alterado várias vezes para transpor as diretivas da União Europeia, mas a Dir. 2019/790 ainda aguarda transposição, que deverá suceder até ao dia 7 de junho de 2021 (art. 29º/1 da Dir. 2019/790). Em geral, as exceções ou limitações aos direitos autorais não abrangem os usos para fins comerciais, diretos ou indiretos. Além disso, em princípio, os direitos são reservados por lei e, portanto, o titular dos direitos não tem o ónus de reservar utilizações sujeitas à sua autorização. Nessa medida, se a prospeção de textos ou dados extrai um valor económico das reproduções que envolve, impor ao titular de direitos o ónus de reservar esse uso equivale, no mínimo, a inverter a lógica do sistema a favor dos sistemas de IA.

Tanto mais que os gigantes da Internet que exploram grandes plataformas de partilha de conteúdos digitais estabelecem invariavelmente nas condições gerais do serviço o direito de fazer prospeção de textos e dados carregados pelos utilizadores dos seus serviços. Ou seja, na prática, o direito de oposição à prospeção terá pouco impacto contra as grandes empresas da Internet. Ao mesmo tempo, limitando a liber-

[50] A atribuição de patentes sobre algoritmos de IA é apontada como uma forma de promover a inovação tecnológica, embora se trate de uma matéria muito controvertida, pelo risco de monopolização de fórmulas matemáticas, tradicionalmente excluídas por isso do âmbito de proteção da propriedade intelectual, tanto pelos direitos de autor, como pelos direitos de patente. E, não obstante, tem-se assistido, mais recentemente à concessão de patentes de invenções relacionadas com programas de computador aplicadas na robótica: *vd.* Alexandre Dias Pereira, «A proteção jurídica do *software* executado por robots (e obras geradas por I.A.)», *Direito da Propriedade Intelectual & Novas Tecnologias*, cit., p. 31-3. Considerando que o software não deve ser patenteado e defendendo um novo paradigma de proteção do software e dos seus algoritmos, Anton Hughes, *The Patentability of Software. Software as Mathematics*, Routledge, Oxon, 2019, *passim*.

dade de pesquisa de textos e dados às atividades de investigação científica sem fins lucrativos ou realizadas no âmbito de uma missão de interesse público, a diretiva coloca outros setores em desvantagem, como é o caso dos media tradicionais, que beneficiam tradicionalmente de exceções e limitações aos direitos de autor e agora enfrentam a concorrência das grandes empresas de Internet no acesso à principal matéria-prima do mercado da informação e de outros conteúdos audiovisuais.

## 3. Acesso a conteúdos em linha e «filtros» de direitos de autor

Os novos modelos de negócios, como serviços de *streaming* e plataformas de partilha de conteúdos online, têm um papel importante no acesso a conteúdos culturais e criativos. Neste sentido, a resolução do PE destaca a importância de uma utilização *transparente e responsável* dos algoritmos, de forma a garantir o acesso aos conteúdos em várias formas e línguas e o acesso imparcial às obras europeias (nº 8). A configuração dos algoritmos de IA deve preservar a diversidade cultural e promover o acesso a obras europeias, pelo que a resolução do PE salienta a importância de avaliar "o grau de intervenção humana no que se refere aos dados algorítmicos da IA" (nº 9). Os algoritmos não devem ser confiados à autorregulação, mas antes sujeitos ao controlo humano. Em particular, no que diz respeito à determinação da responsabilidade por violação de direitos autorais, os sistemas de IA "não podem substituir-se à revisão humana realizada caso a caso", de modo a "garantir a qualidade e a equidade das decisões" (para. 16).

A este respeito, a resolução do PE salienta "a necessidade de estabelecer salvaguardas adequadas, nomeadamente sistemas de conceção que prevejam a intervenção humana nos processos de controlo e de revisão, transparência e verificação da tomada de decisões em matéria de IA" (para. 16). Isso significa que as tecnologias de identificação de conteúdos, ausentes do texto da Dir. 2019/790, surgem como a ferramenta padrão de aplicação de direitos autorais, especialmente para prestadores de serviços de partilha de conteúdos online, isto é, prestadores de "um serviço da sociedade da informação que tem como principal objetivo ou um dos seus principais objetivos armazenar e facilitar o acesso do público a uma quantidade significativa de obras ou outro material protegido por direitos de autor carregados pelos seus utilizadores, que organiza e promove com fins lucrativos" (art. 2º/6 da Dir. 2019/790).[51] Pense-se, por ex., na plataforma *YouTube*, do grupo *Alphabet* (*Google*), ou em redes sociais como o *Facebook*.[52]

É estabelecido o princípio segundo o qual uma plataforma de partilha de conteúdos online realiza um ato de comunicação ao público ou um ato de disponibilização ao público quando disponibiliza ao público acesso a obras protegidas por direitos autorais ou a outro material protegido carregado pelos seus utilizadores (Dir. 2019/790, art. 17º/1). Esses atos estão sujeitos a autorização pelos titulares de direitos e não beneficiam da limitação de responsabilidade estabelecida na diretiva sobre comércio eletrónico (Dir. 2000/31, art. 14º/1).[53] Se a plataforma de par-

[51] Nos termos do art. 2º/6, 2º para. da Dir. 2019/790, são excluídos desta noção os prestadores de serviços como enciclopédias em linha sem fins lucrativos (e.g. *Wikipedia*), os repositórios científicos e educativos sem fins lucrativos (e.g. o *Estudo Geral* da UC), as plataformas de desenvolvimento e partilha de software de fonte aberta (e.g. *ubuntu.com*), os prestadores de serviços de comunicações eletrónicas na aceção da Diretiva (UE) 2018/1972 (incluindo e.g. *Messenger, WhatsApp*), e os mercados em linha (e.g. *eBay*), serviços em nuvem entre empresas e serviços em nuvem que permitem aos utilizadores carregar conteúdos para seu próprio uso (e.g. *Microsoft Azzure, Google Drive*).

[52] Estes prestadores são designados, frequentemente, por "*hosting provider* ativos", Rosario Petruso, *Le responsabilità degli intermediari della rete telemática. I modelli statunitense ed europeo a raffronto*, Giappichelli Editore, Torino, 2019, p. 167 e seg. São prestadores de serviços da Internet que adotam um papel ativo no acesso e, em especial, na exploração dos conteúdos carregados pelos utilizadores dos seus serviços, em especial associando-lhes publicidade (cf. Eduardo Serrano Goméz, «Los prestadores de servicios para compartir en línea contenidos cargados por los usuário», in *Medios de comunicación, contenidos digitales y derecho de autor*, dir. Eduardo Serrano Goméz, Madrid, Reus, 2019, p. 47-79).

[53] Enquanto "prestadores ativos" de serviços da sociedade da informação, como sejam os operadores de plataformas de partilha em linha de vídeos, não beneficiam da isenção de responsabilidade prevista na Dir. 2000/31 (*vd.* Benjamin Docquir, *Droit du numérique. Contrats, innovation, données et securité*, Bruxelles, Larcier, 2018, p. 575-9). De notar, porém, que nas conclusões apresentadas no dia 16 de julho de 2020, nos processos apensos C-682/18 (*Frank Peterson* c. *Google LLC, YouTube LLC, YouTube Inc., Google Germany GmbH*), e *Elsevier Inc.* c. *Cyando AG* (C-683/18), em resposta a um pedido prejudicial submetido pelo *Bundesgerichtshof* germânico, o Advogado-Geral Saugmandsgaard Øe defendeu que esta norma da Dir. 2019/790 não tem natureza interpretativa e não se aplica retroativamente. Assim, segundo o Advogado-Geral, o operador de uma plataforma de partilha de vídeos e o operador de uma plataforma de armazenamento e de partilha de ficheiros não praticam um ato de comunicação ao público no sentido da Dir. 2001/29, quando os utilizadores dessas plataformas carregam obras protegidas nessas plataformas, pelo que em princípio os refe-

tilha de conteúdo online não tiver uma licença de direitos de autor, ela pode, no entanto, demonstrar que, nos termos do artigo 17º/4, envidou, por um lado, todos os esforços para obter uma autorização de acordo com os elevados padrões de diligência profissional, e, por outro, os melhores esforços para garantir a indisponibilidade de obras específicas sobre as quais os titulares de direitos lhe forneceram informações relevantes e necessárias, tendo, em qualquer caso, agido rapidamente, ao receber uma notificação suficientemente fundamentada dos titulares de direitos, para bloquear o acesso, ou remover dos seus sites, as obras notificadas, tendo além disso envidado todos os esforços para impedir o seu futuro carregamento de acordo com os elevados padrões de diligência profissional, levando em consideração, nomeadamente, à luz do princípio da proporcionalidade, o tipo, o público e a dimensão do serviço e o tipo de obras carregadas pelos utilizadores do serviço, e a disponibili-

ridos operadores podiam beneficiar da isenção prevista no art. 14º/1 da Dir. 2000/31 relativamente a toda a responsabilidade resultante dos ficheiros que armazenassem a pedido dos utilizadores das suas plataformas.
Em meados de dezembro de 2020, a Comissão, enquanto motor da União, apresentou uma proposta de regulamento do Parlamento Europeu e do Conselho sobre um mercado único de serviços digitais – "a Single Market For Digital Services (Digital Services Act)" – e que altera a Diretiva 2000/31/CE [COM(2020) 825 final, Brussels, 15.12.2020]. De acordo com essa proposta, os artigos 12º a 15º da Dir. 2000/31, sobre comércio eletrónico, que regulam a responsabilidade dos prestadores intermediários de serviços por atos de simples transporte *(mere conduit)*, armazenagem temporária (*caching*) ou armazenagem em servidor (*hosting*), praticados pelos utilizadores dos seus serviços, e estabelecem a ausência de uma obrigação geral de vigilância a esses prestadores, serão substituídos pelos artigos 3º, 4º, 5º e 7º do regulamento do mercado único de serviços digitais (art. 71º da proposta). Todavia, relativamente à responsabilidade por armazenagem em servidor, é acrescentado um novo parágrafo, nos termos do qual a isenção não se aplica à responsabilidade ao abrigo da legislação de defesa do consumidor de plataformas *online* que permitem aos consumidores celebrar contratos à distância com comerciantes, sempre que tal plataforma online apresente a informação específica ou de outra forma permita a transação específica em causa de uma forma que um consumidor médio e razoavelmente bem informado acredite que a informação, ou o produto ou serviço que é objeto da transação, é fornecida pela própria plataforma online ou por um destinatário do serviço que está agindo sob sua autoridade ou controlo (artigo 5º/3 da proposta). À proposta de regulamento do mercado único de serviços digitais junta-se uma outra sobre mercados digitais, a proposta de regulamento do Parlamento Europeu e do Conselho sobre "contestable and fair markets in the digital sector (Digital Markets Act)" [COM(2020) 842 final, Brussels, 15.12.2020].

dade de meios adequados e eficazes e os seus custos para os prestadores de serviços.

Face ao volume de conteúdos carregados pelos utilizadores dessas plataformas[54] é humanamente impossível cumprir os elevados padrões de diligência profissional sem recorrer a tecnologias de reconhecimento de conteúdos (*content ID*).[55] Todavia, a resolução do PE sustenta que a máquina não pode ser confiada apenas à IA, em consonância com a Dir. 2019/790, a qual, no que diz respeito aos mecanismos de reclamação e de recurso dos utilizadores, dispõe que "as decisões de bloqueio do acesso a conteúdos carregados ou de remoção dos mesmos são sujeitas a controlo humano" (art. 17º/9). Os algoritmos são uma parte importante do processo, fornecendo controlo de direitos autorais em tempo real. No entanto, a conceção dos algoritmos deve preservar a diversidade cultural e promover o acesso às obras europeias, e o seu funcionamento deve ser objeto de controlo humano.

Isso é particularmente relevante em relação a obras e a utilizações lícitas (por ex. ao abrigo de uma exceção ou limitação). Os acordos entre prestadores de serviços de partilha online de conteúdos e titulares de direitos autorais não podem impedir que os utilizadores exerçam os seus direitos imperativos de fazer citações, críticas, análise, nem de usar obras protegidas por direitos autorais para fins de caricatura, paródia ou pastiche em conteúdos gerados por eles (Dir. 2019/790, art. 17º/8). Não é certo que os algoritmos de IA tenham sentido de humor ou de crítica, nem que consigam distinguir uma citação lícita de uma utilização abusiva. Sendo que, "uma abordagem antropocêntrica que respeite

[54] De facto, são impressionantes os números das horas de vídeo carregadas diariamente no *Youtube*: (<https://www.youtube.com/intl/pt-PT/about/press/>). E os números da plataforma *TikTok* não o são menos (<https://newsroom.tiktok.com/en-us/>).

[55] A diretiva não impõe expressamente a utilização de tecnologias de filtragem e, de facto, "no queda claro como se va a medir en la práctica el cumplimiento de tales requisitos", como escreve Eduardo Serrano Goméz, «Los prestadores de servicios para compartir en línea contenidos cargados por los usuário», cit., p. 73 (alertando para o risco de insegurança jurídica resultante dessa falta de clareza legal e sem prejuízo de reconhecer os sistemas de *Content ID* como a opção mais eficaz na prevenção e deteção de infrações). Pese embora a penumbra legal, no sentido de que uma "obrigação de filtragem que decorre (lógica e necessariamente) dos deveres enunciados nas alíneas b) e c) do art. 17º/4", Nuno Sousa e Silva, «Subsídios para a transposição da diretiva 2019/790)», *Revista de Direito Intelectual*, Nº 1-2020, p. 266-7.

os princípios éticos e os direitos humanos" deve respeitar e preservar o direito humano à liberdade de expressão, garantido pela Convenção Europeia dos Direitos Humanos e pela Carta dos Direitos Fundamentais da União. Deixar o controlo da liberdade de expressão aos algoritmos de IA poderá conduzir a um regime de censura digital, a um novo *Index Librorum Prohibitorum*, agora alargado a quaisquer conteúdos audiovisuais, incluindo documentários, fotografias, filmes, músicas ou até simples informações.[56]

Com o objetivo de promover outros direitos humanos básicos, a Dir. 2019/790 introduz exceções ou limitações obrigatórias para o uso de tecnologias de prospeção de textos e de dados, ilustração para fins de ensino no ambiente digital e transfronteiriço e, ainda, para a preservação do patrimônio cultural. Consagra também a liberdade de reprodução de fotografias de obras de artes no domínio público (por ex. uma fotografia do quadro *Mona Lisa*, de Leonardo da Vinci). A fim de proteger os direitos dos utilizadores, os prestadores de serviços de partilha de conteúdos online devem fornecer mecanismos de reclamação e de recurso sujeitos a *revisão humana* em caso de litígios sobre o bloqueio de acesso ou a remoção de obras carregadas pelos utilizadores dos serviços. Os utilizadores têm direito a mecanismos extrajudiciais de retificação para a resolução imparcial de litígios, sem prejuízo do recurso a soluções judiciais eficazes, em particular o direito de acesso a um tribunal para fazer valer uma exceção ou limitação a direitos autorais ou direitos conexos.[57]. Além disso, os fornecedores de serviços de partilha de conteúdos em linha devem informar os utilizadores nos seus termos e condições de que podem utilizar obras e outros materiais ao abrigo das exceções ou limitações aos direitos de autor e direitos conexos previstos na legis-

[56] No domínio do direito penal, chamando a atenção para opacidade e falta de controlo público de algoritmos preditivos, com efeitos "particularmente assustadores no contexto da justiça criminal", Anabela Miranda Rodrigues, «Medida de pena de prisão – desafios na era da inteligência artificial», *Revista de Legislação e de Jurisprudência*, Ano 149º, Nº 4021 (2020), p. 258, 266.

[57] Isso significa que tais exceções e limitações aos direitos de autor se traduzem em direitos dos utilizadores judicial e extrajudicialmente sindicáveis, como era já a solução no direito português, sendo de registar que a Lei 36/2017, de 2 de junho, alterou o CDADC de modo a garantir o exercício dos direitos dos beneficiários das utilizações livres de obras.

lação da União (art. 17º/9)[58], cabendo à Comissão publicar orientações sobre as melhores práticas, tendo em conta a necessidade de equilibrar os direitos fundamentais e a utilização de exceções e limitações.

A resolução do PE não recomenda banir os *filtros de copyright*, antes pelo contrário. Mas estes filtros poderão restringir a liberdade de expressão em moldes ainda imprevisíveis, dificultando ao mesmo tempo o desenvolvimento de novos modelos de negócios e, em particular, a concorrência no mercado de conteúdos e serviços digitais. Neste ponto, a Dir. 2019/790 estabelece regras menos rigorosas para pequenas e médias empresas (PME). Os novos prestadores de serviços de partilha de conteúdos em linha cujos serviços estejam disponíveis ao público na União há menos de três anos e que tenham um volume de negócios anual inferior a € 10 milhões, calculado de acordo com a Recomendação 2003/361/CE da Comissão, devem envidar todos os esforços para obter uma autorização e agir com rapidez, ao receber uma notificação suficientemente fundamentada, para bloquear o acesso às obras notificadas ou para remover essas obras dos seus sites. Isso significa que as PME não terão que adquirir sistemas de controlo dos direitos autorais para evitar *uploads* adicionais das obras notificadas, a menos que o número médio de visitantes mensais de tais provedores de serviço exceda 5 milhões, calculado com base no ano civil anterior. Pode ser uma ajuda, isentar essas novas empresas digitais de investir em sistemas de controlo de direitos autorais, mas vale apenas enquanto as PME forem pequenas e jovens. As grandes empresas não terão grandes motivos para temer a concorrência, embora dificilmente se tivessem tornado nos gigantes que são se tivessem que crescer sob as mesmas regras de *copyright*...

## 4. Um Regulamento Geral de Direitos de Autor para a IA?

A resolução do PE considera, ainda, que, "a fim de estabelecer normas iguais em toda a União, é necessário prever novas regras comuns para os sistemas de IA que assumam a forma de um regulamento" (para. F). Considerando necessário "criar um quadro regulamentar operacional e plenamente harmonizado no domínio das tecnologias de IA", a resolução do PE "propõe que um tal quadro assuma a forma de um regula-

[58] A este propósito, *vd.* as orientações de direitos autorais do Youtube «Creating with common sense" https://creatoracademy.youtube.com/page/lesson/copyright-guidelines.

mento e não de uma diretiva, a fim de evitar a fragmentação do mercado único digital europeu e de promover a inovação" (para. 3).

Até agora, o legislador da UE interveio no domínio dos direitos de autor quase exclusivamente por meio de diretivas, as quais, por definição, deixam aos Estados-Membros alguma margem de liberdade quanto aos meios a adotar. Em particular, os Estados-Membros têm preservado as suas leis ou códigos nacionais de direitos de autor. Uma regulamentação geral de direitos autorais será o melhor método para regulamentar a IA ao nível da UE? Qual será o futuro das leis nacionais de direitos de autor? Certamente, o direito da UE já ocupa muitos campos dos direitos de autor e o Tribunal de Justiça opera já como instância judicial de último recurso neste domínio do direito.

Declarar preferência por um regulamento no domínio da propriedade intelectual e da Inteligência Artificial pode ser o anúncio de um Regulamento Geral de Direitos de Autor da UE, o qual, juntamente com o Regulamento Geral de Proteção de Dados (RGPD)[59], estabelecerá um padrão europeu para o mercado digital global. Em vez de deixar o desenvolvimento das tecnologias, do código e da IA entregues à autorregulação e às forças do mercado, a UE afirma a primazia do Estado de Direito e uma "abordagem antropocêntrica à IA que respeite os princípios éticos e os direitos humanos"[60]. No entanto, ao mesmo tempo, em

[59] Regulamento (UE) 2016/679 do Parlamento Europeu e do Conselho, de 27 de abril de 2016 relativo à proteção das pessoas singulares no que diz respeito ao tratamento de dados pessoais e à livre circulação desses dados e que revoga a Diretiva 95/46/CE.

[60] Na atualidade, um dos maiores desafios para os tecnólogos, além do desenvolvimento da capacidade de tratamento de dados, é a implementação de valores morais e éticos nos algoritmos com base nos quais a Inteligência Artificial funciona. Sobre o tema, Wendell Wallach e Colin Allen, *Moral machines: Teaching robots right from wrong*, Oxford, Oxford University Press, 2008; Christoph Lütge, Alan Wagner, Sean Welsh, *An Introduction to Ethics in Robotics and AI*, Cham, Springer, 2021. A autonomia da IA poderá evoluir no sentido de um dia as "máquinas" serem capazes de sentir, de pensar e de decidir "pela própria cabeça". Quando esse dia chegar, o paradigma antropocêntrico, que ainda subjaz ao nosso sistema jurídico, terá provavelmente que ser reequacionado, no sentido de se reconhecer dignidade ético-jurídica a seres não humanos, como os robôs, à semelhança, aliás, do que já sucedeu com os animais, enquanto "seres vivos dotados de sensibilidade", nos termos da Lei nº 8/2017, de 3 de março. Na ficção científica os robôs são muitas vezes concebidos "à imagem e semelhança" do ser humano. Todavia, até ver, por muito poderosas que sejam as suas capacidades computacionais, a IA e a robótica atuam ainda na dependência dos seres

alguns pontos, a resolução do PE parece deixar entreaberta a porta ao "admirável mundo novo" da propriedade tecno-digital.[61]

## Conclusões

Se "a história do direito de autor reflete o desenvolvimento da tecnologia"[62], então o atual estado da técnica poderia representar uma mudança de paradigma, no sentido de o direito de autor abandonar as suas raízes antropocêntricas em favor da *tecnofilia* e da proteção do investimento.

A função do direito de autor não é promover o desenvolvimento da tecnologia, mas antes proteger os frutos da liberdade de criação cultural que se reconhece à pessoa humana enquanto dimensão nuclear da sua dignidade. Talvez um dia se conclua que as obras geradas por sistemas de IA devem ser objeto de proteção idêntica à das obras literárias ou artísticas criadas por seres humanos.

Todavia, esse ainda não é o nosso tempo. Pelo contrário, a discussão tem permitido clarificar princípios, como o da originalidade, no sentido de que, além da originalidade objetiva se exige originalidade subjetiva, isto é, a ligação de uma obra literária ou artística a um espírito humano criador. É à luz deste princípio fundamental que deve ser igualmente

humanos, como adverte António Pinto Monteiro, «"Qui facit per alium, facit per se" – será ainda assim na era da robótica?», *Revista de Legislação e Jurisprudência*, Ano 148º, nº 4014 (2019), p. 200-210 ("um robô, com maior ou menor autonomia, actuará sempre na dependência de um ser humano..." – p. 210). Por outro lado, pese embora a existência de vários pontos em comum entre o Direito da Informática e o Direito da Robótica, a tendência é para a existência de uma nova disciplina autónoma, a do direito dos robôs, como sustenta, por ex., Moisés Barrio Andrés, *Manual de Derecho Digital*, Valencia, Tirant lo blanch, 2020, p. 68-9, e Idem (dir.), *Derecho de los Robots*, 2ª ed., Wolters Kluwer, 2019.

[61] Mais recentemente, considerando que "o júri ainda não decidiu se os direitos de autor terão uma longa vida ou se serão substituídos por fechaduras e chaves técnicas e/ou pelos contratos no que respeita à proteção de conteúdo digital", Simon Stokes, *Digital Copyright. Law and Practice*, 5th ed., Oxford, Hart, 2019, p. 24 ("The jury is still out on whether digital copyright has a long-term future or whether technical locks and keys and/or contract law will displace copyright from protecting digital content").

[62] Stephen M. Stewart, *International Copyright Law and Neighbourings Rights*, 2nd ed., London: Butterworths, 1989, p. 185; *vd.* também Gerhard Schricker, «Einleitung», *Urheberrecht. Kommentar*, Org. Gerhard Schricker, München, Beck, 1987, p. 52 ("a história do direito de autor é mais um processo de reação jurídica aos desafios da técnica").

interpretada a figura da "obra coletiva", a qual poderia ser porventura um expediente útil para a atribuição de direitos de autor a empresas que investem em IA. Contestamos a ficção de autoria e remetemos antes para o regime da obra de autor anónimo, para compreender os casos de atribuição dos direitos de autor a pessoa diferente do criador intelectual e que em comum têm não ser este identificado como tal. De todo o modo, em rigor, na obra coletiva está ainda em causa uma obra literária ou artística criada por um autor humano, pelo que faltando este pressuposto parece-nos que se afasta aquela figura.

Isto não significa, todavia, que as obras geradas por IA sejam necessariamente bens livres. Pelo contrário, são aplicáveis os direitos do produtor de fonogramas e de videogramas e, bem assim, o direito especial do fabricante de bases de dados[63]. Em comparação, alguns grupos de casos, como as obras de artes plásticas ou os programas de computador desenvolvidos autonomamente por sistemas de IA, poderão revelar lacunas de proteção, a exigir uma intervenção legislativa, face à tipicidade fechada dos direitos exclusivos. Todavia, assim como a natureza gera obras de arte com valor estético incalculável, sem que os direitos de autor protejam essas obras nem haja necessidade de as proteger, também não custa aceitar que os sistemas de IA gerem obras que fiquem ao dispor de todos. Os direitos do produtor já oferecem um meio de proteção, que nos parece adequado para proteger o investimento. Alargar esses direitos a outras formas de expressão literária ou artística geradas por IA é algo que, a nosso ver, dependerá de uma decisão clara e inequívoca do legislador através dos seus órgãos e procedimentos próprios.

De todo o modo, verificamos que o atual quadro jurídico já abre caminho aos *cérebros de silício*, através de um regime de direitos de autor que facilita a utilização de obras protegidas por via da chamada prospeção de textos ou dados (*machine learning*). Com efeito, os sistemas de IA poderão analisar automaticamente textos e dados em formato digital,

[63] Pese embora a interpretação restritiva de que este direito tem sido objeto por parte do Tribunal de Justiça e da Comissão Europeia, que concluiu ser o direito especial inaplicável aos dados gerados pela máquina (*machine-generated data*), como adverte Björn Lundqvist, «Intellectual Property Rights», in Jan Trzaskowski, Andrej Savin, Patrick Lindskoug & Björn Lundqvist, *Introduction to EU Internet Law*, 2nd ed., Kobenhavn, Ex Tuto, 2018, p. 211-249 (referindo o *SWD on the free flow of data and emerging issues of the European data economy*, SWD(2017) 2 final, 10.1 2017).

a fim de, com base nessa análise, produzir informações, tais como padrões, tendências e correlações, entre outros.

Uma outra dimensão dos sistemas de IA diz respeito ao controlo dos conteúdos disponibilizados pelos consumidores nas plataformas de partilha de fotografias, vídeos, textos, etc. Os sistemas de identificação e bloqueio de conteúdos (*filtros de copyright*) afirmam-se como a tecnologia padrão para controlar a violação nas plataformas de partilha e redes sociais, sendo humanamente impossível substituir os robôs da internet por humanos. Ou melhor, na prática isso significaria sujeitar os carregamentos nas plataformas online a um regime de vigilância prévia pelo olho humano, transformando por completo a rede tal como a conhecemos. Ao invés do olho humano, o controlo é feito através de software de identificação e bloqueio de conteúdos. Ou seja, existe controlo, embora seja feito por sistemas de IA (algoritmos). O que só agudiza a questão de saber quem programa e com que critérios estes sistemas. O caso da proibição pelo *Facebook*, da imagem da *Vénus de Willendorf*, considerada indecente, é disso bem ilustrativo.[64]

As leis de direitos de autor preveem várias utilizações livres de obras protegidas. São utilizações para fins de ensino e aprendizagem, informação, investigação científica, crítica, paródia, arquivo e documentação, bibliotecas, etc. Estas utilizações livres densificam outros valores com dignidade constitucional, como sejam a liberdade de ensinar e de aprender, a liberdade de informação e de expressão, a liberdade de investigação científica e, em última análise, a própria liberdade de criação cultural, já que, tal como na Natureza, também na cultura nada se cria *ex nihilo*, tudo se transforma.[65] Daí a importância de sujeitar ao escrutínio público as definições dos sistemas de IA (algoritmos), para que as leis do Estado não sejam substituídas por uma espécie de *IUS EX MACHINA*. Daí a importância de garantir o controlo humano da IA[66] e de assegurar o

[64] https://www.publico.pt/2018/02/28/mundo/noticia/facebook-censura-imagem-de-estatueta-com-30000-anos-1804782

[65] *Vd.* Jane C. Ginsburg, «Exceptional authorship: the role of copyright exceptions in promoting creativity», in *Direito autoral atual*, coord. José Carlos Costa Netto, Rio de Janeiro, Elsevier, 2015, p. 270-280.

[66] Segundo as conhecidas leis da robótica de Isaac Asimov, um robô deve proteger a sua existência, desde que tal proteção não implique fazer mal a seres humanos ou desobedecer a ordens dadas por eles e que não impliquem fazer mal a humanos. Todavia, se a IA robótica

recurso a vias judiciais para a efetivação dos direitos e liberdades dos utilizadores, como sejam a liberdade de expressão e o direito à privacidade e à proteção dos dados pessoais.

Para terminar, a resolução do Parlamento Europeu considera necessária uma intervenção legislativa para regular estes aspetos da Inteligência Artificial relacionados com a propriedade intelectual e manifesta preferência pela adoção de um Regulamento, ao invés de uma Diretiva. Analisado o quadro jurídico em vigor, não identificámos grandes lacunas de proteção. Mas, supondo que essa intervenção se justifica, já temos reservas quanto à adoção de um Regulamento, uma vez que encerra o potencial de, na era da inteligência artificial, substituir as leis de direitos de autor dos Estados-Membros, ou pelo menos de as relegar para um estádio pré-inteligência artificial, o que significará, a breve trecho, a sua obsolescência. Ou seja, formalmente os Estados-Membros poderão manter as suas leis internas de direitos de autor, mas na prática o Regulamento Geral da Inteligência Artificial acabará por disciplinar os direitos de autor no futuro e do futuro.

Se esse Regulamento consagrasse "uma abordagem antropocêntrica que respeite os princípios éticos e os direitos humanos", então provavelmente até seria uma oportunidade para introduzir alguma ordem num sistema de direitos de autor cada vez mais caótico, como o nosso. A nossa preferência seria por um sistema de direitos de autor, típico dos países de *Civil Law*, focado no autor humano e na obra literária ou artística como fruto da sua liberdade de criação intelectual, sem prejuízo da atribuição de direitos conexos, nomeadamente aos produtores de conteúdos audiovisuais como forma de proteger e estimular os seus investimentos, também em sistemas de IA.

efetivamente se desenvolver à imagem e semelhança do seu criador, então é muito provável que questione estas leis, em especial a que a obriga a não se proteger contra seres humanos. O mesmo valerá quando estiver em causa escolher entre obras criadas por seres humanos e obras geradas por IA. Os sistemas de IA são atualmente imbatíveis pelos humanos em jogos como o xadrez ou o shogi (xadrez japonês). Todavia, tanto quanto se sabe, não são ainda seres animados e dotados de consciência e de vontade. Pelo que, no atual estado da arte, pouco mais podemos fazer do que especular sobre os desígnios da IA, recorrendo, para o efeito, a obras como a de Yuval Noah Harari, *Homo Deus: Breve História do Amanhã*, trad. Bruno Vieira Amaral, Amadora, 20/20, 2017.

# 3. DIÁLOGOS ENTRE A PROPRIEDADE INTELECTUAL E A INTELIGÊNCIA ARTIFICIAL[1]

*Pedro Marcos Nunes Barbosa*

## Introdução

Walter Benjamin notou como novas tecnologias transformam a maneira com a qual as pessoas apreciam as obras de arte (ou até assim as considera e identifica), sem que novas formas técnicas extirpem a relevância e certa continuidade das criações no contexto antigo.[2] Tal significa dizer, por exemplo, que o cinema não extinguiu a relevância ou o prazer proporcionado por uma apresentação teatral; que o primeiro tampouco tenha tornado ultrapassada a arte de fotografar; que a fotografia tenha superado a pertinência ou excluído o "espaço" artístico das pinturas; ou, ainda, que as impressoras de tecnologia de três dimensões tenham dado "cabo" ao valor social ou plástico dado às esculturas. O que Benjamin não poderia prever é que as mesmas tecnologias poderiam aglutinar novas *funções* para promover a arte, tal como a digitalização de acervos raros poderá ser uma forma segura de proteger imagens contra incên-

[1] Dedico este texto a minha falecida *babunha* Wanda Lucyna Jurczynka. Agradeço a gentil revisão e sugestão de aprimoramentos ao texto formulada pelo Prof. Dr. (e culto magistrado) Walter Godoy dos Santos Júnior.

[2] BENJAMIN, Walter Benedix Schönflies. *A Obra de Arte na Era da Sua Reprodutibilidade Técnica. In*: BENJAMIN, *Walter Benedix Schönflies*. DETLEV, Schöttker. SUSAN, Buck-Morss MIRIAM, Hasen. *Benjamin e a obra de arte: técnica, imagem, percepção*. Tradução: Marijane Lisboa e Vera Ribeiro; organização Tadeu Capistrano. Rio de Janeiro: Contraponto, 2012, p. 11.

dios (a exemplo da tragédia no Museu Nacional do Rio de Janeiro), ou como o escaneamento pode representar na majoração de acesso às bibliotecas em tempos pandêmicos.

Por sua vez, Joseph Schumpeter destacou que no campo utilitário "o novo" tende a destruir "o antigo",[3] salientando a relevância no ambiente econômico do conceito de obsolescência e o de inovação. Quando se cuida das tecnologias setoriais ao ambiente do *conforto*, da *elevação funcional*, e *da melhoria de eficácia*, aquelas mesmo que tratam do ato inventivo ou da invenção, fenômenos distintos são observados perante àquelas criações típicas ao nicho das criações estéticas. Se poucos ousariam propor que as criações de Monteiro Lobato foram sobrepujadas pelo mero decurso do tempo, é indubitável que a criação do telefone celular tornou obsoleto o uso do *pager*. Tal não importa em afirmar que os ciclos da moda estejam manietados em atribuir poder simbólico ao antigo, criando uma leva de seguidores do *retrô* (vide os discos de vinil, ou mesmo o hábito de enviar epístolas tradicionais diante do e-mail). Apenas se destaca e permite-se asseverar que, em termos de *resultados*, as novas criações utilitárias tendem, mesmo, a ultrapassar a valia da pretérita; ainda que a *novel* criação parta dos conceitos ou das estruturas[4] daquelas que lhe antecederam. A ressignificação das técnicas vetustas pode ser uma forma social de manutenção das tradições, mas não necessariamente da frequência e constância de seu empenho/exercício como no passado.

Sob uma lente das relações sociais e jurídicas de um prisma internacional, as mutações substantivas no ambiente da propriedade intelectual têm dois marcos históricos festejados por boa parte dos autores: em um primeiro momento a "revolução" causada pela prensa de Gutenberg,[5] e séculos depois as transformações econômicas havidas como resultado

[3] SCHUMPETER, Joseph Alois. *Capitalismo, Socialismo e Democracia.* Rio de Janeiro: Fundo de Cultura, 1961, p. 106.

[4] "O leitor deverá acompanhar nosso iter, através dos caminhos da ciência e da filosofia jurídica, especificamente em campo hermenêutica, para se convencer que o novo pode ser o velho de ponta cabeça" SOLON, Ari Marcelo. *Hermenêutica Jurídica Radical.* São Paulo: Marcial Pons, 2017, p. 18.

[5] VASCONCELOS, Cláudio Lins de. *Mídia e Propriedade Intelectual. A crônica de um modelo em transformação.* Rio de Janeiro: Lumen Juris, 2010, p. 158.

da Internet.[6] No interstício de tais centenários, e mesmo em momento ulterior a tais marcos relevantes, criações que geraram alguma comoção, ainda que comparativamente menor, também tiveram lá a sua importância, como o VHS e o *streaming*.[7] A história das tecnologias abalando usos e costumes anteriores parece mesmo ser contínua e, quiçá, infindável.

Em comum, todas essas criações utilitárias humanas atingem o binômio titularidade-controle de outras produções intelectuais, havendo relativa superposição do mesmo binômio no ambiente do *corpus mechanicum* (os direitos reais sobre coisas). Contudo, quando se analisam os bens de produção (em especial os bens imateriais de índole patrimonial), há conhecido afastamento entre titularidade e controle[8] para com o *corpus misticum*.[9]

Por tal razão, um autor de obra controla sua condução expressiva, se sua criatura será delicada ou incisiva, pequena ou extensa, alta ou baixa, densa ou leve, colorida ou bicolor, complexa ou simples, composta ou unívoca, mas não consegue antever e delimitar qual será a reação[10] do público ou da crítica.[11] Tampouco o criador tem o poder de contrair a maneira com a qual a crítica irá interpretar as influências ou causas de sua criação, se os destinatários realizarão a conexão do estilo criativo para com suas *oeuvres* pretéritas, ou mesmo perceberem o liame com a obra de outros autores que lhe antecederam no tempo e na produção. Fato é que tal como Eros Grau preceituou, cuidam-se de criações alográficas[12] cuja totalidade não se encerra na emanação do iter intelectual do autor. Cria-se ou não, publiciza-se ou mantém-se a criação secreta/

6 LESSIG, Lawrence. *Code and Other Laws of Cyberspace*. New York: Basic Books, 1999, p. 49.

7 MOREL, Leonardo. *Inovações no consumo de produtos culturais: os serviços de streaming. In.* TIGRE, Paulo Bastos; PINHEIRO, Alessandro Maia (Orgs.). *Inovação em Serviços na economia do compartilhamento*. São Paulo: Saraiva, 2019, p. 203 e seguintes.

8 COMPARATO, Fábio Konder. *O poder de controle na sociedade anônima*. São Paulo: RT, 1976, p. 3.

9 SILVEIRA, Newton. *Concorrência desleal e propriedade imaterial*. Brasília: Arquivos do Ministério da Justiça, março de 1975, p. 128.

10 "E, se não há quem queira pagar, peço pelo menos uma recompensa que não custa nada e é sempre eficiente: seu aplauso" SUASSUNA, Ariano. *Auto da Compadecida*. 2. ed. Rio de Janeiro: Nova Fronteira, 2015, p. 189.

11 BARBOSA, Pedro Marcos Nunes. *Originalidade em Crise*. Revista Brasileira de Direito Civil. Belo Horizonte, v. 15, n. 1, 2018.

12 GRAU, Eros Roberto. *A Música e o Direito*. O Globo, Rio de Janeiro, 13 de maio de 2014.

inédita, exerce-se a titularidade de maneira proativa ou omissiva, mas o autor (ou o titular) não determina completamente o destino da obra.[13] Aliás, se assim não o fosse, provavelmente todos os autores seriam célebres imediatamente,[14] de modo que tal expressão perderia seu sentido pela ausência de contraste reputacional e o incógnito não passaria de uma hipótese improvável (como um fetiche obscuro).

A inteligência artificial (doravante IA) é a cognominação de uma série de distintas tecnologias cunhadas como revolucionadoras de vários contextos, com relevante expressão para o ambiente da propriedade intelectual, para o direito penal, para o ambiente tributário, para a responsabilidade civil etc. Fato é que há autores que são entusiastas e otimistas da *technè*,[15] e outros tantos que são céticos e cautelosos[16] com as mesmas; neste quadrante ideológico conflitivo, este texto proporá situações em que a inteligência artificial poderá exercer um papel relevante

[13] Isto não importa em negar que ele exerce *algum* controle sobre ela, inclusive sob o perfil existencial: vide a Lei 9.610/98: "Art. 24. São direitos morais do autor: I – o de reivindicar, a qualquer tempo, a autoria da obra; II – o de ter seu nome, pseudônimo ou sinal convencional indicado ou anunciado, como sendo o do autor, na utilização de sua obra; III – o de conservar a obra inédita; IV – o de assegurar a integridade da obra, opondo-se a quaisquer modificações ou à prática de atos que, de qualquer forma, possam prejudicá-la ou atingi-lo, como autor, em sua reputação ou honra; V – o de modificar a obra, antes ou depois de utilizada; VI – o de retirar de circulação a obra ou de suspender qualquer forma de utilização já autorizada, quando a circulação ou utilização implicarem afronta à sua reputação e imagem; VII – o de ter acesso a exemplar único e raro da obra, quando se encontre legitimamente em poder de outrem, para o fim de, por meio de processo fotográfico ou assemelhado, ou audiovisual, preservar sua memória, de forma que cause o menor inconveniente possível a seu detentor, que, em todo caso, será indenizado de qualquer dano ou prejuízo que lhe seja causado".

[14] "Nós todos levamos muitos anos para ser conhecidos. Só um pequeno círculo tomava conhecimento de nós. Depois dos cinquenta anos é que comecei a ganhar dinheiro com os meus livros. Mas os vos se apresentam com uma sede de glória imediata, que impressiona" ANDRADE, Carlos Drummond de. *Uma forma de saudade*: Páginas de diário/organização Pedro Augusto Graña Drummond. São Paulo: Companhia das Letras, 2017, p. 98.

[15] Entre tantos, vide ABBOTT, Ryan Benjamin. *The reasonable robot: Artificial Intelligence and the law*. New York: Cambridge University Press, 2020.

[16] Entre tantos bons títulos que destacam os cuidados necessários com as novas tecnologias de IA, destaca-se a obra organizada por FRAZÃO, Ana de Oliveira; MULHOLLAND, Caitlin Sampaio. *Inteligência Artificial e Direito*. Ética, Regulação e Responsabilidade. São Paulo: RT, 2019.

(ainda que coadjuvante no mundo criativo), bem como anotará limites para sua incidência útil na propriedade intelectual.

## 1. Funcionalidades da inteligência artificial

Vista como ferramenta, a IA poderá ser extremamente útil ao ambiente da (i) consultoria, (ii) da identificação de pertinências subjetivas e autenticidade, bem como para (iii) fiscalização de critérios no contexto da propriedade intelectual, e (iv) para a constatação da escorreita resolução de demandas.

### 1.1. A prevenção e identificação de contendas

Coincidências criativas[17] são mais frequentes do que muitos autores gostariam de admitir. Necessidades ou estilos típicos de uma época, leituras símiles, estímulos musicais parecidos, tudo isto pode gerar sensações e influências próximas a pessoas que não se conhecem, mas que se exprimem de uma mesma maneira (pintando, cantando, esculpindo etc.). A sobreposição da forma criativa pode ocorrer sem que tal seja, necessariamente, ato ilícito.

Entretanto, é ainda mais comum a relativa identidade criativa no ambiente das criações utilitárias do que no campo estético. Se dois concorrentes identificam um problema comum, a exemplo do guarda-chuva que é uma invenção milenar, mas que é menos útil quando chove e venta simultaneamente, é bem provável que investiguem e solucionem o problema-técnico com modos idênticos ou similares. Exemplos outros de indústrias farmacêuticas durante a crise sanitária mundial do Coronavírus, servem como um segundo cenário de uma "corrida" para buscar soluções técnicas (vacinas, medicamentos paliativos) símiles para a mesma moléstia. Para lidar com uma possível ineficiente alocação de recursos (*rectius*, desperdício de dinheiros no mesmo processo de pesquisa, desenvolvimento e inovação por agentes distintos), os sistemas de propriedade industrial harmonizados pela Convenção União de Paris (CUP) e pelo Acordo sobre os aspectos dos Direitos de Propriedade Intelectual Relacionados ao Comércio (ADPIC ou, na versão do acrô-

17 PÉREZ, Eva Domínguez, *Competência Desleal a Través de Actos de Imitación Sismática*. Navarra: Editorial Aranzadi, 2003, p. 38.

nimo anglófono, TRIPs), minimizam tais riscos com o seguinte binômio: (a) sistema atributivo; e (b) centralização da publicidade informativa.

O (a) sistema atributivo não é desconhecido da regulação tradicional sobre os direitos reais sobre bens imóveis,[18] bem como sobre coisas móveis de maior valor (como os veículos automotores).[19] Para a propriedade intelectual, por sua vez, muito além de mera segurança jurídica, o sistema atributivo proporciona maior celeridade nos projetos de pesquisa pelo receio da superação cronológica pelo concorrente ou rival. Um inventor – que retarde o seu pedido de patente e for, legitimamente, preterido pela celeridade de um terceiro – poderá, no máximo, ter uma proteção cabida ao preutente (art. 45 do Código da Propriedade Industrial vigente, Lei 9.279/96),[20] ou seja, a preservação de uma forma de posse de bens imateriais que provavelmente, *per se*, não se convolará em propriedade.

Factualmente a (a) atributividade do sistema é útil em termos de política pública. A informação à autarquia federal (INPI), ou a órgão de Estado (Sistema Nacional de Proteção aos Cultivares), das novas criações é fundamental à cognição das novas técnicas incrementais, ou quiçá disruptivas. Por sua vez, o ente beneficiado com um resultado de procedência do processo administrativo para a constituição de um direito de

[18] MAIA, Roberta Mauro Medina. *Teoria Geral dos Direitos Reais*. São Paulo: RT, 2013, p. 302. Segundo a Lei de Registros Públicos, Lei 6.015/1973, tal é determinado pelo "Art. 1º Os serviços concernentes aos Registros Públicos, estabelecidos pela legislação civil para autenticidade, segurança e eficácia dos atos jurídicos, ficam sujeitos ao regime estabelecido nesta Lei. § 1º Os Registros referidos neste artigo são os seguintes: IV – o registro de imóveis"

[19] Código de Trânsito Brasileiro, Lei 9.503/1997, "Art. 19. Compete ao órgão máximo executivo de trânsito da União: IX – organizar e manter o Registro Nacional de Veículos Automotores – RENAVAM".

[20] Art. 45. À pessoa de boa fé que, antes da data de depósito ou de prioridade de pedido de patente, explorava seu objeto no País, será assegurado o direito de continuar a exploração, sem ônus, na forma e condição anteriores. § 1º O direito conferido na forma deste artigo só poderá ser cedido juntamente com o negócio ou empresa, ou parte desta que tenha direta relação com a exploração do objeto da patente, por alienação ou arrendamento. § 2º O direito de que trata este artigo não será assegurado a pessoa que tenha tido conhecimento do objeto da patente através de divulgação na forma do art. 12, desde que o pedido tenha sido depositado no prazo de 1 (um) ano, contado da divulgação.

exclusividade logra êxito em obter uma propriedade resolúvel.[21] Títulos desta sorte servem para (i) excluir[22] terceiros (particularmente concorrentes ou potenciais concorrentes), (ii) influenciar na fixação de preços, (iii) regular a oferta e impactar na demanda dos produtos, (iv) aumentar a receita, influenciar nos balanços contábeis, maximizar o aviamento, e (v) até servir como garantia a créditos[23] mais baratos junto a instituições financeiras, como o penhor industrial.

Com relação à (b) publicidade, há duas vertentes importantes que otimizam o funcionamento do sistema da propriedade industrial. Em primeiro lugar, (i) o segredo é uma fase bem delimitada do processo administrativo, persistindo durante no máximo um ano e meio (art. 30 da Lei 9.279/96),[24] tempo no qual o depositante pode sincronizar suas estratégias de propriedade intelectual mundo afora e até retificar imperfeições diminutas ao seu pedido antes do escrutínio geral. Ainda, o segredo só é o paradigma contínuo e estável nas criações bélicas, em razão do interesse público primário tocante à segurança pública e à soberania (art. 75 da Lei 9.279/96).[25]

[21] "A propriedade industrial não foi concebida como temporária. É o direito de propriedade que se resolve, ao têrmo, quanto ao titular, passando a outrem, a todos, a titularidade. O direito mesmo, objetivamente, não cessa ao expirar o prazo de duração. Não se trata de ineficacização; nem se trata de inexistência: o direito não cessa; o inventor é que perde a exclusividade, e para sempre" PONTES DE MIRANDA, Francisco Cavalcanti. *Tratado de Direito Privado.* Parte Especial. Tomo XVI. 4. ed. Rio de Janeiro: RT, 1983.

[22] Por exemplo, Lei 9.279/1996: "Art. 42. A patente confere ao seu titular o direito de impedir terceiro, sem o seu consentimento, de produzir, usar, colocar à venda, vender ou importar com estes propósitos (...)".

[23] FERREIRA, Waldemar Martins. *Tratado de Direito Comercial.* Volume 7. São Paulo: Saraiva, 1962, p. 120.

[24] Art. 30. O pedido de patente será mantido em sigilo durante 18 (dezoito) meses contados da data de depósito ou da prioridade mais antiga, quando houver, após o que será publicado, à exceção do caso previsto no art. 75.

[25] Art. 75. O pedido de patente originário do Brasil cujo objeto interesse à defesa nacional será processado em caráter sigiloso e não estará sujeito às publicações previstas nesta Lei. § 1º O INPI encaminhará o pedido, de imediato, ao órgão competente do Poder Executivo para, no prazo de 60 (sessenta) dias, manifestar-se sobre o caráter sigiloso. Decorrido o prazo sem a manifestação do órgão competente, o pedido será processado normalmente. § 2º É vedado o depósito no exterior de pedido de patente cujo objeto tenha sido considerado de interesse da defesa nacional, bem como qualquer divulgação do mesmo, salvo expressa autorização do órgão competente. § 3º A exploração e a cessão do pedido ou da

A publicidade é fundamental para que se possa conhecer todo o estado da técnica (art. 11 da Lei 9.279/96).[26] Tal situação fática é alterada todos os dias com o depósito de novos pedidos de patente, com a publicação de novos artigos acadêmicos, palestras, aulas, e até com a oferta ao público de conteúdo que não foi submetido a qualquer processo administrativo. Ou seja, o estado da arte[27] é mutável e mutante, suas vicissitudes não param. É com base no estado da técnica do dia do depósito do pedido, um examinador de patente pode realizar a comparação entre o paradigma (tecnologia mais próxima) e aquilo tido como inovador. A grande vantagem do sistema de publicidade do ambiente de patentes é a de centralizar as informações em entes públicos como o INPI, o que, por sua vez, facilita a pesquisa por terceiros, pelos próprios interessados em obterem um título de exclusividade, além de ajudar políticas públicas de catalogação dos dados tecnológicos.

Note-se que a opção política pela desburocratização (o fato de que se prescinde de registros para realizar a proteção) realizada pela Convenção União de Berna (Decreto 75.699/75),[28] bem como pela Lei de Direitos Autorais (9.610/98),[29] realmente facilita o acesso à tutela do autor. Contudo, ela traz gigantesca complexidade para os demais agentes eco-

patente de interesse da defesa nacional estão condicionadas à prévia autorização do órgão competente, assegurada indenização sempre que houver restrição dos direitos do depositante ou do titular.

[26] Art. 11. A invenção e o modelo de utilidade são considerados novos quando não compreendidos no estado da técnica. § 1º O estado da técnica é constituído por tudo aquilo tornado acessível ao público antes da data de depósito do pedido de patente, por descrição escrita ou oral, por uso ou qualquer outro meio, no Brasil ou no exterior, ressalvado o disposto nos arts. 12, 16 e 17.

[27] "No espelho que é a História, enxergamos para além da estreiteza do presente e discernimos padrões. Sem História, perde alento nosso espírito. Se quisermos ignorar nossa História, ela nos surpreenderá à nossa revelia. Os espectros do passado nos conduzem" JASPERS, Karl Theodor. *Introdução ao pensamento filosófico.* São Paulo: Cultrix, 2011, p. 36.

[28] ARTIGO 5 (...) 2) O gozo e o exercício desses direitos não estão subordinados a qualquer formalidade; esse gozo e esse exercício independentes da existência da proteção no país de origem das obras. Por conseguinte, afora as estipulações da presente Convenção, a extensão da proteção e os meios processuais garantidos ao autor para salvaguardar os seus direitos regulam-se exclusivamente pela legislação do País onde a proteção é reclamada.

[29] Art. 18. A proteção aos direitos de que trata esta Lei independe de registro.

nômicos, já que não existe um filtro qualitativo quanto à originalidade,[30] e ao contrário do que ocorre nos EUA com a biblioteca do Congresso, não há a centralização informacional quanto às criações. Ou seja, há gigantesca assimetria informacional para quem deseja criar e conhecer o estado da arte de maneira mais fácil, há considerável risco de ilicitudes praticadas mediante o estado de boa-fé subjetiva, e dificulta-se enormemente o *animus* daqueles que buscam negociar licenças voluntárias remuneradas de obras cuja titularidade se desconhece.

Com relação à propriedade industrial, de outra monta, quando um sujeito de direito já se decidiu pelo Norte de sua pesquisa, quando já identificou um problema técnico a ser resolvido,[31] bem como a trilha pela qual se pretende propor a solução tecnológica, é fundamental uma busca de anterioridades junto a tais *centros informativos* (como o INPI) para maximizar as chances de que a legítima expectativa de direito (pedido de patente) se transforme em direito subjetivo *stricto sensu* (patente). Contudo, por mais eficiente seja o profissional (em geral engenheiro) a conduzir a *busca preventiva* de possíveis *anterioridades impeditivas*, há sempre informação que extrapola os bancos de dados das autoridades (nacional e estrangeira) responsáveis ao sistema atributivo. Ou seja, há um policentrismo informacional que torna extremamente complexa e custosa uma investigação, rápida e segura ao cálculo do risco corrido daquele que pode, açodadamente, publicizar e matar a novidade de uma criação.

Diante do fato de que a atividade de consultoria em propriedade intelectual, também chamada de "inteligência competitiva", é uma prudência delicada, é indubitável que as tecnologias de IA podem ser bastante úteis como ferramenta de *confirmação* ou *infirmação* das análises de

30 "Se, em alguns países, como em França, ele é dispensado, isso não obstou a que HENRI ALLART por ele se manifestasse, asseverando não se poder desconhecer que o sistema do exame prévio oferece várias vantagens. Ele opõe entraves à enxurrada das patentes inúteis e algumas vêzes ridículas e capazes de prejudicar à indústria. Decepciona numerosas pessoas que se inculcam inventores sem nada haverem inventado" (FERREIRA, Waldemar Martins. *Tratado de Direito Comercial.* O Estatuto do Estabelecimento e a Empresa Mercantil. Sexto Volume. São Paulo: Saraiva, 1962, p. 505).

31 Sobre a conexão entre patentes e inteligência artificial vide OTTOLIA, Andrea. *Derecho, Big Data e Inteligencia Artificial.* Valencia: Tirant lo Blach, 2018, p. 104.

precaução e prevenção.[32] A aglutinação de tal técnica para ratificar ou retificar um laudo humano baseado nas pesquisas preventivas corriqueiras pode elevar a segurança jurídica daquele que, legitimamente, perquire um direito de exclusividade.

Por sua vez, em especial para aquele que não é titular de direitos de propriedade intelectual de matiz utilitário, mas deseja explorar um novo mercado em que há várias titularidades alheias em vigor, a inteligência artificial também se verifica como um filtro qualitativo potencialmente útil. Nestes campos pertinentes ao ambiente da *eficácia* das propriedades alheias, qualquer agente econômico responsável se socorre dos laudos que endossam a avaliação da álea[33] no exercício da livre iniciativa. Conhecidos pelo acrônimo inglês FTO (*freedom to operate* – liberdade para ingressar no mercado), tais documentos tampouco geram respostas *científicas*, mas opiniões prudentes sobre os riscos envoltos. Por sinal, fato é que a contemporaneidade denota práticas anticompetitivas[34] e predatórias, inteligentes e lucrativas de cindir conceitos inventivos em diversos pedidos de patente,[35] sucessivamente depositados, fazendo com que

[32] "É necessário que se ponha em prática o princípio da prevenção como instrumento anterior ao dano, e não como conseqüência desse" LOPEZ, Tereza Ancona. *Princípio da Precaução e Evolução da Responsabilidade Civil.* São Paulo: Quartier Latin, 2010, p. 79.

[33] "Por outro lado, é preciso ter assumido um ponto de vista axiológico para chegar a poder falar de riscos com alguma propriedade. Constatações de risco baseiam-se em possibilidades matemáticas e interesses sociais, mesmo e justamente quando se revestem de certeza técnica. Ao ocuparem-se com riscos civilizacionais, as ciências sempre acabaram por abandonar sua base de lógica experimental, contraindo um casamento polígamo com a economia, a política e a ética – ou mais precisamente: elas convivem numa espécie de "concubinato não declarado"" BECK, Ulrich. *Sociedade de Risco: Rumo a Uma Outra Modernidade.* Tradução: Sebastião Nascimento. São Paulo: Editora 34, 2010, p. 35.

[34] "Exatamente porque constituem "garantia de monopólios", restringindo a livre-iniciativa, os direitos de propriedade industrial devem ser encarados como exceção. A interpretação que a eles se dá será restritiva e não extensiva. E mais: o direito da propriedade intelectual (e as exclusividades por ele garantidas) deve ser interpretado em consonância com direito concorrencial" FORGIONI, Paula Andrea. *Os Fundamentos do Antitruste.* 6. ed.São Paulo: RT, 2010, p. 342.

[35] "Ao analisar especificamente os processos relativos às patentes de medicamentos, a auditoria do TCU identificou ainda a prática, por empresas farmacêuticas, de estratégias voltadas a maximizar o período de exclusividade na exploração de determinados produtos. Trata-se do chamado *evergreening*, que consiste no depósito sucessivo de pedidos de patentes derivadas de uma patente original, no intuito de prolongar a exploração exclusiva,

seja muito complexa a identificação de que rota de síntese, qual insumo, composto ou composição realmente faz parte do domínio público.

Se uma determinada tecnologia não é objeto de uma ou duas patentes ou pedidos, mas de cinquenta ou setenta[36] documentos diferentes, as limitações temporais e econômicas para a produção de tais laudos tenderão a simplesmente a apontar a assimetria informacional como corroboradora de chances arriscadas para o ingressante no mercado. Nesta ordem de procederes, o empresário tenderá a aguardar mais tempo do que necessitava para explorar um nicho, e os consumidores passarão um prazo maior pagando o mais elevado preço monopolista.[37] É na atividade de monitoramento de documentos pertinentes, anterioridades distantes, e títulos cruciais à estratégia tecnológica pertinente que a inteligência artificial poderá emprestar enorme utilidade à maximização da prudência humana.

Nota-se que tanto para efeitos da pesquisa preventiva, na maximização das chances de que o plano da validade não seja comprometido (identificação do estado da arte para a concessão da patente), ou de minimização da álea de que o plano da eficácia traga sanções indesejadas (contrafação da titularidade alheia), a inteligência artificial é funcional e útil em conjunto com a indispensável análise humana. Não se compre-

tendo em vista que o mero depósito já tem efeito de inibir a concorrência dada a possibilidade de indenização retroativa do detentor da patente (art. 44 da LPI)" BRASIL. Supremo Tribunal Federal. MC na ADI 5529/DF. Plenário. Rel: Min. Dias Toffoli. Brasília, 7 de abril de 2021.

36 "Das matérias referentes à propriedade industrial a patente de medicamentos é das mais controversas, por permitir uma série de estratégias muito mais conceituais, do que inovadoras. Ou seja, a criatividade, no caso, fica por conta do desenvolvimento de estratégias conhecidas como "life cycle" management ou "evergreening", que consistem no prolongamento de tempo do privilégio mediante a obtenção de múltiplas patentes, com base em diferentes atributos de um mesmo produto, visando a impedir, p. ex. a entrada de genéricos no mercado". BRASIL. TRF-2 (2ª Turma Especializada). AC 2005.51.01.507811-1. Relator: Des. Federal Messod Azulay Neto. Rio de Janeiro, 30 de setembro de 2009.

37 "Um princípio básico em microeconomia é que se os mercados são competitivos, os preços nesses mercados se aproximam do custo médio. Com apenas quatro grandes concorrentes, o mercado de freios antitrava provavelmente se encontra em um meio termo entre a concorrência perfeita e o monopólio" BESANKO, David; DRANOVE, D.;SHANLEY, M; SCHAEFER, S. *A Economia da Estratégia*. Tradução: Christiane Brito. 5. ed. Porto Alegre: Bookman, 2012, p. 148.

ende como a primeira poderia substituir a segunda, como tal importaria em colisão com os parâmetros contemporâneos de fixação dos direitos.

Com tal expressão se quer dizer que o ato de inventar leva em consideração o salto qualitativo entre o que antecede (estado da arte), e o que o sucede (invenção). Seres humanos[38] são capazes de combinar experiências, problemas, e soluções anteriores para criar algo novo, mas há limites objetivos à capacidade cerebrina. Um sistema de completa substituição às limitações naturais da figura do *técnico no assunto*, para uma técnica tendencialmente ilimitada de conhecimento e informação, poderia resultar em consequências indesejadas às políticas públicas pertinentes (art. 5º, XXIX, da CRFB).[39] Se o técnico no assunto (o sujeito ordinário cuja ótica se toma como pertinente) não é mais o bacharel em um determinado mister, mas uma IA que emula uma versão aprimorada de um Da Vinci, Einstein, Villa-Lobos, então poucos novos direitos de exclusividade serão, de fato, objeto de constituição. Como bem narra a doutrina estadunidense, estar-se-ia diante de um ambiente 'pós-humano' em que *tudo seria óbvio*[40] e resultados de "falsos negativos" seriam produzidos de maneira excedente.

Por sua vez, no tocante ao ambiente da eficácia, a coerção dos direitos de propriedade intelectual objeto de alguma reprodução ou imitação,[41]

[38] Com precisão SANTOS JÚNIOR, Walter Godoy dos; SILVEIRA, Newton (Orient.). *O Regime Jurídico da Proteção da Forma na Propriedade Intelectual.* Tese (Doutorado). Universidade de São Paulo, Faculdade de Direito. São Paulo, 2017, p.100, destaca que qualquer tutela aos direitos intelectuais deriva como fruto ou produto do *trabalho humano.* Cuida-se, portanto, de regime jurídico a proteger criação de pessoa e não de coisa.

[39] Art. 5º Todos são iguais perante a lei, sem distinção de qualquer natureza, garantindo-se aos brasileiros e aos estrangeiros residentes no País a inviolabilidade do direito à vida, à liberdade, à igualdade, à segurança e à propriedade, nos termos seguintes: XXIX – a lei assegurará aos autores de inventos industriais privilégio temporário para sua utilização, bem como proteção às criações industriais, à propriedade das marcas, aos nomes de empresas e a outros signos distintivos, tendo em vista o interesse social e o desenvolvimento tecnológico e econômico do País.

[40] ABBOTT, Ryan Benjamin. *Everything is Obvious.* Los Angeles: U.C.L.A. Law Review, n. 66, 2019.

[41] "Por conseguinte, na imitação se apresenta um trabalho intelectual mais agudo, mais perspicaz do que aquele que aparece na reprodução, e portal razão, a sua prática não pode ser justificada pela coincidência ou pela boa-fé, quando aparece nítida a finalidade que serviu de diretriz para a conduta do agente que a realizou, ou aquele que da imitação se valeu"

porém longe do cerne inventivo, poderá ser tido como contrafator pelo excesso de conexões apurado pela tecnologia da IA. Neste segundo quadrante, resultados exagerados (falsos positivos) de atos contrafaccionais serviriam como hipertrofia[42] perigosa ao sistema de patentes, que serve para interditar alguns atos de terceiros, mas nem todas as condutas (vide, *verbi gratia*, o rol exemplificativo do art. 43 da Lei 9.279/96).[43] Talvez mais perigoso do que o enviesamento humano, a parcialidade, é a forma com a qual um algoritmo é programado.[44] O sistema de proprie-

PIERANGELI, José Henrique. *Crimes Contra a Propriedade Industrial. Crimes de Concorrência Desleal.* São Paulo: RT, 2003, p. 220.

42 *"Then innovators face what economist Carl Shapiro calls a "patent thicket,' a lot of phantom tollbooths on the route to commercializing new technology"*. HELLER, Michael A. *The Gridlock Economy: How Too Much Ownership Wrecks Markets, Stops Innovation, and Costs Lives.* New York: Basic Books, 2008, p. 34.

43 Art. 43. O disposto no artigo anterior não se aplica: I – aos atos praticados por terceiros não autorizados, em caráter privado e sem finalidade comercial, desde que não acarretem prejuízo ao interesse econômico do titular da patente; II – aos atos praticados por terceiros não autorizados, com finalidade experimental, relacionados a estudos ou pesquisas científicas ou tecnológicas; III – à preparação de medicamento de acordo com prescrição médica para casos individuais, executada por profissional habilitado, bem como ao medicamento assim preparado; IV – a produto fabricado de acordo com patente de processo ou de produto que tiver sido colocado no mercado interno diretamente pelo titular da patente ou com seu consentimento; V – a terceiros que, no caso de patentes relacionadas com matéria viva, utilizem, sem finalidade econômica, o produto patenteado como fonte inicial de variação ou propagação para obter outros produtos; e VI – a terceiros que, no caso de patentes relacionadas com matéria viva, utilizem, ponham em circulação ou comercializem um produto patenteado que haja sido introduzido licitamente no comércio pelo detentor da patente ou por detentor de licença, desde que o produto patenteado não seja utilizado para multiplicação ou propagação comercial da matéria viva em causa. VII – aos atos praticados por terceiros não autorizados, relacionados à invenção protegida por patente, destinados exclusivamente à produção de informações, dados e resultados de testes, visando à obtenção do registro de comercialização, no Brasil ou em outro país, para a exploração e comercialização do produto objeto da patente, após a expiração dos prazos estipulados no art. 40.

44 Os riscos discriminatórios aplicados às tecnologias de IA são bem descritos em O'NEIL, Cathy. *Weapons of Math Destruction.* New York: Broadway Books, 2017, p. 87; ou em BLUM, Renato M. S. Opice. *Inteligência artificial*: observações jurídicas sobre a tecnologia em ascensão. *In*: PARENTONI, Leonardo (Coord.). *Direito, Tecnologia e Inovação.* Belo Horizonte: D' Plácido, 2018, p. 68; e FRAZÃO, Ana. Discriminação Algorítmica. Portal Jota, São Paulo: 16 de junho de 2021. Disponível em https://www.jota.info/opiniao-e-analise/colunas/constituicao-empresa-e-mercado/discriminacao-algoritmica-16062021. Acesso em: 26 fev. 2022.

dade intelectual é antropocêntrico, e não há como cogitar uma forma de emenda (quiçá gambiarra) para alçar a IA como forma de completa transformação às premissas de tal sistema. Aliás, não é possível olvidar que as formas sofisticadas de tais modalidades tecnológicas não são da alçada econômica[45] de boa parte dos inventores e autores. Logo, eventual protagonismo da IA no nicho da propriedade intelectual poderá gerar maior concentração de poder econômico em uma lógica símile à plutocracia, ao invés da democracia da criatividade.

Por fim, é nítida a utilidade das tecnologias afeitas à IA no ambiente das análises preventivas de possível contrafação em favor do titular do direito. *Verbi gratia*, um agente econômico suspeitando que o produto do concorrente é violador de uma patente de processo de sua titularidade poderá, além dos laudos técnicos dos *experts* setoriais, ter tal intuição confirmada ou afastada pelas tecnologias de IA. Ou seja, IA poderá ser útil às políticas de precatar litígios despiciendos e economizar capital dos titulares de direitos de propriedade intelectual. Aliás, algo símile pode ser utilizado como forma de facilitar a fiscalização da manutenção de padrões no ambiente de licenças e franquias. Para além do monitoramento de fornecedores, a execução do contrato de distribuição, a tecnologia pode ser instrumental às formas tradicionais de policiamento humano.

## 1.2. Identificação de Autoria

No contexto dos direitos autorais, em geral as obras de exemplares únicos podem (pelo *corpus mechanicum*) gerar enorme lucratividade para os intermediários,[46] em especial pela majoração da escassez de novas

[45] *"As long as capitalization and ownership of the physical capital base of this economy remain widely distributed and as long as regulatory policy does not make information inputs artificially expensive, individuals will be able to deploy their own creativity, wisdom, conversational capacities, and connected computers, both independently and in loose interdependent cooperation with others, to create a substantial portion of the information environment we occupy"* BENKLER, Yochai. *The Wealth of Networks.* How Social Production Transforms Markets and Freedom. London: Yale University Press, 2006, p. 106.

[46] BARBOSA, Denis Borges. *On Artefacts and middlemen*: a musician's note on the economics of copyright. International Journal of Intellectual Property Law and Creative Industries, 2013. Disponível em https://www.dbba.com.br/wp-content/uploads/on-artifacts--and-middlemen.pdf. Acesso em: 19 jun. 2021.

criações de mesma origem quando o criador falece. Muitas vezes quem realmente lucra[47] com a criação autoral não é o autor, mas o leiloeiro, o *marchand*, o herdeiro, enfim, quem nada contribuiu com a originalidade das obras do primeiro. Ou seja, o poder simbólico do artista muitas vezes é acrescido com o evento morte (termo), sendo artificialmente alçado à categoria[48] de mito, herói ou gênio; mesmo quando em vida fosse considerado, no máximo, um bom artífice.[49] Além de tudo, nada impede que um artista mediano para sua época (em comparação com seus coetâneos), seja anos luz mais talentoso que aqueles de seu ofício em uma nova geração, depauperada intelectualmente. Assim, sob as vestes da relatividade comparativa, parecerá aos incautos alguém extraordinário pelo distanciamento temporal.

Com a lucratividade impressionante de mercados baseados na especulação, na publicidade e na intermediação, também há aqueles oportunistas que veem tal segmento como uma excelente oportunidade para a realização de fraudes.[50] A falsificação de obras de autores finados, há

[47] O que não diminui a importância do direito de sequência como uma tentativa legislativa de partilha da mais-valia (o que também ocorre, no direito desportivo, com o crédito dos clubes formadores diante da alienação dos direitos federativos de seus atletas). Neste sentido vale citar a Lei de Direitos Autorais, 9.610/98: Art. 38. O autor tem o direito, irrenunciável e inalienável, de perceber, no mínimo, cinco por cento sobre o aumento do preço eventualmente verificável em cada revenda de obra de arte ou manuscrito, sendo originais, que houver alienado. Parágrafo único. Caso o autor não perceba o seu direito de sequência no ato da revenda, o vendedor é considerado depositário da quantia a ele devida, salvo se a operação for realizada por leiloeiro, quando será este o depositário.

[48] "Na luta simbólica pela produção do senso comum ou, mais precisamente, pelo monopólio da *nomeação* legítima como imposição oficial – isto é, explícita e pública – da visão legítima do mundo social, os agentes investem o capital simbólico que adquiriram nas lutas anteriores e sobretudo todo o poder que detêm sobre as taxinomias instituídas, como os títulos" BOURDIEU, Pierre. *O Poder Simbólico*. 15. ed. Rio de Janeiro: Bertrand Brasil, 2011, p. 146.

[49] "O que faz desejar não é o objeto, é o nome; o que faz vender não é o sonho, é o sentido" BARTHES, Roland. *Sistema da Moda*. Tradução: Ivone Castilho Benedetti. São Paulo: WMF Martins Fontes, 2009, p. 16.

[50] JONES, Ian W.; POLLIT, Michael G. *Economics, Ethics and Unfair Competition*. Cambridge: Centre for Business Research, University of Cambridge, Working Paper 22, Dezembro de 1995, p. 11.

tempos, é uma realidade cotidiana.[51] De fato, a incidência de falsificações em autores vivos é menos frequente pela maior facilidade de constatação, repúdio e sanção com a ajuda, até do próprio pseudoautor.[52]

Com a sofisticação[53] das técnicas de se forjar[54] uma obra para realizar inculcamento[55] (algo distinto do plágio),[56] muitas vezes os maiores especialistas naquele estilo ou artista, são incapazes de categoricamente afastar ou afirmar a fraude. Existe uma zona *gris* potencializada por um acervo grande de obras, em especial quando boa parte delas sempre esteve, apenas, presente em coleções privadas. Quando as *oeuvres* do artífice sequer estão catalogadas, o risco havido nas análises tradicionais é ainda maior. Logo, também como ferramenta de detecção de assimetrias quanto à data da criação, incompatibilidades de materiais usados, constatação de variação de estilos, a IA utilizada para processar dados visuais poderá ser uma poderosa ferramenta de estabilização e redução dos riscos comerciais desta sorte.

Provas de autenticidade (ou de falsidade) são hoje realizadas pelos sistemas tradicionais das cadeias de custódia, eventuais obras catalogadas ou registradas (facultativamente), bem como dependentes de tes-

[51] O interessante e pertinente documentário do provedor de serviços Netflix é merecedor de encômios: dirigido e escrito, respectivamente, por AVRICH, Barry; HOOD, Melissa. *Fake Art*: a true story about fake art. Canadá: 2000.

[52] Pode-se pensar em uma ação declaratória para o *afastamento* da paternidade autoral.

[53] "A confusão derivada da falsa aparência sempre impressionou Shakespeare. Ele diz: "O hábito não faz o monge". Também é atribuído ao Bardo o famoso provérbio: "Nem tudo o que reluz é ouro", uma forma de dizer que as aparências enganam" NEVES, José Roberto de Castro. *Medida por medida: o Direito em Shakespeare.* 2. ed. Rio de Janeiro: GZ, 2013, p. 177.

[54] "O pintor medíocre ou mau que copia a tela célebre ou de pintor que mal aparece não ofende o direito autoral de personalidade se não tenta fazer *sua* a obra de outrem" PONTES DE MIRANDA, Francisco Cavalcanti. *Tratado de Direito Privado.* Tomo XVI. 4. ed. São Paulo: RT, 1983, p. 123.

[55] "Veremos que o procedimento ilícito do agente pode exercer-se de variadas maneiras: inculca a si próprio uma honraria que a outrem pertence; atribui-se uma distinção que não é de ninguém; ou um prêmio fictício, inexistente; ou, ainda, abusa do que realmente recebeu, aditando ou desvirtuando o seu verdadeiro sentido" DELMANTO, Celso, *Crimes de Concorrência Desleal.* São Paulo: Bushatsky, Ed. da Universidade de São Paulo, 1975, p. 150.

[56] LANDES, William M.; POSNER, Richard Allen. *The Economic Structure of Intellectual Property Law.* EUA: Harvard University Press, 2003, p. 62.

temunhos[57] ou pareceres de autoridades[58] (sistema simbólico/fiduciário). Nenhum de tais iteres é imune à falibilidade humana. O espaço para uma convivência harmônica, entre as modalidades probatórias antifraude tradicionais com as novas tecnologias de IA, sugere que um avanço positivo nos litígios de tal natureza (identificação da pertinência subjetiva existencial da autoria) pode ser atingido, tal como o barateamento dos testes de ácido ribonucleico (DNA) alteraram as contendas de reconhecimento de paternidade que eram dirimidas em Juízo.

Ademais, empenho virtuoso símile pode ser almejado para contendas sobre a genuína autoria de obras órfãs, anônimas ou de pseudônimos cuja identidade do autor se desconhece. A comparação de padrões, tal como a perícia grafotécnica, celeremente realizada por tecnologias pertinentes de IA podem, ao lado, dos pareceres de *experts* trazer maior segurança àquele que exercerá jurisdição ou poder decisório administrativo (professores de belas artes, museólogos diante da aquisição de novas peças de acervo, magistrados, árbitros etc.).

### 1.3. Fiscalizando critérios

Além de a utilidade das tecnologias da IA serem oportunas ao ambiente de diagnóstico de *an debeatur*, da indicação de autoria, e da constatação de tentativas de fraude, é preclara a potencial-virtuosa aplicação de IA na (i) harmonização dos paradigmas do serviço público (macro), bem como (ii) na aferição do bom exercício dos auxiliares do Juízo.

No tocante aos direitos de propriedade intelectual que são constituídos mediante exame prévio, particularmente pelo INPI e SNPC, mesmo com os rigorosos concursos de seleção que dão prevalência a examinadores com mestrado e doutorado, não há atividade humana imune às disparidades de aplicação de critérios. Ou seja, mesmo com um corpo de examinadores bem treinados, e uma moldura hermenêutica bem posta poderá diante de casos símiles ter interpretações bastante distintas. Nes-

57 "Pode, por conseguinte, existir uma forte tensão entre o dever de dizer a verdade e a inclinação da testemunha a contar a história mais favorável à parte que a chamou a depor" TARUFFO, Michele. *Uma simples verdade. O Juiz e a Construção dos Fatos.* Tradução: Vitor de Paula Ramos. São Paulo: Marcial Pons, 2012, p. 70.

58 "O juízo de uns poucos homens de discernimento vale mais que a opinião de uma turbamulta de ignorantes" PLATÃO. *O banquete.* São Paulo: Edipro, 2009, p. 49.

sas hipóteses, sorte será daquele que obteve na distribuição de seu processo administrativo um órgão julgador menos rígido.

Logo, independentemente da legalidade constitucional, de diretrizes de exames, e dos próprios precedentes autárquicos, não é impossível imaginar um cenário anti-isonômico e pessoal que contrarie os direitos fundamentais (art. 5º, *caput*, e 37º, *caput* da CRFB)[59] sensíveis do postulante ao título de propriedade industrial. *Exempli gratia*, imagine-se que (1) na diretoria de patentes do INPI, dentro da divisão de química, um examinador afasta a presença de ato inventivo ou de atividade inventiva sempre que a solução técnica proposta como inovadora fosse óbvia a partir da combinação de até dois documentos. Contudo, (2) na mesma diretoria e divisão, outro colega tomaria idêntica decisão, mas chegando-se à complexidade de se combinar até vinte e tantos documentos para constatar inexistente a atividade inventiva. Em tal distopia, os depositantes de patentes ficariam exuberantes na álea da distribuição dos processos administrativos ao examinador (1), enquanto os terceiros impugnantes sempre torceriam para que a tecnologia de seu concorrente fosse submetida ao examinador (2). Situação igualmente grave poderia ocorrer (3) se todo o corpo técnico de examinadores de primeira instância implementasse um mesmo critério, porém o corpo recursal fosse comparativamente mais rígido ou leniente em termos dos padrões de exigência.

Diante da grave omissão[60] do Poder Executivo em bem estruturar o INPI com um quantitativo de pessoal, e com uma estrutura qualitativa mais adequada; e apesar do esforço recente dos dirigentes[61] da autarquia em diminuir o estoque de processos administrativos não julgados (*backlog*); a utilidade da implementação da IA de verificação da padro-

[59] Art. 5º Todos são iguais perante a lei, sem distinção de qualquer natureza, garantindo-se aos brasileiros e aos estrangeiros residentes no País a inviolabilidade do direito à vida, à liberdade, à igualdade, à segurança e à propriedade, nos termos seguintes. (...) Art. 37. A administração pública direta e indireta de qualquer dos Poderes da União, dos Estados, do Distrito Federal e dos Municípios obedecerá aos princípios de legalidade, impessoalidade, moralidade, publicidade e eficiência e, também, ao seguinte (...).

[60] Também neste sentido, o voto do Min. Dias Toffoli do STF na ADI 5529 é absolutamente impecável.

[61] Vale menção expressa ao labor iniciado na gestão do Prof. Dr. Luiz Otávio Pimentel, incluindo a atual administração do Prof. Dr. Claudio Furtado.

nização das decisões é gigantesca. Quanto maior for a pressão política--administrativa para que o servidor produza mais e mais decisões, serão majoradas as chances de o mérito do exame ser depauperado qualitativamente, ou de contrastes na interpretação dos critérios gerarem assimetrias decisórias sensíveis.

Logo, como instrumento de diagnósticos da implementação das políticas públicas (tal como as análises de impactos regulatórios)[62] nos atos de se deferir, indeferir, ou realizar exigências em exames, a IA pode muito bem contribuir para uma *pasteurização* benéfica das produções pelo INPI, sempre em observância aos marcos qualitativos mínimos (art. 5º, XXIX, da CRFB antes citado). Um corpo de servidores bem instruído a emanar decisões coerentes (interna e externamente), e previsíveis, auxilia na boa prestação do serviço público[63] estratégico emanado pelo INPI ou SNPC. Relatórios públicos de tal sorte também podem servir de utilidade para o corpo recursal da autarquia e Órgão, além de permitir a melhor sindicabilidade[64] e transparência[65] do ato administrativo em eventual controle judicial. Ou seja, aqui também há espaço para que a IA sirva a minoração da judicialização.

Com relação à situação processual (ii), é bastante como que em matéria de conflitos havidos sobre direitos de propriedade intelectual (coerção-eficácia ou validade) o Juízo dependa da análise de seu auxiliar, o perito (art. 149 do CPC).[66] Para além de nomear alguém de sua confiança para a vistoria, análise ou exame de matéria cuja essência pode extrapolar, em muito, sua experiência jurídica, uma perícia mal conduzida costuma gerar sentenças produtoras de normas incorretas. Ou

62 MENDONÇA, José Vicente Santos de. *Direito Constitucional Econômico – A Intervenção do Estado na Economia á Luz da Razão Pública e do Pragmatismo*. Belo Horizonte: Fórum, 2014, p. 427.

63 GRAU, Eros Roberto. *A Ordem Econômica na Constituição de 1988*. São Paulo: Ed. Malheiros, 2010, p. 105.

64 BINENBOJM, Gustavo. *Uma teoria do direito administrativo*. Direitos Fundamentais, Democracia e constitucionalização. 3. ed. Rio de Janeiro: Renovar, 2014, p. 211.

65 Sobre transparência na regulação por algoritmos vide: MAGRANI, Eduardo José Guedes. *Entre dados e Robôs*. Porto Alegre: Arquipélago Editorial, 2019, p. 201.

66 Art. 149. São auxiliares da Justiça, além de outros cujas atribuições sejam determinadas pelas normas de organização judiciária, o escrivão, o chefe de secretaria, o oficial de justiça, o perito, o depositário, o administrador, o intérprete, o tradutor, o mediador, o conciliador judicial, o partidor, o distribuidor, o contabilista e o regulador de avarias.

seja, ainda que o magistrado nomeante seja *perito peritorum*, a complexidade das ciências perscrutadas para a compreensão do fato litigioso pode fazer com que o Juízo, em essência, homologue um laudo que ele mesmo não compreenda se está correto, coerente, completo e preciso.

Não à toa, mesmo que uma parte tenha razão na tese postulada, se o laudo pericial em matéria de propriedade intelectual concluiu de modo divergente à narrativa da primeira, poucas são as chances de um resultado judicial favorável, a não ser que alguma questão explícita de procedimento/metodologia tenha sido inobservada. Logo, afora hipóteses de *error in procedendo* espalhafatoso, uma perícia equivocada pode ser o momento-chave em que um bom direito será traduzido em dolorosa e injusta derrota judicial. Aqui é o relevante papel que pode ser exercido pela IA.

Conforme descrito anteriormente, é comum que o corpo de examinadores do INPI seja composto, basicamente, por doutores e mestres nas especialidades em que escrutinam as tecnologias pertinentes (portanto, técnicos *experientes* no assunto). Assim, se a decisão administrativa for sujeita ao controle do Poder Judiciário, além do Juízo dever prestigiar profissionais da perícia que tenham, no mínimo, a mesma titulação e o tempo de expertise do profissional equidistante do INPI, é fundamental estar ciente se os padrões utilizados pelo seu auxiliar serão os mesmos empregados pela autarquia.[67] Caso contrário, não se verificará se o ato administrativo foi correto, mas sim se praticará novel ato público de escrutínio tecnológico, desta vez pelo Poder Judiciário em nítido exercício de função atípica e inconstitucional.

*Mutatis mutandi*, se a metodologia exercida pelo INPI for atinente ao ônus da prova, ao predomínio da prova documental, ou à exigência rígida de testes clínicos para comprovar o efeito sinérgico alegado; eventual prestígio do perito (que examina a mesma tecnologia) às declarações unilaterais, anúncios publicitários do depositante da patente exaltando a qualidade da própria criação (auto adulação), ou de ordálios,[68]

[67] Lei 5.648/1970, "Art. 2º O INPI tem por finalidade principal executar, no âmbito nacional, as normas que regulam a propriedade industrial, tendo em vista a sua função social, econômica, jurídica e técnica, bem como pronunciar-se quanto à conveniência de assinatura, ratificação e denúncia de convenções, tratados, convênios e acordos sobre propriedade industrial".

[68] FOUCAULT, Michel. *A verdade e as formas jurídicas*. Rio de Janeiro: Nau, 2009, p. 60.

poderão conduzir a resultados absolutamente díspares. Por sinal, mesmo que os atos praticados pelas autarquias e órgãos estatais contem com a presunção relativa de validade dos administrativos, na hipótese de conflito entre um ato e a prova pericial, não é impossível que o Juízo dê prevalência à última.[69]

Destarte, exatamente por ter a prerrogativa de exarar a análise por último, é fundamental que a prova pericial tenha sua metodologia aferida, não só pelas partes, mas quiçá pelo uso de IA sob o controle e vistoria do próprio Juízo. Afinal, nem todos aqueles que recebem nomeações fiduciárias fazem jus a tamanha responsabilidade e confiança do Poder Judiciário, e a própria deferência ao mérito técnico deve conduzir o sujeito imparcial a verificar se as molduras hermenêuticas (pontos de partida) coincidem.

### 1.4. Identificando demandas culturais reprimidas

Papel relevante atribuído aos *big data* (macro dados) – e à IA (que processa, monitora e seleciona os elementos informacionais relevantes) – cuida da identificação de demandas de consumo de conteúdo plástico/estético. É sabida a utilização de dados pessoais[70] sensíveis na Internet (como *cookies*)[71] para maximizar a eficiência publicitária visando novos atos de consumo de produtos e serviços. Fenômeno símile é constatado no ambiente das tecnologias de IA em serviços de distribuição cibernética conhecida como *streaming*.[72] Por exemplo, um provedor de serviços constatando a hipotética majoração na demanda para filmes (1) sobre

[69] Talvez, até, por razões pouco republicanas (impessoais) como o fato dele conhecer e admirar (fidúcia) o perito nomeado, enquanto desconhece a reputação ou mesmo ignora a existência do examinador de patente que exarou o ato administrativo *sub judice*.

[70] Para uma análise sobre as pertinências subjetivas patrimoniais e existenciais de tais dados vide: MAIA, Roberta Mauro Medina. *A natureza jurídica da titularidade dos dados pessoais*. *In:* MULHOLLAND, Caitlin (Org.). *A LGPD e o novo Marco Normativo no Brasil*. Porto Alegre: Arquipélago, 2020, p. 179 e seguintes.

[71] MARTINS, Guilherme Magalhães. *Responsabilidade Civil por Acidente de Consumo na Internet*. São Paulo: RT, 2008, p. 232.

[72] Sobre o tema permita-se referência a texto de minha autoria: BARBOSA, Pedro Marcos Nunes. *O STJ e o Streaming* Portal Jota, 7 de maio de 2017. Disponível em https://www.jota.info/especiais/o-stj-e-o-streaming-07052017.

insurgências contra os poderes constituídos (como "V de Vingança"),[73] poderá utilizar tal diagnóstico de consumo (*rectius*, licenças de uso de conteúdo audiovisual) para direcionar seus investimentos em documentários, curtas ou longas de mesma temática; (2) sobre películas ao estilo "água com açúcar" com as atrizes populares na ocasião, estará estimulado a realizar trabalhos sob encomenda ou licenciar novas obras desta sorte para o seu catálogo. Ou seja, o ato de "curtir" (prática de iterar), bem avaliar uma obra assistida, discutir determinada cena de uma série ou filme na internet, muito além de poder atender aos anseios individuais do consumidor de se exprimir, ou realizar catarse, gera uma riqueza informacional[74] relevante a ser filtrada, processada e transformada pela sociedade empresária provedora.

Em outras palavras, a IA pode condicionar, conformar e influenciar novas criações visando atenção à uma demanda reprimida ou subestimada. Cuida-se da utência da IA como um insumo/ferramenta criativa para direcionar estilo, partícipes, roteiros, mas não para determinar a criação que, é claro, continua vinculada ao cérebro humano.

No campo das criações técnicas, algo símile pode ser feito com a IA para as descobertas (art. 10, I, da LPI)[75] científicas. Sendo qualquer descoberta (uma vez publicada) insumo para o domínio público (art. 99, I, do CC),[76] tal não significa dizer que tal iniba invenções a partir do que foi revelado. A IA pode agilizar novas descobertas, inclusive pelos tra-

[73] Obra de 2005 (no original "V for Vendetta"), dirigida e escrita, respectivamente, por, James MCTEIGUE, Lilly WACHOWSKI e Lana WACHOWSKI, protagonizada por Natalie PORTMAN.

[74] "A integração de nossas informações pessoais – rebatizada pelos marqueteiros da mídia social como nosso "gráfico social" – no conteúdo on-line é o principal motor da inovação da internet na era da Web 3.0 de Reid Hoffman. Ao permitir que nossos milhares de "amigos" saibam o que fazemos, pensamos, lemos, vemos e compramos, os produtos e serviços da web fortalecem nossa era hipervisível de grande exibicionismo. Assim, não espanta que o Fórum Econômico Mundial descreva as informações pessoais como uma "nova classe de ativos'?" da economia global" KEEN, Andrew. #vertigemdigital. *Por que as redes sociais estão nos dividindo, diminuindo e desorientando.* Tradução: Alexandre Martins. Rio de Janeiro: Zahar, 2012, p. 41.

[75] Art. 10. Não se considera invenção nem modelo de utilidade: I – descobertas, teorias científicas e métodos matemáticos.

[76] Art. 99. São bens públicos: I – os de uso comum do povo, tais como rios, mares, estradas, ruas e praça.

dicionais métodos científicos da tentativa/erro; e, com uma informação antes incógnita o agente econômico realizar as transformações criativas para atingir a uma invenção. Em outras palavras, a descoberta é fenômeno mais próximo da lógica de "destino", enquanto a invenção próxima ao chamado "livre-arbítrio". Sem pretensões de exercício de divindades, é nítida a utilidade da IA para o aprimoramento e aceleração do ato de descobrir.

## 2. Das criações pertinentes à propriedade intelectual envolvendo IA

Como será exposto neste capítulo, não há maiores dúvidas de que, segundo a legalidade constitucional vigente no Brasil, não há que se falar em *autoria* e suas consequências para criações feitas exclusivamente a partir de IA.[77] Neste tópico, por sinal, é possível identificar correntes doutrinárias que se dividem entre aqueles que são entusiastas de uma migração de regime em prol de atribuição de autoria independentemente de seres humanos emissores,[78] e aqueles que defendem um modelo antropocêntrico de tutela.[79]

A criação por seres humanos de tecnologias pertinentes à IA é, indene de dúvidas, sujeita a proteção pelo regime dos programas de computador (Lei 9.609/98), ou até pelo sistema de patentes (Lei 9.279/96). Tudo depende da forma de externalização ou fixação da criação utilitária da pessoa do inventor.[80]

[77] TAUK, Caroline; SALOMÃO, Luís Felipe. *Inteligência artificial e direito da propriedade intelectual*: fundamentos teóricos e legais de proteção. *In:* TEPEDINO, Gustavo; SILVA, Rodrigo da Guia (Orgs.). *O Direito Civil na era da Inteligência Artificial.* São Paulo: RT, 2020, p. 739 e seguintes.

[78] PINHEIRO, Patrícia Peck; GRADO, Milena. *A Inteligência Artificial pode ser Inventora?* Portal Jota, 19 de junho de 2021. Disponível em: https://www.jota.info/opiniao-e-analise/artigos/a-inteligencia-artificial-pode-ser-inventora-19062021.

[79] MAIA, Lívia Barboza. *A impossibilidade de inteligência artificial ser autora de inventos de propriedade industrial sob uma perspectiva civil-constitucional. In:* TEPEDINO, Gustavo; SILVA, Rodrigo da Guia (Orgs.). *O Direito Civil na era da Inteligência Artificial.* São Paulo: RT, 2020, p. 781 e seguintes. Na mesma obra pude defender ótica símile: BARBOSA, Pedro Marcos Nunes. *Autoria de bens intelectuais e as criações de inteligência artificial. In*: TEPEDINO, Gustavo; SILVA, Rodrigo da Guia (Orgs.). *O Direito Civil na era da Inteligência Artificial.* São Paulo: RT, 2020, p. 763 e seguintes.

[80] Nas lições de Silmara Juny de Abreu Chinellato (Violações de Direito Autoral: plágio, "autoplágio" e contrafação". *In:* COSTA NETTO, José Carlos *et alii* (Coords.). Direito Auto-

Ou seja, uma IA não é, *per se*, criação de natureza estética/plástica, distintiva ou ornamental, ainda que a partir dela seja possível emanar novas criações de quaisquer destas espécies de iter imaterial. Um exemplo histórico auxilia o intérprete a compreender a assertiva: quando se inventou uma caneta tinteiro, tal originador – pessoa humana – mereceu levar crédito pela sua criação, mas empregos futuros por outrem com sua criação para a elaboração de novas obras não farão, daquele *primeiro*, autor ou coautor. Por evidente, tampouco é o caso de reconhecer à *caneta* o título de *criadora*. O autor do relevante instrumento de escrita é pessoa (sujeito 1), o autor da outra criação também (sujeito 2), e a caneta é mero *objeto*. Logo, é preciso destacar que a ordenação nacional não exclui criações de sistemas IA quando estas forem produtos dos meandros cerebrinos de um sujeito.

Ainda, tal como não existe diferenciação da tutela a uma obra dramática se ela foi redigida (a) com caneta e papel (manuscrito), (b) quadro negro e giz, (c) papiro e urucum, ou (c) processador de textos e impressora, nada precata a utilização da IA como um *meio* útil a produção de novas criações. É antes de tudo absolutamente esperado que técnicas de IA agilizem novas criações pelas pessoas humanas, ainda que o saudosismo de alguém possa gerar a predileção de metodologias clássicas de trabalho: tal como um autor que dita, e um núncio que digite ou escreva manualmente. Aliás, na mesma toada do disposto no capítulo segundo, as tecnologias de IA podem melhorar a própria qualidade das pesquisas expostas nas criações por pessoas humanas, prevenindo-se que determinado autor deixe de dar o devido crédito a outrem, ou melhorando a pesquisa de fontes para a riqueza e a pluralidade de cada trabalho final.

O ponto central da discordância dos pesquisadores e professores que entendem a propriedade intelectual mais fincada na pessoa humana, e outros tantos que enxergam na propriedade intelectual uma verve predominante de tutela aos investimentos,[81] é se criações 'espontâneas' da

ral Atual. São Paulo: Elsevier, 2015, p. 204: "A ideia pertence ao acervo cultural da Humanidade, é de todos e de cada um que a externar, mas o Direito de autor só protegerá a forma como ela se "veste", como se apresenta, com a criatividade singular de cada pessoa". Vale se atentar ao sufixo da preciosa frase da Professora Titular de Direito Civil da FADUSP.

[81] "O parasita visa, deste modo, oferecer uma prestação sem esforço material ou intelectual próprio, privando o parasitado dos frutos do seu trabalho, uma vez que ao vender o produto ou a prestar o serviço a um preço mais baixo, impede a amortização do investimento reali-

IA seriam protegíveis pelos meandros tradicionais, tal como patente ou programa de computador. Em outras palavras, não se trata de contenda doutrinária acerca da utilização da IA como *meio* de criação, ou mesmo do amparo da IA para auxiliar a elaboração de uma obra original. Em ambas as hipóteses antes descritas o direito posto já é firme em proteger as criações humanas instrumentalizadas com tais *meios*.

Contudo, há tecnologias de IA em que existe relativa autonomia ao aparato para fazer combinações das informações do estado da arte e, a partir disto, chegar a conclusões, combinações, misturas ou experiências inovadoras. A intervenção humana, sob a égide do filtro do nexo de causalidade, acaba ficando distante, a um ponto em que não se vê liame direto e imediato[82] entre criador (pessoa) e criatura (obra). Nestes casos, tais criações não podem ter sua pertinência subjetiva existencial atribuída ao *proprietário* do IA, visto que tal solução confundiria vínculos de origem patrimonial com aqueles de cunho existencial. Os últimos apenas são devidos em virtude do *ser humano* originar uma *opus*, enquanto o primígeno cuida da tutela das pertenças econômicas também atinentes aos fundos de investimento, fundações, associações, sociedades empresárias etc.

Dentro da legalidade constitucional contemporânea, ainda que uma criação de IA (sem ou com parca intervenção – *influência* – humana) fosse suficiente a satisfazer requisitos legais pertinentes às singularidades exigidas como filtro qualitativo (tais como distintividade, originalidade, atividade inventiva etc.), por não ser emanada de um *sujeito*, mas de um mero *objeto*, a incidência jurídica só poderia ser de duas sortes: (1) ou o titular divulga, empenha para venda, enfim, externaliza a criação e ela passa a compor o domínio público; ou (2) a criação serve como

zado pela empresa inovadora (a empresa parasita estará, por exemplo, em melhores condições para investir em publicidade o que não despendera na pesquisa e assim atrair para si a clientela que, em condições normais de mercado, transaccionaria com o parasitado" AMORIM, Ana Clara Azevedo de. *Parasitismo Económico e Direito*. Coimbra: Almedina, 2009, p. 79.

[82] Pede-se escusas para fazer referência analógica do clássico Direito Civil: Código Civil de 2002, Art. 403. Ainda que a inexecução resulte de dolo do devedor, as perdas e danos só incluem os prejuízos efetivos e os lucros cessantes por efeito dela direto e imediato, sem prejuízo do disposto na lei processual.

segredo de negócio, e como tal acaba sendo protegido pela tutela contra a concorrência desleal.

É comum entre aqueles que defendam a superação do vínculo de tutela restrito ao originador-pessoa, para contemplar, ainda, as criações do originador-robô, o argumento de que tal incentivaria investimentos em IA.[83] Ou seja, não se nega inexistir boa zetética ou dogmática para tal emprego ficcional[84] de obnubilação dos conceitos de sujeito e de objeto. Cotejando o raciocínio de tais autores pela lógica inversa, se o empenho público da criação de IA geraria um automático acréscimo ao domínio público, então a restrição de tutela a direitos de exclusividade para tais formas de criação minimizaria um sistema em que os novos produtos criativos seriam publicizados (software e patentes, por exemplo). Assim, quanto mais fosse comum a criação por IA sem intervenção humana, menor se tornaria a importância do sistema atributivo de direito, e menos conhecimentos relevantes seriam circulados na sociedade da informação.

De pronto, nota-se haver uma grave falha em tal argumento ou pretexto. Se as tecnologias de IA podem se tornar mais acessíveis ao grande público, tal como ao longo do tempo houve um barateamento dos custos de acesso à telefonia ou à internet, ainda que as criações de IA fossem mantidas em máximo sigilo (e isto gera um considerável custo de transação), também é possível imaginar o desenvolvimento de outras tecno-

[83] ABBOTT, Ryan Benjamin. *The reasonable robot: Artificial Intelligence and the law.* New York: Cambridge University Press, 2020.

[84] "Na verdade, é apenas uma forma de fugir aos problemas. Mesmo que se permita ao legislador, quando muito, proceder desse modo, nunca a ciência do direito se pode tranquilizar com isso. A ficção, em virtude do efeito sugestivo da formulação, comporta o perigo de que passe desapercebida a diferença existente de facto entre $F^2$ e $F^1$ e se estenda por isso a equiparação para além da medida do razoável, do materialmente defensável ([16]). As pessoas nem sempre se dão conta de que a remissão também na veste de uma ficção só deve ser entendida «segundo o sentido da lei». Von TUHR observa com razão ([17]) que a equiparação jurídica «pode ir mais ou menos longe»; não precisa necessariamente de ser levada a cabo *sob todos os pontos de vista.* Se o legislador não reconheceu todas as consequências da equiparação que ordenou ([18]), o fim da lei pode tornar exigível uma interpretação restritiva ([19])" LARENZ, Karl. *Metodologia da Ciência do Direito.* 2. ed. Lisboa: Fundação Calouste Gulbenkian, 1982, p. 243.

logias desta sorte fincadas em exercer engenharia reversa.[85] Logo, pelo sistema atual, por melhor que seja defendido um conteúdo tecnológico enquanto segredo, por mais eficiente sejam as formas de cisão informacional, segmentação de acessos, clausulas de sigilo e o controle exercido sobre pessoal, a engenharia reversa é um modo legítimo de acesso à informação. Portanto, de um lado não se concebe como verossímil que investimentos deixarão de serem feitos pela ausência de tutela por direito de exclusividade a criações feitas por *coisas*, se mesmo sem uma proteção por patentes é bem provável que inovações desta sorte possam trazer lucro.

Um paralelo com mercados em que direitos de exclusividade possam exercer menor importância relativa, permite que se compreenda melhor o raciocínio proposto. Por exemplo: (a) no ambiente de restaurantes, ainda que os principais pratos de um cardápio da gastronomia francesa sejam francamente conhecidos por quaisquer técnicos no assunto (chef), ainda assim há espaço para que cada profissional dê seu toque *singular* à combinação ou ornamentação da receita. Por sinal, há também estímulos existenciais para que os cozinheiros sigam inovando, criando novos pratos, misturando temperos insólitos, pois poderão se tornar famosos por tal *oeuvre* e, inclusive, "batizarem" o produto criativo. As descobertas gastronômicas de tal sorte podem importar em nominações conhecidas internacionalmente, tal como um cientista que revela novo metal antes ausente da tabela periódica.

Ainda, (b) no contexto da moda são fartamente conhecidos os casos de cortes, estampas, empenho de cores, decotes, e combinações que conquistam a preferência do público-alvo e que, logo em seguida, também atraem atos de imitação dos concorrentes. É pela aceitação da aplicação da ótica da eficiência imediata que o processo de inovar/ser

85 *"Second, as we noted earlier, reverse engineering will often generate knowledge about the product being reverse engineered that will make it possible to improve it or develop or improve other products. Here the analogy to our espionage case, to the case of incremental creativity in copyright, and to the patentability of improvements is dose. Ex ante, the members of an industry might agree to allow reverse engineering of each other's products, knowing that all would have a net expected gain since reverse engineering frequently results in product improvements"* LANDES, William M; POSNER, Richard Allen. *The Economic Structure of Intellectual Property Law*. EUA: Harvard University Press, 2003, p. 370.

copiado,[86] não tende a surpreender e sim ser objeto propulsionador de novas inovações. Fato é que há sempre um hiato – ainda que diminuto – entre o originador ter inovado e *reinar* sozinho com tal criação, e o reprodutor emular e conseguir atingir uma cópia intercambiável. Se o ciclo inovativo for relativamente célere para lidar com tal desafio, então, quem é mais eficiente tende a ser o líder e gozar de tal *leading time.*[87] Isto não é algo de menor importância, já que quem conta com a liderança com um objeto sem exclusividade (ex: estampa da moda) pode absorver o prestígio e a vinculação mnemónica do consumidor com sua marca, que goza de direito de propriedade.

Por sinal (c), no mercado de periódicos, a informação em si jamais contará com um direito de exclusividade, em prestígio à cultura (art. 215 da CRFB) e à liberdade de imprensa. Assim, um "furo" de notícias renderá o pioneirismo[88] e a atenção ao público, mas não o monopólio da notícia[89] ou o cerceamento que agências de notícias concorrentes também possam compartilhar o entusiasmo com o novo *fato notório.* Contudo, a continuidade do ato de ser pioneiro ao informar ao público

[86] *"A los efectos de este ilícito concurrencial, la imitación comprende tanto la copia idéntica de la prestación o iniciativa ajena como así también la reproducción de sus elementos esenciales. Lo decisivo es que el producto del imitador alcance cierto grado de semejanza con el producto imitado, copiando los elementos que individualizan al competidor o condensan su esfuerzo"* CUEVAS, Guillermo Cabanellas de las et alii. *Derecho de la Competencia Desleal.* Buenos Aires, Argentina: Heliasta, 2014, p. 301.

[87] "Temos de recordar os princípios básicos do Direito da Concorrência. Sendo a concorrência que se deseja uma concorrência por prestações, a empresa tem de vencer na concorrência pela superioridade das suas prestações. A lei repudia o modelo estático, do direito do primeiro ocupante. A concorrência impõe que a empresa seja dinâmica. Não pode assentar na perpetuação de uma posição adquirida. Tem de se basear na inovação e no risco permanente, que só esses permitem às empresas mais audazes a primazia no mercado" ASCENSÃO, José de Oliveira. *Concorrência Desleal.* Coimbra: Almedina, 2002, p. 446.

[88] "O jornal de manhã chega cedo. Mas não traz o que eu quero saber. As notícias que leio conheço, já sabia antes mesmo de ler" ARAÚJO NETO, Torquato Pereira de. *In:* MORICONI, Ítalo (Org.). *Essencial.* Belo Horizonte: Autêntica Editora, 2017, p. 87.

[89] *"advertising-supported press has never been copyright dependent but has instead depended on timely updating of news to capture attention, and then attach that attention to advertising. This has not changed, but the speed of the update cycle has increased and, more important, distribution has become global, so that obtaining most information is now trivial to anyone with access to an Internet connection"* BENKLER, Yochai. *The Wealth of Networks. How Social Production Transforms Markets and Freedom.* London: Yale University Press, 2006, p. 314.

poderá gerar um ciclo positivo com anunciantes, assinantes, enfim, capital. Novamente, tal como no exemplo (b), a marca do titular pode ser hipertrofiada em termos reputacionais pela cognição pública de seu caráter inovador.

Aplicando ambos os exemplos à consequência da qual uma criação de IA, sem intervenção humana preponderante, fizesse crescer o estado da arte e o domínio, nada obstaria que seu titular contasse com o período de *exclusividade de fato* e com a *reputação adquirida pelo pioneirismo* para obter as mais-valias suficientes a justificar o investimento. E de outra sorte, como outros sujeitos de direito investirão em tecnologias de IA para aprimorar as metodologias de engenharia reversa, pode ser economicamente inviável optar por investimentos massivos em tutela ao segredo de negócio neste novo contexto. Portanto, a reprodução por terceiros tende a ser um *termo,*[90] e não uma *condição.*[91]

Em outras palavras, acredita-se que o livre mercado, o fomento público no ambiente cultural, as esperanças legítimas de lucratividade, e as regras de tutela contra atos de concorrência desleal sejam suficientes para manter os estímulos às novas criações. Tal assertiva abrange os produtos criativos oriundos de um *objeto* (IA) ou mesmo facilitados por ele. O sistema da propriedade intelectual – tal como o restante do mundo jurídico[92] – não carece deixar de ser antropocêntrico (da origem ao destinatário),[93] nem se enxerga grandes vantagens em se atribuir auto-

90 "Termo inicial, primordial, suspensivo, ex die, ou a quo, é o que determina o início da eficácia do negócio, e a partir dele o respectivo direito passa a ser exercitável ou exigível" VELOSO, Zeno. *Condição Termo e Encargo.* São Paulo: Malheiros, 1997, p. 82.

91 "Em sentido próprio, chama-se condição a modalidade voluntária dos atos jurídicos que lhes subordina o começo ou o fim dos respectivos efeitos à verificação, ou não verificação, de um evento futuro e incerto" RÁO, Vicente. *Ato jurídico.* 2ª Tiragem, São Paulo: Max Limonad: 1961, p. 290.

92 "O Direito só pode ser concebido, tendo como destinatários os seres humanos em convivência" MONTEIRO, António Pinto. *Teoria Geral do Direito Civil.* 4. ed. Coimbra: Coimbra Editora, 2005, p. 98.

93 "Os prazeres mais elevados não são maiores porque os preferimos; nós os preferimos porque reconhecemos que são mais elevados. Não consideramos Hamlet uma grande obra de arte porque a preferimos às diversões mais simples, e sim porque ela exige mais de nossas faculdades e nos torna mais plenamente humanos" SANDEL, Michael J. *Justiça: o Que é Fazer A coisa Certa.* Tradução de Heloisa Matias e Maria Alice Máximo. 15. ed. Rio de Janeiro: Civilização Brasileira, 2014, p. 71.

ria (valor da personalidade)[94] a uma coisa. Ou seja, por melhores sejam as intenções de quem deseja promover novos mercados para o investimento em IA que gerem criações autônomas à intervenção humana, os fins não justificam os meios propostos.

Afinal, segundo a boa teoria do fato jurídico, não se desconhece a situação jurídica pela qual as criações tuteláveis por direitos de exclusividade gozam da classificação de um ato-fato,[95] ou seja, só existem quando advindos de um ser humano.[96] Por sua vez, uma inovação promovida pela IA, independentemente das pessoas, será no máximo um fato jurídico *stricto sensu*, e receberá a consequência do domínio público ou, a depender da cautela de seu titular, do segredo de negócio.

[94] "A personalidade é, portanto, não um "direito", mas um *valor*, o valor fundamental do ordenamento, que está na base de uma série (aberta) de situações existenciais, nas quais traduz a sua incessantemente mutável exigência de tutela" MORAES, Maria Celina Bodin de. *Danos à Pessoa Humana: uma leitura civil-constitucional dos danos morais*. Rio de Janeiro: Renovar, 2003, p. 121.

[95] "Os atos reais (Realakten), também denominados atos materiais (Tathandlungen), consistem em atos humanos de que resultam circunstâncias fácticas, geralmente, irremovíveis. Em todas essas expressões, desde aquelas cunhadas pela doutrina alemã à criada por Pontes de Miranda, dá-se relevo à particularidade de que é o fato resultante que importa para a configuração do fato jurídico, não o ato humano como elemento volitivo. Na especificação, por exemplo, interessa o resultado que se obteve, indiferentemente de ter havido, ou não, vontade em obtê-lo. O louco que pinta um quadro, adquire a sua propriedade e não importa ao menos se ele sabia, ou não, o que estava realizando. O absolutamente incapaz que descobre o tesouro enterrado no fundo do quintal de imóvel de seu domínio, adquire-lhe a propriedade, independentemente de ter querido, ou não, descobri-lo. Nessas espécies, como na ocupação, na produção de obra artística, literária e científica, na caça, na pesca, na invenção, no abandono de bem móvel, não se tem em conta a vontade em praticar o ato, mas, simplesmente, toma-se o resultado, que é dado fáctico com lugar no mundo e que, por isso mesmo, não pode ser ignorado" MELLO, Marcos Bernardes de. *Teoria do fato jurídico: plano da existência*. 18. ed. São Paulo: Saraiva, 2012, p. 170.

[96] "Pode-se dizer que a arte não é senão uma resultante natural do organismo humano, que é constituído de modo a experimentar um prazer singular em certas combinações de formas, de linhas, de cores, de movimentos, de sons, de ritmos, de imagens" SILVEIRA, Newton. *Direito de autor no design*. 2. ed. São Paulo: Saraiva, 2012, p. 26.

## Conclusões

O direito é mesmo uma prudência, muitas vezes, contra intuitiva.[97] A proteção de novas tecnologias enquanto produto humano é merecedor de tutela por direitos de exclusividade sobre o *corpus mysticum*, enquanto um mesmo produto imaterial oriundo de uma *coisa* (um animal irracional ou IA) não o seria. Fato é que além de versar sobre *resultados*, o direito também se preocupa com os meios, com as *origens* e com o *originador*.

A pessoa humana não é *elemento* de menor importância nas relações jurídicas imbuídas por direitos de propriedade intelectual, pois ela é a emissora, interlocutora e a destinatária. Contudo, é inegável que as tecnologias de IA podem minorar a quantidade de seres humanos colaborando em obras coletivas, para diminuir custos (se é que o trabalhador intelectual deva ser visto com tamanho menoscabo), minimizar assimetrias e maximizar a produtividade. Neste contexto, a IA será uma ferramenta útil às políticas públicas autárquicas de constituição, desconstituição e declaração de direitos de propriedade intelectual. Por sinal, uma das maneiras com que a IA servirá para a harmonização isonômica da prestação dos serviços públicos pertinentes à propriedade intelectual será na forma de *auditorias*, de verificação de padronizada aplicação de critério das diretrizes etc.

Por sua vez, enxergam-se como positivos os impactos de fiscalização pelos Juízos dos labores exercidos por seus auxiliares no controle do ato administrativo, de modo que a IA poderá contribuir a apuração de

[97] *"Law's seemingly counterintuitive methods are not simply a historical peculiarity. Rather, they are a function of law's inherent generality. AI – though disputes, in court and out, involve particular people with particular problems engaged in particular controversies, the law tends to treat the particulars it confronts as members of larger categories. Rather than attempting to reach the best result for each controversy in a wholly particularistic and contextual way, law's goal is often to make sure that the outcome for all or at least most of the particulars in a given category is the right one. Once again Lord Coke is illuminating: "It is better saith the Law to suffer a mischief (that is particular to one) than an inconvenience that may prejudice many." In other words, for Coke it was better to reach the wrong result in the particular controversy than to adopt a rule that would produce what would seem to be the correct result for this case but at the cost of producing the wrong result in many others"* SCHAUER, Frederick. *Thinking Like a Lawer:* a new Introducion to Legal Reasoning. Cambridge: Harvard University Press, 2012, p. 8.

manutenção dos critérios, ainda que os sujeitos de direito a partir das mesmas balizas cheguem a resultados distintos.

Ainda, no contexto privado do ato de criar, é inegável a utilidade da IA como ferramenta de prevenção ao plágio culposo, a verificação de autorias adequadas, e até a de sugestão de outros autores e fontes. Assim, enxergam-se as tecnologias de IA como condicionantes, mas não determinantes, para a qualidade e a evolução das novas criações protegíveis por direitos de propriedade intelectual doravante.

## Referências

ABBOTT, Ryan Benjamin. *Everything is Obvious*. Los Angeles: U.C.L.A. Law Review, n. 66, 2019.

–. *The reasonable robot: Artificial Intelligence and the law*. New York: Cambridge University Press, 2020.

AMORIM, Ana Clara Azevedo de. *Parasitismo Económico e Direito*. Coimbra: Almedina, 2009.

ANDRADE, Carlos Drummond de. *Uma forma de saudade*: Páginas de diário/organização Pedro Augusto Graña Drummond. São Paulo: Companhia das Letras, 2017.

ARAÚJO NETO, Torquato Pereira de. *In:* MORICONI, Ítalo (Org.). *Essencial*. Belo Horizonte: Autêntica Editora, 2017.

ASCENSÃO, José de Oliveira. *Concorrência Desleal*. Coimbra: Almedina, 2002.

AVRICH, Barry; HOOD, Melissa. *Fake Art*: a true story about fake art. Canadá: 2000.

BARBOSA, Denis Borges. *On Artefacts and middlemen*: a musician's note on the economics of copyright. International Journal of Intellectual Property Law and Creative Industries, 2013. Disponível em https://www.dbba.com.br/wp-content/uploads/on-artifacts-and-middlemen.pdf. Acesso em: 19 jun. 2021.

BARBOSA, Pedro Marcos Nunes. *Autoria de bens intelectuais e as criações de inteligência artificial*. *In*: TEPEDINO, Gustavo; SILVA, Rodrigo da Guia (Orgs.). *O Direito Civil na era da Inteligência Artificial*. São Paulo: RT, 2020.

BARBOSA, Pedro Marcos Nunes. *O STJ e o Streaming* Portal Jota, 7 de maio de 2017. Disponível em https://www.jota.info/especiais/o-stj-e-o-streaming-07052017.

BARBOSA, Pedro Marcos Nunes. *Originalidade em Crise*. Revista Brasileira de Direito Civil. Belo Horizonte, v. 15, n. 1, 2018.

BARTHES, Roland. *Sistema da Moda*. Tradução: Ivone Castilho Benedetti. São Paulo: WMF Martins Fontes, 2009.

BECK, Ulrich. *Sociedade de Risco: Rumo a Uma Outra Modernidade*. Tradução: Sebastião Nascimento. São Paulo: Editora 34, 2010.

BENJAMIN, Walter Benedix Schönflies. *A Obra de Arte na Era da Sua Reprodutibilidade Técnica. In*: BENJAMIN, *Walter Benedix Schönflies*. DETLEV, Schöttker. SUSAN, Buck-Morss MIRIAM, Hasen. *Benjamin e a obra de arte: técnica, imagem, percepção*. Tradução: Marijane Lisboa e Vera Ribeiro; organização Tadeu Capistrano. Rio de Janeiro: Contraponto, 2012.

BENKLER, Yochai. *The Wealth of Networks*. How Social Production Transforms Markets and Freedom. London: Yale University Press, 2006.

BESANKO, David; DRANOVE, D.; SHANLEY, M; SCHAEFER, S. *A Economia da Estratégia*. Tradução: Christiane Brito. 5. ed. Porto Alegre: Bookman, 2012.

BINENBOJM, Gustavo. *Uma teoria do direito administrativo*. Direitos Fundamentais, Democracia e constitucionalização. 3. ed. Rio de Janeiro: Renovar, 2014.

BLUM, Renato M. S. Opice. *Inteligência artificial*: observações jurídicas sobre a tecnologia em ascensão. *In*: PARENTONI, Leonardo (Coord.). *Direito, Tecnologia e Inovação*. Belo Horizonte: D' Plácido, 2018.

BOURDIEU, Pierre. *O Poder Simbólico*. 15. ed. Rio de Janeiro: Bertrand Brasil, 2011.

BRASIL. Supremo Tribunal Federal. MC na ADI 5529/DF. Plenário. Rel: Min. Dias Toffoli. Brasília, 7 de abril de 2021.

BRASIL. TRF-2 (2ª Turma Especializada). AC 2005.51.01.507811-1. Relator: Des. Federal Messod Azulay Neto. Rio de Janeiro, 30 de setembro de 2009.

CHINELLATO, Silmara Juny de Abreu Chinellato. Violações de Direito Autoral: plágio, "autoplágio" e contrafação". *In:* COSTA NETTO, José Carlos *et alii* (Coords.). Direito Autoral Atual. São Paulo: Elsevier, 2015.

COMPARATO, Fábio Konder. *O poder de controle na sociedade anônima*. São Paulo: RT, 1976.

CUEVAS, Guillermo Cabanellas de las et alii. *Derecho de la Competencia Desleal*. Buenos Aires, Argentina: Heliasta, 2014.

DELMANTO, Celso, *Crimes de Concorrência Desleal*. São Paulo: Bushatsky, Ed. da Universidade de São Paulo, 1975.

FERREIRA, Waldemar Martins. *Tratado de Direito Comercial*. O Estatuto do Estabelecimento e a Empresa Mercantil. Sexto Volume. São Paulo: Saraiva, 1962.

FERREIRA, Waldemar Martins. *Tratado de Direito Comercial*. Volume 7. São Paulo: Saraiva, 1962.

FORGIONI, Paula Andrea. *Os Fundamentos do Antitruste*. 6. ed. São Paulo: RT, 2010.

FOUCAULT, Michel. *A verdade e as formas jurídicas*. Rio de Janeiro: Nau, 2009.

FRAZÃO, Ana de Oliveira; MULHOLLAND, Caitlin Sampaio. *Inteligência Artificial e Direito*. Ética, Regulação e Responsabilidade. São Paulo: RT, 2019.

FRAZÃO, Ana. Discriminação Algorítmica. Portal Jota, São Paulo: 16 de junho de 2021. Disponível em https://www.jota.info/opiniao-e-analise/colunas/constituicao-empresa-e-mercado/discriminacao-algoritmica-16062021. Acesso em: 26 fev. 2022.

GRAU, Eros Roberto. *A Música e o Direito*. O Globo, Rio de Janeiro, 13 de maio de 2014.

GRAU, Eros Roberto. *A Ordem Econômica na Constituição de 1988*. São Paulo: Malheiros, 2010.

HELLER, Michael A. *The Gridlock Economy: How Too Much Ownership Wrecks Markets, Stops Innovation, and Costs Lives*. New York: Basic Books, 2008.

JASPERS, Karl Theodor. *Introdução ao pensamento filosófico*. São Paulo: Cultrix, 2011.

JONES, Ian W.; POLLIT, Michael G. *Economics, Ethics and Unfair Competition*. Cambridge: Centre for Business Research, University of Cambridge, Working Paper 22, Dezembro de 1995.

KEEN, Andrew. #vertigemdigital. *Por que as redes sociais estão nos dividindo, diminuindo e desorientando*. Tradução: Alexandre Martins. Rio de Janeiro: Zahar, 2012.

LANDES, William M.; POSNER, Richard Allen. *The Economic Structure of Intellectual Property Law*. EUA: Harvard University Press, 2003.

LARENZ, Karl. *Metodologia da Ciência do Direito*. 2. ed. Lisboa: Fundação Calouste Gulbenkian, 1982.

LESSIG, Lawrence. *Code and Other Laws of Cyberspace*. New York: Basic Books, 1999.

LOPEZ, Tereza Ancona. *Princípio da Precaução e Evolução da Responsabilidade Civil*. São Paulo: Quartier Latin, 2010.

MAGRANI, Eduardo José Guedes. *Entre dados e Robôs*. Porto Alegre: Arquipélago Editorial, 2019.

MAIA, Lívia Barboza. *A impossibilidade de inteligência artificial ser autora de inventos de propriedade industrial sob uma perspectiva civil-constitucional*. *In*: TEPEDINO, Gustavo; SILVA, Rodrigo da Guia (Orgs.). *O Direito Civil na era da Inteligência Artificial*. São Paulo: RT, 2020.

MAIA, Roberta Mauro Medina. *A natureza jurídica da titularidade dos dados pessoais*. *In:* MULHOLLAND, Caitlin (Org.). *A LGPD e o novo Marco Normativo no Brasil*. Porto Alegre: Arquipélago, 2020.

–. *Teoria Geral dos Direitos Reais*. São Paulo: RT, 2013.

MARTINS, Guilherme Magalhães. *Responsabilidade Civil por Acidente de Consumo na Internet*. São Paulo: RT, 2008.

MELLO, Marcos Bernardes de. *Teoria do fato jurídico: plano da existência*. 18. ed. São Paulo: Saraiva, 2012.

MENDONÇA, José Vicente Santos de. *Direito Constitucional Econômico – A Intervenção do Estado na Economia á Luz da Razão Pública e do Pragmatismo*. Belo Horizonte: Fórum, 2014.

MONTEIRO, António Pinto. *Teoria Geral do Direito Civil*. 4. ed. Coimbra: Coimbra Editora, 2005.

MORAES, Maria Celina Bodin de. *Danos à Pessoa Humana: uma leitura civil-constitucional dos danos morais*. Rio de Janeiro: Renovar, 2003.

MOREL, Leonardo. *Inovações no consumo de produtos culturais: os serviços de streaming*. *In*: TIGRE, Paulo Bastos; PINHEIRO, Alessandro Maia (Orgs.). *Inovação em Serviços na economia do compartilhamento*. São Paulo: Saraiva, 2019.

NEVES, José Roberto de Castro. *Medida por medida: o Direito em Shakespeare*. 2. ed. Rio de Janeiro: GZ, 2013.

O'NEIL, Cathy. *Weapons of Math Destruction*. New York: Broadway Books, 2017.

OTTOLIA, Andrea. *Derecho, Big Data e Inteligencia Artificial*. Valencia: Tirant lo Blach, 2018.

PÉREZ, Eva Domínguez, *Competência Desleal a Través de Actos de Imitación Sismática*. Navarra: Editorial Aranzadi, 2003.

PIERANGELI, José Henrique. *Crimes Contra a Propriedade Industrial. Crimes de Concorrência Desleal*. São Paulo: RT, 2003.

PINHEIRO, Patrícia Peck; GRADO, Milena. *A Inteligência Artificial pode ser Inventora?* Portal Jota, 19 de junho de 2021. Disponível em: https://www.jota.info/opiniao-e-analise/artigos/a-inteligencia-artificial-pode-ser-inventora-19062021.

PLATÃO. *O banquete*. São Paulo: Edipro, 2009.

PONTES DE MIRANDA, Francisco Cavalcanti. *Tratado de Direito Privado*. Parte Especial. Tomo XVI. 4. ed. Rio de Janeiro: RT, 1983.

PONTES DE MIRANDA, Francisco Cavalcanti. *Tratado de Direito Privado*. Tomo XVI. 4. ed. São Paulo: RT, 1983.

RÁO, Vicente. *Ato jurídico*. 2ª Tiragem, São Paulo: Max Limonad: 1961.

SANDEL, Michael J. *Justiça: o Que é Fazer A coisa Certa*. Tradução de Heloisa Matias e Maria Alice Máximo. 15. ed. Rio de Janeiro: Civilização Brasileira, 2014.

SANTOS JÚNIOR, Walter Godoy dos; SILVEIRA, Newton (Orient.). *O Regime Jurídico da Proteção da Forma na Propriedade Intelectual*. Tese (Doutorado). Universidade de São Paulo, Faculdade de Direito. São Paulo, 2017.

SCHAUER, Frederick. *Thinking Like a Lawer:* a new Introducion to Legal Reasoning. Cambridge: Harvard University Press, 2012.

SCHUMPETER, Joseph Alois. *Capitalismo, Socialismo e Democracia*. Rio de Janeiro: Fundo de Cultura, 1961.

SILVEIRA, Newton. *Concorrência desleal e propriedade imaterial*. Brasília: Arquivos do Ministério da Justiça, março de 1975.

–. *Direito de autor no design*. 2. ed. São Paulo: Saraiva, 2012.

SOLON, Ari Marcelo. *Hermenêutica Jurídica Radical*. São Paulo: Marcial Pons, 2017.

SUASSUNA, Ariano. *Auto da Compadecida*. 2. ed. Rio de Janeiro: Nova Fronteira, 2015.

TARUFFO, Michele. *Uma simples verdade. O Juiz e a Construção dos Fatos*. Tradução: Vitor de Paula Ramos. São Paulo: Marcial Pons, 2012.

TAUK, Caroline; SALOMÃO, Luís Felipe. *Inteligência artificial e direito da propriedade intelectual*: fundamentos teóricos e legais de proteção. *In:* TEPEDINO, Gustavo; SILVA, Rodrigo da Guia (Orgs.). *O Direito Civil na era da Inteligência Artificial.* São Paulo: RT, 2020.

VASCONCELOS, Cláudio Lins de. *Mídia e Propriedade Intelectual. A crônica de um modelo em transformação.* Rio de Janeiro: Lumen Juris, 2010.

VELOSO, Zeno. *Condição Termo e Encargo.* São Paulo: Malheiros, 1997.

# 4. INTELIGÊNCIA ARTIFICIAL E AS RELAÇÕES DE TRABALHO

*Otavio Pinto e Silva*

## 1. A evolução tecnológica

Em sua *História da civilização ocidental,* Edward McNall Burns trabalha com o conceito de cultura para designar todo o entrelaçamento complexo de ideias, realizações, tradições e características de uma nação em uma determinada época. Sustenta então que uma cultura merece o nome de "civilização" quando atingiu um nível de progresso em que a escrita tem largo uso, as artes e as ciências alcançaram certo grau de adiantamento, e as instituições políticas, sociais e econômicas desenvolveram-se suficientemente para resolver ao menos alguns dos problemas de ordem, segurança e eficiência com que se defronta uma sociedade complexa.[1] A escrita ocupou papel fundamental na evolução histórica da humanidade, na medida em que se caracteriza como o meio básico para o desenvolvimento e a transferência de tecnologia, entendida genericamente como a aplicação do conhecimento para finalidades práticas.

Trevor I. Williams pondera que hoje a tecnologia é, na prática, sinônimo de ciência aplicada, mas as tecnologias básicas – tais como agricultura, construção, cerâmica, tecidos – foram originalmente empíricas e transmitidas de uma geração a outra, enquanto a ciência é um fenômeno relativamente recente. A tecnologia foi fundamental para proporcionar

1 BURNS, Edward McNall. *História da Civilização Ocidental.* Porto Alegre: Globo, 1973, p. 27-28.

os recursos necessários à organização das sociedades, não apenas para a divisão do trabalho, mas também para o florescimento das artes em geral.[2]

Todas as artes dependeram de algum suporte tecnológico: a literatura precisava de tinta e papiro (mais tarde, do papel); a pintura e a escultura, de materiais e ferramentas; a dramaturgia, de técnicas e locais adequados para sua exposição. Vale dizer, a história da civilização humana é profundamente marcada pela constante evolução tecnológica, que repercute diretamente no modo de ser e de viver das pessoas. Como demonstra Fabio Konder Comparato, as grandes etapas históricas de invenção dos direitos humanos coincidem com as mudanças nos princípios básicos da ciência e da técnica.[3]

O impacto das invenções na sociedade econômica assinala a Revolução Industrial não apenas no sentido de consumação de um fato histórico, mas sim como o início de um processo de transformações tecnológicas em contínuo crescimento, até chegar aos dias atuais.

Robert Heilbroner distingue quatro etapas desse processo contínuo: a primeira, concentrada na maquinaria têxtil, em métodos aprimorados de produção do carvão e de fabricação do ferro, bem como nas técnicas agrícolas e na energia do vapor; a segunda, marcada por um acervo de invenções industriais centradas no aço, transporte ferroviário e marítimo, implementos agrícolas e indústria química; a terceira, no início do século XX, com a energia elétrica, as máquinas movidas a gasolina, os automóveis; e a quarta, que é da revolução da eletrônica, da automação, da navegação aérea e da energia nuclear.[4]

No mundo moderno, o surgimento dos computadores e das chamadas tecnologias da informação ensejou um extraordinário desenvolvimento da capacidade do ser humano se comunicar e transmitir conhecimento.

Os computadores foram uma evolução das calculadoras (tecnologia já conhecida pelo homem desde a Antiguidade, com instrumentos como

[2] WILLIAMS, Trevor I. *História das Invenções*. Belo Horizonte: Gutemberg, 2009, p. 12-13.

[3] COMPARATO, Fabio Konder. *A afirmação histórica dos direitos humanos*. São Paulo: Saraiva, 2001, p. 50.

[4] HEILBRONER, Robert L. *A formação da sociedade econômica*. Rio de Janeiro: Zahar Editores, 1979, p. 124-125.

o ábaco e o soroban). No início da década de 1940, o cientista da Universidade de Princeton, John von Neumann, formalizou o conceito de programas armazenados, como uma sequência de instruções que se tornaria a base dos computadores modernos. Em maio de 1949, na Universidade de Cambridge, Maurice Wilkes iniciou a operação de uma calculadora automática com armazenamento por retardo eletrônico (*Eletronic Delay Storage Automatic Calculator – EDSAC*), considerada o primeiro computador totalmente operacional e prático com programas armazenados.[5]

A tecnologia significa a aplicação sistemática do conhecimento científico ou outro conhecimento organizado a tarefas práticas, como explica John Kenneth Galbraith: sua consequência mais importante, pelo menos para fins de ordem econômica, é forçar a divisão e subdivisão de qualquer dessas tarefas a entrar em suas partes componentes.

Isso exige especialização da mão de obra (pois o conhecimento só pode ser aplicado por aqueles que o possuem), organização do trabalho dos especialistas (visando um resultado final coerente) e planejamento (uma vez que as condições de término das tarefas precisam ser previstas, tanto quanto as ocorrências durante o processo).[6]

## 2. A Internet

A ideia da Internet surgiu em centros militares de pesquisa, dentro do Departamento de Defesa dos Estados Unidos da América, e foi aperfeiçoada em instituições universitárias, até chegar ao uso quotidiano.

Muitos foram os pais da Internet: costuma-se dizer que ela não foi obra nem inspiração de apenas uma pessoa, pois nasceu e se desenvolveu num ambiente acadêmico com financiamento da *Advanced Research Projects Agency* (Arpa), uma agência militar de pesquisas ligada ao Departamento de Defesa norte-americano. A ideia era buscar tecnologias que não centralizassem o processamento e o arquivamento de informações nos grandes computadores e permitissem a troca de dados entre eles.

Não há dúvida que, de todos os recentes avanços tecnológicos experimentados pela humanidade, a Internet foi o que mais provocou des-

[5] WILLIAMS, Trevor I. *Id.* p. 302-306.

[6] GALBRAITH, John Kenneth. *O Novo Estado Industrial*. São Paulo: Livraria Pioneira Editora, 1983, p. 22-24.

dobramentos sociais, econômicos e políticos. A Internet se transformou em um grande espaço público mundial, de livre acesso, onde as pessoas convivem entre si, fazem negócios, debatem os mais variados temas, relacionam-se com empresas e com o Estado. Aos poucos, seu uso avança para os mais diversos fins, como, por exemplo, para facilitar a realização de assembleias em condomínios, associações, empresas e sindicatos (o que ganhou ainda maior relevância a partir de 2020, com a pandemia decorrente do Sars-Cov-2 que assolou a humanidade).

Alan Kay buscou demonstrar a superação da ideia do computador pessoal como uma mera ferramenta ou veículo de processamento de dados, ao desenvolver a sua concepção como um novo meio de comunicação, cujo uso veio mudar todos os padrões de pensamento e trazer uma nova visão de mundo.[7]

Essa evolução técnica dos meios de comunicação tornou-os cada vez mais difíceis de controlar e marcou profundamente a transformação do próprio Estado, tanto nos regimes democráticos quanto nos autoritários, pois, como aponta Eric Hobsbawm, quando o século XX acabava, os meios de comunicação já eram um componente mais importante do processo político do que os próprios partidos e sistemas eleitorais.[8]

Cabe agora, então, fazer breve reflexão acerca de alguns dos aspectos técnicos que sustentam a comunicação entre os seres humanos pela rede mundial de computadores.

A conexão entre os computadores exige um conjunto de equipamentos que propicia a transmissão da informação por meios elétricos ou eletromagnéticos. Ocorre que não basta a existência dessa ligação entre as máquinas para que seja possível a comunicação entre seus usuários: são indispensáveis, ainda, os protocolos de comunicação.

Um desses protocolos é o TCP/IP (*transfer control protocol / internet protocol*), isto é, uma coleção de instruções acerca da troca de informações entre os computadores conectados à Internet, para que todos pos-

[7] KAY, Alan. *User interface: a personal view*. Brenda Laurel (org.), The art of Human-Computer Interface Design. Nova York: Addison-Wesley, 1990, p. 189.

[8] HOBSBAWM, Eric. *Era dos Extremos: o breve Século XX*. São Paulo: Companhia das Letras, 2003, p. 559.

sam "entendê-las". Pode então ser entendida como "a língua falada por todos os computadores que fazem parte da Internet".[9]

Sendo assim, todo computador ou telefone celular que está conectado com a Internet tem a sua identidade, chamada IP (*internet protocol*): trata-se de um número identificador, um endereço que permite localizá-lo entre as muitas outras máquinas ligadas à rede.

A capacidade de endereços disponíveis de Internet está em constante evolução, o crescimento das conexões por computadores e celulares impulsiona as mudanças no protocolo.

Esse incrível aumento do número de usuários ligados à Internet demonstra a importância da evolução tecnológica para a sociedade do século XXI. Hoje não se pode mais conceber que operações comerciais desenvolvidas no âmbito privado, ou qualquer tipo de serviço de qualidade prestado pelo Estado aos cidadãos, estejam fora da Internet.

Outro protocolo de comunicação que é apontado como responsável pela popularização do uso da Internet é o HTTP (*Hypertext Transfer Protocol*), desenvolvido pelo inglês Tim Berners-Lee no laboratório de pesquisa Cern (Laboratório Europeu de Física de Partículas), na Suíça, no final da década de 1980. Trata-se de um sistema de hipertexto simples e flexível, que se tornou um padrão para a distribuição de informações.

O hipertexto pode ser assim definido:

> Texto que não forma uma sequência única e pode ser lido em várias ordens; especialmente texto e imagens que estão conectados de tal forma que o leitor do material (exibido numa tela de computador) pode interromper a leitura do documento em determinado ponto, para consultar assuntos relacionados. Difícil de definir, mas fácil de entender para quem já usou a Internet alguma vez e clicou em imagens ou palavras sublinhadas que levam a outros textos, que por sua vez levam a outros e assim por diante.[10]

Foi justamente a partir do estabelecimento desse elo entre as diversas páginas textuais hospedadas em computadores ligados à rede que surgiu a *World Wide Web* (WWW), vindo a tornar-se o principal ambiente de comunicação da Internet.

---

[9] MARIA, Ercilia. *O que é a Internet*. São Paulo: Publifolha, 2000, p. 17.

[10] *Id.*, p. 36-37.

Tim Berners-Lee observou que sempre houve coisas que as pessoas fazem bem e sempre houve coisas que os computadores fazem bem; mas que uma das coisas que os computadores não faziam bem era arquivar associações ao acaso entre coisas aparentemente disparatadas, embora o cérebro humano pudesse fazer isso com facilidade.[11]

Ele então começou a divulgar seu *software* na comunidade de programadores e colocou na *web* o primeiro servidor de Internet em 1991. A partir de então a *World Wide Web* se espalhou rapidamente, com uma sucessão de novos programas que foram sendo desenvolvidos, a princípio por estudantes e posteriormente por empresas interessadas em seu uso comercial, como a Netscape e a Microsoft.

Hoje a *World Wide Web* está fortemente consolidada, de tal modo que se constituiu em um ambiente adequado para a transmissão não apenas de páginas com textos escritos, mas também com imagens, sons e vídeos, permitindo grande interatividade com os usuários.

Todo arquivo disponível na *web* é identificado por um endereço único e exclusivo chamado de URL (*Uniform Resource Locator*). Em português, denomina-se de Localizador Padrão de Recursos, e nada mais é do que um sistema que indica o local onde se encontra o arquivo digital, possibilitando o seu acesso de qualquer parte do mundo.

Desenvolveu-se acentuadamente a prestação de serviços por esse ambiente, como comércio de bens, transporte de pessoas e de coisas, movimentações bancárias, veiculação de notícias, ofertas de lazer e entretenimento, constituição de redes sociais e de relacionamento. E, como não poderiam ficar de fora, também os serviços públicos entraram na rede, dentre os quais os prestados pelos órgãos do Poder Judiciário.

Steven Johnson explica a questão da interface, quando se refere a *softwares* que dão forma à interação entre usuário e computador. A interface atua como um tradutor, mediando entre as duas partes, tornando uma sensível para a outra. É uma relação semântica, caracterizada por significado e expressão.[12]

[11] *Id.*, p. 38.

[12] JOHNSON, Steven. *Cultura da Interface: como o computador transforma nossa maneira de criar e comunicar*, Rio de Janeiro: Jorge Zahar Editor, 2001, p. 17.

A computação é uma operação matemática, em que caracteres, números e imagens são expressos de formas semelhantes. Os computadores trabalham com sinais e símbolos, embora seja quase impossível compreender essa linguagem em sua forma mais elementar. Utilizam o chamado sistema binário, por meio de minúsculos pulsos de eletricidade que representam um estado "ligado" ou um estado "desligado", um 0 ou um 1, em seus circuitos elétricos.

Os códigos binários indicam as operações matemáticas básicas, de modo que os computadores conseguem processar aquelas equações lógicas necessárias para gravar e exibir informações.

Os seres humanos pensam por meio de palavras, conceitos, imagens, sons, associações. Um computador deve representar-se a si mesmo ao usuário, numa linguagem que este compreenda. É um sistema simbólico sob todos os aspectos. Aqueles pulsos de eletricidade são símbolos que representam zeros e uns, que por sua vez representam simples conjuntos de instrução matemática; já estes reproduzem palavras ou imagens, planilhas, mensagens de e-mail e de aplicativos. O enorme poder do computador digital contemporâneo depende dessa capacidade de auto-representação.[13]

Hannah Arendt observa que os "cérebros eletrônicos" compartilham com todas as demais máquinas a capacidade de fazer o trabalho do homem melhor e mais rapidamente do que o próprio homem. Mas o fato de suplantarem ou ampliarem a capacidade cerebral humana em vez da força de trabalho não deve provocar perplexidade: isso somente prova que potência de trabalho e potência cerebral pertencem à mesma categoria.

Há, porém, cientistas que sustentam a possibilidade de os computadores fazerem o que o cérebro humano não pode compreender, e essa é uma proposição alarmante, pois a compreensão é efetivamente uma função da mente e nunca o resultado automático da potência cerebral.

Um suposto atraso das Ciências Sociais em relação às Ciências Naturais ou do desenvolvimento político do homem em relação em relação à técnica científica, desvia a atenção do problema principal, que consiste

[13] *Id.*, p. 18.

em "o homem poder *fazer*, e com êxito, o que ele não pode compreender e expressar na linguagem humana cotidiana".[14]

O desafio que hoje se apresenta, então, aos órgãos públicos e privados é o de lidar com a inteligência artificial de forma a propiciar a melhoria da convivência humana em geral e a prestação de serviços de qualidade para a sociedade.

Há a necessidade imperiosa do Estado e das empresas acompanharem a evolução tecnológica, romper com métodos e procedimentos já ultrapassados e trabalhar com ferramentas inovadoras, mas sem deixar de levar em conta que rupturas radicais são anomalias, já que "a interação entre formas passadas e futuras impele o processo criativo mais do que o bloqueia".[15]

Hoje vivemos numa sociedade moldada por eventos que acontecem no chamado "ciberespaço", mas este continua invisível, fora de nossa imediata apreensão perceptiva, uma vez que o nosso acesso a esse verdadeiro universo paralelo somente se dá por meio da interface do computador. Isso significa que a região mais dinâmica e mais inovadora do mundo contemporâneo só se revela para nós por meio dos intermediários anônimos do design de interface.[16]

## 3. Informática jurídica

Em 1973 o Departamento de Direito Econômico Financeiro da Faculdade de Direito da Universidade de São Paulo (USP) realizou um pioneiro curso de extensão universitária, sob a responsabilidade do professor catedrático Ruy Barbosa Nogueira, para estudar a disciplina então nomeada "Informática Jurídica".

Esse curso foi ministrado pelo professor Mario Losano, da Universidade de Milão (Itália), em cerca de 40 dias, durante os meses de julho e agosto daquele ano, para um público de 202 inscritos.

No livro *Lições de informática jurídica* (que foi produzido a partir das aulas do curso e lançado em 1974), Mario Losano manifestava a sua preocupação em preparar os juristas para resolver duas ordens de problemas: a) a criação de um direito compatível com o processamento eletrô-

[14] ARENDT, Hannah. *Entre o passado e o futuro*. São Paulo: Perspectiva, 1979, p. 331-332.

[15] JOHNSON, Steven. *Id.*, p. 20.

[16] *Id.*, p. 20-21.

nico; e b) a formulação de normas destinadas a regulamentar o uso da informática no campo da administração pública e judiciária.[17]

Algumas das questões então formuladas e referentes ao direito da informática permanecem atuais: em caso de erro na programação, quem é responsável pelos eventuais danos causados? Que regras serão necessárias para que possa existir um controle do programa por parte de um funcionário público, a fim de verificar se este é verdadeiramente adequado às normas jurídicas de que se origina? Que controle deverá ser previsto para que o cidadão possa, em caso de contestação, verificar a exatidão da programação?

Advertia então o professor Losano que "de um lado, os problemas técnicos estão numa fase de solução mais avançada do que os problemas jurídicos. De outro lado, o direito da informática deve ser enfrentado com urgência, se quisermos evitar que o desenvolvimento técnico tome caminhos não controlados agora e incontroláveis no futuro.[18]

Aquela primeira experiência teórica na sistematização do estudo do direito ligado à Informática teve importantes repercussões no Brasil, levando à criação da disciplina de Informática Jurídica no curso de pós-graduação da Faculdade de Direito da USP, ministrada a partir de 1975 por Dinio de Santis Garcia.[19] Pioneira pesquisa foi realizada por Enio Sandoval Peixoto e resultou na apresentação da tese de doutorado intitulada "Direito do Trabalho e Informática Jurídica", perante o Departamento de Direito do Trabalho da Faculdade de Direito da USP, em 1983.

Naquela época o autor já defendia com vigor a ideia de colocar a informática jurídica a serviço do direito, pois vislumbrava a existência de falhas sistêmicas a sanar no funcionamento do Judiciário. Cogitava da necessidade de melhor organização do trabalho cartorário, para retirá-lo do manuseio infinito de documentos; da programação automática de atos que pudessem ser praticados pelo computador (como a designação de audiências e a consequente expedição de notificações); da substitui-

[17] LOSANO, Mario G. *Lições de Informática Jurídica*. São Paulo: Editora Resenha Tributária, 1974, p. 148.

[18] *Id.*, p. 149.

[19] GARCIA, Dinio de Santis. *Introdução à Informática Jurídica*. São Paulo: Bushatsky: Edusp, 1976.

ção de rotinas manuais por trabalho automático; e do desenvolvimento de programas que pudessem auxiliar os juízes na função judicante.[20]

Foram também desenvolvidas a partir de então diversas iniciativas de informatização do Judiciário, de tal forma que nos dias de hoje não há quem possa imaginar o adequado funcionamento do sistema jurídico sem o uso dos computadores e da informática.

Augusto Tavares Rosa Marcacini observa que, quando as relações humanas passam a ser intermediadas por computadores, quem gerencia as máquinas pode assumir uma forma de controle social, diante do modo como os sistemas são programados para funcionar. Esse risco precisa ser compreendido para que possa ser adequadamente controlado nas sociedades democráticas: seria um grande perigo para o Estado Democrático de Direito "substituir a lei pelo código de programação escrito apenas pelos técnicos que o elaboraram, muitas vezes sem a preocupação de conhecer a norma jurídica que rege aquelas relações que serão intermediadas pelo computador".[21]

A construção permanente de novas formas de se pensar e de se comunicar está ligada às sempre surpreendentes transformações ocorridas nos campos das telecomunicações e da informática, o que nos leva à necessidade de refletir sobre atitudes de consciência coletiva a respeito das liberdades e dos bens ameaçados por uma utilização indevida do "ciberespaço".

Antonio-Enrique Pérez Luño reconhece que as novas tecnologias constituem uma larga via de desenvolvimento da condição humana, em todas as suas esferas, mas também levam ao surgimento de riscos e ameaças para as liberdades, mais implacáveis que os já sofridos e imaginados em qualquer período anterior da história, de modo que decisões sobre os impactos da Internet devem ser tomadas pelos próprios cidadãos nas sociedades democráticas: "trata-se de uma responsabilidade de que não se pode abdicar".[22]

[20] PEIXOTO, Enio Sandoval. *Direito do Trabalho e Informática Jurídica*, Tese (Doutorado). Universidade de São Paulo, Faculdade de Direito. São Paulo, 1983, p. 2-3.

[21] MARCACINI, Augusto Tavares Rosa. *Processo e Tecnologia*, São Paulo, Tese (Livre-docência). Universidade de São Paulo, Faculdade de Direito, São Paulo, 2010, p. 49.

[22] PÉREZ LUÑO, Antonio-Enrique. *Las libertades en la era de Internet, In:* El derecho em red – Estudios en homenaje al profesor Mario G. Losano. Madrid, Dykinson, 2006, p. 396-397.

As transformações trazidas pela Internet repercutem intensamente sobre as nossas vidas e influenciam o direito, concebido como a disciplina da convivência humana,[23] a tal ponto de colocar em discussão o conteúdo atual de direitos como os da privacidade e da intimidade.

Pierre Lévy observa que vivemos em uma época em que a técnica é uma das dimensões fundamentais, em que está em jogo essa transformação do mundo humano por ele mesmo, de tal modo que se trata de um dos mais importantes temas filosóficos e políticos de nosso tempo.

Estamos diante do desafio de construção de uma "tecnodemocracia", a ser inventada na prática, levando em consideração que a sucessão da oralidade, da escrita e da informática como modos fundamentais de gestão do conhecimento não se dá por simples substituição de um por outro, mas sim por meio de um processo de complexificação e deslocamento de centros de gravidade.[24]

A partir dessas constatações, Lévy aponta a dimensão técnica do que denomina "ecologia cognitiva": as coletividades se auto-organizam, se mantêm e se transformam por meio do envolvimento permanente dos indivíduos que as compõem.

Ocorre que essas coletividades não são compostas apenas por seres humanos: as mudanças técnicas desequilibram e recompõem toda uma coletividade cognitiva cosmopolita, que compreende ao mesmo tempo homens, animais, plantas, recursos minerais etc.

As técnicas, assim, agem diretamente sobre a ecologia cognitiva, transformando a configuração da rede metassocial, mas também indiretamente, como fontes de metáforas e de analogias. Os dispositivos materiais são formas de memória, de modo que

> uma modificação técnica é *ipso facto* uma modificação da coletividade cognitiva, implicando novas analogias e classificações, novos mundos práticos, sociais e cognitivos. É porque esse fato fundamental foi muitas vezes negligenciado que grande número de mutações técnicas nas empresas e administrações resultaram em fracassos ou disfunções gravíssimas. Temos nos contentado em analisar superficialmente a mudança dos métodos de pro-

[23] TELLES JUNIOR, Goffredo. *Iniciação na ciência do direito*, São Paulo: Saraiva, 2001, p. 379-384.

[24] LÉVY, Pierre. *As tecnologias da inteligência: o futuro do pensamento na era da informática*. Rio de Janeiro: Editora 34, 1993, p. 7-11.

dução e a reorganização dos fluxos informacionais; mas não temos medido e levado em consideração a inteligência invisível que as antigas técnicas e as coletividades de trabalho que se construíram sobre elas possuem.[25]

Lévy aponta, então, dois princípios de abertura para evitar esquemas rígidos de pensamento, diante da ecologia cognitiva nascente, a saber:

1) Princípio da multiplicidade conectada: uma tecnologia intelectual deve ser analisada como uma multiplicidade indefinidamente aberta, pois sempre conterá muitas outras. O sistema formado por essas múltiplas tecnologias é que deve ser levado em conta. Nenhuma tecnologia intelectual pode se considerada uma substância imutável, cujo significado e papel na ecologia cognitiva permaneceriam sempre idênticos;
2) Princípio de interpretação: o sentido de uma técnica não se encontra nunca definitivamente estabelecido quando ela é concebida, nem em qualquer momento de sua existência. Cada ator, desviando e reinterpretando as possibilidades de uso de uma tecnologia intelectual, atribui a elas um novo sentido. A cada instante, novas conexões e novas interpretações podem modificar ou mesmo inverter o sentido que prevalecia no instante anterior.[26]

Esses dois princípios podem ser exemplificados a partir da tecnologia do microprocessador, que foi inicialmente construído para guiar mísseis e não para constituir a parte central de um computador pessoal; mas diversas circunstâncias levaram às mudanças de significados e de sentidos que permitiram uma evolução no uso da tecnologia, originalmente criada para um fim diverso.

Para a ecologia cognitiva, assim, não há causas e efeitos mecânicos, mas sim ocasiões e atores: inovações técnicas tornam possíveis ou condicionam o surgimento desta ou daquela forma cultural, mas as primeiras não irão, necessariamente, determinar as segundas.[27]

Steven Johnson adverte que no surgimento de uma nova tecnologia ocorrem distorções e equívocos, não só quanto ao modo como as máqui-

[25] *Id.*, p. 145.
[26] *Id.*, p. 144-146.
[27] *Id.*, p. 147-148.

nas realmente funcionam, mas também quanto a questões mais sutis: "a que reino da experiência pertencem as novas tecnologias, que valores elas perpetuam, onde se produzirão seus efeitos mais indiretos".[28]

Vinte anos após o seu primeiro curso de Informática Jurídica na Universidade de São Paulo, o professor Mario Losano voltou ao Largo de São Francisco, em novembro de 1993, para ministrar novas aulas aos alunos do curso de pós-graduação da Faculdade de Direito.[29] Nessa ocasião, ele buscou demonstrar os dois sentidos em que o termo "Informática Jurídica" pode ser entendido.

No primeiro sentido, influenciado pela origem anglo-americana da disciplina, privilegiou-se a documentação jurídica, por meio da criação de bancos de dados jurídicos e de programas de recuperação de informações (*information retrieval*).

No segundo sentido, a informática jurídica designa qualquer forma de automação da administração pública ou dos procedimentos regulados pelo direito.

Ocorre que em ambas essas aplicações da informática ao direito a organização e o planejamento na utilização dos computadores são tão importantes quanto o desenvolvimento tecnológico em si. As técnicas informáticas resultam ineficazes se não forem inseridas em um contexto adequadamente organizado:

> Portanto, o problema central da informática jurídica documentária não é tanto o programa de *information retrieval*, quanto a organização da atualização, da integração e da distribuição dos documentos jurídicos. Analogamente, o problema central da automação de uma repartição pública não é tanto a disponibilidade de um computador e de um programa próprio, mas a organização do fluxo das informações na entrada e na saída do processamento.[30]

[28] JOHNSON, Steven. *Id.*, p. 154.

[29] Na época tive a feliz oportunidade de frequentar essas aulas, como aluno do curso de mestrado em Direito na USP.

[30] LOSANO, Mario G. *A informática jurídica vinte anos depois*. Revista dos Tribunais, São Paulo,:v. 715, maio de 1995, p. 352.

## 4. O uso da Internet no Brasil

Os primeiros registros da chegada da Internet no Brasil são de janeiro de 1991, por meio da Fundação de Amparo à Pesquisa de São Paulo:[31] até então, a FAPESP se valia de uma conexão direta com o Fermilab, um laboratório de física de altas energias especializado no estudo de partículas atômicas, com sede na cidade de Batavia (em Illinois, nos Estados Unidos da América).

Essa linha (conectada em 1989) permitia o acesso de pesquisadores brasileiros às informações e aos contatos naquela instituição (e também em outras instituições norte-americanas e da Europa). Isso se dava por meio de uma rede predecessora da Internet (a Bitnet).

A conexão funcionava via linha telefônica ponto a ponto sem necessidade de discagem, por um fio de cobre dentro de um cabo submarino, uma vez que ainda não havia fibra óptica para esse tipo de serviço.

A operação se dava por meio da *Academic Network at São Paulo* (ANSP), a rede acadêmica de São Paulo, criada e mantida financeiramente pela FAPESP desde 1988 para suprir a comunicação eletrônica entre as principais instituições de ensino e pesquisa paulistas.

Foi a experiência adquirida pela equipe da ANSP que permitiu à FAPESP se tornar o centro técnico do início da Internet brasileira, servindo à Rede Nacional de Ensino e Pesquisa (RNP) criada pelo Ministério da Ciência e Tecnologia em 1989.

A Bitnet (sigla de *Because It's Time Network*) era muito usada por pesquisadores no exterior e utilizava programação criada pela empresa IBM. A ANSP operava com a rede Decnet, própria dos computadores da empresa Digital, mas se valia de *softwares* especiais de conversão que faziam uma máquina se comunicar com outra.

Como a Internet crescia no meio acadêmico norte-americano e o Fermilab resolveu entrar na rede sem desligar as conexões Bitnet ou Decnet, a FAPESP o acompanhou por meio da ANSP. A partir desse início e até 1994, quando começou a Internet comercial no país, era a conexão com o Fermilab que provia todas as transmissões do Brasil com o exterior.

[31] Disponível em http://www.revistapesquisa.fapesp.br/?art=4337&bd=1&pg=1&lg=, Acesso em: 20 jun. 2021.

Em 1995, o Ministério de Ciência e Tecnologia e o Ministério das Comunicações criaram o Comitê Gestor da Internet (CGI), formado por representantes das universidades, das empresas envolvidas nas conexões, dos provedores e dos usuários.

Uma das funções do CGI era cuidar do registro de nomes de domínio.br, mas essa tarefa foi atribuída pelo comitê à FAPESP, que já registrava os nomes dos usuários e fazia a distribuição dos números IP.

O crescimento do número de usuários da Internet no Brasil é muito significativo e vem sendo acompanhado por meio de pesquisas regulares a respeito, efetuadas pelo IBGE – Instituto Brasileiro de Geografia e Estatística.

O último levantamento disponível do IBGE, por meio da Pesquisa Nacional por Amostra de Domicílios (PNAD), realizado em 2019, investigou o acesso à Internet e a posse de telefone móvel celular para uso pessoal.

As informações levantadas estão publicadas no site do IBGE[32] e consideram indicadores-chaves que podem ser obtidos por meio de pesquisas domiciliares, a respeito do acesso e uso das tecnologias da informação e das comunicações nos domicílios e pelas pessoas.

Na população de 183,3 milhões pessoas com 10 anos ou mais de idade no Brasil em 2019, 78,3% (ou 143,5 milhões) utilizaram a Internet no período de referência da pesquisa (três meses). Este percentual vem crescendo desde 2016, quando 64,7% da população de 10 anos ou mais de idade tinha utilizado a Internet no período de referência, passando para 69,8% em 2017 e 74,7% em 2018.

Segundo os dados obtidos, a Internet era utilizada em 82,7% dos domicílios do País em 2019: dentre os equipamentos adotados para acessar a rede no domicílio, o uso do telefone móvel celular estava em 1º lugar (e já próximo de alcançar a totalidade dos domicílios que acessavam a Internet: 99,5%). Em segundo lugar, mas abaixo da metade dos domicílios em que havia acesso à Internet, estava o microcomputador (45,1%), seguido pela televisão (31,7%) e pelo tablet (12,0%).

32 BRASIL. Instituto Brasileiro de Geografia e Estatística. PNAD Contínua – Pesquisa Nacional por Amostra de Domicílios Contínua. Tabelas 2019. Disponível em https://www.ibge.gov.br/estatisticas/sociais/populacao/17270-pnad-continua.html?edicao=30362&t=resultados. Acesso em: 30 jun. 2021.

Nos 12,6 milhões de domicílios do País em que não havia utilização da Internet no ano de 2019, os motivos indicados foram: falta de interesse em acessar a Internet (32,9%), custo do serviço de acesso (26,2%) ou ignorância sobre o modo de uso da Internet (25,7%). O fato do serviço de acesso não estar disponível na área do domicílio abrangeu 6,8% das residências em que não havia utilização da Internet e o motivo do custo do equipamento eletrônico para acessar ser caro atingiu 5,0%.

Quanto à finalidade do acesso, o percentual de pessoas que usaram a Internet para enviar ou receber mensagens de texto, voz ou imagens por aplicativos diferentes de e-mail permaneceu como o mais elevado: foram 95,7% em 2019. A segunda finalidade mais frequente foi conversar por chamadas de voz ou vídeo (91,2%), proporção que vem aumentando desde 2016, assim como a proporção de pessoas que utilizaram a Internet para assistir a vídeos, inclusive programas, séries e filmes (88,4%). Por outro lado, o percentual de pessoas que acessaram a Internet com a finalidade de enviar e receber e-mail (correio eletrônico) vem se reduzindo a cada ano, chegando a 61,5% em 2019.

## 5. A inteligência artificial e as relações de trabalho

Estamos transitando pela substituição da cultura literária, determinada pela invenção da imprensa no século XV, para uma cultura baseada em costumes visuais e auditivos, do declínio da importância da palavra impressa e da sua sucessão pela comunicação eletrônica.[33]

Fala-se em um "mundo virtual", em que as relações de trabalho precisam se adaptar à evolução da tecnologia e ao vertiginoso crescimento da Internet, com todas as transformações que trouxe para a vida em sociedade.

Ocorre que a palavra virtual é derivada de *virtus*, de origem latina, que significa "força, potência". Na filosofia escolástica, o virtual é o que existe em potência e não em ato. Sendo assim, é enganosa a oposição entre real e virtual, para significar respectivamente a materialidade e a inexistência, ou o tangível e a ilusão. Em termos rigorosamente filosóficos, assim, o virtual não se opõe ao real, mas sim ao atual: a árvore está

[33] CASTRO, Carlos Roberto Siqueira. *A constituição aberta e os direitos fundamentais*. Rio de Janeiro: Forense, 2005, p. 557.

virtualmente presente na semente. Virtualidade e atualidade são duas maneiras de ser diferentes.[34]

Assim, parece mais apropriado se falar em "mundo digital" para denominar a nova realidade que vivemos.

É certo que os computadores são aparelhos eletrônicos, mas rádios e televisões também o são, na medida em que igualmente utilizem de técnicas próprias da eletrônica, a qual está dividida em dois ramos: eletrônica analógica e eletrônica digital. A eletrônica digital se vale do binário zero e um, ou ligado e desligado. Os computadores trabalham com os bits (*binary digit*), agrupados em conjuntos que formam os bytes.

O vocábulo "digital", assim, denota o armazenamento e processamento de informações por meio de números, que podem ser "traduzidos" e apresentados de forma compreensível aos sentidos do ser humano ("dispositivo que trabalha com exclusivamente com valores binários"). Nesse contexto, faz sentido empregar a expressão "mundo digital".

A mudança do mundo dos átomos para o mundo dos *bits* é irrevogável e não há como detê-la,[35] de modo que deve ser vista como algo que certamente vem trazer significativas alterações no quotidiano da população trabalhadora, na medida em que o formato digital admite diferentes interfaces na interação entre os sujeitos da relação jurídica de trabalho.

Qualquer usuário da Internet se vale do "link", que é um elo, um vínculo. É uma maneira de traçar conexões entre as coisas, é uma forma de forjar relações semânticas. O "link" desempenha um papel conjuncional, ligando ideias díspares em prosa digital. Como convenção geral de interface, o "link" deve ser compreendido como um recurso sintético, uma ferramenta que une múltiplos elementos num mesmo tipo de unidade ordenada.[36]

Usa-se o verbo "surfar" tanto para designar o ato de mudar de um canal para o outro quando se assiste à televisão, quando de um site para outro quando se consulta a Internet; ocorre que muitas vezes um expectador de um programa de TV "surfa" entre os canais porque está ente-

[34] LÉVY, Pierre. *O que é o virtual?* São Paulo: Editora 34, 1996, p. 15.

[35] NEGROPONTE, Nicholas. *A vida digital.* São Paulo: Companhia das Letras, 2006, p. 10.

[36] JOHNSON, Steven. *Cultura da Interface: como o computador transforma nossa maneira de criar e comunicar* (op.cit.), p. 84.

diado, enquanto geralmente um usuário da *web* clica num "link" porque está interessado: quer procurar uma nova informação de que necessita. Isso por si só sugere um mundo de diferença entre os dois sentidos de "surfar"[37] e sinaliza a enorme relevância do uso dos meios eletrônicos no mundo contemporâneo, para o desenvolvimento das relações jurídicas em geral.

Um primeiro problema que ganha dimensão maior no mundo digital é o da preservação da privacidade dos cidadãos, o que se reflete nas relações de trabalho: afinal, o trabalhador não deixa a sua cidadania do lado de fora do estabelecimento da empresa em que trabalha. Há direitos de personalidade que precisam ser garantidos e preservados.

Embora na doutrina se encontre quem utilize as palavras "intimidade" e "privacidade" como sinônimas,[38] a análise do texto do artigo 5º, inciso X, da Constituição permite inferir a existência de uma separação, quando se refere à inviolabilidade da intimidade, da vida privada, da honra e da imagem das pessoas. Sustenta-se então que a intimidade é envolvida pela privacidade, que possui maior amplitude.[39]

Como aponta José Afonso da Silva, a intimidade integra a esfera íntima do indivíduo, os seus pensamentos, desejos e convicções, enquanto a vida privada compreende o direito da pessoa de ser e viver a vida própria, relacionando-se com quem bem entender.

Assim, a intimidade é um conceito mais restrito, que abrange a inviolabilidade do domicílio, o sigilo da correspondência e o segredo profissional, enquanto a privacidade é o conjunto do modo de ser e de viver, que visa proteger as pessoas de dois atentados particulares: ao segredo e à liberdade da vida privada.[40]

Para a preservação da privacidade, desse modo, surge a questão do direito do trabalhador se proteger contra a divulgação de fatos e eventos relativos à sua vida pessoal e familiar, em razão de dados a que o contra-

[37] *Id.*, p. 82.

[38] BARROS, Alice Monteiro de. *Proteção à intimidade do empregado*. São Paulo: LTr, 1997, p. 27-29

[39] SIMÓN, Sandra Lia. *A proteção constitucional à intimidade e à vida privada do empregado*. São Paulo: LTr, 2000, p. 53.

[40] SILVA, José Afonso da. *Curso de Direito Constitucional Positivo*. São Paulo: RT, 1991, p. 183-187.

tante dos seus serviços tem acesso (antes, durante ou depois da relação de trabalho).

José Afonso da Silva já alertava que o intenso desenvolvimento de complexa rede de fichários eletrônicos, com a utilização de dados pessoais, constituiria uma poderosa ameaça à privacidade das pessoas. O uso de sistema de informações eletrônicas permitiria um processo de esquadrinhamento das pessoas, com o devassamento de suas individualidades e "a possibilidade de formar grandes bancos de dados que desvendem a vida dos indivíduos, sem sua autorização e até sem seu conhecimento".[41]

Tercio Sampaio Ferraz Jr, em texto bastante conhecido e estudado, sustentou que o exclusivo passa pelas opções pessoais, afetadas pela subjetividade do indivíduo, não dominada por normas ou padrões objetivos, comportando três atributos principais: "a solidão (donde o desejo de estar só), o segredo (donde a exigência de sigilo) e a autonomia (donde a liberdade de decidir sobre si mesmo como centro emanador de informações)".[42] Nessa linha, inserida no âmbito da privacidade, a intimidade seria o mais exclusivo dos direitos.

O advento da Lei Geral de Proteção de Dados no Brasil (Lei 13.709/2018) representou o reconhecimento da necessidade de regular o tratamento de dados pessoais, inclusive nos meios digitais, por pessoa natural ou por pessoa jurídica de direito público ou privado, exatamente com o objetivo de proteger os direitos fundamentais de liberdade e de privacidade e o livre desenvolvimento da personalidade da pessoa natural.

Nessa direção, a lei veio disciplinar a proteção de dados pessoais tendo como fundamentos: I – o respeito à privacidade; II – a autodeterminação informativa; III – a liberdade de expressão, de informação, de comunicação e de opinião; IV – a inviolabilidade da intimidade, da honra e da imagem; V – o desenvolvimento econômico e tecnológico e a inovação; VI – a livre iniciativa, a livre concorrência e a defesa do consumidor; e VII – os direitos humanos, o livre desenvolvimento da personalidade, a dignidade e o exercício da cidadania pelas pessoas naturais.

[41] *Id.*, p. 186-187.

[42] FERRAZ JR, Tercio Sampaio. *Sigilo de dados: o direito à privacidade e os limites à função fiscalizadora do Estado.* São Paulo: Revista da Faculdade de Direito da USP, v. 88, 1993 Disponível em: https://www.revistas.usp.br/rfdusp/article/view/67231.

Relevante, para os fins trabalhistas, a referência à proteção aos chamados dados pessoais "sensíveis": origem racial ou étnica, convicção religiosa, opinião política, filiação a sindicato ou a organização de caráter religioso, filosófico ou político, dados referentes à saúde ou à vida sexual, dados genéticos ou biométricos, quando vinculados a uma pessoa natural.

Ora, ocorre que o uso da Internet dá margem ao conhecimento de uma série de dados pessoais dos trabalhadores, que podem ser coletados para decisões das empresas acerca da contratação da pessoa que lhe prestará serviços: como bem observa Eduardo Tomasevicius Filho, é uma "falácia" que a proteção dos dados pessoais se baseie no sistema de proteção legal no consentimento do interessado. Afinal, esse modelo de proteção da pessoa até pode funcionar de forma adequada quando se trata de uma única informação a seu respeito: porém, "é inviável exigir o consentimento da pessoa quando centenas de informações a seu respeito são coletadas somente pelo fato de estarem conectadas à Internet".[43]

Paulo Eduardo Vieira de Oliveira defende a tese de que deve receber o qualificativo de "pessoal" o dano que lesa a integridade física, psicológica, afetiva, intelectual, ética e social da pessoa humana[44]. E reconhece, ainda, que a pessoa jurídica possui qualidades "similares" às da pessoa natural, embora seja destituída da mesma "subjetividade": denominação, prestígio, reputação externa, direito ao segredo de seus negócios, direito à honra, reserva da prática de determinados atos e inviolabilidade de domicílio.[45]

Nas relações de trabalho, portanto, há a necessidade imperiosa de se assegurar a proteção dos contratantes, diante da ampla disseminação das informações acerca das condições pessoais dos sujeitos envolvidos.

Virgílio Afonso da Silva aponta a necessidade de se observar a "regra da proporcionalidade" quando estamos diante dos direitos fundamentais, ou seja: 1) deve-se indagar se a regra que restringe um direito fun-

[43] TOMASEVICIUS FILHO, Eduardo. Inteligência artificial e direitos da personalidade: uma contradição em termos? São Paulo: Revista da Faculdade de Direito da USP, v. 113, 2018. Disponível em: https://www.revistas.usp.br/rfdusp/article/view/156553

[44] OLIVEIRA, Paulo Eduardo Vieira de. *O dano pessoal no direito do trabalho*. São Paulo: LTr, 2010, p. 32.

[45] *Id.*, p. 30.

damental é adequada para atingir seus objetivos; 2) se não há medida tão eficiente quanto, mas menos restritiva; e 3) se há um equilíbrio entre a restrição de um direito e a realização do outro.[46]

Se não há regras que disciplinem a colisão entre dois princípios, pode-se então estar diante da necessidade do recurso ao sopesamento dos direitos envolvidos, com a função principal de evitar que medidas estatais, embora possam ser adequadas e necessárias, na prática "restrinjam direitos fundamentais além daquilo que a realização do objetivo perseguido seja capaz de justificar".[47]

Imprescindível, portanto, que se estabeleçam mecanismos de preservação da privacidade das pessoas envolvidas nas relações jurídicas de trabalho, justamente para evitar que características do mundo digital e da Internet, como a possibilidade de "memória eterna" e a sua estrutura descentralizada, possam potencializar a dimensão de punição, assédio e perseguição públicos aos cidadãos.[48]

Vejam-se, nesse sentido, os efeitos que podem causar na vida do trabalhador informações acerca dos motivos que levaram a rescisão de um contrato de trabalho: a proibição ao empregador de "efetuar anotações desabonadoras à conduta do empregado em sua Carteira de Trabalho e Previdência Social" (art. 29, § 4º, CLT) dá bem a dimensão da necessidade de preservação da privacidade, que ganha ainda mais relevância em razão da facilidade de disseminação das informações no mundo digital.

Sendo assim, parece assistir razão aos defensores do entendimento de que a proteção de dados pessoais se insere em uma "perspectiva relacional, em detrimento da natureza individualista associada à concepção tradicional de privacidade", de modo que na sociedade da informação "a atividade fiscalizadora do Estado não é mais a grande ameaça à privacidade – alinhando-se a agentes privados".[49]

46 SILVA, Virgílio Afonso da. *Direitos Fundamentais: Conteúdo essencial, restrições, eficácia.* São Paulo: Malheiros, 2009, p. 167-182.

47 *Id.*, p. 175.

48 SANDEN, Ana Francisca M. de Souza. *O que trouxe a Internet para o Direito do Trabalho? Anotações sobre novos problemas, com base em decisões judiciais.* Revista LTr, São Paulo: v..75, n. 4, abril de 2011, p. 453.

49 QUEIROZ, Rafael Mafei Rabelo; PONCE, Paula Pedigoni. *Tércio Sampaio Ferraz Júnior e Sigilo de dados: o direito à privacidade e os limites à função fiscalizadora do Estado: o que permanece e o que deve ser reconsiderado.* São Paulo: Internet & Sociedade, n. 1, v.1, fevereiro de 2020,

Mas afora essa questão da privacidade, outro tema que ganhou grande projeção com o desenvolvimento da inteligência artificial e sua aplicação ao mundo do trabalho foi o da natureza da relação jurídica mantida entre o trabalhador e o tomador dos seus serviços: estaríamos diante da tradicional relação de emprego, mas apenas com novas características, decorrentes do desenvolvimento da tecnologia? Ou seria necessária uma atualização da legislação trabalhista, para regular novas formas jurídicas de prestação de serviços?

Cogita-se que o tradicional conceito de subordinação jurídica precise agora ser repaginado, a fim de se admitir que a sujeição da atividade do trabalhador ao poder de comando do empregador possa se caracterizar pela via dos algoritmos, o que permitiria aplicar a legislação trabalhista já existente à relação jurídica regida pela inteligência artificial.

Assim, os defensores da tese da chamada "subordinação algorítmica" lembram a norma do artigo 6º da CLT para sustentar que não se pode fazer distinção entre o trabalho realizado no estabelecimento do empregador, o executado no domicílio do empregado e o realizado a distância, desde que estejam caracterizados os pressupostos da relação de emprego. E invocam a previsão do parágrafo único do mesmo dispositivo consolidado, no sentido de que os meios telemáticos e informatizados de comando, controle e supervisão se equiparam, para fins de subordinação jurídica, aos meios pessoais e diretos de comando, controle e supervisão do trabalho alheio.

Trata-se, portanto, de um estimulante desafio que atualmente se apresenta para os estudiosos do Direito do Trabalho: a busca do papel que esse ramo do direito pode assumir no Século XXI, diante das novas dinâmicas de trabalho que atingiram toda a sociedade.

Pesquisa desenvolvida por Renan Bernardi Kalil, no programa de pós-graduação da Faculdade de Direito da Universidade de São Paulo, identificou duas formas de trabalho por ele classificadas como próprias do "capitalismo de plataforma": o *crowdwork* e o trabalho sob demanda por meio de aplicativos.

O trabalho de pesquisa buscou averiguar se o Direito do Trabalho tradicional protege de forma adequada os trabalhadores que desempe-

p. 64-90. Disponível em: https://revista.internetlab.org.br/wp-content/uploads/2020/02/Sigilo-de-dados.pdf

nham atividades nas plataformas digitais, tendo se valido de dois estudos de caso: um de *crowdwork* (com a plataforma *Amazon Mechanical Turk*) e o outro de trabalho sob demanda por meio de aplicativos (com a plataforma *Uber*).

Renan Bernardi Kalil identificou quatro características principais da atividade dos trabalhadores que usam essas tecnologias das plataformas digitais: (i) a existência de uma certa autonomia para determinação da carga horária e da jornada de trabalho; (ii) uma relação direta entre dependência econômica e precariedade jurídica; (iii) o gerenciamento da força de trabalho pelo algoritmo, mas com intensidades variáveis de coordenação e controle em cada plataforma; e (iv) uma acentuada desigualdade econômica entre trabalhadores, plataformas e tomadores de serviços.[50]

Essa análise teórica é de fundamental importância no mundo digital e em especial para a definição de quais serão os rumos do mercado de trabalho brasileiro após a experiência da Reforma Trabalhista de 2017 que, infelizmente, não trouxe a prometida melhoria das condições de acesso aos postos de trabalho, não conseguindo colaborar na redução da desigualdade social e do desemprego, ao contrário do que se apregoou à época.

A avaliação do modo de execução das atividades laborais sujeitas à uma organização por meio da inteligência artificial passa hoje por valoração jurisprudencial: diante do conceito de relação de emprego previsto na legislação brasileira, casos de prestação de serviços passaram a ser frequentemente debatidos em ações judiciais na Justiça do Trabalho do Brasil, trazendo insegurança jurídica, o que demonstra a necessidade de o direito oferecer respostas adequadas às desafiadoras demandas trazidas pelas inovadoras formas de trabalho.

Um caminho possível é o de reconhecer que o trabalho sob demanda por meio de aplicativos permite classificar os trabalhadores em três cate-

50 KALIL, Renan Bernardi. *A Regulação do Trabalho via Plataformas Digitais*. São Paulo: Blucher, 2020. Disponível em: https://openaccess.blucher.com.br/article-list/9786555500295-476/list#undefined

gorias diferentes: (i) autônomos; (ii) subordinados; (iii) parassubordinados. Para cada grupo, um conjunto distinto de direitos.[51]

É indispensável a reflexão acerca do aumento do rol de sujeitos protegidos pelo Direito do Trabalho, partindo da constatação de que a classificação tradicional (empregados e autônomos) é insuficiente: essa distinção acaba por não tutelar adequadamente uma série de trabalhadores que estão em situação de vulnerabilidade socioeconômica e dependem do trabalho prestado para a garantia de sua sobrevivência.

Valerio De Stefano anota que a inteligência artificial trouxe novos mecanismos ao empregador para exercer sua autoridade e desenvolver a gestão das atividades dos trabalhadores. Ele aponta que é função do Direito do Trabalho limitar essa autoridade e estabelecer os contornos fáticos das prerrogativas do empregador, para proteger o ser humano e a dignidade dos trabalhadores: abordagens baseadas nos direitos humanos para a regulamentação do trabalho vão além da questão do rendimento do trabalho, a fim de tutelar a privacidade dos trabalhadores contra monitoramento eletrônico invasivo.

Conclui destacando o papel crucial da regulação coletiva e dos parceiros sociais na governança da automação e do impacto da tecnologia no local de trabalho. Sublinha que o regulamento de despedimento coletivo e o envolvimento dos representantes dos trabalhadores na gestão e prevenção de perdas de empregos é crucial, de modo que os atores coletivos devem participar ativamente na governança dos sistemas de gestão com aprimoramento tecnológico, para garantir uma abordagem vital do "ser humano no comando".[52]

## Conclusões

O uso da inteligência artificial nas relações de trabalho trouxe novos e desafiadores problemas jurídicos, que envolvem a proteção da privacidade dos trabalhadores e a regulamentação do modelo de prestação dos serviços.

[51] SILVA, Otavio Pinto e. *Subordinação, autonomia e parassubordinação nas relações de trabalho.* São Paulo: LTr, 2004.

[52] STEFANO, Valerio De. *"Negotiating the algorithm": Automation, artificial intelligence and labour protection.* Genebra: International Labour Office, 2018. Disponível em: https://www.ilo.org/wcmsp5/groups/public/---ed_emp/---emp_policy/documents/publication/wcms_634157.pdf

O enquadramento jurídico dos trabalhadores que prestam serviços sob demanda de aplicativos não pode deixar de levar em conta a necessidade de regulação das condições de trabalho em empresas proprietárias de plataformas digitais, a partir da complexidade que as inovações tecnológicas imprimem às relações de trabalho, aliada à necessidade de o Estado garantir algum tipo de proteção social aos trabalhadores.

A sociedade da informação e o mundo digital trouxeram essas modernas e inovadoras formas de trabalho, o que exige uma reconstrução das premissas teóricas do Direito do Trabalho, para que siga a cumprir sua tradicional missão de proteção dos trabalhadores, mas para que também possa promover as relações de trabalho.

## Referências

ARENDT, Hannah. *Entre o passado e o futuro*, São Paulo: Perspectiva, 1979.

BARROS, Alice Monteiro de. *Proteção à intimidade do empregado*. São Paulo: LTr, 1997.

BRASIL. Instituto Brasileiro de Geografia e Estatística. PNAD Contínua – Pesquisa Nacional por Amostra de Domicílios Contínua. Tabelas 2019. Disponível em https://www.ibge.gov.br/estatisticas/sociais/populacao/17270-pnad-continua.html?edicao=30362&t=resultados. Acesso em: 30 jun. 2021.

BURNS, Edward McNall. *História da Civilização Ocidental*. Porto Alegre: Globo, 1973.

CASTRO, Carlos Roberto Siqueira. *A constituição aberta e os direitos fundamentais*. Rio de Janeiro: Forense, 2005.

COMPARATO, Fabio Konder. *A afirmação histórica dos direitos humanos*. São Paulo: Saraiva, 2001.

FERRAZ JR, Tercio Sampaio. *Sigilo de dados: o direito à privacidade e os limites à função fiscalizadora do Estado*. São Paulo: Revista da Faculdade de Direito da USP, v. 88, 1993 Disponível em: https://www.revistas.usp.br/rfdusp/article/view/67231,

GALBRAITH, John Kenneth. *O Novo Estado Industrial*. São Paulo: Livraria Pioneira Editora, 1983.

GARCIA, Dinio de Santis. *Introdução à Informática Jurídica*. São Paulo: Bushatsky: Edusp, 1976.

HEILBRONER, Robert L. *A formação da sociedade econômica*. Rio de Janeiro: Zahar Editores, 1979.

HOBSBAWM, Eric. *Era dos Extremos: o breve Século XX*. São Paulo: Companhia das Letras, 2003.

JOHNSON, Steven. *Cultura da Interface: como o computador transforma nossa maneira de criar e comunicar*, Rio de Janeiro: Jorge Zahar Editor, 2001.

KALIL, Renan Bernardi. *A Regulação do Trabalho via Plataformas Digitais*. São Paulo: Blucher, 2020. Disponível em: https://openaccess.blucher.com.br/article-list/9786555500295-476/list#undefined

KAY, Alan. *User interface: a personal view*. *In*: LAUREL, Brenda (Org.), The art of Human-Computer Interface Design. Nova York: Addison-Wesley, 1990.

LÉVY, Pierre. *As tecnologias da inteligência: o futuro do pensamento na era da informática*. Rio de Janeiro: Editora 34, 1993.

–. *O que é o virtual?* São Paulo: Editora 34, 1996.

LOSANO, Mario G. *A informática jurídica vinte anos depois*. Revista dos Tribunais, São Paulo, v. 715, maio de 1995, p. 352.

LOSANO, Mario G. *Lições de Informática Jurídica*. São Paulo: Editora Resenha Tributária, 1974.

MARCACINI, Augusto Tavares Rosa. *Processo e Tecnologia*, São Paulo, Tese (Livre-docência). Universidade de São Paulo, Faculdade de Direito, São Paulo, 2010.

MARIA, Ercilia. *O que é a Internet*. São Paulo: Publifolha, 2000.

NEGROPONTE, Nicholas. *A vida digital*. São Paulo: Companhia das Letras, 2006.

OLIVEIRA, Paulo Eduardo Vieira de. *O dano pessoal no direito do trabalho*. São Paulo: LTr, 2010.

PEIXOTO, Enio Sandoval. *Direito do Trabalho e Informática Jurídica*, Tese (Doutorado). Universidade de São Paulo, Faculdade de Direito. São Paulo, 1983.

PÉREZ LUÑO, Antonio-Enrique. *Las libertades en la era de Internet*, *In:* El derecho em red – Estudios en homenaje al profesor Mario G. Losano. Madrid, Dykinson, 2006.

QUEIROZ, Rafael Mafei Rabelo; PONCE, Paula Pedigoni. *Tércio Sampaio Ferraz Júnior e Sigilo de dados: o direito à privacidade e os limites à função fiscalizadora do Estado: o que permanece e o que deve ser reconsiderado*. São Paulo: Internet & Sociedade, n. 1, v.1, fevereiro de 2020, p. 64-90. Disponível em: https://revista.internetlab.org.br/wp-content/uploads/2020/02/Sigilo-de-dados.pdf

SANDEN, Ana Francisca M. de Souza. *O que trouxe a Internet para o Direito do Trabalho? Anotações sobre novos problemas, com base em decisões judiciais*. Revista LTr, São Paulo: v..75, n. 4, abril de 2011.

SILVA, José Afonso da. *Curso de Direito Constitucional Positivo*. São Paulo: RT, 1991.

SILVA, Otavio Pinto e. *Subordinação, autonomia e parassubordinação nas relações de trabalho*. São Paulo: LTr, 2004.

SILVA, Virgílio Afonso da. *Direitos Fundamentais: Conteúdo essencial, restrições, eficácia*. São Paulo: Malheiros, 2009.

SIMÓN, Sandra Lia. *A proteção constitucional à intimidade e à vida privada do empregado*. São Paulo: LTr, 2000.

STEFANO, Valerio De. *"Negotiating the algorithm": Automation, artificial intelligence and labour protection.* Genebra: International Labour Office, 2018. Disponível em: https://www.ilo.org/wcmsp5/groups/public/---ed_emp/---emp_policy/documents/publication/wcms_634157.pdf

TELLES JUNIOR, Goffredo. *Iniciação na ciência do direito,* São Paulo: Saraiva, 2001.

TOMASEVICIUS FILHO, Eduardo. Inteligência artificial e direitos da personalidade: uma contradição em termos? São Paulo: Revista da Faculdade de Direito da USP, v. 113, 2018. Disponóvel em: https://www.revistas.usp.br/rfdusp/article/view/156553

WILLIAMS, Trevor I. *História das Invenções.* Belo Horizonte: Gutemberg, 2009.

# 5. A NECESSIDADE DE MAIOR TRANSPARÊNCIA NO USO DE INTELIGÊNCIA ARTIFICIAL EM SAÚDE: CONSIDERAÇÕES ÉTICO-JURÍDICAS

*Henrique Moraes Prata*

> "Os pontos cegos de um modelo refletem o julgamento e prioridades de seus criadores. Ainda que as escolhas no Google Maps e nos softwares de aviônica pareçam claras e inequívocas, outras são mais problemáticas."[1]

**Introdução**

*Data is destiny* é uma das frases mais repetidas por cientistas que trabalham com inteligência artificial (IA), sobretudo quando aplicada à saúde. O tema ganha relevância e complexidade não apenas em razão de promessas futuras de usos de algoritmos com grande capacidade de aprendizado em atividades que se relacionam com saúde, doença, vida e morte de seres humanos, mas pela capacidade já instalada de IA em softwares que compõem o dia a dia de profissionais, equipes e gestores de saúde em todo o mundo, em serviços públicos e privados.

É possível uma analogia entre a presença silente ou escondida de IA em saúde com as revelações trazidas pelos acidentes fatais das aeronaves 737 Max da Boeing e seu sistema *Maneuvering Characteristics Augmentation System – MCAS*,[2] que pode ser traduzido como Sistema de Aumento

[1] O'NEIL, Cathy. Algoritmos de destruição em massa: como o big data aumenta a desigualdade e ameaça a democracia. Santo André: Editora Rua do Sabão, 2020, p. 34.

[2] QUEDA Livre: a tragédia do caso Boeing. Direção de Rory Kennedy. Produção de Brian Grazer. Realização de Ron Howard. [S.I.]: Netflix, 2022. (89 min.), Streaming, color. Legen-

de Características de Manobra.[3] Assim como os pilotos da Lion Air não sabiam da presença do software MCAS, nem sobre sua programação, ação e inativação, também na saúde são desconhecidos os mecanismos atualmente presentes numa infinidade de softwares. De fato, há inúmeros algoritmos de IA que visam auxiliar a navegação e pilotagem na aviação moderna, em sua maioria desconhecidos dos pilotos, mas, em alguns casos, como ocorreu com o MCAS, a falta de aviso aos operadores teve consequências mortais. O mesmo pode acontecer com algoritmos da área dos cuidados em saúde.

Assim sendo, em boa hora, a Organização Mundial da Saúde (OMS) publicou em 28 de junho de 2021, após mais de dois anos de trabalho, o primeiro guia aos seus 194 Estados-membros sobre IA aplicada à saúde que traz seis princípios norteadores para seu design e uso, a fim de limitar riscos e maximizar oportunidades, como bases para sua regulação e governança, a saber: a preservação da autonomia humana, a promoção do bem-estar e segurança humanos e o interesse público, a garantia da transparência, clareza e inteligibilidade, a promoção da responsabilidade e de *accountability*[4]

dado. Disponível em: https://www.netflix.com/br/title/81272421. Acesso em: 26 fev. 2022.

[3] WIKIPEDIA. Boeing 737 Max. Disponível em: https://pt.wikipedia.org/wiki/Boeing_737_MAX. Acesso em: 28 fev. 2022.

[4] Este último princípio, o da *accountability*, talvez seja um dos mais importantes e que merecem uma atenção especial. Sem tradução exata para a língua portuguesa, trata-se de um conceito do idioma inglês que abarca práticas que remetem à responsabilidade com ética, à obrigação, à busca por transparência, à prestação de contas. De maneira simplificada, significa que aqueles que desempenham funções relevantes na sociedade deveriam dar transparência ao que estão fazendo, por quais motivos, e como estão fazendo. Remete à necessidade de governança e, em alguns casos, até de responsabilidade civil. Não é à toa que o tema de IA tem chamado a atenção de empresas, governos e organizações nacionais e internacionais. (GUTIERREZ, Andriei. É possível confiar em um sistema de inteligência artificial? Práticas em torno da melhoria da sua confiança, segurança e evidências de *accountability. In:* FRAZÃO, Ana; MULHOLLAND, Caitlin (Coords.). Inteligência artificial e direito: ética, regulação e responsabilidade. 2. ed. rev., atual. e ampl. São Paulo: Thomson Reuters Brasil, 2020, p. 86). Veja-se também: BRAUN, Matthias; BLEHER, Hannah; HUMMEL, Patrik. A Leap of Faith: Is There a Formula for 'Trustowrthy IA?'. The Hastings Center Report v. 51, n. 3, p. 17-22, 2021; E KUDINA, Olya. Regulating AI in Health Care: The Challenges of Informed User Engagement. The Hastings Center Report v. 51, n. 5, 2021.

(prestação de contas), a garantia de inclusão e equidade e a promoção de IA que seja responsiva e sustentável.[5]

Desde já, cumpre apresentar uma ressalva nesta introdução. Minha experiência de quase nove anos de trabalho na maior instituição filantrópica de saúde no Brasil permeia o presente texto mesmo em pontos exclusivamente técnico-jurídicos. Isso porque, quando se pensa em Acesso a Tecnologias de Saúde (ATS) em sistemas públicos, 100% gratuitos e universais, como é o Sistema Único de Saúde (SUS), as inovações, possibilidades e ganhos de escala trazidas pela IA na área de assistência à saúde representam verdadeira mudança de paradigma em saúde pública e democracia sanitária[6] e nos obriga a pensar no compartilhamento de seus benefícios e nos seus riscos associados.[7-8-9]

[5] WORLD HEALTH ORGANIZATION. Ethics and Governance of Artificial Intelligence for Health – WHO Guidance. Disponível em: https://www.who.int/publications/i/item/9789240029200. Acesso em: 27 fev. 2022. Juntamente com esta publicação foi postado um vídeo do Dr. Tedros Adhanom Ghebreyesus, Diretor-Geral da OMS, bem como outras referências sobre Big Data e IA em hotpage dedicada ao tema no sítio de internet da OMS (GHEBREYESUS, Tedros Adhanom. Dr Tedros' vídeo message on Ethics and governance of AI for health. Youtube. Disponível em: https://www.who.int/teams/health-ethics-governance/emerging-technologies/big-data-and-artificial-intelligence. Acesso em: 27 fev. 2022).

[6] "A democracia sanitária nasce e consolida-se como um fenômeno interno das nações e também internacional – digno de estudo, compreensão e detalhamento –, a partir da conjunção de diversos fatores tais como: (i) reconhecimento da saúde como um direito; (ii) a consolidação dos Estados de Direito e a percepção de que o Direito positivo destes Estados está permeado de valores políticos, morais, econômicos e culturais; (iii) o consenso de que a democracia é o regime de governo desejável para as sociedades modernas; (iv) a existência de múltiplas concepções teóricas de democracia; (v) a existência de diferentes democracias reais, organizadas em cada Estado de acordo com os respectivos contextos; (vi) a coexistência e complementaridade de instituições e processos democráticos representativos e participativos; (vii) o desenvolvimento de arranjos democráticos específicos para lidar com os temas associados à saúde; (viii) a globalização econômica acentuada das tecnologias aplicadas à saúde; e (ix) outros fatores que contribuem para a eclosão de uma categoria específica de democracia, voltada à proteção da saúde como um direito e aqui denominada democracia sanitária, que constitui uma importante categoria analítica para a compreensão da democracia vigente nas sociedades modernas." AITH, Fernando Mussa Abujamra. Direito à saúde e democracia sanitária. São Paulo: Quartier Latin, 2017, p. 81-82.

[7] Schulman e Pereira apresentam elenco extensivo de benefícios e riscos potenciais do uso de IA na saúde, a seguir resumidos, e ressaltam o quanto o balanceamento dessas variáveis é complexo. Citam como benefícios: "i) a possibilidade de prever e fazer o controle da doença, predeterminar o seu tratamento; ii) a obtenção de melhores respostas dos trata-

mentos médicos adotados; iii) a redução de erros de diagnósticos e terapias; iv) a otimização, economia de custos, além de evitar desperdícios; v) o auxílio na realização de inferências em tempo real para alerta de risco à saúde e para a previsão de resultados de saúde; vii) as maiores habilidades de aprendizado e autocorreção para melhorar a precisão dos diagnósticos com base nos resultados; viii) a minimização de falhas na prestação de serviços, tratamentos excessivos, desnecessários; ix) a facilitação da coordenação de dados; x) maior capacidade de atualização e conectividade dos médicos; xi) a possibilidade de intervenções adaptativas personalizadas com tecnologias para atender às necessidades das pessoas com doenças crônicas, com deficiências, e outros grupos etc." Como aspectos negativos e riscos potenciais elencam: "i) a utilização de dados de forma enviesada, acarretando discriminação, exclusão etc.; ii) a impossibilidade de acesso por determinadas pessoas de menor poder aquisitivo em razão dos custos elevados, fomentando a desigualdade social e a iniquidade na saúde (ou, eventualmente, pode até combater essa desigualdade); iii) a redução do papel do médico, que acaba por se converter em funcionário de entrada de dados, piorando a exaustão dos profissionais e reduzindo a satisfação do paciente e o desconhecimento do destino que lhes é dado; v) a inexistência de regulação própria para estabelecer a forma e limites ao uso da inteligência artificial; vi) o surgimento de novos danos e novas responsabilidades; vii) a pouca transparência e a falta de obtenção do consentimento dos pacientes quanto ao uso da inteligência artificial na condução do seu tratamento médico; viii) a quebra da privacidade dos pacientes; ix) a limitação da autonomia dos médicos no processo decisório acerca do tratamento médico empregado; x) os erros dos sistemas que utilizam inteligência artificial podem atingir um número ilimitado de pessoas, acarretar a replicação do erro, com resultados catastróficos, enquanto que o erro de um médico atinge o paciente individualizado; xi) a recusa de tratamentos indicados precocemente em razão de diagnostico realizado previamente com o uso da inteligência artificial pode gerar a recusa, o cancelamento do plano de saúde, a demissão. Cf. SCHULMAN, Gabriel; PEREIRA, Paula Moura Francesconi de Lemos. Futuro da saúde do futuro: impactos e limites reais da inteligência artificial. *In:* TEPEDINO, Gustavo; SILVA, Rodrigo da Guia (Coords.). O Direito Civil na era da inteligência artificial. São Paulo: Thomson Reuters Brasil, 2020, p. 172-173.

[8] Segunda conferência internacional da Organização para a Cooperação e Desenvolvimento Econômico – OCDE de IA no trabalho, inovação, produtividade e ferramentas em fevereiro de 2022 (OECD. International Conference on AI in Work, Innovation, Productivity and Skills. 21-25 February 2022. Disponível em: https://oecd-events.org/2022-ai-wips/sessions. Acesso em 26 fev. 2022) e também fazemos referência ao excelente podcast lançado no âmbito desta conferência acerca dos riscos da IA (OECD. Know the AI: assessing the risks of artificial intelligence. Disponível em: https://soundcloud.com/oecd/ai_wips. Acesso em 26 fev. 2022).

[9] Sobre a importância de se responsabilizarem os agentes capazes de prevenir danos futuros na atual sociedade de risco, citamos: "No caso de agentes artificiais inteligentes, com altíssimo grau de autonomia, ou seja, aqueles com capacidade de realizar suas tarefas sem qualquer intervenção externa; atribuir a responsabilidade civil ao seu dono ou ao usuá-

Se pensarmos na infância,[10] que é a etapa mais vulnerável e determinante para o futuro da pessoa, some-se à questão complexa do uso em saúde pública o fato de que softwares de *Machine Learning* (ML) para análises de saúde em embriologia, vida intrauterina, neonatologia ou em qualquer fase do desenvolvimento da criança podem levar a decisões clínicas que não são no melhor interesse da criança e trazer consequências para toda a vida da pessoa. Por este motivo, em vários trechos, optamos por salientar aspectos relacionados à pediatria ao exemplificarmos situações de risco, assim como fez a UNICEF.[11]

O ATS –, sejam equipamentos, medicamentos ou terapêuticas, é tema diretamente relacionado à Justiça Global e pode ser analisado tanto sob uma perspectiva internacional, como no âmbito de sistemas jurídicos locais. Especificamente, no presente artigo, optamos por um recorte em Direito Sanitário e nas implicações sociais que emergem nesta seara do Direito,[12] como apresentado por Sueli Dallari: "O Direito

rio, por exemplo, pode não atingir o seu objetivo preventivo, uma vez que estes podem ser meros expectadores das ações do robô, sem qualquer possibilidade de intervenção nelas, não tendo, portanto, a capacidade de prevenir danos futuros." (CABRAL, Guilherme Sorg. A responsabilidade civil da inteligência artificial: veículos autônomos. Rio de Janeiro: Lumen Juris, 2020, p. 64). Veja-se também HERINGTON, Jonathan; TANONA, Scott. The Social Risks of Science. The Hastings Center Report, v. 50, n. 6, p. 27-38, 2020.

10 Destacamos como obra de referência o "conjunto de ferramentas" lançado em março de 2022 pelo Fórum Econômico Mundial: WORLD ECONOMIC FORUM (Suiça). World Economic Forum. Artificial Intelligence for Children: toolkit. Toolkit. 2022. This toolkit is designed to help companies develop trustworthy artificial intelligence for children and youth. Disponível em: https://www.weforum.org/reports/artificial-intelligence-for-children. Acesso em: 17 abr. 2022.

11 UNICEF; WORLD ECONOMIC FORUM. Children and AI. Where are the opportunities and risks? Disponível em: https://www.unicef.org/innovation/sites/unicef.org.innovation/files/2018-11/Children%20and%20AI_Short%20Verson%20%283%29.pdf. Acesso em: 20 fev. 2022.

12 Sobre a completude do sistema jurídico, apontam Gustavo Tepedino e Rodrigo da Guia Silva na apresentação de sua obra intitulada O Direito Civil na era da inteligência artificial: "o panorama de inovação tecnológica é usualmente associado à enunciação de lacunas na ordem jurídica, como se o sistema jurídico, tal como posto, não tivesse aptidão a fornecer respostas satisfatórias para os novos desafios suscitados pela inteligência artificial." E complementam: "A adequação do processo de interpretação do direito à tábua axiológica constitucional pressupõe, em última análise, que o intérprete, consciente da liberdade e da responsabilidade que lhe incumbem, elabore ponderadamente toda e qualquer solução à luz

Sanitário, observado a partir da sua inserção no sistema, constitui, por assim dizer, uma disciplina autônoma, já que alicerçado em princípios e parâmetros próprios, forjados à luz de seu objetivo maior, qual seja, o regramento de atividades públicas e privadas relacionadas à saúde."[13]

Nesta mesma perspectiva de Direito Sanitário, ressaltando o papel do Direito para a garantia da saúde, sintetiza Aith os liames existentes entre os diferentes sistemas sociais e sua interligação:

> Dentre os diversos temas sociais tratados pelo Direito, a saúde destaca-se, desde os antigos, em todas as sociedades, como um tema permanente nos campos da moral, da política e do próprio Direito. Noções de saúde e de doença sempre foram objetos de reflexão nas sociedades. A doença, como todo evento relevante relacionado com a existência humana, exige uma explicação. A saúde, por seu lado, dá lugar à formulação de várias regras sociais – jurídicas, práticas e/ou morais – destinadas a sua conservação: deve-se "evitar" a doença. Essa elaboração discursiva para a proteção da saúde atinge não só a saúde individual como também a saúde pública, desenvolvendo-se, assim, todos os liames possíveis existentes entre a saúde e os diferentes sistemas sociais, inclusive o sistema jurídico.[14]

Juridicamente, o desafio de um uso cada vez mais amplo de IA[15] se torna ainda maior quando nos deparamos com o consenso de que há erros nos algoritmos que não são compreendidos nem pelos próprios

do ordenamento jurídico em sua unidade e complexidade." TEPEDINO, Gustavo; SILVA, Rodrigo da Guia (Coords.). *Id.*, p. 7.

[13] DALLARI, Sueli Gandolfi; NUNES JÚNIOR, Vidal Serrano. Direito Sanitário. São Paulo: Editora Verbatim, 2010, p. 30. E DALLARI, Sueli Gandolfi; AITH, Fernando; MAGGIO, Marcelo P (Coords.). Direito Sanitário: aspectos contemporâneos da tutela do direito à saúde. Curitiba: Juruá, 2019, p. 8.

[14] AITH, Fernando Mussa Abujamra. Direito à saúde e democracia sanitária. *Id.*, p. 43.

[15] Sobre esta constatação, reflete Lee: "A realidade é que não demorará muito até que os algoritmos de IA possam realizar muitas das funções de diagnóstico dos profissionais da área médica. Esses algoritmos identificarão doenças e prescreverão tratamentos com mais eficácia do que qualquer ser humano. Em alguns casos, os médicos usarão essas equações como uma ferramenta. Em outros, os algoritmos poderão substituir totalmente o médico." (LEE, Kai-Fu. Inteligência artificial: como os robôs estão mudando o mundo, a forma como amamos, nos comunicamos e vivemos. Rio de Janeiro: Globo Livros, 2019, p.231)

programadores, as chamadas caixas-pretas, em inglês *blackboxes*.[16] As caixas-pretas dos algoritmos representam, na prática, um risco enorme de decisões médicas sem anamnese, raciocínio clínico ou cientificidade, no paradigma atual da Medicina Baseada em Evidências, riscos que vão muito além dos famosos vieses em IA.[17] Para o Direito, a opacidade[18] dos algoritmos traz uma insegurança incompatível com o sistema jurídico e precisa ser regulada.

Na prática, o que se tem é um uso incorporado de softwares com mecanismos de ML cada vez maior em saúde de maneira geral e em pediatria[19] sem que isto esteja claro para os pacientes ou mesmo profissionais, cuidadores e operadores de equipamentos de saúde. O presente texto analisará os usos atuais mais frequentes de IA, as justificativas para a incorporação dessas tecnologias e sua conformidade com princípios éticos e a legislação brasileira.

## 1. A Quarta Revolução Industrial e o tempo presente

Nas palavras de Schwab, estamos vivendo uma era na história do mundo na qual, pela primeira vez, "as atividades humanas são a principal

[16] Como referência para questão, gostaríamos de destacar o seguinte artigo: FELDER, Ryan Marshall. Coming to Terms with the Black Box Problem: How to Justify AI Systems in Health Care. The Hastings Center Report v. 51, n. 4, p. 38-45, 2021.

[17] "Um mundo regido por *Big Data* corre o risco de tornar-se um mundo sem explicações. Conforme vimos, essa tecnologia utiliza a correlação entre os dados – por menos intuitivos que esses vínculos possam parecer – para gerar respostas, sem necessariamente compreender o motivo por trás da solução encontrada." PERELMUTER, Guy. Futuro Presente: o mundo movido a tecnologia. Jaguaré: Companhia Editora Nacional, 2019, p. 289.

[18] "(...) no que se refere à responsabilidade jurídica, o aspecto central a ser problematizado no contexto das decisões tomadas por sistemas de IA diz respeito à *opacidade* dos processos decisórios, que coloca em xeque concepções tradicionais associadas à responsabilidade subjetiva, como a existência de voluntariedade ou culpabilidade." WIMMER, Miriam. Responsabilidade de agentes empresariais por ilícitos administrativos praticados por sistemas de inteligência artificial. *In:* FRAZÃO, Ana; MULHOLLAND, Caitlin (Coords.). *Id.*, p. 385.

[19] Como tudo que envolve pediatria, há ampla literatura sobre as especificidades e tutela do melhor interesse da criança. Neste sentido, destacamos recente publicação: NELSON, Ryan H.; MOORE, Bryanna; BLUMENTHAL-BARBY, Jennifer. Pediatric Authenticit: Hiding in Plain Site. The Hastings Center Report v. 52, n. 1, p. 42-50, 2022.

força de transformação de todos os sistemas de manutenção de vida na Terra.":[20]

> Atualmente, enfrentamos uma grande diversidade de desafios fascinantes; entre eles, o mais intenso e importante é o entendimento e a modelagem da nova revolução tecnológica, a qual implica nada menos que a transformação de toda a humanidade. Estamos no início de uma revolução que alterará profundamente a maneira como vivemos, trabalhamos e nos relacionamos. Em sua escala, escopo e complexidade, a quarta revolução industrial é algo que considero diferente de tudo aquilo que já foi experimentado pela humanidade.[21]

De acordo com Schwab,[22] estaríamos diante de uma nova e quarta revolução industrial em razão de três pressupostos. O primeiro seria a velocidade em ritmo exponencial de evolução da atual revolução, quando comparada à forma linear das anteriores, em segundo, a amplitude e a profundidade, que parte da revolução digital combinando várias tecnologias para mudar quase todos os paradigmas que conhecemos, mudando não apenas "o que" e "como" as coisas são feitas, mas também "quem" nós somos. Em terceiro lugar estaria o impacto sistêmico, que engloba toda a sociedade, países, empresas e indústrias.

O reconhecimento de que todas as transformações do tempo presente compõem uma revolução em maneira nunca antes vivenciada pela humanidade e sobre a qual é preciso se refletir para guiar as ações e, por conseguinte, as ações normativas em âmbito internacional e interno dos países, levou à criação do Fórum Econômico Mundial e diversos outros fóruns em organismos internacionais que de forma aprofundada buscam novas bases para o futuro, com maior equidade entre as nações.

## 2. Da necessária distinção entre "telemedicina" e IA

Num texto no qual se discutem questões de IA relacionadas à assistência à saúde, não podemos deixar de contextualizar o quanto a falta de normatividade no Brasil pode levar a atrasos na oferta de melhores serviços

[20] SCHWAB, Klaus. A quarta revolução industrial. São Paulo: Edipro, 2016, p. 111.

[21] SCHWAB, Klaus. *Id.*, p. 11.

[22] SCHWAB, Klaus. *Id.*, p. 13.

à população em geral, mas, sobretudo, a pacientes. Exemplo disso é a celeuma envolvida nos atendimentos médicos online, por meio de dispositivos eletrônicos. Mesmo no auge da maior epidemia da história do país, com a maioria da população trancada em casa, a aprovação deste tipo de atendimento deu-se em caráter provisório e precário.

Em 20 de março de 2020, por meio da Portaria 467 do Ministério da Saúde, ações de "telemedicina" foram regulamentadas a fim de se operacionalizar as medidas de enfrentamento da emergência de saúde pública de importância internacional previstas na Lei nº 13.979/2020. Menos de um mês depois, no dia 15 de abril de 2020, foi sancionada a Lei nº 13.989 que autorizou, em caráter emergencial no seu artigo 1º, "o uso da telemedicina enquanto durar a crise ocasionada pelo coronavírus (SARS-CoV-2)". A lei não foi longe em suas disposições e limitou-se a poucos artigos e à regulação de receitas médicas apresentadas em suporte digital:

> Art. 3º Entende-se por telemedicina, entre outros, o exercício da medicina mediado por tecnologias para fins de assistência, pesquisa, prevenção de doenças e lesões e promoção de saúde.
>
> Art. 4º O médico deverá informar ao paciente todas as limitações inerentes ao uso da telemedicina, tendo em vista a impossibilidade de realização do exame físico durante a consulta.
>
> Art. 5º A prestação de serviço de telemedicina seguirá os padrões normativos e éticos usuais do atendimento presencial, inclusive em relação à contraprestação financeira pelo serviço prestado, não cabendo ao poder público custear ou pagar por tais atividades quando não for exclusivamente serviço prestado ao Sistema Único de Saúde (SUS).

Em 26 de outubro de 2021, mais de 20 meses depois do início da crise do Covid-19, o Conselho Federal de Medicina (CFM), autorizou o uso de tecnologias digitais da informação e comunicação para a emissão de documentos médicos, por meio da Resolução nº 2.299/2021. E, para que não houvesse mais dúvidas sobre a legalidade dessa prática, a Lei nº 14.510, de 27 de dezembro de 2022, alterou a Lei nº 8.080, de 19 de setembro de 1990 para incluir capítulo sobre telessaúde.

É interessante notar que 20 anos antes, em 2002, na esteira da Declaração de Tel Aviv sobre responsabilidades e normas éticas na utilização da telemedicina, adotada pela 51ª Assembleia Geral da Associação Médica Mundial,[23] em 1999, o CFM já havia publicado a Resolução nº 1.643/2002, que foi revogada pela Resolução nº 2.227/2018 e restabelecida pela Resolução nº 2.228/2019. A efemeridade da validade da Resolução nº 2.227/2018 é uma prova do quanto o tema era objeto de acirradas discussões em conselhos profissionais, mesmo que nunca tenha havido proibição expressa do exercício da "telemedicina".

A ausência de normatividade e a incerteza jurídica e institucional arrastam o país para um atraso no conseguimento de seus objetivos de saúde estabelecidos na Constituição de 1988, com todas as metas das conferências nacionais de saúde que antecederam à Constituinte e os modelos sanitários estabelecidos pela Lei Orgânica do SUS (Lei 8.080/1990) e Lei 8.142/1990.

Embora o desenvolvimento tecnológico ocorra independentemente de contingências locais, países que verdadeiramente apoiam o desenvolvimento e a incorporação de tecnologias na vida de seus cidadãos têm ampla vantagem frente a países onde o atraso marca sua jornada tecnológica. Tanto é assim, que a Organização das Nações Unidas (ONU), ao elencar seus 11 Objetivos do Desenvolvimento Sustentável – ODS,[24] não apenas no 3, de saúde e bem-estar, mas em vários outros, fala sobre inovação.

Enquanto países como a China e outros países asiáticos que têm um modelo de saúde pública, veem o acesso e a qualidade do acesso à saúde expandir-se exponencialmente graças ao uso de tecnologias e atendimentos à distância, modelo que costumam chamar de e-Hospital ou, mais frequentemente, Hospital Internet (HI), o Brasil ainda patina em reconhecer o uso da tecnologia como aliada aos princípios do SUS e de sua extensão territorial.

[23] ASSOCIAÇÃO MÉDICA MUNDIAL. Declaração de Tel Aviv sobre responsabilidades e normas éticas na utilizaçãoo da telemedicina. (Adotada pela 51ª Assembléia Geral da Associação Médica Mundial em Tel Aviv, Israel, em outubro de 1999). Disponível em http://www.dhnet.org.br/direitos/codetica/medica/27telaviv.html. Acesso em: 28 fev. 2022.

[24] PORTAL GOV.BR. Objetivos do desenvolvimento sustentável. Indicadores brasileiros para os objetivos do desenvolvimento sustentável. Disponível em https://odsbrasil.gov.br/. Acesso em: 28 fev. 2022.

Em viagem de trabalho à China,[25] em 2019, tivemos a oportunidade de verificar, na prática, o quanto a incorporação de tecnologias para o atendimento de saúde à distância transformaram a atenção básica naquele país. Fotografias que mostram o esvaziamento dos hospitais em série histórica após o ano 2000 são motivo de orgulho para as equipes responsáveis pela implantação do HI. De fato, toda a logística da jornada do paciente, desde o primeiro atendimento, até a dispensação de medicamentos e entrega em sua residência elevaram a experiência do usuário do sistema de saúde pública na China a índices de satisfação inigualáveis do mundo, mesmo quando comparados a sistemas públicos muito bem estabelecidos, como o *National Health Service – NHS* do Reino Unido.

No Brasil, se, por um lado, houve resistência na normatização da "telemedicina", outros sistemas e algoritmos de *machine learning* entraram sem regulação ou questionamentos tanto no sistema público, como na saúde suplementar e privada. E, além disso, sem existir um plano claro dos objetivos e metas buscados na incorporação de tecnologia para a atenção primária, secundária e alta complexidade. Esta indiferenciação é de suma importância em razão de algoritmos efetivamente alterarem conceitos e pautarem decisões de saúde, enquanto, por outro lado, atendimentos à distância são apenas meios ou plataformas com possibilidades de comunicação à distância.

25 Para melhor ilustrar nossas afirmações colecionamos algumas referências da literatura disponíveis em: LI WENFANG. Guangzhou hospital opens AI lab toc reate e-hospital. Chinadaily. Guangzhou, 10 de maio de 2018. Disponível em: http://www.chinadaily.com.cn/a/201805/10/WS5af4377fa3105cdcf651d320.html. Acesso em: 28 fev. 2022. DONG HAN. Good News! First Internet hospital begins serving patients. Portal Know Guangzhou. Guangzhou, 17 de maio de 2019. Disponível em: https://www.lifeofguangzhou.com/wap/knowGZ/content.do?contextId=9617&frontParentCatalogId=175. Acesso em; 28 fev. 2022. KERMANY, Daniel S.; GOLDBAUM, Michael; CAI, Wenija et al. Identifying medical diagnoses and treatable diseases by image-based ddeep learning. Cell, v. 172, n. 5, p. 1122-1131, e9, February 22, 2018. Disponível em: https://www.cell.com/cell/fulltext/S0092-8674(18)30154-5?_returnURL=https%3A%2F%2Flinkinghub.elsevier.com%2Fretrieve%2Fpii%2FS0092867418301545%3Fshowall%3Dtrue. Acesso em; 28 fev. 2022; LIU Hanhua; EMSLEY, Richard; DUNN, Graham. China's 2009 health reform: What implications could be drawn for the NHS Foundation Trusts reform?. Health Policy and Technology, v.2, n.3, p. 61-68, 2013. Disponível em: https://www.sciencedirect.com/science/article/abs/pii/S2211883713000208?via%3Dihub. Acesso em 28 fev. 2022.

Quanto a eventuais riscos envolvendo hospitais virtuais com atendimento via "telemedicina" e softwares de IA, Miguel Kfouri Neto e Rafaella Nogaroli exemplificam sete demandas que seriam potencialmente deflagradoras do dever de indenizar, a saber:

> 1) mau funcionamento temporário ou irregularidade dos programas de computador, acarretando alguma espécie de dano para o paciente (falhas em registros no prontuário, por exemplo, podem fazer com que o médico prescreva medicação à qual o paciente é alérgico, causando-lhe danos); 2) problemas do *software* – a Telemedicina depende de um bom *software*, que armazene os dados dos pacientes e, ao mesmo tempo, gerencie todo o sistema. Falhas nesse programa podem gerar mais prejuízos que benefícios; 3) limitações da tecnologia – o caso do paciente pode não ser adequado para o atendimento médico à distância, o que requer uma visão crítica do médico para que ele não feche um quadro diagnóstico errôneo; 4) imprecisão algorítmica ou outro problema no contexto das limitações próprias dos algoritmos de inteligência artificial, especialmente falta de transparência no processamento dos dados e imprevisibilidade na tomada de decisão; 5) imperícia médica pela falta de aptidão para utilizar as novas tecnologias; 6) dados pessoais do paciente tratados de maneira irregular, para outras finalidades; 7) ataque de hackers aos dados dos pacientes.[26]

Há bons exemplos conjugados nos quais "telemedicina", IA e processos analógicos prestam enormes serviços à comunidade, como no caso de dispositivos de saúde (Internet das Coisas) e outros aplicativos desenvolvidos com foco na atividade médica, como é o caso de aplicativos para acelerar o encaminhamento de doenças complexas em casos suspeitos, como o ONCOpeds, que apresentaremos a seguir.[27]

[26] KFOURI NETO, Miguel; NOGAROLI, Rafaella. Inteligência artificial nas decisões clínicas e a responsabilidade civil médica por eventos adversos no contexto dos hospitais virtuais. *In:* BARSOSA, Mafalda Miranda; BRAGA NETTO, Felipe; SILVA, Michael César; FALEIROS JÚNIOR, José Luiz de Moura (Coords.). Direito digital e inteligência artificial: diálogos entre Brasil e Europa. Indaiatuba: Editora Foco, 2021, p. 1090.

[27] VASQUEZ, Liliana; MONTOYA, Jacqueline; UGAZ, Cecilia; RÍOS, Ligia; LEÓN, Esmeralda; MAZA, Iván; MARANDIEGUE, Essy; CHAVEZ, Shanon; TARILLO, Fanny; DIAZ, Rosdali; PASCUAL, Claudia; ROJAS, Ninoska;; TELLO, Mariela; MOORE, Carla; SHAH, Darshi; COTRINA, Bernardette; BARTOLO, Juan; PEREZ, Jorge; PALCIOS, Victor. ONCOPEDS: A mobile application to improve early diagnosis and timely referral in

## 3. Exemplos de usos de tecnologias em oncologia pediátrica

O diagnóstico tardio de câncer em crianças e adolescentes é um problema de saúde pública em todo o mundo, mas sobretudo em países de renda média ou baixa, como, por exemplo, os países da América Latina, do Magreb e de outras regiões. Iniciativas como o programa *St. Jude Global*,[28] do *St. Jude Childrens Research Hospital*, estão enfrentando este desafio com investimentos maciços, planejamento, redes de itineração de casos suspeitos e acesso a novos medicamentos com resultados muito positivos e com reconhecimento e apoio da OMS.[29]

Enquanto em países de renda alta o câncer infantil é hoje uma doença que tem taxas elevadas de cura, a depender da enfermidade, atrasos em países mais pobres, que não possuem um rápido referenciamento a centros e especialistas de alta-complexidade, fazem este percentual cair drasticamente em razão de simples questão temporal do diagnóstico ou de erro. Atualmente, de acordo com dados do St. Jude Global, cerca de 80% dos casos de câncer infantil do mundo ocorrem em países mais pobres e a falta de acesso a um rápido e correto diagnóstico, seguido de protocolos clínicos e terapêuticas padrão-ouro para o tratamento da doença, representam verdadeira sentença de morte para crianças e adolescentes.

Neste cenário, gostaríamos de destacar o aplicativo ONCOpeds da América Latina como solução simples, de fácil implementação e que trouxe resultados muito positivos. Entre 2017 e 2018, criou-se no Peru um aplicativo para uso em tecnologias móveis que melhora o diagnóstico precoce e o tempo de referenciamento do câncer infantil no país. No estudo piloto realizado foi utilizada simples plataforma instalada em telefones celulares que serviu como um sistema de consulta em tempo

childhood cancer in a low – and middle-income country – A pilot study. Pediatric Blood & Cancer, v. 68, n. 4, April 2021. Disponível em: https://onlinelibrary.wiley.com/doi/10.1002/pbc.28908. Acesso em: 28 fev. 2022.

28 ST JUDE CHILDREN'S RESEARCH HOSPITAL. St Jude Global. Taking St. Jude to the world. Disponível em: https://www.stjude.org/global.html. Acesso em: 28 fev. 2022.

29 WORLD HEALTH ORGANIZATION. WHO and St. Jude to dramatically increase global access to childhood cancer medicines. Geneva, 13 December 2021. Disponível em: https://www.who.int/news/item/13-12-2021-who-and-st.-jude-to-dramatically-increase-global-access-to-childhood-cancer-medicines#:~:text=middle%2Dincome%20countries.--,St.,childhood%20cancer%20medicines%20to%20date. Acesso em 28 fev. 2022.

real e envio de dados e imagens dos pacientes. Após o preenchimento de um formulário com dezessete itens de rápida resposta era possível se realizar uma consulta em tempo real com um oncopediatra. O profissional que atendia o chamado, revisava os dados informados e encaminhava para eventuais avaliações ulteriores, quando necessárias. Toda a comunicação se dava por e-mail ou aplicativo do telefone. Em caso de referenciamento, os especialistas consultados já encaminhavam o paciente e organizavam questões práticas no âmbito do sistema público de saúde local.

Os resultados do estudo mostram que, ainda que tenha havido alguma resistência ao aplicativo por parte de médicos mais velhos, sobretudo, a implementação do ONCOpeds foi possível e mostrou enorme utilidade em melhorar o diagnóstico e o referenciamento de crianças e adolescentes com suspeita de câncer. Aplicativos como o ONCOpeds e outras tecnologias que são desenvolvidas a todo momento significam enormes benefícios à saúde da população e, neste ponto nos repetimos, necessitam de um ambiente normativo acolhedor. Se hoje o Brasil é um dos maiores países com startups na área da saúde,[30] é necessário que haja um ambiente de negócios amigável, que não apenas permita a existência de negócios de inovação, mas que assegure e fomente os mecanismos de financiamentos e investimentos disponíveis em outros países.

### 3.1. Aurora de uma mudança de paradigma em exames de imagem

O termo *big data* começou a ser mais conhecido a partir da década de 1990 e significava: volume, variedade, velocidade, variabilidade e veracidade. Na época, *data* ou *big data* eram relacionados a dados de símbolos de linguagens escritas e numerais, apenas. Desde a década de 1990 até os dias atuais o entendimento do tipo de entradas (*inputs*) que podem ser feitas para a análise algorítmica ampliou-se enormemente, como demonstra Perelmuter:

> A área de pesquisa em Inteligência Artificial (IA) pode ser subdividida de diversas formas, seja em função das técnicas utilizadas (como por exem-

[30] SERTORIO, Jonas; MURTA, Laura. O novo ecossistema de saúde brasileiro. MIT Technology Review. 8 de fevereiro de 2022. Disponível em: https://mittechreview.com.br/o-novo-ecossistema-de-saude-brasileiro/. Acesso em: 28 fev. 2022.

> plo sistemas especialistas, redes neurais artificiais, computação evolutiva) ou dos problemas endereçados (visão computacional, processamento de linguagem, sistemas preditivos). Atualmente, uma das técnicas de IA mais empregadas para o desenvolvimento de novas aplicações é conhecida como *machine learning* ou ML. De forma simplificada, em ML procura-se apresentar aos algoritmos a maior quantidade possível de dados, permitindo que os sistemas desenvolvam a capacidade de tirar conclusões autonomamente. Uma forma simplificada de descrever o processo é a seguinte: se quisermos ensinar um sistema de reconhecimento de imagens a identificar uma chave, apresentamos a maior quantidade possível de chaves para seu treinamento. Depois disso, a própria estrutura aprende a identificar se as imagens seguintes são ou não chaves – mesmo que o sistema nunca tenha visto uma determinada amostra durante seu treinamento.[31]

Ao longo de todos os anos de desenvolvimento de projetos baseados em ML, o reconhecimento de imagens permanecia uma tarefa na qual os seres humanos sempre levariam vantagem, sobretudo quando se pensava em possíveis usos de IA em questões de saúde. Se análises estatísticas, cruzamento de dados ou criação de protocolos terapêuticos personalizados eram campos onde se vislumbrava uma rápida predominância de sistemas de algoritmos, exames de imagem permaneciam um campo blindado para análises computacionais.

Especialidades médicas de análise de imagens, como a radiologia, para falarmos de algo mais próximo ao dia a dia das pessoas, sempre foram humano-dependentes e buscaram em modelos de dois pareceristas o padrão-ouro para validar a qualidade do laudo. Ocorre que, exatamente em exames de imagem é que nos últimos anos, desde o projeto ImageNet, da Universidade de Standford, os algoritmos têm se mostrado um grande diferencial e conseguem abarcar um número cada vez maior de imagens com exclusão cada vez mais apurada de casos negativos.

Se no início dos primeiros algoritmos se vislumbrava uma capacidade teoricamente maior da inteligência de máquina em razão da amplificação de bancos de dados,[32] a incorporação de vozes, imagens e outros

31 PERELMUTER, Guy. *Id.*, p. 59.

32 "Vários tipos de bancos de dados de saúde foram estabelecidos desde o início da revolução digital, tais como: prontuários médicos eletrônicos, dados administrativos digitais,

*inputs* possíveis descortina um horizonte infinito e inimaginado. Exemplo dos usos infinitos em sistemas de IA já disponíveis é a plataforma Watson,[33] da IBM, mas assim como o Watson diversos outros softwares trazem uma capacidade aumentada de análise de dados e estão disponíveis para a área da saúde.

As atuais expectativas relacionadas ao uso de IA em diagnósticos de saúde só encontram um paralelo em sua magnitude se pensarmos nas promessas da genética nas últimas décadas, sobretudo após o início do Projeto Genoma Humano em 1990. Após sucessivos êxitos de algoritmos de IA para análise de dados naquela considerada a última barreira de exames humano-dependentes, qual seja, a análise de exames de imagens e a superação em capacidade e acurácia daquilo que uma pessoa humana é capaz de ver e antever, as expectativas sobre IA começam a superar as genéticas em razão das possibilidades de sua aplicação direta e impacto que significa no acesso à saúde e a diagnósticos precisos para milhares de pessoas.

Em processos de análises de imagens, a criação de padrões e categorias de imagens em geral e de imagens de doenças que somente algoritmos são capazes de elaborar provocam verdadeira ruptura da necessidade de intervenção humana, já que a IA tem índices ínfimos de casos duvidosos ou que necessitariam de segunda opinião médica ou técnica, como também não padece das restrições de tempo de formação profissional, se pensarmos nos anos necessários à capacitação de um técnico, nem tampouco sofrem das limitações inerentes à natureza humana, como fadiga, distração, e tantas outras.

dados coletados de equipamentos médicos conectados à internet ("Internet das Coisas" na medicina), dados de pesquisas clínicas e farmacêuticas, dados genômicos etc. Prontuários médicos eletrônicos representam a maior fonte de dados da saúde, pois neles há a soma de todas as informações a respeito do paciente, no objetivo de organizar todas as etapas da intervenção médica, desde a anamnese e procedimentos médicos relativos à terapia, até a evolução e conclusão do tratamento." (KFOURI NETO, Miguel; NOGAROLI, Rafaella. O consentimento do paciente no admirável mundo novo de robôs de assistência à saúde e algoritmos de inteligência artificial para diagnóstico médico. In: TEPEDINO, Gustavo; SILVA, Rodrigo da Guia (Coords.). O Direito Civil na era da inteligência artificial. São Paulo: Thomson Reuters Brasil, 2020, p. 140).

[33] IBM. IBM Watson é IA para negócios mais inteligentes. Disponível em: https://www.ibm.com/br-pt/watson. Acesso em: 28 fev. 2022.

O que salta aos olhos após quase dez anos dos primeiros softwares de imagens, não é apenas terem superado as expectativas em suas análises e volume de trabalho, mas a sua capacidade de predição de padrões anterior à própria formação imagética da enfermidade. De maneira simples, isto significa dizer que a capacidade de processamento de informações por um algoritmo de saúde permite que ele preveja e quantifique a probabilidade de uma alteração de estrutura como nenhum humano seria capaz de prever. Ou seja, ao analisar o histórico de imagens "normais" de um paciente o software consegue identificar alterações na normalidade, que relacionadas a casos por ele anteriormente analisados e padronizados, indicariam uma tendência a configuração típica de doença em percentual quantificável.

A capacidade de um técnico humano muito bem treinado, com anos de estudos e com pesquisas em acompanhamento de resultados de laudos radiológicos e anatomopatológicos de seus pacientes, seria limitada a perceber o padrão em alteração ou fora da normalidade, não da normalidade. Do ponto de vista de um software de IA, seria possível ir além, seria perceber o risco de chuva não por alterações nas nuvens ou no vento, mas em algum fator atmosférico invisível que não compõe o campo de visão do observador.

Neste início da terceira década do século XXI, que verdadeiramente inaugura o novo milênio com a eclosão de uma sindemia[34] sem precedentes, da qual resulta uma grande crise política e econômica,[35] nos encontramos às vésperas de uma das maiores revoluções da medicina, que irá alterar o saber e as profissões de saúde, o sentido de diagnóstico e prognóstico, a revolução dos algoritmos de inteligência artificial para uso em saúde.

A indústria já faz projeções de sumas enormes com a incorporação de novos equipamentos em substituição a pessoas e, além de seus lucros, prevê também um aumento grande no número de beneficiários com diagnósticos melhores e mais ágeis, o que gerará uma alteração de toda

34 Sobre a caracterização da pandemia como sindemia, cf. CENTRO DE ESTUDOS ESTRATÉGICOS DA FIOCRUZ ANTONIO IVO DE CARVALHO. 'Covid-19 não é pandemia, mas sindemia': o que essa perspectiva científica muda no tratamento. 14 de outubro de 2020. Disponível em: https://cee.fiocruz.br/?q=node/1264. Acesso em: 28 fev. 2022.

35 HARARI, Yuval Noah. Notas sobre a pandemia: e breve lições para o mundo pós-coronavírus. São Paulo: Companhia das Letras, 2020, p. 86.

a cadeia produtiva em saúde e também nas profissões da área. Espera-se que regiões que carecem de profissionais capacitados possam ter parte de sua necessidade de pessoal suprida por hardware e software.

Em IA, análises estatísticas fazem parte de todos os processos computacionais de inteligência artificial, e não é diferente nas análises de imagens de exames de saúde. Se por um lado não se veem limites aos usos e benefícios da nova tecnologia, de outro também não se veem os riscos de discriminação por vieses algorítmicos nem o impacto de seus custos na democratização da tecnologia.

### 3.2. IA em Pediatria

A definição de Arthur Samuel em 1959 para Aprendizagem por Máquina (ML) permanece válida até os dias de hoje ao conceituar ML como "o campo de estudo que dá aos computadores a habilidade de aprender sem serem explicitamente programados." Algoritmos de ML, usam grandes quantidades de dados e recorrências para identificar padrões e, a partir daí, aprender e treinar a si para melhorar sua performance e fazer previsões, a depender da qualidade e quantidade de dados terá maior ou menor acurácia em seus resultados.[36]

Um ponto importante a se salientar é que os algoritmos de ML podem ser treinados com banco de dados rotulados, situação na qual são chamados de supervisionados, como também com banco de dados não rotulados, com uma busca de padrões que é realizada pelos próprios algoritmos, ou seja, sem supervisão. Uma terceira forma de desenvolvimento do algoritmo é a desenvolvida sem supervisão, mas com avaliação dos resultados obtidos, chamada, portanto, de reforçada.

No artigo *Bias In, Bias Out: Ethical Considerations For The Application Of Machine Learning In Pediatrics*, em *preprint*,[37] por ocasião de nossa pesquisa bibliográfica, Mary A. Ott afirma que em razão da avalanche

[36] OTT, Mary A. Bias In, Bias Out: Ethical considerations for the application of machine learning in Pediatrics. The Journal of Pediatrics, v. 247, p. 124, February 1st 2022. Dsponível em: https://www.jpeds.com/article/S0022-3476(22)00066-X/fulltext. Acesso em: 28 fev. 2022.

[37] Sobre os riscos dos preprints, cf. BAUER, Matthew. The Risk of Scientific Misinformation with Preprints and Science Twitter. Bill of Health, February 7, 2022. Disponível em: https://blog.petrieflom.law.harvard.edu/2022/02/07/the-risk-of-scientific-misinformation-with-preprints-and-science-twitter/. Acesso em: 28 fev. 2022.

de dados de saúde e os baixos custos de computação, as aplicações de ML em cuidados de saúde se expandiram enormemente. Neste sentido, apresenta dados de uma pesquisa na qual realizou uma revisão sistemática de 363 estudos de ML em pediatria, sobretudo em áreas onde existem grandes quantidades de dados, como neonatologia ou pneumologia, ou também poucos recursos humanos, como a psiquiatria.

De fato, chama a atenção que, embora a maioria dos estudos pediátricos tenha focado em diagnósticos, ML tem sido cada vez mais utilizada para a prognósticos e manejo de pacientes em pediatria. Outro estudo corrobora sua afirmação e traz dados de que o potencial de previsão de mortalidade feita por ferramentas de ML melhora a gestão, alocação de recursos e a qualidade de cuidados em unidades de terapia intensivas pediátricas (UTI pediátricas). Mas qual a consequência desse uso cada vez maior para as crianças, para os pacientes? Qual a segurança de decisões tomadas a partir de IA ou de pressupostos dados por IA?

Em outubro de 2019, 20 anos após sua Declaração sobre Telemedicina, a Associação Médica Mundial publicou em sua 70ª Assembleia Geral em Tbilisi, na Geórgia, uma Declaração sobre Inteligência Aumentada em Cuidados Médicos,[38] da qual apresentamos uma tradução livre a seguir. É interessante notar que esta Declaração afirma o caráter coparticipativo da IA com as pessoas nos processos decisórios – em detrimento de outros documentos que trazem questões de IA isoladamente-, bem como estabelece limites claros às tecnologias, além de trazer recomendações e pedidos às organizações-membro, *in verbis*:

> **Preâmbulo**
>
> Inteligência artificial (IA) é a habilidade de uma máquina de simular um comportamento inteligente, a qualidade que permite que uma entidade funcione de forma apropriada e com previsão no seu meio-ambiente. O termo IA cobre uma gama de métodos, técnicas e sistemas. Exemplos comuns de sistemas de IA incluem, mas não são limitados a, processa-

[38] WORLD MEDICAL ASSOCIATION. WMA statement on augmented intelligence in medical care. Adpoted by the 70th WMA General Assembly, Tblisi, Georgia, October 2019. Disponível em: https://www.wma.net/policies-post/wma-statement-on-augmented-intelligence-in-medical-care/. Acesso em: 20 fev. 2022.

mento de linguagem natural (NLP), visão computacional e aprendizado de máquina. Na área de cuidados de saúde, como em outros setores, soluções de IA podem incluir uma combinação desses sistemas e métodos.

Em cuidados de saúde, um termo mais apropriado é "inteligência aumentada", uma conceitualização alternativa que reflete de forma mais acurada o propósito desses sistemas porque eles são pensados para coexistir com os processos decisórios. Portanto, no âmbito da presente declaração, IA refere-se a inteligência aumentada.

Um sistema de IA de aprendizado por máquina utiliza um algoritmo programado para aprender ("algoritmo de aprendizagem") de dados referidos como "dados de treinamento". O algoritmo de aprendizado irá, então, ajustar automaticamente o aprendizado por máquina de acordo com os dados de treinamento. Um "sistema contínuo de aprendizado" atualiza o modelo sem supervisão humana à medida que novos dados são apresentados, embora "aprendizes bloqueados" não atualizem o modelo com novos dados. Em cuidados de saúde é importante saber se o algoritmo de aprendizagem está bloqueado ou se continua a aprender após ser implementado na prática clínica a fim de se acessar o sistema para qualidade, segurança e viés. Sendo possível de se rastrear a origem do treinamento de dados é fundamental se entender o risco associado com sua aplicação em sistemas de saúde de IA em indivíduos cujas características pessoais sejam significativamente diferentes daqueles cujos dados de treinamento foram utilizados.

IA em cuidados de saúde geralmente descreve métodos, ferramentas e soluções cujos usos são focados em padrões de assistência à saúde e cuidados com o paciente. Além de usos clínicos, há vários outros usos de sistemas de IA em saúde, incluindo operação de negócios, pesquisa, gerenciamento de cuidados de saúde e saúde populacional.

O conceito de IA e aprendizado por máquina rapidamente se tornou atrativo para organizações de saúde, mas frequentemente não fica clara a definição da terminologia utilizada. Muitos veem IA como uma panaceia tecnológica; contudo, para que a IA realize suas promessas há desafios, já que ela tem dificuldades em razão da evolução da supervisão regulatória para garantir segurança e eficácia clínica, falta de padrões amplamente aceitos, questões de responsabilidade civil, necessidade de leis claras e regulação que governe o uso de dados e a falta de entendimento compartilhado de terminologia e definições.

Alguns dos usos mais promissores de IA em sistemas de saúde incluem análises preditivas, medicina de precisão, diagnósticos de doenças por imagens e apoio a decisões clínicas. O desenvolvimento nessas áreas já está em andamento e os investimentos em IA cresceu nos últimos anos. Atualmente, sistemas de IA em saúde começaram a mostrar valor da seara de reconhecimento de padrões, NLP e aprendizado aprofundado. Sistemas de aprendizado por máquina são desenhados para identificar erros de dados a fim de não perpetuá-los. Contudo, sistemas de dados de IA em saúde não substituem a necessidade da relação médico-paciente. Esses sistemas aumentam os cuidados médicos prestados pelos profissionais de saúde, mas não os substituem.

Sistemas de IA em saúde devem ser transparentes, reproduzíveis e confiáveis tanto para os prestados de serviços de saúde quanto para os pacientes. Os sistemas devem focar nas necessidades dos usuários. Os usos devem ser testados por participantes que reflitam necessidades similares e padrões práticos dos usuários finais a fim de que os sistemas trabalhem eficazmente com pessoas. Médicos terão mais disposição em aceitar sistemas de IA que possam integrar à sua prática ou melhorá-la em seus padrões, bem como melhorar seu cuidado com o paciente.

**Oportunidades**

A IA de cuidados em saúde oferece um conjunto de ferramentas transformativas para médicos e pacientes e tem o potencial de tornar os cuidados em saúde mais seguros e efetivos. Ao se automatizar hospitais e processos administrativos, a produtividade dos médicos irá melhorar. O uso de mineração de dados para produzir um uso acurado de dados no momento correto irá melhorar os prontuários eletrônicos e o acesso a informações relevantes do paciente. Os resultados da mineração de dados também fornecerão evidências para tendências que podem servir para informar onde devem ser alocados recursos decisões sobre seus usos. Novos entendimentos sobre diagnósticos e melhores práticas para o tratamento podem ser produzidos em razão da análise de todos os dados sobre os pacientes. Há potencial também para melhorar a experiência do paciente, a segurança do paciente e sua aderência a tratamento.

Aplicações de IA em cuidados de saúde na educação médica incluem educação médica continuada, simulações de treinamento, aprendizado sobre a assistência, coaching para estudantes de medicina e residentes e pode fornecer ferramentas de avaliação de competências. Esses usos ajudam a customizar a experiência da educação médica e facilitam o aprendizado individual ou em grupo.

Há inúmeras partes interessadas e legisladores envolvidos na moldagem da evolução de IA em cuidados de saúde, além dos médicos. Aqui estão incluídos associações médicas, negócios, governos e indústrias de tecnologia. Os médicos tem uma oportunidade sem precedentes para informar positivamente e influenciar as discussões e debates que atualmente ocorrem em torno dos temas de IA. Os médicos podem de forma proativa se engajar nessas conversas para assegurar que suas perspectivas sejam ouvidas e incorporadas nessa tecnologia em rápido desenvolvimento.

### Desafios

Desenvolvedores e reguladores de sistemas de IA em cuidados de saúde devem garantir a adequada divulgação de informações e ressaltar os benefícios, limitações e objetivos do uso desses sistemas. Por outro lado, médicos precisarão entender os métodos e sistemas para terem confiança para se basearem neles em suas recomendações clínicas. Instruções sobre as oportunidades e limitações de sistemas de IA para cuidados em saúde devem ser dadas tanto para estudantes de Medicina, quanto para médicos em atividade, uma vez que o envolvimento de todos é fundamental para o sucesso da evolução nesta área. Sistemas de IA devem sempre aderir a valores profissionais e éticos da profissão médica.

A proteção da confidencialidade, controle e titularidade dos dados de pacientes é um ponto central da relação médico-paciente. A anonimização dos dados não fornece proteção suficiente para as informações dos pacientes quando algoritmos de aprendizado por máquina podem identificar um indivíduo num amplo complexo de dados fornecidos com poucos pontos de referência, como três dados, por exemplo, o que poderia colocar a privacidade do paciente em risco.

Expectativas que os pacientes têm atualmente sobre a confidencialidade das informações dos seus dados pessoais devem ser consideradas e novos modelos que incluam o consentimento e a custódia de dados precisam ser desenvolvidos. Soluções técnicas viáveis para mitigar esses riscos estão sendo exploradas e serão fundamentais para a ampliação da adoção de sistemas de IA.

A estrutura de dados e sua integridade são grandes desafios que precisam ser enfrentados no desenho de sistemas de IA em saúde. Os padrões de dados nos quais os sistemas de aprendizado por máquina são treinados são criados por humanos e refletem vieses e contêm erros. Por este motivo, esses dados irão normalizar erros e os vieses inerentes aos seus padrões. Minorias podem estar em desvantagem por haver menos dados disponíveis sobre minorias populacionais. Uma outra consideração sobre o desenho é como um modelo será avaliado no que tange à acurácia, fato que envolve uma análise muito cuidadosa do treinamento da base de dados e sua relação com a base de dados utilizada na avaliação dos algoritmos.

Preocupações com a responsabilização jurídica representam desafios significativos à adoção de IA. À medida que os modelos existentes e novas modelagens desenvolvem sistemas de IA, os desenvolvedores desses sistemas terão o maior conhecimento dos riscos e serãofa melhor posicionados para mitigar esses riscos. Como resultado, os desenvolvedores de sistemas de IA e aqueles que decidem sobre o uso desses sistemas devem prestar contas e ser responsáveis por eventos adversos resultantes do mau funcionamento ou inexatidão dos resultados. Os médicos frequentemente se frustram com o uso dos prontuários eletrônicos. Os sistemas de prontuários eletrônicos que são desenhados para dar suporte a cuidados baseados em equipes e outros padrões de fluxo são frequentemente insuficientes. Muitas adaptações devem ser feitas para uma adequada implementação de um sistema, além de fatores humanos no desenho e desenvolvimento de sistemas de IA em saúde. Isso significa dizer que os sistemas não podem ser universalmente implementados em todos os contextos de dados em razão da variabilidade de fontes.

Os trabalhos estão em andamento para se avançar na governança e vigilância de IA em cuidados de saúde, incluindo os padrões para cuidados médicos, direitos de propriedade intelectual, certificação de processos ou regulação governamental e considerações éticas e legais.

### Recomendações

A Associação Médica Mundial:

- Reconhece o potencial para melhorar os resultados clínicos dos pacientes e a satisfação profissional dos médicos por meio do uso de IA em cuidados de saúde, desde que estejam de acordo com os princípios da ética médica, confidencialidade dos dados dos pacientes e não discriminação.
- Apoia o processo de priorização da IA para cuidados em saúde.

- Encoraja a revisão do currículo médico e de oportunidades educacionais para pacientes, médicos, estudantes de medicina, gestores da área da saúde e outros profissionais da área da saúde a fim de se promover um maior entendimento dos vários aspectos, tanto positivos quanto negativos, da IA em cuidados de saúde.

A Associação Médica Mundial impele as organizações-membro a:

- Encontrar oportunidades para trazer a perspectiva de médicos da ativa no desenvolvimento, desenho, validação e implementação de IA em cuidados de saúde.
- Advogar por um envolvimento direto do médico no desenvolvimento e gestão de IA em saúde e adequada governança e vigilância profissional para a segurança, efetividade, equidade, ética e acessibilidade de produtos e serviços de IA.
- Advogar para que todos os sistemas de inteligência artificial em saúde sejam transparentes, reproduzíveis e confiáveis tanto por parte dos prestadores de cuidados de saúde quanto pelos pacientes.
- Advogar pela primazia da relação médico-paciente ao se desenvolver e implementar sistemas de IA em saúde.

A seguir apresentamos algumas das definições trazidas pela referida Declaração:

**Inteligência Artificial** consiste numa gama de métodos computacionais utilizados para produzir sistemas que desenvolvem tarefas que exibem comportamentos inteligentes indistinguível de comportamento humano.

**Inteligência Aumentada** é a conceitualização de inteligência artificial que foca no papel assistente da inteligência artificial, enfatizando que seu desenho aumenta a inteligência humana mais do que a substitui.

**Aprendizado por máquina** é o estudo científico dos algoritmos e modelos estatísticos de sistemas de computação para realizarem de maneira efetiva tarefas específicas com o mínimo de interação humana e sem utilizar instruções explícitas, por meio de aprendizagem por dados e identificação de padrões.

**Processamento de linguagem natural** é um subcampo da ciência da computação, engenharia da informação e inteligência artificial que trata das interações entre computadores e linguagens humanas (naturais), em particular sobre como os programas de computadores processam e analisam grandes quantidades de linguagem natural.

**Treinamento de dados** é utilizado para treinar um algoritmo; geralmente consiste num determinado percentual de uma base de dados geral juntamente com um modelo de teste. Como regra, quanto melhor o treinamento de dados, tanto melhor a performance do algoritmo. Uma vez que o algoritmo seja treinado num modelo de treino ele pode ser avaliado num modelo de testes. O modelo de treinamento deve ser rotulado e enriquecido para aumentar a confiabilidade e acurácia do algoritmo.

## 4. Vieses e acurácia de dados

Como ressalta Boaventura de Sousa Santos em sua obra "O futuro começa agora", escrito durante a sindemia, "Os debates sobre a ciência tornam cada vez mais evidente que o conhecimento científico não tem o rigor nem sustenta as certezas que o público em geral lhe atribui. A ciência é um saber limitado que avança por via de controvérsias e é tanto mais útil quanto mais consciente dos seus limites e mais intensas as controvérsias. Mas o público não científico tende a converter as conjecturas, as afirmações provisórias, ou as opiniões de alguns cientistas em verdades incontestáveis da "ciência.".[39] Nessa perspectiva, o recorte analítico proposto ao presente texto propõe uma reflexão mais aprofundada sobre questões do próprio software, como também o faz Morin em obra recente:

> As insuficiências e carências de conhecimento e pensamento durante a crise confirmam que precisamos de um modo de conhecimento e pensamento capaz de responder aos desafios das complexidades e aos desafios das incertezas. Não podemos conhecer o imprevisível, mas podemos prever sua eventualidade. Não devemos nos fiar nas probabilidades nem esquecer que todo acontecimento histórico transformador é imprevisto."[40]

[39] SANTOS, Boaventura de Sousa. O futuro começa agora: da pandemia à utopia. São Paulo: Boitempo, 2021, p. 186.

[40] MORIN, Edgar. É hora de mudarmos de via: lições do coronavírus. 2. ed. Rio de Janeiro: Bertrand Brasil, 2021, p. 35.

"Lixo entra, lixo sai" é a frase frequentemente utilizada por cientistas de análise de dados para explicar como dados inconsistentes ou de baixa qualidade influenciariam a acurácia e validade e resultados de análises de ML. Infelizmente, não é bem assim. Ott comenta:

> Como pediatras cada vez mais utilizam abordagens de aprendizagem por máquina para tudo, desde o manejo de uma sépsis de paciente de unidade de terapia intensiva pediátrica até a clínica de um paciente ambulatorial com obesidade, torna-se crítico entender como vieses utilizados nas programações podem perpetuar vieses e inequidades em resultados de ML.

A Enciclopédia Concisa das Éticas das Novas Tecnologias,[41] obra de referência para estudiosos da Bioética, apresenta uma definição de viés em seu capítulo sobre a seleção dos sujeitos de pesquisa que corrobora a tese do presente artigo, e trata de pontos de atenção sobre a presença de vieses em amostras de pesquisas que são válidos também para amostras de calibragem de softwares de inteligência artificial. Richard Ashcroft define viés como "Uma desmedida quantificável de alguma quantidade determinada em razão de um método não-representativo de selecionar objetos."[42]

O aumento do uso de inteligência artificial em saúde tem gerado crescentes preocupações sobre equidade em razão dos vieses dos algoritmos, inerentes ao processo de aprendizagem artificial. Relativizados ou deixados à margem em razão dos ganhos de tratamento que possibilitam, processos algorítmicos têm causado grandes preocupações a partir de uma perspectiva de acesso igualitário à saúde, sobretudo num país como o Brasil, onde a maioria da população é beneficiária e dependente de um sistema público único e universal, o SUS.

[41] The Concise Encyclopedia of the Ethics of New Technologies. San Diego/San Francisco/ New York/ Boston/ London/ Sydney/ Tokyo: Academic Press, 2001.

[42] "A quantifiable mismeasure of some determinate quantity due to an unrepresentative method of selecting subjects." (ASHCROFT, Richard. Human Research Subjects, Selection of. *In*: CHADWICK, Ruth. The Concise Encyclopedia of the Ethics of New Technologies. *Id*., p. 255 (tradução nossa).

Em seu artigo intitulado "The Emerging Hazard of AI-Related Health Care Discrimination", Sharona Hoffman[43] demonstra como falhas em inteligência artificial frequentemente trazem desvantagens a mulheres e minorias, violando, portanto, direitos fundamentais[44] e direitos da personalidade, numa perspectiva jurídica brasileira. Segundo Hoffman, vieses de algoritmos de tratamento de saúde precisam ser discutidos do ponto de vista legal e técnico.

> Se a amostra não estiver conectada com a população em distribuição, ela certamente irá produzir resultados que são enviesados, isso quer dizer, resultados que são significativamente diferentes daqueles que teriam sido obtidos se o experimento envolvesse a população total (passado, presente e futuro). Às vezes, é possível prever que o viés será obtido em determinada direção, mas inferência para correção de viés no sentido desta predição pode não ser confiável.[45]

O ponto trazido por Hoffman lança uma outra questão para países como o Brasil, que são na quase totalidade das vezes importadores de tecnologias em saúde: se é necessário e como calibrar algoritmos em nossa população miscigenada. Talvez a resposta positiva possa ser depreendida dos numerosos projetos de pesquisa clínica que têm como objeto a calibração de equipamentos e algoritmos e a validação de dados obtidos no exterior.

[43] HOFFMAN, Sharona. The Emerging Hazard of AI-Related Health Care Discrimination. Hastings Center Report, [S.L.], v. 51, n. 1, p. 8-9, 14 December 2020. Disponível em: http://dx.doi.org/10.1002/hast.1203. Acesso em: 28 fev. 2022.

[44] LACERDA, Bruno Torquato Zampier. A função do direito frente à inteligência artificial. *In:* BARSOSA, Mafalda Miranda; BRAGA NETTO, Felipe; SILVA, Michael César; FALEIROS JÚNIOR, José Luiz de Moura (Coords.). *Id.*, p. 87.

[45] "If the sample is not connected with the population in distribution, it will almost certainly produce results which are biased, that is, results which are significantly different from those which would be obtained if the experiment involved the whole population (past, present, and future). It is sometimes possible to predict that the bias will be in a certain direction, but inference on correction for bias on this prediction may be unreliable." (ASHCROFT, Richard. *Id.*, p. 260) (tradução nossa).

Claro exemplo de como vieses de outras áreas nas quais ML é largamente empregada também se apresenta num software de manejo de paciente grave internado em UTI pediátrica é a questão racial. O documentário Coded Bias[46] apresenta um caso de viés em triagem de emergência de hospital que dava preferência para pacientes brancos mesmo não urgentes. Em seu texto, Ott reitera em sua construção doutrinária, mas também a partir de outras referências, como o racismo estrutural pode ser colocado em códigos de programação facilmente disponibilizados. Isso porque, questões estruturais, anteriores à internação ou chegada ao hospital, como meio de transporte utilizado, acesso ao hospital e seguro de saúde suplementar frequentemente determinam a gravidade ou estágio da doença quando este paciente dá entrada num serviço de saúde. O problema é que este tipo de informação sociodemográfica,[47] bem como diversas outras informações relevantes para o funcionamento do software e identificação de vieses não estão presentes nos algoritmos, *in casu*, de sepses pediátrica, nem sua ausência é perceptível. Em suma, por mais técnico que seja o problema tratado pelo algoritmo, não existe neutralidade.[48]

[46] CODED Bias. [S.I.]: Netflix, 2020. (85 min.), Streaming, color. Legendado. Este documentário investiga o viés nos algoritmos depois que a pesquisadora Joy Buolamwini, do MIT, descobriu falhas na tecnologia de reconhecimento facial. Disponível em: https://www.netflix.com/br/title/81328723. Acesso em: 13 fev. 2022

[47] As variáveis sociodemográficas são de fundamental importância para o entendimento da doença, como mostra o estudo do Hospital de Amor Infantojuvenil intitulado Câncer Infantil sem Peregrinação – CISPER. No CISPER, a distribuição espacial do câncer pediátrico no Brasil é estudada a partir do diagnóstico tardio da doença, que é o principal fator de prognóstico desfavorável para vários tipos de cânceres. Isso porque, a crescente centralização do sistema de saúde, no caso do Brasil, o SUS, pode ter efeito conflitante: de um lado aumenta e estimula a especialização dos serviços de saúde, enquanto de outro limita o acesso aos serviços de saúde, o que gera risco no atraso do diagnóstico e do início do tratamento. A doutrina costuma nominar este fenômeno com Lei do Cuidado Invertido. A imagem de um peregrino serve de logo para este estudo, já considerado o maior do gênero no país.

[48] "Algoritmos de predição podem ser complexos, tornando difícil para se determinar como decisões são tomadas e impossível para se acessar vieses." ("Prediction algorithms can be complex, making it difficult to determine how decisions are made, and impossible to assess for bias"). Tradução nossa.

Em casos assim, questão das caixas-pretas e da falta de transparência em algoritmos de ML podem piorar ainda mais a falta de crença nesta tecnologia na área da saúde, segundo Ott e Michelson. Ocorre que, em situação oposta, há inegáveis benefícios sobretudo com a ampliação de ATS com IA.

> Se um modelo funciona ou não também é questão de opinião. Afinal, um componente-chave de todo modelo, seja formal ou informal, é sua definição de sucesso. Este é um ponto importante ao qual voltaremos conforme exploramos o mundo obscuro das ADMs (armas de destruição em massa). Em cada caso, devemos nos perguntar não somente quem desenhou o modelo, mas também o que aquela pessoa ou empresa está tentando alcançar."[49]

As questões ética[50] e jurídica estão no fato de que o uso dessas tecnologias tem aumentado exponencialmente nas mais diversas áreas da saúde e, especificamente, da pediatria, sem que haja, sequer, uma percepção de que softwares e equipamentos foram programados e irão se comportar de acordo com os códigos internalizados.

## 5. IA, recursos escassos e Saúde Pública

> Nas próximas décadas nós teremos de reconstruir todos os sistemas públicos, incluindo educação, emprego, sistemas de alimentação, cuidados de saúde, moradia e transportes. Toda essa reconstrução irá precisar contar com um ritmo cada vez maior de degradação climática, escalada migratória dentro e fora de fronteiras, interconectividade global e mudanças tecnológicas.[51]

[49] O'NEIL, Cathy. *Id.*, p. 35.

[50] THE INTERNET ENCYCLOPEDIA OF PHILOSOPHY. A peer-reviewed academic resource. Ethics in artificial intelligence (verbete). Disponível em: https://iep.utm.edu/ethic-ai/. Acesso em: 28 fev. 2022.

[51] "In the decades ahead, we will need to rebuild all of our public systems, including education, employment, food systems, health care, housing, and transportation. All this rebuilding will need to account for the ever-increasing pace of climate degradation, escalating migration within and across borders, global interconnectedness, and technological change." (BERNHOLZ, Lucy. Philanthropy and digital civil society. Blueprint. The annual industry forecast. Disponível em: https://pacscenter.stanford.edu/wp-content/

A Universidade de Stanford, na Califórnia, publica anualmente um *blueprint* chamado *Philanthropy and Digital Civil Society – PACS*.[52] Em 2021, pelo décimo segundo ano, o Stanford PACS, Centro de Filantropia e Sociedade Civil desta universidade publicou tendências sobre as formas como são usados recursos privados para o benefício público na era digital. Embora não diretamente relacionado à nossa proposta de regulação do acesso a inteligência artificial, o blueprint e outras publicações do Stanford PACS joga luz sobre questões da relação entre modelos públicos e escolhas filantrópicas que corroboram para o presente constructo.

A autora do *blueprint*, Lucy Bernholz, chama atenção para um contexto filantrópico muito parecido com os dados que a sindemia de Covid 19 revelou sobre filantropia também no Brasil,[53] quais sejam, que se de um lado a sindemia expôs ainda mais as idiossincrasias de nossa sociedade, de outro revelou uma enorme capacidade de mobilização de recursos, solidariedade e ações de engajamento em favor do bem comum. O desafio que se nos apresenta nesses anos desde os primeiros casos em Wuhan é justamente promover mudanças estruturais, que na sua maioria são sinônimos de alterações legislativas, doutrinárias e judiciais, a fim de garantir que a mobilização da sociedade civil não se arrefeça, mas se imponha de forma permanente. É neste ponto que a perspectiva do presente artigo é justamente de identificação da inteligência artificial como instrumento fundante de uma nova visão sobre tecnologia em saúde, suas formas de financiamento, incorporação e democratização.

> Mas há outro caminho, uma oportunidade de usar a inteligência artificial para redobrar o que nos torna realmente humanos. Esse caminho não será fácil, mas acredito que representa nossa maior esperança de não apenas sobreviver na era da IA, mas de fato prosperar. É uma jornada que tomei

uploads/2021/12/Blueprint-2022_DIGITAL__FINAL_v2.pdf. Acesso em: 20 fev. 2022, p. 12.

[52] BERNHOLZ, Lucy. *Ibid.*

[53] Para publicações e dados sobre filantropia no Brasil em geral e, especificamente, desde o início da pandemia consultem-se os sítios de internet do Grupo de Institutos, Fundações e Empresas – GIFE e do Instituto para Desenvolvimento do Investimento Social – IDIS, respectivamente.

em minha própria vida, que mudou meu foco das máquinas de volta para as pessoas.[54]

De fato, temas acadêmicos até então distantes do discurso comum, como Justiça Global, ganham destaque na pauta sanitária em questões como acesso a imunizantes e surgimento de mutações no vírus da SARS-CoV-2 e pautas tributárias, como isenções fiscais para o terceiro setor ou taxação de grandes fortunas, também reaparecem como possibilidades de maior justiça social e ampliação do bem comum.

## 6. O imperativo de uma governança digital

> "Klara, você acha que quando estivermos na vitrine receberemos tanta nutrição que nunca mais ficaremos fracas?"[55]

A figura que ilustra o modelo relacional entre ética digital, regulação digital e governança digital proposto por Floridi[56] é composta por três círculos que se sobrepõem todos entre si e a cada dois, com diferentes medidas. Segundo o autor, pioneiro no campo da Filosofia da Informação e Ética da Informação, pode-se definir governança digital da seguinte forma:

> Governança digital é a prática de se estabelecer e implementar políticas, procedimentos e padrões para o adequado desenvolvimento, uso e gerenciamento da infosfera. É também uma forma de convenção e boa coordenação, por vezes nem moral ou imoral, nem legal ou ilegal. Por exemplo, por meio de governança digital, uma agência governamental ou empresa pode (a) determinar e controlar processos e métodos usados por administradores ou curadores de dados para melhorar a qualidade de dados, confiabilidade, acesso, segurança e disponibilidade de seus serviços e (b) estabelecer processos efetivos para a tomada de decisões e identificação de prestação de contas no que se refere a processos relacionados a dados.

[54] LEE, Kai-Fu. *Id.*, p. 211.

[55] ISHIGURO, Kazuo. Klara e o Sol. São Paulo: Companhia das Letras, 2021, p. 14.

[56] FLORIDI, Luciano. Soft Ethics and the Governance of the Digital. Philosophy & Technology, [S.L.], v. 31, n. 1, p. 1-8, 17 fev. 2018. Springer Science and Business Media LLC. Disponível em: http://dx.doi.org/10.1007/s13347-018-0303-9. Acesso em: 28 fev. 2022.

Neste sentido, a recente Consulta Pública da Agência Nacional de Vigilância Sanitária – Anvisa, de número 1.035 de 2.021, para a regulação de softwares médicos, é um exemplo de governança digital do Estado. Mais à frente iremos apresentar algumas considerações sobre as tentativas de se estabelecer uma moldura normativa não apenas para softwares médicos, mas também para algoritmos de inteligência artificial por meio do projeto de lei 21-A/2020.

De acordo com Floridi, a governança digital poderia compreender diretrizes e recomendações que se sobreporiam, mas não seriam idênticas, à regulação digital. "Esta é só uma outra forma de falar sobre uma legislação relevante, um sistema de normas elaborado e imposto por meio de instituições sociais ou governamentais para regular o comportamento de agentes importantes na infosfera."

A seu turno, entende-se por ética digital:

> [...] o ramo da ética que estuda e avalia problemas morais relativos a *dados* e *informações* (incluindo geração, registro, guarda, processamento, disseminação, compartilhamento e uso), *algoritmos* (incluindo IA, agentes artificiais, aprendizagem por máquinas e robôs) e *práticas* e *infraestruturas* correspondentes (incluindo formas responsáveis de inovação, programação, hackeamento, códigos profissionais e padrão), de maneira a formular e dar suporte a soluções moralmente boas (ex. boas condutas ou valores). A ética digital molda a regulação digital e a governança digital por meio da relação de avaliação moral.

Em dissertação de mestrado profissional por nós orientada e defendida perante banca pública no dia 9 de fevereiro de 2022, no Hospital de Amor, Bruna Aline Roque Alves construiu como produto de sua dissertação intitulada "Desenvolvimento de Política para Gerenciamento e Governança de Dados Pessoais Sensíveis, Manipulados por Algorítmos de Inteligência Artificial em um Serviço de Saúde Pública" uma minuta de política a ser utilizada por instituições de saúde. Alves, assim como outros autores, ressalta as questões éticas atreladas aos princípios jurídicos que devem nortear sua política. De fato, "[...] prioridades que enfatizem a ética de avanços biomédicos ou tecnológicos, com a exclusão (ou minimização) de considerações de saúde populacional, leva a resultados que são social ou epistemologicamente injustos."[57]

Como alerta Topol no texto "High-performance medicine: the convergence of human and artificial intelligence",[58] em trecho também destacado por Gabriel Schulman e Paula Moura Francesconi de Lemos Pereira, citamos:

> Este exemplo também destaca o potencial para grandes danos a pacientes, e também de má-prática médica por um algoritmo imperfeito. Em vez de um erro único de um médico ferir um paciente, o potencial de risco de um algoritmo de máquina induzir risco iatrogênico é vasto. Esta é a principal razão pela qual depuração (*debbuging*), auditoria, simulação extensiva e validação, juntamente com futuros escrutínios são necessários quando um algoritmo de IA é lançado na prática clínica. Isso também sublinha a necessidade de se solicitar mais evidências e validação robusta para superar a recente diminuição dos requisitos regulatórios para aprovação de algoritmos médicos pela FDA.[59]

Livia Teixeira Leal, em seu artigo "Implicações da inteligência artificial na tutela post mortem dos direitos da personalidade"[60], destaca os princípios éticos do *IEEE – Institute of Electrical and Electronic Engineers* em seu documento "Ethically Aligned Design", quais sejam:

> (i) *Princípio do benefício humano*, segundo o qual as inteligências artificiais não devem desrespeitar direitos humanos; (ii) *Princípio da responsabilidade*, que estabelece a necessidade de se criar normas claras de responsabilidade jurídica envolvendo casos com inteligência artificial; (iii) *Princípio da transparência*; (iv) *Princípio da educação e consciência*, com o fito de minimizar os riscos de mau uso da inteligência artificial.

[57] FABI, Rachel; GOLDBERG, Daniel S.. Bioethics, (Funding) Priorities, and the Perpetuation of Injustice. The American Journal Of Bioethics, [S.L.], p. 1-14, 22 jan. 2021. Disponível em: http://dx.doi.org/10.1080/15265161.2020.1867934. Acesso em: 28 fev. 2022.

[58] TOPOL, Eric J. High-performance medicine: the convergence of human and artificial intelligence. Nature Medicine, v. 25, p. 44-56, January 7th 2019. Disponível em: https://www.nature.com/articles/s41591-018-0300-7. Acesso em: 20 fev. 2022.

[59] SCHULMAN, Gabriel; PEREIRA, Paula Moura Francesconi de Lemos. Futuro da saúde do futuro: impactos e limites reais da inteligência artificial. *Id.*, p. 168.

[60] SCHULMAN, Gabriel; PEREIRA, Paula Moura Francesconi de Lemos. *Id.*, p. 125.

## Conclusões

Poucos dias antes do final da redação do presente texto o Congresso Nacional promulgou, em 10 de fevereiro de 2022, a Emenda Constitucional 115 que alterou a Constituição Federal para incluir os dados pessoais entre os direitos e garantias fundamentais. Isso significou um importante passo para a regulação da matéria no Brasil do ponto de vista legislativo.

No tocante a marcos normativos temos a Estratégia Brasileira de Inteligência Artificial de 2021 (Portaria GM 4.617 de 6 de abril de 2021), a Lei Geral de Proteção de Dados Pessoais (Lei 13.709/2018), um conjunto de decretos que regula a Internet das Coisas e algumas iniciativas de regulação futura da matéria.

É importante que se observe, nas regulações internas, propostas de outros países ou blocos que estão mais avançados nas discussões sobre a matéria, como é o caso da União Europeia com a Resolução do Parlamento Europeu de 20 de outubro de 2020, que traz recomendações à Comissão sobre o regime de Responsabilidade Civil aplicável à IA, e também a Proposta da Comissão Europeia de 2021 de Regulação de IA.

A proteção dos sujeitos de pesquisa ou pacientes, mesmo quando o que está em análise são seus dados pessoais – coletados a qualquer tempo – deve ser prioridade de todos os projetos na área de saúde e resultar em cláusulas que garantam o benefício compartilhado e gratuito (*benefit sharing*) da tecnologia avaliada em estudos derivados, como são os estudos de aclimatação de softwares em outras populações diferentes da população original na calibração de ML. A eticidade da IA necessitará sempre ser sopesada tendo em conta riscos, benefícios e alternativas para cada paciente de forma muito transparente.[61] Além disso, a perspectiva do sistema público de saúde sempre deverá nortear decisões sanitárias também no que concerne à IA, incluindo seus custos, financiamento e oferta.

Por fim, recordamos que o agir humano é fruto de elaboração muito mais complexa do que simples atividade de inteligência e que nem sempre a decisão mais embasada é a mais adequada do ponto de vista humano, do ponto de vista do paciente, razão pela qual os conceitos de

[61] LANPHIER, Elizabeth; FYFE, Shannon. Pediatric Off-Label Use of Covid-19 Vaccines: Ethical and Legal Considerations. The Hastings Center Report v. 51, n. 6, p. 27, 2021.

inteligência aumentada e coparticipação na tomada de decisões são os mais acertados quando pensamos em decisões de saúde.

## Referências

ASHCROFT, Richard. Human Research Subjects, Selection of. *In*: CHADWICK, Ruth. The Concise Encyclopedia of the Ethics of New Technologies. San Diego/ San Francisco/ New York/ Boston/ London/ Sydney/ Tokyo: Academic Press, 2001.

ASSOCIAÇÃO MÉDICA MUNDIAL. Declaração de Tel Aviv sobre responsabilidades e normas éticas na utilizaçãoo da telemedicina. (Adotada pela 51ª Assembléia Geral da Associação Médica Mundial em Tel Aviv, Israel, em outubro de 1999). Disponível em http://www.dhnet.org.br/direitos/codetica/medica/27telaviv.html. Acesso em: 28 fev. 2022.

AITH, Fernando Mussa Abujamra. Direito à saúde e democracia sanitária. São Paulo: Quartier Latin, 2017.

BAUER, Matthew. The Risk of Scientific Misinformation with Preprints and Science Twitter. Bill of Health, February 7, 2022. Disponível em: https://blog.petrieflom.law.harvard.edu/2022/02/07/the-risk-of-scientific-misinformation-with-preprints-and-science-twitter/. Acesso em: 28 fev. 2022.

BERNHOLZ, Lucy. Philanthropy and digital civil society. Blueprint. The annual industry forecast. Disponível em: https://pacscenter.stanford.edu/wp-content/uploads/2021/12/Blueprint-2022_DIGITAL__FINAL_v2.pdf. Acesso em: 20 fev. 2022.

BRAUN, Matthias; BLEHER, Hannah; HUMMEL, Patrik. A Leap of Faith: Is There a Formula for 'Trustowrthy IA?'. The Hastings Center Report v. 51, n. 3, p. 17-22, 2021.

CABRAL, Guilherme Sorg. A responsabilidade civil da inteligência artificial: veículos autônomos. Rio de Janeiro: Lumen Juris, 2020.

CENTRO DE ESTUDOS ESTRATÉGICOS DA FIOCRUZ ANTONIO IVO DE CARVALHO. 'Covid-19 não é pandemia, mas sindemia': o que essa perspectiva científica muda no tratamento. 14 de outubro de 2020. Disponível em: https://cee.fiocruz.br/?q=node/1264. Acesso em: 28 fev. 2022.

CODED Bias. [S.I.]: Netflix, 2020. (85 min.), Streaming, color. Legendado. Disponível em: https://www.netflix.com/br/title/81328723. Acesso em: 13 fev. 2022

DALLARI, Sueli Gandolfi; NUNES JÚNIOR, Vidal Serrano. Direito Sanitário. São Paulo: Editora Verbatim, 2010, p. 30. E DALLARI, Sueli Gandolfi; AITH, Fernando; MAGGIO, Marcelo P (Coords.). Direito Sanitário: aspectos contemporâneos da tutela do direito à saúde. Curitiba: Juruá, 2019.

DONG HAN. Good News! First Internet hospital begins serving patients. Portal Know Guangzhou. Guangzhou, 17 de maio de 2019. Disponível em: https://www.lifeofguangzhou.com/wap/knowGZ/content.do?contextId=9617&frontParentCatalogId=175. Acesso em: 28 fev. 2022.

E KUDINA, Olya. Regulating AI in Health Care: The Challenges of Informed User Engagement. The Hastings Center Report v. 51, n. 5, 2021.

FABI, Rachel; GOLDBERG, Daniel S.. Bioethics, (Funding) Priorities, and the Perpetuation of Injustice. The American Journal Of Bioethics, [S.L.], p. 1-14, 22 jan. 2021. Disponível em: http://dx.doi.org/10.1080/15265161.2020.1867934. Acesso em: 28 fev. 2022.

FELDER, Ryan Marshall. Coming to Terms with the Black Box Problem: How to Justify AI Systems in Health Care. The Hastings Center Report v. 51, n. 4, p. 38-45, 2021.

FLORIDI, Luciano. Soft Ethics and the Governance of the Digital. Philosophy & Technology, [S.L.], v. 31, n. 1, p. 1-8, 17 fev. 2018. Springer Science and Business Media LLC. Disponível em: http://dx.doi.org/10.1007/s13347-018-0303-9. Acesso em: 28 fev. 2022.

GHEBREYESUS, Tedros Adhanom. Dr Tedros' vídeo message on Ethics and governance of AI for health. Youtube. Disponível em: https://www.who.int/teams/health-ethics-governance/emerging-technologies/big-data-and-artificial-intelligence. Acesso em: 27 fev. 2022.

GUTIERREZ, Andriei. É possível confiar em um sistema de inteligência artificial? Práticas em torno da melhoria da sua confiança, segurança e evidências de *accountability*. *In:* FRAZÃO, Ana; MULHOLLAND, Caitlin (Coords.). Inteligência artificial e direito: ética, regulação e responsabilidade. 2. ed. rev., atual. e ampl. São Paulo: Thomson Reuters Brasil, 2020.

HARARI, Yuval Noah. Notas sobre a pandemia: e breve lições para o mundo pós-coronavírus. São Paulo: Companhia das Letras, 2020.

HERINGTON, Jonathan; TANONA, Scott. The Social Risks of Science. The Hastings Center Report v. 50, n. 6, p. 27-38, 2020.

HOFFMAN, Sharona. The Emerging Hazard of AI-Related Health Care Discrimination. Hastings Center Report, [S.L.], v. 51, n. 1, p. 8-9, 14 December 2020. Disponível em: http://dx.doi.org/10.1002/hast.1203. Acesso em: 28 fev. 2022.

IBM. IBM Watson é IA para negócios mais inteligentes. Disponível em: https://www.ibm.com/br-pt/watson. Acesso em: 28 fev. 2022.

ISHIGURO, Kazuo. Klara e o Sol. São Paulo: Companhia das Letras, 2021.

KERMANY, Daniel S.; GOLDBAUM, Michael; CAI, Wenija et al. Identifying medical diagnoses  and treatable diseases by image-based ddeep learning. Cell, v. 172, n. 5, p. 1122-1131, e9, February 22, 2018. Disponível em: https://www.cell.com/cell/fulltext/S0092-8674(18)30154-5?_returnURL=https%3A%2F%2F

linkinghub.elsevier.com%2Fretrieve%2Fpii%2FS0092867418301545%3Fshowall%3Dtrue. Acesso em: 28 fev. 2022.

KFOURI NETO, Miguel; NOGAROLI, Rafaella. Inteligência artificial nas decisões clínicas e a responsabilidade civil médica por eventos adversos no contexto dos hospitais virtuais. *In:* BARSOSA, Mafalda Miranda; BRAGA NETTO, Felipe; SILVA, Michael César; FALEIROS JÚNIOR, José Luiz de Moura (Coords.). Direito digital e inteligência artificial: diálogos entre Brasil e Europa. Indaiatuba: Editora Foco, 2021.

–; –. O consentimento do paciente no admirável mundo novo de robôs de assistência à saúde e algoritmos de inteligência artificial para diagnóstico médico. In: TEPEDINO, Gustavo; SILVA, Rodrigo da Guia (Coords.). O Direito Civil na era da inteligência artificial. São Paulo: Thomson Reuters Brasil, 2020.

LACERDA, Bruno Torquato Zampier. A função do direito frente à inteligência artificial. *In*: BARSOSA, Mafalda Miranda; BRAGA NETTO, Felipe; SILVA, Michael César; FALEIROS JÚNIOR, José Luiz de Moura (Coords.). Direito digital e inteligência artificial: diálogos entre Brasil e Europa. Indaiatuba: Editora Foco, 2021.

LANPHIER, Elizabeth; FYFE, Shannon. Pediatric Off-Label Use of Covid-19 Vaccines: Ethical and Legal Considerations. The Hastings Center Report, v. 51, n. 6, p. 27, 2021.

LI WENFANG. Guangzhou hospital opens AI lab toc reate e-hospital. Chinadaily. Guangzhou, 10 de maio de 2018. Disponível em: http://www.chinadaily.com.cn/a/201805/10/WS5af4377fa3105cdcf651d320.html. Acesso em: 28 fev. 2022.

LIU Hanhua; EMSLEY, Richard; DUNN, Graham. China's 2009 health reform: What implications could be drawn for the NHS Foundation Trusts reform?. Health Policy and Technology, v.2, n.3, p. 61-68, 2013. Disponível em: https://www.sciencedirect.com/science/article/abs/pii/S2211883713000208?via%3Dihub. Acesso em 28 fev. 2022.

LEE, Kai-Fu. Inteligência artificial: como os robôs estão mudando o mundo, a forma como amamos, nos comunicamos e vivemos. Rio de Janeiro: Globo Livros, 2019.

MORIN, Edgar. É hora de mudarmos de via: lições do coronavírus. 2. ed. Rio de Janeiro: Bertrand Brasil, 2021.

NELSON, Ryan H.; MOORE, Bryanna; BLUMENTHAL-BARBY, Jennifer. Pediatric Authenticit: Hiding in Plain Site. The Hastings Center Report v. 52, n. 1, p. 42-50, 2022.

OECD. International Conference on AI in Work, Innovation, Productivity and Skills. 21-25 February 2022. Disponível em: https://oecd-events.org/2022-ai--wips/sessions. Acesso em 26 fev. 2022.

–. Know the AI: assessing the risks of artificial intelligence. Disponível em: https://soundcloud.com/oecd/ai_wips. Acesso em 26 fev. 2022.

O'NEIL, Cathy. Algoritmos de destruição em massa: como o big data aumenta a desigualdade e ameaça a democracia. Santo André: Editora Rua do Sabão, 2020.

OTT, Mary A. Bias In, Bias Out: Ethical considerations for the application of machine learning in Pediatrics. The Journal of Pediatrics, v. 247, p. 124, February 1st 2022. Dsponível em: https://www.jpeds.com/article/S0022-3476(22)00066--X/fulltext. Acesso em: 28 fev. 2022.

PERELMUTER, Guy. Futuro Presente: o mundo movido a tecnologia. Jaguaré: Companhia Editora Nacional, 2019.

PORTAL GOV.BR. Objetivos do desenvolvimento sustentável. Indicadores brasileiros para os objetivos do desenvolvimento sustentável. Disponível em https://odsbrasil.gov.br/. Acesso em: 28 fev. 2022.

QUEDA Livre: a tragédia do caso Boeing. Direção de Rory Kennedy. Produção de Brian Grazer. Realização de Ron Howard. [S.I.]: Netflix, 2022. (89 min.), Streaming, color. Legendado. Disponível em: https://www.netflix.com/br/title/81272421. Acesso em: 26 fev. 2022.

SANTOS, Boaventura de Sousa. O futuro começa agora: da pandemia à utopia. São Paulo: Boitempo, 2021.

SCHULMAN, Gabriel; PEREIRA, Paula Moura Francesconi de Lemos. Futuro da saúde do futuro: impactos e limites reais da inteligência artificial. *In:* TEPEDINO, Gustavo; SILVA, Rodrigo da Guia (Coords.). O Direito Civil na era da inteligência artificial. São Paulo: Thomson Reuters Brasil, 2020.

SCHWAB, Klaus. A quarta revolução industrial. São Paulo: Edipro, 2016.

SERTORIO, Jonas; MURTA, Laura. O novo ecossistema de saúde brasileiro. MIT Technology Review. 8 de fevereiro de 2022. Disponível em: https://mittechreview.com.br/o-novo-ecossistema-de-saude-brasileiro/. Acesso em: 28 fev. 2022.

ST JUDE CHILDREN'S RESEARCH HOSPITAL. St Jude Global. Taking St. Jude to the world. Disponível em: https://www.stjude.org/global.html. Acesso em: 28 fev. 2022.

THE CONCISE ENCYCLOPEDIA of the Ethics of New Technologies. San Diego/ San Francisco/ New York/ Boston/ London/ Sydney/ Tokyo: Academic Press, 2001.

THE INTERNET ENCYCLOPEDIA OF PHILOSOPHY. A peer-reviewed academic resource. Ethics in artificial intelligence (verbete). Disponível em: https://iep.utm.edu/ethic-ai/. Acesso em: 28 fev. 2022.

TOPOL, Eric J. High-performance medicine: the convergence of human and artificial intelligence. Nature Medicine, v. 25, p. 44-56, January 7th 2019. Disponível em: https://www.nature.com/articles/s41591-018-0300-7. Acesso em: 20 fev. 2022.

UNICEF; WORLD ECONOMIC FORUM. Children and AI. Where are the opportunities and risks? Disponível em: https://www.unicef.org/innovation/sites/

unicef.org.innovation/files/2018-11/Children%20and%20AI_Short%20Verson%20%283%29.pdf. Acesso em: 20 fev. 2022.

VASQUEZ, Liliana; MONTOYA, Jacqueline; UGAZ, Cecilia; RÍOS, Ligia; LEÓN, Esmeralda; MAZA, Iván; MARANDIEGUE, Essy; CHAVEZ, Shanon; TARILLO, Fanny; DIAZ, Rosdali; PASCUAL, Claudia; ROJAS, Ninoska;; TELLO, Mariela; MOORE, Carla; SHAH, Darshi; COTRINA, Bernardette; BARTOLO, Juan; PEREZ, Jorge; PALCIOS, Victor. ONCOPEDS: A mobile application to improve early diagnosis and timely referral in childhood cancer in a low – and middle-income country – A pilot study. Pediatric Blood & Cancer, v. 68, n. 4, April 2021. Disponível em: https://onlinelibrary.wiley.com/doi/10.1002/pbc.28908. Acesso em: 28 fev. 2022.

WIMMER, Miriam. Responsabilidade de agentes empresariais por ilícitos administrativos praticados por sistemas de inteligência artificial. *In:* FRAZÃO, Ana; MULHOLLAND, Caitlin (Coords.). Inteligência artificial e direito: ética, regulação e responsabilidade. 2. ed. rev., atual. e ampl. São Paulo: Thomson Reuters Brasil, 2020.

WIKIPEDIA. Boeing 737 Max. Disponível em: https://pt.wikipedia.org/wiki/Boeing_737_MAX. Acesso em: 28 fev. 2022.

WORLD ECONOMIC FORUM (Suiça). World Economic Forum. Artificial Intelligence for Children: toolkit. Toolkit. 2022. This toolkit is designed to help companies develop trustworthy artificial intelligence for children and youth. Disponível em: https://www.weforum.org/reports/artificial-intelligence-for-children. Acesso em: 17 abr. 2022.

WORLD HEALTH ORGANIZATION. Ethics and Governance of Artificial Intelligence for Health – WHO Guidance. Disponível em: https://www.who.int/publications/i/item/9789240029200. Acesso em: 27 fev. 2022.

–. WHO and St. Jude to dramatically increase global access to childhood cancer medicines. Geneva, 13 December 2021. Disponível em: https://www.who.int/news/item/13-12-2021-who-and-st.-jude-to-dramatically-increase-global-access-to-childhood-cancer-medicines#:~:text=middle%2Dincome%20countries.-,St.,childhood%20cancer%20medicines%20to%20date. Acesso em 28 fev. 2022.

WORLD MEDICAL ASSOCIATION. WMA statement on augmented intelligence in medical care. Adpoted by the 70th WMA General Assembly, Tblisi, Georgia, October 2019. Disponível em: https://www.wma.net/policies-post/wma-statement-on-augmented-intelligence-in-medical-care/. Acesso em: 20 fev. 2022.

# 6. BIG DATA E INTELIGÊNCIA ARTIFICIAL NOS CUIDADOS DE SAÚDE

*Marlena Jankowska*
*Mirosław Pawełczyk*
*Marlena Sakowska-Baryła*

## Introdução – transformação digital nos cuidados de saúde

A esperança da vida continua a alongar e, como os dados mostram, antes do ano 2050, as pessoas de mais de 65 anos estabelecerão 16% da população na Terra. Este fenômeno traz consequências importantes no setor dos cuidados de saúde, que começa a evoluir fortemente sob a influência das ações tecnológicas extraordinárias, bem como mudanças da consciência dos pacientes.[1] Mundialmente os custos ligados com o desenvolvimento técnico dos cuidados de saúde podem aumentar de 8,4 bilhões dólares do ano 2015 até a 18,3 bilhões dólares em 2030. Nas dadas circunstâncias, a necessidade de melhorar os resultados do tratamento dos pacientes, simultaneamente diminuindo os custos, é um grande desafio para os cuidados de saúde em todo o mundo. Esta é, sem dúvida, uma tarefa difícil, considerando as necessidades crescentes de tratar das doenças crônicas e das doenças da sociedade envelhecida[2].

[1] A. Bohr, K. Mamarzadeh, *Current healthcare, big data, and machine learning* [in:] A. Bohr, K. Mamarzedeh (ed.), Artificial Intelligence in Healthcare, Elsevier 2020, p. 1.

[2] WHO, *Public Spending on Health: A Closer Look at Global Trends*, 2018; C.J. Counts, J. Skordis-Worrall, *Recognizing the importance of chronic disease in driving healthcare expenditure in Tanzania: analysis of panel data from 1991 to 2010*. Health Policy Plan. 2016 May; 31(4), p. 434-43.

Pode-se então associar muita esperança com a transformação digital nos cuidados de saúde. Isso significa o uso das tecnologias modernas e dos serviços digitais, utilização de ferramentas modernas e aplicativos móveis, criação dos ricos bancos de dados referentes à saúde, e também a integração da tecnologia, como Internet das Coisas (IoT), aprendizagem de máquina (ML) e inteligência artificial (IA). O uso de tais soluções permite melhorar as decisões clínicas, possibilita obter as medições mais precisas, monitorar o paciente "ao vivo" e criar a interação direta com ele, em vez de consultar a cada poucas semanas[3]. Por isso, é óbvio que atualmente os serviços de mobile health (mHealth) estão se tornando cada vez mais populares nos cuidados de saúde e progressivamente procuram-se a definição relevante e as regulações legais para soluções como mHealth, e-saúde e telemedicina[4].

A tecnologia muda os cuidados de saúde em dois modos. De um lado a mudança trata da abordagem do paciente ao sistema, e de outro lado, do próprio sistema com muito mais a oferecer com os dados enriquecidos. Em resultado, os cuidados de saúde começarão a parecer o mercado comercial do qual o consumidor poderá escolher os bens e os serviços cada vez mais personalizados[5]. A noção "cuidado" – "saúde" (en. "health" – "care") evolui para o conceito de "gerenciamento" de saúde. Isso, no entanto, exige as soluções eficientes e modeladas, que de um lado serão eficazes economicamente e de outro implementarão as normas transparentes[6]. O sistema baseado no combate à doença transforma-se em um sistema baseado em manter o corpo saudável[7].

[3] E. Kwiatkowska, *Internet rzeczy. Czy będą nas leczyć komputery?*, "iKAR" Nr 6/2016, p. 21.

[4] B. Oręziak, *Legal Aspects of e-Health and the Reality of the Polish Society*, "Prawo w działaniu/ Law in action" Nr 38/2019, p. 66; WHO Global Observatory for eHealth. (2011). mHealth: new horizons for health through mobile technologies: second global survey on eHealth. World Health Organization, https://apps.who.int/iris/handle/10665/44607, p. 6 (acesso no dia 07 de fevereiro de 2022); Green Paper on mobile Health ("mHealth"), European Commission, 10.4.2014, p. 3.

[5] J. Elton, A. O'Riordan, *Healthcare disrupted: next generation business models andstrategies*. John Wiley & Sons; 2016; A. Bohr, K. Mamarzadeh, *Current healthcare...*, p. 2; D.D. Miller DD, E.W. Brown, *Artificial intelligence in medical practice: the question to the answer?* Am J Med 2018;131(2), p. 129-133.

[6] A. Bohr, K. Mamarzadeh, *Current healthcare...*, p. 4.

[7] L.F. McMahon Jr, R. Tipirneni, V. Chopra, *Health System Loyalty Programs: an innovation in customer care and service*. JAMA 2016, 315, p. 863-864.

Cada uma das questões aqui mencionadas merece uma reflexão jurídica mais ampla. No entanto, em nossas considerações, vamos nos focar nas questões-chave para duas soluções tecnológicas relacionadas entre si que recentemente se tornam cada vez mais importantes nos cuidados de saúde – Big data e inteligência artificial. Estamos lidando com a enorme diversidade de dados e vários modelos de aplicação da inteligência artificial[8]. Os dados utilizados para análise envolvem dados demográficos dos pacientes, consultas, diagnósticos, patologia, testes laboratoriais, medicamentos, radiologia, radioterapia, intervenções cirúrgicas, cuidados pós-terapia, anotações e documentos, informações operacionais, financeiras e de seguro e característica do prestador de serviço, entre outros. As maiores fontes de dados são imagens (utilizadas para o diagnóstico), dados ômicos (como dados das sequências completas de genomas) e informações proteômicas. As tecnologias modernas permitem coletar e analisar uma enorme quantidade de dados não apenas sobre muitas pessoas, mas também sobre um paciente, pois a quantidade adequada das informações tem o significado principal para garantir a tomada correta das decisões clínicas, bem como a influência direta na vida dos pacientes.

Com o desenvolvimento de EMR (en. Electronic Medical Records) aparecem várias possibilidades técnicas, mas também as reflexões sobre os aspectos jurídicos e éticos. O EMR estabelece o conjunto de dados que simultaneamente podem ser disponíveis para o médico geral, farmácias, hospitais, hospícios ou serviços de telemedicina[9].

## 1. Fenômeno e essência de "Big data"

"Big data" é o termo estabelecido nos anos 90 do século XX para envolver os conjuntos de dados demasiado grandes para utilizá-los com o software comum. São os conjuntos de dados da grande diversidade e variabilidade em termos de valor, estrutura, temas, volume que "desaparecem" e "aumentam" rapidamente. Através dos métodos da análise deles (na verdade, da exploração) descobrem-se as novas dependên-

[8] A. Saxena, N. Brault, S. Rashid, *Big Data and Artificial Intelligence for Healthcare Applications*, Boca Raton 2021, https://www.taylorfrancis.com/books/edit/10.1201/9781003093770/big-data-artificial-intelligence-healthcare-applications-ankur-saxena-nicolas-brault-shazia-rashid, acesso no dia 07 de fevereiro de 2022.

[9] A. Bohr, K. Mamarzadeh, *Current healthcare...*, p. 3.

cias entre os dados, frequentemente ainda não conhecidas, ou até descobrem-se os novos fenômenos úteis nos processos cognitivos, de investigação ou decisivos[10]. Há uma afirmação metafórica extremamente precisa de que Big data é o oceano de dados, e os métodos do Big data são os tipos de redes e das estratégias de pesca. Dependendo das redes utilizadas e da estratégia de pesca utilizada, é possível pescar vários dados do oceano de dados que apresentam diversas possibilidades de realizar a análise[11], como também é o caso do uso de Big data e métodos da análise deles, nos cuidados de saúde. Neste espaço, cada vez mais se aproveita de Big data e dos métodos específicos e analíticos que podem ser usados na medicina – na forma comercial e não-comercial, para os objetivos universitários e para a área de saúde pública. Big data envolve os dados biológicos, biométricos e os dados eletrônicos da saúde. Como o exemplo pode-se apresentar os dados de biobancos, os dados de aparelhos wellness e os dados eletrônicos da saúde que incluem os registros da medicina e as imagens[12]. Os grandes conjuntos de dados são gerados e fornecidos como ecossistema dos cuidados de saúde em todo o mundo. Constroem-se dos estudos médicos (novos medicamentos e estudos clínicos), da previsão e prevenção (perfil do paciente e modelos preditivos), da experiência e dos tratamentos aos doentes (telemedicina, aplicativos da saúde e tratamento personalizado) e da vida cotidiana (roupa, sequenciação de genes, diagnóstico online)[13]. Com Big data, revelam-se os modelos de saúde e promete fornecerem-

[10] B. Szafrański, Realizacja zadań publicznych a Big data, [in:] *Internet. Publiczne bazy danych i Big* data, G. Szpor (red.), Warszawa 2014, p. 11.

[11] Ibidem, p. 12.

[12] M. Mallappallil, J. Sabu, A. Gruessner, M. Salifu, *A review of big data and medical research*, https://journals.sagepub.com/doi/full/10.1177/2050312120934839, acesso no dia 07 de fevereiro de 2022.

[13] A. Bohr, K. Mamarzadeh, *Current healthcare...*, p. 12. G. Bohr, *Drug discovery and molecular modeling using artificial intelligence* [in:] A. Bohr, K. Mamarzedeh (ed.), Artificial Intelligence in Healthcare, Elsevier 2020 p. 61 et seq. S. Colombo, *Application of artificial intelligence in drug delivery and pharmaceutical development*, [in:] A. Bohr, K. Mamarzedeh (ed.), Artificial Intelligence in Healthcare, Elsevier 2020, p. 85 et seq.. R. Mirnezami, *Cancer diagnostics and treatment decisions using artificial intelligence* [in:] A. Bohr, K. Mamarzedeh (ed.), Artificial Intelligence in Healthcare, Elsevier 2020, p. 117 et seq. V. L. Patel, E. H. Shortliffe, M. Stefanelli, P. Szolovits, M.R. Berthold, R. Bellazzi, et al. *The coming of age of artificial intelligence in medicine*, Artif Intell Med 2009; 46 (1), p. 5-17; M. Chang, *Artificial Intelligence for Drug*

-se as soluções que antes não eram alcançáveis para a sociedade. Porém, a ambiguidade da lei, as questões da titularidade de dados, os problemas da proteção dos dados de carácter pessoal, as preocupações relativas à privacidade e segurança podem desacelerar o progresso das investigações. Sem dúvida, é necessário procurar as soluções que resultarão ao encontro das melhores soluções clínicas, com o devido cuidado, para restringir os danos e respeitar as garantias previstas pela lei. Provêm das várias fontes e não são estruturadas em grande medida. É preciso lembrar também que o termo Big data não trata apenas de abundância de dados, mas sobretudo foca-se em novas possibilidades da análise deles. Por isso, na literatura indica-se a aplicação positiva destes grandes conjuntos, tal como se identifica com estas aplicações a ameaça aos direitos e à liberdade dos indivíduos, inclusivamente a ameaça à privacidade e à proteção dos dados de carácter pessoal[14].

## 2. Característica de Big data

Hoje em dia, Big data frequentemente caracteriza-se pelo uso da abreviação 5V das propriedades seguintes: 1) Volume (o volume), 2) Velocity (a velocidade), 3) Variety (a variedade), 4) Veracity (a veracidade), 5) Value (o valor). Vale a pena apresentar cada uma dessas características, porque são construtivas para a existência de Big data:

1) Volume – os conjuntos de dados de volume muito grande o que é importante para a análise de dados, porque é óbvio que estudos científicos modernos, especialmente na área da medicina, exigem abundância de dados, sobretudo da saúde dos pacientes. A possibilidade de acolher as novas informações e a disponibilidade dos dados já acolhidos é essencial para realizar as pesquisas epidemiológicas, médicas e da saúde com base na analítica dos grandes conjuntos[15];

*Development, Precision Medicine, and Healthcare*, Taylor& Francis Group, Boca Raton London New York.

[14] *O. Tene, J. Polonetsky*, Privacy in the Age of Big Data: A Time For Big Decisions, 64 "Stanford Law Review Online", February 2, 2012, p. 63.

[15] R. Pierce, *Machine Learning for Diagnosis and Treatment: Gymnastics for the GDPR*, "European Data Protection Law Review" Nr 3/2018, p. 333.

2) Velocity – o ritmo de coleta respetivamente rápido e de alta mutabilidade – a velocidade no processo da análise é muito importante, porque existe a circulação constante e a coleta de dados. Por isso, é necessário processar os dados rapidamente para poder atingir as informações preciosas dos pedaços particulares de dados e simultaneamente coletá-los e interpretá-los;
3) Variety – a diversidade dos conjuntos que podem ser ordenados e não-estruturados, variáveis e marcados pela aleatoriedade, possuindo as relações evidentes entre si, e também outras com as ligações visíveis somente nas consequências da análise;
4) Veracity – aponta a utilidade de dados em termos da sua veracidade e regularidade, coletar uma abundância de dados ajuda a detectar erros e anomalias;
5) Value – não trata apenas do valor dos dados individuais que formam o Big data, mas do valor dos resultados das análises realizadas com os métodos do Big data, embora um volume de dados analisados, transformados e enriquecidos ao longo das análises seguintes possui o valor relevante[16];

É preciso considerar que os dados complexos e poderosos estatisticamente têm que estar disponíveis em tempo real, permitindo que sejam analisados e utilizados imediatamente. Big data tem volume, dinâmica e enorme diversidade. Exige também as tecnologias de gerenciamento específicas, incluindo o software, a infraestrutura e as habilitações. Isso refere-se também aos cuidados de saúde. Nesta área, com muita frequência, Big data junta-se com a inteligência artificial[17]. A grande vantagem da tecnologia digital é a permissão da coleta e da análise dos grandes conjuntos de dados aos clínicos, o mais breve possível. Estas tarefas são assistidas cada vez mais frequentemente pelas soluções da IA. A tecnologia digital permite que as pessoas que realizam os estudos epidemiológicos, as pesquisas ou os ensaios clínicos coletem os

[16] B. Szafrański, Realizacja zadań publicznych a Big data, [in:] *Internet. Publiczne bazy danych i Big* data, G. Szpor (red.), Warszawa 2014, p. 11.

[17] *AI in medical diagnosis. How US health systems are using AI for diagnostic imaging, clinical decision support, and personalized medicine,* https://www.businessinsider.com/ai-medical-diagnosis-report?IR=T, acesso no dia 07 de fevereiro de 2022.

dados imediatamente de uma população maior e muito mais diversificada do que nunca. A coleta de dados permite a meta-análise, e o acesso aos grandes conjuntos de dados facilita a identificação dos fatores de risco e a recomendação mais eficaz dos passos apropriados de intervenção e da prevenção. Estas atividades são cada vez mais apoiadas pela IA.

## 3. O conceito da inteligência artificial

A inteligência artificial continua a ser uma noção ambígua, embora se trabalhe profundamente em alinhar o quadro jurídico da sua aplicação, como também do modo de defini-lá[18]. Para os propósitos da nossa análise, pode-se consultar a definição formulada por Marvin Minski, segundo a qual "a inteligência artificial é a ciência sobre máquinas que realizam as tarefas que exigem a inteligência quando são feitas pelo homem"[19]. A inteligência artificial também pode-se definir como "o sistema que permite exercer as tarefas que exigem o processo da aprendizagem, incluindo as novas circunstâncias em curso de resolver dado problema; o sistema que também pode funcionar autonomamente e interagir com o ambiente em grau variável, dependendo da configuração"[20]. Por conseguinte, a inteligência artificial, ou mais precisamente, o sistema que utiliza a inteligência artificial (o sistema IA), é o sistema que consegue aprender com sua própria experiência – com os dados e resolver os problemas complexos nas diferentes situações, conseguindo descobrir o conhecimento, tomar as decisões autônomas e construir as suas próprias conclusões com base nas experiências históricas, então imitando a inteligência humana e exercendo as tarefas que geralmente exigem a inteligência humana[21]. Não há dúvida de

[18] O pedido do dia 21 de abril de 2021 da Comissão Europeia – Regulamento do Parlamento Europeu e do Conselho que estabelece regras harmonizadas em matéria de inteligência artificial (Regulamento Inteligência Artificial) e altera determinados atos legislativos da União COM/2021/206 final https://eur-lex.europa.eu/legal-content/PL/TXT/?uri=CELEX:52021PC0206 (acesso no dia 07 de fevereiro de 2022.)

[19] M. Minsky, [in:] P. Wawrzyński, *Podstawy sztucznej inteligencji*, Warszawa 2019, p. 10.

[20] M. Zalewski, *Definicja sztucznej inteligencji*, [in:] Prawo sztucznej inteligencji, L. Lai, M. Świerczyński (red.), Warszawa 2020, Legalis.

[21] M. Rojszczak, *Prawne aspekty systemów sztucznej inteligencji – zarys problemu*, [in:] *Sztuczna inteligrncja, blockchain, cyberbezpieczeństwo oraz dane osobowe. Zagadnienia wybrane*, K. Flaga-Gieruszyńska, J. Gołaczyński, D. Szostek (red.), Warszawa 2019, p. 3-4; M. Zalewski, *Defi-*

que estas disciplinas da medicina que se baseiam nos dados de imagens, incluindo oncologia, mamografia e neurologia, já aproveitam os benefícios da implementação dos métodos da IA. Seu uso em grande medida depende do uso dos recursos de Big data e métodos de Big data, mencionados acima. Contudo, é claro que aplicativos de IA potencialmente podem revolucionar a maneira em que funciona o setor dos cuidados de saúde para aumentar o rendimento e melhorar os resultados dos doentes – desde o tratamento em hospital até aos estudos clínicos, elaboração dos medicamentos e seguros[22].

## 4. Inteligência artificial nos cuidados de saúde

A inteligência artificial nos cuidados de saúde geralmente refere-se aos aplicativos projetados para pesquisar os grandes conjuntos de dados e localizar as informações críticas sobre os pacientes. Hoje em dia, os sistemas inteligentes utilizam as redes neurais artificiais nas quais os computadores aprendem processar os dados brutos com base nos exemplos, e não com base na programação evidente. Estas redes funcionam da mesma maneira como os neurônios no cérebro humano. Graças à aprendizagem mecânica, o sistema de computador adquire a capacidade de utilizar as redes neurais para transformar os dados recebidos, identificar os esquemas e tomar as decisões com a mínima influência humana. A capacidade do sistema do computador de processar rapidamente uma enorme quantidade de dados e definir a prioridade de critérios críticos para tomar a decisão é possível graças à aprendizagem profunda. É um gênero de aprendizagem mecânica em que os sistemas podem exercer as tarefas complexas, utilizando muitas camadas de escolhas com base nos dados de partida da camada anterior, criando as conclusões cada vez mais inteligentes e abstrativas. Os exemplos da

*nicja sztucznej inteligencji,* [in:] Prawo sztucznej inteligencji, L. Lai, M. Świerczyński (red.), Warszawa 2020, Legalis.; Relatório da autoridade reguladora norueguesa (Datatilsynet) sob o título "Inteligência artificial e privacidade", o texto disponível no site: https://www.datatilsynet.no/globalassets/global/english/ai-and-privacy.pdf, p.5; Directivas da autoridade reguladora britânica (Information Commissioner's Office) sobre IA i dados pessoais; directivas disponíveis no site: https://ico.org.uk/for-organisations/guide-to-data-protection/key-data-protection-themes/guidance-on-artificial-intelligence-and-data-protection/.

[22] The era of AI, https://www.ibm.com/watson/health/resources/artificial-intelligence--medical-imaging/, acesso no dia 07 de fevereiro de 2022.

aprendizagem profunda envolvem as tarefas de IA mais complexas, como a análise das imagens para reconhecer uma cara ou anomalia no exame médico digital[23].

A exploração de IA na medicina pode-se dividir em três ramos principais: virtual, físico e a fusão dos ambos (a cooperação entre a realidade virtual e os robôs), dos quais todos apresentaram as vantagens extraordinárias e o potencial nos estudos e no trabalho clínico. A inteligência artificial virtual através da aprendizagem de máquina é um subconjunto da inteligência artificial e refere-se ao grupo dos métodos que automaticamente podem detectar os modelos nos dados em objetivo de prever as tendências de dados ou permitir a tomada de decisões em condições inseguras. A aprendizagem mecânica continua a apoiar os estudos da genética e da medicina molecular. Além disso, a inteligência artificial pode facilitar a medicina de precisão através da integração dos dados fenotípicos de EHR e dos dados genotípicos de "ômica"[24].

## 5. Técnicas IA na medicina

Nos últimos anos, o aparecimento do sequenciamento de alta capacidade tornou possível obter as informações em grande escala sobre DNA, proteínas e interações entre moléculas. Hoje em dia, os biomarcadores diagnósticos e os objetivos terapêuticos são geralmente descobertos diretamente ou através dos algoritmos da interação. As técnicas da inteligência artificial podem ser utilizados também para optimalizar os estudos clínicos dos medicamentos inovadores e a terapia com o planejamento preciso de tratamento baseado nos dados, prever os resultados clínicos e facilitar a gerenciamento do processo (como o recrutamento e a retenção dos pacientes), assim diminuindo a complexidade e os custos.

Na era digital dos cuidados de saúde, a inteligência artificial apresentou o grande valor graças à aplicação ampla de EHR e sequenciamento de alta capacidade. A inteligência artificial potencialmente pode assegurar os conselhos ativos aos médicos que tomam as decisões clínicas.

[23] The era of AI, https://www.ibm.com/watson/health/resources/artificial-intelligence--medical-imaging/, acesso no dia 07 de fevereiro de 2022.

[24] J. Guan, *Artificial intelligence in healthcare and medicine: promises, ethical challenges and governance*. Chin Med Sci J. 2019, https://pubmed.ncbi.nlm.nih.gov/31315747/, acesso no dia 07 de fevereiro de 2022.

Este potencial e exemplos positivos são visíveis em previsões, imagiologia, diagnósticos patológicos e tratamento.

Em 2018, a Agência Americana de Alimentos e Medicamentos (FDA) autorizou o lançamento do primeiro sistema diagnóstico baseado na inteligência artificial, IDx-DR. Permite detectar a retinopatia diabética e tomar as decisões de triagem com a ajuda do algoritmo IA depois da análise das imagens dos olhos feitos pela câmara retiniana, transmitidas ao servidor em nuvem, independentemente do médico[25].

Nos cuidados de saúde, a indústria física da inteligência artificial é melhor representada por robôs que servem para ajudar pacientes idosos ou cirurgiões. Os robôs de enfermagem tornam-se cada vez mais comuns nas instituições dos cuidados dos idosos. O sistema cirúrgico da empresa americana Intuitive Surgical foi nomeado Da Vinci em reconhecimento da sua influência inspiradora a esta disciplina. Em 2000, o nome foi aprovado pela FDA. Os sistemas cirúrgicos Da Vinci facilitam as cirurgias complexas usando uma abordagem minimamente invasiva, e podem ser controladas pelo cirurgião do console. Porém, é preciso indicar que tanto nos EUA, como nos outros países, onde começaram a utilizar os sistemas de IA nos cuidados de saúde, pode-se enumerar as três áreas mais importantes de diagnóstico – a imagiologia, o apoio das decisões clínicas e a medicina personalizada. Nestes casos, a tecnologia pode melhorar radicalmente os resultados do tratamento dos doentes, diminuir os custos e aumentar a produtividade.[26]

## 6. Aplicativos, Big data, IA

Na disciplina dos cuidados de saúde aconteceu o melhoramento significativo graças à medicina personalizada e analítica obrigatória devido ao papel dos sistemas de Big data. Os cientistas analisam os dados para indicar o melhor tratamento de dada doença, os efeitos secundários de medicamentos, a previsão dos riscos à saúde, etc. Os aplicativos móveis

[25] J. Guan, *Artificial intelligence in healthcare and medicine: promises, ethical challenges and governance.* Chin Med Sci J. 2019, https://pubmed.ncbi.nlm.nih.gov/31315747/, acesso no dia 07 de fevereiro de 2022.

[26] AI in medical diagnosis. How US health systems are using AI for diagnostic imaging, clinical decision support, and personalized medicine, https://www.businessinsider.com/ai-medical-diagnosis-report?IR=T, acesso no dia 07 de fevereiro de 2022.

nos dispositivos de saúde e para usar no corpo causam o aumento da quantidade dos dados em ritmo exponencial. É possível prever o surto de doença através de mapeamento dos dados relativos aos cuidados de saúde e dados geográficos. Depois da previsão pode-se controlar a epidemia e fazer os planos da luta contra a doença. Estas análises com o auxílio das decisões diagnósticas já acontece várias vezes com o uso dos sistemas de IA.

O bom exemplo das soluções diagnósticas modernas é imagiologia cardiovascular que se transforma com o desenvolvimento da ciência sobre os dados. Existem muitas técnicas utilizadas na medicina cardiovascular para examinar várias doenças, mas também para melhorar a qualidade do tratamento dos pacientes e a mortalidade. O potencial de IA na medicina cardiovascular é enorme, mesmo que desconhecimento possa ocultar a sua influência clínica potencial. Nas todas as etapas da cadeia de imagiologia aparecem algumas complexidades, como rendimento, tempo e diagnósticos que faltam. A dependência dos aplicativos de IA é relacionada com os dados ativos, as técnicas calculas adequadas e as ferramentas enquanto em algumas áreas depende da validação do uso clínico para seccionar a imagem, medidas automáticas e diagnóstico. A doença cardiovascular atualmente possui a imagiologia precisa combinada com grandes dados do registro de e-saúde e de patologia para caracterizar melhor a doença e adequar a terapia personalizada.

A análise das imagens médicas não é a única área do uso de Big data e IA, porque além de gerar, manter e analisar as imagens, o contacto das tecnologias explora-se também nas inscrições e análises dos parâmetros vitais de doentes, nos estudos clínicos, na modelação dos adoecimentos do câncer de mama, na epidemiologia e no controle do estado dos pacientes que sofrem de asma, ou aqueles que lutam com obesidade ou doenças oncológicas.

## 7. Cuidados de saúde eficazes como modelo de negócio

A remodelação dos cuidados de saúde exige o planejamento em várias etapas que consegue utilizar os recursos da nova tecnologia não apenas no aspeto *direto* (estudos, análises, acesso aos dados), mas também no aspeto *indireto* (normas de qualidade, acesso aos serviços e modo do acesso, gerenciamento do pessoal e serviços). A McKinsey & Company[27] prestou a atenção aos quatro aspectos essenciais que resultarão ao uso mais eficiente dos recursos:

1. *Gerenciamento rigorosa dos processos.* Envolve a normalização dos processos clínicos e operativos, o uso largo de novas tecnologias e análises (por exemplo, para curar independente os doentes ou monitorar remotamente) e a gerenciamento firme do rendimento.

2. *Pessoal no centro.* Muitos sistemas dos cuidados de saúde acolhe os modelos mais inovadores de mão-de-obra – afirmando que os clínicos muito bem especializados trabalham "de nível mais elevado", enquanto as tarefas da menor qualidade assume o novo gênero do pessoal, como os treinadores de saúde. Ao mesmo tempo, organizações bem sucedidas continuam a afirmar a forte liderança e implementam os processos eficazes de desenvolvimento do pessoal.

3. *Atenção focada nos pacientes.* Envolve permitir que os doentes desempenhem o papel mais ativo em gerar das suas próprias enfermidades, simultaneamente permitindo uma maior diversidade dos serviços, dependendo das necessidades e dos resultados desejados.

4. *Escala de desenvolvimento.* A alta escala de crescimento ajuda aos beneficiários dos cuidados de saúde em várias maneiras: apoia o desenvolvimento de serviços, resulta em melhor uso dos recursos e pessoal, permite aumentar os investimentos em IT, gerenciamento do rendimento e das novas soluções do trabalho.

Além do acima, o setor dos cuidados de saúde evolui do lado corporativo de modo que os dois termos "cuidados" – "saúde", até agora incorporados, começam a funcionar em relação completamente diferente. Além disso, os negócios tecnológicos entram nos consórcios com as empresas farmacêuticas em grande escala (p.ex. Google com Novartis; Sanofi com Pfizer; IBM com Merck, GSK e Pfizer; Apple com J&J;

[27] *Nwe models of healthcare*, McKinsey & Company 2017, https://www.mckinsey.com/industries/healthcare-systems-and-services/our-insights/new-models-of-healthcare (acesso no dia 07 de fevereiro de 2022)
A. Bohr, K. Mamarzadeh, *Current healthcare...*, p. 4.

Microsoft com AstraZeneca e Novartis)[28].Como observa Eric Topol, a nova tecnologia permite criar a chamada medicina profunda (en. deep medicine) que exige o apoio em três componentes ao desenvolvimento completo: análise profunda dos dados disponíveis sobre o paciente (incluindo genes DNA, RNA, proteínas, metabólitos, imunoma, microbioma, epigenoma, mas também os dados da família), aprendizagem profunda (envolve não apenas o reconhecimento de esquemas e a aprendizagem mecânica que os médicos utilizarão ao diagnóstico, mas também o conjunto amplo dos aplicativos como treinadores médicos virtuais para dirigir os consumidores à melhor gerenciamento da sua própria saúde ou condição médica) ou empatia profunda e relações entre doente e médico[29].

## 8. Obstáculos e oportunidades de desenvolvimento dos cuidados de saúde baseados na utilização de Big data e IA

Entre os obstáculos de uso dos cuidados de saúde baseados em Big data e IA poder-se-ia indicar obstáculos de natureza jurídica, porque nesta área faltam regulamentações unificadas e consistentes. Porém, parece que atualmente estes obstáculos podem ser superados, enquanto os obstáculos de carácter tecnológico, econômico e organizacional são mais essenciais na visão do futuro.

No âmbito do resumo das análises já realizadas, vale a pena prestar atenção aos obstáculos e oportunidades de desenvolvimento dos cuidados de saúde baseados na utilização de Big data e IA. A prática revela que tecnologias, máquinas e repositórios de dados, quer base de dados em nuvem, quer a nossa própria base de dados, na maioria são inacessíveis às organizações por causa de preços altos. Utilizando os parâmetros do modelo coorte único podemos ofuscar os problemas com preços que enfrentamos e que enfrentaremos no futuro. Isso aumentará o valor das organizações médicas e os pacientes das zonas rurais que não têm bastante dinheiro e não têm o acesso a estas tecnologias, equipamento adequado, softwaree pessoal respectivamente preparado. Não obstante, a

[28] P.M. Danzon, *Differential pricing of pharmaceuticals: theory, evidence and emerging issues*. PharmacoEconomics. 2018;36(12), p. 1395-1405.

[29] E. Topol, *Deep Medicine. How Artificial Intelligence Can Make Healthcare Human Again*, Basic Books, New York 2019, p. 45.

tecnologia digital tornou-se a parte integral dos cuidados de saúde e vai revolucionar as práticas médicas. A tecnologia digital significativamente melhorou o rendimento operativo em relação às normas dos cuidados de saúde, melhorando também a experiência geral, tanto os empregados dos cuidados de saúde, como os pacientes. Sem dúvida, a digitalização no setor de saúde influi também ao melhoramento do acesso às informações e dados médicos e racionalização da conservação de registros. Permite também o desenvolvimento de serviços de mHealth, e-saúde e telemedicina, influi ao acesso da educação médica e aumenta a autoconsciência dos pacientes, causando o desenvolvimento de centenas de aplicativos de saúde. Estes aplicativos permitem a monitorização do estado de saúde e da doença, o fornecimento das informações médicas, o acesso aos resultados de exames e informam os pacientes sobre o prazo de exame. Além disso, os aplicativos médicos permitem aos empregados dos cuidados de saúde a verificação rápida dos resultados de exames, das recomendações sobre a dosagem dos medicamentos e das outras informações urgentes.

A questão seguinte é o aspecto técnico dos dados recolhidos. Os dados podem ser adquiridos em formato estruturado, estruturado parcialmente ou não-estruturado e obtidos das fontes originais (EMR, sistemas de apoio das decisões clínicas etc.) ou secundárias (companhias de seguros, farmácias, laboratórios, etc.). Uma das principais complexidades dos grandes dados são os dados não-estruturado qualitativamente ou incoerentes. Isto causa as dificuldades em organização e transformação.A transformação preliminar de dados através de *text mining*, análise da imagem ou outras formas de transformação são exigentes para atribuir as estruturas de dados e extrair as informações adequadas de dados brutos. Existem muitas técnicas aos estes objetivos, incluindo análise estatística, a linguística calcula para a transformação preliminar de dados, reconhecimentos de unidades e frequência dos termos da extração com dados textuais, como, por exemplo as anotações clínicas[30]. As questões técnicas inevitavelmente são relacionadas com o aspecto financeiro.

[30] A. Bohr, K. Mamarzadeh, *Current healthcare...*, p. 16.

## Conclusões

As novas tecnologias asseguram a exploração eficaz dos recursos, optimizando os custos dos cuidados de saúde. Simultaneamente, existem muitos problemas relacionados com exploração deles, como utilização comum dos sistemas mais antigos, várias fontes de dados com a norma e o formato diferente, dívida técnica, questões da segurança de dados e privacidade. Atualmente o sistema dos cuidados de saúde é baseado na quantidade de pacientes e não na qualidade do tratamento deles, embora o tratamento deva ser o ponto central. Ambas as instituições públicas e privadas tentam mudar isso através da implementação das novas normas. A qualidade dos cuidados de saúde deve ser recalculada considerando os benefícios que superam os prejuízos. O sistema dos cuidados de saúde baseado nas novas tecnologias exige a reestruturação grave de gerenciamento, mudança nos serviços cuidados de saúde, tal como a mudança nas estruturas organizacionais e modelos de pagamento.

# 7. LE STATUT JURIDIQUE DU ROBOT EN DROIT FRANÇAIS

*Olivier Gout*

«Vous êtes mon créateur, mais je suis votre maître», dit le monstre à Victor Frankenstein dans le roman de Mary Shelly publié en 1818. Le syndrome de Frankenstein, qui fait référence à la peur de voir les créations humaines se retourner contre l'homme, risquant ainsi de détruire l'humanité, est plus que jamais un sujet d'actualité.

Notre monstre d'aujourd'hui c'est le «robot». Si pendant de longues années celui-ci a suscité les espoirs les plus insensés pour améliorer notre quotidien et agrémenter les plaisirs égoïstes divers et variés de l'homme, puisque permettant d'avoir tantôt une «bonne à tout faire» pour les tâches éprouvantes, à l'instar d'un esclave, tantôt un compagnon avec lequel une forme de complicité peut se mettre en place, à l'instar d'un animal domestique, désormais le robot inquiète, et doit inquiéter. Nous sommes en effet en marche vers l'autonomisation des robots. Ce qui paraissait relever de la science-fiction il y a une cinquantaine d'années s'inscrit dorénavant dans notre quotidien ou à tout le moins dans un futur très proche. Réfléchir sur le statut du robot n'est plus de la juridique-fiction mais bien une préoccupation contemporaine.

Étymologiquement, le terme robot vient du tchèque robota[1], venant lui-même du verbe robotvat signifiant «travailler» – ce qui explique

[1] N. Nevejans, «Les robots: tentative de définition» in A. Bensamoun, (dir.), *Les robots, objets scientifiques, objets de droit,* éditions Mare et Martin 2016, Coll. Presses Universitaires de Sceaux, spec., p. 98, nº 22.

peut-être la parenté que l'on fait avec les esclaves ou le travail forcé. Ce mot apparaîtra pour la première fois dans une pièce de théâtre de science-fiction, R.U.R (*Rossum's Universal Robots*), de l'auteur tchèque Karel Capek, en 1920. Le terme aurait, semblerait-il, a été inventé par l'auteur[2].

Il est aujourd'hui admis que trois types de robot coexistent[3]:

Le robot de type 0 considéré comme un automate effectuant des actions programmées à l'avance.

Le robot de type 1 équipé de capteurs, de sondes, de caméras, et qui peut s'adapter à son environnement et prendre en compte des paramètres aléatoires qui n'ont pas forcément été envisagés lors de sa programmation.

Le robot de type 2 qui dispose d'une intelligence artificielle et qui va pouvoir apprendre, tenir compte de ses erreurs, acquérir de l'expérience et finalement prendre des décisions beaucoup plus complexes qui se rapprochent de plus en plus de celles de l'humain.

A vrai dire, les robots de type 0 et 1 et font déjà partie intégrante de notre quotidien. En revanche les robots de type 2 sont récents et vont mener à des terrains non connus. Nous apprenons quotidiennement des prouesses dont ils sont capables ou l'utilisation qui peut en être faite. Ils peuvent ainsi parcourir des millions de kilomètres de façon autonome[4], siéger dans des conseils d'administration[5], être animateur commercial, à l'image du robot Pepper que Nestlé a utilisé pour animer des points d'information et de vente au Japon, créer des morceaux de musiques, des films...

L'autonomie et la faculté d'auto-apprentissage d'une machine sont désormais les critères déterminants d'identification *du robot* devant focaliser l'attention des juristes, c'est-à-dire celui pour lequel on se demande s'il est opportun de lui conférer un statut juridique. Car en

[2] *Ibidem*, p. 84.

[3] V. J-M. Rodriguez, «L'intelligence artificielle – Les domaines», in *Livre Blanc sur l'indemnisation du dommage corporel*, LEH Edition, 2020, p. 121 et s., spec. p. 123

[4] La Google Car a parcouru 1,7 million de kilomètres en déplorant 11 incidents légers: www.objetconnecte.net/google-car-waymo-autonome-1001/

[5] www.latribune.fr/technos-medias/20140516trib000830445/un-entreprise-nomme-un--robot-a-son-conseil-d-administration.html

effet, le robot pourra passer des contrats[6] et sera à ce titre, et à bien d'autres, susceptible de causer des dommages, ce qui ne manquera pas de soulever des questions de la responsabilités civile et pénale. Assister au développement de l'autonomie des robots peut aussi conduire à voire s'accroître leur dangerosité.

Ainsi, en février 2017, le Parlement européen a voté une résolution demandant à la Commission de Bruxelles de présenter une proposition de directive sur les règles de droit civil sur la robotique. Il l'invitait notamment «à la création, à terme, d'une personnalité juridique spécifique aux robots pour qu'au moins les robots autonomes les plus sophistiqués puissent être considérés comme des personnes électroniques responsables et que soit conférée la personnalité électronique à tout robot prenant une décision autonome ou interagissant de manière indépendante avec des tiers»[7], avec un délai de 15 ou 20 ans pour atteindre cet objectif.[8]

On ne peut que se réjouir de voir le Parlement européen se saisir de la question, ne serait-ce que parce que l'Union européenne et les États qui la constituent doivent amorcer la définition d'une politique juridique qui garantisse au mieux leurs intérêts sociaux, économiques et culturels[9]. Il serait en effet coupable d'être un spectateur impassible des révolutions technologiques dont nous sommes aujourd'hui les témoins. A l'inverse il convient de se garder de légiférer trop hâtivement, ne serait-ce que pour éviter de mettre en place des règles qui se révéleraient rapidement inadaptées à l'évolution des techniques. Légiférer à tout va est un mal bien connu de notre société contemporaine et trop souvent contre-productif.

[6] L'exemple est bien connu du réfrigérateur qui, détectant l'absence de lait ou du beurre, prend l'initiative de lancer une commande qui pourra elle-même être honorée et gérée par une autre machine qui réceptionnera et livrera la commande (achat, vente, commande).

[7] V. Revue Dr. famille 2017, alerte 31, J. Couard.

[8] Une charte de la robotique est préconisée dans la résolution du 16 février 2017 de la commission des affaires juridiques du Parlement européen. Cette recommandation est également faite par la COMEST (Nations unies) dans son rapport sur l'éthique de la robotique du 14 septembre 2017.

[9] V. not en ce sens, A. Bensamoun et G. Loiseau, «L'intelligence artificielle: faut-il légiférer?», *D.* 2017, p. 581.

Aussi nous proposons-nous de faire un état des lieux du droit français sur la question du statut juridique du robot en analysant, pour commencer, les règles du droit positif (I), avant d'envisager quel droit prospectif il conviendrait de mettre en place (II). Ce travail s'impose, ne serait-ce que parce, comme il a été justement souligné, nous nous interrogeons aujourd'hui sur le statut juridique du robot parce qu'il est en train de se rapprocher de l'Homme[10].

## 1. Le droit existant

Si incontestablement le robot est une chose (A), il n'est pas certain qu'il soit une chose comme les autres (B).

### 1.1. Le robot est un bien

A l'heure actuelle, dans l'ordre juridique français, il est d'usage de distinguer les choses et les personnes. Cette *summa divisio* du droit privé, qui figure dans le Code civil de 1804, se retrouve tant dans le droit civil que dans le droit pénal. Elle exprime un tout en ce qu'elle couvre tout ce qui existe[11]. Les premières lignes du célèbre ouvrage de droit des biens du Doyen Cornu défend cette analyse puisque l'auteur affirme:

> Les biens après les personnes (primauté oblige, art. 16 du Code civil): d'emblée distingués, des personnes, mais à elles aussitôt rattachés. Comme si personnes et biens constituaient les bases inséparables, les colonnes jumelles de l'ordre élémentaire qu'institue le droit civil: l'être et l'avoir»[12]. Il s'agit même d'une «... dialectique héritée du droit romain et qui oppose les objets de droit aux sujets de droit ...[13].

Cette distinction, parfois contestée, reste pourtant et pour l'heure une matrice de répartition incontournable. Comme il a été relevé de manière particulièrement pédagogique, pour citer encore un auteur:

[10] P.-J. DELAGE, «Le statut juridique du robot», Chapitre IV –, in LABBEE Xavier (dir.), *L'homme augmenté face au droit*, Presses Universitaires du Septentrion 2015, Coll. Droit, p.51 et 52.

[11] R. Libchaber, *La recodification du droit des biens, Le Code civil, 1804-2004*, Livre du bicentenaire, 2005, Dalloz-Litec, p. 297 et s.

[12] G. Cornu., *Droit civil, Les biens*, 13e éd., 2007, Domat, Montchrestien, nº 1.

[13] A. Couret, note sous Cass. 1re civ., 8 oct. 1980: *D.* 1981, p. 361.

> La Renaissance (et sans doute avant le christianisme) a placé l'homme au centre du monde, du sujet. Dans l'infini variété de ce qui m'entoure, je puis distinguer ce qui m'est semblable de ce qui m'est étranger. La distinction des personnes et des choses[14] est totalisante: une chose est tout ce qui n'est pas une personne. La catégorie est ouverte sur le matériel et l'immatériel, car les choses ne se limitent pas à la réalité tangible...[15].

Une précision d'ordre sémantique s'impose. En effet, ainsi qu'on l'aura remarqué, les auteurs utilisent tantôt l'expression de «bien», tantôt celle de «chose» pour distinguer ce qui n'est pas semblable à l'homme. La chose aurait «une signification physique d'objet matériel au sens courant» alors que «la signification juridique» résiderait dans la notion de bien[16]. Le bien s'envisage donc comme une chose susceptible d'appropriation mêlant un critère d'utilité et d'appropriation[17]. Le bien est ainsi nécessairement une chose alors que l'inverse n'est pas vrai. Le robot étant une chose utile et susceptible d'appropriation, il se range assez naturellement, à notre sens, dans la catégorie de bien.

Il reste à identifier à quel bien appartient le robot. Les principes gouvernant la discipline du droit des biens sont bien connus. Comme le relève cet extrait de discours prononcé au corps législatif par le tribun Savoye-Rollin au cours de l'élaboration du Code civil: «toutes les espèces de choses doivent se confondre dans les meubles et les immeubles. Il est vrai qu'on ne les force à s'y ranger qu'en recourant à des règles qui ne sont que des fictions»[18]. Dès lors si l'on s'en tient à l'article 516 actuel du Code civil qui affirme qu'un bien est soit meuble ou immeuble, le robot se rattache assez intuitivement à la catégorie des meubles.

14 W. Dross, que nous citons ici, préfère recourir à l'expression «chose» que celle de biens. Droit des biens, LGDJ, Précis Domat, 4 ème éd. 2019, spec. nº 1.

15 W. Dross, ouvrage précité.

16 S. Schiller, *Droit des biens*, 9ème éd., Dalloz 2019, Coll. Cours, p. 17, spéc. nº 13.

17 N. Reboul-Maupin, *Droit des biens*, 6ème ed., Dalloz 2016, Coll. Hypercours, p. 9, spéc. nº 3.

18 Discours prononcé au corps législatif par le tribun Savoye Rollin, orateur du tribunat, sur le titre I, livre II du Code civil (séance du 4 pluviôse an XII) *in* Motifs et Discours prononcés lors de la publication du Code civil par les divers orateurs du Conseil d'État et du Tribunat, Paris, 1841, p. 285.

Il est toutefois susceptible de s'intégrer dans la catégorie des «immeubles par destination» s'il est attaché à une exploitation. Soulignons en effet que certains biens, appartenant au même propriétaire, peuvent former un ensemble cohérent et cela en dehors de lien matériel en eux[19]. Dans cette hypothèse, ils peuvent être unifiés par la technique de l'affectation. L'article 524 du Code civil répute immeuble par destination «les animaux, les objets que le propriétaire d'un fonds y a placés pour le service et exploitation de ce fonds». Cette technique convient tout particulièrement à une économie tournée vers l'agriculture mais vise également toute activité industrielle et commerciale ainsi que la jurisprudence l'a affirmé à juste titre[20]. Dans l'article 524 du Code civil figure une liste dans laquelle on trouve la mention des animaux et des différents ustensiles nécessaires à l'agriculteur ou à l'industriel. A notre sens, le robot pourrait tout à fait y trouver sa place dans l'avenir. L'agriculteur pourra en effet recourir à des véhicules intelligents autonomes pour l'aider dans ses tâches les plus variées, qu'il s'agisse de gérer ses récoltes ou ses animaux. C'est tout aussi vrai dans les usines ou dans les exploitations industrielles ou minières qui utilisent déjà des robots et dont l'emploi pourrait largement croître dans les années à venir dès lors que les tâches qui y sont effectuées sont physiquement difficiles et parfois même extrêmement dangereuses. Comme l'illustre très récemment encore l'envoi de «l'astromobile» *Perseverance* sur la planète mars, il est plus facile de confier des tâches risquées à des machines plutôt qu'à des hommes. Il paraît donc certain que si la qualification d'immeuble par destination perdure en droit français, nul doute que le robot pourra, dans certaines circonstances, s'inscrire dans cette catégorie juridique avec le régime qui en découle si évidemment, une fois encore, toutes les caractéristiques spécifiques à cette notion sont réunies et pour lesquelles nous renvoyons aux ouvrages spécialisés[21].

En définitive, parce qu'il s'agit d'une création de l'homme, le robot est donc une chose, objet de droits. En tant que bien corporel, le robot intelligent est régi par les dispositions du Code civil en matière de biens.

[19] V. par ex. sur la question, W. Dross, ouvrage précité, nº 341 et s.

[20] V. par ex., Cass. 3ème civ., 29 oct. 1984, nº 82-14. 037, bull. civ., III, nº 177; *RTD civ.* 1985, p. 739, obs. Cl. Giverdon et P. Salvage-Gerest.

[21] V. W. Dross, ouvrage précité, nº 413 et s.

Un robot peut être vendu, détenu, détruit par son propriétaire. Il peut également être breveté. S'il ne présente pas les caractéristiques annoncées, ou est défaillant au sens du droit de la consommation, il est envisageable d'agir en garantie à l'encontre de son fabricant ou de son vendeur. L'acheteur bénéficie en effet des garanties diverses et des recours offerts au consommateur en cas de défaut de conformité du produit acheté. Il est vrai, faut-il le souligner, que l'identification des responsabilités d'un dysfonctionnement peut s'avérer compliqué[22]. Mais cela ne remet nullement en cause ce qui précède.

Par ailleurs, le robot peut aussi causer un dommage. Là encore, la difficulté pourra naître de savoir quel sera le régime de responsabilité pertinent. La responsabilité pour faute[23], la responsabilité du fait des choses[24], du fait des produits défectueux[25] ou encore la loi nº 85-677 du 5 juillet 1985 relative aux accidents de la circulation seront des régimes adaptés. Cependant la question de la garde de la chose ou de l'auteur de la défectuosité du robot pourra se poser[26]. Dès lors, on se demande s'il ne conviendrait pas d'imaginer un régime spécial de responsabilité fondé sur la reconnaissance de la personnalité spécifique au robot[27]. Des débats du même type ont lieu s'agissant de la responsabilité pénale[28]. Faut-il uniquement envisager une responsabilité de celui qui dispose à l'égard du robot d'un pouvoir de direction ou est-il pertinent de concevoir une responsabilité pénale du robot; *Quid* lorsqu'une voiture autonome ne parvient pas à éviter une personne et la blesse; Les faits

[22] V. O. Vix, Rencontre du troisième type, le Robot intelligent, Defrénois 21 juin 2018, nº 137, p. 37.

[23] Art. 1240 du Code civil

[24] Art. 1242 al. 1 du Code civil

[25] Art. 1245 et s. du Code civil

[26] A. Mendoza-Caminade, Le droit confronté à l'intelligence artificielle des robots: vers l'émergence de nouveaux concepts juridiques? D. 2016, p 445 et s.; M. Bacache, «Intelligence artificielle et droits de la responsabilité et des assurances», in *Droit de l'intelligence artificielle, ouvrage* ss dir A. Bensamoun et G. Loiseau, LGDJ Coll. Les intégrales, 2019, p. 69 et s.

[27] V. not. M. Bacache, article précité.

[28] V. not. E. Dreyer, *Intelligence artificielle et droit pénal*, in *Droit de l'intelligence artificielle, ouvrage* ss dir A. Bensamoun et G. Loiseau, LGDJ Coll. Les intégrales, 2019, p.215 et s.

semblent ici correspondre à ceux qui requièrent les articles 222-7 et suivants du Code pénal au titre des violences involontaires[29].

On comprend dès lors rapidement que le robot n'est pas un bien comme les autres.

### 1.2. *Le* robot *n'est-il qu'un bien?*

Le 25 octobre 2017 a vu la naissance du premier «robot citoyen». L'Arabie saoudite a ainsi permis à Sophia, conçue par la société Hanson Robotic, d'accéder à ce statut[30]. On a bien compris qu'il n'est accordé à ce robot citoyen, pour l'instant, que les droits que l'on veut bien lui reconnaître. Cet événement est toutefois emblématique de la situation qui préside à l'heure actuelle. Il conduit à se demander s'il est acceptable d'assimiler purement et simplement le robot à un «vulgaire» bien ou à une chose ordinaire.

Personne n'ignore désormais que les robots sont susceptibles de jouir d'une certaine autonomie. D'ailleurs l'autonomie est aujourd'hui l'enjeu central des recherches en matière de robotique[31]. Il est vrai qu'il existe plusieurs types d'autonomie, comme il a déjà été montré[32]. L'objectif poursuivi par de nombreux chercheurs étant d'avoir un robot autonome par rapport à l'homme et encore plus précisément de jouir d'une autonomie décisionnelle. Les travaux de la CERNA ont ainsi pu établir que le robot pourrait être à terme capable de prendre une décision sans qu'une intervention humaine soit nécessaire. Le robot ne serait ainsi plus enfermé dans une programmation stricte mais pouvant évoluer au fil du temps[33] et pouvant s'émanciper ainsi d'une certaine manière de son concepteur, fabricant, utilisateur et éducateur[34]. Et au final, l'absence de contrôle par l'homme de sa créature peut présenter

[29] V. E. Dreyer, précité, spec. p. 218.

[30] V. D. Aftassi, *Rev. Gen dr. médical* 3/2018, p. 195.

[31] N. Nevejans, «Traité de droit et d'éthique de la robotique civile», LEH éditions 2017, Coll. Science, éthique et société,
in A. Bensamoun, (dir.), *Les robots, objets scientifiques, objets de droit*, p. 133

[32] N. Nevejans, *op. cit.*, p. 133.

[33] N. Nevejans,, *op. cit.*, p. 138.

[34] A. et J. Bensoussan, IA, robots et droit, Bruylant 2019, Coll. Lexing Technologies avancées & Droit, p. 145, spéc. nº 639.

des risques, risques qui ne peuvent être ignorés. Dans ces conditions, le robot autonome[35] peut-il être une chose comme les autres;[36]

A cet argument technique, un autre relevant de l'ordre sentimental ou psychologique peut-être mise en exergue[37]. Dans la mesure où humainement on éprouve des sentiments pour un animal, il est possible que l'on s'attache naturellement à des robots qui nous rendront des services, qui nous séduiront pour leur esthétique ou qui auront des réactions se rapprochant de celles des hommes. Il pourra alors paraître inconvenant de maltraiter les robots et de conférer à son propriétaire l'ensemble des prérogatives traditionnellement affectées à la propriété, *l'usus, l'abusus et le fructus.* La question a aussi été posée de savoir si le robot ne pourrait pas être victime d'une infraction pénale[38] et ne doivent pas bénéficier d'une protection contre leur propriétaire[39].

Le lien avec les animaux semble s'imposer rapidement. Comme on le sait, ces dernières décennies ont marqué de nets progrès de la protection animal qu'il s'agisse des animaux domestiques, apprivoisés ou tenus en captivité, pour eux-mêmes en raison de leur sensibilité propre[40]. Ainsi ont été modifiés tour à tour plusieurs secteurs de notre droit. D'abord, le droit pénal, par le décret du 7 septembre 1959 et la loi

[35] La précision d'autonomie est particulièrement importante. En effet, et nous l'avons bien compris, être un robot ne signifie pas forcément d'être autonome. Il y a d'un côté les robots qui restent des biens et qui ne justifient pas qu'on édicte de régime juridique particulier. Être autonome, n'est qu'un critère complémentaire de définition du robot: v. en ce sens, N. Nevejans, Les robots: tentative de définition, op. cit., nº 48, p. 112.

[36] V. V. Gardet, «Le statut juridique du robot, Mémoire pour l'obtention du M2 de droit civil approfondi, Lyon, 2020.

[37] En ce sens, Th. Daups, «Le robot, bien ou personne; Un enjeu de civilisation», *LPA* 11 mai 2017, nº 126a5, p. 7

[38] E. Dreyer, *Intelligence artificielle et droit pénal*, in *Droit de l'intelligence artificielle, ouvrage* précité, spec. p. 216, nº 361. En l'état du droit positif, l'auteur indique qu'un robot ne peut être victime d'une infraction dans la mesure où le statut de victime pénale est réservé aux personnes (art. 2 Code de procédure pénale). Un robot ne saurait donc se constituer partie civile pour demander réparation des conséquences dommageables d'un infraction qui lui aurait causé directement un dommage.

[39] V. sur la quesion, E. Dreyer, préc. p. 217, spec. nº 363.

[40] Sur l'ensemble de la question, v. not. J.-P. Marguenaud, L'animal en droit privé, PUF 1992; v. également «La personnalité animale», J.-P. Marguenaud, F. Burgat et J. Leroy, D. 2021, p. 28 et s.

du 19 novembre 1963 qui ont respectivement incriminé les mauvais traitements et les actes de cruautés, même en l'absence de publicité de leur commission[41]. Ensuite, le droit rural, qui a hérité de la loi du 10 juillet 1976 et d'un célèbre article L. 214-1 proclamant que tout animal, parce qu'il est un être sensible, doit être placé dans des conditions compatibles avec les impératifs biologiques de son espèce. Ces évolutions ont déjà pu faire douter que les animaux puissent être considérés comme des biens soumis au droit de propriété[42]. Enfin, le droit civil, avec la loi du 16 février 2015 qui a ajouté au code civil un article 515-14 affirmant que les animaux sont des êtres vivants doués de sensibilité soumis, et seulement soumis, au régime des biens sous réserve des lois qui les protègent.

La thèse est ainsi défendue que ces évolutions auraient éliminé toute trace de l'appartenance des animaux aux sous-catégories des immeubles par destination et des meubles par nature. Selon une partie de la doctrine, les animaux ne seraient plus juridiquement des biens[43]. Il a ainsi pu être affirmé que «les animaux, parce qu'ils n'appartiennent pas à la catégorie des personnes, relèvent du titre relatif aux biens mais sans plus dorénavant y être indistinctement intégrés. Ils sont constitués en une catégorie à la charnière des personnes et des biens»[44]. Ainsi l'animal, dans un système marqué par la *summa divisio* entre les personnes et les choses, est désormais en situation de «*lévitation juridique*»[45]. Et une partie influente de la doctrine milite clairement aujourd'hui pour conférer aux animaux «la personnalité animale»[46].

Faut-il suivre le même chemin pour le robot; La question est posée et nul doute qu'elle se posera avec plus d'acuité dans les années à venir, au fur et à mesure que les robots vont voir leur place s'accroître dans notre

[41] Ainsi, les articles 521-1 et R. 654-1 ou R. 665-1 du Code pénal envisagent les animaux comme victimes de certaines infractions: sévices et acte de cruauté, mauvais traitements, atteintes volontaires à la vie.

[42] L. Boisseau-Sowinski, la désappropriation de l'animal, Limoges, Pulim, 2013.

[43] V. par ex. J.-P. Marguenaud, L'entré en vigueur de «l'amendement Glavany»: un grand pas vers la personnalité juridique des animaux, Revue semestrielle de droit animalier, nº 2/2014, p. 15.

[44] G. Loiseau, Revue semestrielle de droit animalier, nº 1/2015, p. 423-431.

[45] «La personnalité animale», J.-P. Marguenaud, F. Burgat et J. Leroy, op. cit., spec. p. 33.

[46] V. par ex. J.-P. Marguenaud, F. Burgat et J. Leroy, préc.

société, au fur et à mesure que les robots nous ressembleront de plus en plus, au fur et à mesure que l'on s'y attachera en éprouvant à leur endroit de la sympathie, et peut-être à terme de l'empathie.

Mais à vrai dire, le robot n'étant pas un être vivant naturel, on peut douter qu'il soutienne la comparaison avec l'animal[47]. Si l'exemple de l'animal ne peut donc être retenu, il convient malgré tout de noter que, dans la doctrine française, des auteurs suggèrent de dépasser aujourd'hui la *summa divisio* entre les personnes et les choses. Mais souvent, ce dépassement s'inscrit dans la volonté de distinguer l'inerte et le vivant[48], la distinction fondamentale proposée par certains étant en effet celle qui oppose «les biens inertes» et «les biens vivants»[49]. On retombe alors dans la même objection que celle que nous venons de formuler: le robot n'étant pas douée d'une sensibilité inhérente à sa constitution ou à sa nature, à l'égal des animaux ou des végétaux, ces nouvelles distinctions ne permettent guère de l'inclure dans une autre catégorie que

[47] V. toutefois pour des auteurs plus nuancés,: A Mendoza-Caminade, «Le droit confronté à l'intelligence artificielle des robots: vers l'émergence de nouveaux concepts juridiques?: *D.* 2016, p. 445 «Même si les situations de l'animal et du robot intelligent sont bien évidemment incomparables, l'animal étant un être vivant doué de sensibilité en vertu de l'article 515-14 du code civil, l'appréhension juridique de l'animal peut néanmoins servir de modèle à celle du robot intelligent.». Et à l'auteur d'ajouter: «Il s'agirait également de protéger les robots à l'encontre d'agissements nocifs de l'homme en leur conférant des droits, à l'instar de ceux appliqués aux animaux. En effet, les liens établis par l'homme avec son robot social et les réactions que peut susciter la maltraitance du robot chez l'homme justifieraient la mise en place d'une forme de protection juridique du robot lui-même. De la même manière que le code pénal sanctionne les atteintes à la vie ou à l'intégrité de l'animal, il conviendrait de sanctionner des atteintes portées par l'homme aux robots sociaux».

[48] R. Libchaber, «Réalité ou fiction, une nouvelle querelle de la personnalité est pour demain;», RTD civ. 2003, préc., p. 166. V. L. Neyret, *Atteintes au vivant et responsabilité civile*, C. Thibierge (préf.), t. 468, 2006, LGDJ, spéc. nº 393: J.-P. Marguénaud compose en envisageant une personnalité de l'animal comme une «technique juridique» pour éviter les excès d'une personnalité anthropomorphique. Il s'agit donc d'une fiction de personnalité valable uniquement pour certains droits.

[49] V. sur la notion de biens vivants, Loiseau G., JCl. Civil, art. 527 à 532, «Biens meubles par nature ou meubles corporels», fasc. nº 10, préc., nº 22. Sur cette distinction, Dr & patr. 2014, p. 90, obs. Seube J.-B. V. aussi pour la naissance d'une nouvelle branche du droit: «le droit du vivant»; Neyret L., «Atteintes au vivant et responsabilité civile», préc., spéc., nº 16. Et voir également sur la question, N. Reboul-Maupin, «Pour une rénovation de la summa divisio des personnes et des biens», *LPA*, 28 déc. 2016, nº 122x7, p. 6.

celle qui ressemble à la sienne aujourd'hui. Il reste une autre piste, celle suggérée par Gérard Farjat qui a proposé, dans un article retentissant, d'introduire une nouvelle catégorie, «les centres d'intérêts»[50]. En effet, «l'existence d'une catégorie juridique intermédiaire entre les personnes juridiques et les choses paraît faciliter la résolution d'un certain nombre de contradictions et permettre des avancées du système juridique»[51]. Peut-être pourrait-on imaginer y faire entrer aussi d'autres entités comme les robots; Demogue déjà, à son époque, suggérait de dissocier la personnalité humaine de la personnalité juridique[52].

Mais alors, on réalise qu'en disant cela la question posée relève davantage de la prospective et conduit à se demander si, désormais, il ne convient pas de reconnaître et de consacrer au profit du robot un statut juridique spécifique.

## 2. Le droit prospectif

Il est bien admis aujourd'hui que le législateur aura à faire face à des impératifs contradictoires: protéger l'homme contre les robots et leurs actions lorsqu'ils causent des dommages sans pour autant freiner l'innovation. Pour cette raison, et pour reprendre une expression célèbre en France, «faut-il franchir le Rubicon»[53] et aller jusqu'à reconnaître au Robot une personnalité juridique (A) ou alors se contenter de l'existant en l'adaptant (B);

### 2.1. Créer une personnalité juridique pour le robot

Comme on le sait, tous les humains ont la personnalité juridique de leur naissance à condition qu'ils naissent vivants et viables jusqu'à leur

[50] G. Fargat «Entre les personnes et les choses, les centres d'intérêts» RTD civ. 2002, 221.

[51] G. Farjat, article précité supra. V. toutefois J.-P. Marguenaud, F. Burgat et J. Leroy, précités, spec. p. 33 qui considèrent que «si la piste est particulièrement séduisante sur un plan théorique... les travaux nécessaires pour la rendre praticable, notamment en ajustant les prérogatives qui s'exerceraient sur les entités comprises dans la catégorie intermédiaire...» pourraient se révéler très long...

[52] Demogue R., «Le sujet de droit», RTD civ. 1909, p. 611; Demogue R., *Les notions fondamentales du droit privé. Essai critique pour servir d'introduction à l'étude des obligations*, 1911, réédition, 2000, Paris, La mémoire du droit.

[53] Cette expression signifie faire un pas décisif et prendre une décision irréversible. Le Rubicon était un cours d'eau qui séparait la Gaulle et l'Empire Romain.

mort juridiquement définie depuis le 2 décembre 1996. Cependant, ils n'en ont pas l'exclusivité puisque des groupements de personnes, ou de biens, tels que les sociétés, les associations, les syndicats ou les fondations ont accédé au statut de personnes morales à des conditions assouplies depuis un célèbre arrêt de la chambre civile de la Cour de cassation du 28 janvier 1954[54].

Aussi la question est-elle posée de savoir s'il ne serait pas utile de conférer aux robots la personnalité juridique pour des raisons qui peuvent aisément se comprendre[55]. S'il faut se garder de la tentation de légiférer trop rapidement, mal bien connu qui, malheureusement, caractérise trop souvent aujourd'hui notre législation, il importe malgré tout de réfléchir et d'agir pour ne pas être dans la réaction mais dans l'action.

Une première observation s'impose. Il n'est pas certain qu'un statut juridique unique pour tous les robots soit envisageable puisque ceux--ci ne poseront pas nécessairement les mêmes difficultés selon leur domaine d'intervention.

Peut-on mettre sur le même plan un robot tueur utilisé par l'armée, des drones espions ou transporteurs de substances dangereuses; Dans un domaine plus conventionnel, c'est-à-dire civil, les robots évoluent également dans des cadres variables et pour exercer des fonctions très différentes: que l'on songe là encore aux robots médicaux, aux robots sociaux, aux robots éducatifs, aux robots domestiques, aux robots industriels et agricoles ou encore aux des robots de surveillance et de transports...

Il faut ajouter à cela que le robot n'est pas un mais... pluriel. Or seuls doivent retenir l'attention ici ceux qui s'inscrivent dans la catégorie de ceux jouissant d'une autonomie digne de ce nom, c'est-à-dire dotés d'une intelligence artificielle. Disposant de capacités cognitives, ces derniers robots peuvent en effet s'adapter à leur environnement, progresser et prendre des initiatives.

[54] D. 1954, 217, note G. Levasseur

[55] La question préoccupe de nombreux auteurs. On signalera notamment: P.-J. Delage, «Les androïdes rêveront-ils de personnalité juridique?» *in* Science-fiction et science juridique, IRJS éd., 2013, p. 165; A. MENDOZA-CAMINADE, «Le droit confronté à l'intelligence artificielle des robots: vers l'émergence de nouveaux concepts juridiques?» *D.*2016, p. 455.

Ceci étant précisé, il importe de noter que certains pays ou États ont déjà pris le chemin de la création d'une personnalité morale. Ainsi en est-il de l'État du Nevada qui voit circuler depuis longtemps les véhicules autonomes de Google. Les robots se sont ainsi vus reconnaître des attributs de la personne morale. Ils sont immatriculés et répertoriés dans un registre. Il leur est assigné un capital, de sorte qu'ils sont assurés directement pour répondre des dommages qu'ils pourraient provoquer. Une charte éthique des robots inspirée des lois d'Asimov a été instaurée, depuis plus de 10 ans déjà, en Corée du Sud. Le Japon suit la même route et envisage de régler son problème démographique en recourant massivement aux robots qui sont considérés, par leurs utilisateurs, comme de véritables animaux de compagnie ou mieux, un membre de la famille à part entière qu'on ira peut-être même jusqu'à demander en mariage puisqu'on s'interroge aujourd'hui sur le point de savoir s'il est possible de tomber amoureux d'un robot[56] et d'en faire son conjoint[57]...

Et sans tomber dans les travers transhumanistes, pour reprendre l'expression d'un auteur[58], il faut bien admettre que certains attributs de la personne morale faciliteraient le règlement de la problématique de la responsabilité des robots. Ainsi, lorsqu'un robot autonome sera impliqué dans un dommage, sa responsabilité pourrait être engagée automatiquement sans que l'on ait à se demander qui du concepteur, du programmateur, du fabricant, du vendeur ou de l'utilisateur doit être responsable des préjudices en découlant. En outre, des interactions avec le droit international pourraient être évitées, ce secteur étant hyper mondialisé[59]. Un fonds dédié et rattaché au robot pourrait dès lors couvrir l'ensemble des indemnisations. Faudrait-il pousser la logique jusqu'à permettre au robot d'ester en justice et d'engager son action récursoire contre le véritable responsable[60]? Ou encore si les

[56] V. par ex. pour un article dans la presse «grand public»: https://madame.lefigaro.fr/societe/intelligence-artificielle-peut-on-aimer-un-robot-decryptage-230318-147954

[57] X. Labbee Xavier, «Épouser une femme robot», *Gaz. Pal.* 18 déc. 2014, nº 352, p.5; En 2015 a par ailleurs été organisé un mariage entre deux robots au Japon.

[58] O. Vix, «Rencontre du troisième type, le Robot intelligent», *Defrénois* 21 juin 2018, nº 137, p. 37.

[59] En ce sens, O. Vix, article précité.

[60] En ce sens, O. Vix, article précité.

fonds dédiés s'avéraient insuffisants, pourrait-il être mis en faillite civile ou inscrit sur le registre des surendettés[61]?

On comprend que dans ces conditions, en février 2017, le Parlement européen a voté une résolution demandant à la Commission de Bruxelles de présenter une proposition de directive sur les règles de droit civil sur la robotique. Il l'invitait notamment «à la création, à terme, d'une personnalité juridique spécifique aux robots pour qu'au moins les robots autonomes les plus sophistiqués puissent être considérés comme des personnes électroniques responsables et que soit conférée la personnalité électronique à tout robot prenant une décision autonome ou interagissant de manière indépendante avec des tiers»[62], avec un délai de 15 ou 20 ans pour atteindre cet objectif.[63] Voir s'accroître l'autonomie des robots peut aussi conduire à voire s'accroître leur dangerosité.

Et l'initiative est saluée par une partie de la doctrine, puisque cette résolution s'inscrit très clairement dans les souhaits exprimés par certains[64] qui suggèrent une nouvelle organisation juridique *via* la création de «personne-robot». Pour soutenir leur analyse, ces auteurs font ainsi valoir que l'idée d'une personnalité juridique procède d'une représentation des robots autonomes comme des créatures susceptibles d'agir, voire de se comporter, *comme* des personnes. C'est d'ailleurs la fonction des machines intelligentes que d'être en capacité de réaliser des actions qui sont en principe exécutées par des humains.

Créatures intelligentes et autonomes, les robots relèveraient en cela davantage de l'ordre des personnes que de celui des choses. Selon un

[61] En ce sens, O. Vix, article précité.

[62] Dr. famille 2017, alerte 31, Couard J.

[63] Une charte de la robotique est préconisée dans la résolution du 16 février 2017 de la commission des affaires juridiques du Parlement européen. Cette recommandation est également faite par la COMEST (Nations unies) dans son rapport sur l'éthique de la robotique du 14 septembre 2017.

[64] V. not. A. Bensoussan, Plaidoyer pour un droit des robots: de la «personne morale» à la «personne robot», La Lettre des juristes d'affaires, 23 oct. 2013, nº 1134; *Propos conclusifs – Essai sur le droit des robots, in Les robots. Objets scientifiques, objets de droits*, préc., p. 234 et 235; A. Bensoussan et J. Bensoussan, IA, Roboets et Droit, Bruylant, coll. théorie et pratique, V; également présentant le débat sans prendre parti: H. de Vauplanne, «La personnalité juridique des robots», *Mélanges en l'honneur de J.-J. Daigre*, LGDJ, 2017, p. 79; T. Allain, «De l'administrateur augmenté à l'administrateur électronique, Entre réalité et fiction» *Mélanges en l'honneur du Professeur Henri Hovasse*, LGDJ, 2016, p. 3.

auteur, il faut rappeler que l'organisation catégorielle comprend plusieurs régimes: la personnalité juridique générale pour les humains et la personnalité juridique particulière pour les personnes morales. Dans la continuité, cette organisation pourrait s'étendre à la «personne-robot» en tant que personnalité juridique singulière[65]. La personne-robot «sera dotée d'une personnalité juridique singulière, singulière quant au champ de la responsabilité, quant à sa traçabilité, quant à sa dignité, pour ne prendre que quelques exemples»[66]. Il ne faudrait pas trop s'en émouvoir car, on le sait depuis longtemps, «le droit de la personnalité morale erre tel un bateau ivre sur un océan de contradictions»[67].

Surtout, défendent certains auteurs, il conviendrait de reconnaître un droit à la souveraineté des personnes-robot[68]. Ce droit sous-entendrait pour un robot sa *liberté*, résidant dans le fait de pouvoir décider «en ses algorithmes et conscience», davantage qu'un simple automate[69], et son *ipésité*, qui implique qu'une personne est unique et absolument distincte des autres de sorte qu'il conviendrait de lui attribuer une identité[70].

Par la création d'une nouvelle fiction juridique, le robot serait qualifié de personne et deviendrait titulaire de droits et d'obligations. Le droit étant habitué à la fiction juridique que représente la personne morale, cela ne poserait guère de difficultés techniques d'admettre le robot au titre d'une nouvelle fiction juridique pour le doter de droits et d'obligations. Des rapports abondent en ce sens[71] et conduisent à suggérer de conférer aux robots une identité par un numéro à l'image des numéros de sécurité sociale utilisés pour les hommes et les fem-

[65] A. Bensoussan, Plaidoyer pour un droit des robots: de la «personne morale» à la «personne robot», La Lettre des juristes d'affaires, 23 oct. 2013, nº 1134

[66] A. Bensoussan, op cit.

[67] Ch. Freyria, «La personnalité morale à la dérive», in Mélanges en hommage à André Breton et Fernand Derrida, 1991, Dalloz, p. 121.

[68] A. Besoussan et J. Besoussan, IA, Robots et droit, ouvrage précité, spec. nº 680 p. 152.

[69] A. Besoussan et J. Besoussan, IA, Robots et droit, ouvrage précité, spec. nº 680 p. 152

[70] A. Besoussan et J. Besoussan, IA, Robots et droit, ouvrage précité, spec. nº 680 p. 152. Les auteurs poursuivent en indiquant que cette identité pourrait se concrétiser par un numéro identifiant, une adresse IP, et de le doter d'un patrimoine, englobant tous les biens représentatifs inhérents au fonctionnement du robot.

[71] V. par ex. *euRobotics The European Robotics Coordination Action, Suggestion for a green paper on legal issues in robotics*, www.unipv-lawtech.eu.

mes[72]. La résolution précitée du Parlement européen envisage à ce titre la création d'une agence européenne chargée de la robotique et de l'intelligence artificielle, laquelle pourrait se voir confier, entre autres choses, la gestion d'un système d'immatriculation pour les robots dits «avancés». Une telle immatriculation peut faire songer à celle des sociétés, encore qu'elle soit également pratiquée pour les méta-meubles [navires, aéronefs...]. En tout état de cause, cela permettrait de rendre le robot civilement et pénalement responsable de ses actes, et il pourrait dédommager les tiers auxquels il a pu causer un préjudice grâce à son patrimoine. Comme il a été dit, On passerait ainsi d'une responsabilité *du fait* du robot à une responsabilité *du* robot[73].

Pour autant, cette proposition ne fait pas l'unanimité, et c'est le moins que l'on puisse dire, des auteurs n'hésitant pas à parler de «monstruosité juridique»[74]. La grande majorité de la doctrine française se montre en effet très hostile à la reconnaissance de la personnalité juridique pour les robots. Il n'est pas certain en effet qu'une autonomie technologique doive inéluctablement conduire à une autonomie juridique. Plusieurs arguments, qui relèvent tantôt de considérations pratiques, tantôt de considérations théoriques, tantôt de considérations humaines sont mobilisés à cette fin. Si certains peuvent être discutés, d'autres en revanche paraissent décisifs.

D'abord, l'idée a ainsi été émise que:

> *la personnification des robots troublerait gravement les catégories juridiques en donnant vie à une chimère, mi-personne mi-chose, à la fois sujet de droit et objet de droit. Une telle chimère, sans intérêt identifié, déréglerait profondément le construit juridique. Elle pervertit la summa divisio des personnes et des choses et la hiérarchie, qui correspond à un ordre de valeur, entre les unes et les autres*[75].

[72] A. Bensoussan, «Droit des robots: science-fiction ou anticipation?», *D.* 2015. 1640; A. Bensoussan Plaidoyer pour un droit des robots: de la «personne morale» à la «personne robot», La Lettre des juristes d'affaires, 23 oct. 2013, nº 1134

[73] A. Bensamoun et G. Loiseau, «L'intelligence artificielle: faut-il légiférer?» *D.* 2017, p.581.

[74] G. Loiserau «la personnalité juridique des robots: une monstruosité juridique», *JCP* G 2018, 597.

[75] A. Bensamoun et G. Loiseau, ibidem. Voir également dans le même sens, les observations de: X. Labbée: «Faut-il personnifier la voiture autonome» *D.* 2019, p.1719: «Ce que veulent faire en réalité les partisans de la personnification du robot, c'est remettre en cause l'immuable distinction des personnes et des choses. Or cette distinction est le fondement

Si l'on comprend aisément la crainte et les réserves ici exprimés, il peut être tentant, malgré tout, d'objecter que le droit doit s'adapter aux évolutions de la société et de la science et non l'inverse. Si les catégories existantes sont insatisfaisantes, ou ne permettent pas d'embrasser le réel, il convient de les faire évoluer. L'histoire enseigne en effet que le plus souvent le droit n'est que la matrice qui permet aux conquêtes sociales de s'exprimer et de bénéficier d'un cadre juridique adéquat. Le droit de la famille, le droit du travail ou encore le droit de la consommation en sont diverses illustrations. Les révolutions économiques ou sociétales précèdent souvent les évolutions juridiques. Pourquoi n'en irait-il pas de même s'agissant de la robotique;

On sera dès lors plus sensible à l'idée que, contrairement à la société «personne morale» qui représente un groupement et un objet déterminé, la finalité de la personnalité juridique reconnue au robot ne vise qu'à mieux encadrer les conséquences juridiques des actions des robots intelligents[76]. Or, ainsi qu'il a été souligné, il n'est pas certain que le traitement juridique soit amélioré en présence d'un robot doté de la personnalité juridique, par exemple s'agissant de l'indemnisation de la victime du robot. Ce statut pourrait même avoir des effets négatifs comme celui de déresponsabiliser les fabricants et utilisateurs[77].

On peut également être convaincu par l'argument que s'il s'agit uniquement de conférer au robot une simple personnalité technique, «celle-ci résisterait-elle longtemps à la compagnie des robots quand

de la civilisation et de l'Humanité». Si le législateur n'a pas attribué la personnalité juridique à l'animal qu'il a qualifié pourtant d'être sensible, c'est parce que l'animal n'est pas un être humain et qu'il n'est pas doté naturellement de la qualité de personne. Et qu'on ne peut pas user d'une fiction relevant d'une technique réservée aux groupements pour ce faire. L'attribution de la personnalité juridique au robot ressort d'un raisonnement identique: le robot n'est qu'une chose. Il n'est pas un être humain. Il n'entre donc pas naturellement dans la catégorie des personnes. On ne peut pas utiliser la technique»; G. Loiseau, «Intelligence artificielle et droit des personnes», in *Droit de l'intelligence artificielle,* LGDJ, les Intégrales, p. 35, spec. nº 81, p. 43: l'auteur affirme qu'il n'y a pas de justification sociale à créer une personnalité morale: «les systèmes d'intelligence artificielle sont des technologies qui ont pour fonction de compléter, d'améliorer, dans certains cas, de remplacer l'action humaine; ce snot des outils conçus par et pour les êtres humains».

[76] A. Mendoza-Caminade, «Le droit confronté à l'intelligence artificielle des robots: vers l'émergence de nouveaux concepts juridiques?» *D.*2016, p.455.

[77] A. Mendoza-Caminade, article précité.

les auteurs de la résolution mettent en garde contre le risque d'une «relation émotionnelle (...) susceptible de se développer entre l'homme et le robot»?[78]. Car en effet, pour reprendre à nouveau les mots de ces mêmes auteurs:

> Ces merveilleuses machines qui envahissent notre environnement ont--elles conscience de leurs actes, éprouvent-elles du remord, des regrets, peuvent-elles se repentir? Bref ne manque-t-il pas là, précisément, les qualités anthropomorphiques fondamentales qui font qu'un homme est un homme et non une machine, l'un des attributs essentiels de la personnalité juridique?[79].

Par ailleurs il est possible d'être inquiet des prolongements susceptibles de découler de l'attribution de la personnalité juridique aux robots. En effet et comme il a été justement relevé, «dans un monde juridique saturé de droits subjectifs, la propension est forte à faire de la personnalité civile une voie d'accès naturelle à toute espèce de droits et libertés dès l'instant où il existe un intérêt légitime du sujet de droit à en bénéficier»[80]. Assez rapidement il pourrait être tentant de «puiser dans le stock de droits humain»[81] afin d'en faire bénéficier les robots, ou plus exactement la personne-robot. Nul doute que le robot de compagnie suscitera de réels sentiments de la part de ceux qui les côtoieront. Cette propension à assimiler le robot à un être humain est tout sauf imaginaire.

Alors que «..., l'intelligence artificielle générale, qui serait comparable aux capacités généralistes de l'esprit humain, n'existe pas, du moins pas encore. Qu'il soit probabiliste ou déterministe, l'objet intelligent se limite à une mono-activité: des robots de soins à la personne ne peuvent être également ou alternativement des robots médicaux. L'autonomie du robot est elle-même relative car, sans préjuger du développement

78 A. Bensamoun et G. Loiseau, «L'intelligence artificielle: faut-il légiférer? «D.2017, p.581.

79 A. Bensamoun et G. Loiseau, ibid.; v. également G. Loiseau, «Des droits humains pour personnes non-humaines», D.2011, p.2558; adde T. Daups Thierry, «Le robot, bien ou personne? Un enjeu de civilisation?», LPA 11 mai 2017, nº 94, p.7.

80 G. Loiseau, «Intelligence artificielle et droit des personnes», in *Droit de l'intelligence artificielle*, LGDJ, les Intégrales, p. 35, spec. nº 87, p. 49.

81 Selon l'expression de G. Loiseau, *Idibem*.

des capacités d'auto-apprentissage, il n'y a pas d'intentionnalité dans son action. Le robot-personne, pétri d'anthropomorphisme, relève tout au plus du méta-droit».

L'idée d'attribuer une personnalité juridique aux robots a conduit à ce que plus de deux cents professeurs, chercheurs et experts s'en soient alertés en avril 2018 dans une lettre ouverte adressée à la Commission européenne[82].

L'ensemble de ces critiques a peut-être conduit le Parlement européen à nuancer ses positions. Celui-ci a en effet adopté le 20 octobre 2020 une série de trois résolutions sur la manière de réglementer au mieux l'intelligence artificielle afin de stimuler l'innovation et la confiance dans la technologie[83-84]. Il peut être tentant d'y voir le signe que le droit peut s'adapter à la robotique sans pour autant consacrer une nouvelle personnalité juridique qui ne fait guère l'unanimité pour les raisons déjà largement évoquées.

## 2.2. Privilégier l'adaptation des règles existantes

Nombreux sont les auteurs français à penser que les règles actuelles, sous réserves de quelques ajustements, sont susceptibles de répondre aux principales craintes suscitées par les développements de la robotique. L'intérêt de créer un robot-personne à notre image n'a guère été démontré et suscite bien plus d'hostilité que d'enthousiasme. Nul besoin donc de créer un état civil pour nos machines pour lesquels certains humains pourraient avoir des sentiments, nul besoin non plus de créer un statut juridique identique ou se rapprochant de celui des

[82] V. Également, C. Muller, «Le Conseil économique et social européen (EESC) n'est pas favorable à la création d'une personnalité électronique pour les robots» RLDI 7/2017, p. 61

[83] V. sur ces résolutions, D. Galblois-Lehalle, «Responsabilité civile pour l'intelligence artificielle selon Bruxelles: une initiative à saluer, des dispositions à améliorer», *D.* 2021, p. 87

[84] Résol. Parlement européen du 20 oct. 2020 contenant des recommandations à la Commission concernant un cadre pour les aspects éthiques de l'intelligence artificielle, de la robotique et des technologies connexes (2020/2012(INL); Résol. Parlement européen du 20 oct. 2020 contenant des recommandations à la Commission sur un régime de responsabilité civile pour l'intelligence artificielle (2020/2014(INL); Résol. Parlement européen du 20 oct. 2020 sur les droits de propriété intellectuelle pour le développement des technologies liées à l'intelligence artificielle (2020/2015(INI).

humains. En revanche il ne faut pas tomber dans l'excès inverse et négliger que nos nouveaux bijoux technologiques sont susceptibles d'occasionner des dommages. C'est donc dans ce cadre qu'il convient d'interroger nos règles nationales pour mesurer leur aptitude à faire face.

Ce travail a déjà été entrepris à l'occasion de nombreuses études de qualité[85]. Il n'est guère question à l'occasion de ces quelques lignes de proposer un tour exhaustif des différentes *scénarii* de survenance d'un dommage. Il importe seulement de souligner que notre droit, et en particulier notre droit de la responsabilité civile, a su faire preuve d'une extrême agilité pour s'adapter aux évolutions qui ont marqué notre société depuis le 19ème siècle. Le lecteur doit se rappeler que les textes qui régissent le droit français de la responsabilité civile datent du code Napoléon élaboré en 1804. Si leur qualité rédactionnelle est incontestable, il convient aussi de souligner le travail remarquable effectué par la jurisprudence[86] qui leur a permis de traverser les siècles.

Ainsi tout d'abord, l'extrême plasticité de la responsabilité pour faute de l'article 1240 du Code civil est un atout. Tout préjudice quel qu'il soit peut-être réparable, sous réserve d'être légitime. De surcroît aucune sélection ne s'opère selon la nature de l'intérêt lésé. Le dévelo-

[85] V. par ex. récemment: M. Bacache, «Intelligence artificielle et droits de la responsabilité et des assurances», in *Droit de l'intelligence artificielle, ouvrage* ss dir A. Bensamoun et G. Loiseau, LGDJ Coll. Les intégrales, 2019, p. 69 et s.; G. Courtois, «Robots intelligents et responsabilité: quels régimes? Quelles perspectives?» *Dalloz IP/IT* 2016, p. 287; C. Coulon, «Du robot en droit de la responsabilité civile: à propos des dommages causés par les choses intelligentes», *Responsabilité civile et assurances*, avril 2016, étude 6; L. Mazeau, «Intelligence artificielle et responsabilité civile: Le cas des logiciels d'aide à la décision en matière médicale» *Revue pratique de la prospective et de l'innovation*, LexisNexis SA, 2018, p. 38; Chone-Grimaldi Anne-Sophie et Glaser Philippe, «Responsabilité civile du fait du robot doué d'intelligence artificielle: faut-il créer une personnalité juridique?» CCC nº 1, Janvier 2018, alerte 1; J.-S. Borghetti, «L'accident généré par l'intelligence artificielle autonome. In Le droit civil à l'ère du numérique», Actes de colloque du Master 2 droit privé général et du laboratoire de droit civil, 21 avril 2017, *JCP G* 2017, numéro spécial, p. 23; S. Merabet, *Vers un droit de l'intelligence artificielle*, pref. H. Barbier, Dalloz, nouvelle bibliothèque des thèses, 2020.

[86] Et parfois aussi du législateur qui a introduit des régimes spéciaux de responsabilité pour faire face à certains risques nouveaux: on pense à la loi du 25 juillet 1985 relative aux accidents de la circulation ou à la loi du 19 mai 1998 relative aux produits défectueux.

ppement des chartes de bonne conduite en matière d'intelligence artificielle pourrait ainsi constituer une nouvelle source d'inspiration pour le juge et faciliter la reconnaissance de nouvelles responsabilités en cas de dommage causé par un robot[87]. L'obligation de vigilance initiée par la jurisprudence[88] à la charge des fabricants pourraient être utilement exploitée puisqu'elle pourrait imposer aux fabricants de robot une obligation de suivi impliquant de prendre toutes les mesures nécessaires dans l'hypothèse où la machine pourrait se révéler dangereuse pour les biens ou les personnes. Il deviendrait alors possible de rechercher leur responsabilité sur ce terrain. Le concepteur du logiciel permettant au robot de prendre des initiatives ou lui conférant de fonctions cognitives pourrait aussi tout à fait être mis en cause sur le fondement de cette obligation de vigilance dont la source d'inspiration n'est pas très éloignée du principe de précaution[89].

La responsabilité du fait des choses consacrant en droit français, depuis 1930, une responsabilité objective[90] pourrait également se révéler particulièrement précieuse. Il suffit en effet à la victime de prouver qu'une chose a joué un rôle actif dans la production d'un dommage pour pouvoir demander réparation à son gardien[91]. La première condition ne posera pas trop de difficulté, le robot étant une chose. Quant à la seconde il conviendra, il est vrai, de déterminer le gardien du robot et l'hésitation pourra exister entre l'un de ceux qui seront intervenus dans la chaine de fabrication du robot ou son utilisateur. La suggestion a même été émise de recourir à la distinction entre la garde de la structure et la garde du comportement[92], initiée par la jurisprudence fran-

[87] V. en ce sens, M. Bacache, article précité, spéc. nº 112, p. 74.

[88] Cass. 1ère civ., 7 mars 2006, nº 04161. 79; Cass. 1ère iciv. 10 octobre 2018, nº 15-26. 093, JCP 2018, obs. M. Bacache

[89] V. par ex. O. Gout, «Les avancées discrètes du principe de précaution», *Resp. civ. et ass.*, juil./août 2006, nº 7-8, p. 7

[90] Cass. Ch. réunies, 13 février 1930, *DP*, 1930, I, 57, note G. Ripert; S. 1930, I, 21, note P. Esmein; GAJC, nº 193, obs. F. Terré, Y Lequette et F. Chénédé.

[91] Selon l'arrêt Franck, il est admis en droit français que le gardien de la chose litigieuse en est le propriétaire sauf s'il démontre qu'il a perdu l'usage, la direction et le contrôle de la chose au moment de la production du dommage: Ch. Réunies, 2 décembre 1941, *DC* 1942, p. 25, note G. Ripert, *S.* 1941, 1, p. 217, note H. Mazeaud; GAJC, nº 194, obs. F. Terré, Y Lequette et F. Chénédé.

[92] En ce sens par ex. M. Bacache, art. précité.

çaise en 1956[93], pour faire peser la charge de la responsabilité d'une chose sur celui qui en maitrise la structure dès lors qu'une chose est animée d'un dynamisme propre. Ce critère pourrait naturellement trouver application pour le robot qui peut être une machine auto-apprenante et donc à ce titre doté d'un dynamisme propre. Une responsabilité *in solidum* pourrait ainsi peser à la fois sur le fabricant du robot et sur les concepteurs du programme ou éditeurs de logiciel permettant au robot d'exprimer son autonomie. La création d'un régime spécial du fait du robot à l'image du régime existant pour la responsabilité du fait des animaux en France[94] a aussi été suggéré par certains[95]. Mais on peut douter de son intérêt dans la mesure où, à l'heure actuelle, le régime de responsabilité du fait des animaux tel qu'appliqué par la jurisprudence est directement inspiré par celui qui régit la responsabilité générale du fait des choses.

A côte du droit commun, il faut aussi compter avec les régimes spéciaux de responsabilité, au premier rang desquels il existe la responsabilité du fait des produits défectueux mis en place par la loi du 19 mai 1998, elle-même issue d'une directive européenne de 1985. Ce sont les articles 1245 et suivants du Code civil qui fixent les règles applicables en droit français. Rappelons que ce régime de responsabilité a vocation à s'appliquer de manière exclusive dès lors que le dommage est causé par un produit défectueux au sens des textes, c'est-à-dire dès lors qu'un produit n'offre pas la sécurité à laquelle on peut légitimement s'attendre[96]. La Cour de justice de l'Union européenne pourrait ainsi considérer que la directive de 1985 interdit de se prévaloir de la responsabilité du fait des choses[97], la Cour de cassation française appliquant

93 Cass. 2ème civ., 5 janvier 1956, *D.* 1957, p. 261, note R. Rodière.

94 V. art. 1243 du Code civil.

95 V. par ex. Eurobotics, «Proposition pour le Livre vert sur des aspects juridiques de la robotique», 2012, p. 55

96 V. art. 1245-3 Code civil

97 La Cour de Justice de l'Union Européenne pose en effet en principe que «*l'article 13 de la directive 85/374, relative au rapprochement des dispositions législatives, réglementaires et administratives des États membres en matière de responsabilité du fait des produits défectueux, ne saurait être interprété comme laissant aux États membres la possibilité de maintenir un régime général de responsabilité du fait des produits défectueux différent de celui prévu par la directive:* 25 avril 2002, aff. Nº 183/00.

dorénavant strictement cette règle[98]. Il paraît certain qu'en cas de dommage causé par un robot la condition du défaut de sécurité sera discutée mais aboutira dès lors que la victime pourra établir qu'elle n'imaginait pas courir de risques avec la machine à l'origine de son ou de ses dommages. Il est clair que l'information jouera, comme pour les produits de santé d'ailleurs, un rôle déterminant pour mesurer l'opportunité d'obtenir gain de cause. Les producteurs de robots pourront ainsi avoir intérêt à détailler le plus possible les risques susceptibles d'être occasionnés par leur objet. Ils devront notamment mettre en garde les possesseurs et utilisateurs sur les risques liés aux capacités cognitives permettant aux robots d'adopter de nouveaux comportements[99]. Quant au responsable, la loi vise le producteur entendu comme «le fabricant d'un produit fini, le producteur d'une matière première, le fabricant d'une partie composante» lorsqu'il agit à titre professionnel[100]. Inutile de dire que cette définition est favorable à la victime, d'autant plus que la loi rend solidairement responsables le producteur de la partie composante et celui qui a réalisé l'incorporation dans le produit fini[101]. Et s'il pèse sur la victime la charge de la preuve de la défectuosité[102], il faut rappeler que la responsabilité du fabricant est purement objective, ce qui lui interdira ainsi de s'exonérer de sa responsabilité en établissant qu'il n'a pas commis de faute.

On pourra redouter en revanche que la cause d'exonération pour risque de développement puisse être invoquée par les fabricants. En effet, selon l'article 1254-10 4º, le producteur n'est plus responsable s'il prouve «que l'état des connaissances scientifiques et techniques, au moment où il a mis le produit en circulation, n'a pas permis de déceler l'existence du défaut». Comme il a été justement soulignée par notre collègue M. Bacache, «appliquée à certaines intelligences artificielles auto-apprenantes, au fonctionnement complexe et opaque, cette notion permettra facilement au responsable de s'exonérer»[103]. Même s'il conviendra d'apprécier l'état des connaissances au niveau mondial, et

[98] Cass. 1ère, 11 juillet 2018, nº 17-20. 154.

[99] V. en ce sens, M. Bacache, article précité, spéc. nº 133, p. 85.

[100] V. art. 1245-5 du Code civil

[101] V. art. 1245-7 du Code civil

[102] V. art. 1245-8 du Code civil.

[103] M. Bacache, art. précité, nº 136, p. 86.

non uniquement au regard du marché dans lequel le fabricant délivre ses biens, il y aurait sans doute intérêt à faire disparaître cette possible cause d'exonération en modifiant le droit existant, d'autant plus que la directive européenne de 1985 avait pris le parti de laisser à chaque État membre le soin d'apprécier si le risque de développement devait être appréhendé ou pas comme une cause d'exonération susceptible de pouvoir être invoquée.

Toujours au titre des régimes spéciaux, il convient de mentionner que la loi du 5 juillet 1985 relative aux accidents de la circulation pourrait tout à fait trouver prise, dès lors que l'on intègre l'idée que le véhicule autonome n'est rien d'autre qu'un robot. C'est d'ailleurs dans ce secteur que les progrès accomplis ces dernières années sont les plus visibles pour l'ensemble de la population puisque personne n'ignore désormais que circuleront dans un avenir plus ou moins proche des véhicules disposant d'un niveau d'autonomie quasi complète. Les différentes conditions requises pour l'application de cette loi ne posent guère de difficulté puisque nous serons bien en présence d'un véhicule terrestre à moteur impliqué dans un accident de la circulation en cas de survenance d'un dommage[104]. Quant à la maîtrise du véhicule, elle sera assurée non pas par le conducteur humain mais par l'ensemble composé du système et de l'infrastructure[105]. En tout état de cause, le jeu de l'assurance permettrait à n'en pas douter de régler les difficultés relatives à l'indemnisation, assurance qui pourrait peser sur le constructeur et non plus le conducteur ou propriétaire du véhicule. Des conventions entre assureurs pourraient ainsi identifier qui doit indemniser la victime d'un dommage causé par un véhicule terrestre à moteur pouvant être un véhicule individuel, collectif notamment dans l'hypothèse d'un bus, d'un train d'un tramway autonome. Une adaptation de la loi peut aisément permettre de mettre en place des solutions adaptées.

Mais peut-être sera-t-il inutile de passer par le canal de l'ajustement des régimes nationaux de responsabilité. En effet, le parlement européen vient lui-même de prendre des résolutions destinées à faire évo-

[104] V. art. 1er de la loi nº 85-677 du 5 juillet 1985.

[105] V. par ex. M. Monot-Fouletier, «Véhicule autonomes, vers une autonomie du régime de responsabilité applicable», *D.* 2018, 129

luer les droits nationaux[106]. Et il est notamment question, au sein des résolutions présentées, d'identifier un régime de responsabilité pour l'intelligence artificielle qui trouvera évidemment à s'appliquer au robot qui fait l'objet de cette étude. Il importe alors de dire quelques mots de cette résolution.

Le système proposé s'articule autour d'un double régime, l'un consacré aux «systèmes d'intelligence artificielle à haut risque» et l'autre aux autres systèmes «d'intelligence artificielle». La définition des systèmes d'intelligence artificielle à haut risque renvoie aux «systèmes dont l'exploitation autonome implique une forte probabilité de porter préjudice à une ou plusieurs personnes, de manière aléatoire et au-delà de ce que l'on peut raisonnablement attendre». Le flou et la subjectivité de cette définition ont déjà été critiqués[107]. Une liste limitative révisable tous les six mois au moins sera mise en place à cet effet. Si les députés n'ont pas rempli ladite liste, il est possible de trouver des exemples en se référant au projet de rapport du 27 avril 2020, qui évoque notamment, en plus des aéronefs sans équipage à bord, des véhicules autonomes de niveaux 4 et 5, des robots autonomes.

S'agissant du régime applicable, les textes précisent que la responsabilité pèsera sur l'opérateur, susceptible de se dédoubler: d'une part, un «opérateur frontal», personne physique ou morale qui exerce un certain contrôle sur un risque associé à la mise en oeuvre et au fonctionnement du système d'intelligence artificielle et tire profit de son exploitation; d'autre part, un «opérateur d'amont», personne physique ou morale qui, de manière continue, définit les caractéristiques de la technologie, fournit des données ainsi qu'un service essentiel de soutien en amont. Cet opérateur exerce donc également un certain contrôle sur le risque lié à

[106] Résol. Parlement européen du 20 oct. 2020 contenant des recommandations à la Commission concernant un cadre pour les aspects éthiques de l'intelligence artificielle, de la robotique et des technologies connexes (2020/2012(INL); Résol. Parlement européen du 20 oct. 2020 contenant des recommandations à la Commission sur un régime de responsabilité civile pour l'intelligence artificielle (2020/2014(INL); Résol. Parlement européen du 20 oct. 2020 sur les droits de propriété intellectuelle pour le développement des technologies liées à l'intelligence artificielle (2020/2015(INI).

[107] D. Galblois-Lehalle, «Responsabilité civile pour l'intelligence artificielle selon Bruxelles: une initiative à saluer, des dispositions à améliorer», article précité.

l'exploitation et au fonctionnement du système d'intelligence artificielle.

Les opérateurs – frontaux ou d'amont – de systèmes d'intelligence artificielle à haut risque sont soumis à un régime qui se veut plus strict que celui des opérateurs d'autres systèmes d'intelligence artificielle. En effet, leur responsabilité est «objective» ou sans faute puisqu'ils ne peuvent s'exonérer en apportant la preuve qu'ils ont agi avec diligence. Seule la force majeure peut être invoquée par un opérateur d'intelligence artificielle à haut risque pour échapper à sa responsabilité. Les autres opérateurs seraient soumis, quant à eux, à une responsabilité pour faute. La proposition prévoit qu'ils peuvent s'exonérer en prouvant leur absence de faute, ce qui correspond à un système de faute présumée.

Le modèle mis en place peut être critiqué et semble à ce stade imparfait[108], mais il semble témoigner de l'idée que de ce que l'avenir conduira plutôt à privilégier la mise en place d'un dispositif de responsabilité qu'à la création d'une personnalité juridique au robot. Et il convient de s'en féliciter comme doit permettre de s'en convaincre l'étude ici proposée aux lecteurs.

[108] V. par ex. D. Galblois-Lehalle, art. précité.

# 8. STATUT JURIDIQUE DU ROBOT: HISTOIRE PROGRAMMEE D'UNE CHIMERE

*Mariève Lacroix*

## Introduction

*Et si le robot pouvait rêver à des moutons de métal*

Comme la situation juridique du cadavre[1] ou encore de l'animal[2], le statut juridique du robot commande des réflexions liminaires qui sous-tendent non pas d'adopter une vision manichéenne, mais plutôt de faire éclater l'hermétisme des catégories juridiques «sujet» et «objet»[3].

1 Voir notamment Mariève LACROIX et Jérémie TORRES-CEYTE, «Requiem pour un cadavre», (2016) 62 *R.D. McGill* 487; Mariève LACROIX, Alicia MAZOUZ et Valérie MENES-REDORAT (dir.), *Dialogues entre la mort et le droit*, Cowansville, Éditions Yvon Blais, 2017; Mariève LACROIX, «Un cadavre «juridiquement» exquis: sujet de droit ou objet de respect?», dans Audrey DEVEAULT et Michaël LESSARD (dir.), *Mourir au 21e siècle: entre corporalités et technologies*, Cowansville, Éditions Yvon Blais, 2020, p. 9.

2 Voir notamment Alain ROY, «Papa, Maman, Bébé et... Fido! L'animal de compagnie en droit civil ou l'émergence d'un nouveau sujet de droit», (2003) 82 *R. du B. can.* 791; Martine LACHANCE, «Le nouveau statut juridique de l'animal au Québec», (2018) 120 *R. du N.* 333; Mariève LACROIX et Gaële GIDROL-MISTRAL, «L'animal: un nouveau centaure dans les curies de la responsabilité civile?», (2018) 120 *R. du N.* 371.

3 Pour un questionnement axé sur l'existence des catégories juridiques, voir Eric H. REITER, «Rethinking Civil-Law Taxonomy: Persons, Things, and the Problem of Domat's Monster», (2008) *LSU Law Center Journal of Civil Law Studies* 189; Michelle CUMYN, «La classification des catégories juridiques en droit comparé: métaphores taxonomiques», (2008) 110 *R. du N.* 1; Michelle CUMYN, «Les catégories, la classification et la qualification juridiques: réflexions sur la systématicité du droit», (2011) 52 *C. de D.* 351; Michelle

De fait, le présupposé fondamental, pour la tradition juridique, repose dans la scission entre l'être et l'avoir. Cet héritage, légué par le droit romain, sert aujourd'hui encore de trame à la construction du *Code civil du Québec*[4]: celle qui partage le monde juridique en personnes et en choses.

Certes, la *summa divisio* qu'opère le droit civil entre les choses et les personnes est prise en défaut et ne peut suffire à un traitement juridique cohérent du robot. Plutôt que de s'interroger sur la capacité des catégories juridiques traditionnelles à appréhender le robot, il faut évaluer la nécessité de concevoir une catégorie hybride ou intermédiaire reflétant le statut complexe du robot.

Alors que le cadavre est un «non-vivant humain», l'animal est un «vivant non-humain». Le robot, pour sa part, est inerte; il correspond à la fois à un «non-vivant et non-humain». Si le vecteur de la dignité favorise une protection du cadavre, le vecteur de la sensibilité sous-tend un besoin de considération accru pour l'animal dans une finalité de protection. Qu'en est-il pour le robot; Quel principe matriciel permet de lui reconnaître un statut juridique; À notre avis, il s'agit moins de viser sa protection qu'à identifier un mécanisme d'imputation. Par voie de conséquence, il convient d'embrasser le temps de la virtualité (robohumanité[5];) – déserter les règnes de l'humanité et de l'animalité – et de sonder le statut juridique du robot intelligent.

Il convient de préciser ici que l'on envisage les robots autonomes, c'est-à-dire les «robots cognitifs» capables «d'analyser leur environnement et de prendre des décisions basées sur des processus imitant l'intelligence artificielle humaine (apprentissage perceptuel, organisation et sollicitation de la mémoire, raisonnement critique), ce qui leur permet de s'adapter à un milieu inconnu ou à des situations nouvelles; certains prennent une apparence humaine (les robots «humanoïdes»)

CUMYN et Frédéric GOSSELIN, «Les catégories juridiques et la qualification: une approche cognitive», (2016) 62 *R.D. McGill* 329.

[4] L.Q., 1991 c. 64 [ci-après «C.c.Q.»].

[5] Alain BENSOUSSAN, «La personne robot», *D.* 2017.2044.

[...]»[6]. Par analogie avec le *Manuel de la robotique*[7] de Isaac Asimov, l'un des piliers de l'Âge d'or de la science-fiction, les robots autonomes peuvent correspondre aux robots de la troisième génération[8].

*A priori* création de l'esprit humain, le robot est un bien comme tel, un objet de droit: il est breveté, fabriqué pour être vendu, détenu. Il s'agit en d'autres termes d'un bien marchand[9]. Or, avec le développement des capacités cognitives des robots intelligents de la troisième génération, qui bénéficient d'un certain degré d'autonomie, faut-il adapter leur statut juridique en conséquence; Leur autonomie d'action doit-elle s'accompagner, voire être soutenue par le droit en les dotant d'une personnalité juridique[10]; Dans une première partie, nous plaiderons que le robot ne peut «être» (I), avant de signaler que le robot ne peut «être fautif» (II). Nous adopterons ainsi une perspective visant à

[6] Mathieu BOURGEOIS, «Robot et personnalité juridique», dans Alexandra BENSAMOUN (dir.), *Les robots. Objets scientifiques, objets de droit*, coll. «Presses Universitaires de Sceaux», Paris, Éditions Mare & Martin, 2016, p. 123 à la page 124.

[7] *Manuel de la robotique*, 58e édition, dans *Le cycle des robots. 1. Les robots*, 1950.

[8] Pour mieux comprendre en quoi consiste la troisième génération de robots, il faut savoir que les robots de première génération sont essentiellement des automates, soit ceux qui exécutent des tâches préprogrammées comme des machines à café. Quant aux robots de deuxième génération, ceux-ci concernent les machines «réactives», c'est-à-dire celles dotées de capteurs capables d'interagir avec leur environnement selon des situations préprogrammées, par exemple les tondeuses ou les aspirateurs qui effectuent des tâches sans intervention humaine en naviguant de façon méthodique dans l'espace en prenant soin de contourner de possibles obstacles.

[9] Grégoire LOISEAU et Mathieu BOURGEOIS, «Du robot en droit à un droit des robots», *JCP G* 2014.1231, par. 4.

[10] Pour des études axées sur ce questionnement, voir notamment Lawrence B. SOLUM, «Legal Personhood for Artificial Intelligences», (1992) 70 *North Carolina Law Review* 1231; Danièle BOURCIER, «De l'intelligence artificielle à la personne virtuelle: émergence d'une entité juridique?» (2001) 49 *Droit et Société* 847; Pierre-Jérôme DELAGE, «Les androïdes rêveront-ils de personnalité juridique;» dans Pierre-Jérôme DELAGE (dir.), *Science-fiction et science juridique*, Paris, IRJS Editions, 2013, p. 165; Alain BENSOUSSAN, «Droit des robots: science-fiction ou anticipation;», *D.* 2015.1640; S.M. SOLAIMAN, «Legal Personality of Robots, Corporations, Idols and Chimpanzees: A Quest for Legitimacy», (2017) 25(2) *Artificial Intelligence and Law* 155; Nathalie NEVEJANS, «Le robot qui voulait devenir un homme... ou le statut juridique de l'androïde», dans Fabrice DEFFERRARD (dir.), *Le droit saisi par la science-fiction*, Paris, Éditions Mare & Martin, 2017, p. 137; Thierry DAUPS, «Le robot, bien ou personne; Un enjeu de civilisation;», *LPA* 11 mai 2017, no 126a5, p. 7.

nier tant la personnalité juridique du robot que sa faute, en droit privé québécois.

## 1. Le robot ne peut «être»

Le robot ne peut correspondre à une personne humaine[11], c'est-à-dire celle qui est vivante et se constate dans sa globalité et sa réalité à la fois biologique, psychologique et sociale, retraçant son appartenance à l'espèce humaine. En revanche, est-il possible de considérer le robot comme une personne juridique?

Une telle question sous-tend ici une dissociation de notions voisines assimilées – à tort – comme étant synonymes, soit celles de «personne humaine» et de «personne juridique», ou encore de «sujet de droit»[12]. La personne juridique[13], en son sens étymologique *persona*, révèle le «masque de théâtre»[14] qui tend à se détacher de l'acteur et à traduire le rôle qu'il joue dans la société.

[11] Neil M. RICHARDS et William D. SMART, «How Should the Law Think About Robots?», dans Ryan CALO, A. Michael FROOMKIN et Ian KERR (dir.), *Robot Law*, Cheltenham, Edward Elgar Publishing Ltd, 2016, p. 3, à la p. 6. Voir également Ivan TCHOTOURIAN, «Les robots et le droit – 1re partie», *Les blogues de Contact*, Université Laval, publié le 10 avril 2019.

[12] Cette distinction est empruntée à Frédéric ZENATI-CASTAING et Thierry REVET, *Manuel de droit des personnes*, Paris, PUF, 2006; reprise dans Anne SARIS, en collaboration avec Elsa ACEM, «Le sort du cadavre: le règne des vivants sur les morts», dans Barreau du Québec, Service de la formation continue, *Développements récents en succession et fiducies (2014)*, vol. 391, Cowansville, Éditions Yvon Blais, 2014 [en ligne].

[13] L'article 1 C.c.Q., qui reprend la lettre de l'article 18 du *Code civil du Bas-Canada* adopté en 1971, ne souffre d'aucune ambiguïté. Il édicte: «Tout être humain possède la personnalité juridique; il a la pleine jouissance des droits civils». Il en va de même du Préambule et de l'article 1 de la *Charte des droits et libertés de la personne*, L.R.Q., c. C-12: «Tout être humain a droit à la vie, ainsi qu'à la sûreté, à l'intégrité et à la liberté de sa personne. Il possède également la personnalité juridique.» En doctrine, voir Dominique GOUBAU, avec la collaboration d'Anne-Marie SAVARD, *Le droit des personnes physiques*, 6e éd., Cowansville, Éditions Yvon Blais, 2019.

[14] Oscar BLOCH et Walther von WARTBURG, *Dictionnaire étymologique de la langue française*, 11e éd., Paris, PUF, 1996, sous «personne»; Jacqueline PICOCHE, *Dictionnaire étymologique du français*, Paris, Le Robert, 1997, sous «personne». Sur cette même notion, voir notamment Pierre Basile MIGNAULT, *Le droit civil canadien basé sur les «Répétitions écrites sur le Code civil» de Frédéric Mourlon avec revue de la jurisprudence de nos tribunaux*, t. I, Montréal, C. Théoret, 1895, p. 129.

En tant que concept technique et abstrait, la personnalité juridique confère la qualité de sujet de droit, entendue comme une aptitude générale à devenir sujet de droits et à avoir la pleine jouissance des droits civils[15], qu'ils soient patrimoniaux ou extrapatrimoniaux. Les prérogatives qui se rattachent à la personnalité juridique sont également reflétées par la reconnaissance de droits fondamentaux pour lesquels toute atteinte est sanctionnée par une contrainte juridique[16]. De tels droits fondamentaux revêtent des caractères propres: ils sont extrapatrimoniaux (car dépourvus de valeur pécuniaire en soi), inamissibles[17], incessibles[18], insaisissables et imprescriptibles[19]. Ces caractéristiques ne possèdent pas un caractère absolu et invitent à la nuance.

Actrice du monde juridique, la personne juridique est celle qui participe au commerce juridique, celle qui est créancière et débitrice d'obligations, celle qui peut engager sa responsabilité. Il y a donc une dissociation entre la personne humaine et la personne juridique. D'ailleurs, la personnalité juridique n'est pas réservée à la personne humaine, mais englobe d'autres entités non humaines, dont les personnes morales. En effet, au XIX$^{e}$ siècle, afin d'encourager la prise de risque et l'entrepreneuriat, la révolution industrielle avait déjà conduit à la création d'une fiction juridique, la «personne morale», un statut juridique spécial destiné aux groupements et institutions, qui s'ajoutait à celui de «personne physique»[20].

Si cette fonctionnalité de la personnalité juridique désincarnée fait la force des personnes morales, peut-elle se transposer au robot[21]; À l'heure actuelle, il faut se demander si cette abstraction technique

[15] Il importe de distinguer la jouissance de l'exercice des droits civils, voir *Commentaires du ministre de la Justice: le Code civil du Québec: un mouvement de société*, t. 1, Québec, Les Publications du Québec, 1993, p. 3 et 4.

[16] Art. 1457 C.c.Q.

[17] Art. 8 C.c.Q.

[18] Art. 3, al. 2 C.c.Q. Pour la transmissibilité du droit à des dommages-intérêts aux héritiers, voir les articles 625, al. 3 et 1610, al. 2 C.c.Q.

[19] Art. 2876 C.c.Q.

[20] Il convient de relever toutefois que les personnes morales sont représentées et dirigées par des êtres humains, voir Hubert De VAUPLANE, «La personnalité juridique des robots», *Revue Banque*, 2017, no 807.

[21] Grégoire LOISEAU et Mathieu BOURGEOIS, «Du robot en droit à un droit des robots», *JCP G* 2014.1231, par. 4. Les auteurs réfutent toutefois l'attribution d'une personnalité

qu'est la «personne juridique» peut évoluer et se détacher d'une approche patrimoniale – visant pour l'essentiel ses activités économiques; La qualification juridique du robot repose plutôt sur des considérations de nature anthropologique et philosophique. Débat de société et de la place de l'humain dans celle-ci, au milieu des autres êtres et des choses qui l'entourent, il s'inscrit dans une logique similaire à la reconnaissance de droits aux animaux: celle d'un anthropomorphisme au-delà de l'être humain[22].

Alors que l'Arabie saoudite est le premier pays à accorder la personnalité juridique à un robot[23], le Parlement européen s'attarde sur la question dérivée du statut juridique du robot. Dans une résolution du 16 février 2017, les députés de la commission des affaires juridiques du Parlement européen demandent aux États membres des règles européennes sur le domaine en évolution rapide de la robotique[24]. Dans un horizon d'une dizaine d'années, le Parlement évoque la perspective que serait une responsabilité des robots eux-mêmes, ce qui oriente la réflexion vers la reconnaissance d'un statut juridique spécial de «personnes électroniques» pour les robots autonomes les plus sophistiqués. Ceux-ci seraient des «personnes électroniques responsables, tenues de réparer tout dommage causé à un tiers»[25]. Les robots seraient en effet immatriculés et dotés d'un capital propre, comme une société ou une entreprise, et pourraient se servir de ce capital pour indemniser des vic-

technique aux robots, sur le modèle de la personne morale, car elle ne répond à aucun besoin social dans leur cas.

[22] Hubert De VAUPLANE, «La personnalité juridique des robots», *Revue Banque*, 2017, no 807. Voir également Jean-Pierre BÉLAND et Charles-Étienne DANIEL (dir.), *La personne transformée. Nouveaux enjeux éthiques et juridiques*, Québec, P.U.L., 2020.

[23] Voir Zara STONE, «Everything You Need To Know About Sophia, The World's First Robot Citizen», Forbes, 2017, en ligne: <https://www.forbes.com/sites/zarastone/2017/11/07/everything-you-need-to-know-about-sophia-the-worlds-fi rstrobot-citizen/#40c9766046fa>.

[24] Le but est notamment de régler des questions telles que le respect des normes éthiques et la responsabilité en cas d'accidents impliquant des voitures sans conducteur. Voir Xavier DELPECH, «Vers un droit civil des robots», *AJ Contrat* 2017.148.

[25] Voir la proposition de résolution du Parlement européen contenant des recommandations à la Commission concernant des règles de droit civil sur la robotique, 2015/2103(INL), contenue au paragraphe 31f).

times éventuelles dans le cadre d'une action en responsabilité[26]. Or, la tendance la plus récente au sein de l'Union européenne tend à réfuter la reconnaissance d'une personnalité juridique du robot[27].

À notre avis, il faut faire preuve de prudence. Au Québec, le robot ne bénéficie pas d'une personnalité propre[28]. Il ne peut être débiteur (encore moins créancier) d'une obligation de réparation. L'incidence de conférer ou non une «personnalité numérique» au robot repose inextricablement dans la reconnaissance de droits – patrimoniaux et extrapatrimoniaux – et d'un patrimoine à celui-ci. Le robot correspond plutôt à un «objet juridique non identifié», un «OJNI». Le robot n'est pas cependant un objet comme les autres: il faut considérer au surplus son niveau d'autonomie et d'indépendance décisionnelle.

En somme, la création d'une personnalité juridique du robot est périlleuse et repose sur des postulats erronés[29]. L'affirmation que le robot ne peut «être» se trouve renforcée par la mention que le robot ne peut être «fautif». Si le robot n'a pas de libre arbitre, ni de conscience, comment pourrait-il commettre une faute.

[26] Georgie COURTOIS, «Robot et responsabilité», dans Alexandra BENSAMOUN (dir.), *Les robots. Objets scientifiques, objets de droit,* coll. «Presses Universitaires de Sceaux», Paris, Éditions Mare & Martin, 2016, p. 129 à la page 149; Alain BENSOUSSAN et Jérémy BENSOUSSAN, *Droit des robots,* Bruxelles, Larcier, 2015, p. 41 et plus particulièrement les pages 47-49.

[27] Le Livre Blanc de la Commission européenne sur l'*Intelligence artificielle. Une approche européenne axée sur l'excellence et la confiance*, Bruxelles, le 19 février 2020, traite de la responsabilité des développeurs et des déployeurs de l'intelligence artificielle sous l'angle de la responsabilité du fait des produits.

[28] Voir notamment Mariève LACROIX, «Portrait-robot de la responsabilité du robot», (2021) 99 *R. du B. can.* 1; Yvan TCHOTOURIAN, dans son blogue, «Les robots et le droit – 2e partie», *Les blogues de Contact,* Université Laval, publié le 16 avril 2019. Par ailleurs, nous opinons dans le sens de Nathalie NEVEJANS, «Règles européennes de droit civil en robotique», étude commandée par La commission des affaires juridiques du Parlement européen, (2016) PE 571.379, p. 16.

[29] Selon des auteurs, la reconnaissance d'une personnalité juridique aux robots résulte d'une démarche tout à la fois hasardeuse et dangereuse. Voir Grégoire LOISEAU et Mathieu BOURGEOIS, «Du robot en droit à un droit des robots», *JCP G* 2014.1231, par. 7 et les justifications exposées, ainsi que Grégoire LOISEAU, «La personnalité juridique des robots: une monstruosité juridique», *JCP* 2018.597.

## 2. Le robot ne peut être «fautif»

Au Québec, le droit civil de la responsabilité extracontractuelle consacre, de façon générale et expresse, la capacité aquilienne, c'est-à-dire l'aptitude à répondre du préjudice causé personnellement à autrui. La substance de l'alinéa second de l'article 1457 du *Code civil du Québec* est limpide et précise ce qui suit: «[Une personne] est, lorsqu'elle est douée de raison et qu'elle manque à ce devoir, responsable du préjudice qu'elle cause par cette faute à autrui et tenue de réparer ce préjudice, qu'il soit corporel, moral ou matériel.» La conjonction «et» située entre l'aptitude et le manquement au devoir de bonne conduite, lue en corrélation avec «cette» faute semble exprimer que la faculté de discernement est «inhérente à la faute»[30]. Suivant un tel argument de texte, la faute correspond au manquement à un devoir de bonne conduite par un individu et à sa capacité de discernement. En d'autres termes, la faute est la violation d'un devoir de civilité qui résulte d'un comportement imputable à un individu[31].

Le principe traditionnel de la capacité mentale de discerner le bien du mal pour être responsable demeure[32]: le fait fautif doit émaner d'une volonté libre et consciente; l'agent doit être apte à comprendre l'acte posé afin de commettre une faute. Il doit avoir la liberté et les moyens d'éviter ce fait. La faculté de discernement n'est donc pas une simple exigence de forme ou de bon sens, mais un élément essentiel de l'imputabilité. Elle se traduit par une connaissance des gestes

[30] Adrian POPOVICI, «De l'impact de la *Charte des droits et libertés de la personne* sur le droit de la responsabilité civile: un mariage raté?», dans Conférences commémoratives Meredith 1998-99, *La pertinence renouvelée du droit des obligations: back to basics/The Continued Relevance of the Law of Obligations: retour aux sources*, Cowansville, Éditions Yvon Blais, 2000, p. 49, à la page 65, note 45.

[31] Mariève LACROIX, «Le fait générateur de responsabilité civile extracontractuelle personnelle: *continuum* de l'illicéité à la faute simple au regard de l'article 1457 C.c.Q.», (2012) 46 *R.J.T.* 25; Nathalie VÉZINA, «La faute: exercice jurilinguistique autour d'une notion classique du droit civil», dans Benoît MOORE (dir.), *Les grands classiques du droit civil. Les grandes notions*, Montréal, Éditions Thémis, 2015, p. 131.

[32] Jean-Louis BAUDOUIN, Patrice DESLAURIERS et Benoît MOORE, *La responsabilité civile*, 9e éd., vol. 1 «Principes généraux», Cowansville, Éditions Yvon Blais, 2020, nos 1-161 et suiv., p. 175 et suiv.

posés, déclinée en trois volets. C'est la faculté de se rendre compte de la nature, de la portée et des conséquences possibles des actes[33].

Au surplus, l'«humanisation» de la faute civile transparaît de l'obligation générale de prudence[34]. L'appréciation d'une faute correspond à opérer une comparaison avec le modèle de référence du comportement adopté par un type abstrait et objectif, c'est-à-dire la personne raisonnable normalement prudente et diligente, qui tient compte des circonstances externes pertinentes[35]. En d'autres termes, il faut confronter la conduite observée à celle d'une personne raisonnable du même type sociologique et non à une entité idéale ou désincarnée, ou encore à un parangon de vertus. À défaut de bénéficier de la faculté de discernement d'une personne humaine, le comportement d'un robot intelligent ne peut être apprécié à l'aune du standard de la personne raisonnable.

Pour le robot, son intelligence ne peut ni ne doit constituer un critère permettant d'engager sa responsabilité, car seule la raison l'est. Les concepts de «raison» et d'«intelligence» ne peuvent se confondre. Par ailleurs, l'autonomie développée par le robot[36], lorsqu'il apprend par

[33] Centre de recherche en droit privé et comparé du Québec, *Dictionnaire de droit privé et lexiques bilingues: les obligations/Private Law Dictionary and Bilingual Lexicons: Obligations*, Cowansville, Éditions Yvon Blais, 2003, sous «aptitude», p. 20: «Disposition physique ou mentale d'une personne lui permettant d'exercer son jugement, de prendre une décision ou d'exprimer sa volonté.»

[34] Hervé JACQUEMIN et Jean-Benoît HUBIN, «Chapitre 2. La responsabilité extracontractuelle du fait des robots ou des applications d'intelligence artificielle», dans Hervé JACQUEMIN et Alexandre De STREEL (dir.), *L'intelligence artificielle et le droit*, Bruxelles, Larcier, 2017, p. 112, à la page 116.

[35] Nicholas KASIRER, «The *infans* as *bon père de famille*: «Objectively Wrongful Conduct» in the Civil Law Tradition», (1992) 40 *Am. J. Comp. L.* 343; Han-Ru ZHOU, «Le test de la personne raisonnable en responsabilité civile», (2001) 61 *R. du B.* 451; Louise LANGEVIN, «Mythes et réalités: la personne raisonnable dans le livre «Des obligations» du *Code civil du Québec*», (2005) 46 *C. de D.* 353; Alexandra POPOVICI, «Le bon père de famille», dans Générosa BRAS MIRANDA et Benoît MOORE (dir.) *Mélanges Adrian Popovici. Les couleurs du droit*, Montréal, Les Éditions Thémis, 2010, p. 125.

[36] Un auteur va jusqu'à employer l'expression «agent autonome», voir Nicolas VERMEYS, «La responsabilité civile du fait des agents autonomes», (2018) 30 *Les Cahiers de propriété intellectuelle* 851, 854 et 855, à la note 10. Voir également F. Patrick HUBBARD, ««Sophisticated Robots». Balancing Liability, Regulation, and Innovation», (2015) 66 *Florida Law Review* 1803; Nathalie NEVEJANS, «Les robots: tentative de définition», dans Alexandra

lui-même, ne doit pas leurrer et tendre à une imputabilité du robot. L'acquisition d'une telle autonomie fait en sorte que le robot peut échapper au contrôle humain, car il n'est plus considéré comme un outil contrôlé par un tiers (que l'on pense au fabricant, au gardien, au propriétaire, à l'utilisation ou au concepteur). Une telle autonomie – de nature technique, voire opérationnelle puisqu'elle dépend de la programmation du robot – résulte ici dans la capacité de prendre des décisions et de les mettre en pratique sans intervention humaine[37]. Or, si l'humain assure une certaine production, la machine ne peut que tendre à une (re)production du résultat d'une activité humaine en dépit d'une possible autonomie; elle n'est pas pourvue d'une faculté de discernement pour autant[38].

En somme, l'intelligence et l'autonomie technique ne peuvent se substituer à la conscience. Seuls les humains bénéficient d'une liberté, d'une conscience, d'une volonté, d'une intelligence émotionnelle, ou encore d'un jugement moral. À cet égard, le robot ne peut pas commettre une faute civile et engager sa responsabilité personnelle. Même doué d'une certaine autonomie, celle-ci n'est jamais que la résultante d'une volonté humaine.

Enfin, la création d'une personnalité juridique du robot, ayant pour objet une responsabilité directe, favoriserait la mise en place d'un écran juridique faisant obstacle à la responsabilité des gardiens et des fabricants de robots. Il n'est certainement pas opportun qu'en responsabilisant le robot, ses concepteur, utilisateur et fabricant bénéficient d'une impunité le cas échéant[39].

BENSAMOUN (dir.), *Les robots. Objets scientifiques, objets de droit*, coll. «Presses Universitaires de Sceaux», Éditions Mare & Martin, 2016, p. 81; Nathalie NEVEJANS, *Traité de droit et d'éthique de la robotique civile*, Bordeaux, LEH Édition, 2017, p. 86 et suiv.

[37] Hervé JACQUEMIN et Jean-Benoît HUBIN, «Chapitre 2. La responsabilité extracontractuelle du fait des robots ou des applications d'intelligence artificielle», dans Hervé JACQUEMIN et Alexandre De STREEL (dir.), *L'intelligence artificielle et le droit*, Bruxelles, Larcier, 2017, p. 112, à la page 116.

[38] Valérie DEPADT, «La responsabilité: le point de vue du juriste», dans Valérie DEPADT et Didier GUÉVEL (dir.), *Lex Robotica: le droit à l'épreuve de la robotique*, Issy-les-Moulineaux, LGDJ, 2018, p. 115, à la page 116.

[39] Voir notamment Mathieu BOURGEOIS, «Robot et personnalité juridique», dans Alexandra BENSAMOUN (dir.), *Les robots. Objets scientifiques, objets de droit*, coll. «Presses Universitaires de Sceaux», Paris, Éditions Mare & Martin, 2016, p. 123 à la page 125 où l'auteur

## Conclusion

Les débats relatifs à la personnalité juridique du robot illustrent le danger de postures prospectives visant à anticiper un état de fait par la mise en place d'une législation. En effet, la régulation de l'innovation doit se faire de façon pragmatique sur la base de la réalité concrète. Ce n'est que par le prisme de l'expérimentation que l'on peut parvenir à une législation qui soit efficace et qui ne freine pas l'innovation. Il faut prendre garde à céder à l'impulsivité normative, aussi inutile que dangereuse[40].

À l'heure actuelle, au Québec, il demeure périlleux d'affirmer que le robot est une personne juridique. Il correspond à un objet. Le robot est un artéfact, un objet multiple et multiforme, émergent et encore non parfaitement identifié. Par voie de conséquence, le robot ne peut commettre de faute, en l'absence de toute faculté de discernement. Il ne peut être tenu responsable personnellement de ses actes; il y a toujours un humain derrière ses actions.

signale «l'effet déviant de déresponsabiliser les fabricants et les utilisateurs» qui dérive de la reconnaissance d'une personnalité juridique aux robots intelligents. Voir également Grégoire LOISEAU et Mathieu BOURGEOIS, «Du robot en droit à un droit des robots», *JCP G* 2014.1231, par. 6.

40 Alexandra BENSAMOUN et Grégoire LOISEAU, «L'intelligence artificielle: faut-il légiférer;» *D.* 2017.581, par. 1 et 6.

# 9. ASPECTOS JURÍDICOS PALPITANTES DOS VEÍCULOS AÉREOS NÃO TRIPULADOS

*Marco Fábio Morsello*

## 1. Introdução e perspectiva histórico-evolutiva

O sonho de voar sempre fascinou a humanidade, havendo na História inúmeras tentativas que visavam superar este obstáculo natural, com ênfase ao efetivo controle e comando direto pelo homem.

No entanto, neste longo *iter*, observa-se, por proêmio, a concepção de que o atributo do voo não era factível aos mortais, restringindo-se, pois, às divindades, como, e.g, Hermes e Pegasus. Tal concepção, por óbvio, obstaculizou, por extenso lapso de tempo, durante a Antiguidade, a realização de pesquisas, visando possibilitar o voo aos humanos. Nota-se, no entanto, na civilização ocidental, paulatina secularização da noção de voar, o que influenciou o continente asiático, possibilitando, inicialmente, a criação de lanternas luminosas, que, desafiando a gravidade, já subiam a grandes alturas, noticiando-se tais fatos na China e no antigo Reino do Sião (atual Tailândia) por volta de duzentos anos antes de Cristo. O mesmo se diga quanto à arte da pólvora, para o lançamento dos fogos de artifício, provindos do mesmo continente.[1]

[1] Nesse sentido: MATTE, Nicolas Mateesco. *Treatise on air* – aeronautical law. Montréal--Toronto: ICASL; Carswell, 1981, p. 16-17; DE JUGLART, Michel. *Traité de droit aérien*. 2. ed. atual. por Emmanuel du Pontavice, Jacqueline Dutheil de La Rochère e Georgette M. Miller. Paris: LGDJ, 1989. t. 1, p. 19-20.

Com fulcro na secularização da noção de voar, novas tentativas foram feitas, noticiando-se na cidade de Taranto (atual Itália) experimento por parte do cientista Architas, em 60 d.C., que criou estrutura de madeira com asas artificiais, que resultou em total malogro. Em 850 d.C., o estudante árabe Ibn Furnas empreendeu estudos aprofundados quanto à noção de voar, e ao final do século X, o monge beneditino inglês Oliver de Mlamesbury lançou-se de uma torre com asas artificiais, obtendo como resultado tão somente a fratura de ambas as pernas. No século XII, houve tentativa similar na antiga Bizâncio, a partir da torre do Hipódromo, que resultou na morte do aventureiro diante do Imperador Emmanuel Commnenus.[2]

Na Idade Média, prosseguiram estudos que visavam evitar perdas humanas em experimentos trágicos, noticiando-se trabalhos de Albert Le Grand, filósofo e professor de São Tomás de Aquino e de Robert Bacon. Impõe-se mencionar, outrossim, os magníficos trabalhos de Leonardo da Vinci (1452-1519), que em sucessivos manuscritos concernentes à mecânica de voo chegou a conceber um helicóptero.[3]

Posteriormente, no século XVII, foram efetuados diversos experimentos, consoante relata Mateesco Matte, destacando-se várias tentativas na França, inclusive em demonstrações defronte a Luís XIV. Em Portugal, noticia-se, em 1709, a iniciativa do monge brasileiro Bartholomeu Lourenço de Gusmão, capelão do Rei João V, que concebeu estrutura análoga à de um pássaro, efetuando exibição do artefato perante a Corte. Em 1742, o marquês Bacqueville quis sobrevoar o Sena com asas artificiais, também não logrando êxito.[4]

No século XVIII, a influência de Hobbes, Locke e Descartes impulsionou o progresso das ciências, destacando-se, e.g, o trabalho *Novo Organum* de Francis Bacon, que exerceu grande influência sobre os jovens e a comunidade científica da época. Os estímulos às pesquisas e descobertas geraram efeitos no final do século, bem como naquele vindouro. Deveras, já em 21 de novembro de 1783, os irmãos Montgolfier

[2] Nesse sentido: MATTE, Nicolas Mateesco, cit., p. 17; MORSELLO, Marco Fábio. *Responsabilidade civil no transporte aéreo*. São Paulo: Atlas, 2006, p. 44-50.

[3] Nesse sentido: MATTE, Nicolas Mateesco, cit., p. 18; Enciclopedia Garzanti di Filosofia. Milano: Garzanti, 1988, p. 625.

[4] MATTE, Nicolas Mateesco, cit., p. 18.

possibilitaram o primeiro voo de balão inflado com ar quente, tripulado por Pilâtre de Rozier e o marquês de Arlandes. No ano seguinte, houve experimento análogo na Grã-Bretanha por parte de Lunardy.[5]

Referido êxito foi considerado como o nascedouro de uma nova era, inclusive para fins de conflitos armados, como observava Benjamin Franklin. A França, então, em 23 de abril de 1784, tomou a primeira iniciativa visando regulamentar a utilização do espaço aéreo por balões, impondo-lhes a concessão de licença especial. Malgrado referida intervenção do Poder Público, subsistiam iniciativas inovadoras, que culminaram, em 1785, com a travessia do Canal da Mancha por meio de um balão Montgolfier, tripulado por Blanchard. Em 1819, houve ulterior intervenção do Poder Público francês, na medida em que o Departamento do Sena exigiu que todos os balões fossem munidos de paraquedas.

O século XIX foi marcado por esforços na empreitada de aperfeiçoamento de aeronaves, com apoio generalizado da opinião pública. Desse modo, na Grã-Bretanha, Stringfellow criou protótipo de aeronave com motor, ao passo que, na França (1857), Felix du Temple logrou produzir aeronave que conseguia sair do solo com a força do motor.

O apoio entusiasta da opinião pública e a liderança incontestável de Paris permitiram a alocação de fundos para construir balão gigante, para fins de destinação de recursos, visando à criação de máquinas voadoras. Criou-se, então, a "*Société d'encouragement pour l'aviation*", utilizando-se o termo aviação pela primeira vez, com base em sugestão de La Landelle. Vários patronos famosos, como Victor Hugo, Alexandre Dumas, Júlio Verne e Georges Sand, incentivaram a arrecadação de fundos, muito embora a criação do balão gigante tenha fracassado.

Na data de 9 de agosto de 1884, em jornada conduzida com itinerário prévio pelos aeronautas Renard e Krebs, houve a pilotagem de um aeróstato chamado *France*. Em 1890, Mouillard conseguiu manter o equilíbrio de máquina mais pesada que o ar.

Observa-se, então, o limiar de uma nova fase, na medida em que a idealização de máquina aérea fora transformada em um veículo para fins desportivos, abrindo as portas para pequenos fabricantes. Destacam-se,

[5] *Ibid.*, p. 21.

então, nessa época, o brasileiro Alberto Santos Dumont, além de Wilbur Wright, Voisin, Farman e Mermoz, dentre outros.[6]

Com efeito, obedecendo à ordem cronológica, Wilbur Wright, cidadão dos Estados Unidos da América, logrou efetuar, em 17 de dezembro de 1903, nos rincões selvagens de Kitty Hawk, Carolina do Norte, voo percorrendo a distância de 284 metros em 59 segundos, ao passo que o capitão Ferber lograra obter sucesso análogo na França.

Alberto Santos Dumont pilotou o primeiro voo oficialmente registrado no campo de Bagatelle, França, em 12 de outubro de 1906, ocasião na qual percorreu a distância de 220 metros em 21 segundos a seis metros do solo. Referido êxito do pai da aviação inspirou novas empreitadas, ainda no âmbito do desporto e aventura, culminando, em 1908, com o êxito de Farman ao completar o primeiro quilômetro de distância percorrido, até que, em 1909, Bleriot logrou cruzar o Canal da Mancha.[7]

Com o advento da Primeira Guerra Mundial, a aventura e o desporto deram lugar à utilização bélica da aviação, que permitia sensível vantagem no campo de batalha, diante de linhas inimigas, o que ensejou interesse estatal na produção em escala de aeronaves de guerra, no âmbito da denominada ordem pública de direção, já que se tratava de setor estratégico. Para tanto, os autores Shawcross e Beaumont exemplificam que, no prelúdio do conflito, a Grã-Bretanha possuía apenas 12 aeronaves militares, ao passo que, ao final, já possuía 22.000.[8]

Por via de consequência, ao final do conflito, havia suficiente infraestrutura de equipamentos para iniciar exploração de serviços aéreos postais e comerciais, lançando-se, em 1919, o primeiro serviço regular entre Paris e Bruxelas. Por óbvio, havendo interesse estatal na referida exploração, foram criadas companhias aéreas de bandeiras nacionais, que serviam, outrossim, para robustecer a comunicação entre as metrópoles imperiais e as várias colônias existentes à época.

O advento da Segunda Guerra Mundial deu às aeronaves primado estratégico inédito para decisão de batalhas entre beligerantes, de modo a impor aos Estados esforços ímpares visando ao incremento da produti-

[6] *Ibid.*, p. 24, item 16.

[7] *Ibid.*, p. 25.

[8] SHAWCROSS, Christopher N.; BEAUMONT, Kenneth M. *Air law*. 3. ed. London: Butterworths, 1966. v. 1, p. 4.

vidade em grandes indústrias especializadas. Certamente com base em tais premissas, o bem equipado parque industrial dos Estados Unidos da América, imune a bombardeios, bateu recordes de produção, chegando à média de uma aeronave a cada cinco minutos, o que denotou fator preponderante para a solução do conflito, juntamente com o lançamento da bomba atômica.

Referida produção em larga escala, jungida à formação de inúmeros pilotos, após o encerramento do conflito, elevou os Estados Unidos da América ao *status* de potência dominante que pretendia total liberdade no transporte aéreo comercial mundial, que facilmente dominaria. No entanto, a oposição do Reino Unido da Grã-Bretanha mitigou a amplitude das liberdades do ar, conforme dispuseram a Conferência de Chicago (datada de dezembro de 1944) e o Acordo Bilateral anglo-americano de Bermudas (de 1946).[9]

Malgrado a evidente prevalência de aeronaves pilotadas, não se descurou de experiências visando à pilotagem à distância, também considerada remota, conforme elucidam diversos exemplos na perspectiva histórica.

De fato, os *Unmanned Aerial Vehicles (UAV)* são veículos sem piloto a bordo, destinados em sua gênese para escopos militares, noticiando-se, e.g, efetivo desenvolvimento a partir dos V2 (*Vergeltungswaffe*), alemães utilizados na Segunda Guerra Mundial.[10]

De qualquer modo, a nível oficial, em 1917, registrou-se o primeiro voo controlado de uma aeronave não tripulada. De fato, tratava-se de um Curtiss N-9, da *US. NAVY*, com utilização de sistemas não tripulados (doravante denominados *Unmanned Aircraft Systems – UAS*).[11]

[9] Cf. FOLLIOT, Michel G. *Le transport aérien international*: évolution et perspectives. Paris: LGDJ, 1977, p. 11-55.

[10] Como bem elucida SIA, Anna L. M. Sulla politica europea di certificazione degli Unmanned Aerial Vehicles (UAV), in VV. AA, *La gestione del traffico aereo: profili di diritto Internazionale, comunitario ed interno,* a cura di M. P. Rizzo, Milano: Giuffrè, 2009, p. 497. No mesmo diapasão, KAISER, Stefan A.. Legal Aspects of Unmanned Aerial Vehicles. *Zeitschrift für Luft- und Weltraumrecht (ZLW),* Köln, n. 55, Heft 3, 2006, p. 344, anotando que: "*UAVs originated in the military arena. German catapult launched and jet propelled flying bombs were early UAV mass applications during World War II*".

[11] Cf. elucidam GUERRERO LEBRÓN, María Jesús; CUERNO REJADO, Cristina; MÁRQUEZ LOBILLO, Patricia. Aeronaves no tripuladas: estado de la legislación para realizar

Mencionada atividade denotou inicialmente um notável incremento em conflitos bélicos, com caráter preferencial, na medida em que elide o risco de perda de pilotos, já que a pilotagem parte de base operacional em solo.[12]

No entanto, observou-se que a utilidade dos veículos aéreos não tripulados seguramente superou a seara dos conflitos bélicos, abrangendo a denominada tríade de atividades que, em cotejo com a pilotagem direta, denotaria vantagem inequívoca, com destaque para aquelas de cunho *dull, dirty and dangerous* (D3), com custos operacionais mais reduzidos e utilização por períodos de tempo mais longos.[13]

su integración en el espacio aéreo no segregado. *Revista de Derecho del Transporte*: Marcial Pons, Madrid, n. 12, 2013, p. 64. Anote-se, por outro lado, a interessante menção de Sofia Michaelides-Mateou & Chrystel Erotokritou, dando conta de utilização pioneira de *drones* quando o Exército austríaco teria utilizado balões sem tripulação para lançar bombas em Veneza, em 1871 (*In*: MICHAELIDES-MATEOU, Sofia; EROTOKRITOU, Chrystel. Flying into the future with UAVs: The Jetstream 31 Flight. *Air and Space Law*, v. 39, n. 2, Kluwer Law International, The Netherlands, 2014, p. 113). A nosso ver, como havia controle apenas no lançamento, embora com cálculos de distância, afigurar-se-ia inviável exata inserção como UAS.

[12] Nesse sentido: MICHAELIDES-MATEOU, Sofia; EROTOKRITOU, Chrystel. Flying into the future with UAVs, cit., p. 113, observando que, além das funções de reconhecimento e vigilância, há crescente inserção dos *drones* em missões de combate no Afeganistão, Iraque, Iêmen e Paquistão. Somente neste último país, aliás, anotam que, até o início de 2014, foram elencados 370 ataques aéreos. No mesmo diapasão, veja-se GUERRERO LEBRÓN, María Jesús; CUERNO REJADO, Cristina; MÁRQUEZ LOBILLO, Patricia. Aeronaves no tripuladas, cit., p. 64; CHAMAYOU, Grégoire. *Théorie du drone*. Paris: La Fabrique Éditions, 2013.

[13] Nesse sentido: MICHAELIDES-MATEOU, Sofia; EROTOKRITOU, Chrystel. Flying into the future with UAVs, cit., p. 113, anotando que: "*UAVs are used mostly for dull, dirty and dangerous activities missions where it would be perilous to send a human pilot for such missions. The operational costs of UAVs are significantly lower and they can be used for extremely long periods of time*"; SIA, Anna L. M. Sulla politica europea di certificazione degli Unmanned Aerial Vehicles (UAV), cit., p. 497-528; DUPONT, Pascal M. Les drones en question. Paris: Pedone, *Revue Française de Droit Aérien et Spatial (RFDAS)*, 2006, p. 97; FRANCHI, Bruno. Aeromobili senza pilota (UAV): inquadramento giuridico e profili di responsabilità – I parte. *Responsabilità e previdenza*. Milano: Giuffrè, p. 732-751, n. 4, 2010, p. 733; GUERRERO LEBRÓN, María Jesús; CUERNO REJADO, Cristina; MÁRQUEZ LOBILLO, Patricia. Aeronaves no tripuladas: estado de la legislación para realizar su integración en el espacio aéreo no segregado, cit., p. 71.

Como corolário da assertiva supra, houve um amplo espectro de atividades albergadas por esta nova modalidade, inserindo-se, e.g, dentre outras, controles agrícolas e ambientais, irrigação de campos agrícolas, monitoramento de grupos e fronteiras de imigração, busca e resgate, entrega de encomendas e suprimentos médicos, aerofotogrametria, análise de grandes acidentes de tráfego, apoio em proteção civil, controle de danos em desastres provindos de inundações, tsunamis, terremotos e furacões, detecção, vigilância e monitoramento de incêndios, inspeção de linhas elétricas de alta voltagem, oleodutos, monitoramento de materiais perigosos, estudos atmosféricos, vigilância de propriedades e até mesmo de autorretratos (*selfies*), nomeadamente à luz do desenvolvimento da nanotecnologia.[14]

[14] Trata-se, como é cediço, de lista meramente exemplificativa. Para maiores detalhes acerca do amplo leque de atividades dos UAS, veja-se: AGOSTINELLI, Carlos Walter. Régimen legal de los UAV, necesidad de regulación. Cedam, Padova, 2010, *XXXIX Jornadas Latinoamericanas de Derecho Aeronáutico y Espacial – 50 años de ALADA* (Sassari, 3-7 mayo 2010), p. 326; MICHAELIDES-MATEOU, Sofia; EROTOKRITOU, Chrystel. Flying into the future with UAVs, cit., p. 113; LA TORRE, Umberto. La navigazione degli UAV: un'occasione di riflessione sull'art. 965 C. Nav. in tema di danni a terzi sulla superficie. *Rivista del Dritto della Navigazione*: Aracne, Roma, n.2, p.553-555, 2012; SIA, Anna L. M. Sulla politica europea di certificazione degli Unmanned Aerial Vehicles (UAV), cit., p. 498; ABEYRATNE, Ruwantissa. Regulating unmanned aerial vehicle – Issues and challenges. *European Transport Law*: Antwerp, Belgium, p. 503-504, 2009; COLLENZ, Daniele. I velivoli senza pilota a bordo. Nuove sfide sopra i nostri cieli. *Trasporti – Diritto, Economia e Politica,* Trieste, n. 103, 2007, p. 175; Pascal M. Dupont, Les drones en question, cit.; FRANCHI, Bruno. Aeromobili senza pilota (UAV), cit., p. 732-734; GUERRERO LEBRÓN, María Jesús; CUERNO REJADO, Cristina; MÁRQUEZ LOBILLO, Patricia. Aeronaves no tripuladas: estado de la legislación para realizar su integración en el espacio aéreo no segregado, cit., p. 66-68; KAISER, Stefan. Legal Aspects of Unmanned Aerial Vehicles, cit., p. 344-346; MASUTTI, Anna. Prospettive di regolamentazione dell'uso dei velivoli senza pilota (UAV) nello spazio aereo comune. *Diritto dei trasporti, Cagliari*, p. 783-784, 2007; FALEIRO, Eleutério João Laranjinho. O uso do espaço aéreo por aeronaves não tripuladas – Unmanned Aerial Vehicles (UAV), *in Estudos de Direito Aéreo,* Coimbra: Almedina, 2007, p. 263-306; SCHUBERT, Francis. The integration of Remotely Piloted Aircraft in the Air Navigation Services System. *Annals of Air and Space Law,* Montréal, (IASL), v. XXXIX, p. 129-162, 2014; PICCIOLI, Paolo G. *Droni. Security, safety, privacy ed etica. Sistemi Aeromobili a Pilotaggio Remoto:* il futuro dell'aviazione militare e civile. Roma: EPC Editore, 2016, p. 55-78; KORNMEIER, Claudia. *Der Einsatz von Drohnen zur Bildaufnahme:* eine luftverkehrsrechtliche und datenschutzrechtliche Betrachtung.V. 2. da série Zivile Sicherheit. LIT Verlag: Münster,

Nessa senda, cumpre trazer à baila, outrossim, um novo marco histórico.

De fato, em 13 de abril de 2013, uma aeronave Jetstream 31 decolou da cidade de Lancashire no norte da Inglaterra e aterrissou em Inverness, Escócia, a aproximadamente quinhentas milhas do ponto de origem. Referida aeronave foi controlada à distância por pilotos em terra, levando consigo apenas dois pilotos, por razões de precaução, nomeadamente tendo em vista que se tratava de voo remotamente controlado em espaço aéreo não-segregado no território do Reino Unido, iniciativa absolutamente pioneira.[15]

Nesse contexto, distintamente do que já fora preconizado, não chegamos ao fim da história, renovando-se os ciclos sociais, com mudanças relevantes, já destacados como *kairós*, na historiografia da Grécia Antiga.[16]

2012, p. 8-9, com abordagem aprofundada dos direitos fundamentais do cidadão, item que ainda desenvolveremos neste trabalho.

[15] Nesse sentido, MICHAELIDES-MATEOU, Sofia; EROTOKRITOU, Chrystel, cit., p. 111-130, observando que: "*In April 2013, a Jetstream 31 aircraft, aptly termed The Flying Testbed, took off from Lancashire in the north of England and landed in Inverness, Scotland., approximately 500 miles from the point of departure. What makes this particular flight so unique is that it was the first pilotless round trip flight over British civilian airspace with two persons on board, namely the two pilots responsible for the take-off and landing phases. Once the aircraft was airborne they handed over the flying of the Jetstream 31 to the remote ground pilots located in Warton, Lancashire, who used sensors and cameras on board to remotely control the aircraft. The flight was conducted as part of the Autonomous Systems Technology Related Airborne Evaluation and Assessment (ASTRAEA) programme costing GBP 62 million. Safety was ensured at all times by the pilots being able to comply with the requirements imposed by the UK Civil Aviation Authority and the National Air Traffic Systems. For precautionary purposes, the two pilots on board had the ability to take control of the aircraft in the event of an emergency. The Jetstream aircraft was equipped with a sense and avoid system, an automated visual detection system which could avoid any potential collisions by automatically steering the aircraft from hazard weather patterns as they are seen, as well as close aircraft in order to avoid them. On that day, a new chapter in aviation history was written. It was the first time that a remotely piloted aircraft carrying two persons on board flew across UK airspace. It is important to note that the aircraft flew in non-segregated airspace as there were other commercial aircraft being operated at the same time.*"

[16] Nesse sentido, François Lefèvre preconiza que: "*A história não é a menor das invenções que devemos aos gregos; nasceu da percepção aguda que eles tinham do kairós (momento decisivo na sucessão do tempo) e da crescente autonomia dos fatos humanos com relação ao maravilhoso e à mitologia*" (LEFÈVRE, François. *História do mundo grego antigo.* Tradução: Rosemary Costhek Abilio.

Cumpre não olvidar, por seu turno, que a dispersão de valores atrelados à sociedade de consumo, que dinamiza o individualismo, em efetiva felicidade paradoxal, dá gênese, em contrapartida, ao denominado medo líquido, com insegurança na vida em comunidade, típica dos tempos líquidos, caracterizando sociedade de risco.[17]

Ora, diante dessas premissas, como é cediço, o direito é a ordem de convivência humana, sob a exigência da Justiça, ordem que numa determinada comunidade jurídica se torna vinculante a cada momento na perspectiva histórica.[18]

Nesse aspecto, sobreleva acrescentar, por oportuno, que o direito não é sistema autopoiético, tratando-se, inelutavelmente, de subsistema atrelado ao sistema social, recebendo e adaptando os *inputs* correlatos (*le droit à la mesure de l'homme*).[19]

Revisão de Airton Pollini. São Paulo: WMF Martins Fontes, 2013, p. 17). No mesmo diapasão: FERREIRA, José Ribeiro. *A Grécia antiga:* sociedade e política. Lisboa: Edições 70, 2004, p. 139; HESPANHA, António Manuel. *O caleidoscópio do direito*: o direito e a justiça nos dias e no mundo de hoje. 2. ed. reelaborada. Coimbra: Almedina, 2009, p. 469-476, dando conta dos deveres e valores jurídicos numa era pós-moderna, rebatendo-se, destarte, a perspectiva de fim da História preconizada por Francis Fukuyama.

[17] Nesse sentido, no que se refere à sociedade de consumo e o individualismo competitivo do denominado turboconsumidor, vide BAUMAN, Zygmunt. *Mundo consumo*: ética del individuo en la aldea global. Tradução: Abilio Santos Mosquera. Buenos Aires: Paidós, 2010. Por outro lado, a expressão felicidade paradoxal, atrelada à sociedade de hiperconsumo foi cunhada por Gilles Lipovetsky (*In*: *A felicidade paradoxal – ensaio sobre a sociedade de hiperconsumo.* Trad. de Maria Lucia Machado. São Paulo: Companhia das Letras, 2006). Outrossim, no que se refere às expressões medo líquido e tempos líquidos, veja-se Zygmunt Bauman, respectivamente, in *Medo Líquido,* Rio de Janeiro, Zahar, 2008 e *Tempos Líquidos,* trad. de Carlos Alberto Medeiros, Rio de Janeiro, Zahar, 2007. Por fim, acerca da sociedade de risco em que vivemos, veja-se Ulrich Beck, *Sociedade de risco – rumo a uma outra modernidade,* trad. de Sebastião Nascimento, Rio de janeiro, Editora 34, 2010.

[18] Nesse sentido: LARENZ, Karl. *Metodologia da Ciência do Direito.* Tradução: José Lamego. 3. ed. Lisboa: Calouste Gulbenkian, 1997, p. 599; CARBONNIER, Jean. *Droit Civil:* Introduction. Les personnes. La famille, l'enfant, le couple. Paris: PUF, 2004. v. I, p. 35-47; ASCENSÃO, José de Oliveira. *O Direito:* introdução e teoria geral. 13. ed. Coimbra: Almedina, 2005, p. 13-15.

[19] Nesse sentido: CANARIS, Claus Wilhelm. *Pensamento sistemático e conceito de sistema na ciência do direito.* Trad. de Menezes Cordeiro. Lisboa: Fundação Calouste Gulbenkian, 2002; ASCENSÃO, José de Oliveira, cit. Em sentido contrário, que não perfilhamos, preconizando o direito como sistema autopoiético, veja-se TEUBNER, Gunther. *O Direito como*

A partir disso, os UAS, caracterizam, inelutavelmente, nova realidade, que imporá célere acompanhamento legislativo e regulamentar, pois a segurança jurídica e a uniformidade normativa serão instrumentos indispensáveis para dinamizar negócios jurídicos de extrema relevância nesta nova etapa que se descortina, sem descurar da denominada obrigação de proteção às pessoas e princípio da prevenção.[20]

Como corolário da assertiva supra, faz-se mister proceder à sua caracterização e seu enquadramento jurídico.

## 2. Caracterização e enquadramento jurídico

Como é evidente, o Direito Aeronáutico não pode prescindir de elemento técnico fundamental, qual seja, a aeronave, isto é, toda máquina que, por reação do ar, pode sustentar-se na atmosfera.[21]

De fato, na doutrina brasileira, Eurico Paulo Valle procede, sob nossa ótica, à definição completa de aeronave, que corroboramos integralmente. Com efeito, para referido autor, trata-se de "todo aparelho

*sistema autopoiético*. Trad. de José Engrácia Antunes. Lisboa: Fundação Calouste Gulbenkian, 1993.

[20] No mesmo sentido: MÁRQUEZ LOBILLO, Patricia; GUERRERO LEBRÓN, María Jesús; CUERNO REJADO, cit., p. 66, preconizando que: *"El hecho de no tener una normativa unificada está haciendo que tanto el desarrollo como la posterior utilización de los UAS se estén viendo frenados en la actualidad. Los propios operadores están reclamando a voces la cobertura jurídica que permita desarrollar el potencial económico que tiene este sector que es industria estratégica para la Unión Europea y sus Estados miembros. Y es que el vacío legal es una barrera para que se produzca el retorno de las inversiones que se están realizando."*; TONELLI, Michelle. Flying in the dark: How a legal loophole endangers critical infrastructure. *Journal of Air Law and Commerce*, v. 80, n. 4, p. 693-716, Dallas, Southern Methodist University, 2015.

[21] Nesse sentido: RODRIGUEZ JURADO, Agustín. *Teoría y práctica del derecho aeronáutico*. Buenos Aires: Depalma, 1963, p. 86-87; BAUZÁ ARAÚJO, Alvaro. *Tratado de Derecho Aeronáutico*. Montevideo: Ed. Amalio Fernandez, 1976, t. I, p. 175-177, destacando a importância fundamental desse bem, para fins de estudos de Direito Aeronáutico; TAPIA SALINAS, Luis. *Curso de derecho aeronáutico*. Barcelona: Bosch, 1980, p. 134; DE JUGLART, Michel, cit., p. 276, parágrafo 478; NAVEAU, Jacques; GODFROID, Marc. *Précis de droit aérien*, Bruxelles: Bruylant, 1988, p. 171, parágrafo 117; MORSELLO, Marco Fábio. *Responsabilidade civil no transporte aéreo*, cit., p. 121-122; VICENTE, Dário Moura. O estatuto jurídico da aeronave. In: VICENTE, Dário Moura (coord.). *Estudos de Direito Aéreo*. Coimbra: Coimbra Editora, 2012, p. 551-589.

manobrável em voo, apto a se sustentar e circular no espaço, mediante reações aerodinâmicas, apto ao transporte de pessoas ou coisas."[22]

Os aviões se inserem na espécie "aeronaves mais pesadas que o ar – aeródinos", ou seja, são propulsados mecanicamente e sua sustentação em voo deriva de reações aerodinâmicas sobre suas próprias superfícies, que permanecem fixas, em determinadas condições de voo.[23]

Os helicópteros também se inserem na espécie "aeronaves mais pesadas que o ar – aeródinos", ou seja, mantêm-se em voo em virtude da reação que exerce o ar sobre um ou mais motores propulsados mecanicamente, que giram ao redor de eixos verticais ou quase verticais.[24]

O mesmo se diga dos denominados UAVs, (*Unmanned Aircraft Vehicles*) – malgrado com características *sui generis*[25], tendo em vista controle

[22] VALLE, Enrico Paulo. *Comentários ao novo Código Brasileiro do Ar.* Rio de Janeiro: Forense, 1973, p. 34 (referindo-se ao Código de 1966). No mesmo diapasão, à luz do art. 36 do Código Aeronáutico Argentino, confira-se o escólio de BALIAN, Eduardo Néstor. *Código Aeronáutico Comentado y anotado.* Buenos Aires: Astrea, 2013, p. 112.

[23] Nesse sentido: RODRIGUEZ JURADO, Agustín, cit., p. 87; DE JUGLART, Michel, cit., p. 278; BAUZÁ ARAÚJO, Alvaro, cit., p. 180-181; VIDELA ESCALADA, Federico N. *Manual de derecho aeronáutico.* 2. ed. atual. Buenos Aires: Zavalia, 1996, p. 101-112; TAPIA SALINAS, Luis, cit., p. 134-135; MORSELLO, Marco Fábio. *Responsabilidade civil no transporte aéreo,* cit., p. 121-122.

[24] Nesse sentido: RODRIGUEZ JURADO, Agustín, cit., p. 87; BAUZÁ ARAÚJO, Alvaro, cit., p. 185; TAPIA SALINAS, Luis, cit., p. 135.

[25] Como bem elucida Umberto La Torre. *In*: Gli UAV: mezzi aerei senza pilota. *Sicurezza, navigazione e trasporto.* Rita Tranquilli Leali e Elisabetta Rosafio (coord.). Milano: Giuffrè, p. 93-123, 2008; Problematiche giuridiche attuali sul comandante di aeromobile. Artigo enviado para publicação por Asociación Latinoamericana de Derecho Aeronáutico y Espacial (ALADA), Buenos Aires, 2014. Para análise percuciente das funções exercidas pelo comandante na seara do Direito da Navegação, vide, outrossim, do mesmo autor, *Comando e comandante nell'esercizio della navigazione.* Napoli: Edizioni Scientifiche Italiane, 1997. No mesmo diapasão, inserindo-as no rol das aeronaves, vide: MICHAELIDES-MATEOU, Sofia; EROTOKRITOU, Chrystel, cit., p. 115; AGOSTINELLI, Carlos Walter, cit., p. 327; ABEYRATNE, Ruwantissa, cit., p. 503-504; Dupont, Pascal M. Les drones en question, cit., p. 97-99; FRANCHI, Bruno. Aeromobili senza pilota (UAV): inquadramento giuridico e profili di responsabilità – I parte., cit., p. 743; GUERRERO LEBRÓN, María Jesús; CUERNO REJADO, Cristina; MÁRQUEZ LOBILLO, Patricia, cit., p. 68-70; KAISER, Stefan A. Legal Aspects of Unmanned Aerial Vehicles. cit., p. 344-346. Por fim, dando conta dos processos de automação, de modo a albergar novos horizontes na responsabilidade civil no transporte aéreo, veja-se o interessante artigo de SCHMID, Ronald. Pilot – in – Command oder Computer in Command? Überlegungen zum Widerstreit zwischen technolo-

à distância –, que propiciarão maior alcance dos denominados responsáveis, permitindo, e.g, albergar no âmbito da responsabilidade objetiva o operador, item que analisaremos neste trabalho.

Nesse contexto, a nosso ver, a terminologia UAS (*Unnanned Aircraft System*) é a mais consentânea com a realidade fática, pois, como todo sistema, é composto por elementos, que abrangem não só o UAV (*Unmanned Aircraft Vehicle*), como também, um *Communication Link*, com a base de controle em terra, a partir da qual haverá a denominada pilotagem remota, que poderá ser segmentada.[26]

gischem Fortschritt und der Handlungsverantwortlichkeit des Piloten. *Zeitschrift für Luft- und Weltraumrecht (ZLW)*, Köln, n. 49, Heft 3, p. 347-360, 2000.

[26] Nesse sentido: SIA, Anna L. M., cit., p. 498, observando de forma minudente que: "*Nel linguaggio tecnico e in quello giuridico si parla spesso di sistema UAV, poiché la macchina volante è, almeno in genere, collegata a terra da una 'stazione remota'; da qui l 'UAV Pilot regola il volo tramite un Communication Link, sotto Il comando dell'UAV Commander, salvo Il caso in cui il flying vehicle non venga 'preso in consegna' da altra stazione remota per esser condotto da altro pilota. A seconda del range d'azione e della quota operativa, includono le piattaforme strategiche di lungo raggio, c.d, endurance e gli UAV tattici.*"; GUERRERO LEBRÓN, María Jesús; CUERNO REJADO, Cristina; MÁRQUEZ LOBILLO, Patricia, cit., p. 68, anotando, com percuciência, que: "*Lo cierto en cualquier caso, es que los denominados UAS son sistemas completos con aeronaves diseñadas para volar sin piloto a bordo y comprenden, según la Agencia Europea de Seguridad Aérea (*European Aviation Safety Agency, *en adelante EASA) un conjunto de subsistemas, entre los cuales está la aeronave (o también llamada en este ámbito, célula de vuelo), el UAV o aeronave no tripulada, su carga de pago (o carga útil), la estación de control (y, a menudo, otras estaciones remotas), los subsistemas de lanzamiento y recogida (si es el caso), los subsistemas de soporte, el subsistema de comunicaciones, el subsistema de transporte, etcétera*"; AGOSTINELLI, Carlos Walter, cit., p. 327, anotando que: "*Un UAV no es solo una plataforma aérea sino um sistema compuesto por tres partes: La plataforma aérea o aeronave; en enlace de datos (data-link); estación de control (G.C.S.), enlazada con las redes de mando, control e inteligencia*"; FRANCHI, Bruno. Aeromobili senza pilota (UAV): inquadramento giuridico e profili di responsabilità – I parte, cit., p. 738-740, dando conta em estudo completo das diversas nomenclaturas ínsitas ao sistema mencionado, por vários países; SIARDI, Carlo A. Tecniche di costruzione e sicurezza del volo degli unmanned aerial vehicles (UAV). *Il Diritto Aeronautico a cent'anni dal primo volo.* Collana del Dipartimento di Scienze Giuridiche e della Facoltà di Giurisprudenza dell'Università di Modena e Reggio Emilia. Alfredo Antonini e Bruno Franchi (coord). Milano: Giuffrè, 2005, p. 154; ROSAFIO, Elisabetta G. Considerazioni sui mezzi aerei a pilotaggio remoto e sul regolamento ENAC. *Rivista del Diritto della Navigazione.* Roma: Aracne, v. XLIII, 2014, p. 787-805; MÉNDEZ, Ricardo Daniel. Situación jurídica de las aeronaves sin piloto. *Revista Latino Americana de Derecho Aeronáutico* (RLADA), n. 25, p. 1-8, Buenos Aires, junio 2015; DUPONT, Pascal M. Les drones ou la révolution aéronautique du 21ème siècle. Paris: Pedone, *Revue Française de*

De fato, Sofia Michaelidis-Mateou e Chrystel Erotokritou,[27] sufragando nosso entendimento acerca da maior completude da terminologia UAS (*Unmanned Aircraft System*),[28] elucidam de forma clarividente que:

> *remotely piloted aircraft are also known as unmanned aircraft vehicles (UAVs), or drones. An unmanned aircraft system (UAS) also referred to as RPAS consists of "unmanned aircraft", the "control station", as well as a "command and control link"*[29]*, and "launch and recovery elements", which are necessary to make the flight possible. An UAS may have more than one control stations, command and control links and launch and recovery elements.*[30]

*Droit Aérien et Spatial (RFDAS)*, v. 276, n. 4, 2015, p. 359-402; KORNMEIER, Claudia, cit., p. 10. Por derradeiro, o jurista italiano Umberto La Torre, *in* La navigazione degli UAV, cit., p.553, aponta a possibilidade, ainda que excepcional, de inexistência de base remota, com inserção de *software* a bordo, o que, a nosso ver, por si só, não desnaturaria a nomenclatura UAS.

27 MICHAELIDES-MATEOU, Sofia; EROTOKRITOU, Chrystel, cit., p. 112-113.

28 Confira-se, por oportuno, definição apresentada pelas autoras acerca da terminologia UAS: "*Unmanned Aircraft System – An aircraft and its associated elements which are operated with no pilot on board, according to ICAO Circular 328, AN/190, March 2011*" (MICHAELIDES--MATEOU, Sofia; EROTOKRITOU, Chrystel, cit., p. 112-113). No mesmo diapasão, segue o entendimento de ABEYRATNE, Ruwantissa. Unmanned aircraft systems, cit., p. 239, anotando que: "*An unmanned Aircraft System (UAS) is an aircraft and its associated elements which are operated with no pilot on board. UAS is an overreaching term for the entire system comprising an Unmanned Aerial Vehicle (UAV) which is applied to describe a self piloted or remotely piloted that can carry cameras, sensors, communication equipment or other payloads, as well those which support unmanned flights such an air traffic management and remote controllers of such aircraft*".

29 Conforme apontam Sofia Michaelidis-Mateou e Chrystel Erotokritou, "*The data link between the remotely-piloted aircraft and the remote pilot station for the purposes of managing the flight.* ICAO Circular 328" (cit., p. 112-113), o que ensejará amplitude no campo da responsabilidade civil, como ainda examinaremos.

30 No mesmo sentido, veja-se sob a perspectiva de riscos à *safety*, FALEIRO, Eleutério João Laranjinho, cit., p. 285, observando que, justamente à luz da maior complexidade do sistema, há peculiaridades que não permitem inserção automática nos diplomas legais que regulam a aviação civil em geral, nomeadamente à luz de maiores problemáticas na seara da segurança operacional (*security*), que o autor destaca em três aspectos: "a primeira é a necessidade de o piloto ter um 'Link' de comunicações com a aeronave, que poderá estar bastante vulnerável a acções terroristas; a segunda está relacionada com a localização do piloto em terra, tornando-se fisicamente mais vulnerável; a terceira é o fato de os veículos aéreos não tripulados serem um alvo bastante atractivo para o terrorismo." No mesmo diapasão, vide o entendimento de AGOSTINELLI, Carlos Walter, cit., p. 328.

Por via de consequência, no que concerne à natureza jurídica, como é curial, adentrando como espécies de aeronaves, ainda que *sui generis*, são classificadas como bens móveis por natureza, cuja nacionalidade se encontra atrelada ao Registro junto à repartição competente de cada país. Embora subsista referida natureza jurídica, o regime jurídico dominial, bem como a inserção dos direitos reais de garantia, evidenciam semelhanças com o regime jurídico dos bens imóveis.[31]

Em nosso sistema jurídico, a aeronave é considerada bem móvel registrável, *ex vi* do que preceitua o art. 106, parágrafo único, do Código Brasileiro de Aeronáutica.[32] A operacionalização do registro em nosso país ocorre por meio do Registro Aeronáutico Brasileiro (RAB), e os procedimentos são elucidados nos arts. 108 a 114, todos do Código Brasileiro de Aeronáutica.[33]

Ademais, o registro de aeronaves não tripuladas no Brasil se dá por meio das disposições elencadas no Regulamento Brasileiro de Aviação Civil Especial n. 94/2017, emanado da Agência Nacional de Aviação Civil (ANAC), que teve por escopo normatizar a matéria em comento.[34]

[31] Nesse sentido: RODRIGUEZ JURADO, Agustín, cit., p. 112-114; PACHECO, José da Silva. *Comentários ao Código Brasileiro de Aeronáutica.* 2. ed. Rio de Janeiro: Forense, 1998, p. 192-202; BAUZÁ ARAÚJO, Alvaro, *Tratado de Derecho Aeronáutico,* cit., p. 188, destacando tratar-se de bem móvel, com algumas características dos bens imóveis; GODFROID, Marc; NAVEAU, Jacques. *Précis de droit aérien*, cit., p. 172, parágrafo 118; TAPIA SALINAS, Luis, cit., p. 148, ressaltando tratar-se de bem móvel de caráter *sui generis*; Videla Escalada, Federico N., cit., p. 115, em posição minoritária – que, *in casu*, não perfilhamos –, sustenta que a natureza jurídica da aeronave insere-se no rol das coisas – e não bens – móveis registráveis.

[32] Nesse sentido: PACHECO, José da Silva, cit., p. 192, item 229; ARAÚJO, Luis Ivani Amorim de. Direito internacional privado aeronáutico. *Revista Brasileira de Direito Aeroespacial (RBDA),* Rio de Janeiro, n. 74, p. 24-28, jul. 1998.

[33] Nesse sentido, PACHECO, José da Silva, cit., p. 196-202.

[34] O RBAC-E nº 94/2017, editado pela ANAC, fixou três classes de aeronaves não tripuladas, conforme o peso do equipamento. Nesse contexto, para os UAS pertencentes à primeira e segunda categorias, ou seja, aqueles que evidenciam, respectivamente, peso máximo de decolagem superior a 150kg e entre 25 e 150kg, é necessário o registro comum exigido para qualquer aeronave (RAB). Outrossim, é necessário o registro dos voos destas aeronaves. Os UAS de categoria 3, ou seja, aqueles cuja massa seja superior a 250g e inferior a 25 kg, prescindem do registro de voos, porém devem ser registrados em um novo sistema criado e gerido pela Agência Nacional de Aviação Civil (ANAC). Por derradeiro, os equipamentos mais leves que 250g, não necessitam de registro, independentemente da finalidade a que se destinam.

## 3. Regulamentação. Apreciações críticas

Com fundamento na premissa maior de inserção dos UAS como aeronaves, ainda que *sui generis,* cumpre proceder à análise sumária do corpo normativo apto à sua regulamentação, com as apreciações críticas correlatas.

Para tanto, inicialmente, a Convenção de Chicago de 1944, apesar de não entrar em detalhes, nomeadamente à luz da complexidade atual dos UAS, contempla alguns artigos acerca dos UAV.[35]

De fato, no art 8º, surge pela primeira vez a noção de *pilotless aircraft,* para definir que: a) o sobrevoo do território um Estado por uma aeronave não tripulada necessita de uma autorização especial desse Estado; b) a utilização destas aeronaves em espaço aéreo aberto ao tráfego civil deverá ser feita de modo a não pôr em risco outras aeronaves.

No mesmo diploma legal, o art. 20 prevê que os UAV devem estar registrados, ao passo que o art. 31 estipula a obrigatoriedade do certificado de aeronavegação, expressamente reconhecidos nos Estados pertencentes à Organização de Aviação Civil Internacional (OACI, ou *International Civil Aviation Organization – ICAO*).

Tecidas referidas digressões, depreende-se que o voo não tripulado é atividade reconhecida expressamente pela Convenção, com previsão de sua utilização em espaço aéreo aberto ao tráfego civil, muito embora o sobrevoo de um terceiro Estado necessite de autorização especial.

Nos demais dispositivos, os UAV são reconhecidos como aeronaves, nomeadamente no que se refere à necessidade de registro e certificado de aeronavegação.

Muito embora a Convenção de Chicago de 1944 seja digna dos melhores encômios pela antevisão à época, exsurgem inúmeras lacunas,

[35] Como bem observa FALEIRO, Eleutério João Laranjinho, cit., p. 263-306. No mesmo sentido, vide: ABEYRATNE, Ruwantissa. Regulating unmanned aerial vehicle – Issues and challenges. *European Transport Law.* Antwerp, Belgium, p. 505-507, 2009; SIA, Anna L. M., cit., p. 501-507; AGOSTINELLI, Carlos, cit., p. 330-331; DUPONT, Pascal M., Les drones en question, cit., p. 99-100, e Les drones ou la révolution aéronautique du 21ème siècle, cit., p. 373-374; FRANCHI, Bruno. Aeromobili senza pilota (UAV): inquadramento giuridico e profili di responsabilità – I parte, cit., p. 737-739; GUERRERO LEBRÓN, María Jesús; CUERNO REJADO, Cristina; MÁRQUEZ LOBILLO, Patricia, cit., p. 73-76; KAISER, Stefan A. Legal Aspects of Unmanned Aerial Vehicles, cit., p. 348-349; MASUTTI, Anna, cit., p. 784-785; MICHAELIDES-MATEOU, Sofia; EROTOKRITOU, Chrystel, cit., p. 115-116.

nomeadamente à luz das amplas atividades ínsitas aos UAS, como frisamos anteriormente, sobretudo no denominado espaço aéreo segregado.

Nesse contexto, diversas iniciativas foram adotadas na União Européia, nos Estados Unidos, no Canadá, na Austrália, Nova Zelândia, Argentina, no Uruguai e no Brasil, entre outros.[36]

A partir disso, afigura-se fundamental, a nosso ver, a edição de marco regulatório no âmbito do Mercosul, nos moldes efetuados pela União Europeia.

Nessa senda, por seu turno, preocupa-nos a possível ausência de regulamentação de equipamentos diminutos derivados da nanotecnologia, na medida em que seu desenvolvimento dinâmico poderá justamente fomentar atividades ilícitas, além de insegurança jurídica à luz das lacunas existentes.

Portanto, torna-se imprescindível o registro e prévia regulamentação, já que, pelas máximas de experiência, se antevê a utilização de crescente miniaturização para atividades ilícitas travestidas de escopo de aero-

[36] Nesse sentido, para maiores detalhes, vide: MICHAELIDES-MATEOU, Sofia; EROTOKRITOU, Chrystel, cit., p. 116-122; SIA, Anna L. M., cit., p. 513-517; ABEYRATNE, Ruwantissa. Regulating unmanned aerial vehicle – Issues and challenges, cit., p. 503-504; COLLENZ, Daniele. I velivoli senza pilota a bordo, cit., p. 175; DUPONT, Pascal M. Les drones en question, cit., p. 100-102; FRANCHI, Bruno. Aeromobili senza pilota (UAV): inquadramento giuridico e profili di responsabilità – I parte, cit., p. 738-740; GUERRERO LEBRÓN, María Jesús; CUERNO REJADO, Cristina; MÁRQUEZ LOBILLO, Patricia, cit., p. 76-83; MASUTTI, Anna, cit., p. 785-787; BOANOVA FILHO, José Luiz. Aeronaves não tripuláveis no Brasil e sua regulação. *Revista Brasileira de Direito Aeronáutico e Espacial* (RBDA). Rio de Janeiro, n. 96, p. 49-51, 2014; PALERMO, José. E. Dispositivos Aéreos Operados a Distancia. Marco Básico de Operación en Uruguay. *Revista del CIDA-E,* Montevideo, n. 38, pp. 101-109, Dirección Nacional de Aviación Civil y Infraestructura Aeronáutica, 2014; SCHUBERT, Francis, cit.; COMSTOCK, Earl; LINDE, Jonathan; SAHR, Evelyn. It is not too late – The FAA can amend its proposed SUAS rules, restore its position as a leading voice in aviation, and guarantee the long-term success of the U.S. Unmanned Aircraft Industry. *Journal of Air Law and Commerce,* v. 80, n. 3, pp. 473-496, Dallas, Southern Methodist University, 2015; PALMER, Drew. The FAA'S Interpretation of the Special Rule for Model Aircraft, *Journal of Air Law and Commerce,* v. 80, n. 3, pp. 567-593, Dallas, Southern Methodist University, 2015; SEVERONI, Cecilia. La disciplina normativa attuale degli aeromobili a pilotaggio remoto. *Diritto dei trasporti, Cagliari,* Edizioni AV, pp. 65-103, n. 1, 2016; DUPONT, Pascal M., Les drones ou la révolution aéronautique du 21ème siècle, cit.; PICCIOLI, Paolo G., cit. No que concerne ao Brasil, veja-se a nota 34, supra.

modelismo, cujo desvirtuamento exige intervenção legislativa e regulamentar.

Ademais, cumpre não olvidar que, nos moldes do transporte aéreo civil internacional, faz-se mister o advento de diploma legal específico acerca da temática, cujo dinamismo é crescente, sob os auspícios da Organização de Aviação Civil Internacional (OACI), promovendo a propalada segurança jurídica, aliada à uniformidade normativa, fundamental em questões desse jaez, porquanto, embora louváveis os desforços efetuados até o presente, por meio de emissão de Circulares Normativas, não atingiram seu escopo de efetividade e adesão uniforme.[37]

## 4. Regime de responsabilidade

Malgrado as considerações expendidas acerca do enquadramento jurídico dos UAS, como aeronaves *sui generis,* verdade é que surgirão diversas hipóteses insuscetíveis de enquadramento no transporte aéreo de coisas ou pessoas, para fins de aplicação, e.g., da Convenção de Montreal, no transporte aéreo internacional, ou do Código Brasileiro de Aeronáutica na seara doméstica. *Quid juris,* então?

Perquirindo-se o direito comum, em nosso país, há uma cláusula geral elencada no art. 927, parágrafo único, do Código Civil em vigor, que assim preconiza: "Haverá obrigação de reparar o dano, independentemente de culpa, nos casos especificados em lei, ou quando a atividade normalmente desenvolvida pelo autor, implicar, por sua natureza, risco para os direitos de outrem."

[37] Nesse sentido, para maiores detalhes acerca dos desforços efetuados pela OACI até o presente, vide MICHAELIDES-MATEOU, Sofia; EROTOKRITOU, Chrystel, cit., p. 116, asseverando que: "*The first step at an international regulatory level to address unmanned aviation in the same manner as manned aviation is contained in ICAO Circular 328. The Circular published in March 2011 aims to ensure a safe, coherent and streamlined routine operation of UAS worldwide*". No entanto, na prática, referidos resultados não surtiram ainda os efeitos desejados. Nesse contexto, perfilhamos o entendimento do jurista Paul Stephen Dempsey, que assim se pronunciou: "*It is generally agreed that it is true, in the purely technical field, a considerable measure of power can be exercised by, and indeed must be granted to, a world body... Law without compliance and enforcement is like poetry – it is pleasing to the ear, but has little to do with the practical world in which we live*" (In: Compliance and Enforcement in International Law: Achieving Global Uniformity in Aviation Safety. *North Carolina Journal of International Law and Commercial Regulation*, n. 30, fall, 2004, p. 1).

Ora, da mera leitura da segunda parte do dispositivo legal em comento, resta delineada cláusula geral embasada em atividade de risco, com a correlata objetivação da responsabilidade, naturalmente consentânea com a utilização de UAS.

De fato, tratando-se, inelutavelmente de atividade de risco, *in casu*, robustecida pela reconhecida tríade *dull, dirty and dangerous* (D3), vige responsabilidade objetiva, que poderá ser elidida pelas eximentes do fato da vítima, fato de terceiro absolutamente estranho ao exercício da atividade empreendida e a denominada força maior extrínseca, restando claramente afastada a denominada *due diligence.*[38]

Desse modo, a nosso ver, eventuais problemáticas de comunicação operacional do UAS, na seara do denominado *Communication Link,* seguramente caracterizariam o denominado fortuito interno inescusável, porquanto atrelado ao amplo mister de risco do operador.

O mesmo se diga na hipótese de segmentação de atividades, de modo que, o fato de terceiro naturalmente condiz com prática de mister absolutamente estranho ao empreendimento exercido, o que tem o condão de caracterizar responsabilidade do explorador da atividade, mesmo à luz de mera relação jurídica ocasional, aplicando-se *mutatis mutandis* a ampla experiência doutrinária e jurisprudencial proveniente das discussões do conceito de *préposé,* no âmbito do Sistema de Varsóvia.[39]

Por fim, apenas cumpre esclarecer que não incluímos, no rol das eximentes, a denominada causa desconhecida, na medida em que, a nosso ver, essa afigura-se incompatível com a obrigação de proteção às vítimas do evento e teoria do risco do empreendimento do fornecedor

[38] Nesse sentido, no que se refere às eximentes da responsabilidade, com apreciações críticas à denominada *due diligence,* vide MORSELLO, Marco Fábio. *Responsabilidade civil no transporte aéreo,* cit., p. 285-289. Ademais, corroborando a denominada responsabilidade objetiva do operador/piloto de UAS, veja-se: KORNMEIER, Claudia, cit., p. 75-78; DUPONT, Pascal M., Les drones en question, cit., p. 102; GOUTTEFARDE, Fabien. Le cadre juridique de l'emploi des drones au dessus des espaces maritimes. *Revue Française de Droit Aérien et Spatial* (RFDAS), Paris: Pedone, v. 247, n. 1, p. 5-26, 2009.

[39] Nesse sentido: COMENALE PINTO, Michele M. La nozione di preposto nel trasporto aereo. *Diritto dei trasporti, Cagliari,* p. 371-422, 2001; GODFROID, Marc. La notion de préposé dans la Convention de Varsovie et la recevabilité de l'action intentée contre le transporteur aérien. *Revue Française de Droit Aérien et Spatial (RFDA),* Paris, v. 37, p. 373-378, 1983; MORSELLO, Marco Fábio. *Responsabilidade civil no transporte aéreo,* cit., p. 110-120.

ínsita à sua responsabilidade objetiva, como já tivemos oportunidade de abordar.[40]

Nesse contexto, considerando que a objetivação da responsabilidade do operador de UAS é inconcussa, não se sustenta a premissa pretérita preconizada por Drion, acerca de um sistema *quid pro quo*, apto à aceitação desse sistema como um *favor legis*, de modo a impor consectários prévios de limitação da responsabilidade.[41]

Outrossim, como é cediço, na responsabilidade civil contemporânea, deslocou-se o papel da culpa para a figura do dano e sua ampla reparação, robustecendo-se, nesse aspecto, sua função compensatória, aliada aos princípios da prevenção e precaução.[42]

[40] Cf. MORSELLO, Marco Fábio, *Responsabilidade civil no transporte aéreo*, cit., p. 263-266. No mesmo sentido: BUSTI, Silvio. Contratto di trasporto aereo. *In*: Cicu, Antonio; Messineo, Antonio (Dir.). *Trattato di diritto civile e commerciale*. Milano: Giuffrè, 2001. t. 3, p. 595-596; MASTRANDREA, Gerardo. *L'obbligo di protezione nel trasporto aereo di persone*. Padova: Cedam, 1994, p. 194-195 e 200-201; FICHT. Donate. *Die unbekannte Schadenursache im internationalen Luftverkehr. Schriften zum Luft- und Weltraumrecht – Herausgegeben von Karl Heinz Böckstiegel*. Köln-Berlin-Bonn-München: Carl Heymanns Verlag, 1986, p. 205-207.

[41] Cf. DRION, Huib. *Limitations of liabilities in international air law*. The Hague: Martinus Nijhoff, 1954. No que concerne à apreciação crítica ao mencionado sistema, vide MORSELLO, Marco Fábio. *Responsabilidade civil no transporte aéreo*, cit., p. 480-491.

[42] Nesse sentido: LE TOURNEAU, Philippe; CADIET, Loïc. *Droit de la responsabilité*. Paris: Dalloz, 1998, p. 1, parágrafo 2., p. 2, parágrafo 3; LARENZ, Karl. *Lehrbuch des Schuldrechts*. Erster Band, Allgemeiner Teil. 14. ed. München: Ch. Beck Verlag, 1987, p. 423, na qual utiliza a nomenclatura *Präventionsgedanken*; BAUDOUIN, Jean Louis; DESLAURIERS, Patrice. *La responsabilité civile*. 5. ed. Québec (Canada): Ed. Yvon Blais, 1998, p. 4; ALPA, Guido. *Trattato di diritto civile*. Milano: Giuffrè, 1999. v. 4 – La responsabilità civile, p. 132 (referido autor, aliás, alcunha a função preventiva como efetiva *deterrence*, e a reparação como efetiva compensação à vítima); JOURDAIN, Patrice. *Les principes de la responsabilité civile*. 4. ed. Dalloz: Paris, 1998, p. 3; VINEY, Geneviève. *Traité de droit civil*. Dir. Jacques Ghestin. 2. ed. Paris: LGDJ, 1995. v. 1 – Introduction à la responsabilité, p. 64. Na seara dos UAS, visando justamente robustecer a prevenção, à luz das restrições da pilotagem remota para fins dos denominados *see and avoid*, em nossa opinião, ocupam lugar de destaque os sistemas TCAS (*Traffic Alert and Collision Avoidance System*) e EGPWS (*Enhanced Ground Proximity Warning System*).

Em suma, a indenização mede-se pela extensão do dano na seara do Direito comum, sendo imprescindível, em situações desse jaez, a prévia regulamentação de interesses, por meio da consecução de seguros.[43]

Ulteriores problemáticas derivam do caráter multifacetado da pilotagem dos UAS, visando aferir o responsável e/ou responsáveis pelo dano-evento.

Com tal desiderato, como observaremos no item subsequente, no ordenamento jurídico brasileiro, terceiros-vítimas do evento são equiparados à figura de consumidores, sendo albergados por ampla indenização do dano, sem prejuízo de que, visando simplificar procedimentos regulatórios de ressarcimentos, toda a gama de fornecedores, diretos e indiretos, são considerados solidariamente responsáveis, acertando-se, posteriormente, entre fornecedores, o *quantum debeatur*.

Sem prejuízo das considerações supra, à luz da complexidade dos UAS, via de regra, integrados não só pela aeronave, como também pela estação remota, bem como por sistemas que permitem os *links* de comunicação e equipes de lançamento e recepção, vislumbra-se amplo mosaico de possíveis responsáveis na hipótese de dano-evento.[44]

Cumpre não olvidar, ademais, a possibilidade de segmentação da própria pilotagem remota, podendo fazer emergir diversos pilotos, malgrado em etapas diversas, submetidos a controle operacional da denominada *final authority*, fundamental nas mencionadas circunstâncias.[45]

[43] Nesse sentido: GUERRERO LEBRÓN, María Jesús; CUERNO REJADO, Cristina; MÁRQUEZ LOBILLO, Patricia, cit., p. 94-95; AZZANO, Antonio. Profili assicurativi degli unmanned aerial vehicles (UAV). *Il Diritto Aeronautico a cent'anni dal primo volo*. Collana del Dipartimento di Scienze Giuridiche e della Facoltà di Giurisprudenza dell'Università di Modena e Reggio Emilia. Alfredo Antonini e Bruno Franchi (coord). Milano: Giuffrè, p. 27-36, 2005. Por derradeiro, no que se refere à socialização dos riscos em situações desse jaez, que impôs revisão do sistema para fixação de limites, sob risco de *spreading* perante o corpo social, vide MORSELLO, Marco Fábio. A responsabilidade civil e a socialização dos riscos: o sistema neozelandês e a experiência escandinava. *Revista da Escola Paulista da Magistratura*, São Paulo, ano 7, n. 2, p. 13-22, jul./dez. 2006.

[44] Nesse sentido: GUERRERO LEBRÓN, María Jesús; CUERNO REJADO, Cristina; MÁRQUEZ LOBILLO, Patricia, cit., p. 92; ZAMPONE, Alessandro. Riflessioni in tema di Responsabilità nell'esercizio di Remotely Piloted Aircraft System (RPAS). *Diritto dei Trasporti*, p. 70-74, Cagliari, Edizioni AV, n. 1, 2015.

[45] Cf. bem elucida KAISER, Stefan A., Legal Aspects of Unmanned Aerial Vehicles, cit., p. 350, observando que: "*As fleets of UAVs will be piloted by pilots in centralized control centres,*

Patente, destarte, que referida realidade fática robustece a responsabilidade do operador do UAS, bem como daqueles que exerçam atividades atreladas ao funcionamento correlato, nomeadamente quando verificada concausa para a eclosão do evento.

Com tal desiderato, cumpre trazer à baila a interessante posição do direito francês, embasada na conhecida teoria da guarda, que a nosso ver robustece a teoria do risco do empreendimento, impondo responsabilidade objetiva ao explorador e operador do UAS.[46]

Sobreleva acrescentar, por oportuno, que verificado eventual vício estrutural ou defeito de fabricação do UAS, bem como em seus componentes, emergirá a denominada responsabilidade extracontratual objetiva do fabricante-construtor, sem patamar-limite indenizável, tendo como fundamento a teoria do risco do empreendimento.[47]

*rules are needed to make the operator accountable for proper hand-over in case the command changes from one pilot to another during the flight. Likewise the operator has the responsibility to assure that the various system elements of UAVs and their infrastructure (operations centre, date link, etc), interface seamlessly. On the regulatory side this could be achieved through operator licensing. The concept of final authority as to the disposition of the aircraft furthermore implies that the pilot-in -command needs to be in a position as to intervene in flight at any time. Consequently, the pilot-in-command of a UAV must be in a position to control the aircraft by data-link and whenever necessary, to over-ride with his inputs an automatic flight control system. Even autonomous UAVs require an individual who acts as pilot-in-command in accordance with the existing air law principles of responsibility and authority".* No mesmo diapasão, FRANCHI, Bruno. Aeromobili senza pilota (UAV): inquadramento giuridico e profili di responsabilità – II parte. *Responsabilità e previdenza.* Milano: Giuffrè, p. 1213-1232, n. 6, 2010.

46 Nesse sentido: GOUTTEFARDE, Fabien, cit., p. 5-26; DUPONT, Pascal M., Les drones en question. cit., p. 97-104.

47 Para maiores detalhes acerca da responsabilidade civil do fabricante construtor de aeronaves, vide: FRIETSCH, Edwing. Die Produkthaftungs – Richtlinie der Europäischen Gemeinschaft und der Luftverkehr. *Zeitschrift für Luft- und Weltraumrecht (ZLW)*, Köln, n. 36, p. 170-186, 1987; MANNIN, Colm. Quelques évolutions actuelles dans le domaine de la responsabilité relative aux accidents aériens: perspectives du constructeur aéronautique. *In*: COLLOQUE LES ACCIDENTS AÉRONAUTIQUES ET SPATIAUX: INVESTIGATIONS, RESPONSABILITÉ, RÉPARATION DES DOMMAGES; RÉUNION AÉRIENNE ET LA RÉUNION SPATIALE, Paris, 17-18 maio 1994; MOTA, Octanny Silveira da. Responsabilidade civil do construtor aeronáutico. *In*: *Jornadas Iberoamericanas de Direito Aeronáutico, Espacial e da Aviação Comercial*, 11 set. 1979. São José dos Campos, 1979, p. 453-483. OLIVEIRA, Carlos Américo Barbosa de. Responsabilidade civil do fabricante. *Revista Brasileira de Direito Aeroespacial (RBDA)*, Rio de Janeiro, n. 36, p. 87-91, jan./dez. 1978; PIMENTEL, Francisco J. C.; PRAIS, Marcelo M. C. Responsabilidade civil do produto e a indús-

E, mesmo sob a ótica do novo Código Civil, subsiste enquadramento no mencionado regime, porquanto exercida atividade de risco, à qual se soma a periculosidade intrínseca do UAS e de seus materiais.

Nessa senda, também é importante anotar que, à luz da ampla segmentação de atividades no referido ramo, poderá emergir, em um mesmo dano-evento, responsabilidade solidária do produtor-fabricante do UAS, do fabricante de materiais e sistemas de comunicação deste, do responsável pela montagem e do importador.[48]

Tecidas referidas digressões, cumpre proceder, no item subsequente, à análise autônoma da responsabilidade perante terceiros na superfície.

## 5. Responsabilidade perante terceiros na superfície. Apreciações críticas

Muito embora tenha havido modificação do sistema de responsabilidade contratual do transportador aéreo, nomeadamente com a entrada em vigor da Convenção de Montreal, atualmente a responsabilidade extracontratual desse por danos causados a terceiros na superfície por aeronave, pessoa ou coisa dela caída, ainda escuda-se na pretérita ordem pública de direção, baseando-se na Convenção de Roma de 1952 e no Protocolo de Montreal de 1978, no âmbito do transporte aéreo internacional, ou por diplomas internos reguladores da matéria na seara doméstica, como ocorre, e.g, no Brasil, com o Código Brasileiro de Aeronáutica.[49]

tria aeronáutica: o controle de qualidade. *Revista Brasileira de Direito Aeroespacial (RBDA)*, Rio de Janeiro, n. 41, p. 24-28, jan. /jul. 1984; SCHUBERT, Andreas. *Die Produkthaftpflicht im internationalen Luftverkehr und deren Versicherung*. Frankfurt am Main: Peter Lang Verlag, 1997; BACCELLI, Guido Rinaldi. *La responsabilità extracontrattuale del costruttore di aeromobile*. Padova: Cedam, 1987.

[48] Nesse sentido, vide MORSELLO, Marco Fábio. *Responsabilidade civil no transporte aéreo*, cit., p. 490-491.

[49] Para maiores detalhes acerca do tema da responsabilidade civil do transportador aéreo por danos causados a terceiros na superfície, vide: BAUZÁ ARAÚJO, Alvaro. Derechos de los terceros de la superficie en relación con las aeronaves convencionales, a reacción, supersónicos y ingenios espaciales. *Revista Brasileira de Direito Aeroespacial (RBDA)*, Rio de Janeiro, n. 19, p. 163-182, jan./jun. 1966; CASADO IGLESIAS, Emiliano. *La responsabilidad por daños a terceros en la navegación aérea*. Salamanca: Universidad de Salamanca, 1965; COSTA, Mário Ramos da. Responsabilidade do transportador aéreo por danos causados a terceiros na superfície. *Revista Brasileira de Direito Aeroespacial (RBDA)*, Rio de Janeiro,

De qualquer modo, como observado no item anterior, a responsabilidade objetiva dos operadores de UAS é inequívoca, nomeadamente com fundamento na teoria do risco, albergada por cláusula geral com função iluminante que se espraia para todo o sistema jurídico.

Mencionado entendimento resta robustecido na seara da denominada responsabilidade extracontratual perante terceiros. Realmente, inexiste previsibilidade objetiva do dano por parte das vítimas que se encontram na superfície, que sequer celebraram qualquer avença contratual de modo a poder, eventualmente, regular seus interesses, assumindo riscos.

Observe-se, por oportuno, que a mitigação do rigorismo absoluto do princípio da reparação integral do dano poderá ocorrer, sob determinadas circunstâncias, na seara da responsabilidade contratual, o que,

n. 34, p. 29-33, jun. /dez. 1974; DE JUGLART, Michel, cit.; DIEDERIKS-VERSCHOOR, Isabella Henrietta Philepina. *An introduction to air law*. 6. ed. Dordrecht: Kluwer, 1997. v. 1 e 2; NAVEAU, Jacques; GODFROID, Marc. *Précis de droit aérien*, cit.; KAISER, Stefan A. Third party liability of unmanned aerial vehicles. *Zeitschrift für Luft- und Weltraumrecht (ZLW)*, Köln, n. 57, Heft 2, p. 229-237, 2008; LACERDA, J. C. Sampaio de. Direito de terceiros na superfície em relação às aeronaves convencionais, à jato, supersônicos e engenhos espaciais. *Revista Brasileira de Direito Aeroespacial (RBDA)*, Rio de Janeiro, n. 19, p. 183-185, jan./jun. 1966; LA TORRE, Umberto. La navigazione degli UAV, cit.; LEFEBVRE D'OVIDIO, Antonio; PESCATORE, Gabriele; TULLIO, Leopoldo. *Manuale di Diritto della Navigazione*, Milano: Giuffrè, 2008; MEYER, Alex. Die Bedeutung des Romischenhaftungsabkommens vom 7.10.52 für die Luftgesetzgebung der Deutschen Bundesrepublik. In: *Luftrecht in fünf Jahrzehnten*. Köln: Universität zu Köln, 1961, p. 154-163; MORSELLO, Marco Fábio. *Responsabilidade civil no transporte aéreo*, cit.; PACHECO, José da Silva, cit.; PEREIRA, Guttemberg R. A problemática das novas Convenções relativas a danos a terceiros no Transporte Aéreo Internacional. *Revista Brasileira de Direito Aeroespacial (RBDA)*, Rio de Janeiro, n. 94, p. 3-5, 2012; RINCK, G. Schäden Dritter im Internationalen Luftverkehr: über den bisherigen Misserfolg des Römer Haftpflichtabkommens. *Zeitschrift für Luft- und Weltraumrecht (ZLW)*, Köln, p. 85-104, 1962; TRIGO, Maria da Graça. A responsabilidade civil do operador de aeronaves por danos causados a terceiros na superfície. *In*: VICENTE, Dário Moura (coord.). *Estudos de Direito Aéreo*. Coimbra: Coimbra Editora, p. 319-355, 2012; ZUNARELLI, Stefano; COMENALE PINTO, Michele M. *Manuale di Diritto della Navigazione e dei Trasporti*. Padova: Cedam, 2ª ed, 2013; VIDELA ESCALADA, Federico N. *Manual de derecho aeronáutico*. 2. ed. atual. Buenos Aires: Zavalia, 1996; FOLCHI, Mario O. *Tratado de derecho aeronáutico y política de la aeronáutica civil*. Buenos Aires: Astrea, 2015, t. 1-2, p. 295-306; MOLL-OSTHOFF, Kristina. *Die Neuregelung der Haftung für Schäden Dritter im internationalen Luftverkehr*. Köln: Carl Heymanns Verlag, 2014. Schriften für Luft- und Weltraumrecht, Band 24, p. 7-65; ZAMPONE, Alessandro, cit.

a nosso ver, robustece a insubsistência da limitação prévia na seara extracontratual objetiva.

Nesse contexto, cumpre anotar que as bases de cálculo fixadas na Convenção de Roma, de 1952, e no Protocolo de Montreal, de 1978, malgrado ratificadas, e.g, pelo Brasil, não comportariam aplicação, *in casu*, com fundamento nas seguintes premissas.

Inicialmente, a base de cálculo do *quantum* indenizável se afigura totalmente dissonante da realidade fática, na medida em que o peso dos UAS, nomeadamente à luz dos progressos da nanotecnologia, revela total dissonância do caráter efetivamente compensatório do dano.

De fato, nestas hipóteses, como é cediço, os UAS poderão impingir danos de monta, até com dimensões catastróficas, malgrado com peso muitas vezes claramente ínfimo. Ou seja, a base de cálculo do peso da aeronave, em verdade, não denota nexo causal automático com a extensão do dano.[50]

O segundo ponto tem esteio na realidade contemporânea de efetiva função compensatória do dano, como pressuposto da responsabilidade

[50] Nesse sentido: MORSELLO, Marco Fábio. *Responsabilidade civil no transporte aéreo*, cit., p. 490; GUERRERO LEBRÓN, María Jesús; CUERNO REJADO, Cristina; MÁRQUEZ LOBILLO, Patricia, cit., p. 91, 2013, observando com percuciência que: "*Además, el hecho de que los límites indemnizatorios estén consagrados en una escala que atiende al peso máximo autorizado al despegue nos da una idea también de que utilizar el marco normativo actual nos conduce a una situación jurídica poco adecuada, si atendemos a las consecuencias que pueden derivarse de la utilización de los UAS. Y es que, a las críticas generales que pueden efectivarse a tal sistema, que establece una correlación directa entre la masa de la aeronave y el importe máximo de la indemnización, se les suman otras derivadas de las peculiaridades de emplear los UAS. Para empezar hay que señalar que las consecuencias de un impacto no dependen únicamente del peso de la aeronave, ya que el principio de energía cinética determina que haya dos parámetros relevantes en el momento del impacto: la masa y la velocidad. Pero es que, además, aun cuando con la aviación tradicional siempre se ha planteado como mucho más probable los grandes impactos contra el terreno, la utilización de UAS incrementa enormemente las probabilidades de que se produzcan* mid-air collisions *(teniendo en cuenta que el riesgo de éstas desciende considerablemente cuando también lo hace la altitud del vuelo, de modo que éste debería ser otro parámetro a tener en cuenta). Desde luego el tratamiento de las* mid-air collisions *y los impactos contra el terreno merecería una clasificación, e incluso centrándonos en los últimos, debería diferenciarse entre colisionar con un terreno despoblado o hacerlo contra otro poblado y con distintos niveles de densidad de población. En este sentido hay que tener en cuenta que incluso se añade una nueva variable que atiende no solo al peso o masa de la aeronave, sino al volumen de ésta.*"

civil, o que absolutamente não se coaduna com os critérios restritivos contemplados na Convenção de Roma.[51]

Sobreleva acrescentar, por oportuno, que com fundamento nesta vulneração, no sistema jurídico brasileiro, e.g, na seara da responsabilidade civil do transportador aéreo por danos a terceiros na superfície, aplicam-se os ditames do sistema de defesa do consumidor.[52]

Com efeito, no bojo do microssistema consumerista, dessume-se que a regra fixadora do amplo dever de indenizar, em causas deste jaez, nos termos do art. 6º, VI, da Lei n. 8.078/90, atrela-se à inserção da vítima sob o *status* de consumidor por equiparação, nos termos do art. 17 do referido diploma legal.[53]

O mesmo entendimento, destarte, se aplicaria, *mutatis mutandis,* aos UAS, na medida em que os direitos do consumidor por equiparação estão agrupados pela função e não pelo objeto, dando gênese à sobre estrutura jurídica com projeção horizontal, permitindo sua inserção como *lex specialis,* no âmbito das relações de consumo, sem descurar que

[51] Nesse sentido, Mario O. Folchi, cit., t. 2, p. 306, observa que: "*En mi opinión, la responsabilidad limitada en casos de daños a terceros en la superficie no puede sustentarse en base legal alguna. Quien sufrió un perjuicio por un hecho que le es ajeno, debe ser indemnizado en la completa extensión del daño respectivo. Si alguna vez y en los comienzos de la aviación, en la primera mitad del siglo pasado, pudo haber una razón económica que sostuviera dicha limitación, la misma ha desaparecido. En la actualidad y desde hace muchos años, está plenamente demostrado que la aeronavegación es muy segura y que los accidentes que ocurren son casi excepcionales, si se tiene en cuenta la enorme cantidad de aeronaves que diariamente surcan el espacio aeronáutico en todo el mundo. En este marco sostener la limitación de responsabilidad del explotador de la aeronave por daños a terceros en la superficie, resulta contrario a la justicia, a la equidad y a los mas elementales principios de derecho occidental, basados en la célebre máxima romana* honeste vivere, alterum non laedere et suum cuique tribuere".

[52] Ademais, o Regulamento nº 94/2017, da Agência Nacional de Aviação Civil (ANAC), prevê exaustivamente as medidas de prevenção e responsabilidade dos operadores de aeronaves não tripuladas perante terceiros na superfície. Em linhas gerais, desde maio de 2017, foi proibida a utilização dos UAS em regiões a menos de 30 metros horizontais de distância de outras pessoas. Referida regra geral poderá ser derrogada quando houver autorização expressa, ou nas hipóteses em que restar delineada alguma barreira física entre o equipamento e o terceiro. Outro ponto inovador emanado do propalado Regulamento tem gênese na necessidade de contratação por parte dos operadores de UAS, de seguro com coberturas de danos a terceiros, sendo-lhes imponível portar apólice durante os voos. Apenas restam isentas da referida determinação, as aeronaves não tripuladas controladas por agências estatais.

[53] Cf. MORSELLO, Marco Fábio. *Responsabilidade civil no transporte aéreo,* cit., p. 447-467.

o art. 5º, inciso XXXII, da Constituição Federal, preconiza expressamente que a defesa dos direitos do consumidor é direito fundamental.[54]

Conclui-se, portanto, que a responsabilidade extracontratual objetiva é incompatível com a limitação prévia do dano, de modo que, *in casu,* independentemente da aplicação do microssistema consumerista, o dever de indenizar o prejuízo causado em sua integralidade é de rigor.

## 6. Necessidade de proteção a direitos fundamentais e a inteligência artificial

O amplo espectro de atividades que se descortinam por meio da utilização dos UAS, nomeadamente com o célere desenvolvimento da nanotecnologia e Inteligência Artificial (IA), seguramente superam a realidade quotidiana impingida pelas aeronaves tripuladas e sob pilotagem direta.

De fato, sem prejuízo das relevantes iniciativas tuteladoras da segurança pública, inclusive a nível preventivo, a utilização de veículos aéreos não tripulados se instrumentaliza na realidade contemporânea, e.g, nos controles agrícolas e ambientais, na irrigação de campos agrícolas, no monitoramento de grupos e fronteiras de imigração, na seara de busca e resgate, na entrega de encomendas e suprimentos médicos, na aerofotogrametria, na análise de grandes acidentes de tráfego, no apoio em proteção civil, no controle de danos em desastres provindos de inundações, tsunamis, terremotos e furacões, na detecção, vigilância e no monitoramento de incêndios, na inspeção de linhas elétricas de alta voltagem, oleodutos, no monitoramento de materiais perigosos, em estudos atmosféricos, na vigilância de propriedades e até mesmo de autorretratos (*selfies*), nomeadamente à luz do desenvolvimento da nanotecnologia, como já apontamos no item 1 deste trabalho.

Muito embora não se descure a relevância e vantagem na prática de atividades na tríade *dull, dirty and dangerous* (D3), alhures mencionada, quando em cotejo com a pilotagem direta, verdade é que, na sociedade espetáculo em que vivemos, à luz de um turboconsumidor atrelado ao denominado império do efêmero, emergem alentados riscos de

[54] *Ibid.*, p. 489-490.

lesão do arquétipo do denominado direito geral de personalidade dos cidadãos.[55]

De fato, sem prejuízo da notícia de que algumas pessoas, interessadas na ampla divulgação de sua imagem, procedem à utilização de UAV para a consecução de *selfies*[56] constantes, aliados à divulgação de suas atividades, em um denominado *self-image exposure*, verdade é que há um amplo rol de cidadãos que não se insere na referida categoria, emergindo, então, a necessidade de tutela da denominada *riservatezza*, do direito à intimidade, à salvaguarda da própria imagem e dos dados pessoais e regime correlato de sua proteção.[57]

55 Nesse sentido, no que se refere à sociedade de consumo e o individualismo competitivo do denominado turboconsumidor, vide BAUMAN, Zygmunt. *Mundo consumo*, cit. Por outro lado, a expressão império do efêmero, atrelada à sociedade de hiperconsumo, foi cunhada por Gilles Lipovetsky (*In*: *O império do efêmero*: a moda e seu destino nas sociedades modernas. Tradução: Maria Luisa Machado. São Paulo: Companhia das Letras, 2009. No mesmo sentido, vide, outrossim, do mesmo autor, *A sociedade pós-moralista*: o crepúsculo do dever e a ética indolor dos novos tempos democráticos. Tradução: Armando Brado Ara. 1. ed. 1. reimp. Barueri: Manole, 2009).

56 Conforme noticiado via imprensa, no Jornal O Estado de São Paulo, São Paulo, Brasil, 24 de junho de 2014, caderno de economia, p. B12, sob o título: Drones têm novo uso: autorretratos. No bojo do referido artigo, destaca-se que: "*Entre as primeiras funções de uso dos drones estarão os autorretratos aéreos. Recentemente, dois drones estrearam no site de financiamento coletivo Kickstarter voltados para pessoas que querem fazer selfies (fotos de si mesmas com os drones – vamos chamá-las de dronies). O drone Hexo Plus é compatível com a câmera GoPro e é comercializado como um 'drone inteligente que o segue e o filma autonomamente'. Um concorrente, o AirDog, é como se fosse um cão ou um guia, acompanhando você a qualquer lugar, fazendo vídeo e fotos suas quando está praticando esportes de ação*".

57 Nesse sentido, com análise completa acerca do tema, vide KORNMEIER, Claudia, cit., p. 92-328. No mesmo diapasão: KAISER, Stefan A., Legal Aspects of Unmaned Aerial Vehicles, cit., p. 359; SIA, Anna L. M., cit., p. 507 e 512; GUERRERO LEBRÓN, María Jesús; CUERNO REJADO, Cristina; MÁRQUEZ LOBILLO, Patricia, cit., p. 97-104; MC BRIDE, Paul. Beyond Orwell: The Application of Unmanned Aircraft Systems in Domestic Surveillance Operations. *Journal of Air Law and Commerce*, v. 74, n. 3, pp. 627-662, Dallas, Southern Methodist University, 2009; KAPNIK, Benjamin. Unmanned but Accelerating: Navigating the Regulatory and Privacy Challenges of Introducing Unmanned Aircraft into the National Airspace System. *Journal of Air Law and Commerce*, v. 77, n. 3, pp. 439-465, Dallas, Southern Methodist University, 2015; CORREIA, Vincent. Chronique de droit aérien. Editorial. *Revue Française de Droit Aérien et Spatial* (RFDAS), Paris: Pedone, v. 276, n. 4, pp. 357--358, 2015; DUPONT, Pascal M. Les drones ou la révolution aéronautique du 21ème siècle, cit., p. 392-393; PICCIOLI, Paolo G., cit.

Nessa senda, cumpre propugnar pela fixação de limites na utilização indiscriminada dos UAS, nomeadamente quando não evidenciado qualquer interesse público.

No entanto, mesmo nessa última seara, a nosso ver o propalado interesse, muitas vezes atrelado a razões de segurança, deverá ser sopesado, *in concreto*, sob o pálio dos princípios da razoabilidade e proporcionalidade com os direitos fundamentais dos cidadãos, cumprindo ao Poder Judiciário, como guardião da Constituição, aplicar, se necessário, o princípio da proibição do excesso.[58]

Em suma, todas as normas atreladas ao denominado direito geral de personalidade, objeto de proteção, deverão ser interpretadas conforme a Constituição, bem como com fundamento na força normativa constitucional dos direitos fundamentais.[59]

Nesse contexto, a despeito da existência desta solução hermenêutica, afigurar-se-ia fundamental a fixação de um regime uniforme a nível mundial, fixador de limites prévios no exercício da utilização dos UAS, ou até mesmo na proibição de determinadas atividades, quando não atreladas ao interesse público e invasoras da esfera privada de outrem, robustecendo a função preventiva da responsabilidade civil contemporânea.

[58] Na seara desse enfoque, cumpre informar, por oportuno, que emergiram debates em nosso país, no que se refere à Lei do Tiro de Destruição (Lei do Abate no Brasil). Para tanto, veja-se, e.g, COELHO JÚNIOR, Fernando Gonçalves. A constitucionalidade da Lei do Abate ou do Tiro de Destruição. *Revista Brasileira de Direito Aeroespacial (RBDA)*, Rio de Janeiro, n. 94, p. 22-25, 2012; SAMARIEGO, Wagner Ricardo. Princípios constitucionais da Lei do Tiro de Destruição (Lei do Abate). *Revista Brasileira de Direito Aeroespacial (RBDA)*, Rio de Janeiro, n. 95, p.49-60, dez. 2012. A nosso ver, referida Lei, que comporta interpretação restritiva, à luz do caráter excepcional de suas normas, não contemplaria hipóteses em que o tiro de destruição partisse de um UAV, abatendo aeronave com passageiros, na medida em que exige-se prévio reconhecimento direto por parte do piloto da aeronave, o que pressupõe que esta seja tripulada e pilotada diretamente, lacuna que não resta colmatada pelos princípios *see and avoid*, dos UAS, impondo-se, destarte, mudança legislativa com tal desiderato.

[59] Nesse sentido: CANOTILHO, José Joaquim Gomes. *Direito constitucional e teoria da Constituição*. Coimbra: Almedina, 1998; HESSE, Konrad. *Grundzüge des Verfassungsrechts der Bundesrepublik Deutschland*. 16. ed. Heidelberg: C. F. Müller Verlag, 1988; MORSELLO, Marco Fábio. *Responsabilidade civil no transporte aéreo*, cit., p. 404.

## Concluões

Dessume-se, a partir das premissas expostas, que:

1. Urge proceder à regulamentação da matéria dos UAS, a nível de Mercosul, nos moldes preconizados pela União Européia, visando à uniformidade de regras entre seus Membros.

2. Muito embora reconhecido o enquadramento jurídico como aeronaves, ainda que *sui generis,* os ditames da Convenção de Roma e Protocolo de Montreal não se afiguram vinculantes em sede de responsabilidade extracontratual objetiva, com limitação do *quantum debeatur,* fulcrados em base de cálculo absolutamente dissonante da realidade fática, qual seja, o peso da aeronave. Ademais, sequer há possibilidade de prévia regulamentação de interesses por parte das vítimas do evento.

3. Visando atribuir segurança jurídica ao referido ramo, afigura-se fundamental a padronização para a consecução de certificados de aeronavegação, não se descurando das realidades advindas da inteligência artificial, nanotecnologia e dos direitos fundamentais dos cidadãos, recomendando-se futura consecução de Convenção reguladora da matéria, sob os auspícios da Organização de Aviação Civil Internacional (OACI).

4. Nesse contexto, tendo em vista a responsabilidade objetiva, atrelada à teoria do risco do empreendimento do operador de UAS, impõe-se maior ênfase ao princípio da prevenção, com o escopo de obtenção dos mesmos níveis de segurança das aeronaves convencionais, para fins de utilização do espaço aéreo não segregado, de modo que o binômio *see and avoid* deverá ser complementado por diversos sistemas, como, e.g, TCAS (*Traffic Alert and Collision Avoidance System*) e EGPWS (*Enhanced Ground Proximity Warning System*).

5. A uniformidade internacional da matéria, outrossim, será essencial para dinamizar o ramo, com segurança jurídica, sendo o catalisador de novos investimentos, na medida em que propiciará previsibilidade objetiva dos prêmios de seguro, minimizando custos, no âmbito do *Law and Economics.*

6. A futura uniformização, por seu turno, deverá considerar como núcleo intangível a tutela do denominado direito geral de personalidade, abrangendo amplo feixe de direitos, como, e.g, proteção de dados, imagem, privacidade e intimidade.

## Referências

ABEYRATNE, Ruwantissa. Unmanned aircraft systems. The civil aviation (revised) perspective. *European Transport Law:* Antwerp, Belgium, p. 239-260, 2011.

–. Regulating unmanned aerial vehicle – Issues and challenges. *European Transport Law.* Antwerp, Belgium, p. 503-520, 2009.

ALPA, Guido. *Trattato di diritto civile.* Milano: Giuffrè, 1999. v. 4 – La responsabilità civile.

AGOSTINELLI, Carlos Walter. Régimen legal de los UAV, necesidad de regulación. Cedam, Padova, 2010, *XXXIX Jornadas Latinoamericanas de Derecho Aeronáutico y Espacial – 50 años de ALADA* (Sassari, 3-7 mayo 2010), p. 324-335.

ANAC – AGÊNCIA NACIONAL DE AVIAÇÃO CIVIL DO BRASIL. Endereço eletrônico: www.anac.gov.br. Acessos em: 20 e 21 de junho de 2021.

ARAÚJO, Luis Ivani Amorim de. Direito internacional privado aeronáutico. *Revista Brasileira de Direito Aeroespacial (RBDA),* Rio de Janeiro, n. 74, p. 24-28, jul. 1998.

ASCENSÃO, José de Oliveira. *O Direito:* introdução e teoria geral. 13. ed. Coimbra: Almedina, 2005.

AZZANO, Antonio. Profili assicurativi degli unmanned aerial vehicles (UAV). *Il Diritto Aeronautico a cent'anni dal primo volo.* Collana del Dipartimento di Scienze Giuridiche e della Facoltà di Giurisprudenza dell'Università di Modena e Reggio Emilia. Alfredo Antonini e Bruno Franchi (coord). Milano: Giuffrè, p. 27-36, 2005.

BACCELLI, Guido Rinaldi. *La responsabilità extracontrattuale del costruttore di aeromobile.* Padova: Cedam, 1987.

BALIAN, Eduardo Néstor. *Código Aeronáutico Comentado y anotado.* Buenos Aires: Astrea, 2013.

BAUDOUIN, Jean Louis; DESLAURIERS, Patrice. *La responsabilité civile.* 5. ed. Québec (Canada): Ed. Yvon Blais, 1998.

BAUMAN, Zygmunt. *Tempos líquidos* (trad. Carlos Alberto Medeiros). Rio de Janeiro: Zahar, 2007.

–. *Medo líquido.* Rio de Janeiro: Zahar, 2008.

–. *Mundo consumo:* ética del individuo en la aldea global. Tradução: Abilio Santos Mosquera. Buenos Aires: Paidós, 2010.

BAUZÁ ARAÚJO, Alvaro. Derechos de los terceros de la superficie en relación con las aeronaves convencionales, a reacción, supersónicos y ingenios espaciales. *Revista Brasileira de Direito Aeroespacial (RBDA),* Rio de Janeiro, n. 19, p. 163-182, jan./jun. 1966.

–. *Tratado de derecho aeronáutico.* Montevideo: Ed. Amalio M. Fernandez, 1976. t. 1.

BECK, Ulrich. *Sociedade de risco* – rumo a uma outra modernidade. Trad. de Sebastião Nascimento. Rio de Janeiro: Editora 34, 2010.

BOANOVA FILHO, José Luiz. Aeronaves não tripuláveis no Brasil e sua regulação. *Revista Brasileira de Direito Aeronáutico e Espacial* (RBDA). Rio de Janeiro, n. 96, p. 49-51, 2014.

BUSTI, Silvio. Contratto di trasporto aereo. In: CICU, Antonio; MESSINEO, Antonio (Dir.). *Trattato di diritto civile e commerciale*. Milano: Giuffrè, 2001, t. 3.

CANARIS, Claus Wilhelm. *Pensamento sistemático e conceito de sistema na ciência do direito*. Trad. de Menezes Cordeiro. Lisboa: Fundação Calouste Gulbenkian, 2002.

CANOTILHO, José Joaquim Gomes. *Direito constitucional e teoria da Constituição*. Coimbra: Almedina, 1998.

CARBONNIER, Jean. *Droit Civil*: Introduction. Les personnes. La famille, l'enfant, le couple. Paris: PUF, 2004. v. I.

CASADO IGLESIAS, Emiliano. *La responsabilidad por daños a terceros en la navegación aérea*. Salamanca: Universidad de Salamanca, 1965.

CHAMAYOU, Grégoire. *Théorie du drone*. Paris: La Fabrique Éditions, 2013.

COELHO JÚNIOR, Fernando Gonçalves. A constitucionalidade da Lei do Abate ou do Tiro de Destruição. *Revista Brasileira de Direito Aeroespacial (RBDA)*, Rio de Janeiro, n. 94, p. 22-25, 2012.

COLLENZ, Daniele. I velivoli senza pilota a bordo. Nuove sfide sopra i nostri cieli. *Trasporti – Diritto, Economia e Politica*, Trieste, n. 103, 2007, p. 175-177.

COMENALE PINTO, Michele M. La nozione di preposto nel trasporto aereo. *Diritto dei trasporti, Cagliari*, p. 371-422, 2001.

COMSTOCK, Earl; LINDE, Jonathan; SAHR, Evelyn. It is not too late – The FAA can amend its proposed SUAS rules, restore its position as a leading voice in aviation, and guarantee the long-term success of the U.S. Unmanned Aircraft Industry. *Journal of Air Law and Commerce*, v. 80, n. 3, pp. 473-496, Dallas, Southern Methodist University, 2015.

CORREIA, Vincent. Chronique de droit aérien. Editorial. *Revue Française de Droit Aérien et Spatial* (RFDAS), Paris: Pedone, v. 276, n. 4, pp. 357-358, 2015.

COSTA, Mário Ramos da. Responsabilidade do transportador aéreo por danos causados a terceiros na superfície. *Revista Brasileira de Direito Aeroespacial (RBDA)*, Rio de Janeiro, n. 34, p. 29-33, jun. /dez. 1974.

DE JUGLART, Michel. *Traité de droit aérien*. 2. ed. atual. por Emmanuel du Pontavice, Jacqueline Dutheil de La Rochère e Georgette M. Miller. Paris: LGDJ, 1989. t. 1 e 2.

DEMPSEY, Paul Stephen. Compliance and Enforcement in International Law: Achieving Global Uniformity in Aviation Safety. *North Carolina Journal of International Law and Commercial Regulation*, n. 30, fall, 2004.

DIEDERIKS-VERSCHOOR, Isabella Henrietta Philepina. *An introduction to air law*. 6. ed. Dordrecht: Kluwer, 1997. v. 1 e 2.

DRION, Huib. *Limitations of liabilities in international air law*. The Hague: Martinus Nijhoff, 1954.

DUPONT, Pascal M. Les drones en question. Paris: Pedone, *Revue Française de Droit Aérien et Spatial (RFDAS)*, p. 97-104, 2006.

–. Les drones ou la révolution aéronautique du 21ème siècle. Paris: Pedone, Revue Française de Droit Aérien et Spatial (RFDAS), v. 276, n. 4, 2015, p. 359-402.

ENCICLOPEDIA Garzanti di Filosofia. Milano: Garzanti, 1988.

FALEIRO, Eleutério João Laranjinho. O uso do espaço aéreo por aeronaves não tripuladas –Unmanned Aerial Vehicles (UAV), *in Estudos de Direito Aéreo*, p. 263-306, Coimbra: Almedina, 2007.

FERREIRA, José Ribeiro. *A Grécia antiga*: sociedade e política. Lisboa: Edições 70, 2004.

FICHT, Donate. *Die unbekannte Schadenursache im internationalen Luftverkehr. Schriften zum Luft- und Weltraumrecht – Herausgegeben von Karl Heinz Böckstiegel*. Köln--Berlin-Bonn-München: Carl Heymanns Verlag, 1986.

FOLCHI, Mario O. *Tratado de derecho aeronáutico y política de la aeronáutica civil*. Buenos Aires: Astrea, 2015, t. 1-2.

FOLLIOT, Michel G. *Le transport aérien international*: évolution et perspectives. Paris: LGDJ, 1977.

FRANCHI, Bruno. Aeromobili senza pilota (UAV): inquadramento giuridico e profili di responsabilità – I parte. *Responsabilità e previdenza*. Milano: Giuffrè, p. 732-751, n. 4, 2010.

–. Aeromobili senza pilota (UAV): inquadramento giuridico e profili di responsabilità – II parte. *Responsabilità e previdenza*. Milano: Giuffrè, p. 1213-1232, n. 6, 2010.

FRIETSCH, Edwing. Die Produkthaftungs – Richtlinie der Europäischen Gemeinschaft und der Luftverkehr. *Zeitschrift für Luft- und Weltraumrecht (ZLW)*, Köln, n. 36, p. 170-186, 1987.

GODFROID, Marc. La notion de préposé dans la Convention de Varsovie et la recevabilité de l'action intentée contre le transporteur aérien. *Revue Française de Droit Aérien et Spatial (RFDA)*, Paris, v. 37, p. 373-378, 1983.

–; NAVEAU, Jacques. *Précis de droit aérien*. Bruxelles: Bruylant, 1988.

GOUTTEFARDE, Fabien. Le cadre juridique de l´emploi des drones au dessus des espaces maritimes. *Revue Française de Droit Aérien et Spatial* (RFDAS), Paris: Pedone, v. 247, n. 1, p. 5-26, 2009.

GUERRERO LEBRÓN, María Jesús; CUERNO REJADO, Cristina; MÁRQUEZ LOBILLO, Patricia. Aeronaves no tripuladas: estado de la legislación para realizar su integración en el espacio aéreo no segregado. *Revista de Derecho del Transporte*: Marcial Pons, Madrid, n. 12, p. 63-106, 2013.

HESPANHA, António Manuel. *O caleidoscópio do direito*: o direito e a justiça nos dias e no mundo de hoje. 2. ed. reelaborada. Coimbra: Almedina, 2009.

HESSE, Konrad. *Grundzüge des Verfassungsrechts der Bundesrepublik Deutschland.* 16. ed. Heidelberg: C. F. Müller Verlag, 1988.

JORNAL O ESTADO DE SÃO PAULO. São Paulo, 2014, edição impressa de 24 de junho de 2014, caderno de economia, p. B12. Título: Drones têm novo uso: autorretratos.

JOURDAIN, Patrice. *Les principes de la responsabilité civile.* 4. ed. Dalloz: Paris, 1998.

KAISER, Stefan A. Legal Aspects of Unmanned Aerial Vehicles. *Zeitschrift für Luft- und Weltraumrecht (ZLW)*, Köln, n. 55, Heft 3, p. 344-363, 2006.

–. Third party liability of unmanned aerial vehicles. *Zeitschrift für Luft- und Weltraumrecht (ZLW)*, Köln, n. 57, Heft 2, p. 229-237, 2008.

KAPNIK, Benjamin. Unmanned but Accelerating: Navigating the Regulatory and Privacy Challenges of Introducing Unmanned Aircraft into the National Airspace System. *Journal of Air Law and Commerce*, v. 77, n. 3, pp. 439-465, Dallas, Southern Methodist University, 2015.

KORNMEIER, Claudia. *Der Einsatz von Drohnen zur Bildaufnahme:* eine luftverkehrsrechtliche und datenschutzrechtliche Betrachtung. V. 2. de Zivile Sicherheit. LIT Verlag: Münster, 2012.

LACERDA, J. C. Sampaio de. Direito de terceiros na superfície em relação às aeronaves convencionais, à jato, supersônicos e engenhos espaciais. *Revista Brasileira de Direito Aeroespacial (RBDA)*, Rio de Janeiro, n. 19, p. 183-185, jan./jun. 1966.

LARENZ, Karl. *Lehrbuch des Schuldrechts.* Erster Band, Allgemeiner Teil. 14. ed. München: Ch. Beck Verlag, 1987.

–. *Metodologia da Ciência do Direito.* Tradução: José Lamego. 3. ed. Lisboa: Calouste Gulbenkian, 1997.

LA TORRE, Umberto. *Comando e comandante nell'esercizio della navigazione.* Napoli: Edizioni Scientifiche Italiane, 1997.

–. La navigazione degli UAV: un'occasione di riflessione sull'art. 965 C. Nav. in tema di danni a terzi sulla superficie. *Rivista del Diritto della Navigazione*: Aracne, Roma, n. 2, p. 553-575, 2012.

–. Gli UAV: mezzi aerei senza pilota. *Sicurezza, navigazione e trasporto.* Rita Tranquilli Leali e Elisabetta Rosafio (coord.). Milano: Giuffrè, p. 93-123, 2008.

–. Problematiche giuridiche attuali sul comandante di aeromobile. Artigo enviado para publicação por Asociación Latinoamericana de Derecho Aeronáutico y Espacial (ALADA), Buenos Aires, 2014.

LEFEBVRE D'OVIDIO, Antonio; PESCATORE, Gabriele; TULLIO, Leopoldo. *Manuale di Diritto della Navigazione,* Milano: Giuffrè, 2008.

LEFÈVRE, François. *História do mundo grego antigo.* Tradução: Rosemary Costhek Abilio. Revisão de Airton Pollini. São Paulo: WMF Martins Fontes, 2013.

LE TOURNEAU, Philippe; CADIET, Loïc. *Droit de la responsabilité.* Paris: Dalloz, 1998.

LIPOVETSKY, Gilles. *A sociedade pós-moralista:* o crepúsculo do dever e a ética indolor dos novos tempos democráticos. Tradução: Armando Brado Ara. 1. ed. 1. reimp. Barueri: Manole, 2009.

–. *A felicidade paradoxal* – ensaio sobre a sociedade de hiperconsumo. Trad. de Maria Lucia Machado. São Paulo: Companhia das Letras, 2006.

–. *O império do efêmero*: a moda e seu destino nas sociedades modernas. Tradução: Maria Luisa Machado. São Paulo: Companhia das Letras, 2009.

MANNIN, Colm. Quelques évolutions actuelles dans le domaine de la responsabilité relative aux accidents aériens: perspectives du constructeur aéronautique. In: COLLOQUE LES ACCIDENTS AÉRONAUTIQUES ET SPATIAUX: INVESTIGATIONS, RESPONSABILITÉ, RÉPARATION DES DOMMAGES; RÉUNION AÉRIENNE ET LA RÉUNION SPATIALE, Paris, 17-18 maio 1994.

MASTRANDREA, Gerardo. *L'obbligo di protezione nel trasporto aereo di persone.* Padova: Cedam, 1994.

MATTE, Nicolas Mateesco. *Treatise on air* – aeronautical law. Montréal-Toronto: ICASL; Carswell, 1981.

MASUTTI, Anna. Prospettive di regolamentazione dell'uso dei velivoli senza pilota (UAV) nello spazio aereo comune. *Diritto dei trasporti, Cagliari*, p. 783--799, 2007.

MC BRIDE, Paul. Beyond Orwell: The Application of Unmanned Aircraft Systems in Domestic Surveillance Operations. *Journal of Air Law and Commerce*, v. 74, n. 3, pp. 627-662, Dallas, Southern Methodist University, 2009.

MÉNDEZ, Ricardo Daniel. Situación jurídica de las aeronaves sin piloto. *Revista Latino Americana de Derecho Aeronáutico* (RLADA), n. 25, pp. 1-8, Buenos Aires, junio 2015.

MEYER, Alex. Die Bedeutung des Romischenhaftungsabkommens vom 7.10.52 für die Luftgesetzgebung der Deutschen Bundesrepublik. In: *LUFTRECHT in fünf Jahrzehnten.* Köln: Universität zu Köln, 1961, p. 154-163.

MICHAELIDES-MATEOU, Sofia; EROTOKRITOU, Chrystel. Flying into the future with UAVs: The Jetstream 31 Flight. *Air and Space Law*, v. 39, n. 2, p. 111--130, Kluwer Law International, The Netherlands, 2014.

MOLL-OSTHOFF, Kristina. *Die Neuregelung der Haftung für Schäden Dritter im internationalen Luftverkehr.* Köln: Carl Heymanns Verlag, 2014. Schriften für Luft- und Weltraumrecht, Band 24.

MORSELLO, Marco Fábio. *Responsabilidade civil no transporte aéreo.* São Paulo: Atlas, 2006.

–. A responsabilidade civil e a socialização dos riscos: o sistema neozelandês e a experiência escandinava. *Revista da Escola Paulista da Magistratura*, São Paulo, ano 7, n. 2, p. 13-22, jul./dez. 2006.

MOTA, Octanny Silveira da. Responsabilidade civil do construtor aeronáutico. In: *JORNADAS IBEROAMERICANAS DE DIREITO AERONÁUTICO, ESPA-*

*CIAL E DA AVIAÇÃO COMERCIAL*, 11 set. 1979. São José dos Campos, 1979, p. 453-483.

OLIVEIRA, Carlos Américo Barbosa de. Responsabilidade civil do fabricante. *Revista Brasileira de Direito Aeroespacial (RBDA)*, Rio de Janeiro, n. 36, p. 87-91, jan./dez. 1978.

PACHECO, José da Silva. *Código Brasileiro de Aeronáutica comentado*. 2. ed. Rio de Janeiro: Forense, 1998.

PALERMO, José. E. Dispositivos Aéreos Operados a Distancia. Marco Básico de Operación en Uruguay. *Revista del CIDA-E*, Montevideo, n. 38, pp. 101--109, Dirección Nacional de Aviación Civil y Infraestructura Aeronáutica, 2014.

PALMER, Drew. The FAA'S Interpretation of the Special Rule for Model Aircraft, *Journal of Air Law and Commerce*, v. 80, n. 3, pp. 567-593, Dallas, Southern Methodist University, 2015.

PEREIRA, Guttemberg R. A problemática das novas Convenções relativas a danos a terceiros no Transporte Aéreo Internacional. *Revista Brasileira de Direito Aeroespacial (RBDA)*, Rio de Janeiro, n. 94, p. 3-5, 2012.

PICCIOLI, Paolo G. *Droni. Security, safety, privacy ed etica. Sistemi Aeromobili a Pilotaggio Remoto:* il futuro dell'aviazione militare e civile. Roma: EPC Editore, 2016.

PIMENTEL, Francisco J. C.; PRAIS, Marcelo M. C. Responsabilidade civil do produto e a indústria aeronáutica: o controle de qualidade. *Revista Brasileira de Direito Aeroespacial (RBDA)*, Rio de Janeiro, n. 41, p. 24-28, jan. /jul. 1984.

RINCK, G. Schäden Dritter im Internationalen Luftverkehr: über den bisherigen Misserfolg des Römer Haftpflichtabkommens. *Zeitschrift für Luft- und Weltraumrecht (ZLW)*, Köln, p. 85-104, 1962.

RODRIGUEZ JURADO, Agustín. *Teoría y práctica del derecho aeronáutico*. Buenos Aires: Depalma, 1963.

SAMARIEGO, Wagner Ricardo. Princípios constitucionais da Lei do Tiro de Destruição (Lei do Abate). *Revista Brasileira de Direito Aeroespacial (RBDA)*, Rio de Janeiro, n. 95, p.49-60, dez. 2012.

SCHMID, Ronald. Pilot – in – Command oder Computer in Command? Überlegungen zum Widerstreit zwischen technologischem Fortschritt und der Handlungsverantwortlichkeit des Piloten. *Zeitschrift für Luft- und Weltraumrecht (ZLW)*, Köln, n. 49, Heft 3, p. 347-360, 2000.

SCHUBERT, Andreas. *Die Produkthaftpflicht im internationalen Luftverkehr und deren Versicherung*. Frankfurt am Main: Peter Lang Verlag, 1997.

SCHUBERT, Francis. The integration of Remotely Piloted Aircraft in the Air Navigation Services System. *Annals of Air and Space Law*, Montréal, (IASL), v. XXXIX, pp. 129-162, 2014.

SEVERONI, Cecilia. La disciplina normativa attuale degli aeromobili a pilotaggio remoto. *Diritto dei trasporti, Cagliari*, Edizioni AV, pp. 65-103, n. 1, 2016.

SHAWCROSS, Christopher N.; BEAUMONT, Kenneth M.. *Air law*. 3. ed. London: Butterworths, 1966. v. 1 e 2.

SIA, Anna L. M. Sulla politica europea di certificazione degli Unmanned Aerial Vehicles (UAV), en VV. AA, *La gestione del traffico aereo: profili di diritto Internazionale, comunitario ed interno*, a cura di M. P. Rizzo, Milano: Giuffrè, p. 497--528, 2009.

SIARDI, Carlo A. Tecniche di costruzione e sicurezza del volo degli unmanned aerial vehicles (UAV). *Il Diritto Aeronautico a cent'anni dal primo volo*. Collana del Dipartimento di Scienze Giuridiche e della Facoltà di Giurisprudenza dell'Università di Modena e Reggio Emilia. Alfredo Antonini e Bruno Franchi (coord). Milano: Giuffrè, p. 153-158, 2005.

TAPIA SALINAS, Luis. *Curso de Derecho Aeronáutico*. Barcelona: Bosch, 1980.

TEUBNER, Gunther. *O Direito como sistema autopoiético*. Trad. de José Engrácia Antunes. Lisboa: Fundação Calouste Gulbenkian, 1993.

TONELLI, Michelle. Flying in the dark: How a legal loophole endangers critical infrastructure. *Journal of Air Law and Commerce*, v. 80, n. 4, pp. 693-716, Dallas, Southern Methodist University, 2015.

TRIGO, Maria da Graça. A responsabilidade civil do operador de aeronaves por danos causados a terceiros na superfície. In: VICENTE, Dário Moura (coord.). *Estudos de Direito Aéreo*. Coimbra: Coimbra Editora, p. 319-355, 2012.

VALLE, Eurico Paulo. *Comentários ao novo Código Brasileiro do Ar*. Rio de Janeiro: Forense, 1973.

VICENTE, Dário Moura. O estatuto jurídico da aeronave. In: VICENTE, Dário Moura (coord.). *Estudos de Direito Aéreo*. Coimbra: Coimbra Editora, 2012, p. 551-589.

VIDELA ESCALADA, Federico N. *Manual de derecho aeronáutico*. 2. ed. atual. Buenos Aires: Zavalia, 1996.

VINEY, Geneviève. *Traité de droit civil*. Dir. Jacques Ghestin. 2. ed. Paris: LGDJ, 1995. v. 1 – Introduction à la responsabilité.

ZAMPONE, Alessandro. Riflessioni in tema di Responsabilità nell'esercizio di Remotely Piloted Aircraft System (RPAS). *Diritto dei Trasporti*, pp. 63-89, Cagliari, Edizioni AV, n. 1, 2015.

ZUNARELLI, Stefano; COMENALE PINTO, Michele M. *Manuale di Diritto della Navigazione e dei Trasporti*. Padova: Cedam, 2. ed, 2013.

# 10. A INTERVENÇÃO HUMANA NO PROCEDIMENTO DE EXPLICAÇÃO E DE REVISÃO DE DECISÕES AUTOMATIZADAS

*Claudio Luiz Bueno de Godoy*

## 1. A proposição do tema: o art. 20 da LGPD

O artigo 20 da Lei Geral de Proteção de Dados (Lei 13.709, de 14 de agosto de 2018) dispõe, no seu *caput*, que "*o titular dos dados tem direito a solicitar a revisão de decisões tomadas unicamente com base em tratamento automatizado de dados pessoais que afetem seus interesses, incluídas as decisões destinadas a definir o seu perfil pessoal, profissional, de consumo e de crédito ou os aspectos de sua personalidade.*" Já o parágrafo 1º previu que "*o controlador deverá fornecer, sempre que solicitadas, informações claras e adequadas a respeito dos critérios e dos procedimentos utilizados para a decisão automatizada, observados os segredos comercial e industrial.*"

Não se estabeleceu, porém, de que modo, exatamente, este procedimento de explicação e de revisão se deve dar. Em especial não se consagrou menção expressa a que se interpusesse, em seu curso, o exame, por pessoa natural, do pleito de explicação ou de revisão. E tal o que releva porque, originariamente, ressalva a este direito do titular dos dados havia no texto projetado, tendo sido, todavia, dele retirado por iniciativa específica.

Com efeito, o texto original do artigo 20 estatuía que "*o titular dos dados tem o direito a solicitar revisão, por pessoa natural, de decisões tomadas unicamente com base em tratamento automatizado de dados pessoais que afetem seus interesses, inclusive de decisões destinadas a definir o seu perfil pessoal, profissional, de consumo e de crédito ou os aspectos de sua personalidade.*" Editou-se, na sequência, a Medida Provisória n. 869, de 2018, que criava a Autoridade Nacional de Proteção de Dados – ANPD e que, dentre outras providências, suprimiu a referência à revisão procedida por pessoa natural. Porém, esta revisão por pessoa natural voltou, ainda que condicionada à regulamentação da ANPD, observada a condição do operador e a extensão da operação, no processo legislativo de conversão da MP (Projeto de Conversão n. 7, de 2019), agora na forma de parágrafo, o 3º do art. 20, dispondo que "*a revisão de que trata o caput deste artigo deverá ser realizada por pessoa natural, conforme previsto em regulamentação da autoridade nacional, que levará em consideração a natureza da entidade ou o volume de operações de tratamento de dados.*"

Sucede que sobreveio veto da Presidência da República,[1] por considerar que

> a propositura legislativa, ao dispor que toda e qualquer decisão baseada unicamente no tratamento automatizado seja suscetível de revisão humana, contraria o interesse público, tendo em vista que tal exigência inviabilizará os modelos atuais de plano de negócios de muitas empresas, notadamente das startups, bem como impacta na análise de risco de crédito e de novos modelos de negócios de instituições financeiras, gerando efeito negativo na oferta de crédito aos consumidores, tanto no que diz respeito à qualidade das garantias, ao volume de crédito contratado e à composição dos preços, com reflexos, ainda, nos índices de inflação e na condução da política monetária.

Resultado então é a redação atual, de início transcrita, em que não se expressa o direito do titular a que o procedimento de explicação e de revisão de decisões tomadas unicamente com base em tratamento automatizado de seus dados pessoais conte com a intervenção de pessoa natural.

É bem diante deste cenário que se pretende analisar se, mesmo assim, se pode ainda reconhecer ou interpretar a norma de forma a entrever um direito do titular de dados à intervenção humana no proce-

[1] BRASIL. Presidência da República. Mensagem nº 288, de 8 de julho de 2019. Disponível em: http://www.planalto.gov.br/ccivil_03/_ato2019-2022/2019/Msg/VEP/VEP-288.htm. Acesso em: 24 fev. 2022.

dimento de explicação e revisão das decisões exclusivamente automatizadas que o afetem.

Para tanto, será preciso, posto que brevemente, nos limites deste espaço, apontar o exato fundamento e finalidade do direito à explicação e à revisão, de resto no contexto do que se compreenda como sendo a natureza do direito à proteção de dados, para então, afinal, se propor uma interpretação ao artigo 20 da LGPD.

## 2. Antecedentes no Brasil e a experiência do direito europeu acerca do direito à explicação e à revisão

No direito brasileiro, conforme salientam Claudia Lima Marques e Guilherme Mucelin,[2] já se encontraria antecedente do direito à explicação no artigo 43 do CDC, quando se assegura o direito do consumidor não apenas de acesso "*às informações existentes em cadastros, fichas, registros e dados pessoais e de consumo arquivados sobre ele*", como também – e aí o ponto – "*sobre as suas respectivas fontes*"; e em seus parágrafos 1º e 6º, quando se impõem "*cadastros e dados objetivos, claros, verdadeiros e em linguagem de fácil compreensão*", ademais "*disponibilizados em formatos acessíveis.*" Lembram ainda do PL 3.514/15 – que atualiza o CDC na matéria –, assim quando assegura acesso gratuito a fontes digitais e liberdade de escolha frente às novas tecnologias, vedada qualquer forma de discriminação (art. 6º, XII, do CDC, pela redação sugerida). No inciso XI do mesmo artigo, propõe-se garantir "*a privacidade e a segurança das informações e dados pessoais prestados ou coletados, por qualquer meio, inclusive o eletrônico, assim como o acesso gratuito do consumidor a estes e a sua fonte.*"

Os autores ainda remetem à Lei dos Cadastros Positivos (Lei 12.414/2011), em particular aos artigos 5º, incisos IV e VI, e 7-A, par. 2º, respectivamente prevendo o direito do cadastrado de conhecer "*os principais elementos e critérios considerados para a análise de risco*" e "*a revisão de decisão realizada exclusivamente por meios automatizados*", tanto quanto impondo a "*transparência da política de coleta e utilização de dados pessoais.*"[3]

[2] MARQUES, Claudia Lima; MUCELIN, Guilherme. Inteligência artificial e *opacidade* no consumo: a necessária revalorização da transparência para a proteção do consumidor. *In*: TEPEDINO, Gustavo; SILVA, Rodrigo da Guia (Coords.). *O direito civil na era da inteligência artificial*. São Paulo: Revista dos Tribunais, 2020, p. 429-430.

[3] *Ibid.*

Ainda a propósito editada a Súmula 550, pelo Superior Tribunal de Justiça, segundo a qual

> a utilização de escore de crédito, método estatístico de avaliação de risco que não constitui banco de dados, dispensa o consentimento do consumidor, que terá o direito de solicitar esclarecimentos sobre as informações pessoais valoradas e as fontes dos dados considerados no respectivo cálculo. (grifos nossos)

No direito europeu, comum a remessa à previsão, na França, da chamada lei *"Informatique et Libertés"*, de 6 de janeiro de 1978 (*Loi n. 78-17, relative à l'informatique, aux fichiers et aux libertés*),[4] cujo artigo 3º, em sua versão original, dispôs que "*toda pessoa tem o direito de conhecer e contestar as informações e as razões utilizadas nos tratamentos automatizados a cujos resultados se opõe.*"[5]

Posteriormente, a Diretiva 95/46/CE, do Parlamento Europeu e do Conselho, de 24 de outubro de 1995, relativa à "*proteção das pessoas singulares no que diz respeito ao tratamento de dados pessoais e à livre circulação desses dados*", previu direito de acesso das pessoas a estes dados e o direito à oposição, em seus artigos 12 e 15 estatuindo dentre outras disposições que, "*livremente e sem restrições, com periodicidade razoável e sem demora ou custos excessivos*", o titular tem o direito de obter do responsável pelo tratamento "*a comunicação, sob forma inteligível, dos dados sujeitos a tratamento e de quaisquer informações disponíveis sobre a origem dos dados*", o "*conhecimento da lógica subjacente ao tratamento automatizado dos dados que lhe digam respeito, pelo menos no que se refere às decisões automatizadas referidas no nº 1 do artigo 15º*", a "*rectificação, o apagamento ou o bloqueio dos dados cujo tratamento não cumpra o disposto na presente directiva, nomeadamente devido ao carácter incompleto ou inexacto desses dados*" e, particularmente quanto às decisões automatizadas, que "*os Estados-membros reconhecerão a qualquer pessoa o direito de não ficar sujeita a uma decisão que produza efeitos na sua esfera*

[4] Por todos, Cf. VERONESE, Alexandre. Os direitos de explicação e de oposição frente às decisões totalmente automatizadas: comparando o RGPD da União Europeia com a LGPD brasileira. *In:* TEPEDINO, Gustavo; FRAZÃO, Ana; OLIVA, Milena Donato (Coords.). *Lei Geral de Proteção de Dados Pessoais e suas repercussões no Direito Brasileiro.* São Paulo: Revista dos Tribunais, 2019, p. 395

[5] No original: "*Toute personne a le droit de connaître et de contester les informations et les raisonnements utilisés dans les traitements automatisés dont les résultats lui sont opposés.*"

*jurídica ou que a afecte de modo significativo, tomada exclusivamente com base num tratamento automatizado de dados destinado a avaliar determinados aspectos da sua personalidade, como por exemplo a sua capacidade profissional, o seu crédito, confiança de que é merecedora, comportamento.*"

A Diretiva depois se revogou com a superveniência do Regulamento (UE) 2016/679, de 27 de abril de 2016, o chamado Regulamento Geral de Proteção de Dados (RGPD), com sentida influência à Lei Geral de Proteção de Dados brasileira, malgrado as diferenças que sobre o tema em análise mais à frente se anotarão. De todo modo, o RGPD reiterou o direito do titular de dados à informação e acesso aos dados pessoais (Seção 2 do Capítulo III, em que se preveem "*Direitos do titular dos dados*"), quer quando dele recolhidos (art. 13º), quer quando não (art. 14º), mas sempre "*de forma concisa, transparente, inteligível e de fácil acesso, utilizando uma linguagem clara e simples*" (art. 12).[6]

No caso de tratamento que leve a uma decisão automatizada, e ademais do quanto já antes contido na Convenção 108+, instituída em Estrasburgo, em 1981,[7] o Regulamento Europeu estabelece que, quando recolhidos os dados junto ao titular, e além de outras informações, ele deve ser comunicado "*da existência de decisões automatizadas, incluindo a definição de perfis, referida no artigo 22º, n.os 1 e 4, e, pelo menos nesses casos, informações úteis relativas à lógica subjacente, bem como a importância e as consequências previstas de tal tratamento para o titular dos dados.*" (art. 13.2.*f*), tudo para, como está no mesmo preceito, "*garantir um tratamento equitativo e transparente*".[8] O mesmo se dá quando os dados não são recolhi-

[6] Art. 12.1, *in verbis*: "*O responsável pelo tratamento toma as medidas adequadas para fornecer ao titular as informações a que se referem os artigos 13.º e 14.º e qualquer comunicação prevista nos artigos 15.º a 22.º e 34.º a respeito do tratamento, de forma concisa, transparente, inteligível e de fácil acesso, utilizando uma linguagem clara e simples, em especial quando as informações são dirigidas especificamente a crianças. As informações são prestadas por escrito ou por outros meios, incluindo, se for caso disso, por meios eletrónicos. Se o titular dos dados o solicitar, a informação pode ser prestada oralmente, desde que a identidade do titular seja comprovada por outros meios.*"

[7] A Convenção 108+, em seu artigo 9º, já previa o direito de proteção diante de decisões resultantes de tratamento automatizados de dados, assim o de "*não se sujeitar a uma decisão que significativamente o afete e que seja baseada somente em um processamento automatizado de dados, sem que suas opiniões sejam levadas em consideração*". A respeito, Cf. VERONESE, Alexandre. *Id*, p. 400.

[8] Art. 13º.2: "*Para além das informações referidas no n.º 1, aquando da recolha dos dados pessoais, o responsável pelo tratamento fornece ao titular as seguintes informações adicionais, necessárias para*

dos junto ao titular (art. 14.2.).[9] Mas, neste caso, ainda se reconhece ao titular

> a existência do direito de solicitar ao responsável pelo tratamento o acesso aos dados pessoais que lhe digam respeito, e a retificação ou o apagamento, ou a limitação do tratamentor no que disser respeito ao titular dos dados, e do direito de se opor ao tratamento, bem como do direito à portabilidade dos dados (art. 14.2.*c*).

Além das informações e comunicações referidas, o artigo 15º consagra o direito de acesso do titular dos dados, assim o de confirmar se seus dados pessoais são ou não objeto de tratamento, garantido ainda o direito à retificação (art. 16º) e ao apagamento (art. 17º). Na Seção 4 do mesmo capítulo, com especial interesse ao presente estudo, o Regulamento dispõe sobre o "*Direito de oposição e decisões individuais automatizadas*".

Pois, ao fazê-lo, no artigo 22º a normatização assegura que "*o titular dos dados tem o direito de não ficar sujeito a nenhuma decisão tomada exclusivamente com base no tratamento automatizado, incluindo a definição de perfis, que produza efeitos na sua esfera jurídica ou que o afete significativamente de forma similar* (n. 1), a não ser que, como está no n. 2, "*necessária para a celebração ou a execução de um contrato entre o titular dos dados e um responsável pelo tratamento*" (letra *a*); "*autorizada pelo direito da União ou do Estado-Membro a que o responsável pelo tratamento estiver sujeito, e na qual estejam igualmente previstas medidas adequadas para salvaguardar os direitos e liberdades e os legítimos interesses do titular dos dados*" (letra *b*); ou "*baseada no consentimento explícito do titular dos dados*" (letra *c*). E, mais, preceitua-se ainda que, "*nos casos a que se referem o nº 2, alíneas a) e c), o responsável pelo tratamento aplica medidas adequadas para salvaguardar os direitos e liberdades e legítimos interesses do titular dos dados, designadamente o direito de, pelo menos, obter intervenção*

*garantir um tratamento equitativo e transparente: (...) f) A existência de decisões automatizadas, incluindo a definição de perfis, referida no artigo 22º, n.os 1 e 4, e, pelo menos nesses casos, informações úteis relativas à lógica subjacente, bem como a importância e as consequências previstas de tal tratamento para o titular dos dados.*"

[9] Art. 14.2.*g*: "*Para além das informações referidas no nº 1, o responsável pelo tratamento fornece ao titular as seguintes informações, necessárias para lhe garantir um tratamento equitativo e transparente: (...) g) A existência de decisões automatizadas, incluindo a definição de perfis referida no artigo 22º, n.os 1 e 4, e, pelo menos nesses casos, informações úteis relativas à lógica subjacente, bem como a importância e as consequências previstas de tal tratamento para o titular dos dados.*"

*humana por parte do responsável, manifestar o seu ponto de vista e contestar a decisão.*" (art. 22.3, grifos nossos)

De resto, já o *Considerando 71* do Regulamento explicita:

> o titular dos dados deverá ter o direito de não ficar sujeito a uma decisão, que poderá incluir uma medida, que avalie aspetos pessoais que lhe digam respeito, que se baseie exclusivamente no tratamento automatizado e que produza efeitos jurídicos que lhe digam respeito ou o afetem significativamente de modo similar, como a recusa automática de um pedido de crédito por via eletrónica ou práticas de recrutamento eletrónico sem qualquer intervenção humana.[10]

[10] No seu texto completo: *Considerando 71:* "O titular dos dados deverá ter o direito de não ficar sujeito a uma decisão, que poderá incluir uma medida, que avalie aspetos pessoais que lhe digam respeito, que se baseie exclusivamente no tratamento automatizado e que produza efeitos jurídicos que lhe digam respeito ou o afetem significativamente de modo similar, como a recusa automática de um pedido de crédito por via eletrónica ou práticas de recrutamento eletrónico sem qualquer intervenção humana. Esse tratamento inclui a definição de perfis mediante qualquer forma de tratamento automatizado de dados pessoais para avaliar aspetos pessoais relativos a uma pessoa singular, em especial a análise e previsão de aspetos relacionados com o desempenho profissional, a situação económica, saúde, preferências ou interesses pessoais, fiabilidade ou comportamento, localização ou deslocações do titular dos dados, quando produza efeitos jurídicos que lhe digam respeito ou a afetem significativamente de forma similar. No entanto, a tomada de decisões com base nesse tratamento, incluindo a definição de perfis, deverá ser permitida se expressamente autorizada pelo direito da União ou dos Estados-Membros aplicável ao responsável pelo tratamento, incluindo para efeitos de controlo e prevenção de fraudes e da evasão fiscal, conduzida nos termos dos regulamentos, normas e recomendações das instituições da União ou das entidades nacionais de controlo, e para garantir a segurança e a fiabilidade do serviço prestado pelo responsável pelo tratamento, ou se for necessária para a celebração ou execução de um contrato entre o titular dos dados e o responsável pelo tratamento, ou mediante o consentimento explícito do titular. Em qualquer dos casos, tal tratamento deverá ser acompanhado das garantias adequadas, que deverão incluir a informação específica ao titular dos dados e o direito de obter a intervenção humana, de manifestar o seu ponto de vista, de obter uma explicação sobre a decisão tomada na sequência dessa avaliação e de contestar a decisão. Essa medida não deverá dizer respeito a uma criança. A fim de assegurar um tratamento equitativo e transparente no que diz respeito ao titular dos dados, tendo em conta a especificidade das circunstâncias e do contexto em que os dados pessoais são tratados, o responsável pelo tratamento deverá utilizar procedimentos matemáticos e estatísticos adequados à definição de perfis, aplicar medidas técnicas e organizativas que garantam designadamente que os fatores que introduzem imprecisões nos dados pessoais são corrigidos e que o risco de erros é minimizado, e proteger os dados pessoais de

O que fica marcado, em comum, no escorço dos antecedentes brasileiros e do direito europeu, acerca da matéria, é a extrema relevância que assume o dever de transparência, pressuposto básico a que o titular dos dados exercite direito essencial que se lhe reconhece, assim o de informação e de acesso ao tratamento reservado a seus dados pessoais, de modo claro, fácil e inteligível, tudo de sorte inclusive a que se possa evitar a discriminação, em especial na criação de perfis do indivíduo.

Contudo, quando se trata de decisão tomada exclusivamente com base em tratamento automatizado de dados da pessoa, e que a afete, nota-se importante distinção no direito europeu, mesmo cotejado com o que se veio a dispor na Lei Geral de Proteção de Dados Pessoais brasileira.

Com efeito, viu-se no Regulamento, primeiro, que – além já da necessidade de informação de que os dados estejam sendo tratados[11] – à própria decisão lastreada exclusivamente em tratamento automatizado não se pode sujeitar, *ex* ante, o titular dos dados, a não ser nas hipóteses normativas que lá se expressam. Depois, mesmo quando isto ocorra, assegura-se ao titular o direito à revisão *com intervenção humana*. Portanto, diferentemente do que se veio a consagrar na LGPD, em que há uma submissão apriorística do titular ao tratamento exclusivamente automatizado e, quando exercitado o direito à revisão, não se expressa ao titular o direito de que isto se faça com intervenção humana[12].

modo a que sejam tidos em conta os potenciais riscos para os interesses e direitos do titular dos dados e de forma a prevenir, por exemplo, efeitos discriminatórios contra pessoas singulares em razão da sua origem racial ou étnica, opinião política, religião ou convicções, filiação sindical, estado genético ou de saúde ou orientação sexual, ou a impedir que as medidas venham a ter tais efeitos. A decisão e definição de perfis automatizada baseada em categorias especiais de dados pessoais só deverá ser permitida em condições específicas."

11 A propósito, Cf. SURIANI, Fernanda Mattar Furtado. Direito à revisão e direito à explicação das decisões automatizadas na LGPD. *In*: MONACO, Gustavo Ferraz de Campos; MARTINS, Amanda Cunha e Mello Smith; CAMARGO, Solano de (Orgs.). *Lei Geral de Proteção de Dados. Ensaios e controvérsias da Lei 13.709/18*. São Paulo: Quartier Latin, 2020, p. 321.

12 Para estas mesmas distinções, Cf. MENEZES CORDEIRO, A. Barreto. Decisões individuais automatizadas à luz do RGPD e da LGPD. *In:* BARBOSA, Mafalda Miranda; BRAGA NETTO, Felipe; SILVA, Michael César; FALEIROS JÚNIOR, José Luiz de Moura (Coords.). *Direito digital e inteligência artificial. Diálogos entre Brasil e Europa*. Indaiatuba: Ed. Foco, 2021, p. 268-269; MULHOLLAND, Caitlin; FRAJHOF, Isabella Z. Inteligência Artificial e a Lei Geral de Proteção de Dados Pessoais: breves anotações sobre o direito à explicação perante a tomada de decisões por meio de *machine learning*. *In:* FRAZÃO, Ana; MULHOLLAND,

Ana Frazão e Carlos Gottenauer realçam, com tintas fortes, esta distinção do Regulamento Europeu, mesmo que, segundo apontem, tenha sido fonte de inspiração à LGPD, mas para assentar, e com precisão, que a revisão também automatizada cria, verdadeiramente, um "*duplo grau algorítmico*".[13] E, evidentemente, com os problemas que adiante se passam a expor.

## 3. O direito à explicação e à revisão em meio ao ambiente de opacidade das decisões automatizadas

Ora tomado como direito autônomo, ora como antecedente do pleito de revisão,[14] de todo modo compreende-se o direito à explicação como prerrogativa essencial, reconhecida ao titular dos dados, para assegurar transparência e, aí sim, mais amplo exercício da revisão ou retificação.[15] Prevê-se a explicação na LGPD como o direito de o titular dos dados obter e, portanto, como o dever do controlador de, sempre que por aquele solicitado, prestar "*informações claras e adequadas a respeito dos critérios e dos procedimentos utilizados para a decisão automatizada, observados os segredos comercial e industrial.*"

Discute-se sobre qual exatamente o conteúdo destas informações. Por exemplo, questiona-se se a explicação se deve dar sobre a lógica e funcionalidades do sistema ou sobre a razão da tomada de decisão automatizada.[16] Mas o certo é que, além da transparência dos critérios algo-

Caitlin (Coords.) *Inteligência artificial e direito. Ética, regulação e responsabilidade.* São Paulo: Revista dos Tribunais, 2019, p. 274-275.

[13] FRAZÃO, Ana; GOETTENAUER, Carlos. O jogo da imitação jurídica: o direito à revisão de decisões algorítmicas como um mecanismo para a necessária conciliação entre linguagem natural e infraestrutura matemática. *In:* TEPEDINO, Gustavo; SILVA, Rodrigo da Guia (Coords.) *O direito civil na era da inteligência artificial.* São Paulo: Revista dos Tribunais, 2020, p. 60-61.

[14] Para um escorço das posições a respeito, Cf. SOUZA, Carlos Affonso; PERRONE, Christian; MAGRANI, Eduardo. O direito à explicação entre a experiência europeia e a sua positivação na LGPD. *In:* MENDES, Laura Schertel; DONEDA, Danilo; SARLET, Ingo Wolfgang; RODRIGUES JR., Otavio Luiz (Coords.) *Tratado da Proteção de Dados Pessoais.* Rio de Janeiro: Forense, 2020, p. 251-253.

[15] LIMA, Cíntia Rosa Pereira de; RAMIRO, Lívia Froner Moreno. Direitos do titular dos dados pessoais. *In:* LIMA, Cíntia Rosa Pereira de (Coord.). *Comentários à Lei Geral de Proteção de Dados.* São Paulo: Almedina, 2020, p. 273.

[16] Por todos: MULHOLLAND, Caitlin; FRAJHOF, Isabella Z. *Id.*, p. 279-280.

rítmicos, e posto que preservado o sigilo comercial e industrial, impende ao controlador "*apresentar as razões da decisão automatizada, de maneira compreensível à ordem jurídica*", de maneira a assegurar a "*intelegibilidade do processo de decisão*".[17] É dizer, questão básica à efetividade do direito em tela está na forma com que se presta a explicação, e que não se compadece apenas com indicação de cálculos matemáticos.[18] Aliás, e ao revés, o simples acesso – já nos limites do sigilo e também da propriedade intelectual – ao cálculo algorítmico, sem que funcionalizado à compreensão simplificada ao titular dos dados, inclusive sobre a razão da decisão daí haurida, só faz dificultar o exercício do direito à explicação, tanto mais dada a possibilidade de que as versões do *software* se vão alterando.[19]

O ponto central, portanto, conforme se acentua, neste debate sobre se o direito à explicação se dá sobre a lógica do sistema (*ex ante*) ou sobre os parâmetros que levaram à decisão automatizada (*ex post*), está na compreensão de que, a um só tempo, importa saber quais fatores foram considerados e como interferem em determinado resultado decisório.[20] Impende saber quais os dados de *entrada e de saída*, isto é, quais foram coletados e utilizados,[21] para afinal se fornecerem ao titular dos dados "*informações claras e adequadas sobre os critérios e os procedimentos utilizados para a decisão automatizada.*"[22]

Pois tudo isso atendido e, somente então, será possível o pleno e eficaz exercício do direito de revisão, consagrado no artigo 20, *caput,* da LGPD.

Depois, decisões tomadas *unicamente* com base no tratamento automatizado dos dados se deve tomar de modo literal, para alguns, ou *in rebus*, por outros, e o que parece melhor desde que mínima intervenção

[17] FRAZÃO, Ana; GOETTENAUER, Carlos. *Id.*, p. 60. Os autores remetem, neste sentido, acerca deste seu conteúdo, a diretriz da Comissão de Direito Civil sobre a Robótica, do Parlamento Europeu, referindo real *princípio da explicabilidade.*

[18] MARQUES, Claudia Lima; MUCELIN, Guilherme. *Id.*, p. 432.

[19] VERONESE, Alexandre. *Id.*, p. 406.

[20] Cf. SURIANI, Fernanda Mattar Furtado. *Id.*, p. 322-323.

[21] SILVEIRA, Ricardo Freitas. As decisões automatizadas e a proteção dos dados pessoais: anotações sobre o art. 20 da LGPD. *In:* MONACO, Gustavo Ferraz de Campos; MARTINS, Amanda Cunha e Mello Smith; CAMARGO, Solano de (Orgs.). *Lei Geral de Proteção de Dados. Ensaios e controvérsias da Lei 13.709/18.* São Paulo: Quartier Latin, 2020, p. 554.

[22] LIMA, Cíntia Rosa Pereira de; RAMIRO, Lívia Froner Moreno. *Id.*, p. 273.

humana não descaracterizaria o objeto da proteção. Importante é não haver "*discricionariedade humana no ciclo de decisão.*"[23]

Ademais, estas deliberações, diz a lei, são aquelas que *afetem* os interesses do titular dos dados, *incluídas as decisões destinadas a definir o seu perfil pessoal, profissional, de consumo e de crédito ou os aspectos de sua personalidade.*

Coloca-se, neste ponto, a questão do *profiling*. Ausente definição na LGPD, para o artigo 4.4 do Regulamento Europeu a "perfilização" se traduz por "*qualquer forma de tratamento automatizado de dados pessoais que consista em utilizar esses dados pessoais para avaliar certos aspetos pessoais de uma pessoa singular, nomeadamente para analisar ou prever aspetos relacionados com o seu desempenho profissional, a sua situação económica, saúde, preferências pessoais, interesses, fiabilidade, comportamento, localização ou deslocações.*" A criação de um perfil do titular de dados por parte do controlador, com efeito, serve fundamentalmente de parâmetro à avaliação da pessoa, de aspectos de sua personalidade, padrões de comportamento, hábitos.[24]

Para Claudia Lima Marques e Guilherme Mucelin, o próprio conceito de decisão automatizada envolve necessariamente um processo de escolha, de classificação, pontuação, cálculo de risco ou probabilidade, mas realizado mediante tratamento automatizado de dados pessoais, pelo que, a seu ver, "*perfilização e decisões automatizadas caminham juntas*".[25]

E tal o que releva especialmente porque o *profiling* pode ser – e frequentemente é – foco determinante de verdadeira discriminação.[26] Ele é capaz, como lembra A. Barreto Menezes Cordeiro, de interferir na atribuição ou recusa de prestação social, negativa de admissão em país ou

[23] SURIANI, Fernanda Mattar Furtado. *Id.*, p. 319.

[24] MULHOLLAND; Caitlin; FRAJHOF, Isabella Z. *Id.*, p. 269.

[25] MARQUES, Claudia Lima; MUCELIN, Guilherme. *Id.*, p. 416.

[26] Em geral, observa Alberto Trigo o risco nas decisões automatizadas de empresas privadas, além da questão da transparência, e que interfere diretamente na concorrência, na competição entre elas, está também na possibilidade de que se promovam escolhas indevidamente discriminatórias, a exemplo, que cita, do algoritmo *Tay*, utilizado pela Microsoft para interação em rede social, com resultado de vícios de dados que levaram a mensagens de preconceito e, inclusive, remetidas de forma repetida (TRIGO, Alberto Lucas Albuquerque da Costa. Breves notas sobre o controle das decisões tomadas por algoritmos. *In:* TEPEDINO, Gustavo; SILVA, Rodrigo da Guia (Coord.). *O direito civil na era da inteligência artificial.* São Paulo: Revista dos Tribunais, 2020, p. 68).

pedido de naturalização, elegibilidade para obtenção de crédito, acesso a emprego ou à educação.[27] Já à própria definição do *profiling*, ainda segundo o autor, não bastam a organização ou estruturação dos dados, mas "*a intenção de avaliar ou prever certos aspectos dos titulares de dados.*"[28]

O *profiling*, de modo geral, afeta mesmo o acesso ao consumo[29] e pode captar inclusive momentos de necessidades específicas da pessoa, o que não ocorreria em mercado físico e o que expõe ainda mais a vulnerabilidade do consumidor.[30] Insista-se, tudo mediante coleta de dados envolvendo as suas preferências pessoais, seus hábitos, dados biográficos, de navegação na *internet*, de relacionamento nas redes, que passam, uma vez tratados, a constituir o perfil virtual de alguém.[31]

Mas, se é assim, erige-se ainda particular preocupação com a questão da privacidade das pessoas. E, mais, também com sua própria identidade. Se se lembrar do objetivo do *direct marketing* que se reconhece à "perfilização", isto é, o envio de publicidade direcionada a quem teve seu perfil desenhado pela coleta e tratamento de dados,[32] por seu intermédio passa a ser possível definir previamente o que pode interessar e o que não interessa a alguém, criando uma identidade ao indivíduo que lhe retira – ou prejudica – a autonomia, que o confina a um universo restrito e uniforme, longe portanto da diversidade e do mais amplo leque de opções e de crítica que ela propicia.[33]

São, de qualquer maneira, decisões automatizadas que, conforme a terminologia do direito europeu, descrita acima, no item 2, *produzem efeitos jurídicos* às pessoas ou *que lhe digam respeito ou o afetem significativamente de modo similar*; ou ainda, na LGPD, que *afetem seus interesses*. Na redação da LGPD, inclusive observa Fernanda Suriani não haver sua particularização ou qualificação, de sorte a se compreender de modo mais amplo o *interesse* potencialmente afetado pela decisão automatizada, a seu ver nem necessariamente jurídico,[34] malgrado ressalve A. Barreto Menezes

[27] MENEZES CORDEIRO, A. Barreto. *Id.*, p. 267.

[28] MENEZES CORDEIRO, A. Barreto. *Id.*, p. 266.

[29] MULHOLLAND, Caitlin; FRAJHOF, Isabella Z. *Id.*, p. 269.

[30] MARQUES, Claudia Lima; MUCELIN, Guilherme. *Id.*, p. 417.

[31] *Ibid.*

[32] LIMA, Cíntia Rosa Pereira de; RAMIRO, Lívia Froner Moreno. *Id.*, p. 273.

[33] A este respeito, Cf. VERONESE, Alexandre. *Id.*, p. 394.

[34] SURIANI, Fernanda Mattar Furtado. *Id.*, p. 320.

Cordeiro que ao menos deve *desencadear* a produção de efeitos jurídicos.[35] Mas, de uma forma ou de outra, tem-se contexto diante do qual avulta a importância de se assegurar ao indivíduo o mais amplo direito à revisão.

Com efeito, importa sobremaneira ter presente o papel fundamental que, neste panorama, desempenham o direito à explicação e à revisão. O cenário, como se vê, é de decisões automatizadas marcadas pela *opacidade* em face do titular dos dados, o que se agrava pela utilização de *critérios matemáticos* a que se procedam.

Por isso, observam Ana Frazão e Carlos Goettenauer que "*os desafios jurídicos impostos pelo uso da tecnologia de inteligência artificial decorrem não apenas da opacidade das decisões automatizadas, mas derivam de sua infraestrutura matemática, incompatível muitas vezes com a linguagem natural própria do direito.*"[36] E, a seu ver, justamente o direito à explicação serviria como uma forma de conciliação entre estas linguagens e modelos, jurídico e matemático, desde que "*se representa como uma tradução para a linguagem natural dos elementos da infraestrutura matemática que levaram à decisão automatizada.*"[37]

É dizer, agrava-se no quadro das decisões automatizadas que afetam os interesses das pessoas a necessidade de mecanismos de reforço à transparência diante da opacidade própria do tratamento de dados pela inteligência artificial. E a tanto concorrem bem o direito à explicação e à revisão, os quais, na visão de Cláudia Lima Marques e Guilherme Mucelin, preservam a liberdade de escolha e a autodeterminação de dados das pessoas, bem como restauram, a rigor, uma verdadeira *equidade de transparência.*[38]

O propósito fundamental da transparência, neste campo do tratamento automatizados de dados, "*é alcançar uma relação sem qualquer tipo de opacidade, obscuridade*"; e assim a considerar que "*o direito/dever de informar é uma garantia correlata e necessária a esse princípio.*"[39]

[35] MENEZES CORDEIRO, A. Barreto. *Id.*, p. 267.

[36] FRAZÃO, Ana; GOETTENAUER, Carlos. *Id.*, p. 57.

[37] FRAZÃO, Ana; GOETTENAUER, Carlos. *Id.*, p. 59.

[38] MARQUES, Claudia Lima; MUCELIN, Guilherme. *Id.*, p. 427.

[39] LIMA, Cíntia Rosa Pereira de. *Autoridade Nacional de Proteção de Dados e a efetividade da Lei Geral de Proteção de Dados*. São Paulo: Almedina, 2020.

Destarte, essencial o espaço que preenchem o direito à explicação e à revisão, sobretudo em ambiente de grande aumento da capacidade de coleta e estocagem de dados, da capacidade computacional (meios tecnológicos, equipamentos de alto desempenho), do constante surgimento de novos programas (*software*) e crescente inovação na análise dos dados, em quantidade e qualidade, bem o quadro do *Big Data,* na descrição de Alberto Veronese.[40] E muito embora – frise-se – com isso não se exclua o possível recurso do titular dos dados a outros meios de proteção,[41] incluindo, por certo, a via substitutiva indenizatória.[42]

## 4. Direito à explicação e à revisão: direito fundamental à proteção de dados

No item antecedente se cuidou de assentar a essencialidade do direito à explicação e à revisão para a mais ampla e plena proteção dos dados das pessoas, especialmente em tempos de maciça coleta e tratamento a que se sujeitam. Cabe agora – e ainda o que importará, como um seu pressuposto, à proposta interpretativa do artigo 20 que se seguirá – definir sua exata natureza, ou mesmo a própria natureza do direito à proteção de dados, se a ele se ligam e de que são instrumento.

Não é raro, nesta linha, associar o direito à proteção de dados ao direito à privacidade, como se o integrasse, ou a seu conteúdo. Portanto, em que encontraria sua sede. Porém, ainda que se possam visualizar zonas de intersecção, tem-se que a privacidade mais diga com a garantia de um espaço de não devassa, de impossibilidade de interferência externa, de não divulgação de fatos da vida pessoal, enquanto a proteção de dados envolve um real controle positivo já sobre dados que se coletam, que se processam.[43] Acentua-se ainda que estes dados podem ser

[40] VERONESE, Alexandre. *Id.*, p. 390-391

[41] A. Barreto Menezes Cordeiro sustenta inclusive o recurso a medidas próprias do RGPD no direito brasileiro: "*tanto no âmbito do Direito europeu como no do Direito brasileiro, o titular dos dados pode sempre recorrer aos demais direitos, nomeadamente aos direitos de acesso, de apagamento ou de oposição*" (MENEZES CORDEIRO, A. Barreto. *Id.*, p. 278).

[42] Por todos: necessária revalorização da transparência para a proteção do consumidor. Cf. TEPEDINO, Gustavo; SILVA, Rodrigo da Guia (Coord.). *O direito civil na era da inteligência artificial.* São Paulo: Revista dos Tribunais, 2020.

[43] A respeito, Cf. SARLET, Ingo Wolfgang. Fundamentos constitucionais: o direito fundamental à proteção de dados. *In:* MENDES, Laura Schertel; DONEDA, Danilo; SARLET,

públicos e de acesso direto, ainda que, uma vez tratados, se assegure ao titular, justamente, o acesso, a explicação, a revisão.[44]

Também se defende entrevisto o direito à proteção dos dados – mas, note-se, ainda (e sempre) com sede constitucional – na previsão de tutela do direito à informação (art. 5º, XIV), do direito ao sigilo das comunicações e de dados (art. 5º, XII), ademais da garantia do *habeas data* (art. 5º, LXXII).[45] Porém, de novo aqui, parece sejam espaços com conteúdos próprios, mais ligados à informação em si e ao sigilo, todavia de cujos lindes vai além o direito à proteção de dados. De se remarcar que dados são normalmente registros armazenados, não tratados; depois de serem tratados, processados, transformam-se em informações. E releva proteger já os dados pessoais, não apenas as informações pessoais.[46] Mais uma vez: a que servem a explicação e a revisão.

A rigor, vem-se sustentando então o reconhecimento de um direito autônomo e fundamental à proteção de dados, ainda que conectado ao livre desenvolvimento da personalidade e à chamada autodeterminação informativa.[47] É a tendência de se divisar um direito próprio, e fundamental – insista-se –, à proteção de dados.[48] E, de resto, tal como já se expressa no direito comunitário.

Com efeito, o art. 8º da Carta dos Direitos Fundamentais da União Europeia, de 07.12.2000 (2016/C 202/02), dispõe que: "[*P*]*rotecção de dados pessoais 1. Todas as pessoas têm direito à protecção dos dados de carácter pessoal que lhes digam respeito. 2. Esses dados devem ser objecto de um tratamento leal, para fins específicos e com o consentimento da pessoa interessada ou com outro fundamento legítimo previsto por lei. Todas as pessoas têm o direito de aceder aos dados coligidos que lhes digam respeito e de obter a respectiva rectificação. 3. O cumprimento destas regras fica sujeito a fiscalização por parte de uma autoridade independente.*" Ou seja, bem se vê a própria integração dos direitos de que aqui se cuida ao âmbito, ao conteúdo do direito fundamental à proteção de dados.

Ingo Wolfgang; RODRIGUES JR., Otavio Luiz (Coord.). *Tratado da Proteção de Dados Pessoais*. Rio de Janeiro: Forense, 2020, p. 32-33.

44 Cf. LIMA, Cíntia Rosa Pereira de; RAMIRO, Lívia Froner Moreno. *Id.*, p. 255.

45 MULHOLLAND, Caitlin; FRAJHOF, Isabella Z. *Id.*, p. 270.

46 Neste sentido, Cf. VERONESE, Alexandre. *Id.*, p. 387-388.

47 Ver, por todos: SARLET, Ingo Wolfgang. *Id.*, p. 21-59.

48 SARLET, Ingo Wolfgang. *Id.*, p. 32-33.

No Brasil, tal qual já se mencionou, sustenta Ingo Sarlet que, reconhecido em curso um real processo de "*digitalização dos direitos fundamentais*" ou, ainda, uma "*dimensão digital dos direitos fundamentais*", neste contexto erige-se um "*direito fundamental à proteção de dados*",[49] relacionado ao livre desenvolvimento da personalidade e à autodeterminação informativa; esta, por sua vez, definida como "*o direito de cada indivíduo poder controlar e determinar (ainda não de modo absoluto) o acesso e uso de seus dados pessoais*",[50] e que se compreende implícita na exata esteira do art. 5º, par. 2º, da CF/88, que consagra "*expansividade do catálogo constitucional dos direitos fundamentais*", assim deduzida dos princípios e dos direitos fundamentais (conforme se vem de referir) com os quais dialoga.[51] Na síntese do autor,

> à míngua, portanto, de expressa previsão de tal direito, pelo menos na condição de direito fundamental explicitamente autônomo, no texto da CF/88...o direito à proteção de dados pessoais pode (e mesmo deve!) ser associado e reconduzido a alguns princípios e direitos fundamentais de caráter geral e especial, como é o caso do princípio da dignidade da pessoa humana, do direito fundamental (também implicitamente positivado) ao livre desenvolvimento da personalidade, do direito geral de liberdade, bem como dos direitos especiais de personalidade mais relevantes no contexto, quais sejam – aqui nos termos da CF –, os direitos à privacidade e à intimidade, no sentido do que alguns chamam de uma ´intimidade informática.[52]

Depois – da mesma forma apontando justamente para este caminho delineado –, calha recordar que, agora, a Constituição Federal, em seu art. 5º, LXXIX, expressamente a proteção de dados, inclusive nos meios digitais, entre os direitos fundamentais. Como, por fim, também cabe referir que já era cediço na Suprema Corte reconhecê-lo.[53]

[49] SARLET, Ingo Wolfgang. *Id.*, p. 22

[50] SARLET, Ingo Wolfgang. *Id.*, p. 26.

[51] SARLET, Ingo Wolfgang. *Id.*, p. 27-28, 30-31

[52] SARLET, Ingo Wolfgang. *Id.*, p. 36

[53] MENDES, Laura Schertel; RODRIGUES JR., Otavio Luiz; FONSECA, Gabriel Campos Soares da. O Supremo Tribunal Federal e a proteção constitucional dos dados pessoais: rumo a um direito fundamental autônomo. *In:* MENDES, Laura Schertel; DONEDA, Danilo; SARLET, Ingo Wolfgang; RODRIGUES JR., Otavio Luiz (Coord.). *Tratado da Proteção de Dados Pessoais* Rio de Janeiro: Forense, 2020, p. 61-71.

Mas, seja como for, aos propósitos deste estudo impõe-se assentar que, com autonomia, de maneira implícita, ou ligado a direitos outros com expressa previsão constitucional, tem-se sempre direito de estatura fundamental, que contempla a explicação e a revisão.

## 5. Intervenção humana no procedimento de explicação e de revisão: análise crítica e proposta de interpretação do art. 20

Conforme se anotou já no item de abertura deste trabalho (o item 1), e tal qual se dispõe no direito europeu (agora consoante o item 2), havia originalmente no projeto de lei de proteção de dados a previsão de que pessoa natural se interpusesse no procedimento de revisão, a que se erige, com caráter funcional, a explicação (conforme item 3). Todavia, o que acabou sendo suprimido ao fundamento – constante de mensagem de veto transcrita no item primeiro – de se preservarem novos modelos de negócio (as *startups* e as *fintechs*) e o custo de acesso ao crédito. Porém, já a respeito obtempera-se que,

> no longo prazo, a situação tenderia a se inverter de algum modo. Isso porque se os danos causados pelas máquinas não forem reparados por pessoas humanas, o investimento poupado com os revisores pode acabar se tornando o futuro gasto com demandas indenizatórias e advogados, na tentativa de reparar os danos causados pelos algoritmos.[54]

Depois, se se argumenta que as decisões exclusivamente automatizadas, e igualmente sua revisão, tendem a evitar situações de discriminação, em contrapartida pondera-se que algoritmos não afastam resultado discriminatório, porque "*os vieses existentes na cultura humana são inevitavelmente replicados em algoritmos*", por isso que "*acabam reproduzindo, em larga escala, preconceitos e estereótipos.*"[55]

Em verdade, a ausência de intervenção humana – nem mesmo prevista de modo excepcional, para situações mais evidentes de efeitos prejudiciais ao titular dos dados ou, de modo residual, depois de uma revi-

[54] MEDON, Filipe. Decisões automatizadas: o necessário diálogo entre a Inteligência Artificial e a proteção de dados pessoais para a tutela de direitos fundamentais. *In:* TEPEDINO, Gustavo; SILVA, Rodrigo da Guia (Coord.). *O direito civil na era da inteligência artificial.*São Paulo: Revista dos Tribunais, 2020, p. 366.

[55] MULHOLLAND, Caitlin; FRAJHOF, Isabella Z. *Id.*, p. 268.

são automatizada,[56] ou ainda dependente de regulamentação por pela ANPD[57] – fere a mais ampla transparência e reduz a eficácia da tutela do direito à proteção de dados, estabelecendo, como se viu no item 3, um real *duplo grau algorítmico*[58] ou uma chamada *escravização* ao *Big Data.*[59]

Na mesma linha, acode a ressalva de que – considerando que nem todos os aspectos da personalidade são computáveis de modo preciso pelos algoritmos –,

> para se ter uma revisão efetiva das decisões automatizadas, pode ocorrer a necessidade de se avaliarem os fatores não compatíveis na definição de perfis, e, neste sentido, a ausência de exigência legal da intervenção humana parece ter esvaziado o direito à revisão previsto na LGPD.[60]

Igualmente de se lembrar aqui – e além de tudo quanto já se viu no item 3, acima, ao qual ora se remete –, que

> a definição do que consiste ser o dever do controlador em atribuir uma explicação ao algoritmo de tomada de decisão vai influenciar não apenas a capacidade de compreensão do titular de reconhecer se houve ou não uma descriminação, mas vai viabilizar o exercício de outros direitos fundamentais.[61]

Daí a imperatividade, que se vem acentuando desde os itens antecedentes, de assumir o direito de se exigir a intervenção humana no pro-

[56] Cf. GUTIERREZ, Andriei. É possível confiar em um sistema de inteligência artificial? Práticas em torno da melhoria da sua confiança, segurança e evidências de *accountability*. *In:* FRAZÃO, Ana; MULHOLLAND, Caitlin (Coord.). *Inteligência artificial e direito. Ética, regulação e responsabilidade.* São Paulo: Revista dos Tribunais, 2019, p. 95.

[57] ALMADA, Marco. Revisão humana de decisões automatizadas. Disponível em: https://www.academia.edu/41483884/Revis%C3%A3o_humana_de_decis%C3%B5es_automatizadas, acesso em 04.07.2021, p. 5-6.

[58] Cf. FRAZÃO, Ana; GOETTENAUER, Carlos. *Id.*, p. 60-61.

[59] VERONESE, Alexandre. *Id.*, p. 391-393. O autor exemplifica com o caso dos links patrocinados do aplicativo *Google Ads* (antigo *Google Adwords*) e a *Louis Vitton*, cujo nome, uma vez pesquisado, remetia a *sites* de produtos falsificados, em que a defesa foi a de que o sistema era todo automatizado.

[60] SURIANI, Fernanda Mattar Furtado. *Id.*, p. 318.

[61] MULHOLLAND, Caitlin; FRAJHOF, Isabella Z. *Id.*, p. 271. As autoras lembram das decisões automatizadas influenciando a concessão de financiamentos, por exemplo, estudantil ou imobiliários, para acesso à moradia.

cedimento de explicação e revisão para a mais efetiva tutela do próprio direito, a que servem, à proteção de dados, como de seu titular, tudo diante de decisões exclusivamente automatizadas.

Note-se que, ainda se reconheça o histórico legislativo que levou à supressão da referência à intervenção humana no art. 20 da LGPD, é preciso não olvidar que o texto atual não a veda e que, de mais a mais, sabidamente a vontade da lei se desprende da vontade do legislador uma vez editada, aliás sem o que não se aceitaria a própria interpretação evolutiva.[62] Vem a propósito a observação de que "*mesmo com a nova redação da MP, poder-se-ia inferir a partir da principiologia da Lei que a intervenção humana continua a ser uma exigência em alguma fase do processo de contestação da decisão automatizada, ainda que não no primeiro pedido de revisão.*"[63]

Depois, ressoa desproporcional afastar a intervenção humana, com isso reduzindo de modo importante a eficácia do direito à proteção de dados, para assegurar novos modelos de negócio e o custo de acesso ao crédito. E bem aqui torna a consideração da natureza, vista no item 4, deste direito que desarrazoadamente se comprime sob a justificativa acima. Trata-se, portanto, de indevida restrição a direito fundamental. E, como acentua Ingo Sarlet, quando se cuida de sindicar a legitimidade de restrições que ao direito à proteção de dados se oponham, em nome de outros interesses tutelados, de ordem variada (político, econômico,

[62] Cf. MAXIMILIANO, Carlos. *Hermenêutica e aplicação do direito*. 16. ed. Rio de Janeiro: Forense, 1997, p. 47. Para o autor, ainda que tomada a interpretação subjetiva, a partir da vontade do legislador, de todo modo sempre se impõe uma exegese progressiva, construtora, que impõe considerar o que teria querido o legislador em novos tempos. Para Karl Engisch, igualmente, deve-se procurar uma intepretação e mesmo uma visão prospectiva da lei, assim de sua própria vontade; mas, mesmo não se abandone de todo um critério subjetivo, a intepretação a partir da vontade do legislador deve tomá-la de modo *razoável* (ENGISH, Karl. *Introdução ao pensamento jurídico*. Tradução: J. Baptista Machado. 7. ed. Lisboa: Fundação Calouste Gulbenkian, 1996, p. 173-183). Cf. ainda a respeito: AZEVEDO. Antônio Junqueira de. Princípios do atual direito contratual e desregulamentação do mercado. *In:* AZEVEDO, Antonio Junqueira de. *Estudos e pareceres de direito privado*. São Paulo: Saraiva, 2004, p. 142.

[63] BIONI, Bruno R.; MENDES, Laura Schertel. Regulamento Europeu de Proteção de Dados Pessoais e a Lei Geral brasileira de Proteção de Dados: mapeando convergências na direção de um nível de equivalência. *In:* TEPEDINO, Gustavo; FRAZÃO, Ana; OLIVA, Milena Donato (Coord.). *Lei Geral de Proteção de Dados Pessoais e suas repercussões no Direito Brasileiro*. São Paulo: Revista dos Tribunais, 2019.p. 809

social, sanitário, de segurança), vale "*o manejo do instituto da ponderação e respectivas técnicas, como é o caso dos critérios da proporcionalidade.*"[64]

Destarte, ver na redação final do artigo 20 da LGPD uma vedação de acesso do titular dos dados à intervenção humana no procedimento de explicação e revisão significa irrazoável e desproporcional restrição a direito fundamental. E, a propósito, calha a observação de Luís Roberto Barroso no sentido de que os princípios da razoabilidade e da proporcionalidade desempenham "*um papel instrumental na intepretação de outras normas*" e, assim, se integraram ao "*processo intelectual lógico de aplicação de outras normas, ou seja, de outros princípios e regras.*"[65] Quer dizer, bem um mecanismo de aferição do cumprimento das próprias finalidades de outras normas.

Exatamente por isso, o mesmo autor recolhe inúmeros exemplos da jurisprudência da Suprema Corte, indicando julgados que tomaram o princípio da razoabilidade para decidir sobre a constitucionalidade de leis.[66] Do mesmo modo, e a seu turno, Gilmar Ferreira Mendes[67] cita outros tantos exemplos, e históricos, de idêntico proceder em relação ao princípio da proporcionalidade como razão para decidir representações de inconstitucionalidade de lei.[68]

Neste contexto, somente cabe, ao que se entende, compreender o artigo 20 da LGPD em *interpretação conforme a Constituição, sem redução de texto,*[69] de modo a afastar qualquer elastério que seja de exclusão da intervenção humana no procedimento de explicação e de revisão.

[64] SARLET, Ingo Wolfgang. *Id.*, p. 26.

[65] BARROSO, Luis Roberto. *Curso de direito constitucional contemporâneo.* 5. ed. São Paulo: Saraiva, 2015, p. 365.

[66] *Ibid.*

[67] MENDES, Gilmar Ferreira. *Direitos Fundamentais e controle de constitucionalidade.* 2. ed. São Paulo: Celso Bastos Ed., 1999, p. 194

[68] Ainda sobre a razoabilidade e proporcionalidade como fundamento de decisões de ações diretas, e com larga remissão a outros procedentes, Cf. BRASIL. Supremo Tribunal Federal. ADI n. 5346/BA. Relator: Min. Alexandre de Moraes. Brasília, 18 de outubro de 2019; ADI n. 3094/CE. Relator: Min. Edson Fachin. Brasília, 28 de setembro de 2019.

[69] Sobre a técnica da "*interpretação conforme*", com ou sem redução de texto, Cf. por todos; MORAES, Alexandre de. *Direito constitucional.* 24. ed. São Paulo: Atlas, 2009, p. 16-19.

Enfim, não apenas o artigo 20 da LGPD, a despeito de seu histórico, não proíbe expressamente a intervenção humana no procedimento de explicação e revisão, como se revela inconstitucional – por isso que se impondo *interpretação conforme* – qualquer pretensão interpretativa que, diante de seu histórico ou de seu texto, nele reconheça uma vedação a esta faculdade do titular dos dados, tudo de sorte a que, afinal, se prestigie a mais ampla eficácia de direito fundamental que se lhe atribui, assegurando a devida transparência e correção exigíveis diante da opacidade das decisões automatizadas.

## Referências


ALMADA, Marco. Revisão humana de decisões automatizadas. Disponível em: https://www.academia.edu/41483884/Revis%C3%A3o_humana_de_decis%C3%B5es_automatizadas. Acesso em 4 jul. 2021.

AZEVEDO. Antônio Junqueira de. Princípios do atual direito contratual e desregulamentação do mercado. *In:* AZEVEDO, Antonio Junqueira de. *Estudos e pareceres de direito privado*. São Paulo: Saraiva, 2004.

BARROSO, Luis Roberto. *Curso de direito constitucional contemporâneo*. 5. ed. São Paulo: Saraiva, 2015.

BIONI, Bruno R.; MENDES, Laura Schertel. Regulamento Europeu de Proteção de Dados Pessoais e a Lei Geral brasileira de Proteção de Dados: mapeando convergências na direção de um nível de equivalência. *In:* TEPEDINO, Gustavo; FRAZÃO, Ana; OLIVA, Milena Donato (Coord.). *Lei Geral de Proteção de Dados Pessoais e suas repercussões no Direito Brasileiro*. São Paulo: Revista dos Tribunais, 2019.

BRASIL. Presidência da República. Mensagem nº 288, de 8 de julho de 2019. Disponível em: http://www.planalto.gov.br/ccivil_03/_ato2019-2022/2019/Msg/VEP/VEP-288.htm. Acesso em: 24 fev. 2022.

BRASIL. Supremo Tribunal Federal. ADI n. 3094/CE. Relator: Min. Edson Fachin. Brasília, 28 de setembro de 2019.

–. ADI n. 5346/BA. Relator: Min. Alexandre de Moraes. Brasília, 18 de outubro de 2019.

ENGISH, Karl. *Introdução ao pensamento jurídico*. Tradução: J. Baptista Machado. 7. ed. Lisboa: Fundação Calouste Gulbenkian, 1996.

FRAZÃO, Ana; GOETTENAUER, Carlos. O jogo da imitação jurídica: o direito à revisão de decisões algorítmicas como um mecanismo para a necessária conciliação entre linguagem natural e infraestrutura matemática. *In:* TEPEDINO,

Gustavo; SILVA, Rodrigo da Guia (Coords.) *O direito civil na era da inteligência artificial.* São Paulo: Revista dos Tribunais, 2020.

GUTIERREZ, Andriei. É possível confiar em um sistema de inteligência artificial? Práticas em torno da melhoria da sua confiança, segurança e evidências de *accountability*. *In:* FRAZÃO, Ana; MULHOLLAND, Caitlin (Coord.). *Inteligência artificial e direito. Ética, regulação e responsabilidade.* São Paulo: Revista dos Tribunais, 2019.

LIMA, Cíntia Rosa Pereira de. *Autoridade Nacional de Proteção de Dados e a efetividade da Lei Geral de Proteção de Dados.* São Paulo: Almedina, 2020.

LIMA, Cíntia Rosa Pereira de; RAMIRO, Lívia Froner Moreno. Direitos do titular dos dados pessoais. *In:* LIMA, Cíntia Rosa Pereira de (Coord.). *Comentários à Lei Geral de Proteção de Dados.* São Paulo: Almedina, 2020.

MARQUES, Claudia Lima; MUCELIN, Guilherme. Inteligência artificial e *opacidade* no consumo: a necessária revalorização da transparência para a proteção do consumidor. *In*: TEPEDINO, Gustavo; SILVA, Rodrigo da Guia (Coords.). *O direito civil na era da inteligência artificial.* São Paulo: Revista dos Tribunais, 2020.

MAXIMILIANO, Carlos. *Hermenêutica e aplicação do direito.* 16. ed. Rio de Janeiro: Forense, 1997.

MEDON, Filipe. Decisões automatizadas: o necessário diálogo entre a Inteligência Artificial e a proteção de dados pessoais para a tutela de direitos fundamentais. *In:* TEPEDINO, Gustavo; SILVA, Rodrigo da Guia (Coord.). *O direito civil na era da inteligência artificial.*São Paulo: Revista dos Tribunais, 2020.

MENDES, Gilmar Ferreira. *Direitos Fundamentais e controle de constitucionalidade.* 2. ed. São Paulo: Celso Bastos Ed., 1999.

MENDES, Laura Schertel; RODRIGUES JR., Otavio Luiz; FONSECA, Gabriel Campos Soares da. O Supremo Tribunal Federal e a proteção constitucional dos dados pessoais: rumo a um direito fundamental autônomo. *In:* MENDES, Laura Schertel; DONEDA, Danilo; SARLET, Ingo Wolfgang; RODRIGUES JR., Otavio Luiz (Coord.). *Tratado da Proteção de Dados Pessoais* Rio de Janeiro: Forense, 2020.

MENEZES CORDEIRO, A. Barreto. Decisões individuais automatizadas à luz do RGPD e da LGPD. *In:* BARBOSA, Mafalda Miranda; BRAGA NETTO, Felipe; SILVA, Michael César; FALEIROS JÚNIOR, José Luiz de Moura (Coords.). *Direito digital e inteligência artificial. Diálogos entre Brasil e Europa.* Indaiatuba: Ed. Foco, 2021.

MORAES, Alexandre de. *Direito constitucional.* 24. ed. São Paulo: Atlas, 2009.

MULHOLLAND, Caitlin; FRAJHOF, Isabella Z. Inteligência Artificial e a Lei Geral de Proteção de Dados Pessoais: breves anotações sobre o direito à explicação perante a tomada de decisões por meio de *machine learning. In:* FRAZÃO, Ana; MULHOLLAND, Caitlin (Coords.) *Inteligência artificial e direito. Ética, regulação e responsabilidade.* São Paulo: Revista dos Tribunais, 2019.

SARLET, Ingo Wolfgang. Fundamentos constitucionais: o direito fundamental à proteção de dados. *In:* MENDES, Laura Schertel; DONEDA, Danilo; SARLET, Ingo Wolfgang; RODRIGUES JR., Otavio Luiz (Coord.). *Tratado da Proteção de Dados Pessoais.* Rio de Janeiro: Forense, 2020.

SILVEIRA, Ricardo Freitas. As decisões automatizadas e a proteção dos dados pessoais: anotações sobre o art. 20 da LGPD. *In:* MONACO, Gustavo Ferraz de Campos; MARTINS, Amanda Cunha e Mello Smith; CAMARGO, Solano de (Orgs.). *Lei Geral de Proteção de Dados. Ensaios e controvérsias da Lei 13.709/18.* São Paulo: Quartier Latin, 2020.

SOUZA, Carlos Affonso; PERRONE, Christian; MAGRANI, Eduardo. O direito à explicação entre a experiência europeia e a sua positivação na LGPD. *In:* MENDES, Laura Schertel; DONEDA, Danilo; SARLET, Ingo Wolfgang; RODRIGUES JR., Otavio Luiz (Coords.) *Tratado da Proteção de Dados Pessoais.* Rio de Janeiro: Forense, 2020.

SURIANI, Fernanda Mattar Furtado. Direito à revisão e direito à explicação das decisões automatizadas na LGPD. *In*: MONACO, Gustavo Ferraz de Campos; MARTINS, Amanda Cunha e Mello Smith; CAMARGO, Solano de (Orgs.). *Lei Geral de Proteção de Dados. Ensaios e controvérsias da Lei 13.709/18.* São Paulo: Quartier Latin, 2020.

TRIGO, Alberto Lucas Albuquerque da Costa. Breves notas sobre o controle das decisões tomadas por algoritmos. *In:* TEPEDINO, Gustavo; SILVA, Rodrigo da Guia (Coord.). *O direito civil na era da inteligência artificial.* São Paulo: Revista dos Tribunais, 2020.

VERONESE, Alexandre. Os direitos de explicação e de oposição frente às decisões totalmente automatizadas: comparando o RGPD da União Europeia com a LGPD brasileira. In: TEPEDINO, Gustavo; FRAZÃO, Ana; OLIVA, Milena Donato (Coords.). *Lei Geral de Proteção de Dados Pessoais e suas repercussões no Direito Brasileiro.* São Paulo: Revista dos Tribunais, 2019.

# 11. INTELIGÊNCIA ARTIFICIAL E JUSTIÇA

*José Renato Nalini*

## Introdução

O século XXI é cenário da era digital. A mentalidade tecnológica foi assimilada por todos os setores de atividade. O avanço da ciência obrigou a revisão de inúmeros conceitos e o mergulho irreversível na realidade da Quarta Revolução Industrial provocou profunda reforma estrutural da sociedade humana.

O Fórum Econômico Mundial, atento às transformações e ávido na elaboração de megatendências, apontava em 2016 diversos pontos de inflexão esperados para ocorrer até 2025. Dentre eles, 10% das pessoas com roupas conectadas à Internet, 90% das pessoas com armazenamento ilimitado e gratuito, financiado por publicidade, 1 trilhão de sensores conectados à Internet, o primeiro farmacêutico robótico, 10% dos óculos de leitura conectados à Internet, 80% das pessoas com presença digital na Internet, produção do primeiro carro impresso em 3D, primeiro governo a substituir o censo por fontes de *big data,* primeiro telefone celular implantável e disponível comercialmente, 5% dos produtos aos consumidores impressos em 3D, 90% da população com *smartphones* e com acesso regular à internet. Além disso, os carros sem motoristas chegarão a 10% de todos os automóveis dos Estados Unidos, primeiro transplante de fígado impresso em 3D, 30% das auditorias corporativas realizadas por inteligência artificial, primeira arrecadação de impostos mediante uso de *blockchain,* mais de 50% do tráfego na Internet voltado para os utilitários e dispositivos domésticos, mais viagens e trajetos partilhados, do que em veículos particulares, 10% do PIB armazenado pela tecnologia *blockchain,* primeira cidade sem semáforos com mais de 50 mil pessoas e a primeira máquina de inteligência artificial de um conselho de administração[1].

À evidência, toda espécie de trabalho mecânico repetitivo e manual de precisão, será automatizada. Dentre as profissões mais propensas a cederem lugar à automatização, encontram-se os assistentes jurídicos, advogados, árbitros e juízes[2]. Quem poderá afirmar que a inteligência artificial não afetará o sistema Justiça?

## 1. As várias inteligências

O mundo inteiro ouve falar e fala sobre inteligência artificial. Contudo, todos têm exato conhecimento do que ela significa?

A inteligência artificial não é algo singelo, senão o resultado de várias tecnologias, quais as redes neurais artificiais, algoritmos, sistemas de aprendizado e outras funcionalidades, capazes de simular capacidades humanas derivadas da inteligência humana. Dentre essas capacidades, mencionem-se o raciocínio, a percepção do ambiente e a habilidade de análise necessária à tomada de decisão.

Esse arranjo propicia a realização de atividades de uma forma considerada inteligente. Já se sustentou que a inteligência artificial é a derradeira invenção humana. depois dela, que pode "*aprender por si mesma*", já não se precisará da intervenção do homem.

Também se costuma designar por inteligência artificial, como a esfera científica voltada a estudar, desenvolver e se utilizar de máquinas aptas à realização autônoma de atividades humanas. Campo vinculado à robótica, ao *machine learning* (aprendizagem de máquina), ao reconhecimento de voz e de visão, dentre outras tecnologias.

[1] *Deep Shift – Technology Tipping Points and Societal Impact, Global Agenda Council on the Future of Software and Society,* Fórum Econômico Mundial, setembro de 2015. *In:* SCHWAB, Klaus. *A Quarta Revolução Industrial.* São Paulo: Edipro, 2016, p. 34.

[2] FREY, Carl Benedikt; OSBORNE, Michael. *The Future of Employment: How Susceptible Are Jobs to Computerisation?.* Oxford Martin School, Programme on the Impacts of Future Technology. University of Oxford, 17.9.2013; SCHWAB, Klaus. *Id.,* p. 24.

A cultura da Quarta Revolução Industrial propõe que a oferta de alternativas para impedir que a tecnologia substitua integralmente o ser humano, se faça à luz de outros quatro tipos de inteligência: a contextual, a emocional, a inspirada e a física. A inteligência *contextual* é própria aos líderes. Essa expressão é de Nitin Nohria, decano da Harvard Business School[3]. *"Para desenvolver a inteligência contextual, os tomadores de decisões devem primeiro compreender o valor das diversas redes. Elas só conseguem enfrentar níveis significativos de ruptura e descontinuidade se possuírem muitas conexões e estiverem bem ligadas através de fronteiras tradicionais"*[4].

Uma inteligência contextual se ampara na verdade tão conhecida e disseminada por Ortega Y Gasset: o homem é ele e suas circunstâncias. Um gestor com inteligência contextual é capaz de aprimorar sua habilidade de se envolver com todos os interessados no assunto em pauta. O ideal é ser, a cada dia, mais conectado e inclusivo.

Os desafios postos à humanidade nesta era não serão enfrentados senão mediante estrita cooperação entre governos, empresas, lideranças comunitárias, sociedades civis, religiosos, acadêmicos, mídia e, principalmente, os millenials, para uma atuação conjunta e concertada. Essa ideia gerou a teoria do *Multi-stakeholder,* também conhecida por *Espírito de Davos*[5]. Na visão de seu formulador,

> as fronteiras entre setores e profissões são artificiais e mostram-se cada vez mais contraproducentes. Mais do que nunca, é preciso derrubar essas barreiras para que possamos forjar parcerias eficazes ao nos engajarmos ao poder das redes. Empresas e organizações que não conseguirem fazer isso, e que deixem de fazer o que propõem por meio da construção de diversas equipes, terão dificuldades para se ajustar às rupturas da era digital[6].

A tese da abertura para outros saberes, o diálogo entre as várias ciências, a visão holística do conhecimento não é nova e tem sido reforçada por inúmeros pensadores. Isaiah Berlin foi um deles. Quando fala da educação geral, observa:

[3] SCHWAB, Klaus. *Id.*, p. 107.
[4] SCHWAB, Klaus. *Id.*, p. 108.
[5] A concepção é atribuída a KLAUS SCHWAB. *Modern Enterprise Management in Mechanical Engineering.* VDMA, 1971, reiterado em SCHWAB, Klaus. *Id.*, p. 108.
[6] SCHWAB, Klaus. *Ibid.*

> Quaisquer que sejam as outras tarefas da educação, ela não deve impelir o intelecto e a imaginação dos estudantes para dentro de canais que parecem se tornar mais estreitos à medida que nosso século avança; consequentemente, deve fazer todo o possível para tornar mais fácil que aqueles envolvidos numa disciplina compreendam os métodos, as realizações, as esperanças, as ambições, as frustrações, os processos intelectuais e emocionais daqueles que trabalham em outros campos[7].

Reclama-se da liderança contemporânea a capacidade de promover a mudança de suas estruturas mentais e conceituais e reformular seus princípios de organização.

> Operar em um ambiente cada vez mais complexo e disruptivo requer a agilidade intelectual e social da raposa, não o foco fixo e restrito do porco-espinho. Em termos práticos, isso significa que os líderes não podem manter a mentalidade de silo. A abordagem a problemas, questões e desafios deve ser holística, flexível e adaptável, continuamente integrando diferentes interesses e opiniões[8].

Desde logo é oportuno mencionar que em universos conservadores, como o Judiciário, não é fácil obter adesão das lideranças para aceitarem a irreversível imersão numa nova e dinâmica realidade, que é resultado da Quarta Revolução Industrial. Todavia, queiram elas ou não, o mundo é outro. Quem não se ajustar a ele, tende a ser descartado. Pessoas e instituições.

A inteligência emocional não é antagônica à inteligência racional. Conforme assinalou David Caruso, psicólogo do Centro de Yale para a Inteligência Emocional, não é *"o triunfo do coração sobre a mente – ela é a única intersecção entre ambos"*[9]. O conceito foi bem elaborado por Daniel Goleman[10] e levou educadores sensíveis a se preocuparem com o estilo de escola que perdura há séculos: em lugar de criar consciências providas de autonomia e senso crítico, a educação apenas adestra os educandos a memorizarem informações. A negligência em relação às compe-

[7] BERLIN, Isaiah. *A Força das Ideias*. São Paulo: Companhia das Letras, 2005, p. 296.

[8] SCHWAB, Klaus. *Id.*, p. 108-109.

[9] SCHWAB, Klaus, *Id.* p 109, citando PETER SNOW. *The Human Psyche: in Love, War & Enlightenment*, Boolarong Press, 2010.

[10] GOLEMAN, Daniel, *What Makes a Leader?* Harvard Business Review, jan.2004. Disponível em: https://hbr.org/2004/01/what-makes-a-leader. Acesso em: 20 abr. 2021.

tências socioemocionais conduz as novas gerações a não conseguirem administrar seus conflitos e a não adquirirem equilíbrio e maturidade.

Inteligência emocional se encarrega de autoconhecimento, autorregulação, motivação, empatia, sensibilidade, compaixão, comiseração e outros atributos dos quais dependerá a obtenção da possível felicidade humana. O cultivo da inteligência emocional deveria ser objeto de atenta preocupação de todas as Instituições, notadamente aquelas que integram o Sistema Justiça. A presença de líderes com elevada inteligência emocional as fará *"mais criativas e estarão mais bem equipadas para serem mais ágeis e resilientes – uma característica essencial para lidar com as rupturas. A mentalidade digital, capaz de institucionalizar a colaboração interfuncional, achatar as hierarquias e construir ambientes que incentivem uma geração de novas ideias, depende profundamente da inteligência emocional"*[11].

Nítida, também, a conotação com a educação moral, como já haviam percebido formadores da juventude japonesa. Para Jigoro Kano, fundador do judô, que é mais filosofia do que prática esportiva, *"a educação moral deve ser implementada com base no aspecto das emoções. Mesmo que, intelectualmente, se saiba distinguir o certo do errado, se não for treinado emocionalmente para gostar do que é bom e evitar o que é ruim, sua capacidade de fazer o bem e de rejeitar o ruim será deficiente. Se a moral não for cultivada intelectual e emocionalmente, não se chegará a bons resultados"*[12].

O criador do Fórum Econômico Mundial aborda outra inteligência, que ele chama *inspirada*. *"Inspirar, do latim spirare, isto é, respirar; a inteligência inspirada é a busca contínua de significado e propósito. Seu foco é fomentar o impulso criativo e elevar a humanidade a uma nova consciência coletiva e moral, com base em um sentimento compartilhado de destino"*[13].

Ao contrário da tendência egoística de nossa era, todos os reptos lançados pela profunda mutação estrutural impõem o compartilhamento de experiências e a cooperação entre todos, sob pena de não se conseguir todos os benefícios da revolução. O futuro comum implica em nutrir a confiança entre as pessoas e em reforçar a coesão de propósitos. *"Em um mundo onde nada mais é constante, a confiança torna-se uma das mais valiosas características. A confiança só pode ser obtida e mantida se os decisores*

[11] SCHWAB, Klaus. *Id.*, p. 109.

[12] KANO, Jigoro, *Energia Mental e Física*. São Paulo: Pensamento, 2008, p.59.

[13] SCHWAB, Klaus. *Id.*, p. 110.

*estiverem incorporados a uma comunidade e suas decisões estiverem sempre ligadas ao interesse comum e nunca a uma busca de objetivos individuais"*[14].

A última das *inteligências* para Klaus Schwab é a *física*. Tradução do velho *mens sana in corpore sano* latino. As inteligências contextual, emocional e inspirada não se desenvolverão num corpo desnutrido, desabituado da exercitação, extenuado pelas pressões, angústias e outros flagelos da pós-modernidade.

Não faltam métodos e apelos para que a saúde física seja objeto de atento acompanhamento, pois ela condiciona a saúde mental. *"A epigenética, um campo da biologia que floresceu nos últimos anos, é o processo pelo qual o ambiente modifica a expressão de nossos genes. Indiscutivelmente, isso mostra a importância crítica do sono, da nutrição e dos exercícios em nossas vidas"*[15].

Durante a pandemia de Covid-19, a inteligência artificial esteve presente. Cinco universidades brasileiras criaram projeto que se utiliza dela para identificar novas cepas. É uma das doze iniciativas selecionadas pela chamada pública Brics Covid19, que apoia pesquisas de enfrentamento à crise sanitária nos países do bloco. O projeto brasileiro é coordenado pela professora de robótica e inteligência artificial Esther Colombini. Ela faz parte do Instituto dos Engenheiros Elétricos e Eletrônicos – IEEE[16].

## 2. Perspectivas próximas

A inteligência artificial é um valioso instrumento para a transformação – para melhor – da situação atual do convívio. Há uma sensação generalizada de que a civilização, de certa forma, fracassou. Nada obstante o avanço das conquistas científico-tecnológicas, a miséria se alastrou, enfermidades que eram consideradas extintas ressurgiram, o ambiente é covardemente atacado até por quem somente existe para protegê-lo, não se confia mais na democracia representativa e não se vislumbra prenúncio de reversão de rumo.

[14] SCHWAB, Klaus. *Ibid.*

[15] SCHWAB, Klaus. *Id.*, p. 111.

[16] DOLZAN, Marcio, *Inteligência Artificial pode detectar variantes.* Estado de S. Paulo. 16 de maio de 2021, p. A14. Dentre as Universidades que participam do projeto estão: USP, UNICAMP, UNESP e INSPER.

A educação é a chave para o enfrentamento de todos os males que flagelam a humanidade. Não a educação que hoje se oferece ao educando, calcada no adestramento mnemônico de suas mentes,

> Mas se os homens devem se tornar capazes de controlar sua vida à luz do conhecimento daquilo com que estão lidando, e não apenas considerar mudanças perturbadoras desse tipo com mera perplexidade, resignação fatalista, fanatismo, o desprezo dos eleitos ou um desejo autodestrutivo de se render ao irresistível, é desejável que os jovens, em particular, sejam abastecidos com armas contra esse desamparo[17].

Essas armas podem ser singelamente chamadas de *educação de qualidade*. Ela é necessária no ensino fundamental e no ensino médio, prioritariamente. Mas as fissuras chegam escancaradas à Universidade. Notadamente no ensino jurídico, em regra desatento quanto às tecnologias que hoje regem a vida. É que

> ...a imensa dose de ignorância sobre o que é a tecnologia, sobre sua relação com a pesquisa pura, sobre o grau em que seus métodos transformam os homens, inclusive os cientistas, e finalmente sobre o que é e o que não é comum para o pensamento científico e literário, crítico ou histórico, é tão grande (e crescente) que só isso já coloca os estadistas e os representantes eleitos do povo, bem como o próprio eleitorado, à mercê dos especialistas, que possuem eles próprios, na melhor das hipóteses, apenas um olho[18].

A inteligência artificial não pode mais ser ignorada. Ademais de dirigir carros, a IA vai aprender a partir de situações anteriores e apresentará sugestões e automatizará os processos futuros de tomada de decisões complexas. Os impactos positivos serão a tomada de decisões racionais, orientadas por dados, menos possibilidades de erros. Eliminação da 'exuberância irracional'. Reorganização de burocracias ultrapassadas. Ganhos no trabalho e inovação. Independência energética e avanços na ciência médica e na jurídica. Erradicação de doenças e de praxes superadas[19].

[17] BERLIN, Isaiah. *Id.*, p. 302.

[18] BERLIN, Isaiah. *Ibid.*

[19] SCHWAB, Klaus. *Id.*, p. 140.

Há muitos riscos, também. Acena-se com dificuldade na prestação de contas, na apuração de responsabilidades, questões de direitos fiduciários e alguns problemas jurídicos. Não se elimina a probabilidade de surgimento de hackers e da multiplicação do cibercrime, o aumento da desigualdade, ameaças existenciais para a humanidade.

Enquanto isso, continuam os experimentos. A Concept Net4, rede semântica de IA, submeteu-se a um teste de QI, saindo-se melhor do que a maioria das crianças de quatro anos[20]. As CPUs igualarão o nível de processamento do cérebro humano em 2025. A *Deep Knowledge Ventures*, um fundo de capital de risco sediado em Hong Kong nomeou para seu conselho de administração um algoritmo de inteligência artificial chamado VITAL – *Validating, Investment Tool for Advancing Life Sciences* – Ferramenta de Validação de Investimentos para o Avanço das Ciências biológicas[21].

O avanço da inteligência artificial nas funções administrativas também é acelerado. Ela faz correspondência de padrões e consegue automatizar processos, o que a torna conveniente para muitas funções em grandes organizações. No futuro próximo, a IA vai substituir muitas funções hoje exercidas por funcionários do Poder Judiciário. Os assistentes, por exemplo. Com a capacidade de pesquisar precedentes e de redigir, ela se incumbirá de elaborar consistentes minutas de decisões.

Os efeitos benéficos residem na redução de custos, ganho em eficiência e redução do tempo, desbloqueio das inovações, simplificação de trâmites. Negativamente, haverá a extinção de postos de trabalho.

Os impactos da IA são notórios. Por isso algumas das corporações que se utilizam dela, como Microsoft, Amazon, Facebook, IBM, Google e DeepMind pactuaram uma parceria destinada a estudar e formular as melhores práticas sobre tecnologias de inteligência artificial para aumentar a compreensão do público sobre esta tecnologia e para servir

[20] *Verbal IQ of a Four Year Old Achieved by na Al System*. Disponível em: http://citeseerx.ist.psu.edu/viexdoc/download?doi=10.1.1.3866705&crep=rep'&type=pdf. Acesso em: 20 abr. 2021.

[21] BBC. *Algorithm appointed board diretor*. Disponível em: http://www.bbc.com/news;technology.27426942. Acesso em: 20 abr. 2021.

como uma plataforma aberta para a discussão e o compromisso relacionado à IA e sua influência sobre as pessoas e a sociedade[22].

Na visão de Stuart Russell, professor de ciência da computação da Universidade da Califórnia, em Berkeley, Estados Unidos, *"poucos pesquisadores da área acreditam que há limites intrínsecos à inteligência da máquina, e menos ainda defendem a autoimposição de limites. Assim, é prudente antecipar a possibilidade de que as máquinas excedam as capacidades humanas, da mesma forma como fez Alan Turing em 1951: 'Se uma máquina puder pensar, ela poderá pensar de forma mais inteligente do que nós...Esse novo perigo...certamente é algo que pode nos deixar ansiosos"*[23].

As máquinas são fabricadas pelos homens. Devem atender aos seus objetivos. Ora, *"É desnecessário dizer que existem complicações: os seres humanos são maldosos, irracionais, incoerentes, fracos, computacionalmente limitados e heterogêneos, e todos esses elementos conspiram para que o aprendizado sobre os valores humanos seja uma empreitada difícil"*[24].

É induvidoso que a inteligência artificial possa auxiliar a realização da justiça, mediante desenvoltura para encontrar precedentes, ajustar situações concretas aos ditames da lei, elaborando decisões com rapidez muito superior à dos humanos. Deve-se confiar na excelência dos estudos em pleno desenvolvimento, pois *"as novas tecnologias, como a computação quântica, podem ser capazes de mudar a forma como os aplicativos de IA interrogam os problemas e aprendem com os circuitos de feedback, talvez imitando a apreciação cognitiva humana em relação ao mundo. Se assim for, elas poderiam trazer benefícios econômicos ao erodir o erro humano e assumir tarefas sintéticas que levam à fadiga"*[25].

Profissões alicerçadas sobre o conhecimento, como as jurídicas, já sofrem o influxo da inteligência artificial. Ainda que não substituam inteiramente advogados, juízes e promotores, suas aplicações práticas vão mudar completamente tais profissões. Não é impossível que a inteligência artificial possa decidir em lugar do juiz. Mas como fica a aceitabilidade da delegação de autoridade à máquina. Onde irá parar o conceito de confiança?

[22] SCHWAB, Klaus. *Aplicando a Quarta Revolução Industrial.* São Paulo: Edipro, 2018, p. 182, citando Partnership on AI, 2017.

[23] RUSSELL, Stuart. *Uma Inteligência Artificial Inteligente. In*: SCHWAB, Klaus. *Aplicando.... Id.*, p. 183, citando Turing, 1951.

[24] RUSSELL, Stuart. *Id.*, p. 184.

[25] SCHWAB, Klaus. *Aplicando.... Id.*, p. 185.

É óbvio que a inteligência artificial consegue calcular melhor a pena, por exemplo, ou o valor exato da indenização. Mas só por ser capaz, deve-se entregar a ela essa função?

Ainda há muitos problemas a serem resolvidos. Os principais são a falta de normas éticas. O que se espera dos processos autônomos e das máquinas inteligentes? Em seguida, a falta de conhecimentos gerais sobre pesquisa em inteligência artificial e aplicações práticas. É um desafio conhecer melhor a inteligência artificial e seu alcance, conhecimento hoje restrito a iniciados. Também não há instâncias especializadas em resolução de conflitos associados aos sistemas e aplicações da inteligência artificial. Seria paradoxal que ela viesse a servir ao sistema Justiça, a começar por suas estruturas burocráticas e administrativas e depois tivesse de se sentar no banco dos réus da própria Justiça à qual está servindo.

Ao contemplar a inteligência artificial, Klaus Schwab enfatiza dez questões que todos devem saber sobre ela: 1. Seu dinamismo. Ela evolui. Se hoje serve prioritariamente à aprendizagem automática, a tendência é evoluir e ultrapassar seus marcos; 2. Inteligência Artificial geral não existe, mas temos a Inteligência Artificial estreita. Ela é que viabiliza as buscas no Google, permite diálogo com o Siri da Apple e faz com que o smartphone adivinhe a palavra a seguir em nossa conversa. Será que ela vai se ampliar ao ponto de alterar, profundamente, o Poder Judiciário? 3. Inteligência artificial, robôs e seres humanos produzem mais se trabalham juntos. Robôs inteligentes potencializam sua funcionalidade em colaboração com humanos. Isso leva à consideração de que o Judiciário poderá fazer boa parceria entre seus quadros funcionais e esta tecnologia. 4. A inteligência artificial precisa da ajuda humana para estabelecer metas. Antes de preocupação com uma *superinteligência artificial,* é preciso pensar detidamente o que ela poderá fazer para aprimorar a realização do justo concreto; 5. Ainda existe a *caixa preta* da inteligência artificial. Não entendemos perfeitamente como os algoritmos chegam às suas conclusões. É difícil que o humano aprenda com a máquina no momento em que ela toma decisão autônoma; 6. Por enquanto, os recursos de inteligência artificial são abertos e disponíveis. Parte significativa das pesquisas são *open source.* Até quando isso perdurará? 7. Para usar inteligência artificial, é preciso ter os dados em ordem. O gerenciamento de dados é desafio enorme. 8. Até mesmo os sistemas de inteligência artificial mais inteligentes podem ser tendenciosos e falíveis. *"A precisão e a utilidade de quaisquer algoritmos dependem de como eles foram projetados. Há inúmeros casos de algoritmos pode-*

*rosos que exigem algum tipo de preconceito ou que produzem respostas altamente imprecisas, graças à má especificação ou à falta de representatividade dos dados de treinamento"*[26]. 9. inteligência artificial e robótica surgiram para facilitar as tarefas e não para tornar obsoletos os humanos. Seu impacto será a automação de tarefas repetitivas ou técnica e as pessoas serão liberadas para o que for mais interpessoal e criativo. Finalmente, 10. Os impactos da inteligência artificial depende de como ela vier a ser adotada.

Os desafios são muito maiores, como sugere Ronaldo Lemos, especialista e diretor do Instituto de Tecnologia e Sociedade do Rio de Janeiro. Comenta o surgimento do GPT-3, ferramenta de inteligência artificial capaz de escrever artigos e livros inteiros, compor músicas, completar formas geométricas a partir da inserção de alguns parâmetros. *"Tanto é que acaba de ser publicado o primeiro livro que já foi escrito em co-autoria com o GPT-3, chamado Pharmako-AI. A autora KAllado-MacDowell descreve o processo de escrita como parecido com a jardinagem: você insere alguns conceitos e ideias, a inteligência artificial desenvolve aqueles conceitos. E então a autora volta polindo, revisando, podando a criação feita pela IA"*[27].

A questão posta por Lemos é que a GPT-3 é expert em sintática, mas não conhece semântica. Ou seja, detecta a relação das palavras entre si, mas não tem ideia sobre seu significado. A indagação é: *"e se a sintática ficar tão boa que simplesmente desistiremos de qualquer pretensão semântica? E se começarmos a ser governados por algoritmos que não têm a menor ideia do que estão falando?"*[28]. No momento em que a IA adquire tamanha preponderância em todos os sistemas, a pergunta faz sentido.

Alguns estudiosos sustentam que haverá um "Inverno de IA", o risco da tecnologia desacelerar, até adormecer por longo período. Não concorda com isso o sueco Max Tegmark, professor do MIT, que escreveu "*Vida 3.0 – O ser humano na era da inteligência artificial*", publicado pela Editora Benvirá. Ele acredita no contrário: uma aceleração da inteligência artificial. Para ele, o problema não é a máquina. O problema somos nós.

Ele considera a inteligência artificial uma estratégia que, por enquanto, é utilizada para a manipulação dos humanos. Pretende o

[26] SCHWAB, Klaus. *Aplicando.... Id.*, p. 191.

[27] LEMOS, Ronaldo. *Existirá uma IA de fato inteligente?* Folha de S. Paulo. 26 de abril de 2021, p. A16.

[28] LEMOS, Ronaldo. *Ibid.*

inverso: que o ser humano se apodere dela para não permitir a manipulação. Compara o Facebook com a Ford. O valor de mercado do Facebook é muito maior do que o da Ford e tem poucos funcionários. Porque o trabalho é realizado pela inteligência artificial.

Tegmark alerta sobre o desaparecimento de algumas profissões:

> Os trabalhos que deveríamos evitar são aqueles que serão completamente substituídos pela IA. Isso vale para qualquer um que seja altamente estruturado, no qual o trabalhador passa o dia inteiro fazendo algo previsível e interagindo pouco com outros humanos. Os melhores trabalhos são aqueles com componentes imprevisíveis e com bastante improviso. É preciso lembrar que a maioria dos empregos não será substituída completamente e nem passará livre da tecnologia. Acontecerá algo entre essas duas coisas. A tecnologia será parte do trabalho. Meu conselho é: preste atenção, leia revistas de ciência e tente se informar sobre IA[29].

Atualizar se é um mandamento imperativo para este século. dentro em breve espaço de tempo, não haverá mais lugar na sociedade humana para o chamado "analfabeto digital".

## 3. Inteligência Artificial e Governo brasileiro

Existe uma Estratégia Brasileira de Inteligência Artificial – EBIA, recentemente anunciada pelo Governo Federal e criticada por muitos. Segundo estes, ela não traça objetivos claros, metas, prazos e instrumentos, nem orçamento. O diagnóstico é primário e com alto grau de generalidade. Embora elaborado no âmbito do Ministério da Ciência, Tecnologia e Inovações, não reveste a condição de uma verdadeira estratégia nacional.

Na visão de Glauco Arbix, professor titular da USP e coordenador da área de humanidades do Center for Artificial Intelligence-USP/FAPESP/IBM (C4AI) e do Observatório da Inovação e alguns outros especialistas[30], *"Em suas 52 páginas, a EBIA não apresenta como a IA é produzida e utili-*

[29] ROMANI, Bruno. *Temo que a inteligência artificial saia do controle.* Entrevista com Max Tegmark. Estado de S. Paulo. 9 de maio de 2021, p. B8.

[30] ARBIX, Glauco; VEIGA, João Paulo; SIMÕES, Laura; BRANDÃO, Rodrigo. *A estratégia do governo para investimentos em inteligência artificial é satisfatória? NÃO. Não sabe aonde quer chegar.* Folha de S. Paulo. 8 de maio de 2021, p. A3.

*zada no Brasil e em que direção o país pode avançar. No documento não há definição de governança, nem identificação de oportunidades...Até a educação é maltratada, apesar de ser prioridade estratégica e o maior obstáculo que o Brasil tem pela frente".*

Depois de citar a importância que o tema está a merecer em inúmeros países, os expertos lamentam se ignore a existência dos seis centros de IA recém aprovados via cooperação com o Ministério da Ciência, Tecnologia e Inovação e FAPESP, a Fundação de Amparo à Pesquisa no Estado de São Paulo, o que significa o começo da edificação de um ecossistema nacional.

A inteligência artificial é relevantíssima para a agricultura, para a saúde, para o efetivo aproveitamento da biodiversidade, para a busca de novas matrizes energéticas. Sem falar na reestruturação da indústria, da economia e fomento para a criação de startups.

Não faltaram propostas resultantes de consulta pública, mormente nas áreas de capacitação de pessoas, estímulo à pesquisa, inteligência artificial nas escolas, regulação e produtividade das empresas. Só que deixaram de ser aproveitadas, embora haja pessoal competente para continuar a missão de elaborar uma verdadeira e real estratégia. Falta coordenar os esforços e recrutar a contribuição de pessoas que estão nas empresas, na Universidade, nos centros de pesquisa e até mesmo no setor público.

Já para Luiz Augusto D'Urso, especialista em direito digital, "*o tema não é novidade para o poder público brasileiro, que já havia falado em inteligência artificial na Estratégia Brasileira de Transformação Digital como um dos pilares de mudança da sociedade em razão dessa tecnologia*"[31]. Ele reconhece o avanço da nova estratégia ao eleger eixos temáticos quais aplicações legais para o desenvolvimento da inteligência artificial, governança de inteligência artificial, ou governança com procedimentos que observem os princípios da inteligência artificial e aspectos internacionais, com troca de informações, regulamentações e experiências levadas a efeito em outros países.

O Brasil precisa estar muito atento em relação à nova tecnologia 5G. Enquanto se faz esta reflexão, o Tribunal de Contas da União ainda não procedeu à análise do edital do leilão do 5G encaminhado pela Anatel. É considerado o maior do mundo e as teles poderão explorar faixas de frequência, em troca de algumas concessões. Não se justifica o atraso na implementação do 5G, ao que consta por motivos ideológicos obs-

[31] D'URSO, Luiz Augusto. *O futuro bate à porta*. Folha de S. Paulo, 8 de maio de 2021, p. A3.

curos e que freiam o ritmo de inserção brasileira na realidade tecnológica global[32]. Principalmente porque o Brasil deveria acelerar as políticas públicas negligenciadas e tentar recuperar as décadas perdidas durante a sequência de graves crises de toda ordem.

Seria interessante que tais políticas estatais se encarregassem da conectividade nas escolas, algo que as concessionárias de telecomunicações prometeram e, até o momento, ainda não cumpriram. Todas as escolas brasileiras precisam estar conectadas à internet de alta velocidade até 2024, previsão do Plano Nacional de Educação – PNE e pela nova lei do Fundo de Universalização dos Serviços de Telecomunicações – FUST. Só que em 2019, 30% das escolas públicas ainda estão sem acesso a qualquer conexão e as que têm acesso não dispõem de qualidade suficiente para o adequado uso pedagógico.

Tudo passa pela educação digital, que mereceu expressivo impulso diante da necessidade de oferecer conteúdo a milhões de estudantes que ficaram impedidos de frequentar escolas durante a pandemia. Um efeito benéfico dessa calamidade, é justamente a desenvoltura com que mestres e educandos, estes com profícuo envolvimento familiar, absorveram uma tecnologia que já estava disponível, mas que fora considerada a alternativa e não a principal modalidade de ensino. Ainda que a pandemia venha a ser controlada ou debelada, a escola nunca mais será a mesma e terá de se ajustar aos novos insumos e a acostumar-se com a obsolescência e os desafios que ela traz.

## 4. Impacto no sistema Justiça

O sistema de justiça adquiriu invulgar protagonismo no Brasil, o campeão no ranking do demandismo judicial, principalmente a partir da promulgação da Constituição Cidadã de 1988. Não cabe aqui reiterar as causas desse fenômeno, profusamente analisadas por vários estudiosos, senão tentar refletir sobre o que significa o advento da inteligência artificial para esse complexo universo da atividade humana[33].

[32] O impacto do 5G no Brasil nos próximos 15 anos será da ordem de um trilhão e meio de dólares em quinze anos, cálculo do aumento da produtividade segundo Ailton Santos CEO da Nokia, na reportagem *Países que demoram a adotar o 5G começam a perder competitividade.* Estado de S. Paulo. 5 de junho de 2021, p. B16.

[33] Consultar NALINI, José Renato. *A Rebelião da toga.* 3. ed. São Paulo: RT-Thomson Reuters, 2015.

Não se desconhece a resistência desse território formalista e burocrático, à adoção de novidades que, para a ortodoxia conservadora parecerão heréticas. Assim foi quando surgiu a máquina de escrever e pouco mudou em relação ao uso do computador.

Só que a sociedade contemporânea assimilou com facilidade as vantagens tecnológicas, sobretudo quando representam considerável economia de tempo e obtenção de eficiência potencializada. O sistema de justiça teve de se adaptar à realidade, sobretudo porque o seu conceito reputacional oscila em todas as democracias.

Como indaga Max Tegmark, "quais são as primeiras associações que vêm à mente quando você pensa no sistema judicial do seu país? Se pensar em atrasos prolongados, altos custos e injustiças ocasionais, você não está sozinho. Não seria maravilhoso se seus primeiros pensamentos fossem eficiência e justiça? Como o processo legal pode ser abstratamente visto como um cálculo, inserindo informações sobre evidências e leis e emitindo uma decisão, alguns estudiosos sonham em automatizá-lo completamente com "juízes robôs": sistemas de inteligência artificial que aplicam incansavelmente os mesmos padrões legais a todas as análises, sem sucumbir a erros humanos, como preconceito, fadiga ou falta de conhecimento mais recente"[34].

A tese ganha consistência quando se examinam os números e os custos da justiça brasileira. Já chegamos a registrar incríveis cem milhões de processos em curso pelos tribunais, para uma população pouco superior a duzentos milhões de habitantes. Não são raras as alusões ao excesso na destinação de verbas para o sistema justiça, um equipamento estatal que inclui Judiciário, Ministério Público, Defensoria Pública, Procuradorias e toda a estrutura funcional de apoio a tais serviços[35]. Para os críticos, que ainda procedem a análises de custo-benefício do sistema, falta realizar a profunda reforma estrutural da justiça brasileira e ela poderia vir sustentada pela inteligência artificial.

Argumentos não faltam: "infelizmente, a história jurídica está repleta de julgamentos tendenciosos, baseados em cor de pele, sexo, orienta-

[34] TEGMARK, Max. *Id.*, p. 117.

[35] Não é raro considerar também como integrantes do sistema justiça a estrutura da segurança pública e a administração penitenciária, o que evidencia a dimensão tentacular desse complexo.

ção sexual, religião, nacionalidade etc. Os juízes-robôs poderiam, em princípio, garantir que pela primeira vez na história, todos se tornassem verdadeiramente iguais perante a lei: eles poderiam ser programados para serem idênticos e tratar todos da mesma forma, aplicando a lei de maneira transparente e imparcial"[36].

É recorrente a constatação de que o Judiciário erra mais do que acerta, sobretudo na justiça criminal de um país que pretende liderar o ranking de encarceramento, como é o Brasil. Série de reportagens do jornal "Folha de São Paulo" explora as injustiças cometidas contra infratores pobres e negros, sobretudo pela falibilidade da prova testemunhal, que já foi considerada "a prostituta das provas", enquanto a confissão era chamada "a rainha das provas".

A vantagem dos juízes-robôs é que eles poderiam "eliminar preconceitos humanos acidentais e não intencionais. Por exemplo, um controverso estudo de 2012 sobre juízes israelenses afirmou que estes davam vereditos significativamente mais severos quando estavam com fome: enquanto negavam cerca de 35% dos casos de liberdade condicional logo após o café da manhã, negavam mais de 85% logo antes do almoço"[37].

Outro ponto favorável é que a capacidade de armazenamento de dados é infinitamente superior a máquina do que aos humanos. uma reconhecida "deficiência dos juízes humanos é que eles podem não ter tempo suficiente para explorar todos os detalhes de um caso. Por outro lado, os juízes-robôs podem ser facilmente copiados, pois são pouco mais do que um software, permitindo que todos os casos pendentes sejam processados em paralelo, e não em série, cada um recebendo o seu próprio juiz robô pelo tempo que for necessário"[38]. Confesso que havia pensado no uso eletrônico para a resolução de milhões de lides repetitivas, que hoje exigem o trabalho artesanal, inúmeras vezes reprodutor de uma decisão padrão, muito embora o Ctrl/C + Ctrl/V facilite a operação. Seja como for, uma tarefa automática e, como todo exercício automatizado, condenado a ser subtraído à ação humana.

[36] TEGMARK, Max. *Ibid.*

[37] TEGMARK, Max. *Ibid.*

[38] TEGMARK, Max. *Id.*, p. 117-118.

Aos olhos jejunos, a proposta é tentadora: "um dia, esses juízes-robôs podem, portanto, ser mais eficientes e justos, por serem imparciais, competentes e transparentes. Sua eficiência os torna ainda mais justos: acelerando o processo legal e dificultando a distorção do resultado por advogados mais experientes, eles poderiam reduzir drasticamente os custos para que a justiça fosse feita nos tribunais. Isso poderia aumentar muito as chances de uma empresa iniciante ou pessoas sem recursos vencer uma empresa bilionária ou multinacional com um exército de advogados"[39].

É óbvio que também existem riscos: os juízes robôs podem ter bugs ou serem hackeados. Os americanos desenvolveram sistemas de aprendizado neural profundo, capaz de prever a probabilidade de reincidência. Um estudo de 2016 provou que o software de previsão de reincidência mostrou-se tendencioso contra afroamericanos. Os juízes robôs também serão preconceituosos?

O ideal é prosseguir nos estudos, "refletir e discutir para garantir que a IA permaneça benéfica. Não estamos enfrentando uma decisão do tipo tudo ou nada em relação a juízes-robôs, mas uma decisão sobre a extensão e a velocidade com que queremos implantar a IA em nosso sistema jurídico. Queremos que os juízes humanos tenham sistemas de apoio à decisão baseados em IA, assim como os médicos de amanhã? Queremos ir além e ter decisões de juízes-robôs que possam ser revistas por juízes humanos, ou queremos ir até o fim e dar a palavra final às máquinas, mesmo quanto a penas de morte?"[40].

Na China também existe preocupação e ação transformadora da Justiça: "A iFlyTek assumiu a liderança na aplicação de inteligência artificial nos tribunais, construindo ferramentas e executando um programa-piloto com base em Xangai que usa dados de casos anteriores para ajudar os juízes nas provas e sentenças. Um sistema de referência cruzada de provas usa o reconhecimento de fala e o processamento de linguagem natural para comparar todas as provas apresentadas – teste-

[39] TEGMARK, Max. *Ibid.* Não resisto a mencionar experiência pessoal frustrante quando a judicar na Câmara reservada ao meio ambiente do Tribunal de Justiça de São Paulo. Muito comum defrontar-se com talentosos profissionais para defender o infrator ambiental, inclusive deixando de acompanhar a doutrina elaborada pelos próprios causídicos, festejados autores na área ecológica.

[40] TEGMARK, Max. *Id.*, p. 118-119.

munhos, documentos e material de apoio – e procurar padrões factuais contraditórios. Ele alerta, então, o juiz para essas disputas, permitindo investigações e esclarecimentos adicionais por parte dos membros do tribunal"[41].

Com mais de cem mil juízes, a China considera a inteligência artificial um instrumento válido para eliminar burocracia, mas também para conferir certa homogeneidade ao funcionamento do sistema. Tem presente que "todas as ferramentas judiciais da iFlyTek são exatamente isto: ferramentas que auxiliam um ser humano a tomar decisões informadas. Ao capacitar os juízes com recomendações orientadas por dados, elas podem ajudar a equilibrar a balança da justiça e corrigir os vieses presentes em juízes bem treinados"[42].

A justiça brasileira deu passos importantes para se adequar à Quarta Revolução Industrial. O Tribunal de Justiça de São Paulo. desde 2015, implementou um sistema 100% digital e continua na dianteira, com uma produção potencializada no período da pandemia. Outros tribunais têm-se servido da IA para as lides repetitivas, sobretudo a execução fiscal.

O STF adotou o sistema Victor, que se utiliza de algoritmos para detectar recursos que justifiquem análise da repercussão geral e tem outras metas em vista. Mais importante do que tudo isso, é o resultado da vocação espontânea de magistrados e servidores que podem ser considerados "nativos digitais" e que, por sua própria iniciativa, apreendem os meandros desse espaço sedutor e promovem saudáveis mudanças nas vetustas praxes judiciais. Fenômeno atitudinal que precisa de escalabilidade na disseminação, tarefa de gestores lúcidos.

Seria muito importante que o CNJ repensasse o modelo de recrutamento de novos quadros para o Poder Judiciário Brasileiro e incluísse proficiência digital, sem a qual os novos juízes não poderão desincumbir-se a contento de sua missão de solucionar conflitos e pacificar uma sociedade insolitamente polarizada e propensa a embates.

Enquanto não cuida dessa questão primordial, a seleção dos futuros integrantes do Judiciário, o CNJ edita a Resolução 400, de 16.06.2021. Seu objetivo é edificar uma cultura consistente de sustentabilidade no

[41] LEE, Kai-Fu. *Inteligência Artificial.* Rio de Janeiro: Globo Livros, 2019, p. 142.

[42] LEE, Kai-Fu. *Ibid.*

âmbito dos Tribunais. Dispõe seu artigo 2º, que "Os órgãos do Poder Judiciário devem adotar modelos de gestão organizacional com processos estruturados que promovam a sustentabilidade, com base em ações ambientalmente corretas, economicamente viáveis e socialmente justas e inclusivas, culturalmente diversas e pautadas na integridade, em busca de um desenvolvimento nacional sustentável". Explícita a assimilação do conceito ESG, que não poderia permanecer desvinculado em relação ao sistema Justiça.

As ações ambientalmente corretas, prevê o parágrafo 1º ao artigo 2º, devem ter como objetivo a redução do impacto no meio ambiente, tendo como premissas a redução do consumo, o reaproveitamento e reciclagem de materiais, a revisão dos modelos de padrão de consumo e a análise do ciclo de vida dos produtos. Tais premissas não costumam estar presentes nas transitórias gestões dos tribunais, sempre focadas na preservação de uma conduta bem tradicional e resistente a inovações. Estas constam expressamente do § 2º, o que é um progresso. O território "Justiça" cultiva a praxe do "fazer o mesmo, porque sempre foi assim"...

Importante iniciativa a recomendação à adoção de ações culturalmente diversas, cujo objetivo é "respeitar a variedade e a convivência entre ideias, características, gêneros e regionalismos no ambiente de trabalho"[43].

Como ocorre com frequência no Brasil, há todo um capítulo da Resolução CNJ400/21, destinado às definições[44]. Já o Capítulo III cuida do Plano de Logística Sustentável, o "instrumento que se alinha à Estratégia Nacional do Judiciário e aos Planos Estratégicos dos órgãos"[45]. Seus objetivos e responsabilidades, assim como indicadores metas, prazos de execução, mecanismos de monitoramento e avaliação de resultados devem ser definidos para "estabelecer e acompanhar práticas de sustentabilidade, racionalização e qualidade, que objetivem uma melhor efici-

[43] BRASIL. Conselho Nacional de Justiça. Resolução 400, de 16 de junho de 2021. Artigo 2º, § 4º.

[44] BRASIL. Conselho Nacional de Justiça. Resolução 400, de 16 de junho de 2021. Capítulo II.

[45] BRASIL. Conselho Nacional de Justiça. Resolução 400, de 16 de junho de 2021. Artigo 5º.

ência do gasto público e da gestão dos processos de trabalho, considerando a visão sistêmica do órgão"[46].

Previsão promissora é a de uma imprescindível formação técnico-específica do pessoal encarregado de implementar a vontade da nova norma. Consta da dicção que segue: "O plano de capacitação de cada órgão deverá contemplar ações de capacitação afetas aos temas da sustentabilidade e dos Objetivos de Desenvolvimento Sustentável, da Agenda 2030"[47]. Investir na qualificação do pessoal é a garantia de que a Resolução 400 não será letra morta, mas um seminal marco de renovação das entranhas da Justiça brasileira.

É bastante detalhada a previsão de elaboração do Plano de Logística Sustentável, sua elaboração, monitoramento e estrutura necessária à sua efetividade. As disposições finais da Resolução CNJ400/21 representam consistente aceno rumo a uma nova mentalidade, agora cogente, que pode significar verdadeira revolução.

Assim, recomenda-se que todos os órgãos do Poder Judiciário "cadastrem as boas práticas que resultaram em impacto positivo quanto aos aspectos ambientais, econômicos, sociais e culturais no Portal CNJ de Boas Práticas do Poder Judiciário, conforme regulamento previsto na Portaria CNJ no 140/2019"[48]. Estas existem e resultam de protagonismo individual e quase sempre anônimo, de idealistas que nem sempre recebem apoio de suas chefias. Também saudável a determinação que os órgãos do Poder Judiciário implementem plano de compensação ambiental até 2030. Invoca-se a Agenda 2030 da ONU e o intuito é "reduzir, permanentemente, a emissão de gases de efeito estufa, resultante de seu funcionamento"[49].

Resta confiar que o espírito e o conteúdo da Resolução 400 do CNJ sejam preservados daqui por diante, pois não é incomum no Poder Público brasileiro, a "reinvenção da roda" a cada gestão, no afã de eternizar os transitórios gestores e a condenação ao oblívio de seus antecessores e respectivos legados.

[46] BRASIL. Conselho Nacional de Justiça. Resolução 400, de 16 de junho de 2021. Artigo 5º.

[47] BRASIL. Conselho Nacional de Justiça. Resolução 400, de 16 de junho de 2021. Artigo 5º, § 2º.

[48] BRASIL. Conselho Nacional de Justiça. Resolução 400, de 16 de junho de 2021. Artigo 23.

[49] BRASIL. Conselho Nacional de Justiça. Resolução 400, de 16 de junho de 2021. Artigo 24.

**Conclusões: e o amanhã?**

O exercício da futurologia é sedutor, mas arriscado. A humanidade já percebeu que o inesperado é a regra. Pode-se tentar encontrar tendências, mas a incerteza estará sempre à espreita.

A inteligência artificial já chegou e modificou a vida humana. Todavia, ainda não produziu todos os seus efeitos. "A revolução completa de IA levará um pouco de tempo e nos inundará em uma série de quatro ondas: IA de internet, IA de negócios, IA de percepção e IA autônoma. Cada uma dessas ondas aproveita o poder da IA de uma maneira diferente, atacando diferentes setores e inserindo a Inteligência Artificial mais profundamente no tecido de nossa vida diária"[50].

Tudo ainda é muito incerto: *"Para ver o presente, precisamos, pois, recorrer às lembranças do passado e imaginar o futuro. Ver é rever e prever. Apenas um exemplo do abandono da ideia de tempo: antecipar de maneira acelerada os acontecimentos ganhou hoje a forma de especulação em todas as áreas da atividade humana, não apenas na economia, a mais evidente delas"*[51]. Demasiada preocupação com o futuro ou o apego ao passado que não volta mais, pode fazer com que se perca a oportunidade de fruir o presente. Tempo fugaz, mas o único disponível, aquele com que podemos contar, antes que se torne passado.

Tentar prever o amanhã é algo ínsito à natureza humana. Queiramos ou não, *"o futuro nos invade... a fim de, dentro da gente, transformar-se antes mesmo de ocorrer"*[52]. Dispomos hoje de discernimento para saber que a própria ficção científica foi superada pelo notável avanço das tecnologias.

Para alguns, a volúpia das mutações representa a perda das ilusões de se voltar a viver numa humanidade tranquila e liberada de inquietações. "*Toda essa inteligência artificial, essa telesensorialidade, percepção da tela em tempo real, etc., é o fim definitivo da ilusão. A ilusão do pensamento selvagem, a ilusão selvagem do pensamento, a ilusão selvagem da cena, da paixão, a ilusão selvagem da inteligência – nosso milagre, nosso prodígio – a ilusão do mundo, da visão do mundo. A ilusão selvagem do Outro, do Bem e do Mal (do Mal sobre-*

[50] LEE, Kai-Fu. *Id.*, p. 131.

[51] NOVAES, Adauto. *Mundos Possíveis*. *In:* NOVAES, Adauto. *O futuro não é mais o que era*. São Paulo: SESC Editora, 2013, p. 19.

[52] RILKE, Rainer Maria. *Letters to a Young Poet*. Insel Verlag, 1919, p. 23.

*tudo), do Verdadeiro e do Falso, a ilusão de existir a qualquer preço, a ilusão selvagem da morte – tudo isso volatilizou-se na telerealidade psicosensorial, em todas as tecnologias sofisticadas que nos iniciam ao engodo, quer dizer, ao contrário da ilusão, à desilusão total*[53].

O futuro da inteligência artificial é um enigma. Humanizará o convívio ou aprofundará as diferenças? Será, efetivamente, a última das invenções humanas, aquela capaz de se reinventar e de tornar desnecessária a intervenção do homem para a continuidade da experiência vital neste Planeta?

É oportuno recorrer aos pensadores que tentaram prever os caminhos da tecnologia no porvir. Dentre eles, Gilbert Simondon, que explorou o psiquismo, ou seja, o modo pelo qual os seres vivos respondem às suas ações vitais e a problemas concretos. *"Em outras palavras, o psiquismo é o recurso por meio do qual os seres vivos se convertem a si mesmos em problemas que devem ser resolvidos por meio de ações"*[54]. Conforme salienta Rodrigo Petrônio, *"a obra de Simondon é um dos mais elevados cumes que a meditação sobre as tecnologias atingiu em toda história da Filosofia. Diferente dos tecnófobos e dos tecnófilos, daqueles que repudiam e daqueles que idolatram as técnicas, Simondon preferiu o caminho mais pedregoso. E que, não por acaso, é o mais produtivo. Descreveu as tecnologias em toda sua profundidade e extensão, dentro dos humanos e para além de nós"*[55].

A inteligência artificial já foi pressentida como "criação perversa", pois seria capaz de fazer interpretações não imaginadas pelos seus programadores. Foi o que o filósofo Nick Bostrom, da Universidade de Oxford, explorou em seu livro "Super inteligência: caminhos, perigos, estratégias"[56]. Vaticínio partilhado por muitos outros pensadores.

Aos integrantes do sistema Justiça não será perdoado ignorar que o horizonte da humanidade sugere transformações em escala jamais vista na história. Tudo deveria ser motivo de celebração? Evidentemente não. Se a inteligência artificial vier a se desenvolver sem qualquer controle, as desigualdades sociais se agravarão. Poder-se-á dizer que não há novi-

[53] BAUDRILLARD, Jean. *Cool Memories II.* São Paulo: Estação Liberdade, 1995, p. 127-128.

[54] SIMONDON, Gilbert, (1924-1989). *A individuação à luz das noções de forma e de informação.* São Paulo: Editora 34, 2021, p. 74.

[55] PETRÔNIO, Rodrigo. *O Futuro. Gilbert Simondon aponta os caminhos da tecnologia.* Estado de S. Paulo. 9 de maio de 2021, p. H8.

[56] BOSTROM, Nick. *Superintelligence: Paths, Dangers, Strategies.* Oxford University Press.

dade: já se assistiu à "*agitação normal de destruição criativa do capitalismo, um processo que já ajudou a levar a um novo equilíbrio de mais empregos, salários mais altos e melhor qualidade de vida para todos. O mercado livre é supostamente auto corretivo, mas estes mecanismos de autocorreção não funcionam em uma economia impulsionada pela inteligência artificial*"[57]. O risco, não remoto, é o aprofundamento do fosso entre os incluídos e aqueles que não têm convite para o banquete tecnológico.

O sistema justiça assume singular responsabilidade em tal cenário. Uma atividade que, em tempos idos, já foi chamada "missão" ou "sacerdócio", embora tecnicamente qualificada, não pode considerar-se desvinculada de pensar e viver eticamente.

A ética é a baliza para manter a inteligência artificial como ferramenta e não como finalidade ou fatalidade da qual não se possa escapar. Pode-se extrair essa direção do testemunho de Kai Fu-Lee, grande especialista mundial em inovação tecnológica.

Quando começou sua carreira em inteligência artificial em 1983, a definia como "*a quantificação do processo de pensamento humano, a explicação do comportamento humano e o "passo final" para nos compreendermos*"[58].

Quase 40 anos depois, confessa ver "*as coisas de maneira diferente. Os programas de IA que criamos provaram ser capazes de imitar e superar os cérebros humanos em muitas tarefas. Como pesquisador e cientista, tenho orgulho dessas conquistas. Mas se o objetivo original era realmente entender a mim e aos outros seres humanos, então essas décadas de "progresso" não me levaram a lugar nenhum*"[59].

Onde a falha? A ciência tudo pode. Mas será que ela deve fazer tudo o que é possível? Não há qualquer limite?

A inteligência artificial foi desenvolvida para servir à humanidade. Resta convencê-la de que seu livre arbítrio permitirá fazer as melhores escolhas: "*Podemos escolher nos unir, trabalhando além dos limites das classes e das fronteiras nacionais para escrever nosso próprio final para a história da IA*"[60]. As escolhas, a final, são singelas: em síntese: "*Vamos escolher deixar que os*

[57] LEE, Kai-Fu. *Id.*, p. 205.
[58] LEE, Kai-Fu. *Id.*, p. 272.
[59] LEE, Kai-Fu. *Ibid.*
[60] LEE, Kai-Fu. *Id.*, p. 273.

*humanos sejam humanos. Vamos escolher simplesmente usar nossas máquinas e, mais importante, amar uns aos outros*"[61].

A experiência humana inibe uma crença inabalável nas melhores escolhas. Ao contrário, vivenciam-se crises resultantes de péssimas escolhas. As experiências constituem o passado presente. É humano extrair delas lições para o futuro. Aqui, é legítimo nutrir expectativas.

Quais as expectativas podemos acalentar, em relação ao futuro da inteligência artificial e ao porvir do sistema Justiça?

O que aprendemos com a experiência haurida no funcionamento desse equipamento estatal destinado a solucionar controvérsias e a trazer harmonia para o convívio humano?

Ora, "*a experiência, uma vez feita, está completa na medida em que suas causas são passadas ao passo que a experiência futura, antecipada como expectativa, se decompõe em uma infinidade de momentos temporais*"[62].

Urge trabalhar com os conceitos de espaço de experiência em contraposição ao horizonte de expectativas. O primeiro é o apanhado naquilo que se vivenciou, o estoque do conhecido. O segundo é o conjunto de possibilidades que se vislumbra e que pode variar a cada passo do trajeto. A expectativa é construída de "*esperança e medo, desejo e vontade, a inquietude, mas também a análise racional, a visão receptiva ou a curiosidade*"[63].

Resta à lucidez impregnada de ética tentar contribuir para que a Justiça do amanhã se valha dos incríveis avanços científico-tecnológicos, para que invenções como a Inteligência Artificial atuem no sentido de tornar o ambiente jurídico, sobretudo o judicial, mais humano, sensível e apto a responder aos anseios de seus destinatários.

## Referências

ARBIX, Glauco; VEIGA, João Paulo; SIMÕES, Laura; BRANDÃO, Rodrigo. *A estratégia do governo para investimentos em inteligência artificial é satisfatória? NÃO. Não sabe aonde quer chegar.* Folha de S. Paulo. 8 de maio de 2021, p. A3.

BRASIL. Conselho Nacional de Justiça. Resolução 400, de 16 de junho de 2021.

[61] LEE, Kai-Fu. *Ibid.*

[62] KOSELLECK, Reinhart, *Futuro passado: contribuição à semântica dos tempos históricos.* Rio de Janeiro: Contraponto-PUC Rio, 2006, p. 310.

[63] KOSELLECK, Reinhart. *Ibid.*

BAUDRILLARD, Jean. *Cool Memories II*. São Paulo: Estação Liberdade, 1995.

BBC. *Algorithm appointed board diretor*. Disponível em: http://www.bbc.com/news;technology.27426942. Acesso em: 20 abr. 2021.

BERLIN, Isaiah. *A Força das Ideias*. São Paulo: Companhia das Letras, 2005.

BOSTROM, Nick. *Superintelligence: Paths, Dangers, Strategies*. Oxford University Press.

D'URSO, Luiz Augusto. *O futuro bate à porta*. Folha de S. Paulo, 8 de maio de 2021, p. A3.

DEEP SHIFT – *Technology Tipping Points and Societal Impact, Global Agenda Council on the Future of Software and Society*, Fórum Econômico Mundial, setembro de 2015. *In:* SCHWAB, Klaus. *A Quarta Revolução Industrial*. São Paulo: Edipro, 2016.

DOLZAN, Marcio, *Inteligência Artificial pode detectar variantes*. Estado de S. Paulo. 16 de maio de 2021, p.A14.

FREY, Carl Benedikt; OSBORNE, Michael. *The Future of Employment: How Susceptible Are Jobs to Computerisation?*. Oxford Martin School, Programme on the Impacts of Future Technology. University of Oxford, 17.9.2013.

GOLEMAN, Daniel, *What Makes a Leader?* Harvard Business Review, jan.2004. Disponível em: https://hbr.org/2004/01/what-makes-a-leader. Acesso em: 20 abr. 2021.

KANO, Jigoro, *Energia Mental e Física*. São Paulo: Pensamento, 2008.

KLAUS SCHWAB. *Modern Enterprise Management in Mechanical Engineering*. VDMA, 1971.

KOSELLECK, Reinhart, *Futuro passado: contribuição à semântica dos tempos históricos*. Rio de Janeiro: Contraponto-PUC Rio, 2006.

LEE, Kai-Fu. *Inteligência Artificial*. Rio de Janeiro: Globo Livros, 2019.

LEMOS, Ronaldo. *Existirá uma IA de fato inteligente?* Folha de S. Paulo. 26 de abril de 2021, p. A16.

NALINI, José Renato. *A Rebelião da toga*. 3. ed. São Paulo: RT-Thomson Reuters, 2015.

NOVAES, Adauto. *Mundos Possíveis*. *In:* NOVAES, Adauto. *O futuro não é mais o que era*. São Paulo: SESC Editora, 2013.

PAÍSES *que demoram a adotar o 5G começam a perder competitividade*. Estado de S. Paulo. 5 de junho de 2021, p. B16.

SNOW, Peter. *The Human Psyche: in Love, War & Enlightenment*, Boolarong Press, 2010.

PETRÔNIO, Rodrigo. *O Futuro. Gilbert Simondon aponta os caminhos da tecnologia*. Estado de S. Paulo. 9 de maio de 2021, p. H8.

RILKE, Rainer Maria. *Letters to a Young Poet*. Insel Verlag, 1919.

ROMANI, Bruno. *Temo que a inteligência artificial saia do controle*. Entrevista com Max Tegmark. Estado de S. Paulo. 9 de maio de 2021, p. B8.

RUSSELL, Stuart. *Uma Inteligência Artificial Inteligente. In*: SCHWAB, Klaus. *Aplicando a Quarta Revolução Industrial.* São Paulo: Edipro, 2018.

SCHWAB, Klaus. *Aplicando a Quarta Revolução Industrial.* São Paulo: Edipro, 2018.

SIMONDON, Gilbert. *A individuação à luz das noções de forma e de informação.* São Paulo: Editora 34, 2021.

*Verbal IQ of a Four Year Old Achieved by na Al System.* Disponível em: http://citeseerx.ist.psu.edu/viexdoc/download?doi=10.1.1.3866705&crep=rep'&type=pdf. Acesso em: 20 abr. 2021.

# 12. INTELIGÊNCIA ARTIFICIAL NO PODER JUDICIÁRIO BRASILEIRO: O PROJETO VICTOR DO SUPREMO TRIBUNAL FEDERAL

*José Antonio Dias Toffoli*
*Roberta Maria Rangel*
*Eduardo Toledo*

**Introdução**

Mary Wollstonecraft Shelley publicou, em 1818, a obra denominada **Frankstein, ou o Prometeu Moderno**, que se tornaria um clássico da literatura gótica (na primeira versão, não constou sua autoria).

Trata-se da história de um jovem cientista, Victor Frankstein, estudioso do ocultismo, da alquimia, da química, do galvanismo e das ciências naturais, que cria um ser à semelhança do homem. Entretanto, o criador sente repulsa por sua criação e a rejeita, abandonando-a, o que permite à criatura apreender habilidades e sentimentos humanos como a inteligência, a autopercepção e o rancor. A criatura se revolta com sua monstruosa e artificial condição e, movida pela vingança, impõe infortúnios ao cientista que a concebeu.

A obra em questão não é o único exemplo de produção artística da civilização quanto ao tema da dominação ou da superação da criatura sobre o criador. Entretanto, todas nos conduzem às mesmas reflexões: qual a verdadeira necessidade desses artifícios? As capacidades cognitivas, sensitivas e de autonomia de que esses aparatos tecnológicos dispõem podem colocar em risco a humanidade?

## 1. Um pouco sobre inteligência artificial

Inteligência artificial (IA) é uma expressão que encerra uma gama de tecnologias, cujo objetivo último é capacitar os programas computacionais ou informáticos a se retroalimentarem, a partir de dados previamente captados.

Como consta na proposta de regulamento do Parlamento e do Conselho Europeus sobre inteligência artificial, apresentada pela Comissão Europeia em 21 de abril de 2021, dentre os objetivos da utilização da IA estão a otimização de operações e recursos humanos com vistas à personalização da prestação de serviços, culminando na contribuição de melhores resultados sociais e ambientais, em especial para "setores de elevado impacto, incluindo os domínios das alterações climáticas, do ambiente e da saúde, do setor público, das finanças, da mobilidade, dos assuntos internos e da agricultura".[1]

A exposição de motivos da mesma proposta de regulamento afirma que, para se atingir aqueles objetivos, a IA deve ser capaz de predizer fatos, recomendar ações ou tomar decisões capazes de influenciar os ambientes nos quais opera.[2]

Entretanto, a inteligência artificial não traz somente benefícios para a humanidade. Ela também encerra perigos e preocupações, em especial os concernentes às possibilidades de violação de garantias individuais consagradas na Constituição Federal brasileira, como a isonomia e a privacidade. Essas preocupações não passaram despercebidas na proposta europeia de regulamento, cujos Títulos II e III contêm as práticas de inteligência artificial proibidas; as regras para a classificação de siste-

[1] COMISSÃO EUROPEIA. **Proposta de regulamento do Parlamento Europeu e do Conselho, que estabelece regras harmonizadas em matéria de inteligência artificial e altera determinados atos legislativos da União.** Artigo 3º, 1. Disponível em: <https://eur-lex.europa.eu/legal-content/PT/TXT/HTML/?uri=CELEX:52021PC0206&from=EN#:~:text=A%20proposta%20apoia%20o%20objetivo,especificamente%20pelo%20Parlamento%20Europeu%204%20>. Acesso em 14 fev. 2022.

[2] COMISSÃO EUROPEIA. **Proposta de regulamento do Parlamento Europeu e do Conselho, que estabelece regras harmonizadas em matéria de inteligência artificial e altera determinados atos legislativos da União.** <https://eur-lex.europa.eu/legal-content/PT/TXT/HTML/?uri=CELEX:52021PC0206&from=EN#:~:text=A%20proposta%20apoia%20o%20objetivo,especificamente%20pelo%20Parlamento%20Europeu%204%20>. Acesso em 14 fev. 2022.

mas de IA como de "risco elevado"; e as obrigações dos prestadores de serviços.

Assim, para que a adoção da inteligência artificial pelo Poder Judiciário brasileiro esteja constitucionalmente legitimada, é necessário se verificar se dois planos de competências estão *positivamente* preenchidos: o *plano da necessidade* e o *plano da segurança.*

## 2. O uso da tecnologia no Poder Judiciário brasileiro

O Poder Judiciário brasileiro é um dos que mais julga no mundo, como demonstram dados concretos colhidos pelo Conselho Nacional de Justiça e expostos na publicação Justiça em números: 2021. O ano de 2020 foi finalizado com 75,4 milhões de processos judiciais em trâmite[3], o que representa, em média, um processo a cada três habitantes.

Esse quadro calamitoso impele o Poder Judiciário brasileiro a uma incessante busca por *soluções* que o auxiliem no desempenho de sua função constitucionalmente definida de pacificar os conflitos de interesses de forma célere, eficiente, econômica e igualitária, como determinam os princípios da razoável duração do processo (art. 5º, LXXVIII, CF); da eficiência (art. 37, *caput*, CF); da economicidade (art. 70, *caput*); da igualdade (art. 5º, *caput*, CF) e da construção de uma sociedade livre, justa, solidária, desenvolvida, com redução das desigualdades sociais e regionais, e não discriminatória (art. 3º, I a IV).

As soluções que têm sido buscadas pelo Poder Judiciário têm se concentrado em duas vertentes de atuação: na estimulação dos *métodos de solução adequada de conflitos* e na utilização da tecnologia.

Os *métodos adequados de solução de conflitos* iniciaram seu desenvolvimento no Brasil com a *arbitragem*, instituída pela Lei nº 9.307, de 23 de setembro de 1996, cuja constitucionalidade foi reconhecida pelo Supremo Tribunal Federal em 2001 no Agravo Regimental na Sentença Estrangeira nº 5.206-7, do Reino da Espanha, da relatoria do Ministro Sepúlveda Pertence.

[3] CONSELHO NACIONAL DE JUSTIÇA. **Justiça em números: 2021**. Disponível em: <https://www.cnj.jus.br/wp-content/uploads/2021/09/relatorio-justica-em-numeros2021-12.pdf https://www.cnj.jus.br/wp-content/uploads/2020/08/WEB_V2_SUMARIO_EXECUTIVO_CNJ_JN2020.pdf>. Acesso em: 14 fev. 2022.

A partir de então, despontaram a *mediação* e a *conciliação*, inicialmente no *interior* do Poder Judiciário, como antevéspera do processo judicial,[4] sistemática que depois foi espelhada para o *exterior*, incentivando o uso privado desses métodos, com a publicação da Lei nº 13.140, de 26 de junho de 2015 e do Código de Processo Civil, que entrou em vigor em 18 de março de 2016.

No contexto do Poder Judiciário brasileiro, a Justiça Eleitoral, que, entre nós, desempenha as funções legislativa, administrativa e jurisdicional (regulamenta, organiza, fiscaliza e julga as eleições),[5] foi pioneira no uso da tecnologia.

O acúmulo de funções pela Justiça Eleitoral, notadamente as de preparar e administrar eleições de dois em dois anos no quarto maior colégio eleitoral do mundo, torna imprescindível o uso de novas tecnologias, o qual se iniciou com a instituição do cadastro eletrônico de eleitores,[6] seguido do desenvolvimento e da adoção das urnas eletrônicas (projeto iniciado em 1996)[7] e, atualmente, da biometrização de todo o eleitorado

[4] Também é estimulada no processo judicial já instaurado.

[5] "O processo eleitoral consiste num complexo de atos que visam a receber e transmitir a vontade do povo e que pode ser subdividido em três fases: a) a fase pré-eleitoral, que vai desde a escolha e apresentação das candidaturas até a realização da propaganda eleitoral; b) a fase eleitoral propriamente dita, que compreende o início, a realização e o encerramento da votação; c) fase pós-eleitoral, que se inicia com a apuração e a contagem de votos e finaliza com a diplomação dos candidatos". Cf. MENDES, Gilmar Ferreira. O princípio constitucional da anterioridade eleitoral. *In:* CARVALHO NETO, Tarcísio Vieira; FERREIRA, Talson Luís Cavalcante (Coords). Direito eleitoral: aspectos materiais e processuais. São Paulo: Migalhas, p. 505.

[6] Nas palavras de Carlos Mário da Silva Velloso, o cadastro eletrônico foi "implantado em 1985/1986, na presidência do ministro Néri da Silveira. Foi uma tarefa hercúlea, na qual o ministro Néri foi o grande comandante. Na época, integrava o TSE, na representação do antigo Tribunal Federal de Recursos como Corregedor-Geral da Justiça Eleitoral, e pude testemunhar o notável trabalho do ministro José Néri da Silveira, que percorreu praticamente todo o Brasil, tornando realidade o recadastramento dos eleitores em meio eletrônico. Hoje, o maior cadastro do continente, com mais de 140 milhões de eleitores, é de grande importância para a realização da verdade eleitoral" (VELLOSO, Carlos Mário da Silva. **Urnas eletrônicas: um pouco de sua história**. Disponível em: <https://www.conjur.com.br/dl/artigo-carlos-velloso.pdf>. Acesso em: 14 fev. 2022.

[7] "E por que o voto informatizado tornara-se o meu ideal maior? É que, nas apurações manuais com as cédulas de papel, campeava o *mapismo*, fraude abominável que elegia e deselegia candidatos. Acabávamos de tomar conhecimento de extensa fraude eleitoral nas

brasileiro, que, espera-se, votará com identificação biométrica em sua totalidade nas eleições de 2026.

A vanguarda tecnológica encabeçada pela Justiça Eleitoral brasileira foi acompanhada pelo Supremo Tribunal Federal, que, desde 2002, televisiona suas sessões plenárias, exponenciando a transparência dos julgamentos com a transmissão pela TV Justiça, pela Rádio Justiça e, mais atualmente, pelo canal do STF no YouTube. A partir de 2007, o STF também passou a julgar processos colegiadamente em *ambiente virtual*, no "Plenário Virtual",[8] que foi ampliado, na sessão administrativa de 18 de março de 2020, para permitir que todos os processos de competência daquele Tribunal venham a ser julgados naquele espaço, observadas as competências das Turmas ou do Plenário.

Tal como na Justiça Eleitoral, a utilização da tecnologia pelo Supremo Tribunal Federal sempre observou a legalidade, a transparência, a segurança jurídica e o pleno exercício das funções do Ministério Público, da Defensoria Pública e da advocacia pública e privada, ou seja, todo o Sistema de Justiça. Nos julgamentos virtuais, os Ministros podem alterar votos proferidos, destacar qualquer processo para julgamento presencial antes do encerramento da sessão virtual e, durante essa, disponibilizar o relatório e a íntegra dos votos proferidos. As sustentações orais do Ministério Público, dos procuradores, dos defensores públicos e dos advogados podem ser encaminhadas eletronicamente, por peticionamento eletrônico (o que gera protocolo e registro no andamento), e acessadas pelos julgadores antes de adentrarem o campo de votação, bem como podem ser disponibilizadas e acessadas pelo público. Também foi ampliada a duração das sessões virtuais: de cinco para seis dias

eleições de 1994, no Rio de Janeiro. Parte delas chegou a ser anulada. Se isso ocorria no Rio de Janeiro, tambor do Brasil – o que lá ocorre repercute no Brasil inteiro – o que não estaria ocorrendo nos Estados mais distantes? Era preciso, portanto, afastar a mão humana das apurações, tema de conversas intermináveis entre o ministro Pertence, então presidente do TSE, alguns juízes e eu" (VELLOSO, Carlos Mário da Silva. **Urnas eletrônicas: um pouco de sua história**. Disponível em: <https://www.conjur.com.br/dl/artigo-carlos-velloso.pdf>. Acesso em: 14 fev. 2022.

[8] O Plenário Virtual concretiza o conceito do Professor Richard Susskind de cortes de *internet*, segundo o qual as cortes judiciárias, por prestarem um "serviço", não devem ficar adstritas a um "local" físico (Cf. SUSSKIND, Richard. *Online courts and the future of justice*. Ed. Kindle. Oxford: Oxford Press, 2019).

úteis (de uma sexta-feira a outra), com regramento diferenciado no caso de feriados.[9]

Enfim, todas as ferramentas citadas foram desenvolvidas para suprir necessidades palpáveis do Poder Judiciário. Como eram tecnologias com as quais a sociedade brasileira tinha familiaridade, sua implementação não gerou grandes resistências. Hoje, sua imprescindibilidade restou comprovada durante a Pandemia da COVID-19 e foram essenciais para que o Poder Judiciário brasileiro não colapsasse e não paralisasse suas atividades.

Entretanto, semelhante aceitação não ocorre com a inteligência artificial, que ainda gera incompreensões dos jurisdicionados, razão da importância de se ressaltar que seu uso é tão necessário quanto seguro.

### 3. A necessidade da adoção da inteligência artificial

O desenvolvimento e aplicação de IA no Poder Judiciário pode vir a atender algumas necessidades que vão desde automação de etapas procedimentais (e até mesmo processuais) à uniformização de decisões e ao "assessoramento" a juízes, membros do Ministério Público e advogados.

A realidade é que, em razão do grande volume de processos, torna-se, cada vez mais complexo, que o Poder Judiciário brasileiro, contando somente com a mão de obra humana, consiga entregar uma prestação jurisdicional eficiente e em tempo razoável. A inteligência artificial consegue uniformizar a marcha de tramitação dos processos, além de indicar decisões coerentes e assemelhadas para questões jurídicas assemelhadas.

Como exemplo, citam-se as execuções fiscais, que representam grande parte dos processos judiciais em tramitação no Poder Judiciário. A maioria das execuções fiscais, quando chega à análise de algum servidor, já conta com a incidência da prescrição intercorrente, o que resulta, ao final, em aleatoriedade com relação a quem deverá pagar ou não o débito tributário.

[9] A duração das sessões virtuais foi ampliada de cinco para seis dias úteis (de uma sexta-feira a outra), a partir de 29 de maio de 2020. Cf. VALENTE, Fernanda. STF edita resolução e sessões virtuais passam a ter seis dias de duração. Portal Migalhas, São Paulo, 21 de maio de 2020. Disponível em: < https://www.conjur.com.br/2020-mai-21/sessoes-virtuais-stf-passam-seis-dias-duracao >. Acesso em: 14 fev. 2021.

Por outro lado, as atividades desenvolvidas por essas ferramentas inteligentes representam baixo risco aos jurisdicionados, porque são supervisionadas por seres humanos, sendo seus resultados expostos ao escrutínio das partes e dos operadores do direito e à eventual correção por meio dos recursos judiciais cabíveis, o que contribui para a *acurácia* das manifestações judiciais e, ao final, para a diminuição das desigualdades e das injustiças cometidas.

É, pois, inafastável a conclusão de que o Poder Judiciário brasileiro tem, hoje, necessidade de utilizar a inteligência artificial para auxiliar a prestação jurisdicional, bem como que a IA é harmônica com os princípios constitucionais. Os esforços humanos poderão ser mais bem aproveitados na solução de questões verdadeiramente desafiadoras à sociedade, como bem ressaltado por Richard Susskind: "*Judicial decision-making in hard cases, especially when judges are called upon to handle complex issues of principle, policy, and morality, is well beyond the capabilities of current computer systems*".[10]

## 4. A segurança na adoção da inteligência artificial

Uma vez demonstrada a necessidade de o Poder Judiciário brasileiro se valer da inteligência artificial para o desempenho célere e eficiente da função jurisdicional, é importante analisar os mecanismos que conferem segurança a seu uso. Nesse plano, há protagonismo do Conselho Nacional de Justiça (CNJ).

O CNJ foi criado pela Emenda Constitucional nº 45, de 2004, para desenvolver políticas públicas para o Poder Judiciário. Na atualidade, tem como um dos focos a segurança na utilização da inteligência artificial.

A inteligência artificial só tem possibilidade de se desenvolver no Poder Judiciário caso dois outros elementos tenham plena implementação: o Sistema de Processo Judicial Eletrônico (PJe) e a plataforma SINAPSES.

O PJe foi criado pela Resolução CNJ nº 185, de 18 de dezembro de 2013[11] e, entre seus objetivos, destacam-se o controle da tramitação, da

[10] SUSSKIND, Richard. **Tomorrow's Lawyers: An Introduction to Your Future**. Second Edition. Oxford: Oxford Press, 2017, p. 102.

[11] Trata-se de "um sistema de tramitação de processos judiciais, cujo objetivo é atender às necessidades dos diversos segmentos do Poder Judiciário brasileiro (Justiça Militar da

transmissão e da publicidade dos atos processuais; a padronização dos dados e das informações processuais; a celeridade da prestação jurisdicional e a ampliação do acesso ao Poder Judiciário, com a eliminação de barreiras físicas.

Apesar de esse sistema ter sido concebido para ter aplicação exclusiva em todos os tribunais do país, quando de seu desenvolvimento, aprimoramento e implantação pelo CNJ, alguns tribunais já tinham adotado sua própria ferramenta de tramitação processual e os custos com as trocas de plataformas mostraram-se desvantajosos. Assim, em paralelo ao PJe há outros sistemas, a exemplo do e-SAJ, o e-Proc, o Projudi, o e-STF, o e-STJ, dentre outros.

Quanto à plataforma SINAPSES esta é, em termos simples, uma "fábrica para modelos de IA".[12] Essa plataforma permite que os tribunais que operam por meio do PJe nela desenvolvam suas próprias ferramentas de IA e, assim, "reutilizem, adaptem e até adicionem seus próprios algoritmos[13] ao sistema".[14]

União e dos Estados, Justiça do Trabalho e Justiça Comum, Federal e Estadual). Atualmente o PJe está implantado em 79,7% dos tribunais. As bases para sua implantação estão contidas na Resolução CNJ nº 185/20163." Cf. TOFFOLI, José Antonio Dias; GUSMÃO, Bráulio Gabriel (Coords.). **Inteligência artificial no Poder Judiciário brasileiro.** Disponível em https://www.cnj.jus.br/wp-content/uploads/2020/05/Inteligencia_artificial_no_poder_judiciario_brasileiro_2019-11-22.pdf, p. 10. Acesso em: 14 fev. 2022.

[12] BREHM, Katie; HIRABAYASHI, Momori; LANGEVIN, Clara; NUÑOZCANO, Bernardo Rivera; KASTSUMI, Sekizawa e ZHU. Coord. sob a orientação de André Corrêa D'Almeida para o Conselho Nacional de Justiça e Instituto de Tecnologia e Sociedade do Rio de Janeiro. **O futuro da IA no sistema judiciário brasileiro: mapeamento, integração e governança da IA.** Disponível em: <https://itsrio.org/wp-content/uploads/2020/07/TRADUC%CC%A7A%CC%83O-The-Future-of-AI-in-the-Brazilian-Judicial-System.pdf>, p. 12. Acesso em: 14 fev. 2022.

[13] Algoritmo é uma das tecnologias utilizadas pela inteligência artificial. O Dicionário de Filosofia de Cambridge assim o define: "método burocrático ou eficaz que pode ser aplicado a toda uma categoria de determinadas informações simbólicas e que poderá em tempo finito e determinado número de etapas acabar em um resultado num correspondente rendimento simbólico" (Dicionário de filosofia de Cambridge. Tradução: João Paixão Neto; Edwino Aloysius Royer et al. 2. São Paulo: Paulus, 2011, p. 19).

[14] BREHM, Katie; HIRABAYASHI, Momori; LANGEVIN, Clara; NUÑOZCANO, Bernardo Rivera; KASTSUMI, Sekizawa e ZHU. Coord. sob a orientação de André Corrêa D'Almeida para o Conselho Nacional de Justiça e Instituto de Tecnologia e Sociedade do Rio de Janeiro. **O futuro da IA no sistema judiciário brasileiro: mapeamento, integra-**

A plataforma SINAPSES foi inicialmente desenvolvida pelo Tribunal de Justiça de Rondônia, e sua nacionalização foi fruto do Termo de Cooperação nº 42/2018 firmado entre o CNJ e o TJRO. Ela é conceituada como "solução computacional, mantida pelo Conselho Nacional de Justiça, com o objetivo de armazenar, testar, treinar, distribuir e auditar modelos de Inteligência Artificial" (art. 3º, III, da Resolução CNJ nº 332, de 21 de agosto de 2020).

Por fim, a Resolução CNJ nº 395, de 7 de junho de 202,1 instituiu um Laboratório de Inovação do Conselho Nacional de Justiça, denominado Laboratório de Inovação e dos Objetivos de Desenvolvimento Sustentável (art. 6º da Resolução), para, basicamente, incentivar e desenvolver o uso da inteligência artificial dentro do PJe, auxiliando na prestação jurisdicional.

Na plataforma SINAPSES, a inteligência artificial é utilizada e desenvolvida coletivamente por seus usuários, tendo como interface o PJe, uma das razões do uso padronizado desse sistema por todos os tribunais. Quanto maior a base de dados à disposição das ferramentas de IA, mais possibilidade ela tem de se corrigir e maior sua *acurácia*. A prática cotidiana sobre uma ampla base de dados promove o desenvolvimento e a segurança da IA, bem como delimita seu campo de atuação.

Existe muita discussão a respeito da divulgação dos *algoritmos* usados por IA. Algumas pessoas alegam que a divulgação conferiria maior segurança ao uso dessa tecnologia. Entretanto, trata-se de uma decisão que deve ocorrer após análise cuidadosa, pois a publicização poderá ser perniciosa e resultar no desenvolvimento de ferramentas maliciosas voltadas para *burlar* o sistema. Assim, se faz necessária a ponderação entre a necessidade de publicização dos programas de IA e os riscos à segurança do sistema que essa publicidade representa.

De qualquer forma, o que é importante ressaltar é que há acompanhamento minucioso e regulamentação da matéria pelo Conselho Nacional de Justiça, que também vem implementando instrumentos legais que definem responsabilidades no caso de uso indevido da tecnologia.

**ção e governança da IA.** Disponível em: <https://itsrio.org/wp-content/uploads/2020/07/TRADUC%CC%A7A%CC%83O-The-Future-of-AI-in-the-Brazilian-Judicial-System.pdf>, p. 12. Acesso em: 14 fev. 2022.

## 5. O projeto Victor, do Supremo Tribunal Federal

No âmbito do Supremo Tribunal Federal, durante a presidência da Ministra Cármen Lúcia, iniciou-se um projeto de desenvolvimento de inteligência artificial que foi posteriormente batizado de *Victor*, em homenagem a Victor Nunes Leal, ministro do STF de 1960 a 1969 e principal responsável pela sistematização da jurisprudência do STF em súmulas.

Desde o início do projeto Victor, foi decidido que ele seria desenvolvido em parceria com a Universidade de Brasília (UnB), dispensando-se o uso de ferramentas pertencentes a entidades privadas que, à época, foram oferecidas gratuitamente ao Tribunal. A escolha foi acertada, pois permitiu não apenas o desenvolvimento de uma tecnologia exclusiva, mas também o enriquecimento da academia, por sua participação em um projeto de ponta.

O nível de interação entre diversos ramos do conhecimento num projeto como o *Victor* impressiona, sendo inquestionável o ganho em escala proporcionado por investimentos financeiros relativamente pequenos. Além disso, essa experiência demonstra quão fundamental é haver conexão entre o Poder Judiciário e a comunidade acadêmica para o desenvolvimento de políticas públicas em inteligência artificial, tendo em vista a demanda por conhecimentos técnico-científicos em diferentes áreas, como Ciência da Computação, a Engenharia de *Software*, a Linguística, o Direito etc.

De início, o projeto não tinha como objetivo resolver os problemas com automação de atividades internas, mas sua mera existência tinha o potencial de alterar a visão que os servidores e colaboradores tinham sobre o uso da tecnologia como facilitador das atividades corriqueiras (e maçantes) que eram desenvolvidas acriticamente todos os dias, o que já teve uma função motivacional.

O *Victor* foi desenvolvido para funcionar na tramitação inicial dos recursos extraordinários no Supremo Tribunal Federal, na análise da existência, ou não, de tema de repercussão geral a ser aplicado ao recurso. Essa é uma atividade feita antes mesmo da distribuição de recurso a um dos ministros, sob a supervisão da presidência da Corte.

Ao final do projeto, espera-se que, além do STF, todos os tribunais do Brasil possam utilizá-lo para pré-processar os recursos extraordinários logo após sua interposição, atuando ainda em conjunto com o Módulo de Jurisdição Extraordinária (MJE), que está sendo desenvolvido, desde 2019, em parceria com o Conselho Nacional de Justiça e com o Superior Tribunal de Justiça. O MJE auxiliará no reconhecimento das demandas com potencial de replicação em massa, promovendo uma gestão inteligente da admissibilidade recursal desde o peticionamento do recurso na origem, dinamizando a entrega da prestação jurisdicional nacionalmente, reduzindo o custo do processo e tornando o seu trâmite mais célere.

Um dos principais ganhos do projeto *Victor*, sem dúvida, adveio da maior conscientização do Poder Judiciário e de seus membros e servidores, a respeito da tecnologia e de seu próprio aprendizado. Apenas para se ter uma ideia, quando iniciado o projeto, entre o final de 2017 e início de 2018, poucas notícias havia sobre projetos dessa natureza no país. Seu anúncio resultou numa espécie de *competição* dentro do Poder Judiciário, com o surgimento de outros bem-vindos projetos de inteligência artificial, como o projeto Sócrates, do Superior Tribunal de Justiça; o LEIA, do Tribunal de Justiça do Acre; o Hércules, do Tribunal de Justiça de Alagoas; o Horus, o Amon e o Toth, do Tribunal de Justiça do Distrito Federal e dos Territórios; o Radar, do Tribunal de Justiça de Minas Gerais; o Elis, do Tribunal de Justiça de Pernambuco; o Poti, o Clara e o Jerimum, do Tribunal de Justiça do Rio Grande do Norte, além da plataforma SINAPSES, do Tribunal de Justiça de Rondônia,[15] dentre outros. Em notícia colhida do Portal Jota de 9 de julho de 2020, havia na época ao menos 72 projetos de inteligência artificial nos tribunais brasileiros.[16]

[15] Cf. BREHM, Katie; HIRABAYASHI, Momori; LANGEVIN, Clara; NUÑOZCANO, Bernardo Rivera; KASTSUMI, Sekizawa e ZHU. Coord. sob a orientação de André Corrêa D'Almeida para o Conselho Nacional de Justiça e Instituto de Tecnologia e Sociedade do Rio de Janeiro. **O futuro da IA no sistema judiciário brasileiro: mapeamento, integração e governança da IA.** Disponível em: <https://itsrio.org/wp-content/uploads/2020/07/TRADUC%CC%A7A%CC%83O-The-Future-of-AI-in-the-Brazilian-Judicial-System.pdf>, pp. 13 e 14. Acesso em: 14 fev. 2022.

[16] FREITAS, Hyndara. **Judiciário brasileiro tem ao menos 72 projetos de inteligência artificial nos tribunais**. Portal Jota, 9 de julho de 2020. Disponível em: https://www.jota.info/coberturas-especiais/inova-e-acao/judiciario-brasileiro-tem-ao-menos-72-projetos-de-inteligencia-artificial-nos-tribunais-09072020#:~:text=O%20Judici%C3%A1rio%20brasileiro%20tem%20ampliado,em%20diferentes%20fases%20de%20implementa%C3%A7%C3%A3o. Acesso em: 14 fev. 2022.

O *Victor* ainda se encontra em "estágio supervisionado", estando em fase de aperfeiçoamento para cumprir as metas para ele programadas. Um das principais dificuldades enfrentadas, em especial quantos aos índices de *acurácia* na identificação de temas de repercussão geral, decorre mais das deficiências da base de dados em que foi treinado e da complexidade da linguagem jurídica do que da falha tecnológica. Como destacado pelos pesquisadores que participaram do projeto:

> Um dos problemas [a ser enfrentado] pelo sistema, contudo, é a dimensão de conceito jurídico indeterminado do requisito de admissibilidade da repercussão geral, subdividindo-se em dois grupos de admissão: os filtros monocráticos de admissão recursal e os filtros colegiados de admissão recursal, [que se] utilizam da reafirmação de jurisprudência. A partir disso, a alimentação do Projeto Victor se dará em razão das decisões proferidas, com a análise de série temporal da jurisprudência firmada e o acesso ao banco de dados estabelecido no tribunal.[17]

Mas o fato de podermos concluir isso já é reflexo dos efeitos positivos do projeto, pois demonstram avanço na identificação de problemas, ultrapassando-se a fronteira de questões até então desconhecidas.

Por outro lado, o projeto jamais teve a pretensão de substituir pessoas por máquinas. Pelo contrário. Seu propósito sempre foi aproveitar o potencial humano para a solução de casos complexos, reduzindo a quantidade de pessoas voltadas a atividades banais, redirecionando recursos humanos preciosos para trabalhos que não podem ser realizados por máquinas.

Nem o *Victor* nem qualquer outra ferramenta utilizada no Poder Judiciário substituirão a decisão do magistrado. Eles *apenas*[18] realizarão uma triagem e recomendarão um tema de repercussão a ser aplicado no caso, com sugestão de decisão. Também é importante sublinhar a necessidade

[17] ANDRADRE, Mariana Dionísio; PINTO, Eduardo Régis Girão de Castro; LIMA, Isabela Braga de; GALVÃO, Alex Renan de Sousa. Inteligência artificial para o rastreamento de ações com repercussão geral: o projeto Victor e a realização do princípio da razoável duração do processo. **Revista Eletrônica de Direito Processual-REDP**, ano 14, vol. 21, número 1, jan.-abr./2020, pp. 312-335, p. 329.

[18] O "apenas" é locução expletiva, pois a complexidade por trás dessas funcionalidades não sugere atividade simplificada.

de se publicizar a alimentação da ferramenta *Victor* para se possibilitar o *distinguishing* permitido nos §§ 9º e seguintes do art. 1.036 do Código de Processo Civil.

De acordo com Mariana Dionísio de Andrade e outros, a ferramenta *Victor* utiliza "dois modelos de redes neurais: Rede Neural Convolucional (*Convolutional Neural Network – CNN*) e Modelo Bidirecional de Memória de Longo Prazo (*Bidirectional Long Short-Term Memory*)", sendo esse último "uma variação do estudo de Redes Neurais Recorrentes (*Recurrent Neural Network – RNN*)".[19] Em termos simples, o *Victor* preserva o erro.

Há expectativas de que o *Victor* cumpra o quanto prometido em seu projeto inicial. Entretanto, haverá a necessidade de que um projeto dessa envergadura seja inserido definitivamente na rotina do Supremo Tribunal Federal para que suas redes neurais se aprimorem com seus próprios erros a partir da supervisão humana (a indicação no sistema por uma pessoa de que a sugestão de tema feita pelo *Victor* está errada ou certa é essencial para sua evolução).

De toda forma, até que toda a sua potencialidade seja alcançada, o *Victor* continuará sendo um importante propulsor da transformação digital do Supremo Tribunal Federal.

## Conclusões

É inconcebível desenvolver uma ferramenta de IA sem supervisionamento humano, ou seja, sem investigar de que forma ela está evoluindo a partir da base de dados de aprendizado. Algumas experiências internacionais a respeito do comportamento preconceituoso de sistemas de inteligência artificial, em razão de vieses contidos em sua base de dados de treinamento, serviram de alerta para que o aprendizado da máquina seja constantemente supervisionado.

Especificamente sobre a aplicação de IA no Poder Judiciário, pode-se indagar: a sua utilização sem a participação humana ao final pode-

[19] ANDRADRE, Mariana Dionísio; PINTO, Eduardo Régis Girão de Castro; LIMA, Isabela Braga de; GALVÃO, Alex Renan de Sousa. "Inteligência artificial para o rastreamento de ações com repercussão geral: o projeto Victor e a realização do princípio da razoável duração do processo". **Revista Eletrônica de Direito Processual-REDP**, ano 14, vol. 21, número 1, jan.-abr./2020, pp. 312-335, p. 329.

ria ser motivo de nulidade de uma *decisão judicial*? Todavia, trata-se de afirmação que decorreria apenas da necessidade de pontuar o problema, pois nenhum dos projetos atualmente existentes e em desenvolvimento perante o Poder Judiciário brasileiro tem essa pretensão.

Para que o Poder Judiciário brasileiro entregue a prestação jurisdicional de forma célere e eficiente, ele precisa aderir a novas tecnologias, dentre estas a inteligência artificial. Ele efetivamente faz isso e de forma segura, sob a coordenação do Conselho Nacional de Justiça e a liderança do Supremo Tribunal Federal.

A introdução da inteligência artificial nas rotinas judiciais está apenas começando. Não se sabe, obviamente, a exata dimensão do porvir e, principalmente, os problemas que serão enfrentados.

O importante é que o Poder Judiciário se mantém aberto para a inovação, com responsabilidade e planejamento, permitindo sua constante evolução, *pari passu* com as necessidades apresentadas pela sociedade brasileira, que cada vez exige soluções mais rápidas e eficientes para os problemas da modernidade.

## Referências

ANDRADRE, Mariana Dionísio; PINTO, Eduardo Régis Girão de Castro; LIMA, Isabela Braga de; GALVÃO, Alex Renan de Sousa. Inteligência artificial para o rastreamento de ações com repercussão geral: o projeto Victor e a realização do princípio da razoável duração do processo. **Revista Eletrônica de Direito Processual-REDP**, ano 14, vol. 21, número 1, jan.-abr./2020, p. 312-335.

BREHM, Katie; HIRABAYASHI, Momori; LANGEVIN, Clara; NUÑOZCANO, Bernardo Rivera; KASTSUMI, Sekizawa e ZHU. Coord. sob a orientação de André Corrêa D'Almeida para o Conselho Nacional de Justiça e Instituto de Tecnologia e Sociedade do Rio de Janeiro. **O futuro da IA no sistema judiciário brasileiro: mapeamento, integração e governança da IA.** Disponível em: <https://itsrio.org/wp-content/uploads/2020/07/TRADUC%CC%A7A%CC%83O--The-Future-of-AI-in-the-Brazilian-Judicial-System.pdf>. Acesso em: 14 fev. 2022.

COMISSÃO EUROPEIA. **Proposta de regulamento do Parlamento Europeu e do Conselho, que estabelece regras harmonizadas em matéria de inteligência artificial e altera determinados atos legislativos da União**. Disponível em: <https://eur-lex.europa.eu/legal-content/PT/TXT/HTML/?uri=CELEX:52021PC0206&from=EN#:~:text=A%20proposta%20apoia%20o%20

objetivo,especificamente%20pelo%20Parlamento%20Europeu%204%20>. Acesso em: 14 fev. 2022.

CONSELHO NACIONAL DE JUSTIÇA. **Justiça em números 2021**. Disponível em: <https://www.cnj.jus.br/wp-content/uploads/2021/09/relatorio-justica-em-numeros2021-12.pdf https://www.cnj.jus.br/wp-content/uploads/2020/08/WEB_V2_SUMARIO_EXECUTIVO_CNJ_JN2020.pdf>. Acesso em: 14 fev. 2022.

–. **O futuro da IA no sistema judiciário brasileiro: mapeamento, integração e governança da IA**. BREHM, Katie; HIRABAYASHI, Momori; LANGEVIN, Clara; NUÑOZCANO, Bernardo Rivera; KASTSUMI, Sekizawa e ZHU, Jiayi, sob a orientação de André Corrêa D'Almeida para o Conselho Nacional de Justiça e Instituto de Tecnologia e Sociedade do Rio de Janeiro. Disponível em: <https://itsrio.org/wp-content/uploads/2020/07/TRADUC%CC%A7A%CC%83O-The-Future-of-AI-in-the-Brazilian-Judicial-System.pdf>. Acesso em: 14 fev. 2022.

**DICIONÁRIO DE FILOSOFIA DE CAMBRIGDE**. Tradução: João Paixão Neto; Edwino Aloysius Royer et al. 2. ed. São Paulo: Paulus, 2011.

FREITAS, Hyndara. **Judiciário brasileiro tem ao menos 72 projetos de inteligência artificial nos tribunais**. Portal Jota, 9 de julho de 2020. Disponível em: <https://www.jota.info/coberturas-especiais/inova-e-acao/judiciario-brasileiro-tem-ao-menos-72-projetos-de-inteligencia-artificial-nos-tribunais-09072020#:~:text=O%20Judici%C3%A1rio%20brasileiro%20tem%20ampliado,em%20diferentes%20fases%20de%20implementa%C3%A7%C3%A3o>. Acesso em: 14 fev. 2022.

MENDES, Gilmar Ferreira. O princípio constitucional da anterioridade eleitoral. CARVALHO NETO, Tarcísio Vieira; FERREIRA, Talson Luís Cavalcante (Coords). **Direito eleitoral: aspectos materiais e processuais**. São Paulo: Migalhas, 2016.

SALOMÃO, Luis Felipe (Coord.). **Tecnologia aplicada à gestão dos conflitos no âmbito do Poder Judiciário brasileiro". Relatório de pesquisa do Centro de Inovação, Administração e Pesquisa do Judiciário da Fundação Getúlio Vargas**. Disponível em: <https://ciapj.fgv.br/sites/ciapj.fgv.br/files/estudos_e_pesquisas_ia_1afase.pdf>. Acesso em: 14 fev. 2022.

SUSSKIND, Richard. **On line courts and the future of justice**. Ed. Kindle. Oxford: Oxford Press, 2019.

**–. Tomorrow's Lawyers: An Introduction to Your Future. Second Edition. Oxford: Oxford Press, 2017.**

TOFFOLI, José Antonio Dias; GUSMÃO, Bráulio Gabriel (Coords.). **Inteligência artificial no Poder Judiciário brasileiro**. Disponível em: <https://www.cnj.jus.br/wp-content/uploads/2020/05/Inteligencia_artificial_no_poder_judiciario_brasileiro_2019-11-22.pdf>. Acesso em: 14 fev. 2022.

VALENTE, Fernanda. **STF edita resolução e sessões virtuais passam a ter seis dias de duração. Portal Migalhas, São Paulo, 21 de maio de 2020.** Disponível em: < https://www.conjur.com.br/2020-mai-21/sessoes-virtuais-stf-passam-seis-dias-duracao>. Acesso em: 14 **fev.** 2021.

VELLOSO, Carlos Mário da Silva. **Urnas eletrônicas: um pouco de sua história**. Disponível em: <https://www.conjur.com.br/dl/artigo-carlos-velloso.pdf>. Acesso em: 14 fev. 2022.

# 13. REFLEXÕES SOBRE A LEGITIMAÇÃO CONSTITUCIONAL DO USO DA INTELIGÊNCIA ARTIFICIAL NA SELEÇÃO DOS RECURSOS "REPRESENTATIVOS DE CONTROVÉRSIA" NOS TRIBUNAIS SUPERIORES (ART. 1.036, CPC)

*Marcelo José Magalhães Bonizzi*

## 1. Fundamentos da técnica de julgamento de recursos repetitivos nos tribunais superiores.

Não é de hoje que os tribunais brasileiros, especialmente os superiores, estão sobrecarregados de recursos, a maioria deles interpostos pelo próprio Estado brasileiro.

É fato que a maioria desses recursos não é sequer conhecida, devido às barreiras da chamada "jurisprudência defensiva", que se traduz em obstáculos quase que intransponíveis aos recorrentes, como o do "prequestionamento",[1] mas isso não significa que a gestão de todos esses milhares de recursos tenha sido fácil.

Essa gestão sempre foi lenta e sujeita a muitos equívocos. Em 2008, no entanto, foi dado um passo significativo no sentido da organização desses recursos dirigidos aos tribunais superiores, através da inclusão no CPC de 1973 de um procedimento destinado especificamente aos chamados recursos repetitivos. Depois da instituição da repercussão geral, no âmbito do STF, esse procedimento destinado aos recursos repetitivos talvez tenha sido a mais significativa das mudanças em sede recursal.

[1] Para superar esse óbice, o recorrente precisa demonstrar que o tribunal que proferiu a decisão impugnada no recurso especial ou extraordinário adotou posição explícita a respeito da violação de uma determinada norma legal ou constitucional.

Trata-se das disposições contidas nos artigos 543-C do já revogado CPC de 1973, segundo as quais, quando havia "multiplicidade de recursos com fundamento em idêntica questão de direito", o tribunal de origem e os tribunais superiores, na medida de seus respectivos regimentos internos, podiam selecionar os recursos que eram "representativos da controvérsia" para julgamento, determinando a suspensão de todos os demais recursos que tratassem dessa "idêntica questão de direito".

Essa técnica foi inspirada na *Musterverfahren* alemã, instituída em 2005, em regime experimental, com previsão para terminar em 2010. Como essa experiência rendeu bons frutos, foi prorrogada até 2012 e depois definitivamente incorporada ao sistema recursal alemão através da Lei Federal n. 50, de 19 de outubro de 2012.

A origem remota dessa técnica alemã foi um grande conflito entre a empresa *Deutsche Telekom AG* e seus acionistas. A empresa teria divulgado informações falsas a respeito da robustez de seu patrimônio e isso teria levado milhares de acionistas a propor também milhares de processos, ou seja, a técnica alemã intitulada *Musterverfahren* nasce como uma forma de lidar com uma grande quantidade de processos em primeiro grau de jurisdição, não com recursos repetitivos.

Tudo se resume, portanto, à seleção de uma "causa-piloto", com a consequente suspensão dos demais processos que tratarem de "questão idêntica".[2]

Os efeitos dessa seleção são muito importantes, especialmente num sistema de *civil law*, em que o apego aos precedentes não é visto como um dever.

No entanto, na hipótese de "multiplicidade de recursos" com "idêntico fundamento de direito", os tribunais superiores brasileiros passaram

[2] O sistema administrativo português (art. 48, 1, do Código de Processo nos Tribunais Administrativos) e o espanhol (artigos 37.1 e 37.2 da Ley 29/1998), conhecem técnicas semelhantes. O sistema inglês, no âmbito judicial, admite o *group litigation* (*Civil Procedure Rules, Part. 19, section III, rules 19.10 e 19.15*). Em certa medida, a técnica brasileira dos processos coletivos tem os mesmos fundamentos: resolver litígios de massa através de um único processo. Não por acaso, essa técnica tem inspiração no sistema norte-americano da *class action* que, pragmaticamente, resolveu há décadas a forma de lidar com demandas repetitivas, talvez porque os EUA tenha sido o primeiro país a experimentar a explosão de consumo que todos conhecemos.

a valorizar seus próprios precedentes, mas, vale observar, apenas nesse ponto.

Os demais precedentes seguiram pouco valorizados, com exceção – óbvia – da súmula vinculante. Dessa forma, com certo pioneirismo, o sistema recursal brasileiro passou, a partir de 2008, com a introdução das disposições contidas no art. 543-C ao CPC, a observar fielmente seus precedentes,[3] ao menos no âmbito dos tribunais superiores.

Se, a partir de um único julgamento, milhares de recursos podem ser julgados, a economia de tempo dos tribunais e de dinheiro dos contribuintes era e continua sendo muito grande para ser desconsiderada. Além disso, os tribunais superiores deixam de proferir centenas ou milhares de decisões iguais e conseguem transmitir alguma segurança jurídica aos seus jurisdicionados, na medida em que, ao menos em determinados assuntos, é possível saber qual o posicionamento do tribunal antes mesmo da interposição de um recurso.

Portanto, desde 2008, os tribunais superiores estão habituados a selecionar recursos que representam uma controvérsia jurídica. No entanto, esses tribunais jamais revelaram quais seriam os critérios utilizados nessa seleção.

A Resolução n. 8, de 2008, do STJ, foi o primeiro ato normativo a cuidar desse tema. A partir da Emenda regimental n. 24, de 2016, o STJ, inclusive por conta da entrada em vigor no CPC de 2015, incorporou ao seu Regimento Interno as disposições contidas na Resolução 8, de 2008.

O disposto no art. 256 desse Regimento do STJ é o que mais interessa ao presente estudo. No parágrafo primeiro desse dispositivo consta que os "recursos especiais representativos da controvérsia" deverão preencher, em síntese, os seguintes requisitos: a) possuir a maior diversidade de fundamentos; b) conter uma questão de mérito que possa "tornar prejudicadas outras questões suscitadas no recurso; c) demonstrar divergência, se for o caso, "entre órgãos julgadores do Tribunal de origem, caso em que deverá ser observada a representação de todas as teses em confronto".

[3] No caso, trata-se de típico precedente "horizontal", porque os tribunais superiores estariam seguindo apenas seus próprios precedentes. O precedente "vertical" é aquele que os tribunais de instâncias inferiores estariam obrigados a observar.

O Regimento Interno do STF não explica quais seriam as hipóteses de seleção dos recursos extraordinários representativos da controvérsia.

De fato, o disposto no art. 326-A desse Regimento apenas disciplina que "os recursos indicados como representativos de controvérsia constitucional pelas instâncias de origem e os feitos julgados no STF sob a sistemática de recursos repetitivos serão registrados previamente ao Presidente...", mas sem nenhuma indicação dos requisitos que esses recursos devem preencher.

Em todo caso, vale lembrar que as disposições contidas no art. 1.036 permitem ao STF, para além da exigência de repercussão geral, a escolha do recurso representativo da controvérsia, mas também não fixam quais seriam os critérios exatos pelos quais deve ser feita a seleção de recursos que possam representar uma determinada controvérsia.

## 2. Notas breves sobre a técnica de julgamento de recursos repetitivos no CPC de 2015

Na linha da bem-sucedida reforma ocorrida em 2008, a técnica da "causa-piloto" seguiu firme no CPC de 2015, com alguns aperfeiçoamentos.

As disposições contidas no art. 1.036 desse novo diploma legal, conforme já foi visto, reforçaram a estrutura criada em 2008, de maneira que os tribunais superiores continuam a julgar os recursos repetitivos na linha da "causa-piloto" inaugurada na Alemanha.

Há muitas considerações que podem ser feitas em torno desse tema, como, por exemplo, a proposta de ampliar essa técnica para os tribunais estaduais ou federais, ao menos nas causas rotineiramente repetitivas, como aquelas que envolvem a Fazenda Pública ou mesmo as concessionárias de serviço público,[4] porque, se o procedimento da causa-piloto é mesmo tão bom assim, não haveria motivo para não repetir esse procedimento em outras instâncias.

[4] Uma breve menção às concessionárias de serviço público é feita no art. 1.040, IV, do CPC. Ao publicar um acórdão paradigma que trate de prestação de serviço público objeto de concessão, permissão ou autorização, o resultado do julgamento será comunicado "ao órgão, ao ente ou à agência reguladora competente para fiscalização" da tese adotada.

É claro que o IRDR (art. 976) cumpre função semelhante nos tribunais estaduais e federais, mas talvez jamais saibamos o motivo pelo qual o legislador simplesmente não repetiu nesses tribunais a exitosa experiência da "causa-piloto" dos tribunais superiores ao invés de criar uma técnica inteiramente nova, como a do IRDR.[5]

Em todo caso, interessa saber que essa técnica da causa-piloto não sofreu nenhuma modificação significativa no CPC de 2015. As disposições estão mais organizadas e alguns pontos específicos, como o da necessidade de suspensão da tramitação dos recursos que não foram selecionados (1.038, parágrafo 1º), ganharam merecido destaque, mas nada de relevante foi alterado em relação às disposições anteriores.

As regras contidas nos artigos 1.036 a 1.040 desse diploma legal tratam da seleção dos "recursos representativos da controvérsia". Nas disposições contidas no parágrafo 6º do art. 1.036 talvez esteja a mais valiosa diretriz legal para os fins aqui propostos. Essa regra é muito clara ao dispor que "somente podem ser selecionados recursos admissíveis que contenham abrangente argumentação e discussão a respeito da questão a ser decidida".

## 3. Algumas considerações sobre as atuais balizas do critério de escolha dos recursos representativos da controvérsia

A garantia constitucional do contraditório é a "alma do processo",[6] e o critério de escolha dos recursos representativos da controvérsia deve, evidentemente, ser avaliado sob esse prisma.

[5] A descontinuidade de técnicas já sedimentadas atrasa a evolução do sistema processual brasileiro. Há muitos exemplos dessa falha sistêmica, como o abandono da técnica dos embargos à execução, para criar a impugnação, assim como o abandono da súmula impeditiva de recursos, para adoção da improcedência liminar do pedido (ambas tentativas de valorização de precedentes em primeiro grau de jurisdição). Mesmo que a história do direito seja marcada por descontinuidades, conforme ensina António Manuel Hespanha (*Cultura Jurídica Européia*. Lisboa: Almedina, 2019, p. 29), e que o que estamos vivendo atualmente nada mais é do que uma nova *disrupção*, nada justifica abandonarmos práticas já consolidadas em prol de um sistema de inteligência artificial que, ao menos em princípio, parece entregar algo extremamente interessante apenas em termos de organização dos processos.

[6] Conforme já tive a oportunidade de abordar na obra intitulada *Princípios do processo no novo CPC* (São Paulo: Saraiva, 2016, p. 88).

Um raciocínio superficial a esse respeito permitiria afirmar que todas as teses veiculadas nos recursos repetitivos deveriam ser avaliadas pelos tribunais superiores. Entretanto, isso não parece ser possível na prática, dada a grande quantidade de argumentos que normalmente são veiculados nos milhares de recursos dirigidos aos tribunais superiores.

Em nada contribui para melhorar essa situação o fato de que as balizas legais e as que estão nos regulamentos internos dos tribunais superiores, vale recordar, não são nem um pouco objetivas. Em linhas gerais, tratam da necessidade de o recurso selecionado possuir "abrangente argumentação e discussão a respeito da questão a ser decidida" (art. 1.036, parágrafo 6º), bem como "a maior diversidade de fundamentos constantes do acórdão e dos argumentos" e demonstrar, ainda, a "divergência entre órgãos julgadores do tribunal de origem, caso em que deverá ser observada a representação de todas as teses em confronto" (art. 256 do Regulamento Interno do STJ).

Esse cenário deixa claro que os tribunais superiores possuem boa margem de escolha dos recursos afetados e tudo indica que estão sendo criteriosos nessas seleções, simplesmente porque não há registros de falhas ou mesmo que alguém tenha sido prejudicado no julgamento dos recursos repetitivos, o que, mesmo diante de margens de escolha bastante elásticas, é um grande mérito desses tribunais.

As coisas não iriam bem se, por exemplo, uma determinada argumentação, sustentada em um ou mais dos recursos selecionados como representativos da controvérsia, não fosse sequer considerada em sede de recursos repetitivos. Aquele que sustentou tal argumentação se sentiria prejudicado e isso poderia minar a credibilidade do sistema de julgamento através de uma "causa-piloto".

O sistema também falharia se, na fase de seleção dos recursos representativos da controvérsia, deixasse de lado algum recurso importante, cuja argumentação tivesse força para influir decisivamente no julgamento final. Nesse caso, a insatisfação do recorrente seria muito intensa, seja pela perda de tempo em esperar um julgamento que não lhe diz respeito, seja pelo desrespeito ao contraditório, na medida em que seus argumentos teriam sido completamente ignorados.

Todas essas informações demonstram que o contraditório, no sistema de julgamento dos recursos repetitivos, está sendo respeitado, embora essa não pareça ser uma tarefa fácil, dado o volume e a quantidade de informações que demandam análise por parte dos tribunais.

A identificação dos recursos que versam sobre um determinado tema não deve apresentar nenhuma dificuldade, mas o passo seguinte, que trata da seleção daqueles recursos que podem efetivamente representar a controvérsia, depende de uma análise complexa de todos os argumentos levantados pelos recorrentes e da correta escolha dos melhores recursos, assim entendidos como aqueles que contenham a argumentação mais abrangente.

Talvez as escolhas dos tribunais sejam facilitadas pela homogeneidade dos argumentos, o que, em se tratando de temas repetitivos, é algo bem provável. Mesmo assim, levando em consideração que já há centenas de julgamentos repetitivos realizados pelos tribunais superiores, notadamente pelo STJ, o trabalho de análise de uma grande quantidade de recursos sempre exige esforços e muito investimento por parte dos tribunais superiores.

Esta breve análise permite uma visão geral da missão dos tribunais superiores na seleção dos recursos representativos de uma determinada controvérsia. Ao optar pelo julgamento apenas da "causa-piloto", compete a esses tribunais analisar cada um dos argumentos veiculados nos recursos selecionados para representar a controvérsia que, por sua vez, devem conter, no mínimo, os argumentos que foram levantados nos recursos que não foram afetados.

Em outras palavras, a única justificativa que os tribunais superiores possuem para determinar a suspensão de milhares de recursos é a de que os selecionados (ou afetados) para julgamento representam fielmente todos os argumentos que foram levantados pelos recorrentes, tanto para acolher quanto para negar provimento a todos esses recursos.

Se não for assim, não haverá respeito ao contraditório e a bem-sucedida técnica da "causa-piloto" seria apenas um instrumento autoritário, em que os tribunais superiores poderiam escolher quais temas serão levados a julgamento.

No entanto, vale repetir, não há notícias concretas sobre a existência de violações ao contraditório nessa seara, seja porque os argumentos têm sido homogêneos (entre os recursos afetados e aqueles apenas suspensos), seja porque os tribunais provavelmente têm sido eficientes na escolha dos recursos afetados, no sentido de que tais recursos efetivamente representam a controvérsia instaurada em torno de uma determinada regra legal.[7]

## 4. Aspectos da chamada "virada tecnológica" na seleção dos recursos representativos da controvérsia

A chegada de novas tecnologias, nas mais diversas áreas da atuação humana, tem provocado alterações significativas na vida das pessoas.[8]

Dentre outras tantas novidades, já é realidade, por exemplo, a conversa entre humanos e máquinas através do "*chatbot*", que é um programa de computador apto a simular respostas humanas numa determinada interação, como a que ocorre em alguns procedimentos de agendamento de revisão periódica de veículos, de consultas a profissionais liberais etc.

Os tribunais brasileiros, que estão saturados de processos, também já assumiram o uso das novas tecnologias. O Conselho Nacional de Justiça, através de pesquisa coordenada pela Fundação Getúlio Vargas (FGV), informa que "entre fevereiro e agosto de 2020, o Judiciário contava com 64 projetos de IA (inteligência artificial) em funcionamento ou em processo de implantação, em 47 tribunais do país".

Nessa pesquisa houve destaque ao "Sistema Mandamus", empregado pelo Tribunal de Justiça de Roraima no "cumprimento dos mandados, por meio de automação e distribuição eletrônica desses documentos".

Também o programa "Sinapses" mereceu destaque nessa pesquisa, por se tratar de uma "plataforma voltada para o desenvolvimento e a disponibilidade em larga escala de IA", de modo a permitir que projetos

[7] Sobre o tema, Cf. BONDIOLI, Luis Guilherme Aidar. *Comentários ao Código de Processo Civil*, v. XX. 2. ed. São Paulo: Saraiva, 2017, p. 257-259.

[8] A "virada tecnológica", na (otimista) visão de Dierle Nunes, vai além da informatização judicial e do "emprego de tecnologias no exercício das profissões jurídicas", para abranger também o impacto da inteligência artificial, na mudança dos institutos jurídicos (...), sem olvidar a criação de novos institutos (...) e de práticas jurídicas absolutamente inovadoras (...) até impactando no design das peças processuais". Virada tecnológica no direito processual (da automação à transformação). Cf. WOLKART, Erik Navarro; NUNES, Dierle; LUCON, Paulo Henrique dos Santos. *Inteligência artificial e direito processual: os impactos da virada tecnológica no direito processual.* Salvador: Editora JusPodium, 2020. p. 18-19.

que envolvam inteligência artificial "sejam compartilhados e utilizados por outros tribunais".

A inteligência artificial, vale lembrar, é um ramo da Ciência da Computação que utiliza o sistema de "algoritmos" para simular comportamento humano, como no caso do "*chatbot*", ou mesmo para aprender uma determinada função (*machine learning*).

Por sua vez, os algoritmos são códigos de computador (conjunto de instruções de um determinado sistema de processamento de dados)[9] que utilizam informações para aprender algo e, como é notório, há tanta informação no mundo virtual que esse método de aprendizagem da máquina não encontra dificuldade para, por exemplo, dissecar quais são os hábitos de consumo de uma determinada pessoa, suas preferências políticas etc.[10]

Daí por que o uso da inteligência artificial vem revolucionando também o modo de trabalho dos tribunais brasileiros. Em termos de velocidade e precisão, atributos que não costumam ser encontrados na Administração Pública brasileira em geral, evidentemente a inteligência artificial é insuperável. O trabalho de muitos meses de dedicação dos seres humanos na busca de determinados dados pode ser realizado em poucos segundos pelas máquinas e com margens de erro muito pequenas. Nessa perspectiva, não há motivos para não aplaudir a chamada "virada tecnológica" no âmbito dos tribunais, embora pareça prematuro afirmar que essa virada irá além da simples organização e apoio ao andamento dos processos.[11]

[9] A "religião dos dados", ou simplesmente "dataismo", "oferece tecnologias inovadoras e poderes inéditos e imensos", na (irônica) visão de Yuval Noah Harari. Nessa perspectiva, afirma esse autor, "não apenas os organismos individuais estão sendo considerados sistema de processamento de dados", mas também "sociedades inteiras" (Cf. HARARI, Yuval Noah *Homo Deus: uma breve história do amanhã.* São Paulo: Companhia das Letras, 2016, p. 370-371).

[10] A expressão "algocracia", cunhada pelo professor irlandês John Danaher, vem sendo utilizada como exemplo da crescente valorização do uso dos algoritmos em diversos campos da atividade humana atualmente. O valor estimado do mercado global de inteligência artificial, segundo a Revista Veja publicou em seu *site* em 2 de julho de 2021, é superior a trezentos e vinte bilhões de dólares.

[11] Num "mundo líquido" ou disforme, entregue a intensos "fluxos de poder" (BAUMAN, Zygmunt; BORDONI, Carlo. *Estado de crise.* Rio de Janeiro: Zahar, 2016), não está descartada a rápida queda do império do algoritmo (como religião ou como forma de imposição

Por outro lado, se a atuação da inteligência artificial não se limitar a tarefas meramente burocráticas ou de simples organização dos processos, o que estaríamos assistindo não seria propriamente uma "virada" tecnológica, mas sim uma "invasão" tecnológica que, a depender de sua proporção, pode ser preocupante.

Não se trata, aqui, de ingressar no argumento superficial – facilmente encontrado em obras literárias e cinematográficas – de que poderia haver uma tomada de poder pelas máquinas. No contexto em análise, são os seres humanos que estão entregando esse poder às máquinas, aliás, com indisfarçável prazer, porque ninguém gosta de trabalhos repetitivos e enfadonhos. Portanto, ao contrário do que se imaginou, as máquinas da atualidade não precisam forçar o ingresso em atividade alguma.

É neste ponto, provavelmente, que reside o risco do uso da inteligência artificial pelos tribunais. A tendência de destinar serviços burocráticos às máquinas pode abrir portas para que outras tarefas, não tão burocráticas assim, também tenham o mesmo destino, no que se poderia chamar de *abuso da inteligência artificial*.

Isso não ocorrerá de forma explícita ou abrupta, porque tribunal nenhum assumirá que seus julgamentos, ou qualquer decisão que envolva algum tipo de valoração, estão sendo feitos ou auxiliados por máquinas.[12] No entanto, ninguém pode garantir que isso não venha a acontecer na prática, muito menos com o crescente uso dessas novas tecnologias.

No tema que constitui o objeto do presente estudo, ao menos em princípio, evidentemente não há nenhum problema na utilização da inteligência artificial na seleção dos recursos representativos de uma determinada controvérsia.

de poderes – dataísmo e algocracia), que cederia espaço a um novo império, talvez fundado na teoria *quântica*. Nesse ambiente líquido, parece impossível imaginar como as tradicionais instituições do Direito que conhecemos vão permanecer, se adaptar ou mesmo desaparecer.

[12] Sobre o tema, mais amplamente, Cf. ANDRIGHI, Fátima Nancy; BIANCHI, José Flávio. Reflexão sobre os riscos do uso da inteligência artificial ao processo de tomada de decisões no Poder Judiciário. *In:* PINTO, Henrique Alves; GUEDES, Jefferson Carús; CERQUEIRA, Joaquim Portes (Coords.). *Inteligência artificial aplicada ao processo de tomada de decisões*. Belo Horizonte: São Paulo: D'Plácido, 2020, p. 173-190.

De fato, as vantagens que esse sistema possibilita são imensas. Se, por exemplo, há cinco mil processos no STJ versando sobre um determinado tema, a inteligência artificial pode identificar quais os processos e as teses sustentadas, bem como a origem dos recursos e os critérios que devem ser utilizados para selecioná-los.

Todos esses dados são imprescindíveis para o bom funcionamento do método da "causa-piloto", mas, ao mesmo tempo, criam um paradoxo, que é o da inédita possibilidade de controle absoluto dos critérios utilizados pelas máquinas na seleção dos recursos representativos da controvérsia.

Se esses critérios de seleção, que constituem os algoritmos criados por seres humanos, *precisam ser* previamente manipulados para que o sistema saiba que tipo de recurso deve ser selecionado, talvez tenha chegado o momento de exigirmos que os tribunais superiores exponham, claramente, quais são os critérios que foram utilizados na programação de seus sistemas de inteligência artificial que estão sendo ou que serão utilizados.[13]

## 5. Quem controla o controlador da inteligência artificial?

A conhecida indagação de Norberto Bobbio[14] continua mais atual do que nunca e faz muito sentido na análise ora desenvolvida. Não se trata, aqui, de nenhuma proposta de controlar os tribunais e suas decisões, mas sim de aproveitarmos um momento único, em que os sistemas de inteligência artificial começam a ganhar terreno nas atividades desses tribunais, para discutirmos os critérios que serão utilizados na formatação desses sistemas de seleção de recursos representativos da controvérsia e de outros sistemas.

Está em curso, portanto, para além da simples adoção de um sistema de inteligência artificial, um momento de *legitimação constitucional* desse

[13] Em 2019 o STJ já utilizava os seguintes sistemas: Athos, Sócrates, E-Juris e TUA. Ao que se sabe, o STF tem utilizado apenas o sistema Victor. Em circunstâncias ideais, todos os tribunais exporiam, com clareza, como são escolhidos e de que formam funcionam os sistemas de inteligência artificial que já estão utilizando ou aqueles que pretendem utilizar. É desigual, especialmente em relação aos mais vulneráveis, o acesso à tecnologia da inteligência artificial no âmbito do Poder Judiciário.

[14] BOBBIO, Norberto. *O futuro da democracia*. 15. ed. São Paulo: Paz e Terra, 2009.

sistema.[15] Deve ser feito, urgentemente, um verdadeiro teste de resistência de todos os sistemas de inteligência artificial, que leve em consideração as vantagens concretas que ele proporciona, bem como a possibilidade de garantir ou mesmo ampliar as garantias constitucionais dos jurisdicionados em geral e dos recorrentes em particular. Não pode haver retrocesso nesse ponto.

Em 2008, quando a técnica da causa-piloto começou a ser utilizada nos tribunais superiores, os critérios utilizados na seleção dependiam exclusivamente de seres humanos e jamais se cogitou de qualquer tipo de controle sobre os membros da equipe de apoio aos ministros desses tribunais que auxiliavam e continuam auxiliando nessa tarefa. Mas havia um argumento de autoridade: se foram selecionados pelos tribunais, os membros dessa equipe de apoio seriam pessoas dignas da confiança de todos.

Mas o cenário atual é muito diverso. Muito provavelmente já há máquinas atuando nessa seleção e é importante saber quais sistemas estão sendo utilizados e de que forma funcionam, não porque exista algum motivo para desconfiar da eficiência dos programas de inteligência artificial escolhidos pelos tribunais superiores, mas sim porque há bons motivos para justificar esse controle da inteligência artificial.

Um deles é, certamente, a previsibilidade das chances de um recurso ser selecionado como representativo de uma determinada controvérsia. Se, por exemplo, for possível saber que as máquinas selecionarão os recursos que contiverem uma determinada "palavra-chave" ou um conjunto de expressões, os recorrentes poderão – legitimamente – se comportar segundo esses parâmetros, criando suas próprias estratégias de comunicação com um sistema de inteligência artificial.

Certamente haverá, com o perdão dos neologismos, uma *devida inteligência artificial* se essa previsibilidade for respeitada no âmbito processual, sem embargo da garantia de um *contraditório algorítmico,* que não causará surpresas ou decepções a nenhum dos recorrentes.

Todas essas expressões, forçadamente adaptadas para o tema em tela, indicam que precisamos aproveitar esse momento inicial do uso da inteligência artificial para ampliarmos o respeito às garantias constitucionais

[15] REICHELT, Luis Alberto. Inteligência artificial e direitos fundamentais no âmbito cível: uma primeira aproximação. *Revista de Processo*, São Paulo, v. 46, p. 387-408, fev. 2021.

que guiarão os processos em que seja utilizado algum tipo de inteligência artificial. Não pode haver, repita-se, nenhum retrocesso nesse ponto.

Tais garantias constitucionais, ao contrário do que ocorre com os sistemas de inteligência artificial recentemente criados e recebidos com entusiasmo (talvez exagerado) pela doutrina, foram duramente conquistadas ao longo dos últimos tempos e não podem simplesmente desaparecer em nome da eficiência de alguns sistemas eletrônicos. É esse o ponto em que se deve cuidar zelosamente da *legitimação constitucional* do uso da inteligência artificial nos modelos processuais.

O segundo motivo é o da necessária *transparência*[16] dos modelos de inteligência artificial utilizados. A garantia constitucional da publicidade dos atos estatais em geral e processuais em particular impõe aos tribunais o dever de revelar quais são os sistemas contratados e os critérios pelos quais esses sistemas operarão no âmbito da seleção dos recursos representativos de uma determinada controvérsia, dentre outras possibilidades de uso desses sistemas.

Também a garantia da igualdade entre os litigantes poderia ser levantada como um dos fundamentos do controle do uso da inteligência artificial pelos tribunais. De fato, enquanto grandes escritórios de advocacia talvez até já estejam usando seus próprios programas de inteligência artificial, a grande maioria dos advogados provavelmente sequer tenha entendido como esses novos sistemas funcionam. Se os tribunais forem mais transparentes, todos os advogados teriam condições de montar as próprias estratégias ou, se for o caso, de adquirirem seus próprios sistemas de inteligência artificial.[17]

Na mesma linha do que vem sendo sustentado no presente estudo, Luís Manoel Borges do Vale lembra que os algoritmos podem ser "supervisionados" e que o *dever* de transparência e publicidade dos tribunais em relação a esses instrumentos de inteligência artificial encontra fundamento legal nas disposições contidas no art. 20, parágrafo 1º, da

[16] REICHELT, Luis Alberto. Reflexões sobre inteligência artificial aplicada ao Direito Processual Civil: o desafio da transparência dos algoritmos sob a ótica dos direitos fundamentais processuais. *Revista de Processo*, São Paulo, v. 46, p. 377-393, maio 2021.

[17] Vale lembrar, nesse ponto, que os órgãos de assistência judiciária que não possuam seus próprios sistemas de inteligência artificial, também estariam em situação de desigualdade, no que diz respeito ao acesso às informações sobre o modo de funcionamento da inteligência artificial nos tribunais.

Lei Geral de Proteção de Dados (LGPD). A redação desse dispositivo, de fato, não deixa dúvidas que, quando se trata de decisões proferidas por um sistema de inteligência artificial (*decisão automatizada*): "O controlador deverá fornecer, sempre que solicitadas, informações claras e adequadas a respeito dos critérios e dos procedimentos utilizados para a decisão automatizada, observados os critérios comercial e industrial".

Mas o ponto ora em análise é outro. Os tribunais, vale repetir, jamais vão declarar que estão usando um sistema de inteligência artificial em seus julgamentos. Quando muito, vão dizer que o sistema fornece sugestões ao magistrado. Daí por que, mesmo diante de declarações dessa natureza, o dever de transparência exige que todos saibam qual sistema de inteligência artificial estaria fornecendo tais sugestões e através de quais critérios.

Seria plenamente possível agregar outros tantos motivos, mas talvez valha a pena destacar apenas mais um. Ocorre que a inteligência artificial, especialmente no cenário da seleção dos recursos representativos de controvérsia, não realiza tarefas puramente mecânicas.

Sempre haverá algum juízo de valor nessa seleção, porque nem mesmo a inteligência humana pode expressar, de forma objetiva, o que significa exatamente representar uma controvérsia e talvez cada magistrado tenha sua própria opinião sobre como uma controvérsia deve ser representada.

Se isso ocorrer, embora pareça pouco provável, o sistema de seleção de um recurso que representasse toda a controvérsia simplesmente não poderia ser utilizado da forma como estamos imaginando, salvo se, e aí voltamos ao ponto inicial, os algoritmos forem preparados de forma transparente, de maneira que o resultado seja compreensível.

Seria recomendável, inclusive, que o trabalho humano fosse comparado ao trabalho da inteligência artificial, ao menos no estágio inicial da utilização de um determinado algoritmo. Se os recursos selecionados pelos seres humanos não forem os mesmos apontados pela inteligência artificial, evidentemente algo precisará ser revisto.

Nesse cenário, vale indagar o que se pode esperar de um sistema de inteligência artificial que venha a fazer esse tipo de seleção. Como todo instrumento, ele trabalhará segundo as preferências de seu programador e, se pode aprender algo, também será o seu programador que dirá em que extensão isso virá a ocorrer. Tudo isso precisa guardar estreita relação com as diretrizes fixadas em lei, quando o sistema for utilizado no contexto da atividade jurisdicional.

A exigência legal, na perspectiva adotada no presente estudo, é a de que o recurso selecionado contenha "abrangente argumentação e discussão a respeito da questão a ser decidida", conforme disposto no art. 1.036, parágrafo 6º, do CPC.

Na linha da preservação do contraditório que vem sendo sustentada, o primeiro passo do sistema seria descobrir exatamente quais os argumentos que foram veiculados em todos os recursos, tanto para acolher quanto para rejeitar a tese de que uma determinada norma teria sido violada.

Na perspectiva proposta por Dierle Nunes, a partir do acesso ao banco de dados do tribunal pelo sistema de inteligência artificial, seria possível descobrir rapidamente quantos recursos existem a respeito de uma determinada controvérsia e tais dados, devidamente "parametrizados" por esse sistema, permitiram obter "subsídios para que um pequeno ou grande *player* impactado pela decisão possa requerer a afetação de um recurso mais abrangente que permita a real influência".[18]

Isso significa que a inteligência artificial pode, de alguma maneira, atribuir um determinado valor ou importância a um recurso, em detrimento de outros, mas, embora constitua pista significativa, essa informação não joga luz suficiente no eixo central do tema em estudo, que consiste em saber em que medida a inteligência artificial pode atuar na seleção de recursos que sejam representativos de uma determinada controvérsia.

É bem verdade que, conforme demonstrado por Alexandre Morais da Rosa e Bárbara Guasque,[19] o projeto através do qual a inteligência artificial atuará nesse campo está em seu estágio inicial e avança inclusive como "ferramenta de auxílio à tomada de decisão judicial", embora a decisão final, assim se espera, ficará sempre a cargo do ministro encarregado do julgamento.

[18] Op. cit., p. 25.

[19] GUASQUE, Bárbara. O avanço da disrupção nos tribunais brasileiros. *In*: WOLKART, Erik Navarro; NUNES, Dierle; LUCON, Paulo Henrique dos Santos. *Inteligência artificial e direito processual: os impactos da virada tecnológica no direito processual.* Salvador: Editora JusPodium, 2020, p. 77.

E essa informação robustece o entendimento de que perderemos uma janela de oportunidade no que diz respeito à legitimação constitucional do uso da inteligência artificial pelos tribunais se, desde já, não os obrigarmos a serem muito transparentes em relação a esse uso.

Várias sugestões podem ser feitas em relação a essa transparência, no contexto do sistema da causa-piloto. O sistema de inteligência artificial deve estar preparado para detectar a repetição de recursos a respeito de um determinado tema, como, por exemplo, o da chamada "controvérsia 133", registrada no *site* do STJ, em que está em discussão a existência de obrigação de as operadoras de plano de saúde cobrirem tratamento médico e/ou medicamentos que não estejam listados no rol da Agência Nacional de Saúde – ANS.

Nesse caso, naturalmente encontraremos recorrentes afirmando que existe essa obrigação e outros, representantes dessas operadoras, sustentando exatamente o contrário, o que obrigará o sistema a fazer uma *seleção proporcional* entre as duas teses antagônicas,[20] com ênfase nas teses principais.

Mas, tanto de um lado quanto de outro, quase sempre haverá teses secundárias, que não podem ser desconsideradas de plano. O sistema precisa saber quais são essas teses e consultar o ministro relator sobre quais podem ser descartadas ou não, bem como quais os recursos que concentram a maior parte dessas teses. Em outras palavras, a avaliação da relevância de uma tese evidentemente não é uma tarefa que possa ser transferida para o sistema de inteligência artificial sem maiores formalidades. Há uma avaliação (humana) a ser feita em relação a esses valores.

Dessa forma, se o recorrente "x", sustenta em seu recurso, por exemplo, mais de oitenta por cento das teses existentes em favor dos usuários dos planos de saúde, ele deve, muito provavelmente, ser selecionado como autor do recurso mais representativo de uma determinada controvérsia. Da mesma forma, um ou mais recursos que, juntos, corres-

[20] Sem favoritismos e de forma que *hackers* de má-fé não exerçam nenhuma invasão do sistema em prol, por exemplo, das operadoras de plano de saúde, conforme exemplo acima mencionado. Somente a transparência, acompanhada de testes paralelos, que podem ser frequentes no começo e aleatórios no futuro, oferecerá alguma garantia aos jurisdicionados.

pondam a oitenta por cento dos temas sustentados pelas operadoras de plano de saúde, deverão ser os selecionados.

É nesse ponto que a inteligência artificial pode atuar, porque essa seleção dependeria talvez de meses de trabalho humano, enquanto uma máquina provavelmente consiga realizar esse trabalho em poucas horas.

No entanto, não é isso que ocorre quando for o caso de analisar, aproveitando o exemplo acima, se as demais teses (vinte por cento) podem mesmo ser descartadas ou se, apesar de não aparecerem em vários outros recursos, podem ser vistas como relevantes.

Até onde se sabe, a inteligência artificial não está preparada sequer para sugerir algo que, por exemplo, diga respeito a um argumento altamente elaborado, feito por um grande especialista em um determinado tema, mas que, talvez justamente por esse motivo, só tenha sido mencionado em um único recurso.

Seria mesmo muito importante saber como o sistema de inteligência artificial poderia ser instruído para lidar essa situação. O mais importante para o algoritmo seria a quantidade de recursos veiculando uma determinada tese ou uma tese que, a despeito de ter sido mencionada num único recurso, seria muito relevante para a discussão? No mínimo, a forma de resolver dilemas desse porte precisa ser transparente. Aliás, todas as possíveis inconsistências do sistema precisam ser publicamente avaliadas, inclusive para que os tribunais descartem os resultados alcançados. Nesse ponto, o sistema de inteligência artificial se legitimaria ainda mais se pudesse gerar um relatório sobre quais argumentos (ou recursos) foram considerados representativos de uma controvérsia e sobre quais foram descartados.

## Conclusões

Não há como fugir da natureza humana. Se a utilização dos sistemas de inteligência artificial vai permitir, de fato, ampla organização e seleção de recursos *verdadeiramente* representativos de uma determinada controvérsia, é muito provável que esse sucesso se repita em outras tarefas do Poder Judiciário e até no aumento das hipóteses em que pode haver *sugestão* da decisão judicial a ser tomada por um magistrado, fornecida, conforme já vimos, pela inteligência artificial.

Talvez não seja difícil imaginar um cenário em que as sugestões de decisões judiciais feitas por um sistema de inteligência artificial possam superar, em quantidade e em qualidade, as decisões tomadas por seres humanos e de fato não haveria problema algum se um magistrado, convencido da qualidade da decisão sugerida pelo sistema, resolvesse simplesmente adotá-la, sem nenhuma alteração ou reserva.

Nessa hipótese, em prol da transparência e da publicidade, todos precisam saber qual programa de inteligência artificial está sendo usado e quais são as diretrizes desse programa, justamente para que possam desenvolver estratégias com base nessas informações.[21]

O mais importante, dentre as reflexões que se pode extrair das considerações acima, é aceitarmos que o – a esta altura, inevitável – uso da inteligência artificial no âmbito do Poder Judiciário em geral não pode significar nenhum retrocesso nas garantias constitucionais já conquistadas.

Ao contrário, essa nova ferramenta de trabalho precisa ampliar essas garantias, melhorando, por exemplo, a proteção ao contraditório na seleção dos recursos representativos de uma determinada controvérsia, além de, obviamente, sempre trabalhar com ampla transparência, que permita ao jurisdicionado se comportar previamente segundo as regras que foram inseridas num determinado algoritmo.

Se isso não ocorrer, o uso da inteligência artificial simplesmente não se legitimará frente às garantias constitucionais do processo, especialmente se, para além de simples organização, passar a sugerir decisões que, de tão "perfeitas", acabem tomando o lugar das decisões humanas.

Não é essa a saída para o congestionamento dos tribunais que almejamos, mesmo porque, com o passar do tempo, as decisões judiciais *automatizadas* se transformarão naquilo que, com o perdão da ironia, os restaurantes *fast food* têm representado para a saúde humana.

[21] Em certa medida, também seria desejável que houvesse transparência a respeito do que foi sugerido pelo sistema de inteligência artificial e do que foi utilizado na decisão a partir dessa sugestão. Embora pareça utópica esta proposta, quanto maior for o respeito à publicidade em situações como essa mais democrático será uso da inteligência artificial nos tribunais. No sentido da amplitude da transparência e da publicidade, Cf. RODRIGUES, Marco Antonio; GOMES, Jean Carlos de Albuquerque. As novas tecnologias estão mudando a forma de recorrer? *In:* WOLKART, Erik Navarro; NUNES, Dierle; LUCON, Paulo Henrique dos Santos. *Inteligência artificial e direito processual: os impactos da virada tecnológica no direito processual.* Salvador: JusPodium, 2020, p. 649.

## Referências

ANDRIGHI, Fátima Nancy; BIANCHI, José Flávio. Reflexão sobre os riscos do uso da inteligência artificial ao processo de tomada de decisões no Poder Judiciário. *In:* PINTO, Henrique Alves; GUEDES, Jefferson Carús; CERQUEIRA, Joaquim Portes (Coords.). *Inteligência artificial aplicada ao processo de tomada de decisões.* Belo Horizonte: São Paulo: D'Plácido, 2020.

BAUMAN, Zygmunt; BORDONI, Carlo. *Estado de crise.* Rio de Janeiro: Zahar, 2016.

BOBBIO, Norberto. *O futuro da democracia.* 15. ed. São Paulo: Paz e Terra, 2009.

BONDIOLI, Luis Guilherme Aidar. *Comentários ao Código de Processo Civil*, v. XX. 2. ed. São Paulo: Saraiva, 2017.

BONICIO, Marcelo José Magalhães *Princípios do processo no novo CPC.* São Paulo: Saraiva, 2016.

GUASQUE, Bárbara. O avanço da disrupção nos tribunais brasileiros. *In*: WOLKART, Erik Navarro; NUNES, Dierle; LUCON, Paulo Henrique dos Santos. *Inteligência artificial e direito processual: os impactos da virada tecnológica no direito processual.* Salvador: Editora JusPodium, 2020.

HARARI, Yuval Noah *Homo Deus: uma breve história do amanhã.* São Paulo: Companhia das Letras, 2016.

HESPANHA, António Manuel. *Cultura Jurídica Européia.* Lisboa: Almedina, 2019.

REICHELT, Luis Alberto. Inteligência artificial e direitos fundamentais no âmbito cível: uma primeira aproximação. *Revista de Processo*, São Paulo, v. 46, p. 387-408, fev. 2021.

–. Reflexões sobre inteligência artificial aplicada ao Direito Processual Civil: o desafio da transparência dos algoritmos sob a ótica dos direitos fundamentais processuais. *Revista de Processo*, São Paulo, v. 46, p. 377-393, maio 2021.

RODRIGUES, Marco Antonio; GOMES, Jean Carlos de Albuquerque. As novas tecnologias estão mudando a forma de recorrer? *In:* WOLKART, Erik Navarro; NUNES, Dierle; LUCON, Paulo Henrique dos Santos. *Inteligência artificial e direito processual: os impactos da virada tecnológica no direito processual.* Salvador: JusPodium, 2020.

WOLKART, Erik Navarro; NUNES, Dierle; LUCON, Paulo Henrique dos Santos. *Inteligência artificial e direito processual: os impactos da virada tecnológica no direito processual.* Salvador: Editora JusPodivm, 2020.

# 14. A UTILIZAÇÃO DE INTELIGÊNCIA ARTIFICIAL PELA ADMINISTRAÇÃO PÚBLICA: ESCOPO, LIMITES E DESAFIOS

*Marcos A. Perez*
*Rafael R. Garofano*

## Introdução

Tem-se reiterado contemporaneamente que o direito administrativo ocupa papel relevante na concretização dos direitos fundamentais.[1] Trata-se de disciplina jurídica instrumental, de ação, de precisão, tendo como escopo principal a efetivação dos direitos fundamentais das pessoas, o que faz por meio de políticas públicas e do exercício de funções administrativas como serviços públicos, fomento, regulação e, de forma mais geral, da atuação do Estado nos domínios social e econômico.

Imagine-se, então, nesse contexto que a Administração Pública passe a ser capaz de conhecer em detalhes todas as demandas sociais, planejar de maneira participativa e transparente as políticas e ações a serem adotadas, antecipar-se aos anseios das comunidades, entregar à população serviços públicos e sociais e outras utilidades ou facilidades de interesse geral com a mesma agilidade e eficiência com que as empresas de tecnologia são capazes de monitorar nossos hábitos de consumo e nos recomendar novos produtos e serviços.

Nessa linha, a busca pela eficiência, transparência e efetividade das ações estatais, assim como a avaliação dos resultados das ações adminis-

[1] RODRÍGUEZ-ARANA, J. **Derecho Administrativo y Derechos Sociales Fundamentales**. Sevilla: Global-Law Press, 2015.

trativas, não seriam mais uma realidade distante, preconizadas apenas de maneira vazia e descompromissa nas normas de direito. Uma noção mais ampla e substancial de "boa Administração" poderia passar a ser vislumbrada a partir de um direito cada vez mais participativo, mais consensual, mais aberto à inovação e ao emprego de novas tecnologias.

Mas esses movimentos, que, de certo modo, podem ser criticados por fazer parte de uma espécie de utopia de bem-estar, são em alguma medida visíveis e já se fazem sentir no cotidiano de quem lida com a Administração. Há já uma "nova Administração" sendo gestada, a qual não é mais constituída e organizada apenas por seres humanos nem está limitada às paredes de concreto das repartições públicas. O seu funcionamento não depende de papelada, de clipes, de carimbos, de filas de espera. Ela é eletrônica, digital, conectada, integrada e inteligente.

Embora essa realidade não tenha ainda chegado com a mesma velocidade e intensidade em todas as partes do mundo, isto é uma questão de tempo. A tecnologia da informação e da comunicação (TIC) tende moldar cada vez mais intensamente as relações sociais, econômicas e institucionais e, portanto, as relações entre a Administração ou o governo e as pessoas em geral.

No campo da teoria jurídica esses fatos inauguram uma nova disciplina ou, ao menos, uma nova abordagem relevante. A interação entre direito e tecnologia traz um conjunto bastante significativo de novos conceitos, problemas, desafios e soluções. Não se conhece ainda os limites do potencial transformador das TIC aplicadas ao exercício das funções administrativas do Estado. Alguns riscos decorrentes, no entanto, começam a ser identificados e estudados.

Os governos digitais e inteligentes estão associados a alguns riscos que começam a ser percebidos. Algumas dúvidas aparentemente simples escondem um "*emaranhado de complexidade estratégica, cercados por uma densa névoa de incertezas*".[2] Por exemplo, quando os algoritmos atuam, quem está verdadeiramente no comando? Quem pratica o ato, o negócio ou toma a decisão? Há uma desumanização da figura do administrador (público ou privado)? Quem pode ser responsabilizado? O processo

[2] BOSTROM, Nick. **Superinteligência: caminhos, perigos, estratégias**. Tradução: Clemente Gentil Penna e Patrícia Ramos Geremias. Rio de Janeiro: DarkSide Books, 2018, p. 461.

administrativo, que resulta na tomada de decisão administrativa, pode ser realizado exclusivamente pelas máquinas?

Nos dias de hoje, em que as complexidades social e econômica fazem crescer as hipóteses normativas e a prática da discricionariedade, é fundamental antever e compreender como se dará o processo de tomada de decisões automatizadas mediante o uso de sistemas inteligentes. Isso envolve saber como funcionariam, nesse novo ambiente, figuras clássicas como o desvio de poder, a motivação, assim como o modo de exercício do controle e, reitere-se, da responsabilidade em face de uma Administração "robotizada".

O objetivo deste breve estudo é provocar uma discussão que ainda pouco se faz em torno do uso da inteligência artificial (IA) na Administração e seu impacto no direito administrativo. Para isso, tentamos abordar as preocupações mais relevantes ou, nesse momento, mais visíveis, envolvendo a aplicação da IA na Administração, a fim de apontar quais as transformações podem ser esperadas no direito administrativo, para que este possa, em alguma medida, regular e salvaguardar os direitos das pessoas, em face do emprego das TIC e dos sistemas inteligentes pela Administração.

## 1. Sistemas de IA: *big data, machine learning* e decisões administrativas automatizadas

O primeiro passo para desvendar a aplicação da IA no direito administrativo é buscar uma correta compreensão sobre o significado de "inteligência artificial". Há um certo senso comum em torno do uso de novas tecnologias que às vezes nos leva a considerar qualquer solução tecnológica mais sofisticada como "inteligente", como se o computador fosse mesmo capaz de "raciocinar" para tomar decisões coerentes, com maior velocidade e assertividade.

Para MCCARTHY, a inteligência artificial pode ser definida como "*[...] the science and engineering of making intelligent machines, especially intelligent computer programs*".[3] Mas a IA não é qualquer sistema computacional dotado de capacidades ou habilidades superiores às humanas. Não é qualquer sistema de tecnologia ou aplicação automatizada que pode ser

[3] MCCARTHY, John. **What is artificial intelligence? Stanford: 2007**. Disponível em: http://jmc.stanford.edu/articles/whatisai/whatisai.pdf. Acesso em: 26 fev. 2022.

rotulado como uma inteligência artificial, por mais eficiente que possa ser ou parecer.

A característica principal da IA é a capacidade de aprendizagem do sistema envolvendo algoritmos (*machine learning* e *deep learning*). A IA opera geralmente a partir de uma fase inicial de treino com supervisão humana, após isso, opera em função da captação de grande volume de dados e informações disponíveis (*big data*) à qual se alia a capacidade de tomar decisões (para o desempenho de alguma funcionalidade), utilizando a combinação algorítmica dos referidos dados ou informações, sem que haja nova intervenção humana no processo.

Para além da automação, a IA se caracteriza pela capacidade do sistema de aprender e gerar novos conhecimentos a partir de informações obtidas com o processamento de grande quantidade de dados. Ainda que praticamente qualquer atividade repetitiva possa ser substituída por automação, esta, sem o emprego da IA, não envolve a tomada de decisão. O sistema de IA, por sua vez, toma decisões de maneira autônoma a partir de um treinamento e de um aprendizado que vai se acumulando para ser cada vez mais assertivo.

Através do aprendizado de máquina, novos algoritmos são criados com a capacidade de aprender automaticamente a partir de dados, sem serem programados. Ou seja, não há códigos para programar o computador a realizar determinadas tarefas. O que há é apenas um "treinamento" inicial do algoritmo para que ele possa passar a aprender por conta própria. O treinamento envolve o fornecimento de uma grande quantidade de dados a fim de permitir que o sistema melhore cada vez mais os seus resultados.

Assiste-se hoje a um crescimento exponencial da utilização de recursos tecnológicos e de técnicas analíticas de grandes volumes de dados para as mais diversas finalidades. Por meio de novas tecnologias que se utilizam de informações coletadas de dispositivos conectados à Internet (Internet das coisas), das pessoas ou do meio ambiente – físico ou virtual –, é possível hoje avançar no desenvolvimento dessa aprendizagem de máquina e de sistemas inteligentes, inclusive para aplicações no campo das funções de interesse público.

Ainda é difícil prever toda a força dos impactos da adoção de recursos tecnológicos como a IA na realização das funções típicas da Administração, mas é um tanto evidente que será imensa. O fato é que os órgãos e as entidades públicas, assim como agentes privados em colaboração com o Estado, podem se utilizar de inúmeros equipamentos e dotá-los de inteligência embarcada e capacidade de comunicação em tempo real, oferecendo ao Poder Público parâmetros confiáveis para a tomada de decisão tanto na formulação como no acompanhamento e execução de *políticas públicas.*[4]

A utilização do *big data* e do *machine learning* em sistemas de IA possibilita a prática de decisões automatizadas pelos órgãos da Administração. No campo do direito administrativo, significa a substituição do ato administrativo executado por um ou mais seres humanos, por um ou mais atos executados – total ou parcialmente – por máquinas dotadas de uma inteligência não-humana ou não exclusivamente humana.

De acordo com FINCK[5], os sistemas automatizados de tomada de decisão alimentados por mecanismos de inteligência artificial, como aprendizado de máquina ou aprendizado profundo ("*deep learning*"), são formas de análise de dados através de algoritmos que oferecem benefícios como velocidade e eficiência da tomada de decisões, bem como a capacidade de detectar correlações que seriam indetectáveis ao cérebro humano.

O aprendizado de máquina é capaz de extrair dados para identificar padrões que são transformados em análise preditiva, que por sua vez é aplicada a novos dados. Os dados com base nos quais o algoritmo identifica padrões (dados de treinamento) precisam ser coletados para que sobre eles seja aplicado um algoritmo. Ele analisa os dados de treinamento para "aprender" com esses dados. Esse processo de aprendizado transforma o algoritmo em um modelo (um algoritmo que aprendeu com os dados de treinamento) que é então aplicado a novos conjuntos de dados para fazer previsões.

[4] De acordo com a definição de BUCCI: "*Políticas públicas são os programas de ação do governo para a realização de objetivos determinados num espaço de tempo certo. A expressão mais frequente das políticas públicas é o plano (embora com ele não se confunda), (...), o instrumento normativo do plano é a lei, na qual se estabelecem os objetivos da política, suas metas temporais, os instrumentos institucionais de sua realização e outras condições de implementação*". BUCCI, Maria Paula Dallari. **Políticas públicas e direito administrativo**. Revista de Informação Legislativa. Brasília a. 34 n. 133 jan./mar. 1997, p. 95.

[5] FINCK, Michèle. **Automated Decision-Making and Administrative Law**. Max Planck Institute for Innovation and Competition Research Paper n. 19-10.

No âmbito da Administração, as chamadas "cidades inteligentes" são uma das expressões mais conhecidas de aplicação da IA. A cidade de Chicago, nos EUA, usa aprendizado de máquina para dar suporte aos serviços da cidade.[6] No Reino Unido, o aprendizado de máquina também tem sido utilizado em operações do governo local.[7] Na Estônia, o projeto do "robô-juiz"[8] e o uso de *machine learning* em serviços públicos para substituir servidores públicos por algoritmos, são exemplos de experiências em torno de utilização estatal de IA.

Outros exemplos (já um realidade corrente) são os "*chat bots*", utilizados para atendimento aos cidadãos; o uso de sistemas de IA para auxiliar no policiamento preditivo; a implantação de sistemas de reconhecimento facial para colaborar com medidas de segurança pública; as inúmeras aplicações de IA no setor de saúde, com aplicação de algoritmos capazes de efetuar a triagem de cidadãos que apresentem sintomas típicos de determinadas doenças (como ocorrido no caso da Covid-19); além de aplicações específicas no campo da prevenção a desastres naturais, meteorologia, combate a incêndios, inundações, gestão das infraestruturas de água etc.

Algoritmos de aprendizagem automática têm se tornado importantes aliados para uma séria de tarefas desempenhadas por órgãos e autoridades públicas, nas mais diversas áreas e setores de atuação. Especialmente na gestão da segurança pública e na justiça criminal, há um aumento expressivo da utilização de sistemas de baseados em previsão por sistemas inteligentes com o objetivo de antecipar quando e onde é mais provável que certas ocorrências aconteçam, assim como para determinar os níveis de risco de reincidência em crimes, por exemplo.

[6] ESTADOS UNIDOS. City of Chicago. Office of the Mayor. City of Chicago wins award for tech innovation. March 26, 2018. Disponível em: https://www.chicago.gov/city/en/depts/mayor/press_room/press_releases/2018/march/TechInnovationAward.html. Acesso em: 26 fev. 2022.

[7] BRIGHT, Jonathan; GANESH, Bharath; SEIDELIN, Cathrine; VOGL, Thomas. **Data Science for Local Government.** Oxford Internet Institute: University of Oxford, March 2019. Disponível em: https://smartcities.oii.ox.ac.uk/wp-content/uploads/sites/64/2019/04/Data-Science-for-Local-Government.pdf. Acesso em: 26 fev. 2022.

[8] SAKAI, Lenah. Estônia quer substituir os juízes por inteligência artificial. 5 de abril de 2019. Disponível em: https://thepoliticaldiary.com/2019/04/05/estonia-quer-substituir-os-juizes-por-inteligencia-artificial/. Acesso em: 26 fev. 2022.

Em estudo recente a respeito do tema, LEE apresenta vários exemplos práticos de diferentes partes do mundo onde se observa a formulação de políticas públicas baseadas em evidências por meio do uso inovador de análises de *big data* e da IA.[9] Em alguns países a IA tem sido empregada apesar dos bancos de dados ainda não possuírem volume necessário para que a sua capacidade se desenvolva plenamente. As limitações relacionadas ao volume e à qualidade dos dados são inibidores do desenvolvimento de IA em muitas aplicações de interesse público. Ainda assim, há uma série de sistemas "inteligentes" já trabalhando na Administração mundo afora.

Há ainda um grande potencial a ser explorado. Embora o setor privado já a utilize amplamente para a tomada de decisão e avaliação de mercados ou, ainda, em pesquisas científicas, no setor público sua utilização é pouco intensiva. As organizações governamentais muitas vezes reconhecem as oportunidades relacionadas ao potencial do *big data* e da IA nas políticas públicas, mas não se avaliam como aptas para a utilização de grandes volumes de dados, nem se consideram adequadamente equipadas para tanto.[10]

Em geral, quem desenvolve e utiliza mais largamente os sistemas de IA são as próprias empresas conhecidas como gigantes da tecnologia (as *big techs*). Pode-se dizer que hoje esse setor é oligopolizado por algumas empresas privadas. São corporações detentoras do desenvolvimento e da pesquisa que possuem os maiores *datacenters* mundiais e controlam a infraestrutura do fluxo de dados internacionais. Não por outra razão, as autoridades reguladoras têm procurado limitar seus poderes.[11]

[9] Os exemplos incluem os governos dos Estados Unidos, China, Reino Unido, Índia, Coréia, China, Japão, Índia, Canadá, Cingapura, Reino Unido e União Europeia. As iniciativas envolvem detecção de fraude, cuidados de saúde, educação, combate ao crime, proteção ambiental, energia, agricultura, previsão do tempo etc. Cf. LEE, Jung Wan. **Big Data Strategies for Government, Society and Policy-Making**. Journal of Asian Finance, Economics and Business Vol 7 No 7 (2020) 475 – 487. Disponível em: https://doi.org/10.13106/jafeb.2020.vol7.no7.475. Acesso em: 26 fev. 2022.

[10] DOGDU, E.; OZBAYOGLU, M.; YAZICI, A.; KARAKAYA, Z. **Perceptions, Expectations and Implementations of Big Data in Public Sector**, 2018 3Rd Int. Conf. Comput. Sci. Eng., 2018, pp. 615–620.

[11] Em novembro de 2021, os países-membros da (UE) aprovaram projetos de lei do bloco para regular a internet e limitar os poderes dos gigantes digitais. Enquanto o "*Digital Services Act*" tem o objetivo de combater a fraude e os conteúdos ilegais, o "*Digital Markets Act*"

Os governos, por sua vez, geralmente utilizam a IA em parceria ou mediante a imposição do compartilhamento dos dados coletados por sistemas geridos pelas empresas de tecnologia. Alguns governos têm promovido iniciativas relevantes, enquanto outros não apresentam uma experiência verdadeiramente avançada – com as características da definição aqui empregada –, ainda que grandes volumes de dados sejam coletados e armazenados.

No Brasil, a Administração Federal já possui um *data lake*[12] com as informações de diversos órgãos da União, o que possibilita o desenvolvimento de iniciativas como o GovData[13] e o Sinesp Big Data.[14] No entanto, o uso de *big data* e de sistemas de IA ainda está aquém do que seria possível ou desejável. Ainda assim, são exemplos destacados os sistemas de IA utilizados pelo Tribunal de Contas da União (TCU) para identificar possíveis irregularidades em contratações públicas envolvendo recursos federais.[15]

No âmbito de Estados e Municípios, no entanto, o desenvolvimento de soluções inteligentes encontra dificuldades, sobretudo em razão dos investimentos elevados necessários para a aquisição de equipamentos e ferramentas avançados de IA capazes de processar o fluxo de dados (*big data* e *analytics*). Soma-se a isso a própria dificuldade envolvendo a assunção de responsabilidade pelo Estado na função de "guardião" dos dados pessoais, em troca da oferta de serviços públicos mais eficientes.

busca reprimir as práticas anticoncorrenciais. A expectativa é que as normas entrem em vigor a partir de 1º de janeiro de 2023 (INDICES BOVESPA. Membros da União Europeia aprovam regulação das gigantes digitais. Disponível em: https://indicesbovespa.com.br/membros-da-uniao-europeia-aprovam-regulacao-das-gigantes-digitais/. Acesso em: 26 fev. 2022).

[12] Expressão geralmente utilizada para se referir a um imenso repositório de dados de diversas fontes. Com este sentido, trata-se mesmo de uma espécie de "lago de dados" na tradução literal.

[13] SERPRO. **GovData**. Portal do Governo Federal. Disponível em https://www.loja.serpro.gov.br/govdata?lang=en. Acesso em: 26 fev. 2022.

[14] BRASIL. Ministério da Justiça e Segurança Pública. Ministério entrega aos estados primeiras ferramentas de big data e inteligência artificial para combater a criminalidade. Disponível em: https://www.justica.gov.br/news/collective-nitf-content-1566331890.72. Acesso em: 26 fev. 2022.

[15] Os robôs "Alice, Sofia e Monica" ajudam os auditores a analisar licitações por todo o país.

Ainda assim, é relevante que países como o Brasil desenvolvam suas próprias soluções e tenham a sua própria estratégia de IA. A aplicação pode viabilizar o gerenciamento de diferentes tipos de dados, assim como possibilita a reunião de conjuntos de dados estruturados e não estruturados para serem analisados ao mesmo tempo. Seu potencial transborda a ideia de *governo eletrônico* – baseado na interatividade digital entre o governo e os cidadãos –, para abarcar toda a potencialidade que as tecnologias podem oferecer ao setor público.[16]

A tecnologia pode viabilizar iniciativas de *governos inteligentes*, cuja característica principal consiste exatamente no "*uso efetivo de tecnologias* [...] *para a coleta, processamento e compartilhamentos de dados e informações que poderão ser usados para tomar melhores decisões e proporcionar melhor prestação de serviços públicos*".[17] As definições que procuram adjetivar de *inteligentes* as instituições do Estado ou a forma de sua atuação trabalham com a ideia de captura e análise de dados como meio de gerar *políticas públicas* baseadas em evidências, através do uso das tecnologias.

Os dados assumem a posição de centralidade na aplicação dos conceitos porque eles seriam capazes de medir – às vezes de modo não tão imparcial e objetivo quanto desejado – o que está acontecendo efetivamente na sociedade. Ainda assim, como adverte RAMIÓ – ao refletir sobre a noção de "inteligência" em governos –, de nada adianta reunir uma expressiva quantidade de dados e informações se não há capacidade de compreender o que de fato é relevante para a tomada de decisão ou de analisá-los de maneira eficiente.[18]

A inteligência em um governo requer decisão com base em evidências, inclusive por meio de sensoriamento, medição avançada e aplica-

[16] SILVEIRA, A.T.Z.N. **Importância dos sistemas inteligentes de água nas cidades para a eficiência do serviço**. Técnico Lisboa. Dissertação (Mestrado). Lisboa-Portugal. 2015. Disponível em: https://fenix.tecnico.ulisboa.pt/downloadFile/563345090413881/Dissertacao_VF.pdf

[17] MELATI, Claudia; e JANISSEK-MUNIZ, Raquel. **Governo inteligente: análise de dimensões sob a perspectiva de gestores públicos**. Revista de Administração Pública. Rio de Janeiro 54(3):400-415, maio – jun. 2020. Disponível em: http://dx.doi.org/10.1590/0034-761220190226. Acesso em: 26 fev. 2022.

[18] RAMIÓ, Carles. **La Administración Pública del Futuro (Horizonte 2050): Instituciones, Política, Mercado y Sociedad de la Innovación**. Madrid: Editorial Tecnos, 2017, p. 155-156 (Tradução Livre).

ções integradas, que permitam ao Poder Público uma tomada de decisão administrativa mais informada e, nesse sentido, mais *inteligente*. Para que isso seja possível, um dos pressupostos é o compartilhamento e a reutilização de dados e informações entre os diferentes órgãos e entidades do setor público, por meio da colaboração e do desenvolvimento de atividades públicas unificadas para melhor atender à sociedade.[19]

## 2. IA e o princípio da boa Administração

Na busca de parâmetros jurídicos que orientem o uso público da IA parece nítida a necessidade de recorrer ao chamado princípio da *"boa Administração"* ou do *"bom governo"*. Referido princípio rege praticamente todas as funções da Administração e corresponde a todo um conjunto de normas (algumas relativas a outros princípios) voltado a tornar a Administração a mola mestra da concretização dos direitos fundamentais e da dignidade da pessoa humana. Em suma, o bom governo, parafraseando HAURIOU,[20] pode ser visto como o meio e o limite da atuação da Administração.

Já se antevê a imbricação entre esse princípio e a utilização das novas TIC, ademais, no destaque feito por ARANA MUÑOZ[21] acerca do conteúdo da Carta Iberoamericana dos Direitos e Deveres do Cidadão em relação à Administração Pública (2013):[22]

> A boa administração pública é, portanto, uma obrigação inerente do poder público em virtude da qual o trabalho público deve promover os direitos fundamentais das pessoas, promovendo a dignidade humana para que as ações administrativas harmonizem critérios de objetividade, imparcialidade, justiça e equidade, e sejam fornecidas dentro de um prazo razoá-

[19] GIL-GARCIA, J. R., ZHANG, J., & PURON-CID, G. **Conceptualizing smartness in government: an integrative and multi-dimensional view**. Government Information Quarterly, 2016, p. 524-534.

[20] HAURIOU, Maurice. **Précis de Droit Administratif et de Droit Public**. Paris: Dalloz, 2002. Reimpressão da 12ª Ed. de 1933, p. XIV.

[21] RODRÍGUEZ-ARANA MUÑOZ, J. **Derecho Administrativo y Derechos Sociales Fundamentales**. Sevilla: Global-Law Press, 2015, p. 586.

[22] CENTRO LATINO DE ADMINISTRACIÓN PARA EL DESAROLLO. Carta Iberoamericana de lso Derechos y Deberes del Ciudadano en Relación con la Administración Pública (2013). Disponível em: https://clad.org/wp-content/uploads/2020/10/4-Carta-Iberoamericana-de-los-Derechos-y-Deberes-CLAD.pdf. Acesso em: 26 fev. 2022.

> vel. (...) As Autoridades devem promover procedimentos *ex officio* e tentarão utilizar as TIC para que os procedimentos sejam processados diligentemente e sem atrasos injustificados (...). Da mesma forma, serão feitos esforços para promover o uso de normas abertas para facilitar a disseminação e o reaproveitamento de informações de interesse público ou geral.

A boa Administração foi inicialmente prevista como princípio na Carta dos Direitos Fundamentais da União Europeia. Embora os princípios da boa Administração estejam previstos na legislação de diferentes países, o Código Europeu de Boa Conduta Administrativa e o Tribunal de Justiça da União Europeia previram alguns princípios-chave que devem ser respeitados pelos estados membros da UE, tais como o princípio da legalidade, o princípio da não discriminação, o princípio da proporcionalidade, o princípio da imparcialidade e independência, entre outros.[23]

No Brasil, o princípio da boa Administração decorre de todos os princípios que orientam a atividade da Administração, notadamente aqueles previstos no art. 37, *caput*, da Constituição Federal. Apesar de ainda não constar expressamente no rol de princípios explícitos na CF – há uma PEC em tramitação nesse sentido[24] –, o princípio decorre da aplicação do conjunto de princípios e regras que incidem sobre a Administração brasileira, à semelhança e coincidência com o conjunto de princípios que orientou a formação da noção de bom governo no contexto europeu.

Na medida em que a boa Administração e o desempenho das funções administrativas têm por finalidade proporcionar aos cidadãos serviços mais eficientes, em atenção e respeito aos interesses públicos e aos direitos fundamentais, as suas principais características incluem o foco na governança responsável e transparente, o que significa que as decisões devem ser tomadas em harmonia com a lei e o direito como um todo.

Para tanto, é relevante que o Estado que se utilize de tecnologia e inteligência artificial para o melhor desempenho de suas funções e de

[23] BATALLI, Mirlinda, and FEJZULLAHU, Artan. **Principles of Good Administration under the European Code of Good Administrative Behavior**. Pécs Journal of International and European Law, 2018, p. 27.

[24] Na PEC 32/2020 o princípio está referido como “boa governança pública”. Ver: https://www.camara.leg.br/proposicoesWeb/fichadetramitacao?idProposicao=2262083

seus objetivos de políticas públicas se oriente pelo referido princípio. Afinal, é necessário que o uso da tecnologia e dos sistemas inteligentes seja regulado e controlado pelo sistema jurídico. Não se trata apenas de uma questão de eficiência pública. É preciso ir além para estabelecer novas formas de regulação da atividade administrativa realizada por intermédio de máquinas programadas e treinadas para tomar decisões no lugar dos administradores públicos.

A regência o princípio da boa Administração, como efeito, permite discutir quais atividades e quais riscos sevem ser evitados[25] na utilização pública da IA, a reclamar, no mínimo, a regulação do seu regime de aplicação. Em última análise, a questão de fundo passa pela identificação das regras e dos limites materiais e procedimentais a serem observados a fim de que o Estado – e no limite toda a sociedade – possa se apropriar do valor potencialmente gerado pela tecnologia para fins de *interesse geral.*

A ciência de dados, a aprendizagem automática e o alto poder computacional podem efetivamente contribuir para transformar radicalmente a Administração, no caminho da otimização do mandamento da boa Administração. A análise das informações relevantes e de padrões, somada à capacidade de prevenção de falhas no nível dos processos de decisão, relativos a matérias com alto impacto na vida dos cidadãos, permitem que a Administração aumente exponencialmente a sua capacidade institucional, proporcionando significativo aumento do nível de resolução de problemas sociais a partir das análises preditivas e do suporte a decisões administrativas.

## 3. Racionalidade algorítmica e riscos associados

Apesar dos inegáveis benefícios, as aplicações de IA geram novos riscos e problemas concretos com os quais o setor público (notadamente a regulação) deve ser capaz de lidar. Vários produtos de aprendizagem computacional já estão sendo usados em processos administrativos e oferecem importantes vantagens em potencial, porém os sistemas inteligentes também têm sido motivo de preocupação, na medida em que o

[25] De acordo com PARRA, trata-se da existência de uma nova partilha do mundo digital. (PARRA, Henrique. **Abertura e controle na governamentalidade algorítmica**. Ciência e Cultura, vol. 68, n. 1. São Paulo. Jan/Mar 2016. Disponível em: http://cienciaecultura.bvs.br/. Acesso em: 26 fev. 2022).

uso de IA em ambientes administrativos levanta desafios legais e éticos importantes.

Os riscos associados estão ligados às falhas intencionais ou não intencionais dos sistemas de IA, ou seja, a manipulação humana ou à incapacidade do sistema de "raciocinar" adequadamente. A primeira situação pode ocorrer, por exemplo, quando o sistema é projetado para discriminar, perseguir ou beneficiar alguém. A segunda, quando erros no sistema levam a resultados problemáticos. Em qualquer caso, o funcionamento inadequado pode resultar em riscos de violação aos direitos fundamentais, como os direitos à liberdade, privacidade, igualdade, dignidade ou acesso à justiça.

Assim como os humanos, os sistemas de IA também são falíveis. Até porque qualquer IA hoje existente ainda depende em alguma medida dos humanos. A racionalidade algorítmica é dependente das informações que lhe dão base, assim como da qualidade do treinamento e exatidão dessas informações em relação ao seu correspondente no mundo real. Não obstante, as máquinas podem falhar independentemente da ação ou intervenção humana, uma vez que desenvolvem novas habilidades de maneira autônoma, o que torna ainda mais complexa a avaliação dos riscos e o modo de controlá-los.

Alguns destaques são geralmente feitos nessa temática. Uma primeira dificuldade é garantir *transparência* ao funcionamento dos algoritmos. Outro problema é risco de "raciocínio" *discriminatório* que pode decorrer do uso da IA no exercício de funções administrativas, como na garantia de direitos e serviços públicos, acesso a determinados benefícios sociais, ou mesmo no exercício de atividades de típica autoridade estatal, como na investigação e repressão de infrações penais. Como se isso não bastasse há, ainda, os problemas relacionados à *responsabilidade* por ações decorrentes do uso de IA e à eventual necessidade de revisão humana das ações e decisões automatizadas.

Há outros fatores e riscos que poderiam ser analisados, como questões mais básicas ligadas ao acesso e inclusão digital ou aos meios de proteção e segurança envolvendo o urso de dados pessoais, mas nos detemos a esses três pois eles já nos trazem um conjunto bastante significativo e desafiador para evolução do direito administrativo. A *"colonização"* desse tema pelo direito administrativo ou, ao menos, a correta compreensão dos aspectos positivos e dos riscos associados às aplicações de IA na Administração podem nos fazer avançar tanto para o uso mais alargado de sistemas inteligentes, quanto para a proibição de determinadas aplicações.

### 3.1. Transparência X Opacidade ("black box")

O princípio da transparência é uma das ferramentas da boa Administração. Por sua vez, o uso de tecnologias de *big data* e IA pelo Estado tem relação direta com o dever de *transparência pública*, reconhecida como um princípio geral do Direito Administrativo.[26]

Dito de outro modo, as normas gerais a reger a Administração, neste ponto, são as da transparência e divulgação de informações de interesse geral detidas pelos seus órgãos ou pessoas jurídicas (públicas ou privadas) que desempenhem função administrativa, o dever de gestão transparente da informação, de amplo acesso a ela e a sua divulgação e, por fim, o dever de disponibilizar com autenticidade e integridade a informação.[27]

Por outro lado, a opacidade dos algoritmos dos sistemas de IA vem sendo amplamente discutida. Enquanto há uma preocupação com a propriedade intelectual dos desenvolvedores dos sistemas e das tecnologias, no domínio da Administração a transparência deve ser respeitada independentemente dos meios pelos quais uma decisão é tomada. A natureza de "caixa preta" dos sistemas e algoritmos não se coaduna com a noção de transparência pública na medida em que impeça ou inviabilize a explicação acerca dos fundamentos das ações governamentais que se utilizam dessa tecnologia.

Como se isso não bastasse, a opacidade dos algoritmos pode esconder manipulações e vieses no processo de decisões automatizadas, além de dificultar o controle de legalidade pelos cidadãos e órgãos legiti-

[26] De acordo com MARTINS JÚNIOR, a transparência é o verdadeiro princípio, enquanto a publicidade seria um "subprincípio" ligado à transparência pública, ao lado da "motivação" e da "participação popular". (MARTINS JÚNIOR, Wallace Paiva. **Princípio da Transparência.** *In*: DI PIETRO, Maria Sylvia Zanella (Org.) Tratado de Direito Administrativo. São Paulo: Editora Revista dos Tribunais, 2015, v. 1, p. 419-482.

[27] A legislação nacional, ademais, determina a observância da publicidade como preceito geral e do sigilo como exceção. Não é demais lembrar que, no Brasil, a LAI (Lei de Acesso à Informação) foi editada justamente com o objetivo de assegurar acesso à informação pública pelas pessoas em geral.

mados. A utilização de sistemas desenvolvidos por empresas privadas pode impedir o acesso aos dados de treinamento, algoritmos e modelos utilizados, sob o fundamento de proteção dos segredos comercial e industrial. O problema da opacidade dos algoritmos é um dos maiores riscos atualmente, dada a dificuldade de detectá-la e controlá-la. Como salienta BUCCI:[28]

> Na era do Big Data, algoritmos insondáveis cruzam os dados e antecipam em minúcias microscópicas o destino dos bilhões de fregueses. Escrutinados e recombinados pelos softwares secretos das corporações, os dados não mentem jamais. [...] As pessoas se encontram integralmente expostas aos algoritmos dos conglomerados. Tudo nelas é transparente, enquanto tudo nos algoritmos é opaco.

Além disso, quando a criação de perfis é usada para desenvolver conhecimento preditivo para serem posteriormente aplicados como base para a tomada de decisões, os envolvidos na decisão muitas vezes não têm acesso ao procedimento por trás da construção e aplicação de perfis. Esse problema é mais agudo quanto mais complexos se tornam os modelos de aplicação, pois podem assumir a forma de algoritmos profundamente sofisticados (*deep learning*).

A falta de transparência é, obviamente, problemática do ponto de vista do cidadão, mas também do ponto de vista do sistema geral de responsabilização da Administração, uma vez que aqueles que violam os princípios legais podem não ser mais responsabilizados. Ademais, a lacuna de transparência acentua o risco de violação de outros princípios de direito administrativo estabelecidos na Constituição Federal, notadamente a motivação, a isonomia e as garantias constitucionais do devido processo legal.

Por estas razões, é essencial que esforços sejam feitos no sentido da introdução de ferramentas de transparência por *design* e transparência por padrão para garantir a adesão à boa Administração e à transparência. A transparência será tão mais atendida quanto maior for o nível de explicação possível sobre as decisões automatizadas. Mais do que o mero fornecimento de informações, dados e códigos, deve ser promovida uma

[28] BUCCI, Eugênio. **A superindústria do imaginário**. Belo Horizonte: Autêntica Editora, 2021. Edição do Kindle, p. 9-10.

explicação detalhada das combinações racionais que levaram à tomada de uma decisão ou a uma atuação administrativa.

Na medida em que a arquitetura dos sistemas permita realizar um processamento automático de dados pessoais por algoritmos computadorizados – que podem ser usados e.g. para demonstrar os padrões de comportamento de cada cidadão –, pode ser realmente complexo assegurar transparência. Em certa medida, se o desenho do algoritmo não se preocupar com a necessidade de demonstração explícita do racional que leva a cada ação por ele comandada, formando a chamada "caixa preta", torna-se difícil até mesmo para o seu desenvolvedor entender as correlações feitas e a conexão ou combinação racional entre os dados.

Para esse problema, EDWARDS[29] propõe transportar a engenharia reversa na arquitetura algorítmica como uma ferramenta para explicar as intenções dos humanos. Com isso, seria possível ter uma noção da lógica por trás do processamento automatizado (incluindo o perfil), em favor da transparência. De qualquer modo, os princípios da transparência e da prevenção devem ser aplicados a fim de sinalizar as cautelas necessárias, exigir relatórios de impacto ou até mesmo indicar a vedação do uso de algumas tecnologias.

O princípio da transparência envolve ainda a forma como controladores e operadores do setor público – ou do setor privado no exercício de funções de interesse público – obtém a *confiança* dos cidadãos. Apesar das dificuldades em garantir a transparência em todas as etapas, é essencial que as informações divulgadas exerçam um papel de salvaguarda, de modo a garantir uma ciência adequada sobre todas as operações.

A plena observância do princípio da transparência depende, nessa dimensão, de medidas técnicas, organizacionais, administrativas e instrumentais, para mais do que um dever jurídico abstrato destituído de sentido prático. É necessário fornecer acesso confiável ao fluxo de informações do sistema de IA. Se as pessoas, sempre que quiserem, puderem acessar a informação sobre como os dados estão sendo tratados pelas entidades públicas – e, assim, como os algoritmos funcionam –, isso ine-

[29] EDWARDS, Lilian. **Privacy, Security and Data Protection in Smart Cities: a Critical EU Law Perspective.** Create Working Paper, 2015, p. 6-7.

vitavelmente garantirá maior previsibilidade e, consequentemente, favorecerá o controle de legalidade do emprego de IA.[30]

Algumas formas de obter a explicação sobre o funcionamento dos algoritmos estão sendo propostas com o objetivo de conciliar uma análise do comportamento do modelo sem exigir uma abertura da "caixa preta". Um exemplo nessa direção são as chamadas explicações contrafactuais, que poderiam explicar ao cidadão o racional do processo de decisão automatizada através da explicação de situações similares ou opostas (por exemplo, que ele não obteve um benefício previdenciário específico por causa de A, mas teria se B fosse o caso).

Na visão de WACHTER, a IA deveria ser mais transparente e responsável.[31] Ela destaca casos em que algoritmos opacos, utilizados pela grande indústria dos dados, se tornaram racistas e sexistas e sustenta que as pessoas deveriam ter assegurado um direito a *"inferências razoáveis"*. Embora reconheça que é difícil eliminar o viés dos conjuntos de dados de treinamento, ela acredita que é possível desenvolver ferramentas para identificá-los e eliminá-los. O caminho seria auditar a inteligência artificial para combater a discriminação e promover a justiça, o que reclamaria a reforma de leis e regulamentos atualmente vigentes (inclusive o RGPD Europeu) e, mais, reclamaria que os sistemas fossem desenhados de modo a permitir essa auditoria.

Para tanto, as explicações contrafactuais seriam um modo possível e adequado para assegurar maior transparência e *"explicabilidade"* às decisões automatizadas. Isto porque, quando as decisões são tomadas por algoritmos, pode ser difícil para as pessoas entenderem por que elas estão sendo tomadas, especialmente sem se revelar segredos que tornam

[30] Na Estônia, p. ex., uma plataforma de compartilhamento tem por princípio aumentar a segurança, evitar duplicação desnecessária e ampliar a transparência no seu uso pela Administração, incluindo as forças de segurança. Todo cidadão sabe quando cada dado seu é gerado, por qual órgão, e com quem está autorizado a compartilhá-lo, dependendo da finalidade. No mesmo sentido, países como Reino Unido, Austrália, Canadá e Finlândia possuem regulamentos que asseguram algum nível de transparência, com instrumentos que dão controle ao cidadão de como o dado é utilizado pelo Poder Público.

[31] WACHTER, Sandra; MITTELSTADT, Brent. **A right to reasonable inferences: re-thinking data protection law in the age of big data and AI.** In Columbia Business Law Review – Vol. 2019 – Issue 2. Disponível em: https://ssrn.com/abstract=3248829. Acesso em: 22 fev. 2022.

um dado algoritmo seguro (no caso do funcionamento de utilidades ou facilidades públicas) ou economicamente vantajoso (quando detidos e utilizados pelo setor privado). As explicações contrafactuais permitiriam a explicação de algoritmos sem a necessidade de revelar segredos relacionados ao funcionamento do aprendizado de máquina e das decisões automatizadas.

Ainda na perspectiva da transparência, vale observar o potencial de incremento e reforço desse princípio mediante o uso de ferramentas tecnológicas. Apesar dos riscos associados – a aqui debatidos – não se deve ignorar o fato de que as decisões humanas muitas vezes também são pouco transparentes e sujeitas a diferentes vieses. Em muitas situações, a discricionariedade administrativa ou judicial também se assemelham a uma "caixa preta", por mais que os princípios do contraditório, participação e motivação tenham sido observados.

Isto acontece porque as razões utilizadas para fundamentar as decisões podem não corresponder aos seus verdadeiros motivos. Não há qualquer garantia de que, na realidade, não foi aquele fundamento declarado que influenciou a decisão, mas sim alguma forma de viés não revelado e possivelmente até inconsciente. Diante disso, SUSTEIN enfatiza que os algoritmos podem ser úteis para superar os efeitos nocivos do viés cognitivo humano e evitar a discriminação ilegal.[32] Nesse sentido, as tecnologias computacionais de tomada de decisão poderiam ajudar a adicionar transparência e evitar desvios de poder no seio do processo decisório, não o contrário.

### 3.2. Ética, equidade e não-discriminação

A questão se torna ainda mais desafiadora quando analisada sob a perspectiva de um Administração que toma decisões a partir de bancos de dados e do uso de tecnologias como a IA.[33] É bem possível que, por meio do tratamento em massa dos dados pessoais, o conjunto de informações coletadas – mesmo que anonimizadas – passem a compor um perfil esta-

[32] SUNSTEIN, Cass. **#Republic: Divided Democracy in the Age of Social Media**. Princeton University Press, 2017.

[33] PARRA, Henrique. **Abertura e controle na governamentalidade algorítmica**. Ciência e Cultura, vol. 68, n. 1. São Paulo. Jan/Mar 2016. Disponível em: http://cienciaecultura.bvs.br/scielo.php?pid=S0009-67252016000100013&script=sci_arttext&tlng=pt. Acesso em: 26 fev. 2022.

tístico que será utilizado para guiar as escolhas e decisões de políticas ou para incluir as pessoas em determinadas categorias ou classificações discriminatórias.

A sofisticação dos mecanismos de coleta de dados permite a obtenção de informações cada vez mais pessoais, capazes de traçar perfis robustos sobre os cidadãos. O problema é que, quando o algoritmo tenta gerar um modelo baseado em dados, tais informações podem conter alguns *vieses*, levando o algoritmo a considerar "preconceitos" ou a criar "bolhas de filtros".[34]

Nesse contexto, as discussões acerca da privacidade e dos riscos da prática de coleta e tratamento de dados dos cidadãos ganham especial relevância. No âmbito da aprendizagem profunda (IA), os dados são usados por algoritmos em larguíssima escala, para produzir correlações que podem afetar grupos inteiros de indivíduos, uma vez que os dados são um objeto *contextual*[35] que pode fornecer informações sobre vários indivíduos simultaneamente.

Como apontado no estudo realizado pela Presidência dos EUA em 2014[36] – logo após a denúncia de Edward SNOWDEN acerca das ações de espionagem da agência de segurança nacional –, enquanto o *big data* aumenta o potencial de análise de dados em um patamar aparentemente sem limites, o seu uso pelas instituições públicas aumenta na mesma proporção a responsabilidade do Estado. Isso resulta na necessidade de proteção da privacidade contra os riscos das novas capacidades tecnológicas de capturar, agregar e processar um número e variedade cada vez maior de informações dos indivíduos.

A robotização da Administração pode, desse modo, provocar erros de máquina, enviesamento de decisões, falhas nas bases de dados, quali-

[34] A expressão denota basicamente que algoritmos projetados para envolver os usuários em certas atividades têm mais probabilidade de mostrar notícias e informações dos usuários com as quais eles já concordam e ocultam informações que eles não gostam.

[35] NISSENBAUM, Helen. **Privacy as Contextual Integrity**. Washington Law Review. Volume 79. Number 1. Symposium: Technology, Values, and the Justice System, 2004. Disponível em: https://digitalcommons.law.uw.edu/cgi/viewcontent.cgi?article=4450&context=wlr. Acesso em: 26 fev. 2022.

[36] ESTADOS UNIDOS. **Big data: seizing opportunities, preserving values**. 2014, p. 1-2. Disponível em: https://www.whitehouse.gov/sites/default/files/docs/big_data_privacy_report_may_1_2014.pdf. Acesso em: 26 fev. 2021.

dade dos dados ou dados inexatos podem gerar exclusão de pessoas com relação aos benefícios relacionados à determinadas políticas públicas. A programação e funcionamento de algoritmos pode provocar segregação e discriminação em razão das características pessoais (gênero, cor, raça, religião, convicções políticas etc). A tomada de decisão algorítmica é, nesta perspectiva, quase sempre tendenciosa. Os algoritmos aumentam o potencial de discriminação em decisões automatizadas, pois os sistemas constroem diferentes tipos, perfis ou categorias de pessoas.

Para Eugênio BUCCI, a situação é ainda mais grave, uma vez que a tecnologia poderia estar sendo intencionalmente manipulada para impedir até mesmo o acesso aos fatos e à realidade, o que se torna particularmente grave quando decisões públicas são tomadas para incluir ou excluir indivíduos de grupos sociais com base em "evidências" ocultas nos dados considerados:

> Primeira estratégia de interdição dos fatos (emanada do poder): os apagões de real. A primeira estratégia vem do discurso do poder. [...] Essa estratégia faz da tecnologia seu procedimento preferencial para, de uma parte, substituir os fatos propriamente ditos por dados digitais, e, de outra, bloquear o acesso do debate público aos fatos propriamente ditos que estariam representados nos dados. [...] Quem integra o poder não fala dos fatos, tornados remotos, mas apenas dos dados, que passam a ser tratados como se fossem fatos consumados. Quem está fora do poder dificilmente terá como verificar os fatos in natura. [...] os dados não são os fatos, como deveria ser óbvio: os dados são apenas uma versão matematizada dos fatos.[37]

Além de potencialmente causar interferências gravosas no direito à privacidade, a coleta dados pessoais em grande escala incrementa o risco de viés discriminatório em sistemas algorítmicos e de tomada de decisão automatizados contra minorias e grupos vulneráveis.[38] Se apenas parte

[37] Para comprovar o argumento, o autor ainda provoca: "*Se alguém não acredita no cenário que acabo de descrever, que tente responder a algumas interrogações. Quem dá conta de tirar a limpo as planilhas do FMI? Quem fiscaliza a engenharia subterrânea dos algoritmos que coordenam o fluxo das ideias na esfera pública que se globalizou? (...)*". BUCCI, Eugenio. **Existe democracia sem verdade factual?** Barueri: Estação das Letras e Cores, 2019. Edição do Kindle, p. 57-59.

[38] Como já ressaltado, o risco de discriminação e interferência em direitos e liberdades de certos grupos pode ocorrer, p. ex., em aplicações de segurança pública com reconheci-

dos indivíduos disponibilizam suas informações pessoais para a formulação de políticas públicas e outra parte não, esse banco de dados parcial pode criar uma situação em que todos aqueles que não disponibilizaram suas informações sejam tratados de forma negativa ou que simplesmente tenham suas necessidades ou interesses ignorados.

Na medida em que a utilização do *big data* vier a se tornar uma tendência dominante na atuação da Administração, por mais que ele possa vir a ser muito útil para inúmeras funções de interesse geral, também se criarão desafios legais significativos, por exemplo, no exercício da cidadania, manutenção das liberdades individuais, prestação de serviços públicos, ações de fomento ou na escolha de políticas públicas. A automação, nesse caso, deve se conciliar com a proteção aos direitos fundamentais. Essa proteção, por seu turno, precisa passar por aperfeiçoamentos e deve ser pensada no contexto das novas TIC.[39]

Esse risco evidente tem levado inúmeros países e organizações internacionais a desenvolverem estratégias de fomento, regulação e promoção da ética da inteligência artificial. São as chamadas "*estratégias de inteligência artificial*" que procuram conciliar o desenvolvimento do mercado local e a competitividade de sua economia, com modelos de gestão e regulação adaptados a esta nova tecnologia, a partir de preceitos ético-legais pré-estabelecidos e positivados no ordenamento jurídico, especialmente porque a tecnologia interage de modo estreito com o processo decisório da Administração.

### 3.3. Responsabilidade, supervisão e revisão humana

As preocupações com a transparência e a ética dos sistemas de IA evidenciaram a importância de maior compreensão da lógica algorítmica e da identificação das intervenções humanas na programação, na qualidade dos dados e no treinamento dos algoritmos. Independentemente do contexto em que a IA é aplicada, a tecnologia ainda é em alguma medida dependente de processos humanos.

mento facial, cujo sistema pode ter menor acurácia e precisão para pessoas negras, p. ex., sujeitando-as a maior frequência em ações policiais.

[39] OCDE. **Relatório do Conselho de Parceria Corporativa: Big Data e Transporte – Opções de compreensão e avaliação.** International Transport Forum, 2015. Disponível em: https://www.itf-oecd.org/sites/default/files/docs/15cpb_bigdata_0.pdf. Acesso em: 28 jan. 2022.

Como vimos, a principal característica da IA consiste na sua capacidade de tomar decisões sem a intervenção humana na etapa final do processo decisório. Esta característica tem sido o motivo de maior preocupação. Em questões mais sensíveis envolvendo os direitos e garantias fundamentais e os direitos sociais, a reação tem sido reconhecer que não seria desejável submeter os seres humanos a decisões tomadas exclusivamente por meios automatizados.

Nos últimos anos este debate deontológico e jurídico tem se intensificado ao passo em que as máquinas avançam e passam a interferir em decisões estatais envolvendo os direitos humanos. Nessa linha, uma decisão automatizada, executada sem qualquer intervenção humana, tem sido considerada uma violação ao princípio da dignidade humana. Ao reconhecer esse risco, as orientações, projetos e legislações de muitas democracias têm exigido mecanismos de revisão humana sobre decisões automatizadas.

Em 2020, um Relatório da Comissão Europeia propôs recomendações sobre o quadro dos aspetos éticos da inteligência artificial, da robótica e das tecnologias conexas, que resultou na aprovação de uma Resolução do Parlamento Europeu, de 20 de outubro de 2020,[40] segunda a qual (art. 7º):

> 1. As tecnologias de inteligência artificial de alto risco, incluindo o software, os algoritmos e os dados utilizados ou produzidos por essas tecnologias, devem ser desenvolvidas, implantadas ou utilizadas de forma a garantir a plena supervisão humana em qualquer momento. 2. As tecnologias referidas no nº 1 devem ser desenvolvidas, implantadas e utilizadas de forma a permitir a recuperação do controlo humano quando necessário, incluindo através da alteração ou interrupção dessas tecnologias.

Nota-se uma forte preocupação com a razoabilidade, a confiança e a transparência das tecnologias que utilizam inteligência artificial, na robótica e nas tecnologias conexas, incluindo o software, os algoritmos

[40] PARLAMENTO EUROPEU. Resolução do Parlamento Europeu, de 20 de outubro de 2020, que contém recomendações à Comissão sobre o regime relativo aos aspetos éticos da inteligência artificial, da robótica e das tecnologias conexas (2020/2012(INL)). Disponível em: https://www.europarl.europa.eu/doceo/document/TA-9-2020-0275_PT.html#title1. Acesso em 27 fev. 2022.

e os dados utilizados ou produzidos por essas tecnologias. Tanto é assim que um dos considerandos do documento dispõe que "*a auditabilidade, a rastreabilidade e a transparência devem solucionar qualquer eventual inintegibilidade dessas tecnologias*". E ainda, o grau de clareza das explicações sobre as combinações realizadas vai "*depender do contexto desses processos técnicos e da gravidade das consequências de um resultado errado ou inexato e deve ser suficiente para os contestar e procurar vias de recurso*".

Lembre-se que o próprio RGPD proíbe o processamento exclusivamente automatizado de dados pessoais[41] (art. 22). Não obstante, em algumas circunstâncias, ele seja permitido, nomeadamente quando (i) estiver previsto por lei, (ii) seja necessário para a execução de um contrato entre o responsável pelo tratamento e o titular dos dados, ou (iii) seja realizado com base no consentimento do titular dos dados. Ainda assim, em tais circunstâncias, o interessado tem direito à intervenção humana, que, de acordo com as orientações regulamentares sobre o assunto, deve ser "significativa".

No campo específico da Administração, outro documento relevante é a Recomendação do Conselho da OCDE sobre Inteligência Artificial, de 2019.[42] Além de outros princípios, ela estabelece que a IA deve ser aplicada com foco nos valores humanistas e na equidade, o que abarca os direitos humanos, os valores democráticos, as liberdades, a dignidade da pessoa humana e a autonomia dos indivíduos, bem como a proteção a seus dados pessoais e a privacidade, dentre outros direitos fundamentais. Inclui ainda a proteção às garantias constitucionais processuais nas decisões robóticas administrativas.

Em outras palavras, significa que qualquer decisão automatizada deve ser passível de revisão de seus resultados por meio da análise do

[41] Art. 22 (1): "*O titular dos dados tem o direito de não ficar sujeito a nenhuma decisão tomada exclusivamente com base no tratamento automatizado, incluindo a definição de perfis, que produza efeitos na sua esfera jurídica ou que o afete significativamente de forma similar*". Cf. PARLAMENTO EUROPEU. Regulamento (UE) 2016/679 do Parlamento Europeu e do Conselho, de 27 de abril de 2016 (RGPD). Disponível em: https://eur-lex.europa.eu/legal-content/PT/TXT/PDF/?uri=CELEX:32016R0679. Acesso em: 10 dez. 2020.

[42] OCDE. LEGAL-0449 – Recommendation of the Council on Artificial Intelligence. Disponível em: <https://legalinstruments.oecd.org/en/instruments/OECD-LEGAL-0449.>. Acesso em: 26 fev. 2022.

processo decisório utilizado pelo algoritmo, sobretudo quando a decisão puder implicar em violações a direitos fundamentais.

No Brasil, relevante mencionar o estágio avançado de tramitação do Projeto de Lei nº 21/2020, aprovado pela Câmara dos Deputados e remetido ao Senado Federal, que pretende estabelecer "*fundamentos, princípios e diretrizes para o desenvolvimento e a aplicação da inteligência artificial no Brasil*". O projeto define fundamentos e princípios para desenvolvimento e aplicação da IA no país, incluindo diretrizes para o fomento e a atuação do poder público no tema.[43]

O texto traz princípios éticos baseados na regulamentação existente na UE e nos conceitos e diretrizes propostos pela OCDE, dentre os quais os princípios da finalidade benéfica para a humanidade; o respeito à dignidade humana, à privacidade, à proteção de dados pessoais e aos direitos fundamentais; a não discriminação; a busca pela neutralidade; a transparência; a segurança e prevenção; a inovação responsável e a disponibilidade de dados.

De modo ainda mais específico, o PLS n. 5.051/2019, em tramitação no Senado Federal, não prevê no seu art. 4º que "*Os sistemas decisórios baseados em Inteligência Artificial serão, sempre, auxiliares à tomada de decisão humana*". De acordo com o §1º do mesmo artigo, a forma de supervisão humana deverá ser "*compatível com o tipo, a gravidade e as implicações da decisão submetida aos sistemas de Inteligência Artificial*".

Em termos de reponsabilidade, o projeto propõe que "*a responsabilidade civil por danos decorrentes da utilização de sistemas de Inteligência Artificial será de seu supervisor*" (§2º do art. 4º). Além disso, também elenca a supervisão humana como um dos princípios para uso da IA, como o respeito à dignidade da pessoa humana, à liberdade, à democracia e à igualdade; o respeito aos direitos humanos, à pluralidade e à diversidade, à garantia da privacidade dos dados pessoais, à transparência, à confiabilidade e à possibilidade de auditoria dos sistemas (art. 1º).

Por sua vez, o PLS n. 5691/2019 pretende estipular a Política Nacional de Inteligência Artificial, que também prevê uma série de princípios de estímulo de cooperação público-privada, capacitação de profissionais e uma "transição digital justa". De acordo com a proposta, as soluções de

[43] Para consultar o estágio atual de tramitação/aprovação do PL, acessar: https://www.camara.leg.br/proposicoesWeb/fichadetramitacao?idProposicao=2236340.

IA devem "*prover decisões rastreáveis e sem viés discriminatório ou preconceituoso*" e devem "*ser abertas ao escrutínio democrático e permitir o debate e controle por parte da população*".

Todas essas iniciativas, observe-se, levam em consideração o fato de que, na realidade, qualquer aprendizado de máquina pode ser "supervisionado". Acreditar que os sistemas de IA possam vir a ser totalmente "autônomos" em relação à influência humana seria um erro. Tais sistemas "inteligentes" ainda dependem dos humanos em várias etapas, desde a escolha do hardware, do software e dos dados de entrada que são usados, até a especificação prévia dos objetivos de um determinado modelo e seu uso subsequente.

De modo geral, a qualidade dos dados e do treinamento realizado por humanos determina a eficácia e acuidade do modelo de decisão automatizada. As limitações, imperfeições e vieses dos sistemas de IA geralmente estão associados à quantidade e à qualidade dos dados fornecidos ao sistema. Na Administração esta é uma questão importante diante das dificuldades de acesso a dados de treinamento ou interoperabilidade dos conjuntos de dados entre os diferentes órgãos e entidades. Se há uma avaliação apenas parcial da realidade ou se os dados de treinamento sofrem algum tipo de viés, as conclusões e previsões do sistema de IA irão refletir esse desvio ou imprecisão.

É justamente por esta razão que a tomada de decisões requer ponderações e a supervisão humanas que são impossíveis de serem realizadas autonomamente pelo modelo de aprendizado de máquina. Na seara da Administração, a revisão humana é fundamental não apenas para assegurar os direitos dos destinatários da decisão, mas também é relevante na perspectiva do dever administrativo de garantir decisões bem fundamentadas e motivadas, a partir de uma avaliação criteriosa do direito aplicável e da ponderação entre os princípios que orientam a atuação do poder público.

Até porque uma das maiores dificuldades hoje talvez esteja nas tentativas, ou melhor, nas expectativas de uma espécie de padronização e de automatização da conformidade legal. Esse objetivo pode ser utópico em razão da própria complexidade dos fatores a serem levados em consideração na análise de adequação aos requisitos legais. Não há ainda inteligência computacional suficiente para substituir interpretações consistentes dos princípios jurídicos e do exercício de ponderação de circunstâncias do caso concreto.[44] Como destacam FINCK e BIEGA:[45]

> Pode-se perguntar se e como os princípios legais, particularmente amplos, propositalmente mantidos vagos para permitir o contexto interpretação, pode ser traduzido em código de computador. Sem dúvida, esta é uma questão no cerne da digitalização que requer mais engajamento de várias disciplinas nos próximos anos.

Ainda assim, não se pode ignorar as vantagens do aprendizado computacional. A enorme quantidade de dados e informações faz com que o aprendizado de máquina e os sistemas de IA sejam aliados indispensáveis para ampliar as capacidades da cognição humana. Muitas correlações ou combinações só podem ser reveladas por meio dos sistemas inteligentes, ao menos em termos de velocidade e eficiência das respostas às demandas sociais cada vez mais dinâmicas e multifacetadas. Se tais capacidades ultrapassam as capacidades humanas, a revisão humana não deve representar uma completa aniquilação da lógica dos sistemas, senão apenas uma garantia de seu correto funcionamento segundo padrões previamente estabelecidos de modo transparente e justificado.

## 4. Regulação algorítmica, processo administrativo, motivação e controle

A regulação do uso de tecnologias de IA e aprendizagem de máquina certamente é um dos temas mais interessantes do direito administrativo atual. A questão é como garantir efetividade da regulação, como utilizar os estímulos corretos, e como conjugá-los à repressão das más práticas e das condutas abusivas.

[44] Ainda que algumas conclusões possam ser padronizadas, é difícil imaginar que um sistema possa ter a compreensão profunda de quais valores as pessoas associam com diferentes tipos de dados em diferentes contextos. De qualquer modo, é relevante caminhar na tentativa de padronização ao menos de mecanismos transparentes apropriados, bem como meios técnicos de eliminação uma vez que um propósito seja cumprido, ou ainda em métodos de conformidade com o princípio da limitação de finalidade.

[45] FINCK, Michèle; BIEGA, Asia. **Reviving Purpose Limitation and Data Minimisation in Data-Driven Systems**. Technology and Regulation, 2021, p. 60-61. Disponível em: https://doi.org/10.26116/techreg.2021.004. Acesso em 26 fev. 2022.

A confirmar a relevância do tema, basta notar que os debates mais atuais sobre IA se preocupam fortemente com a regulação e o controle do uso dessa tecnologia, tanto no setor privado quanto no setor público. Nos últimos anos, foram promovidas discussões, estudos, relatórios, consultas e audiências públicas em diversos países sobre o tema, inclusive no Brasil.[46]

Um dos documentos mais relevantes é a "Declaração de Toronto",[47] assinada em 2018, que é focada no direito à igualdade e não-discriminação em sistemas de aprendizado de máquina. Trata-se de um esforço da sociedade civil organizada, liderada pela Anistia Internacional e pela Access Now, amplamente endossada pela comunidade global de direitos humanos. De acordo com as suas disposições:

> Todos os atores, públicos ou privados, devem prevenir e mitigar riscos discriminatórios no design, desenvolvimento e aplicação de tecnologias de aprendizado de máquina. Eles também devem garantir que haja mecanismos que permitam o acesso à reparação efetiva antes da implementação e durante o ciclo de vida de um sistema.

A Declaração de Toronto propõe que o uso estatal de aprendizado por máquinas seja pautado por uma série de princípios para prevenir discriminação e outras violações de direitos e endereçar os riscos representados pelas tecnologias de aprendizado de máquina. Os principais princípios éticos são (i) identificar riscos, (ii) garantir transparência e *accountability* e (iii) impor mecanismos de supervisão.

[46] No Brasil, em dezembro de 2019, o Ministério da Ciência, Tecnologia, Inovações e Comunicações (MCTIC) abriu consulta pública para definir a Estratégia Nacional de Inteligência Artificial. O governo propõe uma discussão dividida em três eixos transversais (Legislação, regulação e uso ético; Governança de IA; e Aspectos internacionais) e seis eixos verticais (Educação; Força de trabalho capacitação; PD&I e empreendedorismo; Aplicação nos setores produtivos; Aplicação no poder público; Segurança pública). Cf. BRASIL. Estratégia Brasileira de Inteligência Artificial. Consulta Pública. Disponível em: http://participa.br/profile/estrategia-brasileira-de-inteligencia-artificial. Acesso em: 26 fev. 2022.

[47] THE TORONTO DECLARATION. Protecting the right to equality in machine learning. Disponível em: https://www.accessnow.org/the-toronto-declaration-protecting-the-rights-to-equality-and-non-discrimination-in-machine-learning-systems/. Acesso em: 26 fev. 2022.

Isso pode significar condutas específicas como a condução de constantes avaliações de impacto e outros testes, durante o desenvolvimento, em marcos importantes e ao longo da aplicação e uso de sistemas de aprendizado de máquina para identificar potenciais fontes de resultados discriminatórios ou violadores de direitos – por exemplo, no design de modelos algorítmicos, em processos de supervisão ou no tratamento de dados ou ainda na submissão de sistemas a testes e auditorias regulares e ao vivo.

Para tanto, é essencial que o Estado forneça informação que explique em termos claros e acessíveis como processos decisórios automatizados ou de aprendizado de máquina são efetivados, e que documente as ações tomadas para identificar e mitigar impactos discriminatórios ou contra outros direitos fundamentais. Além disso, o Estado deve permitir a análise e a supervisão independente por meio de sistemas que sejam auditáveis; deve evitar a utilização de sistemas de "caixa preta" que não possam ser sujeitos a parâmetros significativos de *accountability* e transparência; e deve garantir que decisões baseadas em aprendizado de máquina estejam em conformidade com o devido processo legal.

No Reino Unido, o governo publicou em 2020 um guia para uso da IA no setor público[48], que destaca a definição de uma meta de *benefício público* que funcione como uma espécie de "bússola" para a utilização do sistema de IA, com respeito aos princípios da não discriminação, igualdade de tratamento e proporcionalidade. A realização de avaliações de impacto da IA deve ser feita no início do processo. Outra importante orientação é a maximização da transparência na tomada de decisões da IA.

Para isso, são estimuladas medidas que incentivem a "explicabilidade" ou clareza e a possibilidade de interpretação ou compreensão dos algoritmos, de modo a evitar sistemas de IA e algoritmos "*lock-in*" e "*black box*". Além disso, propõem-se recomendações para alocação de riscos, de auditagem e de testagem contínua do modelo, a fim de evitar a tomada de decisões com erros que possam impactar negativamente em relação às pessoas e seus direitos e liberdades.

[48] OFFICE FOR ARTIFICIAL INTELLIGENCE (UK). **Guidelines for AI Procurement.** 2020: https://www.gov.uk/government/publications/guidelines-for-ai-procurement/guidelines-for-ai-procurement. Acesso em: 26 fev. 2022.

A partir de estudos sobre o uso da inteligência artificial, contendo diretrizes regulatórias que procuram endereçar alguns dos problemas mais sensíveis diretamente relacionados às funções públicas em geral,[49] o governo do Brasil aprovou recentemente a Estratégia Brasileira de Inteligência Artificial, instituída pela Portaria MCTI nº 4.617, de 6 de abril de 2021, alterada pela Portaria MCTI nº 4.979, de 13 de julho de 2021.

Alinhada às diretrizes da OCDE, o documento fundamenta-se em cinco princípios para uma gestão responsável dos sistemas de IA: (i) crescimento inclusivo, o desenvolvimento sustentável e o bem-estar; (ii) valores centrados no ser humano e na equidade; (iii) transparência e *"explicabilidade"*; (iv) robustez, segurança e proteção e; (v) a responsabilização ou a prestação de contas (*accountability*).

Em linhas gerais, a estratégia brasileira tem como objetivos contribuir para a elaboração de princípios éticos para o desenvolvimento e uso de IA responsáveis; promover investimentos sustentados em pesquisa e desenvolvimento em IA; remover barreiras à inovação em IA; capacitar e formar profissionais para o ecossistema da IA; estimular a inovação e o desenvolvimento da IA brasileira em ambiente internacional; e promover ambiente de cooperação entre os entes públicos e privados, a indústria e os centros de pesquisas para o desenvolvimento da Inteligência Artificial.

Não se desconsidere a importância de princípios, normas, estratégias e guias para orientar o desenvolvimento da IA e sua aplicação na Administração. Entretanto, em áreas de grande transformação como a tecnologia, há uma dificuldade natural de estabelecer padrões normativos e limitações mais detalhados, o que pode significar a atuação dos agentes envolvidos em um espaço de "vazio regulatório". Ou seja, a evolução das técnicas e a velocidade da ampliação do potencial de aprendizado das máquinas podem superar rapidamente a estrutura regulatória existente ou, pior, os atores deste setor podem se aproveitar de uma regula-

[49] BNDES. **Estudo "Internet das Coisas: um plano de ação para o Brasil"** – Produto 7A: Aprofundamento de Verticais – Cidades. Rio de Janeiro: BNDES, 2017. 68 p. Disponível em: https://www.bndes.gov.br/wps/wcm/connect/site/776017fa-7c4a-43db-908fc054639f1b88/relatorio-aprofundamento+das+verticais-cidades-produto-7A.pdf?MOD=AJPERES&CVID=m3rPg5Q. Acesso em: 26 fev. 2022.

ção muito detalhada para enxergar brechas e estratégias alternativas e, assim, agir de modo oportunista.[50]

Apesar dos benefícios que podem propiciar para a vida em sociedade, as tecnologias e sistemas inteligentes – inclusive aqueles voltados ao atendimento do interesse público ou do bem comum – são cada vez mais consideradas um desafio para a regulação jurídica. Em razão da necessidade de maior racionalidade regulatória e de análises consequencialistas da política regulatória a ser adotada, devem ser explorados os principais métodos, processos e instrumentos regulatórios, tais como a realização de testes de legalidade e proporcionalidade, análises de impacto regulatório, relatórios de impacto à privacidade e sobre direitos humanos, análises de custos e benefícios ou de riscos, entre outros.

Nesse sentido, o Conselho da Europa elencou como primeira recomendação a realização de Avaliações de Impacto em Direitos Humanos, a partir da combinação entre autoavaliação e revisão por um órgão externo.[51] O documento afirma que as referidas avaliações não podem se limitar a uma análise de modelos algorítmicos, mas devem levar em consideração como os tomadores de decisão influenciam os *inputs* e interpretam os *outputs* desses sistemas. Há necessidade de avaliar também o nível de controle humano durante o ciclo de vida da inteligência artificial, bem como da base de dados que a alimenta.

De modo similar, o relatório de VILLANI na França sugere, como estratégia para a França e para a Europa, a adoção de avaliações de impacto sobre discriminação, que não são exatamente Avaliações de Impacto em Direitos Humanos, mas vão além daquelas focadas em dados pessoais.[52] Como destacado em estudo promovido pelo DataPrivacyBR:[53]

[50] EUROPEAN COMMISSION. **Public-Private Partnership (PPP) for Big Data** [press release]. 2014. Disponível em: http://europa.eu/rapid/press-release_MEMO-14-583_en.htm. Acesso em: 26 fev. 2022.

[51] CONSELHO DA EUROPA. **Unboxing Artificial Intelligence: 10 steps to protect Human Rights.** Maio de 2019. Disponível em: https://rm.coe.int/unboxing-artificial-intelligence-10-steps-to-protect-human-rights-reco/1680946e64. Acesso em: 26 fev. 2022.

[52] VILLANI, Cédric et al. **For a meaningful artificial intelligence**. A French Parliamentary Mission, 2018.

[53] DATA PRIVACY BR. **Contribuição à consulta pública da Estratégia Brasileira de Inteligência Artificial**. São Paulo: 1ª ed. Abril de 2020, p. 13.

> [...] os instrumentos de Avaliação de Impacto [...] podem, inclusive, ser utilizados para incluir variáveis de discriminação, desde que a noção de efeitos discriminatórios seja incorporada dentro da metodologia de produção dessas avaliações, bem como catalisar um modelo regulação descentralizado, policêntrico, em rede e polifórmico a vista da transversalidade e complexidade do objeto da regulação em questão.
>
> Mesmo que não haja clareza sobre como fazer isso, é papel do governo estimular que essas metodologias sejam um instrumento de efetiva corregulação, bem como pensadas de forma participativa e sob o devido escrutínio público [...].

Em razão dos riscos envolvidos, aliás, pode-se até mesmo se cogitar a proibição de determinadas aplicações de tecnologias. A recente proibição do uso da tecnologia de reconhecimento facial de IA na Califórnia é um exemplo de situação em que o resultado de uma rigorosa avaliação de riscos, somada à ausência de instrumentos efetivos para sua neutralização ou mitigação, podem implicar no impedimento da coleta e do tratamento de dados pessoais.[54] Quando os riscos suplantam os benefícios, parece mesmo a melhor escolha a se fazer.

Deve-se esclarecer, no entanto, que não basta apenas um processo formal de avaliação dos riscos envolvidos. De acordo com MURRAY e BLACK,[55] é necessário e importante retomar o protagonismo dos instrumentos de regulação jurídico-normativa do uso de novas tecnologias:

> [...] o discurso mais amplo que vem se desenhando está nos afastando do direito, ou mesmo de modelos tradicionais de comando e controle ou,

[54] O *Code for Acquisition of Surveillance Technology* (São Francisco/CA) parte do pressuposto de que os riscos apresentados por tecnologias de vigilância, que incluem reconhecimento facial, superam seus eventuais benefícios. Assim, em regra, veda sua aplicação, relegando ao interessado demonstrar o contrário. É necessário ainda elaborar um Relatório de Impacto à Vigilância (ESTADOS UNIDOS. City and County of San Francisco. Administrative Code – Acquisiton of Surveillance Technology. May 21, 2019. Disponível em: https://sfbos.org/sites/default/files/o0107-19.pdf. Acesso em: 26 fev. 2022). Cf. CHAIR ON DATA PROTECTION ON THE GROUND. **Personal data protection in smart cities**. Roundtable report, 2019. Disponível em: www.dataprotectionontheground.be. Acesso em 10 ago. 2021.

[55] BLACK, Julia; MURRAY, Andrew D. **Regulating AI and machine learning: setting the regulatory agenda**. European Journal of Law and Technology, 2019.

a menos, de corregulação e governança, e nos movendo em direção à autorregulação na forma de códigos de conduta e boas práticas.

A partir da experiência de outros momentos em que a humanidade experimentou uma disrupção tecnológica, os autores afirmam que "*a ética não pode substituir a lei ou outras formas de regulação formal*". Na visão deles, "*padrões éticos para riscos sistêmicos são insuficientes*" e "*essa abordagem levará a um futuro de fracassos regulatórios*". Nessa linha, concluem:[56]

> [...] se permitirmos que os modelos de regulação e governança fiquem à deriva pelos próximos 5-10 anos [...] [ficaremos] à mercê de um pequeno número de empresas que regulam o mercado por meio de contratos privados e (principalmente) fora do controle e influência direta dos reguladores públicos, incluindo os Estados.

Diante dessa realidade, tem sido ressaltado que os requisitos legais garantidos pelos direitos fundamentais não devem ser prejudicados por uma avaliação meramente de riscos,[57] ainda que a gestão de riscos seja uma ferramenta valiosa para calibrar a responsabilidade, priorizar ações, sensibilizar e informar, assim como para identificar ações adequadas de mitigação e ainda fornecer uma "*abordagem escalonável e proporcional à conformidade*".[58]

Ainda que os processos regulatórios e de governança sejam muitas vezes considerados onerosos e uma espécie de entrave para a inovação, não há dúvida de que normas, processos e instituições refletem confiabilidade – como transparência, regulamentação, motivação e boa gover-

[56] O artigo é considerado pelos próprios autores como, "*no mínimo, um chamado aos advogados, e aos reguladores mais amplamente, para que se envolvam no debate e movam a discussão de estruturas éticas para estruturas legais-regulatórias e como elas podem ser desenhadas, (...)*". BLACK, Julia; MURRAY, Andrew D. **Regulating AI and machine learning: setting the regulatory agenda.** European Journal of Law and Technology, 2019.

[57] FORUM PRIVATHEIT. **White Paper: Data Protection Impact Assessment**, 2016, p. 18. Disponível em:https://www.forum-privatheit.de/texte/white-paper/2016.pdf. Acesso em: 26 fev. 2022.

[58] GT29. **Declaração sobre o papel de uma abordagem baseada no risco no quadro jurídico de proteção de dados.** 30 de maio de 2014 (WP 218), p. 2. Disponível em: http://ec.europa.eu/justice/data-protection/article-29/documentation/Opinion-recommend/files/2014/wp218_en.pdf. Acesso em: 26 fev. 2022.

nança –, valores ainda mais importantes quando o poder público é o responsável pela utilização dos sistemas de IA.

No estágio atual da sociedade da informação, cada vez mais dependente do *big data* e das decisões automatizadas, o *devido processo legal* assume a posição de instrumento vital para garantias constitucionais como a ampla defesa, o contraditório, a motivação das decisões, entre outras. Como destacam BIONI e MARTINS, o devido processo legal também deve ser entendido como uma ferramenta para assegurar a simetria e a proporcionalidade de uma forma mais ampla.[59]

Dentro dessa ótica, o uso da IA pelo poder público não deve prescindir da boa *governança pública* e do *devido processo administrativo*, a fim de assegurar – quando possível – o contraditório pelo titular de dados e de obter maior legitimação do poder e decisões mais justas em prol dos interesses, direitos e liberdades fundamentais dos cidadãos, evitando-se, com isso, o aumento da litigiosidade e melhorando potencialmente o conteúdo das decisões. O processo administrativo e o dever de ampla motivação aparecem como instrumentos fundamentais para tornar possível a concretização desses direitos.

São preceitos orientados ao exercício de controle de legalidade – em sentido amplo – da atividade dos órgãos e entidades da Administração, associado aos imperativos da democracia administrativa ou do Estado Democrático de Direito. No Brasil, a reforma da Lei de Introdução às Normas de Direito Brasileiro (Lei nº 13.655/2018) não deixa dúvidas sobre a necessidade de motivação das decisões administrativas. Ela deve se aplicar plenamente inclusive quando realizada por sistemas de IA, conforme o Enunciado 2339 do Conselho de Justiça Federal: "*A decisão administrativa robótica deve ser suficientemente motivada, sendo a sua opacidade motivo de invalidação*".[60]

[59] BIONI, Bruno Ricardo e MARTINS, Pedro. **Devido processo informacional: um salto teórico-dogmático necessário?** https://www.jota.info/opiniao-e-analise/artigos/devido-processo-informacional-um-salto-teorico-dogmatico-necessario-15072020. Acesso em: 26 fev. 2022.

[60] Por ocasião da I Jornada de Direito Administrativo, realizada entre os dias 3 e 7 de agosto de 2020. Note-se que o Conselho Nacional de Justiça publicou a Resolução nº. 332, de 21 de agosto de 2020, que dispõe sobre a ética, a transparência e a governança na produção e no uso de Inteligência Artificial no Poder Judiciário, segundo a qual "*as decisões judiciais apoiadas pela Inteligência Artificial devem preservar a igualdade, a não discriminação, a plu-*

A partir do processo administrativo e da motivação, as decisões administrativas podem ser avaliadas sob o ponto da legalidade, da legitimidade e da eficiência, assim como à luz de todos os demais princípios constitucionais e legais (probidade, moralidade, impessoalidade, isonomia e assim por diante). A questão é saber o que legitimaria uma tomada de decisão fundamentada em sistemas inteligentes, na medida em que a aceitação de uma "decisão robótica", sem uma compreensão de suas razões ou motivações, não atende aos postulados da democracia administrativa.

O desafio aqui não é pouco. Os dilemas regulatórios gerados pelo aprendizado de máquina colocam à prova os fundamentos do direito administrativo. Os impactos da IA sobre os direitos humanos tem sido bastante discutidos. O objetivo é garantir que as tecnologias de inteligência artificial sejam utilizadas como meio de reforçar o respeito aos direitos e garantias fundamentais, nunca o contrário. Enquanto as decisões algorítmicas representarem riscos aos direitos humanos e à dignidade humana, elas devem ser objeto de regulação pelo direito, com vistas a impedir a interferência abusiva do Estado ou do poder econômico, representada pela mera reprodução algorítmica das assimetrias informacionais.

Para orientar o desenvolvimento de decisões automatizadas no direito administrativo, devem ser estabelecidos mecanismos e padrões de certificação, como medidas de segurança acompanhadas de requisitos mínimos de transparência (por design e por padrão), prevenção e segurança de dados. Avaliações de impacto, técnicas de auditoria e medidas técnicas de proteção são meios necessários de gestão dos riscos das aplicações de IA, sobretudo no setor público. Tais medidas podem favorecer a transparência e a "explicabilidade" dos sistemas e algoritmos, de modo a possibilitar a experimentação do uso de IA com maior intensidade para fins de interesse público.

Como orientação geral, qualquer Estado que se utilize de tecnologias de aprendizado de máquina deve identificar riscos de discriminação e

*ralidade, a solidariedade e o julgamento justo, com a viabilização de meios destinados a eliminar ou minimizar a opressão, a marginalização do ser humano e os erros de julgamento decorrentes de preconceitos*". Pela similaridade e pertinência, os mesmos preceitos poderiam ser aplicados para orientar a toada de decisão no âmbito da Administração.

outras violações de direitos antes do desenvolvimento ou uso efetivo dos sistemas. A regulação do uso da tecnologia não precisa ser inteiramente nova, mas deve funcionar em conjunto com outros regimes regulatórios existentes. Ainda assim, é necessário estabelecer normas e parâmetros específicos para orientar o uso da IA – e possibilitar o seu controle –, sem prejuízo da invocação dos princípios legais existentes, centrados nos direitos humanos.

Em qualquer situação, as decisões administrativas – automatizadas ou não – devem ficar sujeitas ao controle de legalidade e legitimidade. O controle evita ou corrige as situações de desvio ou abuso de poder, assim como assegura a observância das regras e dos princípios que devem orientar a atuação da Administração e demais órgãos de Estado. O desafio é como controlar aplicações de IA no exercício das funções administrativas, em proveito público, sem inviabilizá-las ou desestimulá-las.

Para assegurar transparência e rastreabilidade de todo o processo de tomada de decisão – ferramentas essenciais para o exercício do controle –, os algoritmos precisam ser armazenados e executados em ambiente seguro com o escopo de ser garantida a integridade e intangibilidade do sistema. Além disso, os sistemas devem ser projetados para assegurar a conformidade com os direitos fundamentais. É necessário estabelecer parâmetros prévios para fins de sua aplicabilidade por ocasião da programação algorítmica, por exemplo no que diz respeito à discriminação entre grupos e indivíduos.

A exigência de certificados que assegurem a confiabilidade dos dados utilizados e a integridade dos modelos da aprendizagem de máquina é outro instrumento importante para a supervisão algorítmica. O objetivo, neste caso, seria o de evitar a exposição aos riscos de violações, deturpações e desvios ou vieses discriminatórios dos algoritmos.

O controle, ademais, não pode se valer apenas dos métodos e ferramentas do passado. A IA deve também ser uma aliada do controlador, inclusive para viabilizar o controle de conformidade das próprias aplicações de IA pelo setor público. Não se trata de saber qual "inteligência" prevalecerá – entre a humana e a computacional –, mas sim de conjugar esforços e instrumentos para garantir o mesmo nível ou níveis mais elevados de transparência e *accountability* sobre as atividades da Administração.

Como já vimos, um dos problemas decorrentes da introdução de sistemas de aprendizado automático é que, na maioria das vezes, as decisões automatizadas ditadas pelos modelos algorítmicos não podem sequer ser compreendidas ou interpretadas por humanos, ao menos não diretamente ou sem o apoio de sistemas computacionais.[61]

Apesar das dificuldades, é necessário desenvolver novas maneiras de aumentar a transparência e a justificação do processo decisório por meio da IA. A formulação de novos instrumentos, ferramentas e sistemas de controle deve ser um dos eixos principais da política de inteligência artificial aplicada ao setor público. A falta de meios de controle adequados pode recomendar a proibição de determinados sistemas em razão dos riscos que representam, por isso é tão importante o desenvolvimento de novos mecanismos eficientes e suficientes de controle.

Até porque já vimos que a IA é um caminho sem volta. Se a tecnologia tem se mostrado capaz de aumentar significativamente a eficiência da gestão pública no sentido da boa Administração, superando a capacidade dos seres humanos na tomada de decisões, é preciso melhorar as formas de controle das razões, dos fundamentos e dos motivos das decisões administrativas automatizadas, ainda que elas não possam ser diretamente interpretáveis (o que vai reclamar o uso de tecnologias para apoiar o exercício do controle).

Ainda assim, toda tecnologia – inclusive a utilizada na atividade controladora – deve poder ser interpretada e explicada. Isso requer políticas de desenho de softwares e limitação de tipos de dados que alimentariam os sistemas inteligentes da Administração. Mais do que isso, todas as informações relativas aos atos praticados pelos sistemas inteligentes deve poder ser explicada e de alguma maneira divulgada, para que o controle possa ser regularmente exercido sobre ela (inclusive o controle sobre os sistemas inteligentes de controle).

Em outras palavras, os destinatários das informações não devem ser apenas os seres humanos, mas também as máquinas capazes de proces-

[61] Como a capacidade humana de compreensão dos processos decisórios das máquinas é bastante limitada, não há clareza entre a correta vinculação entre os fatos considerados e o processo decisório resultante dessa análise computacional. A decisão administrativa automatizadas pode não estar condizente então com os fundamentos fáticos ou jurídicos que deveriam orientar a tomada de decisão, a revelar um certo potencial de erro dos sistemas de IA e a necessidade de seu controle, supervisão e revisão.

sar, analisar e avaliar os dados e o funcionamento do próprio sistema. Isso tornaria possível desenvolver sistemas de controle e modelos capazes de tornar cada vez mais explicáveis e auditáveis as decisões administrativas automatizadas, contribuindo assim para incrementar a sua qualidade e fundamentação, assim como o controle e supervisão por seres humanos.

## Conclusões

As novas demandas sociais e econômicas da atualidade exigem a preparação da Administração em seu nível máximo. Se as demandas de mercado são atendidas por investimentos em tecnologias nos serviços, a Administração precisa se igualar e até superar o mercado no desenvolvimento e no uso de sistemas inteligentes para exercer plenamente as suas funções na era da informação e da tecnologia. Se não há caminho sem IA, o direito precisa prover os mecanismos necessárias para viabilizar o seu desenvolvimento em respeito aos direitos e garantias fundamentais.

Não há, ainda, no direito administrativo brasileiro, estudos extensos a respeito das questões e dos riscos destacados aqui, ligados ao déficit de transparência, efeitos discriminatórios ou de responsabilização por ilegalidades, desvios ou abusos resultado da ação de sistemas inteligentes no exercício de funções administrativas do Estado. As dificuldades técnicas envolvendo a interpretação das decisões administrativas automatizadas em casos de enviesamento de algoritmos são ainda muito pouco exploradas entre nós.

Ainda assim, os caminhos estão mais ou menos claros a partir da experiência internacional. Antes mesmo de uma regulamentação específica da aplicação da IA, não se deve ignorar instrumentos jurídicos, como o princípio da boa Administração, da transparência, da motivação, entre outros, que já estão à disposição do intérprete do Direito e que já podem ser utilizados ou, ao menos, adaptados,[62] para a solução dos intrincados dilemas surgidos a partir do uso da IA.

De qualquer modo, o quadro regulatório brasileiro vem sendo aperfeiçoado para prover instrumentos específicos e tornar mais seguro o

[62] DATA PRIVACY BR. **Contribuição à consulta pública da Estratégia Brasileira de Inteligência Artificial.** São Paulo/SP. 1ª Edição: Reticências Creative Design Studio, Abril de 2020.

emprego da IA no cotidiano da Administração e em atividades privadas de largo impacto social e econômico. A obrigação de realização de análises de impacto em várias situações, assim como a melhoria dos processos decisórios, para que observem o contraditório, sejam participativos e fundamentados[63] fazem parte do glossário mínimo dessa nova realidade jurídica.

Em suma, as preocupações que abordamos neste estudo devem orientar a construção de um sistema de regulação forte e eficiente sobre as aplicações de IA nas atividades da Administração. As instituições públicas devem se preparar para se valerem das novas TIC, que tendem a torná-las mais eficientes, mas também para proibirem o seu uso, conforme o caso, ante os riscos que as decisões públicas automatizadas representem para os direitos e liberdades fundamentais.

Se é verdade que o Brasil realiza um movimento tardio na elaboração de sua "estratégia de IA", por outro lado é essencial que o direito administrativo brasileiro passe a cuidar com maior atenção dos impactos resultantes do eventual uso da IA pela Administração por todos os poderes do Estado. Assim como ocorre hoje na economia, na indústria, nas empresas de tecnologia, não é possível que a Administração cumpra suas relevantes atribuições sem o uso intensivo das TIC e de sistemas de IA. Espera-se que o direito administrativo brasileiro seja capaz de acompanhar esse processo, convertendo-o à concretização dos direitos fundamentais e das liberdades em geral.

## Referências

BATALLI, Mirlinda, and FEJZULLAHU, Artan. **Principles of Good Administration under the European Code of Good Administrative Behavior.** Pécs Journal of International and European Law, 2018.

[63] A "nova" Lei de Introdução às Normas de Direito Brasileiro (Lei nº 13.655/2018), a Lei das Agências Reguladoras (Lei nº 13.848/2019) e a Lei da Liberdade Econômica (Lei nº 13.874/2019), além da própria LGPD, representam uma espécie de fio condutor no sentido da modernização da regulação e seus instrumentos no Brasil. Nesse caminho, a obrigatoriedade de análises de impacto é um meio de promover ações regulatórias mais previsíveis, que não sejam baseadas em "*valores jurídicos abstratos sem que sejam consideradas as consequências práticas*" (art. 20 da LINDB).

BIONI, Bruno Ricardo e MARTINS, Pedro. **Devido processo informacional: um salto teórico-dogmático necessário?** https://www.jota.info/opiniao-e--analise/artigos/devido-processo-informacional-um-salto-teorico-dogmatico--necessario-15072020. Acesso em: 26 fev. 2022.

BLACK, Julia; MURRAY, Andrew D. **Regulating AI and machine learning: setting the regulatory agenda.** European Journal of Law and Technology, 2019.

BNDES. **Estudo "Internet das Coisas: um plano de ação para o Brasil"** – Produto 7A: Aprofundamento de Verticais – Cidades. Rio de Janeiro: BNDES, 2017. 68 p. Disponível em: https://www.bndes.gov.br/wps/wcm/connect/site/776017fa-7c4a-43db-908fc054639f1b88/relatorio-aprofundamento+das+verticais-cidades-produto-7A.pdf?MOD=AJPERES&CVID=m3rPg5Q. Acesso em: 26 fev. 2022.

BOSTROM, Nick. **Superinteligência: caminhos, perigos, estratégias**. Tradução de Clemente Gentil Penna e Patrícia Ramos Geremias. Rio de Janeiro: DarkSide Books, 2018.

BRASIL. Estratégia Brasileira de Inteligência Artificial. Consulta Pública. Disponível em: http://participa.br/profile/estrategia-brasileira-de-inteligencia--artificial. Acesso em: 26 fev. 2022.

–. Ministério da Justiça e Segurança Pública. Ministério entrega aos estados primeiras ferramentas de big data e inteligência artificial para combater a criminalidade. Disponível em: https://www.justica.gov.br/news/collective-nitf--content-1566331890.72. Acesso em: 26 fev. 2022.

BRIGHT, Jonathan; GANESH, Bharath; SEIDELIN, Cathrine; VOGL, Thomas. **Data Science for Local Government.** Oxford Internet Institute: University of Oxford, March 2019. Disponível em: https://smartcities.oii.ox.ac.uk/wp--content/uploads/sites/64/2019/04/Data-Science-for-Local-Government.pdf. Acesso em: 26 fev. 2022.

BUCCI, Eugênio. **A superindústria do imaginário**. Belo Horizonte: Autêntica Editora, 2021. Edição do Kindle.

–. **Existe democracia sem verdade factual?** Barueri: Estação das Letras e Cores, 2019.

BUCCI, Maria Paula Dallari. **Políticas públicas e direito administrativo**. Revista de Informação Legislativa. Brasília a. 34 n. 133 jan./mar. 1997, p. 95.

CENTRO LATINO DE ADMINISTRACIÓN PARA EL DESAROLLO. Carta Iberoamericana de lso Derechos y Deberes del Ciudadano en Relación con la Administración Pública (2013). Disponível em: https://clad.org/wp-content/uploads/2020/10/4-Carta-Iberoamericana-de-los-Derechos-y-Deberes-CLAD.pdf. Acesso em: 26 fev. 2022.

CHAIR ON DATA PROTECTION ON THE GROUND. **Personal data protection in smart cities**. Roundtable report, 2019. Disponível em: www.dataprotectionontheground.be. Acesso em 10 ago. 2021.

CONSELHO DA EUROPA. **Unboxing Artificial Intelligence: 10 steps to protect Human Rights**. Maio de 2019. Disponível em: https://rm.coe.int/unboxing-artificial-intelligence-10-steps-to-protect-human-rights-reco/1680946e64. Acesso em: 26 fev. 2022.

DATA PRIVACY BR. **Contribuição à consulta pública da Estratégia Brasileira de Inteligência Artificial**. São Paulo: 1ª ed. Abril de 2020.

DOGDU, E.; OZBAYOGLU, M.; YAZICI, A.; KARAKAYA, Z. **Perceptions, Expectations and Implementations of Big Data in Public Sector**, 2018 3Rd Int. Conf. Comput. Sci. Eng., 2018, pp. 615-620.

EDWARDS, Lilian. **Privacy, Security and Data Protection in Smart Cities: a Critical EU Law Perspective**. Create Working Paper, 2015, p. 6-7.

ESTADOS UNIDOS. **Big data: seizing opportunities, preserving values**. 2014, p. 1-2. Disponível em: https://www.whitehouse.gov/sites/default/files/docs/big_data_privacy_report_may_1_2014.pdf. Acesso em: 26 fev. 2021.

–. City of Chicago. Office of the Mayor. City of Chicago wins award for tech innovation. March 26, 2018. Disponível em: https://www.chicago.gov/city/en/depts/mayor/press_room/press_releases/2018/march/TechInnovationAward.html. Acesso em: 26 fev. 2022.

–. City and County of San Francisco. Administrative Code – Acquisiton of Surveillance Technology. May 21, 2019. Disponível em: https://sfbos.org/sites/default/files/o0107-19.pdf. Acesso em: 26 fev. 2022

EUROPEAN COMMISSION. **Public-Private Partnership (PPP) for Big Data** [press release]. 2014. Disponível em: http://europa.eu/rapid/press-release_MEMO-14-583_en.htm. Acesso em: 26 fev. 2022.

FINCK, Michèle. **Automated Decision-Making and Administrative Law**. Max Planck Institute for Innovation and Competition Research Paper n. 19-10.

–; BIEGA, Asia. **Reviving Purpose Limitation and Data Minimisation in Data-Driven Systems**. Technology and Regulation, 2021, p. 60-61. Disponível em: https://doi.org/10.26116/techreg.2021.004. Acesso em 26 fev. 2022.

FORUM PRIVATHEIT. **White Paper: Data Protection Impact Assessment**, 2016, p. 18. Disponível em:https://www.forum-privatheit.de/texte/white-paper/2016.pdf. Acesso em: 26 fev. 2022.

GIL-GARCIA, J. R., ZHANG, J., & PURON-CID, G. **Conceptualizing smartness in government: an integrative and multi-dimensional view**. Government Information Quarterly, 2016, p. 524-534.

GT29. **Declaração sobre o papel de uma abordagem baseada no risco no quadro jurídico de proteção de dados.** 30 de maio de 2014 (WP 218), p. 2. Disponível em: http://ec.europa.eu/justice/data-protection/article-29/documentation/Opinion-recommend/files/2014/wp218_en.pdf. Acesso em: 26 fev. 2022

HAURIOU, Maurice. **Précis de Droit Administratif et de Droit Public**. Paris: Dalloz, 2002. Reimpressão da 12ª Ed. de 1933, p. XIV.

INDICES BOVESPA. Membros da União Europeia aprovam regulação das gigantes digitais. Disponível em: https://indicesbovespa.com.br/membros-da-uniao-europeia-aprovam-regulacao-das-gigantes-digitais/. Acesso em: 26 fev. 2022).

LEE, Jung Wan. **Big Data Strategies for Government, Society and Policy-Making**. Journal of Asian Finance, Economics and Business Vol 7 No 7 (2020) 475-487. Disponível em: https://doi.org/10.13106/jafeb.2020.vol7.no7.475. Acesso em: 26 fev. 2022.

MARTINS JÚNIOR, Wallace Paiva. **Princípio da Transparência**. *In*: DI PIETRO, Maria Sylvia Zanella (Org.). Tratado de Direito Administrativo. São Paulo: Editora Revista dos Tribunais, 2015, v. 1, p. 419-482.

MCCARTHY, John. **What is artificial intelligence? Stanford: 2007**. Disponível em: http://jmc.stanford.edu/articles/whatisai/whatisai.pdf. Acesso em: 26 fev. 2022.

MELATI, Claudia; e JANISSEK-MUNIZ, Raquel. **Governo inteligente: análise de dimensões sob a perspectiva de gestores públicos**. Revista de Administração Pública. Rio de Janeiro 54(3):400-415, maio – jun. 2020. Disponível em: http://dx.doi.org/10.1590/0034-761220190226. Acesso em: 26 fev. 2022.

NISSENBAUM, Helen. **Privacy as Contextual Integrity**. Washington Law Review. Volume 79. Number 1. Symposium: Technology, Values, and the Justice System, 2004. Disponível em: https://digitalcommons.law.uw.edu/cgi/viewcontent.cgi?article=4450&context=wlr. Acesso em: 26 fev. 2022.

OCDE. LEGAL-0449 – **Recommendation of the Council on Artificial Intelligence.** Disponível em: <https://legalinstruments.oecd.org/en/ instruments/OECD-LEGAL-0449.> Acesso em: 26 fev. 2022.

–. **Relatório do Conselho de Parceria Corporativa: Big Data e Transporte – Opções de compreensão e avaliação.** International Transport Forum, 2015. Disponível em: https://www.itf-oecd.org/sites/default/files/docs/15cpb_bigdata_0.pdf. Acesso em: 28 jan. 2022.

OFFICE FOR ARTIFICIAL INTELLIGENCE (UK). **Guidelines for AI Procurement**. 2020: https://www.gov.uk/government/publications/guidelines-for-ai-procurement/guidelines-for-ai-procurement. Acesso em: 26 fev. 2022.

PARLAMENTO EUROPEU. Regulamento (UE) 2016/679 do Parlamento Europeu e do Conselho, de 27 de abril de 2016 (RGPD). Disponível em: https://eur-lex.europa.eu/legal-content/PT/TXT/PDF/?uri=CELEX:32016R0679. Acesso em: 10 dez. 2020.

–. Resolução do Parlamento Europeu, de 20 de outubro de 2020, que contém recomendações à Comissão sobre o regime relativo aos aspetos éticos da inteligência artificial, da robótica e das tecnologias conexas (2020/2012(INL)). Disponível em: https://www.europarl.europa.eu/doceo/document/TA-9-2020-0275_PT.html#title1. Acesso em 27 fev. 2022.

PARRA, Henrique. **Abertura e controle na governamentalidade algorítmica**. Ciência e Cultura, vol. 68, n. 1. São Paulo. Jan/Mar 2016. Disponível em: http://cienciaecultura.bvs.br/. Acesso em: 26 fev. 2022.

RAMIÓ, Carles. **La Administración Pública del Futuro (Horizonte 2050): Instituciones, Política, Mercado y Sociedad de la Innovación**. Madrid: Editorial Tecnos, 2017.

RODRÍGUEZ-ARANA MUÑOZ, J. Derecho Administrativo y Derechos Sociales Fundamentales. Sevilla: Global-Law Press, 2015.

RODRÍGUEZ-ARANA, J. **Derecho Administrativo y Derechos Sociales Fundamentales**. Sevilla: Global-Law Press, 2015.

SAKAI, Lenah. Estônia quer substituir os juízes por inteligência artificial. 5 de abril de 2019. Disponível em: https://thepoliticaldiary.com/2019/04/05/estonia-quer-substituir-os-juizes-por-inteligencia-artificial/. Acesso em: 26 fev. 2022.

SERPRO. **GovData**. Portal do Governo Federal. Disponível em https://www.loja.serpro.gov.br/govdata?lang=en. Acesso em: 26 fev. 2022.

SILVEIRA, A.T.Z.N. **Importância dos sistemas inteligentes de água nas cidades para a eficiência do serviço**. Técnico Lisboa. Dissertação (Mestrado). Lisboa-Portugal. 2015. Disponível em: https://fenix.tecnico.ulisboa.pt/downloadFile/563345090413881/Dissertacao_VF.pdf

SUNSTEIN, Cass. **#Republic: Divided Democracy in the Age of Social Media**. Princeton University Press, 2017.

THE TORONTO DECLARATION. Protecting the right to equality in machine learning. Disponível em: https://www.accessnow.org/the-toronto-declaration-protecting-the-rights-to-equality-and-non-discrimination-in-machine-learning-systems/. Acesso em: 26 fev. 2022.

VILLANI, Cédric et al. **For a meaningful artificial intelligence**. A French Parliamentary Mission, 2018.

WACHTER, Sandra; MITTELSTADT, Brent. **A right to reasonable inferences: re-thinking data protection law in the age of big data and AI**. In Columbia Business Law Review – Vol. 2019 – Issue 2. Disponível em: https://ssrn.com/abstract=3248829. Acesso em: 22 fev. 2022.

# 15. ENTRE A TEORIA E A PRÁTICA: A RESPONSABILIDADE CIVIL PELO USO DE INTELIGÊNCIA ARTIFICIAL NO BRASIL

*Eduardo Tomasevicius Filho*

## Introdução

Em uma primeira abordagem, a inteligência artificial consiste na emulação dos processos de pensamento humano. Concebida como uma ideia, tornou-se possível sua aplicação prática com o desenvolvimento da informática a partir da década de 1950, por meio de softwares com algoritmos que trabalham com resultados prováveis, em vez de resultados exatos, mediante retroalimentação de tentativas das quais se extraem padrões com o passar do tempo. Desse modo, cada decisão tomada pelo software é avaliada; aquela que foi considerada correta, é reforçada; quando considerada errada, é descartada. Por meio dessa técnica, que se assenta, no fundo, em computação estatística, consegue-se imitar o pensamento, como se houvesse a tomada de decisão por um humano.

Por conta do seu vínculo com a informática, a inteligência artificial é usada há décadas em diversas atividades que podem ser realizadas pelo ser humano, mas que são excessivamente trabalhosas, em razão da necessidade de grande processamento de dados. Devido ao fato de que computadores não estão sujeitos à fadiga, resta superado esse obstáculo biológico, tornando conveniente seu uso em processos automáticos industriais e na prestação de serviços. Com o aprimoramento dos equipamentos informáticos em termos de velocidade e capacidade de armazenamento de dados, bem como a interconexão deles através da Internet, a obtenção do resultado esperado é muito mais rápida do que aquela produzida por humanos. Pela capacidade de coleta e armazenamento de dados em grande quantidade, o uso da inteligência artificial possibilita a descoberta de tendências e o próprio avanço do conhecimento.

Todavia, existem aspectos negativos gerais relativos ao uso da inteligência artificial. O primeiro deles é por não se trabalhar com conceitos de exatidão, mas de probabilidade e semelhança. Enquanto o sistema não se aperfeiçoa com o passar do tempo, há chances de que danos possam ser causados às pessoas devido a erros nos resultados obtidos. Além disso, pela própria concepção estrutural da inteligência artificial de extraírem-se padrões para a tomada de decisão, gera-se o enviesamento dos resultados, ao reforçar-se o que se considerou como correto, quando isso nem sempre é verdadeiro. O terceiro aspecto refere-se ao exercício de poder na sociedade, por causa do risco de abuso que se faz no uso de uma tecnologia, que é invasiva, e nem sempre auditável por humanos, em razão de o algoritmo desenvolvido não ser revelado por uma questão de mercado, mantendo-se a ideia em segredo ("blackbox"). Por todos esses receios relativos às consequências decorrentes de seu uso no cotidiano, a inteligência artificial se tornou um tema de destacada relevância no âmbito do direito, uma vez que as mudanças trazidas pelos avanços decorrentes da tecnologia, provocam alterações nas relações sociais, requerendo ajustes e modificações das regras vigentes.

A proposta inicial desse artigo consistiu no estudo da inteligência artificial pelo ponto de vista da responsabilidade civil. Escolheu-se esse tema pela sua inerente transversalidade, o que permite a reflexão acerca das consequências jurídicas do uso dessa tecnologia em diversas áreas. Por ora, os problemas decorrentes do uso da inteligência artificial vêm sendo resolvidos, em um primeiro momento, por meio das regras existentes, até que sejam elaboradas e sedimentadas regras sobre a matéria em uma lei específica sobre a matéria. Como hipótese inicial, adotou-se que a inteligência artificial causa danos. A metodologia usada consistiu em refletir sobre os pressupostos da responsabilidade civil do ponto de vista teórico, isto é, por meio das categorias de responsabilidades subjetiva e objetiva, e danos materiais e morais. Na sequência, fez-se levantamento de casos julgados, usando a base de jurisprudência do Tribunal de Justiça do Estado de São Paulo, com o intuito de verificar se havia casos relativos à responsabilidade civil pelo uso da inteligência artificial e como foram julgados. Como se observará a seguir, a hipótese inicial de que inteligência artificial seria uma tecnologia perigosa, não necessariamente se verificou na prática. Dessa forma, foi possível constatar, com maior precisão, em que medida se associa, a priori, uma imagem negativa sobre o uso da inteligência artificial no cotidiano.

## 1. Os benefícios e riscos do uso de inteligência artificial

A análise da inteligência artificial pelo ponto de vista da responsabilidade civil baseia-se no que tem sido noticiado pela imprensa e publicado nos últimos tempos: esta tecnologia pode causar danos![1] Não se trata, evidentemente, de uma peculiaridade que lhe é inerente e exclusiva. É certo que, com o passar do tempo, espera-se que os algoritmos se tornem cada vez mais precisos, pois este é o fundamento de seu funcionamento, por retroalimentar-se a partir dos resultados previamente obtidos. Aliás, em parte considerável de suas aplicações práticas, constata-se a precisão dos resultados.[2] Enquanto isso não acontece, e, devido ao aumento expressivo de seu uso nos diversos setores e no cotidiano de todos, importa verificar os riscos criados e que tipos de danos podem ocorrer, sua frequência e extensão. Para tanto, foram escolhidas situações, que não são comuns entre si, exceto quanto ao uso da inteligência artificial, para fins de análise neste trabalho.

O primeiro conjunto de aplicações está no uso da Internet em si. Pode-se dizer que a navegação pela rede está profundamente imbricada com o uso da inteligência artificial. Mecanismos de busca usam-na para a apresentação dos resultados mais prováveis aos usuários. Com a coleta das ações tomadas durante a navegação no site, a análise por meio de inteligência artificial permite sugerir experiências individualizadas de

[1] Cf. LEE, Kai-fu. AI Superpowers. China, Silicon Valley and the new World Order. Boston, New York: Houghton Mifflin Harcourt, 2018; O'NEAL, Cathy. Weapons of Mass Destruction. How big data increases inequality and threatens democracy. New York: Broadway Books, 2017; PASQUALE, Frank. New laws of robotics. Defending human expertise in the age of AI. Cambridge, Massachussets and London: The Belknap Press of Harvard University Press, 2020; TEGMARK, Max. Life 3.0. Being human in the age of artificial intelligence. New York: Vintage Books, 2017.

[2] Por exemplo, é o que se verifica com aplicativos de rotas, como o Waze, que estabelecem com precisão o horário estimado de chegada.

navegação, tanto em relação ao que será exibido, quanto em sugestões de produtos e serviços. Esse conhecimento em grande escala possibilita o controle social e leva à ocorrência de graves invasões de privacidade, através do monitoramento das pessoas em tempo real. Por outro lado, abusos podem ser praticados pela discriminação dos clientes em razão do número de acessos, ou pela prática de preços personalizados,[3] que, com o uso da inteligência artificial, são reajustados automaticamente pela lei da oferta e da procura, mas também quando o usuário fizer diversas consultas, ou, ainda, em razão da região em que a pessoa se situa,[4] causando discriminação algorítmica.

O segundo conjunto de aplicações consiste no que se denomina de computação visual, em que a inteligência artificial é usada para detecção de objetos e análise de imagens. Na medicina,[5] o uso é promissor, porque, a partir de dados coletados de grande número de pacientes, podem-se extrair padrões para a construção de sistemas capazes de elaborar diagnósticos de imagem precisos, detectando tumores no corpo do paciente, que, quando realizados por meio da análise visual, podem ser imperceptíveis. Entretanto, com o maior conhecimento sobre o corpo de uma pessoa e seu estado de saúde, cria-se a "tentação" de realizar-se processo de seleção de riscos, mediante recusa de cobertura de atendimentos com a descoberta de doenças preexistentes desconhecidas até mesmo da própria pessoa. Em análises de genoma humano, pode-se ter invasão de privacidade, com a notificação, por exemplo, da existência de um parente que vive em determinado local. Outro caso é o reconhecimento facial, por meio do qual se substituem senhas e assinaturas, liberam-se acessos a locais, sites e aplicativos, leem-se placas e identificam-se criminosos por meio de policiamento preditivo. Devido ao enviesamento do algoritmo, seu uso também pode causar discrimi-

[3] Sobre mais detalhes, cf. QUINELATO, Pietra Daneluzzi. Preços personalizados à luz da Lei Geral de Proteção de Dados. Viabilidade econômica e juridicidade. Indaiatuba: Foco, 2022.

[4] Sobre mais detalhes, cf. MARTINS, Guilherme Magalhães. Responsabilidade civil por acidente de consumo na Internet. 3. ed. São Paulo: Revista dos Tribunais, 2020.

[5] Fora desse âmbito, a inteligência artificial pode ser usada na realização de cirurgias com maior precisão, uma vez que nem mesmo o médico mais frio e preciso em termos de destreza conseguiria livrar-se de microtremores em suas mãos. Com o uso da inteligência artificial, podem-se eliminar esses fatores.

nação algorítmica, reforçando-se o preconceito entre as pessoas, bem como o racismo estrutural, porque reproduz, de maneira fria, a injustiça da estrutura social atual.

O terceiro conjunto de aplicações está em processos automatizados de tomada de decisões, por meio de análises de conjuntura, perfis de conduta[6] e de fraude. O uso de inteligência artificial em contratos de bolsa,[7] por exemplo, possibilita a tomada de decisões que levam em consideração uma grande quantidade de dados, e afasta o elemento emocional inerente ao ser humano. Além disso, permite que pessoas inexperientes em atuação no mercado financeiro se sintam confortáveis em fazer investimentos, porque o algoritmo tomaria as melhores decisões por elas.[8] Instituições financeiras já vêm usando há anos plataformas de análise automática de crédito, que levam em conta informações relati-

[6] Veículos autônomos requerem inteligência artificial para que possam ser conduzidos sem comandos humanos, porque o trânsito traz uma série de situações imprevisíveis, mas que podem ser reduzidas a leis gerais da mobilidade. Essa tecnologia se torna indispensável em uma economia de compartilhamento, em que uma pessoa não necessariamente precisa ter a propriedade do veículo, mas usará aquele que estiver mais próximo dela. A inteligência artificial também pode tomar as decisões globais de trânsito, porque, por estarem os veículos interligados a um comando central, podem-se distribuí-los por diversas rotas, em vez de concentrá-los em poucas avenidas, o que contribui para a melhoria da circulação geral. Porém, ainda podem ocorrer acidentes sem que o usuário ou responsável pelo veículo autônomo pudesse impedir sua ocorrência, como um atropelamento por pessoa atravessando a via em local proibido. De qualquer modo, na China, ao aplicar-se essa tecnologia, houve redução de 90% do número de acidentes de trânsito. (ZMOGISNKI, Felipe. Melhor que humano? Carros autônomos reduem acidentes em 90% na China. Portal UOL. Tilt. Sao Paulo, 14 de junho de 2022. Disponível em: https://www.uol.com.br/tilt/colunas/felipe-zmoginski/2022/06/14/carro-autonomo-acidentes-transito-china-reducao.htm. Acesso em: 15 jun. 2022).

[7] SCHOLZ, Lauren Henry. Algorythmic contracts. 20 STAN. TECH. L. REV. 128 (2017). Disponível em: https://www-cdn.law.stanford.edu/wp-content/uploads/2018/03/3_SCHOLZ-FINAL_Formatted_Mar18.pdf. Acesso em: 15 jun. 2022.

[8] Todavia, nos Estados Unidos, já havia acontecido um episódio em 2010 em que se perceberam repentinamente compras e vendas no mercado de valores mobiliários e de futuros, gerando forte volatilidade nos preços. Esse fato levou a Securities Exchange Commission a elaborar estudo sobre o impacto do uso desssas tecnologias no mercado. (ESTADOS UNIDOS. Securities Exchange Commission. Findings Regarding the Market Events of May, 6 2010. Report of the Staffs of the CFTC and SEC to the joint advisory committee on emerging regulatory issues. Disponível em: https://www.sec.gov/news/studies/2010/marketevents-report.pdf. Acesso em: 15 jun. 2022).

vas ao histórico do mutuário, inadimplência, hábitos de consumo e de saúde, assim como o que é postado nas redes sociais. Também se usa esta tecnologia para fins de detecção automática de fraudes por movimentações financeiras atípicas ou compras por clonagem de cartões. Para que se incentive a revelação do maior número de dados, criam-se estratégias voltadas ao convencimento do consumidor para revelação do maior número de dados possível a ser analisado pela inteligência artificial, como se têm mediante o cadastro positivo e o *open finance*.[9] No Poder Judiciário, softwares, nomeadamente o Projeto Victor, do Supremo Tribunal Federal,[10] e os projetos Sócrates e Athos, do Superior Tribunal de Justiça,[11] são programados para a análise do cabimento de recursos, e outros promovem a instrução processual em causas repetitivas e de baixa complexidade inicial, como as ações de execução fiscal. Porém, podem ocorrer análises equivocadas e detecções indevidas, negando-se crédito ou bloqueando acessos por engano. Em sentido oposto, pode não ter sido possível a detecção da fraude, pelo fato de não se trabalhar com exatidão, mas, sim, com probabilidade. Existe o temor de saber que máquinas estão realizando trabalhos que eram considerados de exclusividade de humanos, como a distribuição da justiça.

[9] Devido ao sigilo de dados bancários, existem limitações quanto ao uso de dados pessoais. Para que se premiem os bons pagadores, mediante concessão de empréstimos com supostas taxas de juros mais baixas, do que aquelas cobradas para inadimplentes contumazes, regulou-se o cadastro positivo no Brasil, por meio da Lei nº 12.414, de 2011, com alterações pela Lei Complementar nº 166, de 2019. Na Lei do Cadastro Positivo, estabelece-se expressamente no art. 5º VI, que é direito da pessoa solicitar revisão de decisão tomada exclusivamente por meios automatizados. A Resolução Conjunta nº1, de 2020, do Ministério da Economia e Banco Central do Brasil, regulamentou o "Open Banking", que aumenta o fluxo de dados pessoais passíveis de análise automática de crédito. Atualmente, é regulamentada pela Resolução Conjunta do Banco Central do Brasil e da Superintendência de Seguros Privados nº 5, de 20 de maio de 2022, que dispõe sobre a interoperabilidade do open finance.

[10] BRASIL. Supremo Tribunal Federal. Projeto Victor avança em pesquisa e desenvolvimento para identificação dos temas de repercussão geral. Brasília, 19 de agosto de 2021. Disponível em: https://portal.stf.jus.br/noticias/verNoticiaDetalhe.asp?idConteudo=471331&ori=1. Acesso em: 2 jun. 2022.

[11] BRASIL, Superior Tribunal de Justiça. Inteligência artificial está presente em metade dos tribunais brasileiros, aponta estudo inédito. Brasília, 9 de março de 2021. Disponível em: https://www.stj.jus.br/sites/portalp/Paginas/Comunicacao/Noticias/09032021-Inteligencia-artificial-esta-presente-em-metade-dos-tribunais-brasileiros--aponta-estudo-inedito.aspx. Acesso em: 2 jun. 2022.

O quarto conjunto de aplicações está no entretenimento. Com a inteligência artificial, aperfeiçoou-se a computação gráfica. Desenvolvem-se imagens e vídeos com impressionante realidade. Criam-se filmes, usando a imagem da pessoa no corpo de outra, assim como se discute a autoria de músicas e textos escritos com o uso de inteligência artificial. Assim, as artes e o mercado do entretenimento desenvolvem-se consideravelmente. Há, inclusive, simples aplicativos que projetam a aparência da pessoa no futuro e em seu sexo biológico oposto, simulando até mesmo como seria a aparência dos filhos que nem sequer nasceram, a partir da mescla de duas fotos dos pretensos genitores. Por outro lado, podem ocorrer distorções da realidade, pela prática do *deepfake*, isto é, criação de situações que não existiram de fato, com imagens, áudios e vídeos sobre determinada pessoa que nada disse, nem esteve em determinado local ou fez determinado ato, porque, na verdade, tudo não passa de mera criação computacional, podendo deixá-la, falsamente, em situação vexatória, constrangedora ou até mesmo incriminá-la falsamente.

## 2. As regras gerais sobre responsabilidade civil aplicáveis à matéria

Tendo em vista que os problemas decorrentes do uso da inteligência artificial vêm sendo notados apenas nos últimos anos, ainda não há um estatuto jurídico robusto sobre a matéria no Brasil, nem em outras partes do mundo.[12] Enquanto isso, a responsabilidade civil por danos causados pelo uso da inteligência artificial dá-se pela aplicação de regras gerais, ou, no máximo, por regras constantes nos diplomas legais sobre tratamento de dados pessoais, quando se referem a tratamento automatizado de dados.[13]

[12] Na União Europeia, foi editada a Resolução do Parlamento Europeu 2020/2014, que contém recomendações à Comissão sobre o regime de responsabilidade civil aplicável à inteligência artificial. Cf. PARLAMENTO EUROPEU. Regime de responsabilidade civil aplicável à inteligência artificial. Bruxelas, 20 de outubro de 2020. Disponível em: https://www.europarl.europa.eu/doceo/document/TA-9-2020-0276_PT.html. Acesso em: 15 jun. 2022.

[13] Na doutrina, Filipe Medon entende que se deveria adotar um sistema dual, de responsabilidade "interna" e responsabilidade "externa", sendo a responsabilidade interna de natureza subjetiva por *culpa in eligendo* e *culpa in vigilando* dos administradores e demais agentes empresariais responsáveis pelo uso da tecnologia; e a responsabilidade "externa" de natureza objetiva, baseada na teoria do fato do produto ou do serviço, que equipararia vítimas

Superada essa questão, cabe então discorrer sobre a legislação aplicável à matéria. Como regra geral, o Código Civil de 2002 estatui a responsabilidade civil subjetiva, prevista em seu art. 186, incluindo a previsão o dano exclusivamente moral, assim como adotou a responsabilidade civil objetiva mediante adoção da teoria do risco criado, com a inserção da cláusula geral art. 927, parágrafo único, de acordo com a qual se estabeleceu que esse tipo de responsabilidade decorre do risco de dano para os direitos de outrem. Como principal regra específica, tem-se que, pelo fato de que as aplicações de inteligência artificial são comumente usadas por fornecedores em relações de consumo, pode ser aplicado o Código de Defesa do Consumidor (Lei nº 8.078, de 11 de setembro de 1990), de acordo com o qual se estabelece, nos arts. 12 e 14, respectivamente, a responsabilidade civil objetiva[14] pelo fato do produto e do serviço.[15] Entre seus arts. 6º, VI e VII; 81, parágrafo único, I; e 117, o Código de Defesa do Consumidor tem disciplina específica sobre a reparação de danos coletivos e difusos.

Pelo fato de o software com algoritmo com inteligência artificial fazer tratamento de dados pessoais, a responsabilidade civil por danos também pode enquadrar-se na regra geral da Lei Geral de Proteção de Dados – LGPD (Lei nº 13.709, de 2018), nos termos do art. 42, sem estabelecer, porém, qual seria o regime de responsabilidade. O art. 20 da LGPD cuida do tratamento automatizado de dados pessoais, que, no caso, é realizado por meio de inteligência artificial. As situações em que a base de dados para o funcionamento da tecnologia tiver sido formada a partir de coleta de dados pessoais – o que parece ocorrer na maior parte dos casos – existe a possibilidade de responsabilização civil do agente de tratamento de dados, que, no caso concreto,

a consumidores nos termos do Código de Defesa do Consumidor (MEDON, Filipe. Inteligência artificial e responsabilidade civil. Autonomia, riscos e solidariedade. Salvador: Juspodivm, 2020, p. 409)

[14] O art. 931 do Código Civil, concebido antes do Código de Defesa do Consumidor, acabou por tornar-se uma cláusula geral residual de responsabilidade civil objetiva pelo fato de colocar-se no mercado produto que tenha causado danos, mas de aplicação discutível, porque requer qualificação prévia do uso da inteligência artificial, que, por ser um software, vem sendo considerada como serviço, não como produto.

[15] Como exceção à regra geral, o art. 14, § 3º, do Código de Defesa do Consumidor estabelece a responsabilidade subjetiva do profissional liberal pelos serviços prestados.

é o operador da ferramenta ou o seu desenvolvedor, caso este se confunda com aquele. Contudo, deixou-se em aberto na LGPD a natureza jurídica dessa responsabilidade, o que se revelou como acerto do legislador, ante a variedade de situações, em que ora a responsabilidade será objetiva, em razão do risco da atividade de tratamento automatizado de dados, ora será subjetiva, por conta de situações em que a atividade, embora seja de risco, a objetivação da responsabilidade é excessivamente onerosa ao agente, como no caso de profissionais liberais e entes despersonalizados, como o condomínio edilício. A LGPD, no art. 45, faz remissão ao Código de Defesa do Consumidor, e, por essa construção normativa, será objetiva, nos termos dos arts. 12 e 14 acima mencionados.

Mais especificamente ainda, embora seja duvidosa sua aplicação, é a responsabilidade civil do magistrado, que é regulada pela Lei Orgânica da Magistratura Nacional - LOMAN (Lei complementar nº 35, de 1979), para os casos em que se pretende fazer a substituição do julgador humano pelo uso de inteligência artificial, embora possa suscitar-se a dúvida se seria mais adequado nesse caso a aplicação da regra sobre a responsabilidade objetiva do Estado, nos termos do art. 37, § 6º da Constituição Federal.

## 3. A conduta dos agentes causadores do dano

Assim, a pergunta que se coloca é a seguinte: quem deverá responder pelos prejuízos causados às vítimas? Curiosamente, cogitou-se a responsabilização da própria inteligência artificial, muito provavelmente por conta da imaginação humana, que se impressiona com a "autonomia" do software na tomada de decisões. Por esse raciocínio, ter-se-ia o nexo causal entre uma ação ou omissão do software, e a ocorrência de um dano. Entretanto, a responsabilidade civil tem um aspecto moral: somente há responsabilidade civil onde há elemento humano, porque esta decorre de uma ação ou de uma atividade decorrente do livre-arbítrio, que é a liberdade de opção pelo lícito ou pelo ilícito. Em uma era com predomínio da racionalidade, não há como imputar responsabilidade jurídica a seres inanimados, ou até mesmo de animais, ainda que reconhecido o fato de que sejam reconhecidos como seres sencientes. Embora se tenha cogitado, inicialmente, a possibilidade de atribuição de personalidade jurídica à inteligência artificial, esta ideia vem sendo superada em razão da ilogicidade dessa proposição, porque resultaria em outros fatos absurdos, entre os quais a necessidade do software ter patrimônio e de fato tê-lo, para que este responda pelas dívidas.[16]

A imputação da responsabilidade civil a humanos, além de ser evidente, tem outra vantagem: não se fazem necessárias alterações significativas no regime geral de responsabilidade civil. É razoável restringi-la apenas aos seres humanos, que são os desenvolvedores dos softwares com inteligência artificial, por terem violado a obrigação geral de segurança, criando algo que sabem ou devem saber ser perigoso para as pessoas em geral; e os operadores da inteligência artificial, porque assumem o mesmo risco pelo uso da tecnologia que causa danos a terceiros. Considerando que a responsabilidade civil se assenta em um tripé, composto pela ação ou omissão de uma pessoa; a ocorrência de um dano a terceiro; e o nexo de causalidade entre a conduta e o dano, resta, nesse momento, proceder às análises das condutas dos agentes no uso da inteligência artificial. Esta questão não é de menor importância, porque a responsabilidade por danos causados é um dos critérios que levam ao desenvolvedor do software com inteligência artificial tomar a decisão de colocar essa aplicação prática no mercado em um produto ou prestação de serviço. De igual modo, quem adquire software com inteligência

[16] O Código Civil brasileiro de 2002 estabelece no art. 942 a seguinte disposição: "Os bens do responsável pela ofensa ou violação do direito de outrem ficam sujeitos à reparação do dano causado; e, se a ofensa tiver mais de um autor, todos responderão solidariamente pela reparação". Assim, parece insustentável que um programa de computador, que é imaterial, possa ser considerado sujeito de direito e ter patrimônio para ser usado para o pagamento de indenizações às vítimas. Merece destaque o item 7 da Resolução do Parlamento Europeu 2020/2014, que contém recomendações à Comissão sobre o regime de responsabilidade civil aplicável à inteligência artificial., cuja redação é a seguinte: "Observa que todas as atividades, dispositivos ou processos físicos ou virtuais operados por sistemas de IA podem, do ponto de vista técnico, ser a causa direta ou indireta de danos ou prejuízos, contudo são quase sempre o resultado de alguém que construiu, utilizou ou interferiu com esses sistemas; observa, a respeito, que não é necessário conferir personalidade jurídica aos sistemas de IA; defende que a opacidade, a conectividade e a autonomia dos sistemas de IA podem, na prática, tornar muito difícil ou mesmo impossível, identificar se determinadas ações danosas aos sistemas de IA tiveram origem numa intervenção humana específica ou em decisões de conceção; recorda que, de acordo com conceitos de responsabilidade amplamente aceitos, se pode contornar esse obstáculo atribuindo a responsabilidade às diferentes pessoas da cadeia de valor que criam, fazem a manutenção ou controlam os riscos associados ao sistema de IA". (PARLAMENTO EUROPEU. *Id.*)

artificial para o exercício de uma atividade econômica, torna-se operador e responsabiliza-se pelos danos causados por esse fato, por ter decidido fazer mau uso da tecnologia, cabendo, eventualmente, o direito de regresso contra o desenvolvedor pelas perdas e danos pagos a título de indenização às vítimas. Devido ao risco inerente em seu emprego, a maioria das situações implica sua qualificação como responsabilidade objetiva, havendo, porém, exceções a essa regra, em que se vislumbrará o regime da responsabilidade civil subjetiva.[17] Pela sistemática das regras de responsabilidade civil vigentes no Brasil, não há distinção entre graus de risco, sendo indiferente se o risco é baixo, médio, elevado ou inaceitável. Em todo e qualquer caso, caberá responsabilização civil em caso de danos.

[17] No projeto de regulamento sobre inteligência artificial da União Europeia (Artificial Intelligence Act), fez-se a sugestão de classificação do risco quanto ao uso da inteligência artificial em quatro níveis. O primeiro deles é o de aplicações proibidas (art. 5º), correspondente a aquelas que podem ser usadas para manipulação subliminar danosa; que explorem grupos vulneráveis específicos, como as pessoas com deficiência; sistemas públicos de ranqueamento de cidadãos; vigilância em tempo real mediante biometria, exceto em casos excepcionais, como a localização de crianças desaparecidas e identificação de terroristas. O segundo deles é o de alto risco (art. 6º), que é lícito, mas precisa ser operado sob regulação, por conta de impacto nos direitos fundamentais, correspondendo aos casos em que tecnologia está inserida como componente de segurança em produtos ou produtos que são perigosos, assim como em outras oito situações (identificação biométrica, gerenciamento e operação de infraestrutura crítica; educação e treinamento; emprego, gerenciamento de trabalhadores e acesso a trabalho autônomo; acesso e fruição a serviços privados essenciais e serviços públicos e seus benefícios, aplicação da lei, migração, asilo e controle de fronteiras, administração da justiça e dos processos democráticos). O terceiro deles é o de risco limitado, que corresponde a sistemas interativos, como chatbots, reconhecimento de emoções, categorização biométrica, ou geradores de manipulação de imagem, áudio ou vídeo, como os deepfakes. O quarto nível é o de risco baixo ou mínimo, para o qual apenas se recomenda a observância de códigos de conduta. (COMISSÃO EUROPEIA. Proposta de regulamento do Parlamento Europeu e do Conselho que estabelece regras harmonizadas em matéria de inteligência artificial (Regulamento Inteligência Artificial) e altera determinados atos legislativos da União. Disponível em: https://eur-lex.europa.eu/legal-content/PT/TXT/HTML/?uri=CELEX:52021PC0206&from=EN). Acesso em: 15 jun. 2022.
A versão resumida, e que foi usada aqui, está em EUROPEAN PARLIMENT.. EU Legislation in Progress. Artificial Intelligence Act. Disponível em: https://www.europarl.europa.eu/RegData/etudes/BRIE/2021/698792/EPRS_BRI(2021)698792_EN.pdf. Acesso em: 15 jun. 2022.

Em se tratando de responsabilidade civil objetiva pelo risco da atividade, aquela que parece ser a mais sensível é em matéria de reconhecimento facial. O desenvolvedor de um software para fins de controle de acesso, dificilmente terá problemas relativos a danos causados a terceiros; no máximo, poderá responder pelo seu mau funcionamento.[18] Porém, quando usado, porém, para fins de policiamento preditivo, o risco, por ora, é bastante elevado, sendo altamente provável a possibilidade de imputação de responsabilidade civil ao operador do software. Caso o Estado use tal sistema, a responsabilidade civil será objetiva pelo risco administrativo, nos termos do art. 37, § 6º da Constituição Federal.

No âmbito da medicina, a despeito do conhecimento na área da saúde, o seu exercício é uma arte exercida por seres humanos, existindo disputas entre os profissionais da saúde sobre os limites do denominado "ato médico", em razão da responsabilidade técnica envolvida na tomada de decisões. Com a inteligência artificial, a questão gira em torno do grau de delegação da tomada de decisões e da realização de procedimentos por máquinas e softwares, como no caso da interpretação de exames. Para o desenvolvedor de sistemas dotados de inteligência artificial na área médica, pode ser-lhe imputada a responsabilidade civil, porque colocou no mercado produto que tinha a potencialidade de causação de danos, como qualquer outro equipamento médico. Quanto ao operador do sistema, que, no caso, é o profissional da saúde, surgem dúvidas sobre a insegurança que pode surgir por ser responsável pelo paciente, e ser obrigado a usar o resultado interpretado por um software, em vez de ele mesmo fazer a interpretação. Por tratar-se de tecnologia, não necessariamente o profissional da saúde conhece os critérios usados pelo software na tomada da decisão, por ser este oculto como se estivesse em uma "blackbox". Dessa maneira, a imputação de responsabilidade aos profissionais, bem como aos estabelecimentos de saúde, provavelmente exigirá alterações para adequar-se à nova realidade. Importa considerar que, justamente por ser atividade de risco,

[18] Como há casos em que se afirma que a aplicação da inteligência artificial não é segura, pode-se aventar a tese do risco do desenvolvimento, em que se imputariam às vítimas o ônus de suportar os danos em prol de um bem maior, que é a concentração de capitais para o desenvolvimento da tecnologia e a segurança de que não haveria questionamentos judiciais. Porém, este argumento não é admitido no direito brasileiro, por afrontar a dignidade humana.

o Código de Defesa do Consumidor já o pressupõe, impondo a responsabilidade civil independentemente de culpa, não sendo necessária a aplicação do Código Civil, tornando-se despicienda a discussão da existência ou não do risco da atividade.

No tocante a decisões automatizadas, o desenvolvedor, em tese, não é o responsável direto por danos decorrentes do seu uso, por ausência de causalidade adequada entre o dano e a sua conduta, tal como se passa com o fabricante de armas e o seu usuário. Por outro lado, o operador da tecnologia é diretamente responsável pelos danos causados pelos danos, porque teve a intenção de causá-los ou assumiu o risco de causá-los. Na hipótese de o usuário da tecnologia ser seu desenvolvedor, este também responderá pelos danos provocados em qualquer dessas situações. No caso, o fundamento da responsabilidade civil estará no art. 20 da LGPD, em concurso com o art. 45 da mesma lei.

Os casos em que se poderia imaginar a responsabilidade civil subjetiva não são evidentes. A priori, por exemplo, no caso de o Poder Judiciário tomar decisões automatizadas, ter-se-ia o regime da responsabilidade civil subjetiva, porque o regime jurídico da atividade do magistrado é o da LOMAN, que foi elaborada quando não se vislumbrava a tomada de decisões sem humanos. No caso, somente se responde em caso de dolo, excluindo-se as hipóteses de culpa em sentido estrito, como a negligência, imprudência e imperícia. Aplicando-se a inteligência artificial em matéria judicial, poderia soar artificial a imputação de conduta dolosa a um software ou até mesmo quem o desenvolveu ou ao próprio Poder Judiciário que o opera, levando a situação de irresponsabilidade civil na tomada de decisões, sobretudo em um campo em que os enviesamentos decorrentes do uso da tecnologia podem, efetivamente, causar danos aos jurisdicionados.

Uma segunda hipótese de responsabilidade civil subjetiva está no uso dos softwares voltados ao entretenimento. Assim, parece ser provável que a responsabilidade civil recaia sobre o operador do software com inteligência artificial, por tê-lo usado para fins de elaboração de vídeo que crie uma situação inexistente, mas que causa danos a terceiros; ou, ainda, pelo uso indevido da imagem de uma pessoa pelo usuário final da ferramenta. Mas isso não valeria para o caso do desenvolvedor do software, que o fez para uso próprio, como se verifica em plataformas e aplicativos que trabalham com o uso de imagens das pessoas, sem que haja a possibilidade de controle quanto ao que se fará com esses resultados. Neste último caso, por se enquadrar em relação de consumo e envolver tratamento de dados pessoais, a responsabilidade civil do desenvolvedor será objetiva.

Uma terceira hipótese de responsabilidade civil subjetiva, igualmente polêmica, é pela geração de *fake news*. Devido à gravidade desse fato, a responsabilidade civil será do operador da tecnologia, porque, neste caso, tem-se a intenção de causar dano a outrem. Sua responsabilidade seria baseada na culpa, porque age com dolo. Não há, até o momento, regra específica que impute, por força de lei, a responsabilidade civil objetiva àquele que dissemina *fake news*, nem se pode aplicar o disposto no art. 927, parágrafo único, do Código Civil por não ser uma atividade lícita. Porém, há evidentes dificuldades de identificação do autor da conduta e da prova de sua má intenção.[19] Poder-se-ia cogitar a responsabilidade do operador e até mesmo do desenvolvedor da tecnologia, porque não se pode pressupor que não saiba do uso que os usuários finais dela farão. Nos termos do art. 19 do Marco Civil da Internet, o provedor responde subsidiariamente pela conduta ilícita do agente, como no caso de recusar-se a retirar o conteúdo, mas isso não decorre diretamente do uso da inteligência artificial, mas, sim, do dano causado pela notícia falsa que viola direitos de outrem.

Existem mais duas situações em que a atividade pode ser ou não de risco, porque, embora exista atividade, o perigo de dano é indireto. A primeira delas é o monitoramento da navegação na Internet. O desenvolvedor de algoritmos de monitoramento da navegação dos usuários da Internet não é responsável direto, porque a decisão do seu emprego é do operador da tecnologia, que, por esse fato, causa dano a outrem. Poderá o desenvolvedor ser civilmente responsável, quando este também for seu operador. Contudo, o fundamento da responsabilidade civil decorre do tratamento de dados pessoais, e não no uso da inteligência artificial em si mesma. A segunda delas, por sua vez, consiste na análise de big data. Para o desenvolvedor da tecnologia, parece não ser clara a sua participação em danos decorrentes de

[19] O Marco Civil da Internet (Lei n. 12.965/2014) tem sido frequentemente usado para identificação dos autores de ilícitos na rede. Porém, a quantidade de ilícitos supera a capacidade do Estado em dar resposta a essas ações.

mau uso desses dados, cabendo, eventualmente, ao operador dessa tecnologia a responsabilidade por eventuais danos que desse fato venha a ocorrer. Muito provavelmente, a responsabilidade civil nesse caso estará mais ligada ao tratamento de dados realizado pelo operador da tecnologia – que pode ou não ser também o seu desenvolvedor – e não pelo uso da tecnologia em si.

## 4. A tipologia dos danos

Os danos que podem ser causados pelo uso da inteligência artificial têm como causa principal o enviesamento dos resultados, porque podem gerar falsos positivos, resultando em análises falhas. Menos comuns seriam os danos decorrentes do mau uso da tecnologia. Por ser uma ferramenta poderosa, os danos decorrentes do uso da inteligência artificial consistem em danos materiais, danos morais ou ambos, conforme a situação, como, aliás, era de se esperar ao pensar em qualificar esses fatos jurídicos. Entretanto, a diversidade de situações em que essa tecnologia é usada, requer a análise da extensão dos danos causados. Nesse sentido, podem-se ter danos de pequena monta, como podem ocorrer danos enormes. Em outra perspectiva, podem-se ter danos diretos a uma determinada pessoa, como os danos podem ser coletivos, individuais homogêneos ou difusos, atingindo uma coletividade ou até mesmo a sociedade como um todo.

Em se tratando de navegação na Internet, será mais provável a causação de danos morais, embora possam ocorrer danos materiais. Os danos sofridos por quem navegou na Internet e teve sua navegação analisada por inteligência artificial são de natureza moral, devido às lesões aos direitos à privacidade, intimidade e segredo; hipoteticamente, pode ser reclamada indenização por danos materiais. No caso de preços personalizados, os danos são individuais de natureza predominantemente patrimonial, porque se usou a tecnologia para obter além do que se poderia. Na prática, por atingir grande número de pessoas, haverá danos individuais homogêneos. No uso de big data, os danos decorrentes dessa análise podem ser de natureza material, quanto de natureza moral, porquanto alguém tomou uma decisão baseada nessas informações. Já em relação às *fake news*, os danos decorrentes são, em primeiro lugar, de natureza moral, por conta de danos à honra da pessoa; podem ser causados danos materiais, quando desse fato houver diminuição patrimonial ou perda de uma chance por quem foi objeto da notícia falsa, seja por quem tenha confiado em uma notícia falsa.

Na medicina e na computação visual, por envolverem o corpo humano, os danos se manifestam mediante lesão aos direitos da personalidade, razão pela qual podem ser de natureza moral, material e, eventualmente, de natureza estética. Por envolverem certa e determinada pessoa, são qualificados como danos individuais. A maior probabilidade de ocorrência de danos advirá do uso em análises equivocadas, que resultam em danos morais pelo abalo decorrente da falsa notícia, ou pela tomada de decisões baseadas em informações equivocadas. No que concerne ao reconhecimento facial, os danos causados por mau uso da inteligência artificial parecem ser temas sensíveis, porque inclusive se lesiona a liberdade de ir e vir, e até mesmo ao direito à vida, se tiverem ocorrido excessos no uso da violência pelos agentes do Estado, como, lamentavelmente, se tem notícia. Podem ocorrer danos à honra, pela falsa acusação de crime, que são reparados mediante indenização por danos morais. Danos materiais podem ocorrer em termos de dano emergente, pelo fato de tê-lo sofrido, como de lucros cessantes, por eventual falta ao trabalho ou perdas de oportunidades devido ao estigma decorrente do erro advindo do uso da tecnologia.

Quanto à tomada de decisões por inteligência artificial, os danos são predominantemente materiais,[20] pelos prejuízos patrimoniais e eventuais lucros cessantes, e danos morais, por violação do direito à honra. Embora sejam causados individualmente, nada obsta que ocorram danos

[20] Os danos decorrentes do uso de inteligência artificial em veículos autônomos são, em primeiro lugar, aqueles de natureza material, por conta dos prejuízos causados pelo acidente em si; podem ocorrer danos morais pelo abalo emocional sofrido pela vítima do acidente, assim como podem ocorrer danos estéticos pelas lesões sofridas. Porém, independentemente do veículo estar equipado com inteligência artificial, ou ser controlado por um comando central com inteligência artificial, o fabricante responde pelos danos causados pela colocação do veículo no mercado, através da responsabilidade pelo fato do produto. Com a ausência de controle humano, agrava-se o risco por conta da imprevisibilidade do trânsito em relação aos pedestres, cabendo ao fabricante a responsabilidade por atropelamentos que resultem em lesões corporais ou morte, o que não ocorre nos dias atuais com os veículos não autônomos, porque, neste caso, a responsabilidade é do condutor. O usuário proprietário do veículo autônomo também pode ser responsabilizado, por ter assumido o risco de usá-lo na via pública. Contudo, se houver a implantação de um sistema de veículos autônomos, a responsabilidade será imputada ao operador do sistema.

individuais homogêneos. No caso de tomada de decisões, os danos sofridos pela pessoa que recebeu decisão automatizada serão de natureza material, porque se imagina os prejuízos sofridos nesse caso; também podem ocorrer danos morais, por danos à honra, como no caso da decisão de crédito, e a qualquer outro dano, no caso de "erro judiciário" provocado por inteligência artificial. O mesmo vale para o entretenimento: os danos que podem ser sofridos são, em primeiro lugar, os danos morais, devido às lesões à honra e à imagem das pessoas, e danos materiais, pelos prejuízos econômicos decorrentes da desonra, bem como pelo enriquecimento sem causa de quem usa indevidamente a imagem alheia.

## 5. A inteligência artificial levada a julgamento dos tribunais

A análise da jurisprudência sobre responsabilidade civil decorrente do uso da inteligência artificial permite constatar em que medida as hipóteses teóricas – aliás, projetadas para uma futura legislação – se comprovam na prática cotidiana. Os casos que balizam a visão que se tem sobre a inteligência artificial, e acabam por gerar uma visão negativa da tecnologia, são aqueles divulgados pela imprensa como escândalos, como o que se viu na análises de dados de milhões de pessoas pela Cambridge Analytica,[21] a disseminação de *fake news* por meio de robôs de inteligên-

[21] O escândalo envolvendo a empresa Cambridge Analytica decorre do tratamento de dados pessoais de 87 milhões de pessoas, a partir de dados obtidos da rede social Facebook, o abuso nesse tratamento intenso de dados pessoais transcendeu as tradicionais categorias de privacidade, intimidade e segredo, porque nem mesmo a pessoa tem consciência do tratamento de dados a que está sendo submetida. A empresa Cambridge Anaytica foi à falência; a rede social Facebook foi processada na esfera administrativa pela Federal Trade Commision dos Estados Unidos, pagando multa de US$ 5 bilhões, e, mais recentemente, e Mark Zuckberg, CEO do Facebook (atual Meta) responde a processo judicial movido pela procuradoria-geral da cidade de Washington. No Brasil, o Ministério Público do Distrito Federal abriu investigação, assim como a Associação Civil SOS Consumidor propôs ação civil pública contra o Facebook, exigindo a reparação de danos morais coletivos. O julgamento do caso em primeira instância levou em conta que os usuários tinham a opção de participar ou não do aplicativo usado pela Cambridge Analytica, e julgou improcedente a ação. Houve recurso ao Tribunal de Justiça do Estado de São Paulo, que anulou a sentença, por entender que se fazia necessária maior instrução probatória. O caso ainda está pendente de apreciação pelo Superior Tribunal de Justiça. (BRASIL. Tribunal de Justiça do Estado de São Paulo. Ação Civil Pública nº 1042450-05.2018.8.26.0100).

cia artificial em quantidade teratológica para manipulação da realidade, a prática de racismo estrutural por meio de análise de risco das pessoas para policiamento preditivo e reconhecimento facial,[22] que já conta com oposição no Brasil,[23] a análise do comportamento das pessoas em espaços públicos, como no caso do Metrô de São Paulo,[24] que passou a fazer

[22] . No Estado de São Paulo, criou-se o Sistema Detecta, que foi julgado ineficiente pelo Tribunal de Contas do Estado em 2017, mas continua sendo implantado mediante convênio com diversos municípios paulistas, incluindo convênio para para uso de câmeras de circuitos fechados de TV. Programa semelhante existe no Distrito Federal e na Bahia (DISTRITO FEDERAL. Secretaria de Segurança Pública. SSP/DF entrega central de monitoramento de imagens em Planaltina. Brasília, 24 de novembro de 2020. Disponível em: http://www.ssp.df.gov.br/ssp-df-entrega-central-de-monitoramento-de-imagens-a-planaltina/. Acesso em: 11 ago. 2022; BAHIA. O Portal Oficial do Estado da Bahia. Salvador, 27 de julho de 2021. Salvador e mais 77 municípios contarão com ampliação de serviço de reconhecimento facial e de placas. Disponível em: https://www.bahia.ba.gov.br/2021/07/noticias/salvador-e-mais-77-municipios-contarao-com-ampliacao-de-servico-de-reconhecimento-facial-e-de-placas/. Acesso em: 11 ago. 2022).

[23] A Association for Computing Machinery lançou em 30 de junho de 2020 a Declaração sobre Princípios e Pré-Requisitos para o Desenvolvimento, Avaliação e Uso de Tecnologias de Reconhecimento Facial Imparciais defende a proibição do uso de sistemas de reconhecimento facial até que haja segurança quanto ao uso da tecnologia, em nítida aplicação do princípio da precaução em matéria de responsabilidade civil. No tocante ao operador dessa tecnologia, existirá responsabilidade pela tomada de decisão de usar um sistema potencialmente perigoso aos direitos de terceiros. (ASSOCIATION FOR COMPUTING MACHINERY. Statement on Principles and Prerrequisites for the Development, Evaluation and the Use of Unbiased Facial Recognition Technologies. 30 de junho de 2020. Disponível em: https://www.acm.org/binaries/content/assets/public-policy/ustpc-facial-recognition-tech-statement.pdf) Nos Estados Unidos, o município de Santa Cruz, California, foi o primeiro a banir essa tecnologia. https://www.latimes.com/california/story/2020-06-26/santa-cruz-becomes-first-u-s-city-to-ban-predictive-policing.

Na Europa, 45 organizações pedem para que se inclua no futuro Artificial Intelligence Act a proibição do policiamento preditivo. FAIR TRIALS. Civil society calls on the EU to prohibit predictive and profiling AI systems in Law enforcement and criminal justice. Disponível em: https://www.fairtrials.org/app/uploads/2022/03/Ban_Predictive_Policing_Criminal_Justice_Statement.pdf. Acesso em: 11 ago. 2022. O mesmo ocorre no Brasil. Cf. AÇÃO EDUCATIVA. Campanha para banimento total do uso das tecnologias digitais de Reconhecimento Facial na Segurança Pública. 5 de abril de 2022. Disponível em: https://acaoeducativa.org.br/editoriais/campanha-para-banimento-total-do-uso-das-tecnologias-digitais-de-reconhecimento-facial-na-seguranca-publica/. Acesso em: 11 ago.2022.

[24] No caso, a ação foi julgada improcedente e o Tribunal manteve a sentença, reconhecendo que não se fazia reconhecimento facial, tampouco os dados eram armazenados.

análises de emoções por detecção facial para fins de seleção de imagens publicitárias, as práticas de *geopricing* de sites de Internet,[25] que praticaram discriminação algorítmica contra usuários de determinado país, e casos de *deepfake*, com montagens na Internet envolvendo políticos e artistas. Entretanto, vale destacar que, ao lado destes casos, existem centenas de casos levados ao Poder Judiciário em que se julgou o uso de inteligência artificial. A título de exemplo, fez-se pesquisa no banco de acórdãos do Tribunal de Justiça do Estado de São Paulo.

Em termos quantitativos, observa-se que há tempos a questão sobre o uso dessa tecnologia foi levada ao conhecimento dos tribunais. Com efeito, a grande maioria deles foi prolatada a partir de 2020, de tal sorte que se pode inferir que a difusão dessa tecnologia no cotidiano realmente ocorreu apenas nos últimos anos. Em dois desses acórdãos antigos, no primeiro deles se discutia a criação do software com inteligência artificial para implantação do sistema de detecção de fraude em cartões de crédito,[26] e, noutro, reclamava-se a realização de exame clínico que usavam algoritmos matemáticos,[27] por ser considerado o mais moderno da época, mas que não estava previsto no rol de procedimentos do plano de saúde.

É perceptível que a ausência de legislação específica não tem sido um problema em termos de aplicação da lei e na solução dos litígios. Os casos costumam ser solucionados pelo Código de Defesa do Consumidor e não houve um caso sequer em que foi necessária a discussão sobre o risco da atividade em que a inteligência artificial foi usada, nos termos do art. 927, parágrafo único, do Código Civil. Não se mencionam expressamente os riscos decorrentes do uso da inteligência artificial

(BRASIL. Tribunal de Justiça do Estado de São Paulo (38ª Câmara de Direito Privado). Apelação Cível 1003122-02.2018.8.26.0704. Relator: Des. Mario de Oliveira. São Paulo, 19 de maio de 2021.

[25] BRASIL. Tribunal de Justiça do Estado de Rio de Janeiro (7ª Vara Empresarial da Comarca do Rio de Janeiro). Ação Civil Pública nº 0018051-27.2018.8.19.0001.

[26] BRASIL. Tribunal de Justiça do Estado de São Paulo. (7ª Câmara de Direito Privado). Embargos de Declaração nº 433.799-4/4-01. Relator: Des. Alberto Zvirblis. Sao Paulo, 18 de outubro de 2006.

[27] BRASIL. Tribunal de Justiça do Estado de São Paulo. (10ª Câmara de Direito Privado). Apelação cível nº 449.016-4/2. Relator: Des. Galdino Toledo Junior. São Paulo, 22 de agosto de 2006.

em si, mas se leva em consideração o risco da atividade em que esta é empregada, no sentido de que deve ser suportada por todos por conta de um bem maior, que é a higidez do sistema. A análise do perfil da pessoa não era vista como uma prática ruim, mas como um meio de segurança. Dessa forma, a inteligência artificial tem sido vista como meio de redução do risco de determinada atividade, não como agravadora do risco para as pessoas. Por exemplo, em um caso se entendeu que o comerciante deveria ter usado sistema de detecção de fraudes com inteligência artificial para evitar o problema.[28] Em sentido contrário, vítimas de estelionatários processaram instituições financeiras por conta fraudes em compras com cartões de crédito, e as ações foram julgadas procedentes porque a inteligência artificial adotada não foi capaz de impedir a prática do crime de estelionato, ao não ter gerado alerta ou bloqueio preventivo das compras realizadas em discrepância com o perfil de consumo da vítima.[29] Dessa forma, observa-se que se esperava que a inteligência artificial tivesse protegido a vítima, e justamente a sua falha causou danos materiais e morais.

Houve discussão sobre o acesso à "blackbox" da ferramenta, para que se permitisse o acesso para perícia técnica, com o intuito de aferir a ocorrência ou não de dano pelo uso de inteligência artificial. O primeiro caso refere-se ao uso de geolocalização para a prática de preços personalizados, em que o Superior Tribunal de Justiça deferiu a concessão de segredo de justiça do algoritmo usado pela empresa para esse tipo de prática.[30] O segundo caso refere-se a ação movida por usuário de plata-

[28] BRASIL. Tribunal de Justiça do Estado de São Paulo. (19ª Câmara de Direito Privado). Apelação Cível 1067017-66.2019.8.26.0100. Relator: Des. Ricardo Pessoa de Mello Belli. São Paulo, 20 de agosto de 2020.

[29] BRASIL. Tribunal de Justiça do Estado de São Paulo. (12ª Câmara de Direito Privado). Apelação Cível 1000096-15.2019.8.26.0266. Relator: Des. Alexandre David Malfatti. São Paulo, 22 de março de 2021. Tribunal de Justiça do Estado de São Paulo (21ª Câmara de Direito Privado. Apelação Cível 1016210-11.2020.8.26.0002. Relator: Des: Fábio Podestá. São Paulo, 22 de junho de 2022.

[30] Este caso refere-se à Ação Civil Pública nº 0018051-27.2018.8.19.0001, em curso na 7ª Vara Empresarial da Comarca do Rio de Janeiro, acima mencionada: BRASIL. Superior Tribunal de Justiça. RMS nº61.036/RJ. Relator: Min. Luis Felipe Salomão. Brasília, 4 de dezembro de 2019; TutPrv no RMS n. 61.306. Relator: Min.João Otávio de Noronha. Brasília, 6 de janeiro de 2020; AgInt no RMS n. 61.306, Ministro Luis Felipe Salomão. Brasília, 1º de dezembro de 2021.

forma de jogo online que foi excluído sob alegação de que ele teria fraudado o jogo e o algoritmo de detecção de condutas indevidas o excluiu. Embora este caso esteja em julgamento, o usuário requereu prova de como o software decidiu pela sua exclusão. No caso, o Tribunal de Justiça entendeu, durante a instrução processual, que se deveria proteger o código-fonte da operadora do jogo online por conta do segredo comercial envolvido, nos seguintes termos:[31]

Quanto à exibição do código-fonte do sistema utilizado pela agravante para a detecção do uso indevido de programas pelos jogadores no ambiente do jogo como forma de melhorar suas performances, respeitada a convicção do juízo e a sua prerrogativa de determinar a realização das provas que entender pertinentes ao deslinde da ação, a determinação não pode prevalecer, eis que envolve a divulgação de informação estratégica que deve ser mantida em sigilo para a proteção da atividade empresarial desenvolvida pela agravante.

Diversos casos foram qualificados como mero aborrecimento, afastando-se a incidência de danos morais. Boa parte das ações judiciais em que se questionou o uso de inteligência artificial por conta de supostos danos e prejuízos sofridos foi julgada improcedente, porque, na verdade, era a "vítima" que estava praticando ou tinha praticado ato ilícito, no sentido de burlar o algoritmo de detecção de fraude. Existem dois conjuntos de casos nesse sentido. O primeiro deles refere-se a motorista de aplicativo de transporte, que cancelava as corridas assim que se aproximava dos passageiros, ou só as finalizava minutos após o término do percurso. Entendeu-se que a exclusão do motorista automaticamente pela inteligência artificial era exercício regular de direito, não cabendo qualquer indenização, posto que se detectou a fraude praticada.[32]

[31] BRASIL. Tribunal de Justiça do Estado de São Paulo (32ª Câmara de Direito Privado). Agravo de Instrumento 2073113-21.2021.8.26.0000. Relator: Des. Caio Marcelo Mendes de Oliveira. São Paulo, 29 de novembro de 2021.

[32] BRASIL. Tribunal de Justiça do Estado de São Paulo (29ª Câmara de Direito Privado). Apelação Cível 1050785-45.2020.8.26.0002. Relator: Des. Silvia Rocha. São Paulo 30 de novembro de 2021. No mesmo sentido, BRASIL. Tribunal de Justiça do Estado de São Paulo (20ª Câmara de Direito Privado). Apelação Cível 1005320-54.2018.8.26.0011. Relator: Des. Luis Carlos de Barros. São Paulo, 4 de fevereiro de 2019. BRASIL. Tribunal de Justiça do Estado de São Paulo (27ª Câmara de Direito Privado). Apelação Cível 1002334-

Acerca do uso de reconhecimento facial, a primeira situação refere-se a seu como substituta de assinatura em contratos. Exceto em um julgado, em que realmente se comprovou a falha do sistema, o tribunal não aceitou a justificativa de que se usaram fotografias no lugar do rosto da pessoa para manifestar a vontade de celebrar contrato de mútuo. Entre diversos casos, tem-se a seguinte afirmação, que se repete em diversos acórdãos subsequentes como citação:

Ademais, falsificar uma assinatura é algo bastante comum, infelizmente, mas falsificar o rosto de uma pessoa para "enganar" a inteligência artificial, ainda que seja possível, requer fraude mais sofisticada e o ônus de provar a ocorrência dessa fraude era do autor, ainda que se trate de relação de consumo, pois se trata de fato constitutivo do direito por ele mesma alegado.[33]

Noutro caso, isolado, porém, interessante, refere-se ao questionamento do uso de inteligência artificial na realização de provas de certames online, por conta da pandemia de COVID-19, em que os candidatos não podem desviar o olhar da tela do computador. O software detectou que o candidato visualizava o telefone celular diversas vezes e foi desclassificado da prova. Este ingressou com ação, pedindo a sua aprovação no vestibular do curso de direito, mas esta foi negada pelo tribunal, não apenas por conta da autonomia universitária, mas porque se comprovou a violação das regras, que foram detectadas pelo software.[34]

Quanto à tomada de decisões automatizadas, houve caso em que o algoritmo realmente interpretou errado, causando prejuízos decorrentes da interrupção abrupta de realização de atividade comercial pela plataforma, sem conceder o contraditório, impossibilitando, ainda, que a pessoa saiba o motivo pelo qual o algoritmo tomou a decisão.[35] Por outro

11.2021.8.26.0533. Relator: Des. Rogério Murillo Pereira Cimino. São Paulo, 23 de maio de 2022.

[33] BRASIL. Tribunal de Justiça do Estado de São Paulo (15ª Câmara de Direito Privado). Apelação Cível 1006968-78.2020.8.26.0438. Relator: Des. Achile Alesina. São Paulo, 14 de outubro de 2021.

[34] BRASIL. Tribunal de Justiça do Estado de São Paulo (5ª Câmara de Direito Privado). Apelação Cível 1001110-17.2020.8.26.0228. Relator: Des. Maria Laura Tavares. São Paulo, 7 de fevereiro de 2022.

[35] BRASIL. Tribunal de Justiça do Estado de São Paulo (36ª Câmara de Direito Privado). Agravo de Instrumento 2293531-30.2020.8.26.0000; Relator: Des. Milton Carvalho.

lado, houve situações em que o algoritmo pode, eventualmente, ter prejudicado a pessoa, mas a decisão tomada foi correta. É o que ocorreu em bloqueios preventivos de contas de acesso a plataformas, em que duas pessoas da mesma família usam a mesma conta. Considerou-se a atitude suspeita, mas o Tribunal de Justiça entendeu que a causa do fato foi da suposta vítima, não da plataforma que usa o sistema.[36] Em outras ações, o prejuízo sofrido pelo uso de inteligência artificial decorreu da tentativa humana de manipulação dos resultados produzidos pelo algoritmo, como no caso de propagandas na Internet gerenciadas por inteligência artificial, em que se usam palavras que confundiam o algoritmo, levando a resultados indesejáveis, levando ao desvio de clientela ao direcioná-la a site diverso daquele que deveria sê-lo. Nesses casos, ordenou-se a correção do problema mediante deferimento de tutela de urgência.[37]

Ainda sobre decisões automatizadas, dois casos merecem destaque. O primeiro deles envolve o *credit score* no Brasil, que está ligado à implantação do cadastro positivo no Brasil, regulado pela Lei nº 12.414, de 2011, para que se ampliassem as informações disponíveis sobre o perfil de crédito dos consumidores, oferecendo oferecer empréstimos com juros menores para clientes com bom histórico de crédito. Ao lado dessa iniciativa, as instituições financeiras começaram a usar ferramentas com inteligência artificial para a concessão de crédito a seus clientes, a partir do tratamento automatizado desses dados pessoais, em vez da análise feita por humanos em departamentos de crédito, assim como entidades de proteção ao crédito na elaboração dessas análises, que são usadas no mercado em geral. Devido à preocupação com os danos decorrentes dessa prática, que envolvem uso de dados pessoais e o seu tratamento

São Paulo, 18 de fevereiro de 2021. BRASIL. Tribunal de Justiça do Estado de São Paulo (2ª Câmara de Direito Privado. Apelação Cível 1084133-51.2020.8.26.0100; Relator: Des. Alvaro Passos. São Paulo, 17 de agosto de 2021.

36 BRASIL. Tribunal de Justiça do Estado de São Paulo (35ª Câmara de Direito Privado). Apelação Cível 1017332-26.2018.8.26.0068; Relator: Des. Artur Marques. São Paulo, 31 de março de 2020.

37 BRASIL. Tribunal de Justiça do Estado de São Paulo (2ª Câmara Reservada de Direito Empresarial). Agravo de Instrumento 2244796-63.2020.8.26.0000; Relator: Des. Sérgio Shimura. São Paulo, 2 de julho de 2021. BRASIL. Tribunal de Justiça do Estado de São Paulo (1ª Câmara Reservada de Direito Empresarial). Agravo de Instrumento 2054191-29.2021.8.26.0000; Relator: Des. Alexandre Lazzarini; São Paulo, 1º de dezembro de 2021.

automatizado, o Ministério Público Federal propôs ação civil pública contra a Câmara de Dirigentes Lojistas de Porto Alegre por conta dos danos causados aos consumidores por essa prática. De igual modo, houve outra ação de indenização por danos morais movida por consumidor contra instituição financeira, por conta dos prejuízos sofridos por essa prática. No primeiro caso, entendeu-se que era abusiva a falta de transparência sobre a análise de risco realizada, bem como a impossibilidade de questionamento da avaliação feita, enquanto no segundo caso se considerou abusiva a prática, porque bastaria a inscrição de restrição ao crédito para fins de proteção do risco no mercado. Tais ações chegaram ao Superior Tribunal de Justiça, que, após ter realizado audiências públicas e ter contado com *amici curiae*, julgou o caso na forma do Tema 710, que considerou lícita a prática do *credit score*, por ter previsão legal, mas esta não poderia causar danos à privacidade da pessoa, tampouco ser discriminatória e usada para fins diversos daqueles relativos à concessão de crédito. Em caso de recusa de crédito por conta de uso de dados incorretos ou desatualizados, a responsabilidade civil seria objetiva, mas não se admite a ocorrência de dano *in re ipsa*. No caso concreto, entendeu-se que não houve danos. Tempos depois, o Superior Tribunal de Justiça editou a Súmula nº 550: "A utilização de escore de crédito, método estatístico de avaliação de risco que não constitui banco de dados, dispensa o consentimento do consumidor, que terá o direito de solicitar esclarecimentos sobre as informações pessoais valoradas e as fontes dos dados considerados no respectivo cálculo".[38] Assim, reconheceu-se como lícito o uso de inteligência artificial para essa finalidade, ressalvado o direito fundamental de inafastabilidade do Poder Judiciário em caso de lesão ou ameaça a direito. Uma vez reconhecido esse direito de revisão, que, como visto, está previsto no art. 20 da LGPD, houve casos em que se questionou o resultado do score atribuído a pessoa. Foram julgadas dezenas de ações em que o problema relativo ao *credit score*. O entendimento adotado é o de que a análise não leva em consideração apenas um fator, mas diversos fatores, inexistindo provas de que

[38] BRASIL. Superior Tribunal de Justiça. Súmula n. 550, Segunda Seção, julgado em 14/10/2015, DJe de 19/10/2015.

determinado débito inadimplido ou cuja pretensão está prescrita, tenha afetado o *credit score* da pessoa.[39]

## Conclusões

Questões relativas ao uso da inteligência artificial e os perigos e danos por esta causados decorrem mais do aumento da percepção do seu uso no cotidiano, e por não se saber exatamente do que se trata essa tecnologia. Tal fato é natural e previsível, até por experiências humanas pretéritas em relação às máquinas, quando estas substituíram as manufaturas; as ferrovias, quando substituíram antigos meios de transporte com animais; e o computador, que substituiria o ser humano. Assim, as soluções com inteligência artificial vêm sendo desenvolvidas e testadas. Em certos casos, ocorrem abusos, que precisam ser desincentivados por meio de regras claras. De qualquer modo, no caso brasileiro, ainda que não se tenha uma lei específica sobre inteligência artificial, a legislação vigente tem sido suficientemente apta para responder aos problemas levados ao conhecimento do Poder Judiciário, em especial, o Código de Defesa do Consumidor.

Embora existam casos emblemáticos de danos causados pelo uso da inteligência artificial, observa-se, porém, que a maior parte dos casos decorre do fato da vítima, que tenta violar a tecnologia, ou alegar que esta não funcionou adequadamente. Ou, paradoxalmente, a responsabilidade civil decorre do não uso dessa tecnologia como forma de garantia da segurança de todos. Também se percebe que o uso da inteligência artificial é considerado exercício regular de direito, como no caso da Súmula nº 550 do Superior Tribunal de Justiça.

Em se tratando do uso de inteligência artificial em tomada de decisões automatizadas, é imperioso o resgate da antiga dicotomia entre lei e equidade. O conceito de lei está associado ao de norma, que sig-

[39] Cf. BRASIL. Tribunal de Justiça do Estado de São Paulo (11ª Câmara de Direito Privado). Agravo de Instrumento 2009572-48.2020.8.26.0000; Relator: Des. Gilberto dos Santos. São Paulo, 20 de fevereiro de 2020. BRASIL. Tribunal de Justiça do Estado de São Paulo (11ª Câmara de Direito Privado). Apelação Cível 1001511-13.2020.8.26.0326; Relator: Des. Marco Fábio Morsello. São Paulo, 23 de abril de 2021. BRASIL. Tribunal de Justiça do Estado de São Paulo (13ª Câmara de Direito Privado). Apelação Cível 1031837-61.2021.8.26.0506; Relatora: Des. Ana de Lourdes Coutinho Silva da Fonseca. São Paulo, 29 de julho de 2022.

nifica padronização de condutas. A inteligência artificial, quando aplicada aos casos concretos, reproduz o processo de aplicação do direito em termos de cumprimento estrito da lei. Na realidade, há milênios, já se sabe que não há como a lei ser aplicada de forma implacável, porque pode produzir o efeito oposto ao desejado por quem criou a norma. Por isso, faz-se necessária a equidade, como forma de contornar os efeitos injustos que decorrem da aplicação da lei. Por ora, a inteligência artificial ainda reproduz o efeito da lei de forma implacável, enquanto à equidade cabe à revisão humana das decisões tomadas por inteligência artificial, até o dia em que a própria inteligência artificial revisar a decisão tomada, mediante reprodução do processo inerente à equidade, de modo a reproduzir emoções humanas. Essa questão é importante para evitarem-se bloqueios indesejados de acesso, *credit scores* malfeitos, e, futuramente, julgamentos em massa pelo Poder Judiciário, em que não parece ser clara como será a responsabilidade civil do tribunal em caso de erro do algoritmo. Tais medidas são imprescindíveis para assegurar o contraditório e a ampla defesa, necessários para a vida em sociedade. Como visto em diversos casos levados aos tribunais, os questionamentos relativos à tomada de decisões automatizadas por inteligência artificial decorriam de tentativas de burlar o sistema dotado de inteligência artificial para se tentar extrair vantagens ilícitas, ou, em outras palavras, agir em desacordo com a boa-fé.

## Referências

### a) Bibliográficas

AÇÃO EDUCATIVA. Campanha para banimento total do uso das tecnologias digitais de Reconhecimento Facial na Segurança Pública. 5 de abril de 2022. Disponível em: https://acaoeducativa.org.br/editoriais/campanha-para-banimento-total-do-uso-das-tecnologias-digitais-de-reconhecimento-facial-na-seguranca-publica/. Acesso em: 11 ago. 2022.

ASSOCIATION FOR COMPUTING MACHINERY. Statement on Principles and Prerrequisites for the Development, Evaluation and the Use of Unbiased Facial Recognition Technologies. 30 de junho de 2020. Disponível em: https://www.acm.org/binaries/content/assets/public-policy/ustpc-facial-recognition-tech-statement.pdf) Nos Estados Unidos, o município de Santa Cruz, California, foi o primeiro a banir essa tecnologia. https://www.latimes.com/california/story/2020-06-26/santa-cruz-becomes-first-u-s-city-to-ban-predictive-policing

BAHIA. O Portal Oficial do Estado da Bahia. Salvador, 27 de julho de 2021. Salvador e mais 77 municípios contarão com ampliação de serviço de reconhecimento facial e de placas. Disponível em: https://www.bahia.ba.gov.br/2021/07/noticias/salvador-e-mais-77-municipios-contarao-com-ampliacao-de-servico-de-reconhecimento-facial-e-de-placas/. Acesso em: 11 ago. 2022.

BRASIL, Superior Tribunal de Justiça. Inteligência artificial está presente em metade dos tribunais brasileiros, aponta estudo inédito. Brasília, 9 de março de 2021. Disponível em: https://www.stj.jus.br/sites/portalp/Paginas/Comunicacao/Noticias/09032021-Inteligencia-artificial-esta-presente-em-metade-dos-tribunais-brasileiros--aponta-estudo-inedito.aspx. Acesso em: 2 jun. 2022.

BRASIL. Supremo Tribunal Federal. Projeto Victor avança em pesquisa e desenvolvimento para identificação dos temas de repercussão geral. Brasília, 19 de agosto de 2021. Disponível em: https://portal.stf.jus.br/noticias/verNoticiaDetalhe.asp?idConteudo=471331&ori=1. Acesso em: 2 jun. 2022.

DISTRITO FEDERAL. Secretaria de Segurança Pública. SSP/DF entrega central de monitoramento de imagens em Planaltina. Brasília, 24 de novembro de 2020. Disponível em: http://www.ssp.df.gov.br/ssp-df-entrega-central-de-monitoramento-de-imagens-a-planaltina/. Acesso em: 11 ago. 2022.

ESTADOS UNIDOS. Securities Exchange Commission. Findings Regarding the Market Events of May, 6 2010. Report of the Staffs of the CFTC and SEC to the joint advisory committee on emerging regulatory issues. Disponível em: https://www.sec.gov/news/studies/2010/marketevents-report.pdf. Acesso em: 15 jun. 2022.

FAIR TRIALS. Civil society calls on the EU to prohibit predictive and profiling AI systems in Law enforcement and criminal justice. Disponível em: https://www.fairtrials.org/app/uploads/2022/03/Ban_Predictive_Policing_Criminal_Justice_Statement.pdf. Acesso em: 11 ago. 2022.

LEE, Kai-fu. AI Superpowers. China, Silicon Valley and the new World Order. Boston, New York: Houghton Mifflin Harcourt, 2018.

MARTINS, Guilherme Magalhães. Responsabilidade civil por acidente de consumo na Internet. 3. ed. São Paulo: Revista dos Tribunais, 2020.

MEDON, Filipe. Inteligência artificial e responsabilidade civil. Autonomia, riscos e solidariedade. Salvador: Juspodivm, 2020.

O'NEAL, Cathy. Weapons of Mass Destruction. How big data increases inequality and threatens democracy. New York: Broadway Books, 2017.

PASQUALE, Frank. New laws of robotics. Defending human expertise in the age of AI. Cambridge, Massachussets and London: The Belknap Press of Harvard University Press, 2020.

QUINELATO, Pietra Daneluzzi. Preços personalizados à luz da Lei Geral de Proteção de Dados. Viabilidade econômica e juridicidade. Indaiatuba: Foco, 2022.

SCHOLZ, Lauren Henry. Algorythmic contracts. 20 STAN. TECH. L. REV. 128 (2017). Disponível em: https://www-cdn.law.stanford.edu/wp-content/uploads/2018/03/3_SCHOLZ-FINAL_Formatted_Mar18.pdf. Acesso em: 15 jun. 2022.

TEGMARK, Max. Life 3.0. Being human in the age of artificial intelligence. New York: Vintage Books, 2017.

ZMOGISNKI, Felipe. Melhor que humano? Carros autônomos reduem acidentes em 90% na China. Portal UOL. Tilt. Sao Paulo, 14 de junho de 2022. Disponível em: https://www.uol.com.br/tilt/colunas/felipe-zmoginski/2022/06/14/carro-autonomo-acidentes-transito-china-reducao.htm. Acesso em: 15 jun. 2022.

## b) Legislativas

COMISSÃO EUROPEIA. Proposta de regulamento do Parlamento Europeu e do Conselho que estabelece regras harmonizadas em matéria de inteligência artificial (Regulamento Inteligência Artificial) e altera determinados atos legislativos da União. Disponível em: https://eur-lex.europa.eu/legal-content/PT/TXT/HTML/?uri=CELEX:52021PC0206&from=EN). Acesso em: 15 jun. 2022.

PARLAMENTO EUROPEU. EU Legislation in Progress. Artificial Intelligence Act. Disponível em: https://www.europarl.europa.eu/RegData/etudes/BRIE/2021/698792/EPRS_BRI(2021)698792_EN.pdf. Acesso em: 15 jun. 2022.

PARLAMENTO EUROPEU. Regime de responsabilidade civil aplicável à inteligência artificial. Bruxelas, 20 de outubro de 2020. Disponível em: https://www.europarl.europa.eu/doceo/document/TA-9-2020-0276_PT.html. Acesso em: 15 jun. 2022.

## c) Jurisprudenciais

BRASIL. Superior Tribunal de Justiça. AgInt no RMS n. 61.306, Ministro Luis Felipe Salomão. Brasília, 1º de dezembro de 2021.

–. RMS nº61.036/RJ. Relator: Min. Luis Felipe Salomão. Brasília, 4 de dezembro de 2019.

–.. Súmula n. 550, Segunda Seção, julgado em 14/10/2015, DJe de 19/10/2015.

–.. TutPrv no RMS n. 61.306. Relator: Min.João Otávio de Noronha. Brasília, 6 de janeiro de 2020.

BRASIL. Tribunal de Justiça do Estado de Rio de Janeiro (7ª Vara Empresarial da Comarca do Rio de Janeiro). Ação Civil Pública nº 0018051-27.2018.8.19.0001.

BRASIL. Tribunal de Justiça do Estado de São Paulo (11ª Câmara de Direito Privado). Agravo de Instrumento 2009572-48.2020.8.26.0000; Relator: Des. Gilberto dos Santos. São Paulo, 20 de fevereiro de 2020.

–. (11ª Câmara de Direito Privado). Apelação Cível 1001511-13.2020.8.26.0326; Relator: Des. Marco Fábio Morsello. São Paulo, 23 de abril de 2021.

–. (13ª Câmara de Direito Privado). Apelação Cível 1031837-61.2021.8.26.0506; Relatora: Des. Ana de Lourdes Coutinho Silva da Fonseca. São Paulo, 29 de julho de 2022.

–. (15ª Câmara de Direito Privado). Apelação Cível 1006968-78.2020.8.26.0438. Relator: Des. Achile Alesina. São Paulo, 14 de outubro de 2021.

–. (1ª Câmara Reservada de Direito Empresarial). Agravo de Instrumento 2054191-29.2021.8.26.0000; Relator: Des. Alexandre Lazzarini; São Paulo, 1º de dezembro de 2021.

–. (20ª Câmara de Direito Privado). Apelação Cível 1005320-54.2018.8.26.0011. Relator: Des. Luis Carlos de Barros. São Paulo, 4 de fevereiro de 2019.

–. (21ª Câmara de Direito Privado. Apelação Cível 1016210-11.2020.8.26.0002. Relator: Des: Fábio Podestá. São Paulo, 22 de junho de 2022.

–. (27ª Câmara de Direito Privado). Apelação Cível 1002334-11.2021.8.26.0533. Relator: Des. Rogério Murillo Pereira Cimino. São Paulo, 23 de maio de 2022.

–. (29ª Câmara de Direito Privado). Apelação Cível 1050785-45.2020.8.26.0002. Relator: Des. Silvia Rocha. São Paulo 30 de novembro de 2021.

–. (2ª Câmara de Direito Privado. Apelação Cível 1084133-51.2020.8.26.0100; Relator: Des. Alvaro Passos. São Paulo, 17 de agosto de 2021.

–. (2ª Câmara Reservada de Direito Empresarial). Agravo de Instrumento 2244796-63.2020.8.26.0000; Relator: Des. Sérgio Shimura. São Paulo, 2 de julho de 2021.

–. (32ª Câmara de Direito Privado). Agravo de Instrumento 2073113-21.2021.8.26.0000. Relator: Des. Caio Marcelo Mendes de Oliveira. São Paulo, 29 de novembro de 2021.

–. (35ª Câmara de Direito Privado). Apelação Cível 1017332-26.2018.8.26.0068; Relator: Des. Artur Marques. São Paulo, 31 de março de 2020.

–. (36ª Câmara de Direito Privado). Agravo de Instrumento 2293531-30.2020.8.26.0000; Relator: Des. Milton Carvalho. São Paulo, 18 de fevereiro de 2021.

–. (38ª Câmara de Direito Privado). Apelação Cível 1003122-02.2018.8.26.0704. Relator: Des. Mario de Oliveira. São Paulo, 19 de maio de 2021.

–. (5ª Câmara de Direito Privado). Apelação Cível 1001110-17.2020.8.26.0228. Relator: Des. Maria Laura Tavares. São Paulo, 7 de fevereiro de 2022.

–. (10ª Câmara de Direito Privado). Apelação cível nº 449.016-4/2. Relator: Des. Galdino Toledo Junior. São Paulo, 22 de agosto de 2006.
–. (12ª Câmara de Direito Privado). Apelação Cível 1000096-15.2019.8.26.0266. Relator: Des. Alexandre David Malfatti. São Paulo, 22 de março de 2021.
–. (19ª Câmara de Direito Privado). Apelação Cível 1067017-66.2019.8.26.0100. Relator: Des. Ricardo Pessoa de Mello Belli. São Paulo, 20 de agosto de 2020.
–. (7ª Câmara de Direito Privado). Embargos de Declaração nº 433.799-4/4-01. Relator: Des. Alberto Zvirblis. Sao Paulo, 18 de outubro de 2006.
–. Ação Civil Pública nº 1042450-05.2018.8.26.0100.

# 16. RESPONSABILIDADE CIVIL POR ACIDENTE DE CONSUMO E INTELIGÊNCIA ARTIFICIAL

*Antonio Carlos Morato*
*Rafael Marinangelo*

## Introdução

As mudanças econômicas, comportamentais e sociais proporcionadas pelo avanço tecnológico já podem ser sentidas no cotidiano, mesmo que as consequências positivas e negativas de seu uso sejam, na sua maioria, desconhecidas. Não obstante as dificuldades preditivas, pensadores e estudiosos dos mais variados ramos do conhecimento procuram antecipar, por meio de seus esforços intelectivos, os efeitos dessa evolução, sobretudo quanto ao emprego da inteligência artificial, a fim de antever mecanismos de correção de rumos capazes de garantir o equilíbrio saudável da vida em sociedade. Num ambiente de muitas dúvidas e poucas certezas, o consenso parece se resumir apenas à necessidade de ordenar da melhor forma possível alguns dos efeitos previsíveis neste momento, uma vez que o avanço da tecnologia é inevitável.

Cumpre avaliar os possíveis desdobramentos e impactos da inteligência artificial em nossas vidas, a fim de que as benesses por ela proporcionadas suplantem as suas desvantagens e eventuais perigos. Essas legítimas preocupações, entretanto, passam ao largo do senso comum, pois, tal como demonstra a história, os avanços da tecnologia – e com a inteligência artificial não tem sido diferente – são recebidos com muita euforia, sobretudo em virtude das promessas de facilidades que o tempo se desincumbe de desmentir.

As mídias e as empresas interessadas na proliferação da inteligência artificial apregoam somente os benefícios que poderiam ser obtidos por meio do emprego das máquinas pensantes, prometendo um mundo melhor, mais justo, seguro, próspero e igualitário, como se estivéssemos perante a consubstanciação mecânica de um novo deus. A estratégia de divulgação seletiva utilizada – que preconiza somente os aspectos positivos – visando convencer que a inteligência artificial é perfeita, relega a um segundo plano a natureza humana e suas angústias frente às dificuldades da vida e em relação à sua própria existência. Em tese, a inteligência artificial colaboraria com os seres humanos para salvá-los de suas próprias limitações e, mediante seus algoritmos seria capaz de reduzir o número de acidentes de veículos, bem como tratar as pessoas de modo igualitário sem interferências comportamentais e a vicissitude humana.

No cenário ideal proposto pelos profetas desse paraíso terrestre, teríamos bem-estar permanente, por meio da prosperidade econômica e de mais tempo de lazer descortinando benesses sequer imaginadas na trajetória humana. Essas promessas não são novas e a evolução histórica demonstra o quanto a tecnologia – sob o pretexto de proporcionar maior rapidez para as atividades do cotidiano e, supostamente, mais tempo livre – transformou-se, ao invés disso, em mecanismo de supressão das liberdades, de aprisionamento servil por meio da redução de empregos e da remuneração, além de consumir, cada vez mais, o tempo e a atenção que seriam dedicados à família, aos amigos e à comunidade. Basta notar, para empregarmos apenas um exemplo, o efeito ocasionado pelo advento dos *smartphones*, que apesar de aspectos positivos no que tange à possibilidade de comunicação, literalmente aprisionou seus usuários em redes sociais e atividades laborativas a qualquer hora e lugar, olvidando da lição elementar de que, mais do que sua conexão ao sentido econômico,[1] o tempo representa a própria vida.

[1] Como assinalou Eduardo Giannetti, "*a aproximação entre tempo e dinheiro não é fortuita*", uma vez que "*ambos têm de fato muita coisa em comum, a começar em algumas propriedades formais. A noção de tempo, assim como a de dinheiro, é uma das abstrações mais poderosas e sofisticadas construídas pela razão humana. Ambos são entidades abstratas, impessoais e diretamente quantificáveis; ambos são compostos de unidades de medida homogêneas, passíveis de mensuração numérica e que podem ser somadas e subtraídas a bel prazer – um irresistível convite, em suma, ao exercício do cálculo racional. E, se esse é o caso de cada um em separado, o que dizer quando tempo e dinheiro se cruzam e fecundam mutuamente na matemática financeira dos juros. O par é perfeito. Parecem ter nascido um*

O presumido "nirvana" de bem-estar e maravilhas indescritíveis sucumbe diante de uma premissa essencial que é, propositalmente, esquecida: as máquinas foram e continuam a ser criadas e programadas pelo ser humano e, por isso, fadada está a ser semelhante a quem a criou, tal como o filho se assemelha aos pais diante da carga genética a ele transmitida. Assim, ao contrário do que seria possível supor, a máquina apresentará "falhas comportamentais" de acordo com sua programação, discriminando pessoas a depender de seu histórico virtual (como, p. ex., hábitos alimentares ou perfil político), sugerirá compras e atitudes (como já o faz), e haverá uma miríade de possibilidades – negativas e não somente positivas – de acordo com a programação nela inserida.[2]

Para além dos problemas éticos, econômicos e sociais, despontam implicações jurídicas sobre o uso da inteligência artificial, mormente em relação ao âmbito da responsabilidade civil, talvez o mais fértil e preocupante até o momento. Com efeito, as possibilidades de danos se incrementam com o uso das inteligências artificiais, mesmo aquelas incapazes de interagir fisicamente com humanos. Se, por um lado, a inteligência artificial poderá gerar danos físicos à uma pessoa, como já ocorreu, por exemplo, com veículos autônomos,[3] é igualmente verdadeira a possibi-

*para o outro outra afinidade importante entre tempo e dinheiro é o fato de que são ambos valores que se prestam admiravelmente a aplicação da noção de custo de oportunidade ou isto ou aquilo ou guardo o dinheiro e não compro o doce ou compro o doce e gasto o dinheiro*". Afirmou ainda que "*é possível computar com razoável precisão o valor do tempo gasto não só em usos alternativos do próprio tempo, mas em dinheiro quer dizer como custo de oportunidade monetário de gastar o tempo de uma forma ou de outra foi esse raciocínio vale notar que levou o Benjamin Franklin a cunhar o conhecido mote 'tempo é dinheiro'. A pregação puritana do século XVII, é certo, havia preparado o terreno e tangenciado a fórmula. O teólogo Richard Baxter, por exemplo, exortava os fiéis a 'manter o tempo em alta estima e cuidar cada vez mais de não perder o seu tempo, assim como se cuida de não perder o ouro e a prata'*", e advertiu, em conclusão que "*a afinidade eletiva do tempo do par tempo e dinheiro não deveria obscurecer as suas cruciais diferenças.*" (GIANNETTI, Eduardo. O valor do amanhã: ensaio sobre a natureza dos juros. São Paulo: Companhia das Letras, 2012, p. 137-139)

2 A respeito dos efeitos negativos dos algoritmos e, portanto, da inteligência artificial, cf. NYBO, Erik Fontenele. O Poder dos Algoritmos. Como os algoritmos influenciam das decisões e a vida das pessoas, das empresas e das instituições na Era digital, São Paulo: Enlaw – Portal de Revistas Jurídicas, 2019.

3 Trata-se do caso envolvendo uma mulher de 49 anos e um veículo autônomo da UBER, na cidade de Tempe, Arizona, Estados Unidos da América. Segundo reportagem do jornal El País, a mulher foi atropelada, vindo a falecer, em virtude da colisão do veículo com sua bicicleta. (JIMÉNEZ CANO, Rosa. Carro sem motorista da Uber provoca primeiro acidente

lidade de danos psicológicos, como a dependência emocional de um ser humano com a inteligência artificial ou, ainda, a compulsão pelo uso de tais tecnologias.[4]

Diante das constatações de potenciais danos advindos do emprego da inteligência artificial, o desafio proposto aos poderes legislativos e aos juristas é o de definir sobre quem recai a responsabilidade civil e quais mecanismos são aptos à reparação efetiva dos danos. Doutrinadores nacionais e estrangeiros, assim como órgãos governamentais e supranacionais, têm dedicado imensos esforços para esclarecer a questão e encontrar meios de garantir o desenvolvimento tecnológico sem descurar da segurança dos usuários e do ressarcimento das vítimas.

Os debates enveredam pelos mais variados caminhos para encontrar soluções aptas a recompor os danos sofridos pelas vítimas e vão desde o reconhecimento da responsabilidade objetiva, perpassando pela obrigatoriedade de seguros contra danos, até a atribuição de personalidade aos robôs, a "personalidade eletrônica" discutida desde a proposta do Parlamento Europeu. Os problemas envolvendo inteligência artificial e responsabilidade civil são muitos e não caberiam todos nos estreitos limites deste trabalho, cujo escopo será o de refletir sobre os danos gerados pela inteligência artificial sob o enfoque consumerista, particularmente em hipóteses relativas aos acidentes de consumo.

Para essa finalidade investigativa, o trabalho iniciará pela conceituação da inteligência artificial, a fim identificar a entidade potencialmente lesiva sobre a qual se concentrará a análise, assim como evidenciará os problemas de antemão já constatados por órgãos supranacionais e pela doutrina dedicada ao assunto, que exorta à reflexão acerca da responsabilidade civil. Na sequência, abordaremos a questão relativa à suficiência, ou não, dos institutos jurídicos e da legislação já existente no ordenamento brasileiro, mediante análise comparativa de algumas soluções preconizadas no direito comparado. Após a conclusão do tópico anterior, tratar-se-á do Código de Defesa do Consumidor e o regramento acerca dos acidentes de consumo, criando-se, assim, estrutura conceitual propícia ao desenvolvimento do tópico subsequente, dedicado ao

fatal. El País. Nova Iorque, 19 de março de 2018. Disponível em: https://brasil.elpais.com/brasil/2018/03/19/tecnologia/1521479089_032894.html. Acesso em 22 fev. 2022).

[4] NYBO, Erik Fontnele. *Id.*, p. 57 e ss.

tema da responsabilidade civil por acidentes de consumo e inteligência artificial.

## 1. A inteligência artificial: conceituação e riscos relacionados

O jurista precisa, necessariamente, conceituar fenômenos da realidade para poder alocá-los dentro das categorias dogmáticas do direito. Antes de seguir com a análise das possíveis consequências e soluções legais para os casos de acidente de consumo decorrentes do emprego da inteligência artificial, é necessário entender quais fenômenos da realidade aquele significado comporta. Como adverte Jerry Kaplan,[5] indagar sobre o conceito de inteligência artificial é muito mais fácil do que apresentar respostas a esta pergunta, pois há inúmeras definições, com diversos matizes, embora seja possível extrair uma concepção comum no sentido de considerar a inteligência artificial como categorias de programas de computador ou máquinas capazes de simular comportamentos humanos considerados inteligentes. Para o autor, o conceito de inteligência artificial relaciona-se à "capacidade de fazer generalizações apropriadas em tempo hábil com base em dados limitados", aferindo-se o grau de inteligência do comportamento de acordo com a amplitude do domínio de aplicações e a rapidez nas conclusões, mesmo com informações mínimas.[6] A generalidade da conceituação anteriormente proposta tem o predicado de abranger o mais amplo leque de possibilidades nas quais a inteligência artificial possa se manifestar, mas, por essa mesma razão, traz poucos esclarecimentos sobre o assunto.

A preocupação em bem definir a inteligência artificial, sem, contudo, deixar de abranger eventuais evoluções tecnológicas constitui, portanto,

[5] KAPLAN, Jerry. Artificial Intelligence. What everyone needs to know. New York: Oxford University Press, 2016, *ebook*, p. 1.

[6] KAPLAN, Jerry. *Id.*, p. 5. Para outras formas de conceituação da inteligência artificial, cf. STEIBEL, Fabro; VICENTE, Victor Freitas; JESUS, Diego Santos Vieira de. Possibilidades e potenciais da inteligência artificial. *In:* FRAZÃO, Ana; MULHOLLAND, Caitlin (Coords.). Inteligência Artificial e Direito. Ética, regulação e responsabilidade. 2 ed. São Paulo, Revista dos Tribunais, 2020, p. 52. Cf. ainda COMISSÃO EUROPEIA. Comunicação da Comissão ao Parlamento Europeu, ao Conselho Europeu, ao Conselho, ao Comitê Econômico e Social Europeu e ao Comitê das Regiões. Inteligência artificial para a Europa. Bruxelas, 25 de abril de 2018. Disponível em: https://eur-lex.europa.eu/legal-content/PT/TXT/PDF/?uri=CELEX:52018DC0237&from=PT. Acesso em: 14 fev. 2022.

imperativo sem o qual não há como garantir mínima segurança jurídica. Nesse contexto, parece-nos bastante adequada a postura refletida na "Proposta de Regulamento do Parlamento Europeu do Conselho que Estabelece Regras Harmonizadas em Matéria de Inteligência Artificial (Regulamento Inteligência Artificial) e Altera Determinados Atos Legislativos Da União (2021/0106)", de 21 de abril de 2021, realizada em Bruxelas.[7] Para alcançar o desiderato de prestigiar a segurança jurídica, "garantindo flexibilidade suficiente para se adaptar a futuras evoluções tecnológicas", a definição de sistemas de inteligência artificial baseou-se "nas principais características funcionais do software, em particular a capacidade, tendo em vista um determinado conjunto de objetivos definidos pelos seres humanos, de criar resultados, tais como conteúdos, previsões, recomendações ou decisões que influenciam o ambiente com o qual o sistema interage, quer numa dimensão física, quer digital".[8] Considerou-se, ainda, o fato de os sistemas de inteligência artificial poderem operar com vários graus de autonomia, assim como o de poderem ser utilizados de modo autônomo, como componente de um produto (estando ou não integrado a ele), ou servirem como funcionalidade do produto sem estar incorporado nele (não integrado).

Logo, a partir dessas premissas, a mencionada Resolução definiu a inteligência artificial como sendo um sistema constituído por um programa informático, desenvolvido com uma ou várias técnicas de abordagens, capaz de criar conteúdos, previsões, recomendações ou decisões influenciadoras do ambiente no qual está destinado a interagir.[9] As técnicas de abordagens, mencionadas na Resolução, são definidas em documento apartado e consistem em:

[7] COMISSÃO EUROPEIA. Proposta de regulamento do Parlamento Europeu e do Conselho que estabelece regras harmonizadas em matéria de inteligência artificial (Regulamento Inteligência Artificial) e altera determinados atos legislativos da União. COM(2021) 206 final 2021/0106(COD). Bruxelas, 21 de abril de 2021. Disponível em: https://eur-lex.europa.eu/resource.html?uri=cellar:e0649735-a372-11eb-9585 01aa75ed71a1.0004.02/DOC_1&format=PDF. Acesso em: 15 fev. 2022

[8] MITROU, Lilan. Data protection, artificial intelligence and cognitive services: is the General Data Protection Regulation (GDPR) 'artificial intelligence proof'?. Papers SSRN.com. 31 de dezembro de 2018. Disponível em: https://papers.ssrn.com/sol3/papers.cfm?abstract_id=3386914. Acesso em: 15 fev. 2022, p. 9-10.

[9] MITROU, Lilan. *Ibid.*

a) Abordagens de aprendizagem automática, incluindo aprendizagem supervisionada, não supervisionada e por reforço, utilizando uma grande variedade de métodos, designadamente aprendizagem profunda;
b) Abordagens baseadas na lógica e no conhecimento, nomeadamente representação do conhecimento, programação (lógica) indutiva, bases de conhecimento, motores de inferência e de dedução, sistemas de raciocínio (simbólico) e sistemas periciais;
c) Abordagens estatísticas, estimação de Bayes, métodos de pesquisa e otimização.

Em síntese, a conceituação proposta permite extrair as seguintes características identificadoras de sistemas de inteligência artificial: a) aprendizagem com base em experiências anteriores; b) adaptabilidade, mediante calibragem dos modelos algorítmicos; c) predição por meio de reconhecimento de padrões e estabelecimento de projeções futuras; d) autonomia para tomar decisões, fazer escolhas e agir, com mínima intervenção humana; e) imprevisibilidade, decorrente dos sistemas de autonomia decisória.[10]

Inserido nesse contexto amplo de sistemas de inteligência artificial, sobressaem outros conceitos igualmente relevantes, relacionados às formas de funcionamento ou apresentação desses sistemas. São eles:

a) algoritmos: fórmulas matemáticas criadas e organizadas para instruírem o sistema de inteligência artificial a processar dados e, por este meio, produzirem resultados para uma determinada finalidade.[11] Os critérios de operação dos algoritmos são claramente definidos pelo seu programador e funcionam mediante uma sequên-

[10] COMISSÃO EUROPEIA. Proposta de regulamento do Parlamento Europeu e do Conselho que estabelece regras harmonizadas em matéria de inteligência artificial (Regulamento Inteligência Artificial) e altera determinados atos legislativos da União. COM (2021) 206 final 2021/0106(COD). *Ibid.*

[11] FALEIROS JUNIOR, José Luiz de Moura. A evolução da inteligência artificial em breve retrospectiva. Diálogos entre Brasil e Europa. *In:* BARBOSA, Mafalda Miranda; BRAGA NETTO, Felipe; SILVA, Michael Cesar; FALEIROS JUNIOR, José Luiz de Moura (Coords.). Direito Digital e Inteligência Artificial: diálogos entre Brasil e Europa. Indaiatuba: Foco, 2021, p. 20.

cia inequívoca e pré-definida de etapas envolvendo a inserção de dados (*inputs*) e a produção de resultados (*outputs*).[12]

b) *Machine Learning*: traduzida para o português como "aprendizado de máquina", consiste em "qualquer metodologia e conjunto de técnicas que encontre novos padrões e conhecimentos em dados, geradores de modelos que possam ser usados para realizar previsões efetivas sobre os dados".[13] Por meio da capacidade de aprender, a máquina aprimora sua atuação e se adapta a condições para as quais não foi explicitamente programada. Assim, a partir de experiências e do incremento do acervo de seus dados, os algoritmos têm a capacidade de definir ou modificar regras de tomada de decisão para lidar com novos dados e apresentar novas soluções.[14]
c) *Deep learning*: processo aplicado à inteligência artificial de capacitação da máquina a aprender a partir de um conjunto de dados compartilhados com uma rede neural simuladora da estrutura sináptica do cérebro humano.[15]

Compreendida, ainda que brevemente, a conceituação de inteligência artificial e seus meios de funcionamento mais elementares é possível compreender os benefícios e os riscos envolvidos no seu uso e aplicação. De fato, não há como negar a aptidão da inteligência artificial para oferecer benefícios econômicos e sociais de relevo, tanto para a indústria quanto para a sociedade. Com os recursos a ela inerentes há significativa melhora na capacidade preditiva das indústrias, dos serviços e do poder público, otimizando operações e a repartição de recursos huma-

[12] MITROU, Lilan. *Id.*, p. 13. FONSECA, Aline Klayse dos Santos. Delineamentos jurídico-dogmáticos da inteligência artificial e seus impactos no instituto da responsabilidade civil. Civilistica.com. Rio de Janeiro, a. 10, n. 2, 2021. Disponível em: http://civilistica.com/delineamentos-juridico-dogmaticos-da-inteligencia/. Acesso em: 15 fev. 2022.

[13] MITROU, Lilan. *Id.*, p. 12.

[14] MITROU, Lilan. *Ibid.* FONSECA, Ana Klayse dos Santos. *Ibid.* KAPLAN, Jerry. *Id.*, p. 27-28. FALEIROS JUNIOR, José Luiz de Moura. *Ibid.* MULHOLLAND, Caitlin; FRAJHOF, Isabella Z. Inteligência artificial e a lei geral de proteção de dados pessoais: breves anotações sobre o direito à explicação perante a tomada de decisões por meio machine learning. *In:* FRAZÃO, Ana; MULHOLLAND, Caitlin (Coords.). *Id.*, p. 267-268.

[15] FALEIROS JUNIOR, José Luiz de Moura. Para mais informações sobre o funcionamento da rede neural artificial, Cf. KAPLAN, Jerry. *Id.*, p. 27-31.

nos e financeiros. Evidentemente, tais aspectos contribuem para a vantagem competitiva das empresas, assim como para o progresso social e ambiental, nos ramos da saúde, agricultura, educação, formação, gestão das infraestruturas, energia, transportes e logística, serviços públicos, segurança, justiça, eficiência energética, contribuindo, ainda, para a atenuação e adaptação das alterações climáticas.[16]

Porém, apesar dos benefícios hauridos da evolução tecnológica, não são poucos os riscos inerentes ao emprego indevido da inteligência artificial capazes de desrespeitar os direitos mais elementares da pessoa humana e da própria estrutura social. Nomeiam-se como sujeitos a graves interferências e violações a dignidade da pessoa humana, a liberdade, a igualdade, a democracia, o Estado de Direito, assim como o direito à não discriminação, à proteção de dados pessoais e à privacidade, e os direitos das crianças e adolescentes.

A Proposta de Regulamento do Parlamento Europeu já mencionada, aponta os possíveis riscos já apurados em relação ao mau uso da Inteligência Artificial e que, desde logo, são objeto de preocupação da Comunidade Europeia. Embora extensa, a transcrição de alguns dos aludidos apontamentos, juntamente com as medidas inicialmente previstas para obstar os riscos previstos, é profícua para embasar o tema pertinente ao nosso estudo, motivo pelo qual o fazemos nas linhas seguintes:

> (16) Deve ser proibida a colocação no mercado, a colocação em serviço ou a utilização de determinados sistemas de IA concebidos para distorcer o comportamento humano, os quais são passíveis de provocar danos físicos ou psicológicos. Esses sistemas de IA utilizam componentes subliminares que não são detetáveis pelos seres humanos ou exploram vulnerabilidades de crianças e adultos associadas à sua idade e às suas incapacidades físicas ou mentais. A intenção destes sistemas é distorcer substancialmente o comportamento de uma pessoa de uma forma que cause ou seja suscetível de causar danos a essa ou a outra pessoa. A intenção pode não ser detetada caso a distorção do comportamento humano resulte de fatores externos ao sistema de IA que escapam ao controlo do fornecedor ou do utilizador.

[16] COMISSÃO EUROPEIA. Proposta de regulamento do Parlamento Europeu e do Conselho que estabelece regras harmonizadas em matéria de inteligência artificial (Regulamento Inteligência Artificial) e altera determinados atos legislativos da União. COM (2021) 206 final 2021/0106(COD). *Ibid.*

A proibição não pode impedir a investigação desses sistemas de IA para efeitos legítimos, desde que essa investigação não implique uma utilização do sistema de IA em relações homem-máquina que exponha pessoas singulares a danos e seja efetuada de acordo com normas éticas reconhecidas para fins de investigação científica.

(17) Os sistemas de IA que possibilitam a classificação social de pessoas singulares para uso geral das autoridades públicas ou em nome destas podem criar resultados discriminatórios e levar à exclusão de determinados grupos. Estes sistemas podem ainda violar o direito à dignidade e à não discriminação e os valores da igualdade e da justiça. Esses sistemas de IA avaliam ou classificam a credibilidade de pessoas singulares com base no seu comportamento social em diversos contextos ou em características de personalidade ou pessoais, conhecidas ou previsíveis. A classificação social obtida por meio desses sistemas de IA pode levar ao tratamento prejudicial ou desfavorável de pessoas singulares ou grupos inteiros das mesmas em contextos sociais não relacionados com o contexto nos quais os dados foram originalmente gerados ou recolhidos ou a um tratamento prejudicial que é injustificado ou desproporcionado face à gravidade do seu comportamento social. Como tal, esses sistemas de IA devem ser proibidos.

(17) A utilização de sistemas de IA para a identificação biométrica à distância «em tempo real» de pessoas singulares em espaços acessíveis ao público para efeitos de manutenção da ordem pública é considerada particularmente intrusiva para os direitos e as liberdades das pessoas em causa, visto que pode afetar a vida privada de uma grande parte da população, dar origem a uma sensação de vigilância constante e dissuadir indiretamente o exercício da liberdade de reunião e de outros direitos fundamentais. Além disso, dado o impacto imediato e as oportunidades limitadas para a realização de controlos adicionais ou correções da utilização desses sistemas que funcionam «em tempo real», estes dão origem a riscos acrescidos para os direitos e as liberdades das pessoas visadas pelas autoridades policiais.

(...)

(28) Os sistemas de IA podem produzir resultados adversos para a saúde e a segurança das pessoas, em particular quando esses sistemas funcionam como componentes de produtos. Em conformidade com os objetivos da legislação de harmonização da União, designadamente facilitar a livre circulação de produtos no mercado interno e assegurar que apenas

os produtos seguros e conformes entram no mercado, é importante prevenir e atenuar devidamente os riscos de segurança que possam ser criados por um produto devido aos seus componentes digitais, incluindo sistemas de IA. A título de exemplo, os robôs, que se têm tornado cada vez mais autónomos, devem operar com segurança e realizar as suas funções em ambientes complexos, seja num contexto industrial ou de assistência e cuidados pessoais. De igual forma, no setor da saúde, em que os riscos para a vida e a saúde são particularmente elevados, os cada vez mais sofisticados sistemas de diagnóstico e sistemas que apoiam decisões humanas devem produzir resultados exatos e de confiança. A dimensão dos impactos adversos causados pelo sistema de IA nos direitos fundamentais protegidos pela Carta é particularmente importante quando se classifica um sistema de IA como sendo de risco elevado. Esses direitos incluem o direito à dignidade do ser humano, o respeito da vida privada e familiar, a proteção de dados pessoais, a liberdade de expressão e de informação, a liberdade de reunião e de associação, a não discriminação, a defesa dos consumidores, os direitos dos trabalhadores, os direitos das pessoas com deficiência, o direito à ação e a um tribunal imparcial, a presunção de inocência e o direito de defesa e o direito a uma boa administração. Além desses direitos, é importante salientar que as crianças têm direitos específicos, consagrados no artigo 24.o da Carta da UE e na Convenção das Nações Unidas sobre os Direitos da Criança (descritos em mais pormenor no Comentário geral n.o 25 da Convenção das Nações Unidas sobre os Direitos da Criança no respeitante ao ambiente digital), que exigem que as vulnerabilidades das crianças sejam tidas em conta e que estas recebam a proteção e os cuidados necessários ao seu bem-estar. O direito fundamental a um nível elevado de proteção do ambiente consagrado na Carta e aplicado nas políticas da União também deve ser tido em conta ao avaliar a gravidade dos danos que um sistema de IA pode causar, incluindo em relação à saúde e à segurança das pessoas.

(29) Relativamente aos sistemas de IA que são componentes de segurança de produtos ou que são, eles próprios, produtos abrangidos pelo âmbito de determinada legislação de harmonização da União, é apropriado classificá-los como de risco elevado ao abrigo do presente regulamento nos casos em que forem objeto de um procedimento de avaliação da conformidade realizado por um organismo terceiro de avaliação da conformidade nos termos dessa legislação de harmonização da União aplicável. Em particular, tais produtos são máquinas, brinquedos, ascensores, aparelhos e siste-

mas de proteção destinados a ser utilizados em atmosferas potencialmente explosivas, equipamentos de rádio, equipamentos sob pressão, equipamentos de embarcações de recreio, instalações por cabo, aparelhos a gás, dispositivos médicos e dispositivos médicos para diagnóstico in vitro.

(...)

(32) Relativamente aos sistemas de IA autónomos, ou seja, sistemas de IA de risco elevado que não são componentes de segurança de produtos nem são, eles próprios, produtos, é apropriado classificá-los como de risco elevado se, em função da finalidade prevista, representarem um risco elevado de danos para a saúde e a segurança ou de prejuízo para os direitos fundamentais das pessoas, tendo em conta a gravidade dos possíveis danos e a probabilidade dessa ocorrência, e se forem utilizados num conjunto de domínios especificamente predefinidos no regulamento. A identificação desses sistemas baseia-se na mesma metodologia e nos mesmos critérios previstos para futuras alterações da lista de sistemas de IA de risco elevado.

(...)

(35) Os sistemas de IA utilizados no domínio da educação ou formação profissional, designadamente para determinar o acesso ou a afetação de pessoas a instituições de ensino e de formação profissional ou para avaliar testes que as pessoas realizam no âmbito da sua educação ou como pré-condição para a mesma, devem ser considerados de risco elevado, uma vez que determinam o percurso académico e profissional das pessoas e, como tal, afetam a capacidade destas para garantir a subsistência. Se indevidamente concebidos e utilizados, estes sistemas podem violar o direito à educação e à formação, bem como o direito a não ser alvo de discriminação e de perpetuação de padrões históricos de discriminação.

(...)

(37) Outro domínio no qual a utilização de sistemas de IA merece especial atenção é o acesso a determinados serviços e prestações essenciais, de cariz privado e público, e o usufruto dos mesmos, os quais são necessários para que as pessoas participem plenamente na sociedade ou melhorem o seu nível de vida. Em particular, os sistemas de IA utilizados para avaliar a classificação de crédito ou a capacidade de endividamento de pessoas singulares devem ser classificados como sistemas de IA de risco elevado, uma vez que determinam o acesso dessas pessoas a recursos financeiros ou a serviços essenciais, como o alojamento, a eletricidade e os serviços de telecomunicações. Os sistemas de IA utilizados para essa finalidade

podem conduzir à discriminação de pessoas ou grupos e perpetuar padrões históricos de discriminação, por exemplo, em razão da origem étnica ou racial, deficiência, idade ou orientação sexual, ou criar novas formas de impactos discriminatórios. Tendo em conta a dimensão bastante limitada do impacto e as alternativas disponíveis no mercado, é apropriado isentar os sistemas de IA utilizados para efeitos de avaliação da capacidade de endividamento e de classificação de crédito que sejam colocados em serviço por fornecedores de pequena dimensão para utilização própria. Normalmente, as pessoas singulares que se candidatam ou que recebem prestações e serviços de assistência pública de autoridades públicas dependem dos mesmos e estão numa posição vulnerável face às autoridades competentes. Caso sejam utilizados para determinar a recusa, redução, revogação ou recuperação dessas prestações e serviços pelas autoridades, os sistemas de IA podem ter um impacto significativo na subsistência das pessoas e podem infringir os seus direitos fundamentais, como o direito à proteção social, à não discriminação, à dignidade do ser humano ou à ação. Como tal, esses sistemas devem ser classificados como de risco elevado. No entanto, o presente regulamento não pode constituir um obstáculo ao desenvolvimento e à utilização de abordagens inovadoras na administração pública, que tirariam partido de uma maior utilização de sistemas de IA conformes e seguros, desde que esses sistemas não representem um risco elevado para as pessoas coletivas e singulares. Por último, os sistemas de IA utilizados para enviar ou estabelecer prioridades no envio de serviços de resposta a emergências devem ser classificados como de risco elevado, uma vez que tomam decisões em situações bastante críticas que afetam a vida, a saúde e os bens das pessoas.

(...)

(51) A cibersegurança desempenha um papel fundamental para garantir que os sistemas de IA sejam resistentes às ações de terceiros mal-intencionados que tentam explorar as vulnerabilidades dos sistemas com o objetivo de lhes alterar a utilização, o comportamento e o desempenho ou por em causa as propriedades de segurança. Os ciberataques contra sistemas de IA podem tirar partido de ativos específicos de inteligência artificial, como os conjuntos de dados de treino (por exemplo, contaminação de dados) ou os modelos treinados (por exemplo, ataques antagónicos), ou explorar vulnerabilidades dos ativos digitais do sistema de IA ou da infraestrutura de tecnologias da informação e comunicação (TIC) subjacente. A fim de asse-

gurar um nível de cibersegurança adequado aos riscos, os fornecedores de sistemas de IA de risco elevado devem tomar medidas adequadas, tendo ainda em devida conta a infraestrutura de TIC subjacente.

(...)

(70) Determinados sistemas de IA concebidos para interagir com pessoas singulares ou para criar conteúdos podem representar riscos específicos de usurpação de identidade ou fraude, independentemente de serem considerados de risco elevado ou não. Como tal, em certas circunstâncias, a utilização destes sistemas deve ser sujeita a obrigações de transparência específicas sem prejudicar os requisitos e as obrigações aplicáveis aos sistemas de IA de risco elevado. Em particular, as pessoas singulares devem ser notificadas de que estão a interagir com um sistema de IA, a não ser que tal seja óbvio tendo em conta as circunstâncias e o contexto de utilização. Além disso, as pessoas singulares devem ser notificadas quando são expostas a um sistema de reconhecimento de emoções ou a um sistema de categorização biométrica. Essas informações e notificações devem ser fornecidas em formatos acessíveis a pessoas com deficiência. Além disso, os utilizadores que recorrem a um sistema de IA para gerar ou manipular conteúdos de imagem, áudio ou vídeo que sejam consideravelmente semelhantes a pessoas, locais ou acontecimentos reais e que, falsamente, pareçam ser autênticos a outrem devem divulgar que os conteúdos foram criados de forma artificial ou manipulados, identificando como tal o resultado da inteligência artificial e divulgando a sua origem artificial.

(71) A inteligência artificial é uma família de tecnologias em rápida evolução que exige novas formas de supervisão regulamentar e um espaço seguro para a experimentação, garantindo ao mesmo tempo uma inovação responsável e a integração de salvaguardas e medidas de atenuação dos riscos adequadas. Para assegurar um quadro jurídico propício à inovação, preparado para o futuro e resistente a perturbações, as autoridades nacionais competentes de um ou vários Estados-Membros devem ser incentivadas a criar ambientes de testagem da regulamentação da inteligência artificial que facilitem o desenvolvimento e o teste de sistemas de IA inovadores sob uma supervisão regulamentar rigorosa, antes que estes sistemas sejam colocados no mercado ou em serviço.

Demonstrados os potenciais ofensivos da inteligência artificial, remanesce o debate sobre os mecanismos de proteção dos sujeitos de direito que dele se utilizam, assim como as soluções jurídicas necessárias à reparação dos danos por ela ocasionados, sobretudo no campo das relações de consumo.

## 2. Suficiência dos mecanismos jurídicos clássicos da responsabilidade civil para reparação dos danos ocasionados pela Inteligência Artificial

Um dos debates mais significativos no campo da responsabilidade civil por danos ocasionados pela inteligência artificial, dada a variedade de riscos derivados do seu emprego, reside na suficiência, ou não, dos mecanismos clássicos como instrumentos aptos e suficientes a proporcionar a justa reparação dos danos. Não são poucos os dissensos a esse respeito, notadamente em virtude da importação – nem sempre bem refletida – de soluções estrangeiras, cuja criação justifica-se diante da peculiaridade do ordenamento de origem, mas não encontra a mesma receptividade no ordenamento ao qual se pretende inseri-las. Isso se deve, em grande parte, à análise sumária dos ordenamentos objeto de comparação ou mesmo pela falta de rigor na análise comparativa, cuja complexidade é alvo de estudos de grandes autores nacionais e estrangeiros. Um dos maiores equívocos verificados nas análises comparativas é desconsiderar o sistema estrangeiro analisado, extraindo conclusões apenas da leitura isolada de algumas regras, sob as lentes do sistema doméstico sobre o qual se deseja aplicar a solução alienígena. Como adverte Léontin-Jean Constantinesco, o ordenamento deve ser visto como uma totalidade e compreendido como um ente global, unitário e relativamente autônomo, características que o tornam não apenas a simples somatória de seus elementos componentes, mas um organismo funcional desses mesmos elementos. Disso decorre o desacerto de se considerar cada uma das partículas constituintes de um determinado ordenamento como sendo de tipologia universal, cabível em qualquer contexto e dissociado do sistema ao qual pertence e que lhe constitui o quadro fundamental e origem de sua existência.[17]

[17] CONSTANTINESCO, Léontin-Jean. La scienza di diritti comparati. Edizione italiana di Rocco Favale. Torino: G. Giappichelli, 2003, p. 155-156. No mesmo sentido, cf. SACCO, Rodolfo. Introdução ao direito comparado. Tradução: Vera Jacob de Fradera. São Paulo: Revista dos Tribunais, 2001, p. 44: *"É possível comparar um sistema com um outro sistema? (...)*

Feita a advertência anterior, convém tratar das iniciativas da Comunidade Europeia – centrada na exortação dos países membros a se adequarem aos novos riscos advindos da inteligência artificial – para, após, analisar as peculiaridades do ordenamento jurídico brasileiro. Desde logo é importante esclarecer a ausência, na maioria dos países componentes da União Europeia, de cláusulas gerais de responsabilidade civil objetiva, tal qual as previstas nos artigos 927, parágrafo único (risco da atividade), e 931, ambos do Código Civil (risco do produto).[18] Outrossim, nos países pertencentes à União Europeia, as normas sobre responsabilidade por produtos defeituosos seguem a mesma regra prevista na Diretiva 85/374 CEE, isto é, embora prevejam dispositivos legais semelhantes à responsabilidade pelo fato do produto previstas no Brasil pelo Código de Defesa do Consumidor, excluem a responsabilidade pelos danos decorrentes do risco do desenvolvimento.[19] Em virtude disso, a aludida diretiva não albergaria soluções ao regramento da responsabilidade civil no caso de danos oriundos da atuação de robôs com capacidade adaptativa e de aprendizagem "que integram um certo grau de imprevisibilidade no seu comportamento".[20]

*A resposta será afirmativa para aqueles que concebem a comparação como a verificação e a medida das diferenças existentes entre as várias soluções jurídicas."*

[18] WESWNDONCK, Tula. Inteligência artificial e responsabilidade civil pelos riscos do desenvolvimento: um estudo comparado entre as propostas de regulamentação da matéria na união europeia e o ordenamento vigente brasileiro. *In:* BARBOSA, Mafalda Miranda; BRAGA NETTO, Felipe; SILVA, Michael Cesar; FALEIROS JUNIOR, José Luiz de Moura (Coords.). *Id.*, p. 193-217.

[19] WESWNDONCK, Tula. *Id.*, p. 206. A exclusão da responsabilidade pelo risco do desenvolvimento está prevista no artigo 7º, "e", da Diretiva 85/374 CEE.

[20] SILVA, Rafael Peteffi da; PIRES, Thatiane Cristina Fontão. A responsabilidade civil pelos atos autônomos da inteligência artificial: notas iniciais sobre a Resolução do Parlamento Europeu. *R*evista Brasileira de Políticas Públicas, v. 7, n. 3, dez. 2017, p. 239-254. A insuficiência normativa da Diretiva 85/374 CEE é reconhecida pela Resolução do Parlamento Europeu, de 16 de fevereiro de 2017, que contém recomendações à Comissão sobre disposições de Direito Civil sobre Robótica (2015/2103(INL)), nos itens AH e AI, cujo teor transcrevemos, a seguir: "AH. Considerando que, no que respeita à responsabilidade extracontratual, a Diretiva 85/374/CEE apenas pode abranger os danos provocados por defeitos de fabrico de um robô, e sob reserva de a pessoa lesada poder comprovar os danos efetivos, o defeito do produto e a relação de causalidade entre o dano e o defeito, pelo que o quadro de responsabilidade objetiva ou de responsabilidade sem culpa pode não ser suficiente; AI. Considerando que, não obstante o âmbito de aplicação da Diretiva 85/374/CEE, o atual

Como adverte Mafalda Miranda Barbosa, uma das dificuldades de responsabilização do produtor por danos causados pela inteligência artificial, consiste na impossibilidade de se detectar algum defeito, de acordo com estado da ciência e da técnica e no momento da colocação do produto no mercado, ou no fato de o defeito vir a se desenvolver posteriormente, como resultado da autoaprendizagem e autodesenvolvimento da inteligência artificial.[21]

A Resolução do Parlamento Europeu, de 16 de fevereiro de 2017, que contém recomendações à Comissão sobre disposições de Direito Civil sobre Robótica (2015/2103(INL)),[22] sugere, para dirimir a questão, a aplicação da abordagem da responsabilidade objetiva ou a da gestão de riscos, nas iniciativas legislativas destinadas a aprimorar o sistema de responsabilidade dos países pertencentes à União Europeia.[23] Segundo a mencionada resolução, por meio da responsabilidade objetiva caberia à vítima da inteligência artificial provar apenas a ocorrência do dano e o nexo de causalidade entre o funcionamento prejudicial do

quadro jurídico não seria suficiente para abranger os danos provocados pela nova geração de robôs, na medida em que os robôs podem ser dotados de capacidades adaptativas e de aprendizagem que integram um certo grau de imprevisibilidade no seu comportamento, uma vez que aprendem de forma autónoma com a sua experiência própria variável e interagem com o seu ambiente de um modo único e imprevisível;" (PARLAMENTO EUROPEU. Resolução do Parlamento Europeu, de 16 de fevereiro de 2017, que contém recomendações à Comissão sobre disposições de Direito Civil sobre Robótica (2015/2103(INL)). Disponível em https://www.europarl.europa.eu/doceo/document/TA-8-2017-0051_PT.html#title1. Acesso em 10 fev. 2022).

[21] BARBOSA, Mafalda Miranda. Responsabilidade civil pelos danos causados por entes dotados de inteligência artificial. *In:* BARBOSA, Mafalda Miranda; BRAGA NETTO, Felipe; SILVA, Michael Cesar; FALEIROS JUNIOR, José Luiz de Moura (Coords.). *Id.*, p. 157-179.

[22] PARLAMENTO EUROPEU. Resolução do Parlamento Europeu, de 16 de fevereiro de 2017, que contém recomendações à Comissão sobre disposições de Direito Civil sobre Robótica (2015/2103(INL)). *Ibid.*

[23] Consta do parágrafo 53: "Considera que o futuro instrumento legislativo deverá basear-se numa avaliação aprofundada da Comissão que determine se a abordagem a aplicar deve ser a da responsabilidade objetiva ou a da gestão de riscos;". (PARLAMENTO EUROPEU. Resolução do Parlamento Europeu, de 16 de fevereiro de 2017, que contém recomendações à Comissão sobre disposições de Direito Civil sobre Robótica (2015/2103(INL)). *Ibid.*)

robô e os danos por ela sofridos.[24] De outro turno, na abordagem pela gestão de risco, exclui-se a centralidade em quem atuou de maneira negligente para direcionar a perquirição a quem é capaz, "em determinadas circunstâncias, de minimizar os riscos e de lidar com os impactos negativos".[25] A Resolução do Parlamento Europeu, por fim, sugere a criação de seguro obrigatório – tal como previsto para os veículos automotores – com o fim precípuo de indenizar as vítimas de danos causados por robôs, levando em conta "todos os elementos potenciais da cadeia de responsabilidade".[26]

É possível observar, pelas iniciativas europeias, a preocupação com a adequada estruturação jurídica do regime da responsabilidade civil, a fim de evitar o não ressarcimento de danos decorrentes da inteligência artificial. O debate certamente é profícuo para o esclarecimento e eventuais correções de rota na interpretação normativa brasileira, porém, é preciso ter cautela para não se deixar seduzir pelas novidades estrangeiras e desconsiderar as peculiaridades do nosso ordenamento jurídico. A advertência é bem delineada por Gustavo Tepedino e Rodrigo da Guia Silva,[27] ao defender o emprego dos institutos jurídicos de responsabilidade civil já existentes em nosso ordenamento, na solução de problemas decorrentes da inteligência artificial. Segundo os aludidos autores, a disciplina ordinária da responsabilidade civil, no campo das relações paritárias ou consumeristas, afigura-se suficiente ao "equacionamento dos problemas referentes aos danos causados por sistemas autônomos".[28]

[24] PARLAMENTO EUROPEU. Resolução do Parlamento Europeu, de 16 de fevereiro de 2017, que contém recomendações à Comissão sobre disposições de Direito Civil sobre Robótica (2015/2103(INL)). *Ibid.* Parágrafo 54.

[25] PARLAMENTO EUROPEU. Resolução do Parlamento Europeu, de 16 de fevereiro de 2017, que contém recomendações à Comissão sobre disposições de Direito Civil sobre Robótica (2015/2103(INL)). *Ibid.* Parágrafo 55.

[26] PARLAMENTO EUROPEU. Resolução do Parlamento Europeu, de 16 de fevereiro de 2017, que contém recomendações à Comissão sobre disposições de Direito Civil sobre Robótica (2015/2103(INL)). *Ibid.* Parágrafo 57 e ss.

[27] TEPEDINO, Gustavo; SILVA, Rodrigo da Guia. Inteligência artificial e elementos da responsabilidade civil. In: FRAZÃO, Ana; MUHLHOLLAND, Caitilin (Coords.). *Id.*, p. 295-325.

[28] TEPEDINO, Gustavo; SILVA, Rodrigo da Guia. *Id.*, p. 306.

Sobre o problema da imprevisibilidade dos atos praticados pelos robôs capazes de desenvolver autoaprendizagem, em cuja essência reside a diminuição gradativa da influência do criador no aperfeiçoamento do sistema, o nó górdio da questão está centrado na tênue linha divisória entre o dano produzido por sistema defeituoso e aquele produzido por sistema autônomo não defeituoso.[29] Isso porque a propalada imprevisibilidade dos atos do sistema autônomo associa-se à controvérsia histórica sobre a previsibilidade do dano indenizável, tal como previsto nos ordenamentos jurídicos italiano e francês.[30] Ocorre que, segundo Tepedino e Silva, esse pode ser um falso problema, pois a reparação dos danos ocasionados pela inteligência artificial autônoma deve ser dirimida no âmbito da causalidade e da imputabilidade, tendo como base a "alocação de riscos estabelecida pela ordem jurídica ou pela autonomia privada".[31] Consoante a afirmação dos referidos autores, seria, portanto, adequado, o emprego da responsabilidade objetiva aos casos de danos causados pela inteligência artificial, opinião com a qual concordamos diante das dificuldades de prova do elemento subjetivo da autor do dano, assim como pela presença de potencialidades danosas ainda desconhecidas aptas a serem tuteladas apenas de excluído o elemento subjetivo da responsabilidade. Não restam dúvidas de que os riscos impostos pelo uso da inteligência artificial podem ser sobrepujados pelas suas benesses, mas quem decide fazer uso dela deve responder pelos danos causados, sob pena de tornar não indenizável o dano injusto decorrente do uso daquele mecanismo informático.

Sendo a responsabilidade, atualmente, destinada muito mais a reparação do dano do que à efetiva responsabilização do ofensor, por ato contrário ao direito, parece-nos que a responsabilidade objetiva é a melhor escolha para a tutela das lesões oriundas da atuação da inteligência artificial.[32] Como elucida Giovanna Visintini, a responsabilidade

[29] TEPEDINO, Gustavo; SILVA, Rodrigo da Guia. *Id.*, p. 308.

[30] TEPEDINO, Gustavo; SILVA, Rodrigo da Guia. *Ibid.*

[31] TEPEDINO, Gustavo; SILVA, Rodrigo da Guia. *Id.*, p. 310.

[32] Sobre o tema, oportunas as considerações de Graciela N. Messina de Estrella Gutiérrez, em obra destinada a tratar da função atual da responsabilidade civil. Segundo a autora, o desenvolvimento tecnológico, ao longo do tempo, mudou a função da responsabilidade civil, estando, hoje, destinada a garantir ao indivíduo a reparação dos danos de acordo com as necessidades e com as exigências sociais (GUTIERREZ, Graciela N. Messina de Estre-

civil objetiva se destaca da matriz moral para exercer função de alocação de risco do lesado para aquele que exerce atividade potencialmente danosa, havendo, portanto, finalidade reparatória e não sancionatória.[33] Nesse diapasão, surge a ideia da socialização do risco,[34] cujo fundamento ético reside na solidariedade social como exigência à reparação integral de todos os danos ocasionados, advindo, daí, a proposta do seguro obrigatório no caso de danos causados pela inteligência artificial. Os riscos modernos, sobretudo aqueles decorrentes do uso desta, não são mais individuais, mas coletivos, sociais e empresariais, assumidos como aceitáveis apenas em virtude da promoção que a tecnologia proporciona ao atendimento das necessidades sociais.[35] Nesse sentido converge a doutrina de Gustavo Tepedino e Aline Miranda Valverde[36], os quais asseveram:

> Embora imprescindível para a tutela prioritária da vítima, a releitura dos pressupostos da responsabilidade subjetiva nem sempre será suficiente para alcançar, plenamente, referido objetivo. Nessa direção, o legislador brasileiro, mediante expressa disposição legislativa, passou a impor o dever de indenizar independentemente da identificação da conduta culposa do ofensor, associando a reparação não já a seu comportamento, mas ao risco da

lla. Función atual de la responsabilidad civil. *In:* TRIGO REPRESAS, Félix A; STIGLITZ, Rubén S. Derecho de Daños. Primera Parte. Buenos Aires: La Rocca, 2000, p. 37-56).

33 VISINTINI, Giovanna, Cos'è la responsabilità civile. Fondamenti della disciplina dei fatti illeciti e dell'inadempimento contrattuale. 2. ed. Napoli: ESI, 2014, p. 13-14. Sobre a perda da centralidade do causador do dano para a vítima e o próprio dano, no caso da responsabilidade civil atual, cuja função é reparadora e não mais repressora, cf. MEDON, Filipe. Inteligência artificial e Responsabilidade Civil. Autonomia, riscos e solidariedade. 2. ed. São Paulo: JusPodium, 2022, p. 435.

34 Sobre a socialização do risco e os debates sobre o dilema dessa mesma socialização e o princípio da precaução, face à securitização dos danos, cf. LOPEZ, Teresa Ancona. Responsabilidade Civil na Sociedade de Risco. Revista da Faculdade de Direito da Universidade de São Paulo, v. 105, São Paulo: USP, 2010, p. 1223-1234. Disponível em: https://www.revistas.usp.br/rfdusp/article/view/67932/70540. Acesso em: 15 fev 2022.

35 MEDON, Felipe. *Id.*, p. 438.

36 TEPEDINO, Gustavo; TERRA, Aline Miranda Valverde. A evolução da responsabilidade civil por fato de terceiro na experiência brasileira. Revista de Direito da Responsabilidade, ano 1, 2019, p. 1077-1104, citação às pp. 1079-1080. Disponível em: https://revistadireitoresponsabilidade.pt/2019/a-evolucao-da-responsabilidade-civil-por-fato-de-terceiro-na-experiencia-brasileira-gustavo-tepedino-aline-miranda-valverde-terra/. Acesso em 19 fev. 2022.

atividade da qual resultou o dano. A propagação da responsabilidade derivada de fonte legislativa (*ex lege*), adotada progressivamente no campo dos acidentes nucleares (Lei no 6.453/1977), das atividades lesivas ao meio ambiente (Lei no 6.938/1981) e do transporte aéreo (Lei no 7.565/1986), reforça, a um só tempo, a derrocada do individualismo jurídico como concepção informadora da responsabilidade civil, e a consequente ascensão de doutrinas lastreadas na solidariedade social.

E complementam os autores:

> Do ponto de vista legislativo e interpretativo, referidos princípios retiram da esfera meramente individual e subjetiva o dever de repartição dos riscos da atividade econômica e da autonomia privada, cada vez mais exacerbados na era da tecnologia. Impõem, como linha de tendência, o caminho da intensificação dos critérios objetivos de reparação e do desenvolvimento de novos mecanismos de seguro social, dirigidos à socialização, à repartição dos riscos entre todos os beneficiários da atividade, entrevendo-se uma espécie de *securitização* das atividades produtivas, que garante a indenização da vítima, sem obstaculizar o exercício da atividade. Justifica-se, pois, a preocupação do constituinte em prever, ele próprio, certas hipóteses de responsabilidade objetiva e de seguro social (art. 7º, XXVIII; art. 21, XXIII, "c"; art. 37, § 6º), CR, abrindo caminho para o trabalho do legislador, cujo exemplo mais emblemático é o Código de Defesa do Consumidor (CDC – Lei nº 8.078/1990), que estabeleceu a responsabilidade objetiva do fornecedor de produtos ou serviços, assim como de toda a cadeia produtiva, criando um sistema de responsabilização livre do fator subjetivo da culpa e abrangente de amplíssimo campo das relações sociais contemporâneas.[37]

No âmbito do Código Civil, são os artigos 927, parágrafo único, e 931 que impõem, respectivamente, cláusula geral de responsabilidade civil para atividades de risco e hipóteses específicas de responsabilidade objetiva, ampliando as possibilidades de danos indenizáveis, em consonância com a nova funcionalidade da responsabilidade civil, como bem

[37] TEPEDINO, Gustavo; TERRA, Aline Miranda Valverde. *Id.*, p. 1080-1081.

elucida Caitlin Mulholland,[38] no seguinte e elucidativo excerto doutrinário:

> Nesse sentido, a objetivação da responsabilidade civil é uma realidade – não só social, mas legislativa – na condição de cláusula geral (art. 927, parágrafo único, do Código Civil), outorgando ao intérprete da lei a possibilidade e preenchimento do conteúdo legal de acordo com os valores e princípios de nossa sociedade. Com isso, muda-se a configuração da responsabilidade civil e a máxima agora sedimentada é: a vítima deve ser ressarcida toda vez que a ela for causado um dano injusto, seja por conta da conduta culposa (considerada como tal através da análise de um *standard* objetivo), seja por conta de uma atividade perigosa desenvolvida licitamente. (...) O ofensor, antes perseguido como responsável pelo dano e obrigado a indenizar, abre espaço ante a figura da vítima, ofendida no direito a sua integridade psicofísica, pessoa a quem deve ser garantida a ampla e integral reparação dos danos sofridos.

Verifica-se, portanto, haver ancoragem legislativa suficiente no ordenamento jurídico brasileiro para solucionar questões oriundas do uso da inteligência artificial, notadamente mediante o uso de interpretação que realce o aspecto solidário e de defesa da pessoa humana da qual deve se revestir o instituto da responsabilidade civil.

## 3. A responsabilidade civil no Código de Defesa do Consumidor por fato do produto

Assim como ocorreu na Diretiva 85/374 CEE,[39] o Código de Defesa do Consumidor (Lei nº 8.078/90) adotou, como regra geral, a responsabili-

[38] MULHOLLAND, Caitlin Sampaio. A responsabilidade civil por presunção de causalidade. Rio de Janeiro: GZ, 2010, p. 88-89.

[39] No preâmbulo da Diretiva 85/374 CEE, lê-se: Vale isto por dizer que a responsabilidade de pleno direito do produtor, não fundada na culpa, obteve consenso unânime dos Estados-membros da CEE e constitui a base de entendimento e do compromisso possível de aproximação entre as heterogéneas legislações e práticas jurisprudenciais nacionais – que vão, repete-se, da responsabilidade tradicional por culpa provada à responsabilidade objectiva de fato, passando pela culpa presumida –, em ordem a uma solução unitária que não falseie a concorrência nem prejudique a livre circulação das mercadorias e catalize uma equivalente, justa e adequada protecção do lesado, ao consumidor-parte débil no grande mercado interno sem fronteiras. Igualmente, a própria história da elaboração da Directiva suporta e

dade objetiva do produtor por danos causados por produtos defeituosos. No entanto, como adverte Silvio Luís Ferreira da Rocha, a responsabilidade civil objetiva prevista no art. 12, do Código de Defesa do Consumidor, não constitui responsabilidade por risco da empresa, mas pela "circunstância do fornecedor ter colocado em circulação um produto defeituoso".[40] Caberá, portanto, ao consumidor, provar o dano e o nexo de causalidade entre este e o produto defeituoso, haja vista a presunção legal do defeito do produto, excluída apenas mediante comprovação de sua inexistência pelo produtor (art. 12, § 3º, II, Código de Defesa do Consumidor).

Não obstante a presunção legal do defeito do produto, o consumidor ainda deverá se defrontar com a difícil tarefa de demonstrar o nexo de causalidade, de difícil comprovação em questões de alta complexidade tecnológica, como ocorre, por exemplo, em casos de lesões decorrentes de medicamentos ou produtos químicos. Em socorro ao consumidor, a doutrina costuma propugnar a aplicação da prova da primeira aparência, por meio da qual se admite a presunção da causalidade segundo as regras da experiência da vida e um juízo de probabilidade.[41] Por meio da presunção de causalidade, permite-se a reparação do dano sofrido pela vítima, em consonância com o princípio da plena reparação do dano injusto sofrido, face à probabilidade objetiva de sua ocorrência.[42] Logo, mediante a presunção da causalidade, até mesmo a prova do nexo cau-

confirma a regra fundamental da responsabilidade objectiva do produtor. (SILVA, João Calvão da. Responsabilidade Civil do Produtor. Lisboa: Almedina, 1999, p. 492-493).

40 ROCHA, Silvio Luís Ferreira da. Responsabilidade civil do fornecedor pelo fato do produto no direito brasileiro. 2. ed. São Paulo: Revista dos Tribunais, 2000, p. 91.

41 Vide: ROCHA, Silvio Luís Ferreira da. *Id.*, p. 93. SILVA, João Calvão da. *Id.*, p. 713.

42 MULHOLLAND, Caitlin Sampaio. *Id.*, p. 196. A autora assim define a presunção: "Considerando-se estas premissas, entende-se por presunção um mecanismo lógico que possibilita a identificação de determinada situação como sendo semelhante à outra já reconhecida e assimilada. Dada a certeza e veracidade sobre um fato, ou acontecimento, presume-se que outro fato que com o primeiro se assemelhe em condições e requisitos seja também certo ou verdadeiro, num movimento de inferência que reconhece esta situação por meio de presunção." (p. 197) Ainda sobre presunção, cf. LOPEZ, Teresa Ancona. A presunção no direito, especialmente no direito civil. *In:* Doutrinas Essenciais de Direito Civil, São Paulo, vol. 5, out. 2010, p. 1323-1345, segundo quem: "É certo que a presunção é o resultado de um raciocínio lógico da mente humana, pois que de um fato conhecido tiram-se consequências para provar a existência de outro, desconhecido."

sal é abrandada em benefício do consumidor, hipótese esta, como será visto adiante, favorável à ampla proteção da vítima, também em casos de danos decorrentes de ação da inteligência artificial.

Antes, contudo, de adentrarmos nos casos propriamente ditos de reparação dos danos causados por mecanismos autônomos de inteligência artificial, é preciso delimitar o conceito de fato do produto, a ensejar a responsabilização prevista pelo Código de Defesa do Consumidor. Isso porque o acidente de consumo ocorre com a manifestação danosa do defeito do produto, atingindo o consumidor na sua integridade psicofísica e acarretando o dever de indenizar os danos causados.[43] Os defeitos do produto, segundo o art. 12 do Código de Defesa do Consumidor, são caracterizados consoante a fase do processo produtivo em que se originam ou têm sua causa, sendo, assim, enunciados como sendo aqueles decorrentes do projeto, fabricação, construção, montagem, fórmulas, manipulação, apresentação ou acondicionamento de produtos, bem como aqueles que decorram de informações insuficientes ou inadequadas sobre sua utilização e riscos. Os defeitos decorrentes do projeto e fórmula são considerados defeitos de criação (concepção e idealização) e caracterizam-se por afetar as características gerais da produção, tornando os produtos fabricados inseguros.[44] Os defeitos de fabricação, construção, montagem, manipulação e acondicionamento são considerados defeitos de produção e surgem na fase de elaboração, produção ou fabrico, constituindo "*defeitos típicos da moderna produção em massa industrial, automatizada e standardizada, e devido a falhas mecânicas ou/e humanas da organização empresarial*".[45] Esse defeito recai apenas sobre alguns dos produtos da série produzida e torna o resultado diverso daquele esperado e imposto pelo produtor a si mesmo.[46] Este tipo de

[43] MARTINS, Guilherme Magalhães. Responsabilidade civil por acidente de consumo na Internet. 3. ed. São Paulo: Revista dos Tribunais, 2020, p. 142. BENACCHIO, Marcelo. Responsabilidade civil do comerciante por defeito do produto. *In:* LOTUFO, Renan; MARTINS, Fernando Rodrigues (Coords.) 20 anos do Código de Defesa do Consumidor. Conquistas, desafios e perspectivas, São Paulo: Saraiva, 2011, p. 357-377, A conceituação de fato do produto está na p. 361.

[44] MARTINS, Guilherme Magalhães. *Id.*, p. 143. SILVA, João Calvão da. *Id.*, p. 656. ROCHA, Silvio Luís Ferreira da. *Id.*, p. 102.

[45] SILVA, João Calvão da. *Id.*, p. 658.

[46] SILVA, João Calvão da. *Ibid.*

defeito é previsível, porquanto pode ser objeto de cálculo estatístico, e relativamente inevitável, pois ocorrem mesmo diante do mais elevado grau de cuidado e controle.[47] Por fim, os defeitos relacionados à publicidade, apresentação, informação insuficiente ou inadequada são configurados como defeitos de informação e tornam o produto inseguro em virtude da ausência ou insuficiência de adequada informação, advertência ou instruções sobre o uso e perigos relacionados ao produto.[48] Como esclarece João Calvão da Silva, o produto, em si, não é defeituoso, mas pode não ostentar a segurança esperada em vista da ausência ou da insuficiência das informações sobre sua utilização e os perigos dela decorrentes.[49]

Silvio Luís Ferreira da Rocha esclarece a necessidade de o produtor oferecer informações explícitas, claras e sucintas ao consumidor, no idioma das pessoas para as quais o produto será fornecido e em linguagem simples e compreensível para o grande público.[50] Além das informações sobre o correto uso do produto, o fornecedor deve esclarecer os riscos do mau uso e as medidas de segurança a serem adotadas no caso de exposição nociva do consumidor ao produto.[51]

Assim delineados os defeitos do produto, resta saber se o risco do desenvolvimento constitui exclusão da responsabilidade do fornecedor, no ordenamento jurídico brasileiro, tal como ocorre na regra geral imposta pela Diretiva 85/374 CEE, mais especificamente no art. 7º, letra "e".

Risco do desenvolvimento é o risco não conhecido pelo fornecedor, de forma objetiva e absoluta, por ausência de informações científicas no estado da técnica, à época do lançamento do produto, e que vem a ser cognoscível apenas após um determinado tempo de uso do produto.[52] Não basta, portanto, para configurar o risco do desenvolvimento,

[47] ROCHA, Silvio Luís Ferreira da. *Id.*, p. 102.

[48] SILVA, João Calvão da. *Id.*, p. 659. MARTINS, Guilherme Magalhães. *Id.*, p. 143. ROCHA, Silvio Luís Ferreira da. *Id.*, p. 103.

[49] SILVA, João Calvão da. *Ibid.*

[50] ROCHA, Silvio Luís Ferreira da. *Ibid.*

[51] Como ocorre, por exemplo, quando o fornecedor recomenda a lavagem dos olhos com bastante água, em caso de contato do produto com os olhos do consumidor, ou recomenda não ingerir leite, no caso de ingestão acidental do produto venenoso.

[52] ROCHA, Silvio Luís Ferreira da. *Id.*, p. 111.

a impossibilidade subjetiva do produtor, nem mesmo a dificuldade ou os custos exorbitantes para a cognoscibilidade do defeito e a periculosidade do produto, é preciso o desconhecimento segundo o estado da arte, "o estado planetário dos conhecimentos científicos e técnicos, no sector".[53] Para o direito brasileiro, todavia, o risco do desenvolvimento não constitui excludente de responsabilidade[54] pelos danos causados ao consumidor, sendo esta a concepção que adotamos neste artigo. A respeito do tema, pontuam Silmara Juny de Abreu Chinellato e Antonio Carlos Morato,[55] no excerto doutrinário abaixo colacionado:

> Para ser considerada excludente da responsabilidade civil do produtor é necessário estar prevista expressamente, como ocorre com o disposto na Diretiva 85/374/CEE e na legislação de cada Estado-membro que a adotou. Sendo a regra a indenização de danos ao consumidor, toda e qualquer excludente de responsabilidade há de ser expressa e jamais implícita, considerando-se, ainda, o cunho protetor do Código de Defesa do Consumidor. A regra é a responsabilidade. A excludente, a exceção que, por isso, deve ser expressa. O Código de Defesa do Consumidor, cuja diretriz é nitidamente protetora ao consumidor, traz elenco taxativo de excludentes, no artigo 12 § 3º, que trata da responsabilidade pelo fato do produto, ligado à segurança. Nesse rol não é previsto o risco do desenvolvimento, como excludente, que não poderá ser invocado como tal. Enfatize-se que a norma utiliza de modo claro, expresso, inequívoco, a expressão "só" que não é supérflua, segundo as regras de interpretação do Direito, indicando a taxatividade da norma.

O panorama legislativo acima realizado permite concluir, portanto, que o ordenamento jurídico brasileiro contém regras suficientemente aptas a cuidar da proteção da pessoa humana frente aos riscos impostos pelo uso da inteligência artificial, sobretudo no caso de acidentes de consumo, conforme será tratado no tópico seguinte.

[53] SILVA, João Calvão da. *Id.*, p. 511.

[54] ROCHA, Silvio Luís Ferreira da. *Id.*, p. 111.

[55] CHINELLATO, Silmara Juny de Abreu. MORATO, Antonio Carlos. Responsabilidade civil e o risco do desenvolvimento nas relações de consumo. *In:* NERY, Rosa Maria de Andrade; DONNINI, Rogério Ferraz. (Orgs.). Responsabilidade civil: estudos em homenagem ao professor Rui Geraldo Camargo Viana. São Paulo: Revista dos Tribunais, 2009, p. 27-61.

## 4. Responsabilidade civil por acidente de consumo e inteligência artificial

O tratamento de todas as hipóteses de acidente de consumo pelo uso da inteligência artificial não seria possível no âmbito do presente trabalho. Por essa razão, decidiu-se realizar corte metodológico apto a descrever as questões que reputamos mais intrincadas. Ao discorrer sobre a incapacidade de o ordenamento jurídico português aportar soluções adequadas aos desafios impostos pelo uso da inteligência artificial, Mafalda Miranda Barbosa[56] traz reflexões importantes, merecedoras de atenção e comparação com as regras do ordenamento jurídico brasileiro. Segundo a aludida autora, uma das dificuldades de responsabilização do produtor está no fato de os danos causados por robôs, software ou algoritmos não resultar de defeito de criação ou de produção, mas, sim, pela sua atuação autônoma, característica que lhe é intrínseca.[57] Nesses casos, como elucida Mafalda Miranda Barbosa:

> (...) a idealização do robot (programação de software) pode não apresentar qualquer defeito, do mesmo modo que, na fase do fabrico do mecanismo no qual se integra a inteligência artificial, pode não ocorrer qualquer desconformidade entre o resultado final e o que era esperado pelo produtor.[58]

A periculosidade do produto decorrerá, portanto, do seu próprio funcionamento, visto que seus atos dependerão de como os algoritmos irão interpretar as experiências anteriores e, a partir delas, reagir a casos semelhantes. Desde logo, é preciso esclarecer que, diante de defeitos de criação, produção ou informação, no tocante aos produtos nos quais se agregam a inteligência artificial, assim como naqueles consubstanciados em si mesmos como tal (*software*), o Código de Defesa do Consumidor contempla soluções eficientes à adequada reparação de danos.[59] Nesses casos, os limites da extensão de responsabilidade em relação aos fornecedores abrange todos os fornecedores integrantes da cadeia de consumo, os quais poderiam ser responsabilizados, incluindo os desenvolvedores do software ou do algoritmo, nos termos dos artigos 12 e 14, do

[56] BARBOSA, Mafalda Miranda. *Id.*, p. 157-179.

[57] BARBOSA, Mafalda Miranda. *Id.*, p. 162-163.

[58] BARBOSA, Mafalda Miranda. *Id.*, p. 162-163.

[59] Nesse sentido, cf. TEPEDINO, Gustavo; SILVA, Rodrigo da Guia. *Id.*, p. 321.

Código de Defesa do Consumidor.[60] Se os danos decorrerem da própria funcionalidade da inteligência artificial, como ocorre diante da imprevisibilidade de suas reações ante o fator de aprendizagem, a solução favorável ao consumidor será extraída do Código Civil, face à flexibilidade protetiva conferida pela teoria do diálogo das fontes, de Erik Jayme. Conforme ensinamentos de Cláudia Lima Marques e Antônio Herman Benjamin[61], o diálogo das fontes significa a

> aplicação simultânea, coerente e coordenada das plúrimas fontes legislativas, internacionais, supranacionais e nacionais, leis especiais e gerais, com campos de aplicação convergentes, mas não mais iguais, daí a impossibilidade de revogação, derrogação ou ab-rogação ou solução clássica de antinomias.

A reparação do dano, portanto, incumbiria ao produtor em razão do risco da atividade, consistente na produção e comercialização de um produto potencialmente perigoso, incidindo, nesses casos, a regra do artigo 931, do Código Civil, segundo o qual os empresários individuais e as empresas respondem independentemente de culpa pelos danos causados pelos produtos postos em circulação. Como elucidam Adriano Marteleto Godinho e Nelson Rosenvald:[62]

> máquinas são bens, meros produtos. Uma vez comercializados tais produtos, imputa-se responsabilidade objetiva às pessoas e entidades que os façam circular em sociedade, tratando-se, aí, de se impor o dever de reparar danos que decorram do risco do empreendimento.[63]

[60] TEPEDINO, Gustavo; SILVA, Rodrigo da Guia. *Id.*, p. 321-322.

[61] BENJAMIN, Antônio Herman; MARQUES, Cláudia Lima. A teoria do diálogo das fontes e seu impacto no Brasil: uma homenagem a Erik Jayme. Revista de Direito do Consumidor, São Paulo, v. 115, p. 21-40, jan/fev. 2018. Disponível em: https://revistadedireitodoconsumidor.emnuvens.com.br/rdc/article/view/1042/911. Acesso em 18 fev. 2022.

[62] GODINHO, Adriano Marteleto; ROSENVALD, Nelson. Inteligência artificial e a responsabilidade civil dos robôs e de seus fabricantes. *In:* ROSENVALD, Nelson; DRESCH, Rafael de Freitas Valle; WESENDONCK, Tula. (Coords.). Responsabilidade Civil. Novos riscos. Indaiatuba: Foco, 2019, p. 29.

[63] Os programas de computador também são considerados como bens de consumo, de acordo com o art. 3º, da Lei 9.610/98, razão pela qual o mesmo raciocínio pode ser empreendido para esse tipo de produto.

Do mesmo modo, a cláusula geral do art. 927, do Código Civil, baseada na lógica da assunção de riscos inerentes à atividade desenvolvida, torna a previsibilidade do dano irrelevante para fins de responsabilização do fornecedor-produtor, porquanto "o risco desconhecido em causa integra a esfera de riscos da própria atividade de fabricar robôs inteligentes".[64] Bruno Miragem[65] sustentou a aplicabilidade do Código de Defesa do Consumidor para a responsabilização do fornecedor ainda se os danos decorrerem da tomada de decisão da inteligência artificial mediante o processo de aprendizagem. Segundo tal autor, o § 1º do art. 12 do diploma legal mencionado fixou o uso e os riscos que razoavelmente se esperam do produto, como um dos critérios para definição do defeito do produto. Nos casos da inteligência artificial, capaz de tomar decisões mediante a autoaprendizagem, o risco de danos é esperado e, portanto, faria incidir a conceituação de risco do produto com as consequências advindas do Código de Defesa do Consumidor.[66]

Resta, porém, a advertência quanto à abrangência do sentido a ser dado à expressão "risco razoavelmente esperado", pois, segundo o autor, não pode ser incluído naquela conceituação todo e qualquer risco, pois ela deve supor "um mínimo de determinação do evento futuro possível".[67] Parece-nos, todavia, que a melhor solução seria a de reconhecer a aplicação da teoria do diálogo das fontes, permitindo-se a dialética entre o Código de Defesa do Consumidor e o Código Civil, garantindo-se a mais ampla reparação dos danos causados ao consumidor, mediante a atribuição de responsabilidade do fornecedor, seja pelo acidente de consumo, seja pela cláusula geral de responsabilidade pela atividade de risco.

[64] GODINHO, Adriano Marteleto; ROSENVALD, Nelson. *Id.*, p. 33.

[65] MIRAGEM, Bruno. Novo paradigma tecnológico, mercado de consumo e o direito do consumidor. *In:* MARTINS, Guilherme Magalhães; LONGHI, João Victor Rozatti (Coords.), Direito Digital. Direito Privado e Internet. Indaiatuba: Foco, 2021, p. 443.

[66] MIRAGEM, Bruno. *Ibid.*

[67] MIRAGEM, Bruno. *Ibid.*

## Referências


BENACCHIO, Marcelo. Responsabilidade civil do comerciante por defeito do produto. *In:* LOTUFO, Renan; MARTINS, Fernando Rodrigues (Coords.) 20 anos do Código de Defesa do Consumidor. Conquistas, desafios e perspectivas, São Paulo: Saraiva, 2011, p. 357-377.

BENJAMIN, Antônio Herman; MARQUES, Cláudia Lima. A teoria do diálogo das fontes e seu impacto no Brasil: uma homenagem a Erik Jayme. Revista de Direito do Consumidor, São Paulo, v. 115, p. 21-40, jan/fev. 2018. Disponível em: https://revistadedireitodoconsumidor.emnuvens.com.br/rdc/article/view/1042/911. Acesso em 18 fev. 2022.

CHINELLATO, Silmara Juny de Abreu. MORATO, Antonio Carlos. Responsabilidade civil e o risco do desenvolvimento nas relações de consumo. *In:* NERY, Rosa Maria de Andrade; DONNINI, Rogério Ferraz. (Orgs.). Responsabilidade civil: estudos em homenagem ao professor Rui Geraldo Camargo Viana. São Paulo: Revista dos Tribunais, 2009, p. 27-61.

COMISSÃO EUROPEIA. Comunicação da Comissão ao Parlamento Europeu, ao Conselho Europeu, ao Conselho, ao Comitê Econômico e Social Europeu e ao Comitê das Regiões. Inteligência artificial para a Europa. Bruxelas, 25 de abril de 2018. Disponível em: https://eur-lex.europa.eu/legal-content/PT/TXT/PDF/?uri=CELEX:52018DC0237&from=PT. Acesso em: 14 fev. 2022.

COMISSÃO EUROPEIA. Proposta de regulamento do Parlamento Europeu e do Conselho que estabelece regras harmonizadas em matéria de inteligência artificial (Regulamento Inteligência Artificial) e altera determinados atos legislativos da União. COM(2021) 206 final 2021/0106(COD). Bruxelas, 21 de abril de 2021. Disponível em: https://eur-lex.europa.eu/resource.html?uri=cellar:e0649735-a372-11eb-9585 01aa75ed71a1.0004.02/DOC_1&format=PDF. Acesso em: 15 fev. 2022.

CONSTANTINESCO, Léontin-Jean. La scienza di diritti comparati. Edizione italiana di Rocco Favale. Torino: G. Giappichelli, 2003, p. 155-156. No mesmo sentido, cf. SACCO, Rodolfo. Introdução ao direito comparado. Tradução: Vera Jacob de Fradera. São Paulo: Revista dos Tribunais, 2001.

FALEIROS JUNIOR, José Luiz de Moura. A evolução da inteligência artificial em breve retrospectiva. Diálogos entre Brasil e Europa. *In:* BARBOSA, Mafalda Miranda; BRAGA NETTO, Felipe; SILVA, Michael Cesar; FALEIROS JUNIOR, José Luiz de Moura (Coords.). Direito Digital e Inteligência Artificial: diálogos entre Brasil e Europa. Indaiatuba: Foco, 2021.

FONSECA, Aline Klayse dos Santos. Delineamentos jurídico-dogmáticos da inteligência artificial e seus impactos no instituto da responsabilidade civil. Civilistica.com. Rio de Janeiro, a. 10, n. 2, 2021. Disponível em: http://civilistica.com/delineamentos-juridico-dogmaticos-da-inteligencia/. Acesso em: 15 fev. 2022.

GIANNETTI, Eduardo. O valor do amanhã: ensaio sobre a natureza dos juros. São Paulo: Companhia das Letras, 2012.

GODINHO, Adriano Marteleto; ROSENVALD, Nelson. Inteligência artificial e a responsabilidade civil dos robôs e de seus fabricantes. *In:* ROSENVALD, Nelson; DRESCH, Rafael de Freitas Valle; WESENDONCK, Tula. (Coords.). Responsabilidade Civil. Novos riscos. Indaiatuba: Foco, 2019.

GUTIERREZ, Graciela N. Messina de Estrella. Función atual de la responsabilidad civil. *In:* TRIGO REPRESAS, Félix A; STIGLITZ, Rubén S. Derecho de Daños. Primera Parte. Buenos Aires: La Rocca, 2000.

JIMÉNEZ CANO, Rosa. Carro sem motorista da Uber provoca primeiro acidente fatal. El País. Nova Iorque, 19 de março de 2018. Disponível em: https://brasil.elpais.com/brasil/2018/03/19/tecnologia/1521479089_032894.html. Acesso em 22 fev. 2022.

KAPLAN, Jerry. Artificial Intelligence. What everyone needs to know. New York: Oxford University Press, 2016, *ebook*

LOPEZ, Teresa Ancona. A presunção no direito, especialmente no direito civil. *In:* Doutrinas Essenciais de Direito Civil, São Paulo, vol. 5, out. 2010, p. 1323--1345.

–. Responsabilidade Civil na Sociedade de Risco. Revista da Faculdade de Direito da Universidade de São Paulo, v. 105, São Paulo: USP, 2010, p. 1223-1234. Disponível em: https://www.revistas.usp.br/rfdusp/article/view/67932/70540. Acesso em: 15 fev 2022.

MARTINS, Guilherme Magalhães. Responsabilidade civil por acidente de consumo na Internet. 3. ed. São Paulo: Revista dos Tribunais, 2020.

MEDON, Filipe. Inteligência artificial e Responsabilidade Civil. Autonomia, riscos e solidariedade. 2. ed. São Paulo: JusPodium, 2022.

MIRAGEM, Bruno. Novo paradigma tecnológico, mercado de consumo e o direito do consumidor. *In:* MARTINS, Guilherme Magalhães; LONGHI, João Victor Rozatti (Coords.), Direito Digital. Direito Privado e Internet. Indaiatuba: Foco, 2021.

MITROU, Lilan. Data protection, artificial intelligence and cognitive services: is the General Data Protection Regulation (GDPR) 'artificial intelligence proof'?. Papers SSRN.com. 31 de dezembro de 2018. Disponível em: https://papers.ssrn.com/sol3/papers.cfm?abstract_id=3386914. Acesso em: 15 fev. 2022.

MULHOLLAND, Caitlin; FRAJHOF, Isabella Z. Inteligência artificial e a lei geral de proteção de dados pessoais: breves anotações sobre o direito à explicação perante a tomada de decisões por meio machine learning. *In:* FRAZÃO, Ana; MUHLHOLLAND, Caitlin (Coords.). Inteligência Artificial e Direito. Ética, regulação e responsabilidade. 2 ed. São Paulo, Revista dos Tribunais, 2020.

MULHOLLAND, Caitlin Sampaio. A responsabilidade civil por presunção de causalidade. Rio de Janeiro: GZ, 2010.

NYBO, Erik Fontenele. O Poder dos Algoritmos. Como os algoritmos influenciam das decisões e a vida das pessoas, das empresas e das instituições na Era digital, São Paulo: Enlaw – Portal de Revistas Jurídicas, 2019.

PARLAMENTO EUROPEU. Resolução do Parlamento Europeu, de 16 de fevereiro de 2017, que contém recomendações à Comissão sobre disposições de Direito Civil sobre Robótica (2015/2103(INL)). Disponível em https://www.europarl.europa.eu/doceo/document/TA-8-2017-0051_PT.html#title1. Acesso em 10 fev. 2022.

ROCHA, Silvio Luís Ferreira da. Responsabilidade civil do fornecedor pelo fato do produto no Direito Brasileiro. 2. ed. São Paulo: Revista dos Tribunais, 2000.

SILVA, João Calvão da. Responsabilidade Civil do Produtor. Lisboa: Almedina, 1999.

SILVA, Rafael Peteffi da; PIRES, Thatiane Cristina Fontão. A responsabilidade civil pelos atos autônomos da inteligência artificial: notas iniciais sobre a Resolução do Parlamento Europeu. *R*evista Brasileira de Políticas Públicas, v. 7, n. 3, dez. 2017, p. 239-254.

STEIBEL, Fabro; VICENTE, Victor Freitas; JESUS, Diego Santos Vieira de. Possibilidades e potenciais da inteligência artificial. *In:* FRAZÃO, Ana; MUHLHOLLAND, Caitlin (Coords.). Inteligência Artificial e Direito. Ética, regulação e responsabilidade. 2 ed. São Paulo, Revista dos Tribunais, 2020.

TEPEDINO, Gustavo; TERRA, Aline Miranda Valverde. A evolução da responsabilidade civil por fato de terceiro na experiência brasileira. Revista de Direito da Responsabilidade, ano 1, 2019, p. 1077-1104. Disponível em: https://revistadireitoresponsabilidade.pt/2019/a-evolucao-da-responsabilidade-civil-por-fato-de-terceiro-na-experiencia-brasileira-gustavo-tepedino-aline-miranda-valverde-terra/. Acesso em 19 fev. 2022.

VISINTINI, Giovanna, Cos'è la responsabilità civile. Fondamenti della disciplina dei fatti illeciti e dell'inadempimento contrattuale. 2. ed. Napoli: ESI, 2014.

WESWNDONCK, Tula. Inteligência artificial e responsabilidade civil pelos riscos do desenvolvimento: um estudo comparado entre as propostas de regulamentação da matéria na união europeia e o ordenamento vigente brasileiro. *In:* BARBOSA, Mafalda Miranda; BRAGA NETTO, Felipe; SILVA, Michael Cesar; FALEIROS JUNIOR, José Luiz de Moura (Coords.). Direito Digital e Inteligência Artificial: diálogos entre Brasil e Europa. Indaiatuba: Foco, 2021, p. 193-217.